Jim Lammers
com Lee Gooding

Dominando
Maya 4

Tradução
Savannah Hartmann

Revisão técnica
Deborah Rüdiger

Do original
Maya 4 Fundamentals

Authorized translation from the English language edition, entitled Maya 4 Fundamentals, 1st Edition by Lammers, Jim; Gooding, Lee, published by Pearson Education, Inc, publishing as New Riders. Copyright© 2002 by New Riders, Publishing

All rights reserved. No part of this book may be reproduced or transmitted in any form or by any means, electronic or mechanical, including photocopying, recording or by any information storage retrieval system, without permission from Pearson Education, Inc. Portuguese language edition published by Editora Ciência Moderna Ltda., Copyright© 2002

Copyright© 2002 Editora Ciência Moderna Ltda.

Todos os direitos para a língua portuguesa reservados pela EDITORA CIÊNCIA MODERNA LTDA.

Nenhuma parte deste livro poderá ser reproduzida, transmitida e gravada, por qualquer meio eletrônico, mecânico, por fotocópia e outros, sem a prévia autorização, por escrito, da Editora.

Editor: Paulo André P. Marques
Supervisão Editorial: Carlos Augusto L. Almeida
Produção Editorial: Tereza Cristina N. Q. Bonadiman
Capa: Amarilio Bernard sobre arte de Daryl Mandryk
Diagramação e digitalização de imagens: Marcia Lips
Tradução: Savannah Hartmann
Revisão: Carmen Mittoso Guerra
Revisão técnica: Deborah Rüdiger
Assistente Editorial: Daniele M. Oliveira

Várias **Marcas Registradas** aparecem no decorrer deste livro. Mais do que simplesmente listar esses nomes e informar quem possui seus direitos de exploração, ou ainda imprimir os logotipos das mesmas, o editor declara estar utilizando tais nomes apenas para fins editoriais, em benefício exclusivo do dono da Marca Registrada, sem intenção de infringir as regras de sua utilização.

FICHA CATALOGRÁFICA

Lammers, Jim; Gooding, Lee
Dominando Maya 4
Rio de Janeiro: Editora Ciência Moderna Ltda., 2002.

Ferramenta de desenho tridimensional; projetos 2D e 3D
I — Título

ISBN: 85-7393-196-5   CDD 001642

Editora Ciência Moderna Ltda.
Rua Alice Figueiredo, 46
CEP: 20950-150, Riachuelo – Rio de Janeiro – Brasil
Tel: (021) 2201-6662/2201-6492/2201-6511/2201-6998
Fax: (021) 2201-6896/2281-5778
E-mail: lcm@lcm.com.br
www.lcm.com.br

Sumário

Introdução	XVII
Parte I: Um guia rápido de introdução ao Maya	**1**
1 – Pré-Maya: uma introdução	3
Neste capítulo	3
Cores básicas	4
Mistura de cores: negativa e aditiva	4
HSV e RGB	5
Composição de imagem	6
Brilho e contraste	6
Espaço negativo	7
Como dividir a tela	8
Iluminação 101	9
Modelo de iluminação padrão	10
Câmeras e perspectiva	11
Ângulo de visão e perspectiva	11
Pontos de desvanecer e perspectiva	12
Direcionamento 101	13
Corte e a "linha de ação"	13
Movimento de cena	13
Movimento de câmera	13
Introdução à computação gráfica	14
Vetores e pixels	14
2D e 3D	15
Input e output (entrada e saída)	16
O seu computador	20
Como conhecer o seu hardware	20
Como conhecer o seu sistema operacional	21
Bibliografia	22
Resumo	23

2 – Um passeio por Maya ... 25
Neste capítulo ... 25
Termos-chave ... 26
Teclas de atalho a memorizar ... 26
Visão geral de Maya ... 27
Posicionamento de mão ... 28
Como usar o mouse de três botões ... 28
Uso da barra de espaço ... 28
Manipulação de uma vista ... 28
Como salvar uma vista ... 29
A interface Maya ... 30
A Menu Bar ... 32
A Option Box ... 33
A Status Line ... 34
Painel de menus ... 36
A Hotbox ... 44
Resumo ... 45

3 – Interação Maya ... 47
Neste capítulo ... 47
Termos-chave ... 48
Teclas de atalho a memorizar ... 48
Criação de objetos ... 49
Criação de primitivas ... 49
Criação de luzes ... 50
Criação de câmeras ... 50
Como selecionar objetos ... 50
Seleções individuais ... 51
Como adicionar e subtrair seleções ... 52
Opções de seleção do menu Edit ... 52
A seleção marquee de objetos ... 52
A seleção lasso de objetos ... 52
Seleção rápida ... 53
Conjuntos de seleção rápida ... 53
Máscaras de seleção ... 54

Sumário | **V**

    Seleção a partir de uma lista: o Outliner 54
  Transformação de objetos 55
    Utilização de transformações 56
    Alinhamento de rotação 57
    Como transformar múltiplos objetos 57
  Duplicação de objetos 57
    Duplicação avançada: duplicação de conjunto 58
    Duplicação de instâncias, Upstream Graph e Input Connections 58
  Remoção de objetos 59
    Como apagar por tipo 59
  Pontos centrais 59
  Alinhamento temporário 60
  Hierarquia 60
    Agrupamento explicado 61
    Objetos pai e não-pai 61
    Paternidade e agrupamento: qual é a diferença? 61
  Exibição de objetos 62
  Resumo 68

4 – Mergulho: a sua primeira animação 69
  Neste capítulo 69
    Termos-chave 70
    Teclas de atalho a memorizar 71
  Como iniciar um novo projeto 71
    Como organizar suas pastas de projeto 73
  Criação de elementos de cena para o seu projeto 73
  Como acrescentar mais animação à sua cena 88
  Como acrescentar materiais e iluminação à sua cena 94
  Como finalizar a cena 99
    Como ver a sua renderização 101
  Resumo 102

Parte II: Básicos de Maya 103
5 – Modelagem básica NURBS 105
  Neste capítulo 105
    Termos-chave 106

Teclas de atalho a memorizar 106
O que são NURBS? 107
    Como escolher NURBS como uma técnica de modelagem 107
Menus de marcação e a interface de usuário 108
    Personalização da interface e carregamento
    dos menus de marcação 109
    Como personalizar a Hotbox 111
Criação da casa antiga 114
    Como iniciar um novo projeto 114
    Como fazer o telhado 115
    Como acrescentar a casa 123
Resumo 133

6 – Mais modelagem NURBS 135
Neste capítulo 135
    Termos-chave 136
    Teclas de atalho a memorizar 136
    Teclas de atalho personalizadas de menu de marcação 136
Mais NURBS 137
    Como refinar a casa 137
    Como montar uma chaminé para a casa 158
    Como acrescentar mais elementos à sua casa 168
Resumo 177

7 – Modelagem com polígonos 179
Neste capítulo 179
    Termos-chave 180
    Teclas de atalho a memorizar 181
Configuração de emulação para subdivisões 181
    Configuração de cubos para modelagem 184
Criação da cabeça da criatura 190
    Como carregar uma imagem para referência 190
    Modelagem da cabeça 193
    Como trabalhar com a Split Polygon Tool 197
Resumo 219

8 – Materiais 221
Neste capítulo 221
Termos-chave 222
Teclas de atalho a memorizar 222
Visão geral de materiais 223
Um passeio por Hypershade 223
Create Bar 224
Os painéis Tab 224
Tipos básicos de material 225
Lambert 226
Phong 226
PhongE 226
Blinn 226
Anisotrópico 226
Os outros: Layered Shader, Shading Map, Surface Shader e Use Background 227
Ajustes de material 227
O Color Chooser 231
Como acrescentar materiais à sua casa 236
Configuração das luzes padrão 236
Mapeamento de textura 242
Mapping Coordinates 242
Colocação interativa de textura de Maya 243
Mapas procedurais explicados: 2D versus 3D 243
Como acrescentar mapeamento de textura a materiais básicos ... 248
Bump Mapping 257
Coordenação de textura e mapeamento irregular 258
Resumo 264

9 – Iluminação 267
Neste capítulo 267
Termos-chave 268
Teclas de atalho a memorizar 268
Por que a iluminação é importante? 268
Tipos de luzes disponíveis em Maya 269

- Atributos para luzes Spot 273
- Outros tipos de luz 276
- Luz Ambient 283
- Sombras em Maya 283
  - Sombras Depth Map 284
  - Sombras Raytraced 286
- Atributos comuns de luz 289
  - Intensity 289
  - Illuminates by Default 290
  - Emit Diffuse e Emit Specular 291
  - Color 291
  - Decay Rate 291
- Resumo 295

10 – Animação 297
- Neste capítulo 297
  - Termos-chave 298
  - Teclas de atalho a memorizar 298
- As ferramentas de animação e a interface 299
  - Configuração de uma animação 299
- Tipos de animação 301
  - Animação de caminho 301
  - Animação não-linear 302
  - Animação de quadro-chave 302
- Como usar o Graph Editor 304
- Uso de Playbast em sua animação 310
- Resumo 312

11 – Câmeras e renderização 313
- Neste capítulo 313
  - Termos-chave 314
  - Teclas de atalho a memorizar 314
- Câmeras 315
  - Criação de câmeras 315
  - Ajustes de câmera 317

    Como animar a câmera 318
    Visualização com Playblast 322
    Como renderizar uma animação 323
        Ajustes de Render Globals 323
        Renderização de estático 324
        Configuração de renderização de um trabalho 325
    Configurar para renderizar 332
    Resumo 335

Parte III: Como ir além com Maya 337
12 – Efeitos de pintura 339
    Neste capítulo 339
        Termos-chave 340
        Teclas de atalho a memorizar 340
    Visão geral de Paint Effects 340
        Pincéis e traços 341
        Como habilitar Paint Effects 342
        Iniciar Paint Effects 343
        Como usar Paint Effects 343
    Como trabalhar com traços 350
        Seleção de traços 350
        Criação de um traço Paint Effects com uma curva NURBS ... 350
        Como copiar e colar ajustes de pincel 350
        Como simplificar curvas e traços 351
    Resumo 363

13 – Sistema de partícula e dinâmicas 365
    Neste capítulo 365
        Termos-chave 366
        Teclas de atalho a memorizar 366
    Dinâmicas de corpo rígido 366
        Corpos ativos e passivos 367
        Campos 369
        Restrição 370
        Configuração de corpo rígido 371
    Partículas 375

Criação de partículas 375
Tipos de partícula 375
Materiais e idade de partícula 378
Influências de partícula 378
Dinâmicas de corpo suave 385
Criação de um sistema de corpo suave 386
Como acrescentar molas 386
Resumo 389

14 – As suas próximas etapas: eficiência e arte 391

Neste capítulo 391
Termos-chave 392
Por que está demorando tanto a renderizar? 392
Ajustes de Render Global 392
Atributos de objeto 393
Tipos de material 393
Efeitos de câmera 393
Renderização em lote em Maya 394
Renderização em lote como individual com o Command Prompt 394
Renderização em lote com máquinas escravas 396
Aperfeiçoamentos de fluxo de trabalho 397
Criação de seu próprio menu de marcação 397
Automação de tarefas únicas ou múltiplas: Hotkey,
    Marking Menu ou Shelf 404
Helper Objects: organização e controle 409
Composição 414
Uso de compositores 415
Como usar Use Background Material e Alpha Channels 416
Como pensar em camadas 416
Renderização de camadas de Maya 417
Instalação de plug-ins, materiais e scripts de terceiros 417
Como criar suas próprias bibliotecas de material 419
Separação de opiniões 420
Sobre técnicas 421

No início de uma carreira em animação 421
Resumo 422

Parte IV: Apêndices 423
Apêndice A – Disco de início Maya para usuários Max 425
Diferenças de navegação no visor 425
Diferenças no controle de interface 426
Diferenças no modo e layout do visor 428
Diferenças em trabalhar com objetos 430
Diferenças na criação e edição de modelos 433
Diferenças em organização de cena 435
Diferenças em auxílio de modelagem 437
Diferenças em iluminação 438
Diferenças em materiais 440
Diferenças na criação de animação 443
Diferenças em visualização e renderização 444
Efeitos de encaminhamento 446
Efeitos ambientais 447
Script 447
Partículas e dinâmicas 447
Importação/Exportação de Maya para max 447

Apêndice B – Disco de início Maya para usuários LightWave 449
Diferenças globais 449
Diferenças na navegação de visor 450
Diferenças em controle de interface 451
Diferenças na criação e edição de modelos 451
Diferenças em iluminação 451
Diferenças em materiais 452
Diferenças na criação de animação 452
Diferenças em visualização e renderização 454
Efeitos de encaminhamento 454
Importação/exportação de LightWave para Maya 454

Apêndice C – Dicas de sistema operacional 457
Maya 4.01 para Linux 457
   Red Hat: Linux para Maya 4.01 458
   Alternativas de software a considerar 458
   Como Maya para Linux é diferente? 459
Maya para IRIX 459
   Por que escolher IRIX? 460
   Amantes de IRIX que executam Linux 460
Maya para Macintosh 460
Maya e Windows 460
Compatibilidade de arquivo Maya 461

Índice 463

Os autores

Jim Lammers é animador, instrutor e revendedor de Maya, estabelecido na cidade de Kansas, Missouri. Formado no programa de Engenharia Elétrica da Universidade de Missouri, ele passou a animador independente alguns anos depois de formado e depois fundou a sua empresa, Trinity Animation, em 1992. Desde então, Jim tem combinado produção de animação com treinamento e vendas de software 3D, incluindo plug-in de desenvolvedor Cebas Computer e Alias|Wavefront. O web site da Trinity Animation é uma fonte principal, e mundial, para software de 3D. Jim coordena o grupo de usuários de animação na cidade de Kansas e continua a produzir animação. Ele criou efeitos em 3D para o filme da Sony/TriStar, *Startship Troopers*, em 1997, com o renomado veterano em efeitos de Hollywood, Peter Kuran, e sua empresa, VCE. Outros trabalhos anteriores seus em animação incluem projetos de visualização para clientes como a Nestlé, McDonald's e Butler Manufacturing. Jim pode ser encontrado em `jim@trinity3d.com`.

Lee Gooding está estudando atualmente tecnologia em computação gráfica na Universidade Purdue, em Lafayette, Indiana, onde trabalha com uma variedade de tecnologia relacionada com gráficos. Lee é um usuário Maya autodidata, convertido de 3ds max depois de ouvir sobre o poder de Maya. Gooding começou a trabalhar para a Trinity Animation em 2000, desenvolvendo material de treinamento para Maya. Atualmente, ele está se concentrando em concluir o curso universitário e desenvolver seus próprios projetos em 3D. Lee espera dominar MEL para tornar-se um verdadeiro guru Maya. Ele pode ser encontrado em `goodings@purdue.edu`.

Os revisores técnicos

Estes revisores contribuíram com a sua considerável experiência para todo o processo de desenvolvimento de *Dominando Maya 4*. À medida que o livro era escrito, estes dedicados profissionais revisavam todo o material, quanto ao conteúdo técnico, organização e fluxo. O suporte deles foi decisivo para garantir que este livro se ajustasse às suas necessidades de leitor no que se refere à mais alta qualidade de informações técnicas.

Chaz Laughlin é o proprietário/CEO da RPM, uma empresa de comunicação em 3D. Chaz possui dois títulos de BFA (Bachelor of Fine Arts) em Computação Gráfica, o primeiro do departamento de design e ilustração da Universidade do Estado de Kansas, ministrado por Bob Hower; o segundo do departamento de filmes e animação no Instituto de Arte da Cidade de Kansas, ministrado por Patrick Clancy. Ele foi trazido inicialmente ao campo de animação em 3D pelo trabalho em uma empresa que fazia o design de jogos de guerra e simulações de batalhas para o Exército dos Estados Unidos. O amor de Chaz pelo que a computação gráfica é capaz de fazer alimentou o seu sucesso em 3D.

Eric Pavey tem estado profissionalmente envolvido com CG desde 1993. Ele recebeu o seu título em design gráfico da Escola de Design Gráfico de Al Collin e completou dois cursos de animação CG da Escola de Artes de Comunicação. Experiências profissionais anteriores incluem Square e Neversoft; Eric está trabalhando atualmente para a Ronin Entertainment. Ele dá graças a sua esposa e filho por lhe concederem longas horas e à New Riders por aceitá-lo como mau comediante. Eric pode ser encontrado em `e_pavey@yahoo.com`.

O artista de capa

Daryl Mandryk é um artista digital que vive e trabalha em Vancouver, Canadá. Ele se mantém trabalhando como artista na indústria de videogame e também trabalhou em filmes e televisão. Natural de Edmonton, Daryl freqüentou a Universidade de Alberta, formando-se bacharel em comércio, e depois freqüentou a escola de arte em Vancouver. Daryl concentra os seus esforços em modelagem, texturização e arte conceitual. Obcecado pela criação de personagens obscuros e fantásticos, ele passa a maior parte de seu tempo respirando vida digital em uma pilha interminável de croquis e projetos.

A arte da capa

A imagem começou como uma simples experiência de montar uma mulher poligonal em Maya. Eu usei o método "caixa de modelagem" de iniciar com um cubo polígono original e o moldei como uma cabeça. Os outros objetos em cena são uma combinação de geometria poligonal e NURBS (Non-Uniform Rational Belzier Splines — tiras para desenhar curvas Belzier racionais não-uniformes). Já o fundo é um plano com uma textura criada em Photoshop projetada sobre ele.

Texturizei a imagem usando sombreadores procedimentais de Maya, mapas personalizados pintados em Photoshop e pintura de projeção de imagem 3D em Deep Paint 3D. Quando faço textura, viso ao realismo estilizado, nunca ao fotorrealismo. Quando você visa à perfeição, é fácil perder a sua marca. O objetivo era dar à imagem uma qualidade de pintura e produzir algo não imediatamente reconhecido como sendo gerado por computador.

Iluminar e apresentar a cena demorou algum tempo, e o IPR (Interactive Photorealistic Renderer — intérprete fotorrealístico interativo) de Maya mostrou-se extremamente útil na brincadeira com ajustes de iluminação. Eventualmente, a cena incluiria três luzes, bem como luzes exclusivas funcionando através do sistema de ligação de luz de Maya.

Do início ao fim, a Srtª Machina levou cerca de 12 dias para ser montada, texturizada e apresentada.

—Daryl Mandryk

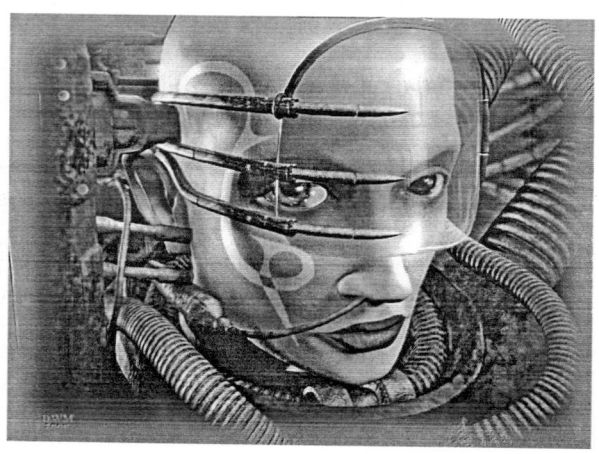

Dedicatórias

A Stephen Coy pelo seu Vivid Raytracer, a minha introdução a 3D; e a minha esposa, Gail, pela sua paciência e ajuda. —Jim Lammers

A Damon Feuerborn por me apresentar ao 3D, aos meus irmãos na fraternidade Delta Upsilon, por me apoiarem, a minha família e, claro, ao meu pai lá em cima. —Lee Gooding

Agradecimentos

Tenho orgulho de ter-me associado à excelente e criativa equipe de *Dominando Maya 4*, reunida pela New Riders. Eu quero agradecer a eles como um grupo e individualmente. Primeiro, Lisa Lord, Editora de Desenvolvimento, que aperfeiçoou imensamente o livro com a sua rápida percepção de Maya (sem nunca tê-lo usado!) e a surpreendente atenção aos detalhes. Linda Bump, Editora Sênior de Aquisições, que pilotou o nosso projeto, mantendo-nos na linha certa e oferecendo gentil encorajamento quando precisamos dele. Theresa Gheen foi o nosso primeiro piloto e nos levou a uma partida inicial otimista, antes de Linda assumir. Agradecimentos também a Jack McFarland, Editor de Projetos, que guiou o nosso livro através do processo de produção. Este livro não teria sido possível sem a confiança e o apoio da gerência executiva da New Riders — agradecimentos especiais a Steve Weiss por acreditar neste título. Os nossos editores técnicos, Chaz Laughlin e Eric Pavey, foram incrivelmente colaboradores em orientar a nossa abordagem, assim como na verificação de cada detalhe técnico.

Os artistas que contribuíram para este livro merecem um grande obrigado, em especial o artista de capa, Daryl Mandryk, por estar conosco desde o início, e o meu co-autor, Lee Gooding, que foi o arquiteto das cenas "Spooky World" deste livro.

A Alias|Wavefront foi bastante atenciosa e útil no meu trato com eles. O meu primeiro contato com AIW levou-me cordialmente aos representantes regionais Mike Burton e Rick Pumphrey, que me encorajaram a desenvolver com Maya e ofereceram orientação e suporte quando a Trinity Animation tornou-se revendedora Maya. Mike Roberts e Karen Thomas são agora meus principais salva-vidas na AIW, e foram úteis em desenvolver o meu conhecimento em Maya e oferecer seus recursos para me ajudar a completar este livro. Karen Eisen ajudou na gênese deste livro, promovendo esforços iniciais na criação de materiais de treinamento para Maya. Eu também gostaria de agradecer ao Engenheiro de Aplicativos da AIW, Lee Fraser, pelo seu interminável conhecimento de Maya e consistente suporte técnico.

Os negócios da Trinity Animation continuaram fortes durante os meus momentos de distração enquanto estava escrevendo este livro, graças ao gerenciamento atento de Maita Swartz e os atrativos produtos da Cebas Computer e da Alias|Wavefront. Amber West também nos permitiu manter a presença pessoal de nossa empresa atualizada e continuar a oferecer produção de animação. Agradecimentos a Michael Rucereto, que ajudou a compilar os filmes e arquivos de cena para o CD e a formar o web site do livro. Agradecimentos também a Rudy Cortes, que foi o meu primeiro professor particular de Maya, e a Richard Dalton, que foi um co-professor nas primeiras aulas que ministramos sobre Maya.

Minha gratidão e afeto vão também para aqueles que me inspiraram: minha professora de arte no colegial, Sherryl Knox, que me abriu os olhos para entender expressão visual; meu professor de violão e amigo de sempre, Scott Roby, que me ensinou a ensinar; minha professora de música na escola primária, Sra. Young, que me mostrou como a tecnologia e a criação podem andar juntas; Bill Allen, da revista *3D Artist*, que me encorajou a escrever sobre computação gráfica em 3D; meu pai, que me apresentou à computação, no segundo grau (com um Sinclair ZX-81, que, de alguma forma, hoje seria lento se pudesse rodar Maya!); minha mãe, que me ensinou a ler antes do jardim-de-infância e me ensinou os princípios de arte e música; minhas irmãs, Diane, Tracy e Tonya, que sempre me trataram como um astro, mesmo quando ficava bem claro que eu *não* o era; e minha esposa, que sempre me deu orientação, apoio e encorajamento.

Introdução

Dominando Maya 4 destina-se a ajudar novos animadores a assimilar rapidamente as principais ferramentas e técnicas que os produtores de animação Maya usam. Este livro não é uma coleção de amadores em Maya, e nenhum dos tutoriais começa com o carregamento de uma cena preparada antecipadamente. Tão gentilmente quanto possível, jogamos você na água e o ensinamos a nadar como um profissional.

Historicamente, Maya foi destinado a estúdios de grandes efeitos e casas de animação. Até certo ponto, tal destino continua na versão atual, pois não foram incluídos exemplos complexos de cenas, e as inclusões de bibliotecas, menus marcados e teclas de atalho são mínimos. Neste livro, oferecemos todas estas ajudas para você absorver os métodos de trabalho de um animador Maya.

Uma rápida história de como Maya surgiu

Enquanto estamos no assunto de história, veja o que levou à posição da computação gráfica em geral e Maya em especial. Isto dará alguma perspectiva para as escolhas feitas no design de Maya.

"Os velhos tempos"

Os computadores eletrônicos têm estado conosco desde os anos 40, mas se aplicaram à imagem estética apenas recentemente. Por volta dos anos 50, a idéia de combinar tecnologia com visual pôde ser vista nas telas de televisão, osciloscópios e radares. O primeiro passo importante provavelmente foi o sistema de desenho eletrônico de Ivan Sutherland, criado em 1961. Este sistema baseado em vetor funcionou como uma lanterna, permitindo aos usuários criar arte diretamente em uma tela de exibição. *Vetores gráficos* são uma linha de arte primitiva, comum em antigos videogames e efeitos de filmes.

Em 1967, Sutherland uniu-se a David Evans, na Universidade de Utah, para criar um currículo de computação gráfica que fundia arte e ciência. A universidade tornou-se conhecida por sua pesquisa de computação gráfica e atraiu alguns dos futuros principais articuladores no negócio de CG: Jim Clark, o fundador de Silicon Graphics, Inc. (SGI, atualmente a empresa pai de Alias|Wavefront); Ed Catmull, um antigo desenvolvedor de filmes em computador com movimento; e John Warnock, fundador da Adobe Systems, desenvolvedor de produtos de definição de indústria, tais como Photoshop e Postscript.

Algoritmos, inventados e aperfeiçoados

Os pioneiros da computação gráfica desenvolveram o conceito de 3D: uso de um computador para formar um desenho em perspectiva, a partir de qualquer conjunto de geometria teórica fornecido — normalmente triângulos, mas, às vezes, esferas ou parabolóides. A geometria era demonstrada como sólida, com a parte dianteira obscurecendo a geometria de trás. Em seguida, veio a criação de "luzes" virtuais, produzindo elementos em 3D de sombreados planos, que davam à computação gráfica inicial um contorno mais bruto, um aspecto técnico (veja a Figura i.1).

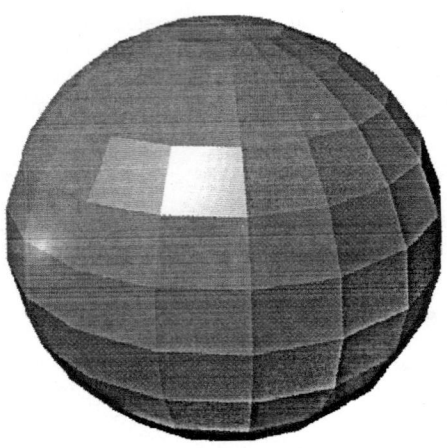

Figura i.1 – *Apresentação de polígonos.*

A média de sombreado de canto a canto produzia um aspecto mais suave, uma inovação chamada *sombreado Gouraud* (de seu inventor, Henri Gouraud). Esta forma de suavizar polígonos, em termos de computador, é mínima e é usada para suavização em tempo real, na maioria das atuais placas de vídeo 3D (veja a Figura i.2). Quando Gouraud o propôs, em 1971, os computadores só podiam apresentar as cenas mais simples, em um ritmo glacial.

Introdução | **XIX**

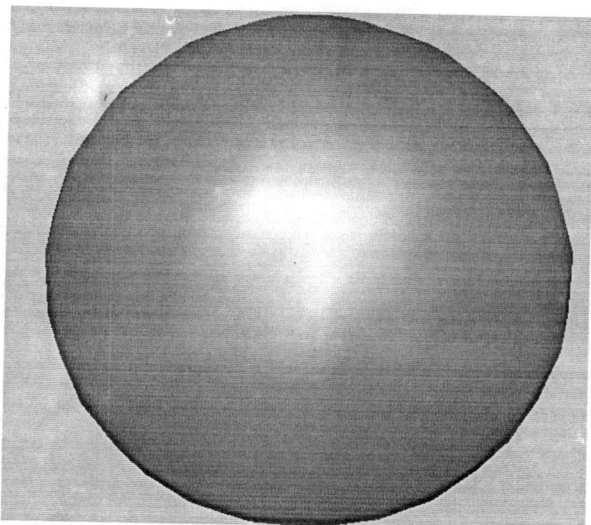

Figura i.2 – *O sombreado Gouraud consegue um aspecto mais suave.*

Em 1974, Ed Catmull introduziu o conceito de Z-buffer — a idéia de que se uma imagem tem elementos de figura horizontais (X) e verticais (Y), cada elemento também pode ter profundidade embutida. Este conceito torna ágil a remoção de superfícies ocultas e agora é padrão em placas de vídeo de tempo real em 3D. A outra inovação de Catmull foi envolver uma imagem em 2D dentro da geometria 3D. O *Mapeamento de textura*, conforme mostrado na Figura i.3, é fundamental para tentar realismo em 3D. Antes do mapeamento de textura, os objetos só tinham uma cor sólida; portanto, criar uma parede de tijolos podia exigir que cada tijolo e um pouco de argamassa fossem modelados individualmente. Agora, aplicando uma imagem bitmap de tijolo em um simples objeto retangular, você pode montar uma parede com um mínimo de computação e memória de computador, para não falar em menos frustração para o animador.

Bui-Toung Phong aperfeiçoou o sombreado Gouraud em 1974, interpolando sombreado através de todo o polígono, em vez de simplesmente usar os cantos (veja a Figura i.4). Embora a apresentação desse método possa ser até 100 vezes mais lenta do que o sombreado Gouraud, ela ainda permite o hiper-real aspecto "plástico", que caracterizava a antiga animação em computador. Duas variações de tipos de sombreado Phong estão montadas em Maya.

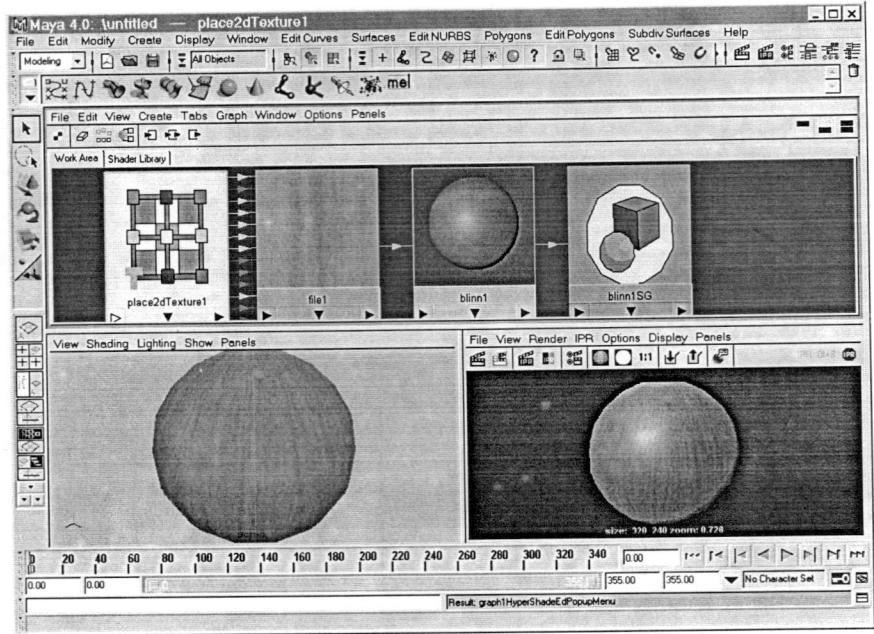

Figura i.3 – *Mapeamento de textura — aplicação de uma textura de 2D em uma superfície 3D.*

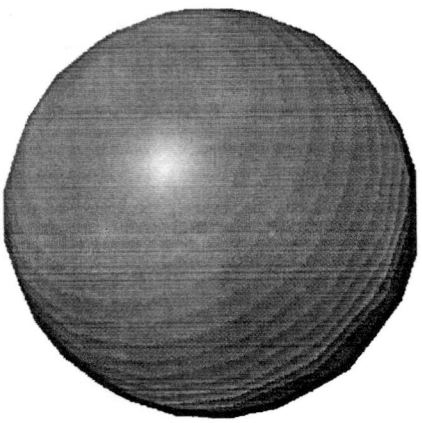

Figura i.4 – *O sombreado Phong permite um aspecto plástico.*

James Blinn combinou os elementos de sombreado Phong e o mapeamento de textura para criar *mapeamentos bump* (de saliência), em 1976 (veja a Figura i.5). Se as superfícies normais já estão sendo falsamente suavizadas através do sombreado Phong e você pode envolver com papel de parede imagem 2D em suas superfícies 3D, por que não usar uma imagem em escala cinza para transtornar as normais e dar a ilusão de rugosidade, ao invés de suavidade? Um nível cinza mais alto do que o cinza médio é tratado como saliência e escurecido na saliência mais profunda. Com o sombreado Gouraud e Phong, a geometria não é afetada, e o truque é revelado na silhueta do objeto. Entretanto, a inovação de Blinn acrescentou um novo realismo à apresentação em 3D. Quando necessário, a textura coordenada e o mapeamento bump são combinados com um modelo em 3D moderadamente detalhado, e a apresentação realista em 3D fica ao alcance.

Figura i.5 – *O Mapeamento bump dá a ilusão de detalhe na superfície.*

Blinn também desenvolveu o primeiro método de *mapeamento de reflexão ambiental*. Ele propôs a criação de um ambiente cúbico, apresentando seis vistas para fora do centro de um objeto. Estas seis imagens são então mapeadas inversamente, voltadas para o objeto, mas com as coordenadas fixas, para que a imagem não mova com o objeto. O resultado é que o objeto parece estar refletindo o seu ambiente, um efeito que se mantém muito bem, a menos que partes do ambiente estejam movendo ou mudando rapidamente durante a animação.

Em 1980, Turner Whitted propôs uma nova técnica de apresentação, chamada *raytracing* (traço a raio); ela funciona a partir do plano de apresentação da câmera, traçando cada pixel da imagem final na cena virtual. Os raios ricocheteiam através da cena, atingindo superfícies ou luzes e modificando a cor dos pixels de acordo (veja a Figura i.6). Superfícies refletivas ou refrativas criam mais raios que modificam a cor dos pixels. Embora caros, em termos de computador, os resultados são bem realistas e apurados para reflexões e refrações. O traço a raio é usado especialmente para efeitos de cromo e vidro.

Figura i.6 – *Um traço a raio em toda a imagem de computação gráfica que realmente usa o efeito!*

Os anos 80: afinal, belas figuras

No início da década de 1980, quando os computadores pessoais se tornaram mais comuns no comércio, algumas tentativas iniciais de incluir computação gráfica no entretenimento incluíram os filmes *Tron* e *The Last Starfighter*. Estas tentativas usaram hardware especializado e super computadores para criar alguns minutos de computação gráfica em resolução de filme, mas a maneira tinha que ser mostrada.

Em meados dos anos 80, a SGI começou a montar estações de trabalho pessoais altamente poderosas para pesquisa, ciência e computação gráfica. Em 1984, Alias foi fundada em Toronto, combinando dois significados de *alias*: como um "pseudônimo" (na época, os fundadores tinham um segundo emprego) e para descrever a aparência denteada de imagens de computação gráfica, que não eram exemplificadas o suficiente. Inicialmente, a Alias se focalizou no uso de seu software baseado em CAD (Computer Aided Design — design com a ajuda de computador), principalmente para modelar e fazer o design de superfícies complexas. Mais tarde, a Alias criou o Power Animator (poder animador), um software poderoso e caro que muitas produtoras viam como o melhor pacote de modelagem em 3D disponível.

Também em 1984 foi fundada a Wavefront, em Santa Bárbara, conhecida como pioneira no assunto. Imediatamente, esta empresa começou a desenvolver software para criar 3D apresentando efeitos visuais e produziu gráficos de abertura para Showtime, Bravo e National Geographic Explorer. O primeiro programa de software da Wavefront chamou-se Preview (visualização). Um outro pacote de software 3D, chamado SoftImage (imagem suave), lançado em 1988, também tornou-se popular e renovou o seu poder com animação. O software e o hardware usados para animação profissional através da maior parte da década de 80 era especializado e caro. No final dos anos 80, só alguns milhares de pessoas em todo o mundo estavam criando imagens, quase a maioria usando computadores SGI com software 3D da Wavefront, SoftImage, e muitos outros produtos concorrentes.

A década de 90: inovação leva à popularização

Logo, este pequeno toque de animação começou rapidamente a se expandir, graças à invasão do computador desktop: IBM PC, Amiga, Macintosh e até computadores Atari produziram seus primeiros aplicativos de software 3D. Em 1996, a AT&T introduziu o primeiro pacote de animação desktop, chamado TOPAS. Este pacote de US$10.000 foi o primeiro sistema profissional de animação desenvolvido que podia rodar em computadores baseados em DOS, com uma CPU Intel 286. TOPAS tornou possível a animação autônoma em larga escala, apesar dos gráficos primitivos e da computação relativamente lenta. Electric Image (imagem elétrica), um outro sistema de animação baseado em desktop foi desenvolvido no ano seguinte para o Apple Macintosh. Em 1990, a AutoDesk começou a vender o 3D Studio, criado pelo Yost Group, uma pequena equipe independente, que tinha criado produtos gráficos para a Atari. A US$3.000, 3D Studio competiu com TOPAS pelos usuários de computador pessoal. Video Toaster da NewTek surgiu no ano seguinte, agrupado com um produto de software 3D fácil de usar, chamado LightWave; ambos só funcionavam em computadores Amiga. A NewTek vendeu milhares destes pacotes para aspirantes a produtores de vídeo, cinegrafistas de vídeos de casamentos e entusiastas de vídeo musical.

No início da década de 90, a animação em computador já não era mais um entusiasmo de elite. Entusiastas de todos os lugares começaram a experimentar traço a raio e animação. Até usuários sem dinheiro podiam baixar software de traço a raio como Vivid de Stephen Coy ou o Persistence of Vision Raytracer, mais conhecido como POVRay (POVRay continua a ser uma excelente maneira gratuita para crianças e iniciantes explorarem computação gráfica em 3D). Filmes com rachaduras no solo e efeitos estonteantes, tais como, *The Abyss* e *Terminator 2* ilustraram o que um novo tipo de processo de imagem e visualização — com base em computadores — tinha tornado possível. Infelizmente, a maioria das pessoas deu todos os créditos aos transistores e nenhum aos laboriosos animadores, uma falta de conceito que chega aos dias de hoje.

Alias encontra Wavefront

À medida que o mercado de aplicativos 3D amadureceu e a concorrência se intensificou, a maioria das empresas mais antigas se fundiu para englobar tecnologias. Em 1993, Wavefront adquiriu a Thompson Digital Images, que oferecia apresentação interativa e modelagem baseada em NURBS, recursos que evoluíram para o Interactive Photorealistic Rendered (IPR) de Maya e a modelagem NURBS. A Microsoft comprou SoftImage em 1994 e transportou o software para a plataforma Windows NT baseada em Pentium, marcando a chegada do software 3D de nível superior em computadores pessoais baratos e genéricos. A SGI reagiu, comprando e fundindo a Alias e a Wavefront em 1995, supostamente para evitar mais erosão de aplicativos 3D que trabalhavam exclusivamente em computadores gráficos especializados da SGI. Quase que imediatamente, uma nova empresa (renomeada Alias|Wavefront) começou a consolidar as suas tecnologias coletivas em um programa completamente novo.

Finalmente, em 1998, Maya foi lançado, com um preço de US$15.000 a US$30.000 e disponível apenas para IRIX (uma variação de UNIX) da estação de trabalho SGI. Uma remontagem completa a partir do nada, Maya indicou o caminho para o futuro da animação, com uma interface de programação (API) de aplicativo aberto, arquitetura de dependência gráfica e enorme extensibilidade. Apesar da intenção original da SGI de proteger a exclusividade de sua plataforma, em fevereiro de 1999, ela mudou a direção e o software foi lançado para Windows NT. A antiga estrutura de preço foi descartada e o pacote base de Maya foi ajustado a radicalmente mais baixos preços: US$7.500. Em abril de 1999, Maya 2 foi lançado, com muitos aperfeiçoamentos e refinamentos importantes. Em novembro de 1999, foi lançado Maya 2.5, acrescentando um recurso então sem rival, chamado Paint Effects. No verão de 2000, Maya

3 foi lançado, acrescentando o recurso de animação não linear, TRAX, para muitos outros aperfeiçoamentos. O transporte de Maya para Macintosh e Linux foi anunciado no início de 2001 e, em junho de 2001, Alias|Wavefront lançou Maya 4 para IRIX e Windows NT/2000.

O que é Maya?

Maya é um programa software para produzir imagens e animações com base no que o usuário criou no espaço de trabalho virtual 3D, iluminadas com as suas luzes virtuais e fotografadas a partir de suas câmeras virtuais. Maya é oferecido em duas versões para animadores: a versão Maya Complete (US$7.500, por ocasião desta escrita) e a versão Maya Unlimited (não limitada) ($16.000, por ocasião desta escrita), que acrescenta vários recursos adicionais esboçados mais adiante, nesta introdução. Maya executa em computadores normais do tipo PC (usando o compilador NT/2000), assim como em Linux, IRIX de SGI e Macintosh. Com Maya, você pode criar imagens que se aproximam de fotos reais, criando imagens em bitmap, como aquelas que uma câmera digital produz. No entanto, o mundo de Maya é virtual: você mesmo pode criar cada luz, câmera, objeto e material, começando com um quadro negro vazio. Qualquer parâmetro pode ser ajustado para mudar com o tempo, criando animação quando você apresenta muitas imagens em seqüência. A câmera pode mover-se ou girar, texturas podem mudar de cromo para madeira, objetos podem voar separados ou em grupo e muito, muito mais. As possibilidades realmente desafiam a imaginação. Eis alguns dos usos populares de Maya:

- **Desenhos animados e filmes** — O uso mais conhecido de Maya é a animação de desenhos animados em 3D, tais como em *A Bug's Life, Toy Story* e *Shrek*. Uma outra aplicação referente a filmes é a criação de elementos foto-realistas combinados com filme ou vídeo para um efeito especial que, caso contrário, seria impossível, caro ou perigoso, tais como, explosões, conjuntos de fundo, vôos de espaçonaves e assim por diante. Com o filme *Final Fantasy* (criado por SquareSoft, usando principalmente Maya), surgiu um novo uso — o recurso de filme completamente sintético, mas afinal, realista.

- **Jogos de computador** — À medida que computadores pessoais tornam-se mais poderosos, com placas de vídeo aceleradas comumente incluídas, os desenvolvedores de jogos confiam mais em aplicativos 3D, como Maya, para criar entidades de jogos. Os jogos anteriores só usavam software de 3D para tomadas estáticas e filmes mostrados entre níveis de jogo. Os jogos de computador mais modernos são da variedade imersa em 3D em tempo real e os objetos e texturas experimentados na máquina de jogo são preparados em um aplicativo de 3D como Maya. Na verdade, uma versão Maya reduzida, conhecida como Maya Builder (montador Maya) é oferecida aos desenvolvedores de jogos para esta função.

- **Anúncio** — Comerciais de TV e tomadas de identificador de rede são pontuados pelo uso freqüente de animação 3D. Os usos mais antigos de exibir títulos e anúncios, tal como "Filme da noite de segunda-feira na ABC", com grandes letras chanfradas voando no ar. A série de comerciais apresentando o frasco de Listerine voando também abriu espaço para animação 3D na televisão. A computação gráfica é ideal para anunciantes, pois eles podem captar a atenção dos espectadores, com imagem atrativa, diferente de qualquer cena terrestre.

- **Promoções** — Maya pode ser usado nesta área para efeitos espalhafatosos, tais como, gráficos em placares de jogos, para iniciar uma grande reunião de uma maneira imbatível ou para produzir um tratamento de logo estonteante para apresentações de uma empresa.

- **Animação arquitetônica** — Tipicamente, este uso é para vendas e objetivos de separar em zonas uma pequena platéia, onde uma versão virtual de um design proposto é criado como um grande pôster ou uma animação aérea, filmada em vídeo.

Introdução | **XXV**

- **Animação forense** — Usada às vezes em julgamentos, quando uma seqüência de eventos precisa ser exibida para o júri; normalmente estes aplicativos são usados para recriar acidentes de automóvel ou explicações técnicas.

- **Desenho industrial** — Semelhante à animação arquitetônica, onde um design está sendo considerado para um produto para consumo de massa; o método virtual de Maya é uma maneira muito mais rápida, barata, de rever um design do que montar protótipos. O desenho industrial engloba tudo que é esculpido e produzido em massa — automóveis, barcos, vidros de perfume, batedeiras. O software Studio Tools da AIW focaliza-se mais neste uso de design 3D baseado em computador, mas algumas pessoas preferem usar Maya para esta tarefa.

- **Animação industrial** — Uma frase envolvente para o trabalho solicitado por pessoas fazendo apresentações comerciais — gráficos animados, explicações metafóricas, visuais "eye-candy" e assim por diante.

Maya é o software de animação em 3D pré-eminente fora da prateleira. Ele é usado em quase cada principal efeito de filme, tem uma grande fatia de mercado nas categorias precedentes e é considerado o melhor de todos os programas de animação 3D, a despeito de uma difícil curva de aprendizado comparativa. Atualmente, os principais concorrentes de Maya são LightWave, SoftImage XSI e 3ds max, todos ficando na faixa entre US$2.000 e US$7.000. Os programas de 3D abaixo de $1.000 incluem trueSpace, Inspire 3D, Cinema 4D, Bryce e Animation Master. Há até um bem poderoso aplicativo gratuito de 3D, chamado Blender, disponível em *http://www.blender.nl*. A maioria destes programas funciona na plataforma de computador pessoal e muitos têm versões para outros sistemas operacionais, como Macintosh. Comparações são difíceis, mas em geral, os melhores programas de 3D possibilitam mais animação complexa e oferecem mais facilidade de uso e automação ao criar objetos e animação complexos.

Quem deve ler este livro?

Dominando Maya 4 é destinado ao iniciante, mas muitos segmentos são válidos para um usuário intermediário de Maya. Maya é um pacote complexo, e até animadores ocasionais que o usam podem descobrir que algumas áreas do software são inexploradas. Maya é bem-projetado e usa cuidadosamente convenções semelhantes; portanto, você descobrirá que quanto mais você sabe sobre Maya, mais fácil é aprender mais Maya. Ele é consistente e lógico; assim, não é preciso decorar exceções intermináveis à regra.

No entanto, o iniciante em 3D não deve ser um iniciante em ambos, computador e arte. Idealmente, você trará para este livro algumas habilidades com a arte tradicional e um conhecimento básico de um sistema operacional de computador. Mas, o animador está no coração de um artista e precisa abranger princípios de cor, design, contraste, movimento, direção e outros aspectos criativos. A principal ferramenta do animador é o computador, portanto, você precisa ser capaz de ao menos navegar as suas áreas de armazenagem e realizar tarefas que não ocorrem em Maya.

A maioria dos animadores de 3D vem para Maya por intermédio de programas de edição de imagem 2D em bitmap, tais como Photoshop, Fractal Painter e Corel Photo-Paint. Muitos também usam programas de arte de vetor 2D ("line art" — linha de arte), como CorelDraw, FreeHand ou Illustrator. Alguns têm experiência com animações em compositores, programas que combinam uma linha de tempo com um editor de bitmap, como After Effects ou Combustion. Alguns animadores baseados na Internet têm experiência com produtos que combinam uma linha de tempo com arte de vetor, tal como animação

Flash. A experiência com estes programas de software ajuda a entender partes de Maya. No mínimo, você deve investigar os editores de imagem bitmap; for exemplo, Paint Shop Pro está disponível em *http://www.jasc.com* em uma versão de avaliação. Os bitmaps são usados com freqüência na criação de animação 3D.

Traga tenacidade: a animação em 3D é desafiadora, pois exige usar tanto a mentalidade técnica quanto a artística, com freqüência, simultaneamente. Não fique desencorajado se, às vezes, você tiver que lutar; todos os animadores de computador atingem desafios que levam tempo para solucionar. À medida que você progredir neste livro e em Maya, lembre-se de deixar um tempo para reforçar os conceitos aprendidos e para consolidar freqüentemente o seu aprendizado com pequenos projetos e experiências. Cada capítulo inclui barras laterais "Como ir além" para dar-lhe algumas idéias para este tipo de excursão. Complete a experiência e prossiga: se alguns resultados parecerem promissores, você pode voltar a eles depois de haver dominado outras partes de Maya e embelezar o projeto, para torná-lo válido em seu currículo. Você precisa obter uma boa visão de produção de animação antes de trabalhar em um projeto individual vantajoso, além de ter aquela visão geral quando completar os tutoriais deste livro.

Como este livro é organizado

Dominando Maya 4 é composto de quatro partes. A Parte I, "Um guia rápido de introdução ao Maya", oferece o básico ao se usar Maya e criar com ele animação em 3D. O Capítulo 1, "Pré-Maya: uma introdução", oferece orientação aos usuários que são fracos em uma destas áreas. Destina-se a pessoas que são ariscas quanto a computadores ou pessoas que não gostavam de arte na escola e a têm evitado desde então. Os Capítulos 2, "Um passeio por Maya", e 3, "Interação Maya", oferecem o básico de navegação através de e interagindo com Maya, para você poder começar a sua criação em 3D. O Capítulo 4, "Mergulho: a sua primeira animação" consolida todas as etapas de modelagem, texturização, animação e apresentação com Maya em um dos tutoriais que lhe dá uma visão geral de todo o processo.

A Parte II, "Básicos de Maya", é onde você se torna proficiente no uso de Maya. Você reverá os principais estágios de criação de animação com Maya, trabalhando através de tutoriais em cada capítulo e movendo para uma maneira mais sofisticada de usar Maya. Quando o Capítulo 5, "Modelagem básica NURBS" começa, o tutorial de fluxo de trabalho move de simples menus pull-down (puxar para baixo) para uma abordagem mais profissional de menu de marcação, destinada a usuários imersos em fluxo de trabalho de mundo real. Pelo fato de que Maya oferece ambos, NURBS e modelagem poligonal, as duas formas são abordadas em capítulos separados. O Capítulo 6, "Mais modelagem NURBS", entra em mais detalhes de modelagem NURBS, com um tutorial que envolve montar uma casa. No Capítulo 7, "Modelagem com polígonos", você irá modelar uma criatura para ver as técnicas de modelagem orgânica com polígonos. O Capítulo 8, "Materiais", explica como criar todos os tipos de superfícies padrão com Hypershade de Maya. No Capítulo 9, "Iluminação", você vê como obter resultados dramáticos e realistas de iluminação com as luzes virtuais de Maya. O Capítulo 10, "Animação", demonstra a força de Maya, com animação e respostas de automação animadas. No Capítulo 11, "Câmeras e renderização", você aprende a finalizar um projeto, fixando um ponto de vista e produzindo os seus resultados finais renderizados a partir dele.

A Parte III, "Como ir além com Maya", começa com o Capítulo 12, "Efeitos de pintura", que demonstra este poderoso módulo, capaz de criar todas as formas de plantas e árvores, meio natural e até nuvens, estrelas e nebulosidade. O Capítulo 13, "Sistemas de partícula e dinâmicas", mostra métodos para criar animação complexa de uma maneira automatizada. Ao final do Capítulo 13, você terá completado os projetos do livro e produzido uma sofisticada seqüência animada do início ao fim em Maya, partindo de uma tela vazia. O Capítulo 14, "As suas próximas etapas: eficiência e arte", oferece diretrizes para tornar rápido e simplificado o processo de animação e o conduz para longe das armadilhas comuns.

A Parte IV, "Apêndices", inclui vários apêndices úteis de referência. Os Apêndices A, "Disco de início Maya para usuários max", e B, "Disco de início Maya para usuários LightWave" dão aos usuários de 3ds max e LightWave rápidas diretrizes de comparação-e-contraste para ajudar a usar Maya mais rapidamente. O Apêndice C, "Dicas de sistema operacional", oferece dicas sobre o uso de Maya com plataformas Windows NT, Linux e IRIX. Não se esqueça de olhar o suplemento colorido deste livro, para ver uma coleção de imagens inspiradoras, criadas por artistas profissionais Maya. Também incluímos algumas figuras e apresentação de exemplos dos tutoriais do livro para dar-lhe uma oportunidade de vê-los completamente em cores.

Convenções usadas neste livro

Traduzir a interação de software em texto (quando escrevemos) e de volta (quando você lê) pode ser difícil. Para facilitar o seu entendimento, adotamos determinadas convenções tipográficas neste livro:

- Uma fonte em **negrito** é usada para teclas de atalho.
- *Itálicos* são usados para introduzir novos termos ou para dar ênfase.
- O caractere de barra vertical (I) indica Hotbox (caixa 'quente') ou escolhas de menu.

Também colocamos em ícones certas informações de notícias: dicas, armadilhas, notas, arquivos em CD e arquivos de filme em CD.

Dica	À medida que você estiver trabalhando com tutoriais, é onde você encontrará diretrizes ou lembretes úteis de como realizar determinadas técnicas.
Armadilha	Indicadores sobre pontos de problema em potencial são destacados como armadilhas.
Nota	Comentários gerais em um tutorial ou comentário interessante de suporte, com freqüência são destacados como notas.

Este símbolo indica quando carregar um arquivo de cena do CD-ROM do livro. Na maioria dos casos, você pode continuar o seu trabalho anterior, mas se estiver tendo problemas, pode dissecá-los examinando o arquivo de cena, ou simplesmente buscar à frente, carregando a cena seguinte. Os tutoriais são salvos em vários pontos, de modo que você pode movimentar-se facilmente pelo livro, se quiser.

Filmes de resolução completa com áudio também estão incluídos no CD. Estes filmes devem ser valiosos em tornar o seu processo rápido. Ao invés de traduzir uma série complexa de movimentos e cliques de mouse do texto do livro, na verdade você pode olhar sobre o seu ombro, enquanto fazemos cada etapa no tutorial e explicamos o que estamos fazendo. Veja a próxima seção, se você tiver dificuldades de executar esses arquivos .wmv.

No item "Como ir além", acrescentamos dicas...

Filmes no CD-ROM: como exibi-los e usá-los

Os filmes no CD-ROM foram criados com Camtasia da Techsmith. Com estes utilitários, os usuários podem captar filmes a partir de um computador desktop com perfeita fidelidade, enquanto grava o áudio simultaneamente. Para ajudá-lo a entender as ações fora da tela, cliques com o botão esquerdo do mouse são designados com um círculo azul, que emana do cursor, e cliques com o botão direito do mouse, como círculos em vermelho. Infelizmente para Maya, o clique com o botão central do mouse não é circulado, mas damos a você verbalmente a dica, quando o botão central do mouse estiver sendo usado. Camtasia também se excede em barulhos de cliques de tecla e de mouse para indicar o que está acontecendo. Você pode disparar estes movimentos de adiantar e retroceder, se quiser repetir partes difíceis ou pular seções que já aprendeu. Quase todos os capítulos do livro têm filmes de apoio, que são válidos serem explorados, totalizando várias horas de instrução direta.

Para tornar estes filmes de plataformas múltiplas, eles tiveram que ser re-comprimidos em formato WMV, um formato de mídia em fluxo que toca com Windows Media Player. O Windows Media Player está disponível para PC e Macintosh, assim como para Sun Solaris. O codec WMV de tela é muito claro e compacta estreitamente para a quantidade máxima de tempo de gravação em um espaço de armazenagem fixo. A captação total de 800x600 é aguçada e clara e o áudio é distinto. Se os filmes forem barulhentos ou inaudíveis, verifique o seu sistema, quanto a potência de auto-falante, conexão, volume de auto-falante e volume de desktop. Clique com o botão direito do mouse no ícone de auto-falante no Windows para poder ajustar a ambos, o volume geral e o volume de "saída de onda". Pode ocorrer distorção no áudio, se o volume do computador estiver ajustado alto demais, mas o puxador de volume de auto-falantes amplificados estiver baixo demais. Ajuste ambos para um nível médio, para melhores resultados.

Pelo fato de que o vídeo estará sendo exibido a uma resolução de 800x600, você pode precisar ajustar a resolução do seu desktop para 1024x768 ou maior, para poder ter acesso aos controles Media Player, que aparecem embaixo, no filme. Se você precisar vê-los em 800x600 ou menos (como com laptops), pressione Alt+1 para redimensionar a exibição de filme para 50%. Você terá alguma degradação de imagem, mas ainda será capaz de ver o filme e pode re-dimensionar o Media Player para ótima clareza.

Você também pode pressionar Alt+Enter enquanto está no Media Player para alternar para o modo de tela cheia.

Se encontrar erros como "tipo de arquivo inválido" ao tentar exibir os filmes, você precisa apenas carregar a versão mais recente de Media Player da Microsoft. Aponte o seu web browser para http:// www.microsoft.com/windows/windowsmedia/ e carregue o player em seu sistema operacional. Por ocasião desta escrita, o player e codificador estavam na versão 7.1, mas usuários NT usam a versão 6.4; porém, ainda estará certo executar os arquivos WMV com áudio completo.

Você também pode querer verificar o web site deste livro (veja mais sobre ele na seção "O web site deste livro") para outras dicas para exibição de filme, assim como novos filmes gratuitos para baixar.

Maya e hardware

Devido ao custo relativamente alto do software Maya, você pode ter a impressão de que é necessário algum tipo de supercomputador pessoal para executar Maya. Ao contrário, virtualmente, qualquer PC moderno, de qualquer supermercado, é o bastante, exceto pela placa de vídeo, conforme aprenderá na próxima seção.

Placas de vídeo em 3D

A sua experiência de Maya será muito melhor se você começar com uma das melhores placas de vídeo 3D e, provavelmente, você precisará eventualmente comprar uma placa de vídeo 3D profissional para usar Maya. Veja o guia de compatibilidade que a Alias|Wavefront mantém atualizado em seu web site (http://www.aliaswavefront.com/en/Community/Support/qualified_hardware/QUAL/maya_40NT.html), ou navegue a partir de Aliaswavefront.com para Maya Support (suporte Maya) e busque por "Qualified Hardware".

Em geral, as placas 3D Labs, ELSA, Oxygen, nVidia e FireGL destinadas a usuários profissionais serão a sua melhor escolha. Verifique com o fabricante para descobrir os modos específicos de driver. Se ele oferecer um modo de driver especificamente destinado para Maya, é quase certo funcionar bem para você. Muitos oferecem barra de tarefas com modo de troca, conforme mostrado na Figura i.7. O recurso chave a buscar é "overlay planes" (superposição de planos); sem ele, todas as funções de pintura interativas serão dolorosamente lentas. Provavelmente, você precisará gastar algumas centenas de dólares, no mínimo, em sua placa de vídeo. Veja http://www.pricewatch.com para saber o preço destas placas de vídeo 3D, de centenas de revendedores.

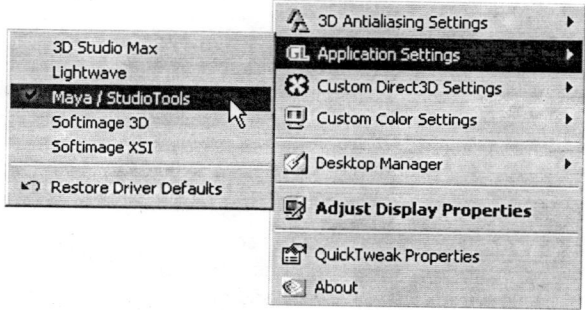

Figura i.7 – Reajuste do driver do modo de vídeo para trabalhar com Maya.

Algumas dicas sobre placas de vídeo: assegure-se de visitar a página na web do fabricante de sua placa com freqüência, para ver os drivers mais recentes. Depois de instalar os drivers, em Windows NT/2000, você pode clicar com o botão direito do mouse no desktop e escolher Properties (propriedades). Na caixa de diálogo Display Properties (exibir propriedades) que se abre, selecione a guia Settings (ajustes), onde você ajusta a resolução e a profundidade de cor. Clique no botão Advanced (avançado) para exibir a personalização de ajustes de sua placa de vídeo, assim, é possível verificar se a sua aceleração Open GL 3D está funcionando corretamente. É também onde você encontra os ajustes específicos de programa, com um pré-ajuste para Maya. Teste a sua placa primeiro em 1024x768 ou menos; algumas placas apresentam problemas quando ajustados a resoluções altas. A aceleração normalmente é destinada para uma profundidade de cor específica: 15/16 bits (32.000 cores) ou 24/32 bits (16 milhões de cores). A maioria das placas mais novas é de 24 bits (também conhecidas como Truecolor), mas algumas placas mais baratas só aceleram no modo de 15 bits.

Um mouse de três botões

Uma despesa menor é um mouse de três botões. O botão de rolagem pode substituir o botão central do mouse, mas é desajeitado para o uso freqüente que Maya faz deste botão. Usar Maya é muito mais natural com um mouse de três botões. Necessariamente, você não precisa desistir do seu botão de rolagem. O mouse de US$20 na Figura i.8 inclui dois botões de rolagem e três botões e funciona perfeitamente com Maya.

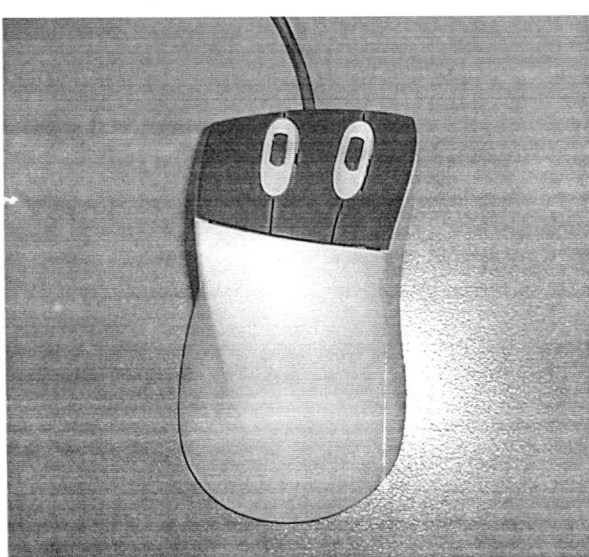

Figura i.8 – Um mouse de três botões barato, com dois botões de rolagem.

Alguns drivers de mouse têm causado problemas, tais como não reconhecer o botão central do mouse de uma maneira compatível com Maya, ou não reconhecer um clique de botão quando são usados dois botões do mouse ao mesmo tempo. Estas funções são muito importantes para o trabalho de Maya, portanto, carregue drivers novos ou diferentes drivers para o seu mouse se este problema acontecer. Se ele persistir, compre um novo mouse.

Introdução | **XXXI**

Tablets

Uma outra compra de hardware recomendada é uma mesa digitalizadora (N. do T.- superfície onde se desenha para introduzir informações gráficas no computador). Todas as ferramentas de desenho em Maya — Artisan, 3D Paint, Paint Weights, Paint Effects e assim por diante — são capacitadas por pressão. Uma mesa digitalizadora lhe dá um controle muito maior sobre os resultados, pois você pode fazer os seus traços de desenho mudar o comprimento, com base na pressão da caneta. Tipicamente, o tamanho do pincel ou a opacidade é feito para variar de acordo com a pressão do traço, mas qualquer variação que você vê em Maya, que aparece duas vezes com um (U (upper — superior)) e um (L (lower — inferior)) depois do parâmetro de nome pode variar entre estes limites superior e inferior, com base na pressão da caneta. Se você estiver usando um mouse, ele usa apenas o valor superior para todas as partes de todos os traços — uma maneira bem grosseira de fazer negócios! Uma mesa digitalizadora pode custar entre US$100 e US$4.000, mas as linhas Graphire 4x5 e Intuos 6x8 da Wacom estão por US$100 e US$300, respectivamente, e permitem excelentes resultados. É um investimento válido, se você planeja usar as ferramentas de desenho de Maya.

Exigências mínimas

Maya 4 para NT/2000, oficialmente, exige o seguinte:

    Processador Pentium 200MHz

    128MB de RAM

    Drive de CD-ROM

    Placa gráfica OpenGL de "desempenho médio para alto"

    Cerca de 400MB de espaço em disco para uma instalação completa

    Windows 2000 Pro com Service Pack 1 ou posterior, ou Windows NT com Service Pack 4 ou posterior

    Netscape 4 ou superior ou Internet Explorer 4 ou superior, para ver a documentação online

    Opcionalmente, uma placa de som

Exigências exclusivas para Linux:

    Red Hat versão x.x (6.2 ou 7.1)

    Intel IA32 CPU (um moderno processador Intel de 32 bits)

    Placa Ethernet

Exigências exclusivas para IRIX:

    IRIX 6.5.12 ou superior

    Hardware Z-buffer

    Gráficos de 24 bits

Exigências exclusivas para sistema operacional Macintosh X:

    Chipset G4 (450, 500, 533, 633, 733, 800, 867 e assim por diante)

Configurações de processador duplo são suportadas, mas neste lançamento a apresentação em lote não é multiencadeada.

Placas gráfica ATI Rage 128 ou ATI Radeon

Mouse USB de três botões (tal como Contour Design UniMouse)

Mac OS X 10.0.4 (4Q12 ou posterior). O Mac OSX precisa estar instalado sozinho na partição de disco. Não instale o Mac OSX na mesma partição que Mac OS 9.

Drives locais formatados expandidos Mac OS

Mínimo de 512MB de memória

Independente do sistema operacional que você está usando, a maioria dos animadores considera essencial ter um scanner, um ZIP drive, um queimador de CD, acesso à Internet e, possivelmente, um dispositivo de captação e saída de vídeo. Se no início o seu orçamento estiver apertado, estes itens podem ser acrescentados de acordo com a necessidade em seu trabalho.

Nota Por ocasião desta escrita, a primeira versão de Maya compatível com Macintosh estava disponível. Esta versão é, essencialmente, Maya 3, com o apresentador de Maya 4. Embora este livro seja para usuários de Maya 4, quase todos os recursos e funções ilustrados estão disponíveis em Maya 3. No entanto, muitas caixas de diálogo e ferramentas estão em lugares diferentes; assim, se você estiver tentando usar este livro com Maya 3, precisa aprender primeiro a localização de todas as caixas de diálogo de Maya 3.

Recomendações de sistema

Nesta seção, esboçamos as nossas recomendações não oficiais para hardware de PC. Não são conselhos de "cheque em branco"; estas dicas são baseadas em experiência e preços atuais com relação ao software Maya:

- **Processador** — Se você puder, obtenha um sistema de processador duplo. Athlons tem as únicas placas-mãe de processador duplo oferecidas recentemente, mas os sistemas Pentium têm tido multiprocessadores por anos. CPUs duplos tornam o seu sistema muito mais potente para múltiplas tarefas, se você quiser deixar Maya renderizar, enquanto você busca pela web, trabalha em Photoshop ou mesmo inicia uma nova sessão de Maya na mesma máquina! O modo de renderização em lote de Maya pode usar uma série de processadores que você determinar, portanto, você pode deixar Maya trabalhar com um, quando ele está no fundo, e ajustá-lo para usar ambos quando não estiver usando o computador (quase que dobrando a potência de renderização).

- **RAM** — 512MB é típica para a maioria dos usuários, pois o preço de RAM despencou no ano do lançamento de Maya 4. Se você for trabalhar com modelos imensos, pode optar por 1 GB ou mais, se a sua placa-mãe suportá-la. A RAM age como um gargalo, se você precisar exceder o que tem instalado, mas não ajuda, se você tiver mais do que o necessário. Simplesmente veja o uso físico de sua RAM e se com frequência ela se tornar lenta, compre mais RAM. Em Windows NT/2000, verifique a guia Performance (desempenho) em Task Manager (gerenciador de tarefas) para ver a disponibilidade física de RAM. Normalmente, ela não vai a zero, nem quando você tem RAM pequena demais. Ao contrário, você a verá cair para 10MB ou menos e, depois, variar para cima e para baixo. Também, você notará a luz do disco rígido piscando constantemente e uma resposta impaciente de seu computador, quando a sua RAM está mal nutrida.

Introdução | **XXXIII**

- **Placa de vídeo** — Não use uma placa de vídeo baseada em jogo; compre uma CAD profissional e uma placa de vídeo 3D. Considere também a geometria e textura de RAM disponível na placa de vídeo 3D. Se você usar grandes cenas ou tornar visíveis muitas texturas grandes em suas vistas sombreadas Maya, pode exceder a RAM disponível da placa de vídeo. Se fizer isto, as suas vistas sombreadas se tornarão extremamente lentas para interação. Se você for com certeza usar grandes arquivos de cena, escolha uma placa de vídeo com muita RAM. Placas típicas de vídeo 3D têm 32MB a 64MB de rápida RAM onboard.
- **Placa de rede** — Embora a Alias|Wavefront ainda ofereça o bloqueio de hardware, é aconselhável obter uma placa de rede para a sua autorização Maya. Já que as placas de rede têm números de ID internos individuais, eles podem ser usados, ao invés de um bloqueio de hardware, também conhecido como *dongle* (circuito de proteção). Os motivos para usar a placa de rede incluem a possível exposição do bloqueio de hardware contra danos e roubo, a cobrança de US$150 de AIW para obter um bloqueio de hardware e o potencial problema de porta paralela quando o circuito de proteção é colocado entre o dispositivo (normalmente uma impressora) e a porta paralela. Agora, a maioria dos PCs está equipada com uma placa de rede, mas você pode comprar uma por US$20 ou menos; qualquer placa PCI Ethernet 100BaseT estará bem. O único benefício de ter um bloqueio de hardware é que é mais fácil usar Maya em múltiplas máquinas; você pode simplesmente levar o bloqueio de hardware onde quer que você vá. Note que AIW também oferece uma opção de licença "flutuante" com uma cobrança adicional (US$1.500, por ocasião desta escrita), quando você deseja permitir que a licença funcione em qualquer outra máquina em uma grande LAN (Local Area Network — rede de área local).

Onde pesar o orçamento de seu computador

Se o seu orçamento estiver no fim, priorize como a seguir:

1. Escolha primeiro a melhor placa de vídeo possível. Verifique o web site deste livro para conselhos mais atualizados sobre escolha de placa; a tecnologia de vídeo 3D muda rapidamente. Consulte a lista de placas de vídeo oficialmente aprovada no web site da Alias|Wavefront. Depois, verifique preços e avaliações de hardware para estreitar a sua seleção.
2. Para os tutoriais deste livro, 256MB seria suficiente RAM para criar e renderizar todos os projetos. Se você tiver 128MB de RAM, atualize para 256.
3. Em seguida, compre uma mesa digitalizadora. Elas são relativamente baratas e permitem que você realmente dê a partida com 3D Paint e Paint Effects.
4. Por fim, considere substituir a sua CPU; fazer uma troca completa de CPU em geral exige um sistema completamente novo. Aumentar apenas de um Pentium 3 500MHz para um Pentium 3 700]MHz não vai fazer uma diferença tão grande. Placas-mãe mais antigas não suportam as taxas de clock mais rápidas; por exemplo, a sua antiga placa-mãe P3-500 pode não permitir que você troque para 1000MHz. Verifique antes de comprar uma nova CPU! Em geral, é melhor comprar um novo computador integrado do que tentar fazer o upgrade, devido às inevitáveis incompatibilidades de hardware quando você empurra novo hardware para trabalhar com hardware e firmware mais antigos.

Um item de luxo a ser considerado pelos animadores é um segundo monitor. Com a maioria das placas-mãe de PC usando um slot (encaixe) AGP para a placa de vídeo, você precisa substituir toda a placa de vídeo 3D por uma nova placa de vídeo que suporte monitores duplos, de preferência, com aceleração completa de 3D em pelo menos um dos dois monitores. Também é possível usar dois slots PCI, mas você precisa usar placas de vídeo idênticas se executando Windows NT. Acrescentar um segundo monitor oferece a habilidade de mover quaisquer paletas e janelas flutuantes de Maya para a segunda tela, onde elas não ocultam as suas vistas em 3D da cena e podem ficar abertas o tempo todo. Quase cada painel ou menu do Maya pode ser "transformado" em flutuante.

Um resumo de como autorizar Maya

Você pode instalar o CD Maya em qualquer computador, em qualquer lugar, sem limitações. Toda a utilização do software é limitada pela "criptografia" que você recebe ao possuir uma licença Maya. Esta criptografia é um pequeno arquivo de texto, que tipicamente é enviada a você por e-mail. Para usuários Windows NT/2000, o arquivo de texto é salvo em sua pasta C:\FlexIM, com o nome de arquivo aw.dat, independente de onde você instalou Maya. A criptografia bloqueia a sua placa de rede ou o seu bloqueio de hardware, se você comprou um. Para obter uma criptografia, é preciso informar ao seu revendedor AIW o número de bloqueio de seu hardware (impresso no bloqueio de hardware) ou o seu número de ID de rede. Para obter o número de ID de rede em uma máquina Windows, simplesmente abra o prompt de comando, digite IPCONFIG /ALL e pressione Enter no prompt, para capacitar uma exibição semelhante a esta:

```
Ethernet adapter (adaptador de Ethernet):
Description (descrição) ......................... NDIS 4.0 driver
Physical address (endereço físico) ........ 00-D0-05-C6-F8-3A
DHCP Enabled (DHCP capacitado) ...... No (não)
ID address (endereço IP) ....................... 218.130.137.166
Subnet Mask (máscara de sub rede) ...... 255.255.255.210
Default Gateway (meio de acesso padrão) 208.130.227.113
```

A seção "Physical Address" é a parte que você deseja fornecer a AIW. Se você bloquear para uma placa de rede que mais tarde é danificada ou parar de trabalhar, é preciso coordenar a substituição com Alias|Wavefront, pois a sua placa de rede, na verdade, está sendo usada como o seu único bloqueio de hardware em sua licença.

Maya Complete versus Maya Unlimited: o que mais você obtém?

Maya Complete (Maya completo) contém a maioria dos recursos de Maya, e a maior parte dos animadores está completamente servida com ele. Este livro só cobre os recursos de Maya Complete. Quatro módulos únicos são acrescentados àqueles que compram o upgrade para Maya Unlimitaded (Maya ilimitado).

- **Cloth** (roupa) — Este módulo permite ao usuário definir um padrão de roupa, usá-lo em um personagem e ter o movimento de roupa real, em reação aos movimentos do personagem. Você pode simular efeitos como os de roupa com bons resultados, usando a dinâmica suave de corpo de Maya Complete, mas para personagens usando roupas, Maya Unlimited oferece uma solução elegante e completa.

- **Fur** (pele) — Como a roupa, a pele aplicada com este módulo se movimenta como real em reação aos movimentos do personagem ao qual é aplicado. Ele também calcula e se renderiza rapidamente. Não é destinado a criar o efeito de cabelo longo. Você pode simular pele com bons resultados, usando Paint Effects de Maya Complete, mas ele não retorna em reação a movimento de personagem e demora mais a se renderizar.

- **Live** (ao vivo) — Este módulo pode analisar o comprimento total de ação ao vivo, deduzir a posição da câmera e depois criar uma câmera virtual em Maya, que é animada exatamente da mesma maneira que a câmera do mundo real. Este recurso capacita composições perfeitas de elementos CGI (Common Gateway Interface — interface comum de meio de acesso) em fundos de mundo real filmados, assim como colocar à frente objetos filmados (normalmente filmados contra uma tela azul) em ambientes CGI.
- **Subdivision Surfaces** (subdivisão de superfícies) — Este método único de modelar é diferente da modelagem típica poligonal e NURBS descrita neste livro. SubDs (Subdivision Surfaces, como são normalmente chamadas) são baseadas em dividir facetas de um simples polígono geométrico para acrescentar detalhes mais apurados onde necessário (por exemplo, em uma cabeça humana, são necessários mais detalhes no rosto do que na parte de trás da cabeça). A simples geometria age apenas como um gabarito invisível para fixar o detalhe, pois ela é modificada pelo gabarito.

Estes módulos, quando capacitados, aparecem em Maya sem emendas, como modos ou pull-downs adicionais. Alguns outros recursos só são incluídos em Maya Unlimited: booleanos NURBS, a ferramenta Round (arredondar) e Global Stitching (ampliar globalmente). Estes recursos poupam tempo, mas a função essencial deles está disponível em Maya Complete, tomando várias etapas para conseguir o mesmo resultado final.

Ajuda dentro de Maya

Com Maya 4, os volumosos manuais só estão disponíveis online. O conjunto de documentos fornecido é apenas material para iniciar, tal como, "Instant Maya" (Maya instantâneo), como instalar, o que é novo e notas de lançamento. Porém, a documentação online é cuidadosa e detalhada. Pressione F1 em Maya, para apresentar a Maya Documentation (documentação Maya). Você deve se acostumar a abrir a documentação todo o tempo, ao fundo. Quando você começa a trabalhar em uma área onde não está confiante quanto ao verdadeiro significado de cada etiqueta variável ou opção de pull-down, faça um pouco de leitura. O utilitário de busca interno na documentação é rápido e confiável. Não há necessidade de confusão ou incerteza sobre as muitas (com freqüência, estranhamente nomeadas) variáveis. Apenas busque por elas para conseguir um apanhado completo de cada parte de Maya.

O web site deste livro

Para interagir com os nossos leitores e aperfeiçoar o entendimento deles de Maya, criamos um web site de suporte para este livro. Visite *http://www.trinity3d.com/M4F/*. Aqui, você pode conseguir dicas e idéias adicionais, novos filmes e outros novos conteúdos de suporte, além de links para sites úteis e pontos focais para a comunidade Maya online. Quaisquer correções importantes ao livro também estarão relacionadas aqui.

Por favor, note que tentaremos ajudá-lo quando possível e estamos curiosos para saber onde podemos nos aperfeiçoar em futuras edições deste livro, mas não podemos agir como conselheiros ilimitados e e-professores para os seus projetos pessoais.

Como chegar aos autores

Contate os autores em:

Jim Lammers
jim@trinity3d.com

Lee Gooding
goodings@purdue.edu

Se as coisas mudarem, as nossas informações de contato mais atuais serão mantidas no web site mencionado na seção anterior.

Uma última nota

Este livro não trata sobre fazer planilhas ou o design de informativos. Em geral, programas de animação em 3D — e de Maya em especial — podem levar a querer algo que nenhum outro software pode ter: a habilidade de criar e visualizar mundos inteiros, cheios de detalhes e imaginário realístico, tudo a partir de sua própria imaginação. Entre a razão preço/poder de computadores modernos e o ponto de preço mais baixo de Maya estamos entrando em uma era onde cada pessoa pode criar ambientes totalmente realizados, personagens e histórias, tudo a partir de quatro simples recursos: um computador desktop, o software Maya, tempo e talento. Podem haver muitos momentos de dificuldades, misturados com outros momentos de triunfo, à medida que você progride de neófito a mestre. No entanto, para a maioria, acreditamos que a principal emoção é a alegria de criar, à medida que ficamos melhores. Esperamos que você julgue a viagem cada vez um pouco mais compensadora e agradável, como nós achamos.

PARTE I

Um guia rápido de introdução ao Maya

1	*Pré-Maya: uma introdução*	3
2	*Um passeio por Maya*	25
3	*Interação Maya*	47
4	*Mergulho: a sua primeira animação*	69

CAPÍTULO

1

Pré-Maya: uma introdução

Neste capítulo

Nem todos aqueles que têm paixão por animação em 3D passaram centenas de horas dirigindo filmes, pintando ou desenhando retratos, coordenando cores e padrões de decoração de interiores e iluminando e tirando fotografias. Nem necessariamente, montaram um computador, configuraram um rede, instalaram um sistema operacional ou escreveram um programa software — mas tudo isto ajudaria! Falando sério, computação gráfica combina tantas disciplinas que praticamente qualquer um que tenha ao menos uma pequena experiência já faz disto um fator relevante. Portanto, são tantas as habilidades combinadas necessárias para dominar bem a animação em 3D, que é útil rever uma lista delas.

O resultado final da animação em 3D é quase sempre uma imagem em 2D — uma imagem estática ou um filme (embora criações em 3D tenham sido distribuídas recentemente, por exemplo, para examinar um sistema de estéreo modelado em um web site de e-commerce para equipamento de áudio). Na maioria dos aspectos, a criação de arte de Maya não é diferente de qualquer outra mídia tradicional. Os mesmos princípios de design se aplicam: aqueles aprendidos de milhares de anos de pintura e pelo menos cem anos de fotografia estática e em movimento. Muitos aspirantes a animador só tiveram uma rápida exposição a estes conceitos de design, portanto, este capítulo oferece uma visão geral concisa. Ao final, você encontrará uma bibliografia que indica o caminho para mais informações.

Muito menos importante, mas ocasionalmente crítico, é um conhecimento do trabalho do hardware e do software de seu computador. Ao invés de explicar cada tipo de computador e sistema operacional, este capítulo resume as tarefas que você deve saber realizar com o seu computador. Ele também explica o fluxo básico de como o software, o hardware e o usuário interagem. A função Help (ajuda) de seu sistema operacional e os manuais podem responder à maioria de suas perguntas.

Uma seção final cobre o básico de computação gráfica. O ABC de computação gráfica inclui termos como pixels, resolução, profundidade de cor e bitmap. Se estas palavras lhe são estranhas, leia com cuidado esta seção como um ponto de partida para o resto deste livro.

Cores básicas

Se você lembra de alguma coisa de suas aulas de arte na infância, provavelmente foi o aprendizado de cores *primárias*: vermelho, amarelo e azul. Uma roda de cores, mostrada na Figura 1.1, coloca estas três cores nos vértices de um triângulo e os resultados de misturar estas cores aparecem entre aqueles três pontos: as cores *secundárias*: laranja, verde e violeta. As cores de verde a violeta são chamadas de *frias* e aquelas de vermelho a amarelo são *quentes*. As cores que são opostas umas às outras na roda, como azul e laranja, são consideradas cores *complementares*. Elas tendem a destoar quando combinadas; por exemplo, uma bola laranja em um cômodo azul pode parecer gritante. A paleta geral de cores usada em uma composição é chamada de *esquema de cor*, e um esquema de cor geral de composição pode ser dito ser quente ou frio, dependendo da cor predominante. Geralmente, um esquema de cor parece mais harmonioso, se você evitar grandes áreas sobrepostas de cores complementares. No entanto, cores complementares usadas criteriosamente podem ser úteis se você quiser que objetos pareçam "saltar" do fundo.

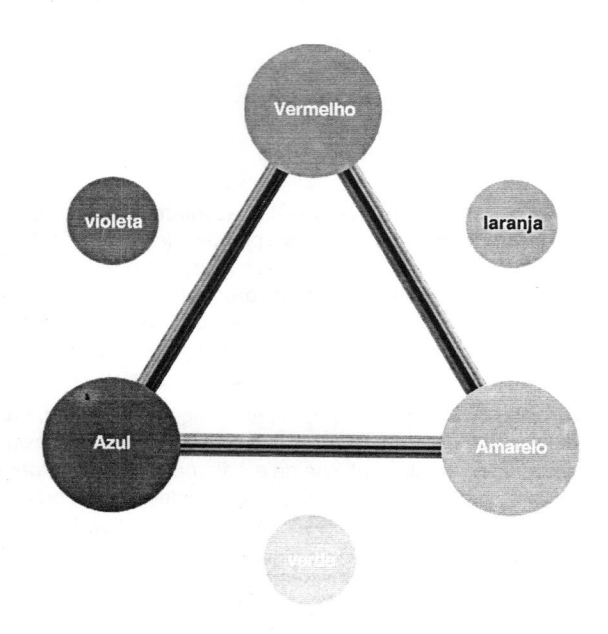

Figura 1.1 – *A roda de cores.*

Mistura de cores: negativa e aditiva

As principais cores familiares são conhecidas como *subtractive color* (cor negativa), uma forma que não é usada em computação gráfica. Ela é chamada negativa, pois com as tintas e os lápis pastéis, os pigmentos são aplicados em uma superfície refletiva, normalmente papel branco. A luz viaja através do pigmento, colorindo-o e, então, reflete a partir da superfície branca e volta através dos pigmentos, colorindo novamente a luz, antes de chegar ao seu olhar. Os pigmentos absorvem e subtraem determinadas cores, deixando as cores observadas passar. Acrescente muitos segmentos de diferentes cores e você obtém preto.

Com gráficos de computador, a cor é *aditiva*. O monitor é preto por padrão e você cria a cor acrescentando três cores de luz. As cores aditivas primárias são vermelho, verde e azul, que mudam a maneira de você pensar sobre cores ao trabalhar com computação gráfica. As misturas de cores vermelho, verde e azul são amarelo, ciano e magenta (veja a Figura 1.2). Acrescente muitos segmentos de diferentes cores e você obtém branco.

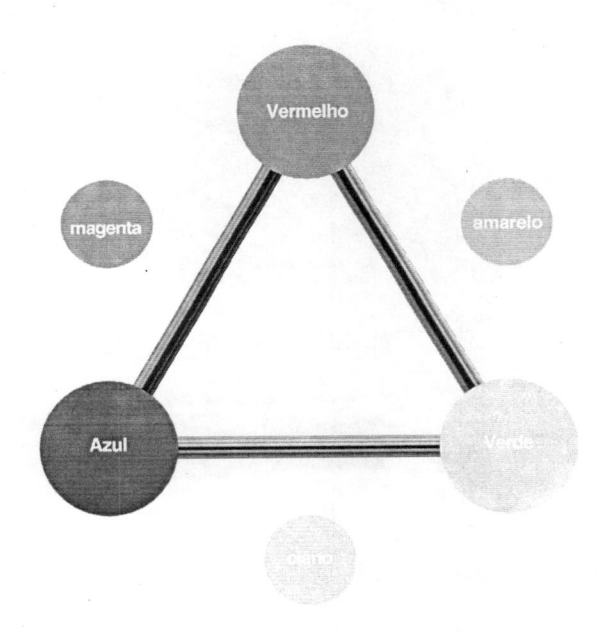

Figura 1.2 – *A roda de cores de cores aditivas.*

HSV e RGB

Ao ajustar uma cor em Maya, você pode editar cores no modo RGB (Red, Green, Blue — acrônimo para vermelho, verde, azul) ou HSV (Hue, Saturation, Value — tom, saturação, valor) (veja a Figura 1.3). No modo RGB, você ajusta o poder de valores vermelho, verde e azul independentemente, de 0 a totalmente (totalmente pode ser normalizado para 1.0 ou para 255). Porém, o modo HSV é muito mais intuitivo para tonalizar cor. HSV significa "hue, saturation e value". *Hue* é o tom de cor raiz; por exemplo, um rosa pastel tem um tom de vermelho. *Saturação* define a pureza da cor comparada com escala de cinza; quanto menos saturada ela é, mais se parece com uma monótona imagem em escala de cinza. *Value* define o brilho da cor, comparado com preto, e pode ser tido como um valor misto de preto. Quando você mistura as cores em suas cenas, perceberá que, na realidade, as cores raramente são completamente saturadas ou não saturadas. Há uma tendência para pensar a respeito de uma flor ou um sinal de parar vermelhos como vermelho puro, mas um vermelho puro, totalmente saturado é intenso demais em computação gráfica. Se você quiser um aspecto natural, evite ajustes extremos em quaisquer dos deslizadores HSV, especialmente saturação.

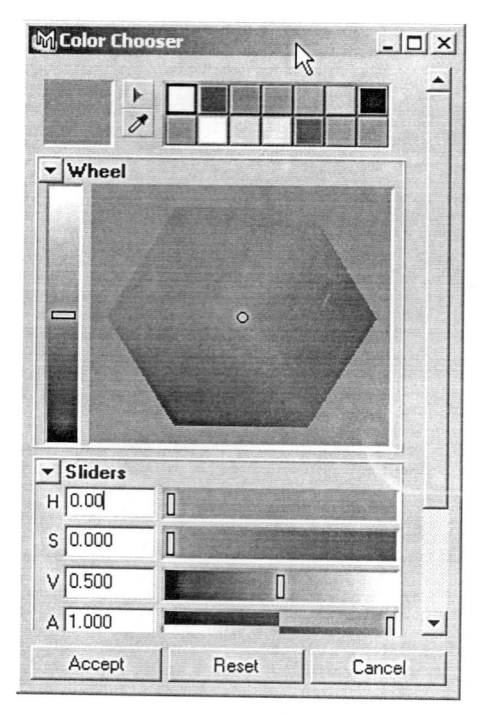

Figura 1.3 – *Color Chooser (paleta de escolha de cores) de Maya.*

Composição de imagem

A parte-chave de emoldurar as suas tomadas é a *composição de imagem* — a colocação do objeto e os seus arredores dentro da moldura retangular da imagem. Um outro elemento de composição é como você usa cor e contraste para direcionar a vista do espectador. Áreas de cores semelhantes, ou brilho semelhante, com baixo contraste são desestimulantes com relação a outras áreas da composição.

Brilho e contraste

Geralmente, você quer que as suas imagens executem a gama de muito branco a muito preto, mas você pode escolher um aspecto lavado (o escuro mais escuro é cinza médio) ou sub-exposto (o brilho mais brilhante é cinza médio). Entretanto, normalmente você quer que algumas áreas de sua imagem permaneçam bem escuras e outras mais completamente iluminadas, para que a imagem não pareça morta ou lavada. O contraste pode ser usado para chamar a atenção do espectador. Áreas de baixo contraste de uma composição (por exemplo, uma grande parede bege sem enfeites que domina uma parte da moldura) com freqüência são mais insípidas e pouco interessantes do que áreas de alto contraste (tal como um brilhante carro vermelho com pneus pretos). Entretanto, geralmente você deve evitar tornar toda a sua composição altamente contrastante e cheia; ela pode distrair a atenção da composição e parecer entulhada.

Com 3D, o perigo normal é uma aparência lavada (veja a Figura 1.4). Para evitar isto, cuide para não iluminar demais as suas cenas e seja comedido quanto à luz *ambiente* (um tipo de luz em Maya, que brilha em todas as superfícies, o tempo todo). Trabalhe a partir de preto, acrescentando muitas luzes locais de baixa potência, para realçar as áreas de interesse. Quase sempre, você deve aplicar alguma quantidade de *falloff* (diminuir a intensidade da luz) em quaisquer pontos de luz, o tipo que brilha em todas as direções. Caso contrário, cada luz é como um sol, onde a intensidade parece não diminuir em qualquer distância.

Figura 1.4 – *Brilho e contraste: a imagem da extrema esquerda tem áreas de brilho quase máximo e mínimo, a imagem central é super iluminada e a imagem à direita é mal iluminada.*

A iluminação em 3D é completamente diferente da iluminação no mundo físico. A menor das lâmpadas cria trilhões de fótons que se espalham pelo ambiente, refletindo cor e luz em todas as direções. Qualquer simulação de luz natural seria intensa demais para os computadores atuais. Ao contrário, são usadas simples simulações matemáticas de fontes de luz, que não se espalham. No mundo real, a luz do sol brilhando através de uma janela ilumina um cômodo escurecido e reflete a partir do chão. Em 3D, a luz só afetaria o chão e o cômodo permaneceria escuro!

Espaço negativo

Espaço negativo é o termo para áreas de imagem menos complicadas e alcançadas pelo olhar. Em outras palavras, é o espaço que preenche a imagem onde o objeto não aparece. Normalmente, significa um aspecto neutro — paredes planas, céu vazio e assim por diante. No entanto, o espaço negativo é tão importante quanto o objeto. Uma imagem rodopiando com imagens complexas por todos os lados cria um efeito visual aparentado a 100 rádios em estações diferentes, todos tocando ao mesmo tempo. Use espaço negativo para acentuar e focalizar as partes importantes de sua composição, conforme mostrado na Figura 1.5.

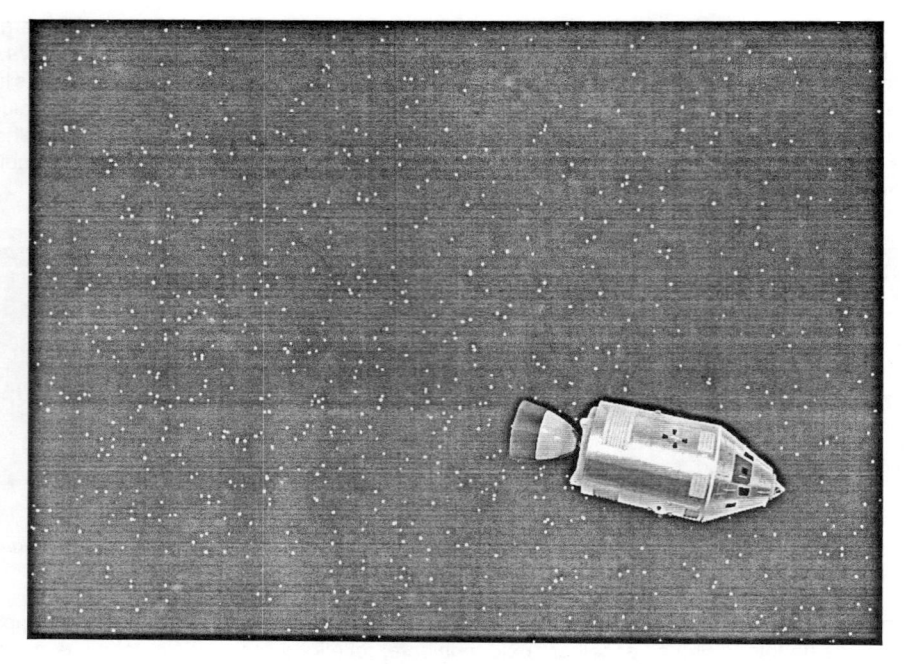

Figura 1.5 – *O espaço negativo acrescenta ênfase às áreas mais cheias, de contraste alto.*

Às vezes, uma cena é detalhada e complicada, então, como você cria espaço negativo? Combinando técnicas de fotografia e *pós-processamento* (o equivalente digital do quarto escuro), você pode descobrir novas maneiras de criar a ênfase desejada. Você pode usar *profundidade de campo* para embaçar as áreas de frente e de fundos, para que o objeto fique em foco contra um campo embaçado. Você pode desfazer a saturação de áreas que devem ser o espaço negativo usando técnicas de pós-processamento. Com esta abordagem, a cor do ambiente em torno é suave e parece, de alguma maneira, pastel (a meio caminho para um aspecto em escala de cinza), enquanto que o objeto é totalmente saturado. Ao invés da escala de cinza preto-e-branco, você pode usar um tema monocromático, tal como sombras de azul, misturadas no fundo, para torná-lo menos interessante. Com Maya, você pode controlar completamente o seu mundo 3D e as imagens em 2D resultantes para o máximo impacto artístico.

Como dividir a tela

Colocar o objeto bem no centro de sua moldura, como um fotógrafo amador, nem sempre é a melhor abordagem. Se você fizer uma visita a um museu de arte e olhar a forma com que os pintores posicionam um ponto focal de imagem, descobrirá alguns padrões interessantes. Observar pinturas e filmes oferecerá idéias úteis de como dizer algo sobre o seu objeto, pela maneira com que você emoldura a imagem ou ação. Um princípio comum de composição é dividir a tela em terços e colocar partes chave da imagem nestas áreas verticais ou horizontais (veja a Figura 1.6). Esta divisão ajuda a evitar o cansativo aspecto simétrico e força o artista a pensar sobre colocar o objeto na parte apropriada da imagem. O personagem sozinho é um grande mundo? Então ele pode estar no terceiro fundo da moldura. A imagem é um grande plano de um personagem forte? Então, ele pode tomar até dois-terços verticais da moldura. Você pode encontrar muitos exemplos e explicações em um bom livro de história da arte ou história de cinema, para ter uma palheta de idéias de como você dividirá a sua própria tela.

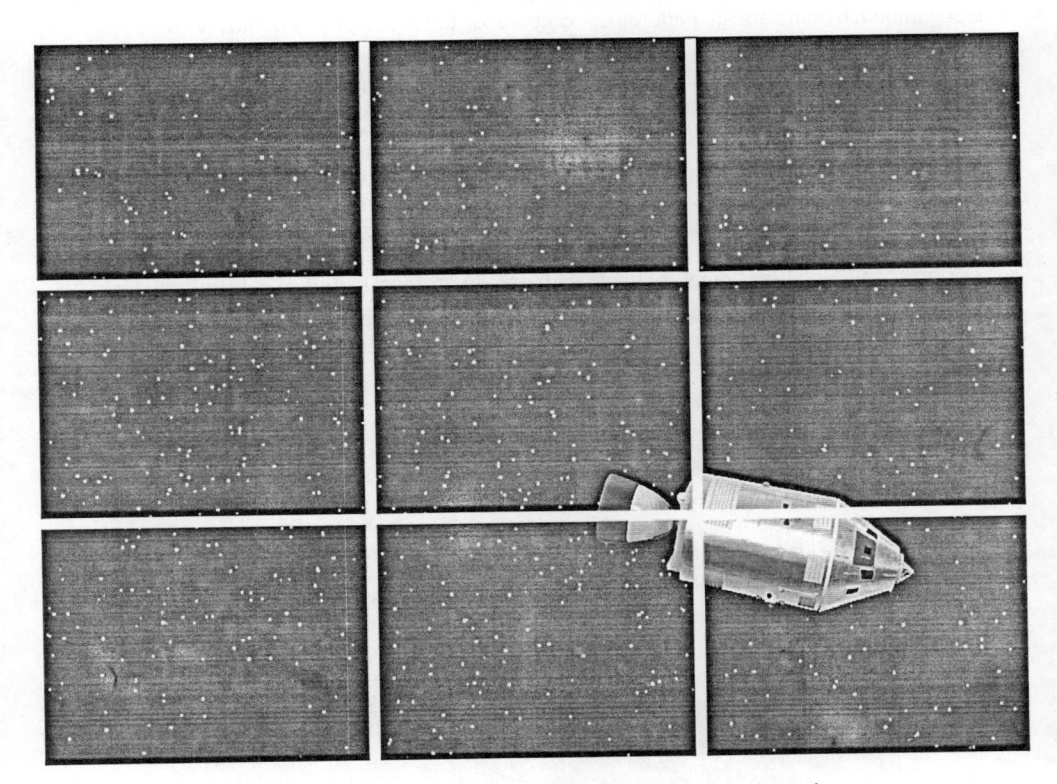

Figura 1.6 – *A tela dividida em terços verticais e horizontais.*

Iluminação 101

A maioria dos fotógrafos, cinematógrafos e designers de iluminação de estágio dirá a você que iluminação é uma arte, por si só. Porém, o processo fotográfico é mais sensível do que as câmeras virtuais usadas em animação 3D, assim, você tem mais opções do que um fotógrafo. Por exemplo, você pode criar luzes que não projetam sombras, objetos que não são afetados por uma luz específica, ou luzes que nunca diminuem em intensidade. Entretanto, você ainda pode aprender algumas dicas úteis da iluminação fotográfica básica.

Modelo de iluminação padrão

Cada cena que você cria tem as suas exigências únicas de iluminação, mas para iluminação padrão de um objeto típico, geralmente os fotógrafos usam uma *abordagem de iluminação de três pontos*. Este método também é bom para animadores de computador. Estes são os três pontos (veja a Figura 1.7):

- **Luz chave** — Uma fonte de luz principal na frente, é a fonte de luz dominante em uma cena. Normalmente, ela é ajustada a alguma distância, à esquerda ou à direita da câmera para que as suas sombras sejam aparentes. Em Maya, a luz chave normalmente é ajustada para projetar sombras.
- **Preenchimento de luz** — Uma fonte de luz secundária na frente, é usada no sentido contrário às sombras projetadas pela luz chave. Normalmente ela é menos brilhante e, com freqüência, é colocada no lado oposto da luz chave. Você pode determinar se o preenchimento de luz projeta sombras em Maya. Em geral, apenas uma ou duas luzes devem projetar sombras na mesma área em uma cena. Sombras demais enfraquecem o efeito e tornam lento o cálculo de imagem.
- **Luz por trás** — Um foco de luz ao fundo é usado para adiantar a parte de trás do objeto e a tela de fundo. Você pode ajustar a luz de trás de Maya para não criar destaques especulares, significando que você não cria destaques em superfícies brilhantes.

Uma outra luz usada com freqüência para animação em 3D é *rim light* (anel de luz). Como uma lua crescente, o anel de luz é posicionado para acentuar o perímetro visível do objeto. Uma abordagem comum é colorir o anel de luz, geralmente de azul claro. Em Maya, esta luz pode ser ajustada para iluminar apenas o objeto, para que a tela de fundo não exiba iluminação de uma luz colorida. O contraste de cor de um anel de luz colorido no objeto pode fazê-lo sobressair do fundo, especialmente se o anel de luz for de uma cor complementar do fundo.

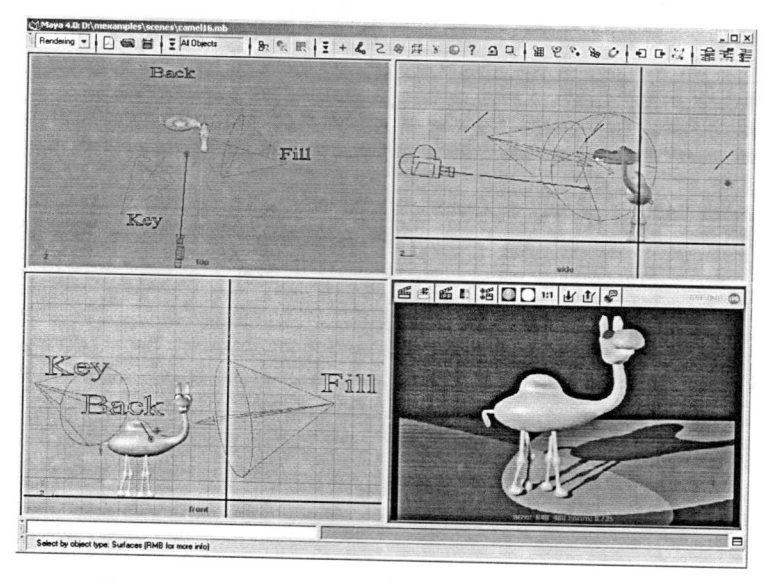

Figura 1.7 – *Uma abordagem de três pontos de iluminação.*

Câmeras e perspectiva

O posicionamento de câmera pode implicar determinadas características ou tratados acerca do objeto. A câmera pode estar próxima ou longe do objeto. Ela pode estar sob o objeto, virada para cima, ou acima do objeto, virada para baixo. Além disso, câmeras — tanto reais quanto virtuais — têm um campo de visão ou, como é chamado em Maya, um *ângulo de visão*. Isto significa que a câmera pode ter um ângulo amplo ou telefoto. A percepção do espectador é a intensidade do efeito de perspectiva; isto é, à medida em que a câmera vê um campo mais amplo, a perspectiva torna-se mais exagerada. A visão normal humana aplicada a um plano de visão típico (TV, tela de cinema) usa um ângulo de visão de cerca de 50 graus. Valores maiores de ângulo vêem uma área mais ampla e produzem um efeito de perspectiva mais forte, mais exagerado e, vice-versa, conforme mostrado na Figura 1.8.

Figura 1.8 – *Ângulo de visão e perspectiva aparente: à esquerda está um ângulo de 20 graus de visão e à direita, um ângulo de 85 graus de visão.*

Ângulo de visão e perspectiva

O peso relativo pode implicar em importância. Por exemplo, se você quiser que os seus objetos pareçam poderosos, você os fotografa por baixo, como se estivesse olhando para uma estátua gigante. Para criar um efeito solitário ou isolado, você pode fotografar o objeto de cima, a certa distância.

Perspectiva implica em drama e ação. Você deve ter notado que automóveis e aviões lustrosos, às vezes, são fotografados de frente, em um ângulo extremamente amplo, bem próximo ao corpo do veículo. Isto dá uma perspectiva violentamente exagerada, como se o veículo estivesse vindo direto para você. As vistas de telefoto em um ângulo muito baixo valorizam a perspectiva menor, até que os objetos na vista estejam tão planos que é difícil dizer quais objetos estão mais próximos. A falta de perspectiva tende a dar um aspecto estéril, de "vista esquemática" à sua cena.

A perspectiva também leva a um sentido de escala. Já que os mundos 3D não têm um ponto de referência para tamanho, às vezes é difícil comunicar se você está olhando para um carro de brinquedo, um carro de tamanho normal ou um carro gigante. Existem muitas sugestões para dimensionar, tais como, a intensidade e o tamanho de detalhes em uma superfície (em um carro, arranhões, lascas na pintura metálica e sujeira). Mas, usar lentes de ângulo mais amplo é uma maneira fácil de afetar a escala rapidamente. Tenha cuidado para não exagerar; geralmente, os ângulos devem variar de 25 a 80 graus. Para tomadas de perto, é melhor um ângulo mais estreito na câmera, que fique mais distante, pois colocar um ângulo padrão ou amplo de câmera muito próxima a um objeto sempre resulta em perspectiva exagerada, conforme mostrado na Figura 1.9.

Figura 1.9 – *O mesmo objeto, mas diferentes posições de câmera e ângulo de visão.*

Pontos de desvanecer e perspectiva

Os artistas renascentistas começaram a perceber a chave para a pintura de paisagem realística quando descobriram o *vanishing point* (ponto de desvanecimento). Uma imagem pode ter um, dois ou três pontos de desvanecimento, dependendo da orientação da câmera. Se ela estiver perfeitamente nivelada, só um único ponto de desvanecimento é aparente. Se a câmera estiver voltada para a esquerda ou para a direita (a câmera da Figura 1.10 foi girada para a esquerda), você consegue um segundo ponto de desvanecimento. Se depois a câmera for girada para cima ou para baixo, é introduzido um terceiro ponto de desvanecimento.

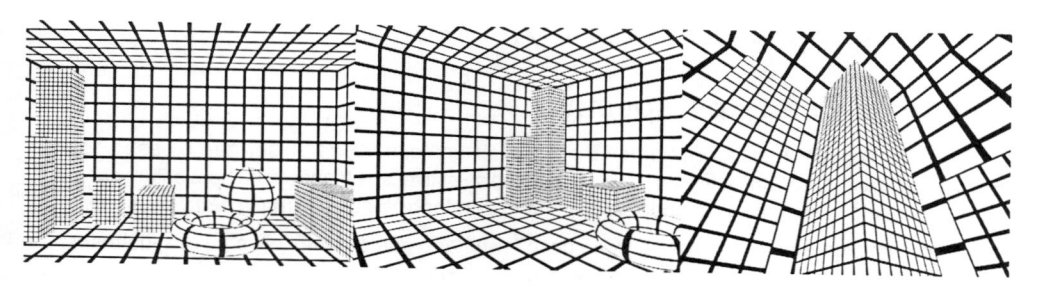

Figura 1.10 – *Usando 1, 2 e 3 pontos de perspectiva.*

Em alguns casos, você pode precisar posicionar a câmera em um lugar que obrigue a perspectiva de 2 pontos, mas você pode querer apenas um ponto de desvanecimento. Isto acontece com freqüência em imagens arquitetônicas, quando você não quer que edifícios pareçam convergir no alto, mas quer apresentar o edifício, mostrando de baixo para cima. A maneira de resolver este problema em Maya é ajustar um atributo de câmera chamado *film offset* (o espaço de filme).

Direcionamento 101

Tendo aprendido sobre a colocação da câmera sob o ponto de vista estático do fotógrafo, agora acrescente dimensão de tempo. Com o tempo, os objetos podem se mover e mudar de forma ou cor e a câmera pode se movimentar pelo cenário. Você também pode editar várias seqüências com cortes ou dissoluções entre diferentes passadas de câmera. Neste ponto, você está no âmago do diretor de filme. A direção de filme tem algumas regras que são válidas conhecer para colocar 3D em ação.

Corte e a "linha de ação"

Em geral, ao iniciar uma cena, o espectador precisa de uma moldura de referência. Normalmente, os diretores a oferecem com o que é chamado de *master shot* (tomada principal), uma tomada rápida geral, para dar uma idéia do layout.

Se os personagens irão interagir, a tomada principal normalmente começa com a *two shot* (tomada dupla), uma vista dos dois personagens, que estabelece as suas posições relativas. Se só um personagem se movimentar, todo o corpo da tomada é referenciado como uma *wide shot* (tomada ampla). Uma tomada média mostra um personagem da cintura para a cabeça e uma tomada de perto, do peito para a cabeça. O *close-up* (tomada de perto) inclui o pescoço para o alto da cabeça, mas a tomada extrema de perto pega de acima dos olhos a abaixo dos lábios. Claro que esta descrição se aplica a seres humanos; o corpo e partes faciais do seu personagem alienígena podem estar em lugares bem diferentes! Pelo menos, você tem um ponto de partida para descrever a seqüência de tomada para contar a sua história.

Movimento de cena

Um problema que animadores de todos os tipos têm é transmitir massa e quantidade de movimento aos personagens. Na vida, os objetos e as pessoas raramente começam ou param de se movimentar instantaneamente, mas quando param abruptamente, com freqüência as coisas ligadas a elas balançam ou caem. No entanto, nada disto acontece automaticamente em animação, portanto, você precisa se lembrar da dinâmica de movimento da vida real e simulá-la com movimentos que você cria. Em desenhos animados, com freqüência este movimento é exagerado: a altura e a largura de um personagem variam radicalmente, à medida que ele anda, ou se espalha e perde peso ao atingir o chão.

O centro de gravidade também é importante. Por exemplo, se um personagem vai para trás, ele põe uma perna para fora, como um contra-peso; caso contrário, ele cairia. Geralmente, os animadores ficam fora dos movimentos de seus personagens e os filmam como referência, para lembrar destas sutis, mas importantes, facetas de movimento do mundo real.

Movimento de câmera

A câmera também pode se mover e em um programa de 3D não há limites — ela pode voar através de fechaduras, mover-se depressa como um jato e parar instantaneamente, ou girar no lugar a 100 rotações por segundo. No entanto, a menos que você queira que a sua audiência humana fique aborrecida ou doente, você deve aderir aos mesmos princípios dos operadores de câmera da vida real. Se você girar no lugar, por exemplo, precisa mover-se bem lentamente. Não role (incline) a câmera com relação ao horizonte, a menos que esteja fazendo um efeito especial.

Como um animador, você deve dar massa à câmera, para que ela não inicie e pare "quando acabar a ficha". A câmera deve ir de fixa para o movimento ou rotação com aceleração gradativa e ir de movimento ou rotação de volta para uma posição fixa com uma desaceleração gradativa. Você pode colocar a câmera em um *path* (caminho), uma linha curvada que passa através de sua cena como um trilho de montanha-russa. Mas, tenha cuidado para não forçar a câmera virada para a frente, ou os resultados serão uma experiência de ricochete em seus espectadores. Ao contrário, deixe a rotação da câmera como que flutuando, para que o ponto de vista virtual esteja se movimentando, mas a sua rotação seja suave e fluída.

Introdução à computação gráfica

Se você já tiver usado um produto como Photoshop, provavelmente, já conhece os termos e métodos gerais de computação gráfica e pode folhear adiante, mas estes termos são tão fundamentais no progresso em computação gráfica, que oferecemos uma recapitulação deles nas seguintes seções.

Vetores e pixels

Você se aproxima de computação gráfica através de duas maneiras principais: vetores e pixels. *Vetores* são uma abordagem de unir os pontos; um ponto fixo em uma figura tem uma linha de conexão para com o próximo ponto. Depois de feitas várias linhas, você pode fechar a linha e, então, preencher com cor a forma resultante. Esta abordagem, às vezes, é chamada de *line art* (linha de arte). Já que os pontos de encerramento e linhas estão em pontos absolutos no espaço, você pode criar a linha de arte em qualquer escala, sem perda de qualidade. Esta abordagem é excelente para gráficos de borda áspera, tais como, sinais e logos. Programas como CorelDraw e Illustrator usam este método.

A abordagem de pixel (de *picture element* — elemento de figura) usa um conjunto de pontos retangulares, chamados de *pixels*, para formar uma imagem bitmap. Os pontos podem ser qualquer um de uma multidão de cores e vistos juntos, à distância, o conjunto de pixels pode produzir qualquer tipo de imagem ou fotografia. Quanto mais pixels, mais detalhada a imagem resultante, se o tamanho absoluto impresso ou projetado da imagem permanecer o mesmo. O tamanho do conjunto de pixel absoluto da imagem é chamado de a sua *resolution* (resolução) e imagens com densidade de pixels são descritas como de alta resolução ou, às vezes, "high-res" (por exemplo, um filme de 35mm normalmente tem 2048 pixels de largura por 1536 pixels de altura). Bitmaps (imagem gráfica formada por pixels) não são *escalonáveis* como a arte de vetor. Se você ampliar bem um bitmap, ou der um zoom com muita distância, ele aparece em pixels; em outras palavras, você pode ver os quadrados de cor sólida que formam a imagem. Bitmaps são ideais para imagens fotográficas e programas como Adobe Photoshop e Corel Photo-Paint são softwares populares para a criação e edição de bitmaps. Para a maioria, a arte de vetor não é usada em aplicativos em 3D, mas a maioria dos programas de arte de vetor permite que você *faça a varredura* da imagem — a transforme em bitmap a uma resolução escolhida.

Os arquivos para bitmap geralmente são maiores do que arquivos de linha de arte. Por exemplo, uma pequena imagem de cor de 640x480 pixels contém 307.200 pixels e cada pixel tem um byte de dados para cada uma de suas cores vermelho, verde e azul. Portanto, o tamanho bruto do arquivo é de 921.600 bytes! O assunto de tamanho era um verdadeiro problema no início da computação gráfica, mas as técnicas de compressão de dados (descritas em "Formatos de arquivo de imagem", mais adiante neste capítulo) e a capacidade cada vez maior do computador, solucionaram este problema.

Ambos os tipos de arquivos gráficos vêm à cena em Maya. Você pode precisar criar um logo a partir de uma linha de arte, criar um texto de uma fonte ou importar um piso plano em 2D de um programa de desenho, como AutoCAD. Todos têm arquivos vetor como fontes, o que é uma boa coisa; você pode tomar facilmente estas formas em 2D e usá-las para modelar curvas. Você pode precisar de ferramentas como Okino Polytrans para fazer estas traduções, pois a capacidade de Maya de importar arquivos vetor é mínima. Uma outra ferramenta popular entre usuários Maya para converter arquivos de linha de arte em logos projetados ou chanfrados é o Invigorator de Zaxwork. Você usa bitmaps muito mais freqüentemente, principalmente para aplicar em superfícies de forma semelhante a decalques ou papel de parede. Também, a atual saída de Maya (as suas *renderizações*) é em bitmaps, as figuras em 2D transformadas em seu mundo 3D.

2D e 3D

É possível confundir computação gráfica 2D e 3D, pois com freqüência os artistas lutam por um "aspecto" 3D, mas usam exclusivamente ferramentas de 2D. Quando falamos de 3D, estamos nos referindo a um espaço virtual totalmente tridimensional, onde objetos, luzes e câmeras podem ser colocados em qualquer lugar. Você verá as três dimensões referenciadas como x, y e z, tomadas de assunto matemático de geometria. Auxiliares aparecem em Maya para indicar estes eixos, conforme mostrado na Figura 1.11. Qual direção é representada por qual letra? Normalmente, depende da disciplina do usuário. Para animadores, a tela 2D tem um eixo x indo da esquerda para a direita e um eixo y para cima e para baixo. A tela está de frente para o animador, portanto, y estava sempre acima e o vetor abaixo. Quando 3D chegou, o eixo z acrescentou o fator de profundidade — dentro e fora da tela. Usuários CAD, no entanto, viam diferentemente. Eles estavam sempre procurando embaixo, em seus planos de chão, a partir de cima — a vista plana — assim, x e y eram indicadores de norte/sul e oeste. Para estes usuários, o eixo z indicava altura. Maya permite ao usuário alternar os eixos superiores entre y e z e você julgará este recurso necessário para mudar para o eixo z quando trabalhar com cenas referentes a CAD. Outros programas de 3D também misturam estes eixos (de novo, normalmente com base na raça do programa — desenho contra arte), portanto, você pode precisar mudar o ajuste y/z ao importar de outros pacotes.

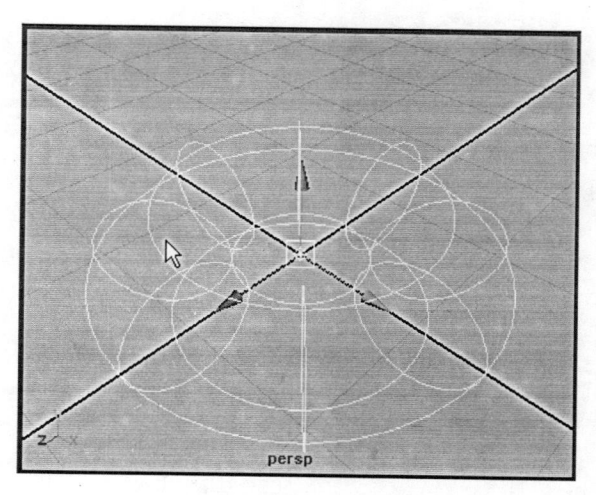

Figura 1.11 – *Os eixos de Maya são exibidos no canto de qualquer vista 3D e os objetos selecionados podem exibir os seus próprios eixos.*

Input e output (entrada e saída)

Na maior parte do tempo, você trabalha em Maya a partir de uma cena completamente em branco e monta o seu mundo a partir deste quadro em branco vazio. Quando a cena está terminada, uma imagem estática ou uma série de estáticas é *renderizada* — isto é, o computador calcula um bitmap em 2D da cena, a partir da vista de câmera, levando em conta todas as luzes, objetos e propriedades materiais designadas aos objetos. É usada uma série de imagens estáticas para criar a animação, jogando-as de volta na seqüência, rapidamente. Os movimentos podem ser vistos à partir de seqüências, usando o computador para jogá-los de volta ou pela saída em fita de vídeo ou película de filme.

Não confunda as vistas sombreadas rápidas dos painéis em 3D interativos de Maya com renderização (apresentação). Embora uma imagem de qualidade razoavelmente alta possa ser produzida em tempo real a partir de uma moderna placa de vídeo 3D acelerada (como aquelas exigidas por Maya), a qualidade de imagem não combina com o que se parece com a de software de renderização mais lento (veja a Figura 1.12). Cada nova geração de placas de vídeo aumenta a capacidade e a qualidade da vista sombreada (também conhecida como renderização em tempo real), mas haverá um longo tempo antes de qualquer coisa perto da qualidade de software de renderização poder ser conseguida em tempo real em um típico arquivo de cena. Os animadores estão sempre querendo mais, e sombras suaves, luzes volumétricas, profundidade de campo e outros efeitos são destruidores de renderização. O software de renderização pode lidar com eles, mas pode demorar vários minutos por moldura.

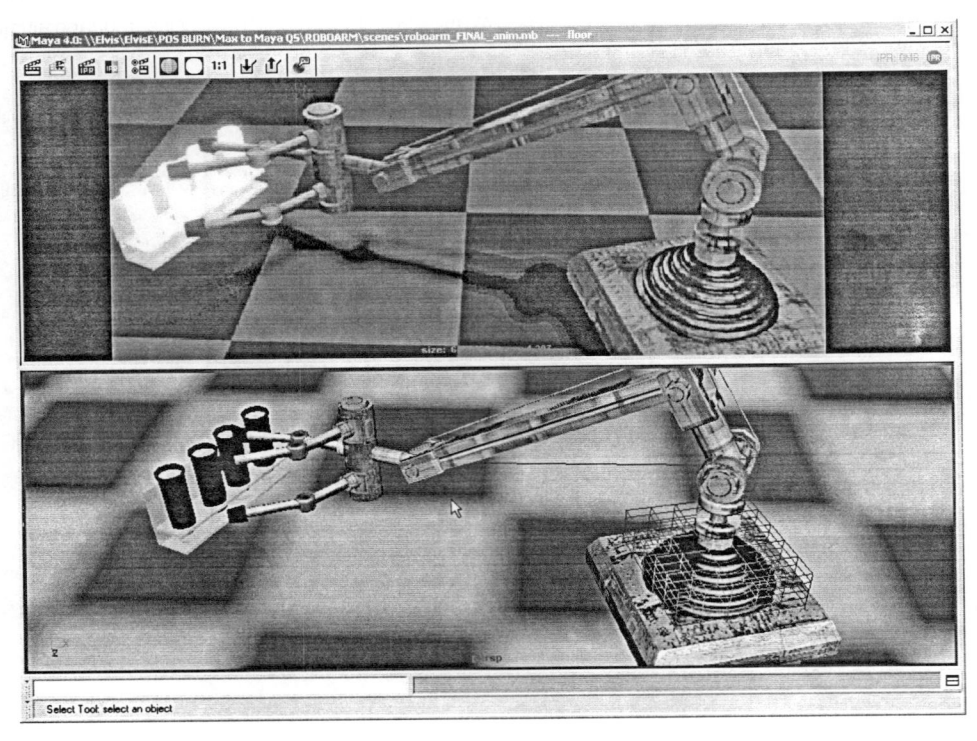

Figura 1.12 – *A vista sombreada interativa embaixo parece boa, mas ela não combina com a qualidade das renderizações finais atuais.*

Capítulo 1 – Pré-Maya: uma introdução

Com freqüência, você precisa apresentar dados, especialmente imagens, para ou a partir de Maya. Cada vez que você aplica uma imagem em uma superfície como parte de um material, é preciso carregar a imagem; e cada vez que você renderiza uma imagem que pretende manter, você precisa salvá-la como um arquivo. Também, você pode criar cenas a partir de objetos do mundo real (conhecido como digitalizar), ou criar objetos reais físicos a partir de objetos 3D modelados em Maya.

Scanners em 3D

Não seria bom se você pudesse digitalizar um modelo plástico de automóvel ao invés de desenhar à mão, dolorosamente, cada parte? Atualmente existem várias tecnologias para fazer isto, mas também há desvantagens.

O scanner a laser é o método mais rápido e mais caro, variando de alguns milhares a algumas centenas de milhares de dólares. Um conjunto de dados chamado de *point cloud* (ponto de nuvem) é coletado da digitalização de uma região do laser. Múltiplas digitalizações precisam ser reunidas para criar uma superfície externa do objeto. Os pontos de nuvem são necessariamente densos, portanto, o resultado normal é um imenso arquivo de dados misturados, que requer muita edição para torná-lo utilizável em um programa em 3D.

Um dispositivo de caneta usa um indicador para pegar dados de um objeto. Normalmente, estes dispositivos são mais baratos do que scanners a laser, mas milhares de pontos precisam ser cuidadosamente captados antes que surja um objeto com qualquer detalhe verdadeiro. A caneta pode ser conectada através de uma armação que calcula a posição, ou pode usar uma espécie de campo de raio para que você possa usar uma varinha portátil para captar pontos. É necessário menos edição do que com a varredura a laser, mas é um processo lento tocar uma sonda em 10.000 pontos em um modelo plástico! A inexatidão também pode ser um problema, fazendo a versão 3D de um corpo de automóvel perfeitamente suave parecer arranhada e denteada.

Impressoras 3D

Uma tecnologia ainda mais surpreendente pode gerar um objeto sólido físico a partir de qualquer objeto feito em um programa 3D. O líder destas tecnologias é chamado de *laser sintering* (aglomerador a laser) e envolve o uso de um laser para endurecer áreas especificadas de um fluido âmbar viscoso fotosensível. Uma pequena plataforma submerge lentamente no fluido, depois que cada laser passa, empurrando o objeto parcialmente completado para baixo, para que o laser possa criar uma nova camada no alto. O resultado é um tipo de modelo de plástico âmbar sólido de seu objeto!

Estes dispositivos custam dezenas de milhares de dólares e, na maior parte, são adquiridos por bureaus de serviço, que cobram pelo tamanho e complexidade do objeto. A aglomeração também é demorada; pode demorar dias para criar grandes objetos. Os fabricantes, em especial, gostam da habilidade de criar uma versão física de um objeto modelado em um programa 3D, tal como Maya, com o objetivo de fazer protótipos ou avaliação de design.

Formatos de arquivo de imagem

A saída normal de seus esforços em Maya é na forma de bitmaps em 2D. Em Maya, são oferecidos muitos formatos de arquivo diferentes e você precisa conhecer o básico de como eles armazenam dados. Alguns formatos descartam parte da imagem, portanto, você pode ficar desapontado ao ver a sua versão salva da imagem, que parecia tão perfeita em sua posição bruta, a partir do renderizador Maya. São estes os formatos de arquivo disponíveis em Maya:

- **Um bit** — Os pixels estão ativados ou desativados, são pretos ou brancos. Estas imagens se parecem com um fax.
- **Escala de cinza** — Sem informações de cor; apenas o valor componente (como em cor HSV) da cor é usado. A profundidade da escala de cinza também é importante; geralmente, são possíveis 256 sombras de cinza.
- **Em paleta** —Um número limitado de cores é usado para criar a imagem. Pense em "pintar por número". Às vezes, as cores são *dithered* (em dégradé) (espalhadas aleatoriamente de uma maneira controlada) para conseguir uma melhor aproximação da imagem.
- **Truecolor** — Um byte de 8 bits que permite 256 tonalidades é alocado para cada um dos componentes de um RGB de pixel. Este formato capacita 16 milhões de cores e é um modo de boa qualidade para reproduzir quase qualquer imagem. Os três bytes de 8 bits para vermelho, verde e azul são combinados em 24 bits, portanto, este formato, às vezes, é chamado de cor de 24 bits.
- **Alta cor** — Ao invés de 24 bits, apenas 16 bits são alocados a uma cor de imagem. Normalmente, os bits são divididos para que o vermelho, o verde e o azul tenham 5 bits cada e o 16º bit é descartado. Com 5 bits por canal de cor, só 32 níveis de intensidade são permitidos, um pouco demais para evitar a passagem visível de uma intensidade para a seguinte. Você pode ver imagens referenciadas como modo de 32.000 cores, pois 32x32x32 (32 níveis de cada para vermelho, verde e azul) são 32.768 cores.

As imagens podem ser compactadas de diversas maneiras, mas você precisa estar atento se a compressão é *lossy* (com perda), o que significa que é permitida alguma degradação de imagem para conseguir um tamanho de arquivo menor. Os esquemas de compactação sem perda podem reduzir o tamanho do arquivo, minimizando dados redundantes, mas os arquivos são sempre mantidos na qualidade original. Exemplos de formatos de imagem relacionados anteriormente, além de artefatos de compactação de perda de imagem estão disponíveis no CD-ROM deste livro (na pasta indicada pelo ícone de arquivo de CD).

No CD

Pasta Capítulo 1

As imagens Maya que são acrescentadas a outras imagens mais tarde têm um *alpha channel* (canal alfa), um atributo opcional para cada pixel, que define a transparência. Por exemplo, se você quiser renderizar um personagem em Maya e depois tê-lo dando pinotes em torno do comprimento total do vídeo do mundo real, seria doloroso tirar o personagem de cada moldura à mão. O canal alfa permite que você corte a máscara do personagem instantaneamente. Assegure-se de salvar a seqüência de imagem usando um formato de arquivo de imagem que suporte a inclusão de um canal alfa, ou ele será perdido quando você renderizar o personagem.

Vamos rever os formatos de arquivo de imagem oferecidos por Maya:

- **Alias PIX** — Um formato truecolor (cor real) que tem suporte de compatibilidade para com antigos produtos Alias.

- **AVI** — Um formato de filme que normalmente é truecolor, mas normalmente tem um esquema de perda de compactação. Não use formatos de arquivo de filme quando estiver renderizando ou salvando apenas uma moldura. Outros formatos populares de filme são MPG (Motion Picture Group — grupo de figura em movimento) e QuickTime MOV. Eles não são suportados por Maya, portanto, você precisa de outro software para importar ou exportar estes formatos.

- **Cineon** — Um formato de imagem estática truecolor usado com freqüência para a saída de película de filme em celulóide.

- **EPS** — Normalmente para arquivos vetor, tais como logos, mas também permite que imagens bitmap sejam embutidas. Se Maya produzir a saída de um arquivo EPS (Encapsulated PostScript — imagem encapsulada em PostScript), ele é um bitmap com um "envoltório" EPS envolvendo-o. Só porque uma imagem bitmap está em formato EPS, não significa que a imagem pode ser maior escalonada sem pixels — não pode.

- **GIF** (Graphics Interchange Format — formato intercambiável de gráficos) — Uma imagem em paleta usada para a Web. GIFs podem se tornar cruamente animadas, porém Maya não suporta este tipo de GIF. Ele só suporta a saída de imagem estática em GIF.

- **JPEG** (Joint Photographic Experts Group — reunião de grupo de especialistas fotográficos) — Um formato truecolor com um esquema de compactação com perda. Não suporta canal alfa.

- **Maya IFF** (Image File Format — formato de arquivo de imagem) — Um formato truecolor específico a Maya. Inclui opcionalmente um canal alfa.

- **Maya 16 IFF** — Um formato de alta cor específico a Maya. Opcionalmente inclui um canal alfa.

- **Quantel YUV** — Um formato truecolor que converte a imagem de RGB para um outro espaço de cor chamado YUV, usado para codificadores especializados de vídeo.

- **RLA** — Um formato truecolor suportado por muitos compositores, ele pode embutir informações extras, tal como profundidade e, às vezes, é usado quando a imagem de Maya precisa de edição especial, como objetos embaçados em um fundo. Opcionalmente inclui um canal alfa.

- **SGI** — Um popular formato truecolor nas estações de trabalho Silicon Graphics. Opcionalmente inclui um canal alfa.

- **SGI16** — Um formato de alta cor. Opcionalmente inclui um canal alfa.

- **SoftImage pic** — Um formato truecolor usado pelo aplicativo de animação em 3D SoftImage. Opcionalmente inclui um canal alfa.

- **Targa** — Um formato truecolor, normalmente o formato de saída renderizada de escolha. Este formato tem algumas variações e é quase garantido trabalhar com qualquer coisa que leia arquivos targa (TGA — formato de arquivo de imagens bitmap). Opcionalmente inclui um canal alfa.

- **TIFF** (Tagged Image File Format — formato de arquivo de imagem mapeada a bit) — Um formato truecolor não compactado. Maya só salva TIFF no formato truecolor e alta cor, mas o arquivo de imagem TIFF pode ser qualquer tipo de formato de arquivo — em paleta, um bit e assim por diante. Normalmente, os esquemas de compactação são sem perda, porém os formatos TIFF mais recentes às vezes usam um modo de compactação com perda, como JPG. Se você obtiver um arquivo TIFF de uma fonte diferente de Maya, ele pode estar em um modo que Maya não pode ler. Geralmente, você o converte a um formato compatível com Photoshop ou um outro editor de bitmap. Opcionalmente inclui um canal alfa.
- **TIFF16** — Um formato de alta cor de TIFF. Inclui opcionalmente um canal alfa.
- **Windows BMP** (bitmap — mapa de bits) — Um formato truecolor não compactado. BMP é como TIFF, com muitas variações permitidas. Não oferece suporte para um canal alfa.

Usar um formato de arquivo de filme para saída final de vídeo normalmente é uma má idéia, pois estes formatos com freqüência têm esquemas de perda de compactação. Para a saída de animações para vídeo ou filme, a rota normal é TIFF ou TGA seqüencial. Milhares de arquivos individuais numerados são renderizados e salvos no disco rígido. Mais tarde, estas imagens são carregadas por hardware especializado, que pode promover a saída para vídeo com velocidade total ou queimar as imagens para a película de filme.

O seu computador

Na maior parte do tempo, você não precisa ser um Ph.D. em engenharia de computação para executar Maya. Entretanto, todos os usuários de computador precisam de um módico conhecimento sobre os seus sistemas operacionais, além de ter alguma idéia do que está acontecendo "por baixo dos panos" ser uma vantagem. Também ajuda saber como fazer alguma pequena manutenção, para manter o seu sistema zumbindo.

Como conhecer o seu hardware

Quando você liga o seu computador, primeiro o seu processador executa um pequeno programa no chip BIOS (Basic Input/Output System — sistema básico de entrada e saída), tais como, o disco rígido e o teclado. Normalmente, o processador depois vai para o disco rígido e começa a carregar o sistema operacional (OS). As partes ativas do OS em quaisquer programas sendo executados são carregadas do disco rígido no sistema RAM (Random Access Memory — memória de acesso aleatório). O sistema operacional também requer uma certa quantidade de "limpeza". Quando os programas solicitam que mais coisas sejam carregadas na RAM do que está disponível, o OS descarrega partes de RAM para o disco rígido em um *paging file* (arquivo de paginação). Pelo fato de que o disco rígido é muito mais lento do que a RAM, os sistemas parecem mais lentos quando a maior parte dos dados ativos está no arquivo de paginação.

Interação

Enquanto você interage com Maya, o seu sistema está respondendo às ações do seu mouse e teclado, exibindo a cena nos modos Wireframe e Shaded. Já que Maya precisa trabalhar com muitas placas diferentes de hardware, o padrão OpenGL foi desenvolvido para software, para a comunicação de hardware de vídeo em 3D. Os criadores do hardware (a placa de vídeo 3D) precisam escrever o software de encaixe para a placa de vídeo deles, chamado de *driver*. A placa é tão boa quanto o driver, portanto, verifique com freqüência web sites de desenvolvedores de placa de vídeo para ver se eles aperfeiçoaram os seus drivers. Se eles estiverem testando com o seu OS específico e com Maya, melhor ainda.

Renderização

Quando Maya está renderizando, os únicos componentes ocupados do sistema são a CPU e a RAM. À medida que cada imagem é renderizada, ela é salva no disco rígido e Maya move-se para renderizar a próxima moldura de animação. A placa de vídeo não afeta a velocidade de renderização.

Como conhecer o seu sistema operacional

Mesmo que você não tenha um livro para o seu sistema operacional, normalmente há um manual completo on-line, para explicar todos os comandos. Com freqüência, este manual é tão grande que você nem ao menos quer começar a ler. Entretanto, as partes importantes não são aquelas volumosas e as seções iniciais normalmente cobrem o que você precisa saber. Se não, há uma série de livros de terceiros para dar-lhe o básico. Observar o trabalho de seus companheiros é uma ótima forma de aprender outras dicas e atalhos do sistema, desde que eles estejam dispostos a lhe explicar!

Manipulação de arquivos

É válido tornar-se habilidoso em manipular arquivos, pois você o fará com freqüência. Você precisa ser capaz de navegar pelo disco rígido e cortar e colar ou copiar arquivos e pastas. É preciso saber como verificar o tamanho de um arquivo ou coleção de arquivos, além de como selecionar vários itens (seja contíguos ou espalhados) em uma pasta. Você também precisa saber como criar, editar e salvar arquivos de texto.

Manutenção de sistema

As modernas estações de trabalho que executam Maya podem trabalhar mais ou menos bem, quase sem manutenção por parte do usuário. Entretanto, um pequeno conhecimento do disco rígido do sistema é importante para manter as coisas executando. Independente de quão grande é o seu disco rígido, uma hora ele estará cheio. Se você estiver rodando em Windows, ele confia em uma certa quantidade de espaço não utilizado no disco rígido principal. Você precisa ter cuidado em manter pelo menos 100MB de espaço livre o tempo todo. Você pode desinstalar programas e reinstalá-los em outros drives, além de provavelmente poder encontrar arquivos não usados para apagar. Tenha em mente que a Recycle Bin (lixeira) no Windows, retém arquivos recentemente apagados até que, de fato, você os remova, portanto, ainda que você tenha apagado arquivos, digamos, no Windows Explorer, ele ainda está ocupando espaço em disco.

Com o tempo, à medida que você apaga e salva repetidamente, os arquivos tornam-se *fragmentados* (armazenados em múltiplos pontos). Já que o disco rígido precisa de tempo para procurar cada ponto para pegar, a fragmentação extrema pode levar à lentidão de carregamento e tempo de salvar. Alguns sistemas operacionais incluem um utilitário desfragmentador para corrigir este problema. Outros exigem que você compre um programa de terceiros. Você deve executá-lo de tempos em tempos, talvez mais, se você salvar e apagar muito. O utilitário dirá quanta fragmentação o disco tem, para dar uma idéia de com quanta freqüência você precisa re-executar o desfragmentador. Refira-se ao seu manual de sistema operacional para mais informações.

Como ir além

Entre em uma aula de arte, se você tiver tempo. Muitas comunidades escolares oferecem aulas a preços razoáveis, que são dadas à noite. Busque por aulas sobre desenho de figuras, história da arte ou apreciação de arte. Estas aulas podem afiar o seu senso de cor e design e, possivelmente, desencadear idéias sobre como abordar novos problemas, quando os encontrar.

Peça em sua biblioteca os livros relacionados na seção "Bibliografia". Quanto aos livros difíceis de encontrar, a maioria das bibliotecas oferece empréstimos entre bibliotecas.

Bibliografia

Livros de arte

The Artist's Complete Guide to Facial Expression, por Gary Faigin. Watson-Guptill, 1990. ISBN: 0823016285.

Atlas of Facial Expression: An Account of Facial Expression for Artists, Actors, and Writers, por Stephen Rogers Peck. Oxford University Press (Trade), 1990. ISBN: 0195063228.

Dynamic Figure Drawing, por Burne Hogarth. Watson-Guptill, 1996. ISBN: 0823015777.

Dynamic Light and Shade, por Burne Hogarth. Watson-Guptill, 1991. ISBN: 0823015815.

Dynamic Wrinkles and Drapery, por Burne Hogarth. Watson-Guptill, 1995. ISBN: 0823015874.

The Human Figure in Motion, by Eadweard Muybridge. Dover, 1989 (originalmente publicado em 1987). ISBN: 0486202046.

História da arte e apreciação

Arts and Ideas, por William Fleming. HBJ College & School Division, 1997. ISBN: 0155011049.

History of Art, por H. W. Janson e Anthony F. Janson. Harry N. Abrams, 2001. ISBN: 0810934469.

Learning to Look to Paintings, por Mary Acton. Routledge, 1997. ISBN: 0415148901.

Criatividade e psicologia visual

Color, Environment, & Human Response, por Frank H. Mahnke e Rudolf H. Mahnke. John Wiley & Sons, 1996. ISBN: 0471286672.

Conceptual Blockbusting: A Guide to Better Ideas, por James L. Adams. Perseus Press, 1990. ISBN: 0201550865.

The New Drawing on the Right Side of the Brain, por Betty Edwards. J.P. Tarcher, 1999. ISBN: 0874774241.

Ways of Seeing, por John Berger. Viking Press, 1995. ISBN: 0140135154.

Direção de filme

Directing: Film Techniques and Aesthetics, por Michael P. Rabiger. Focal Press, 1996. ISBN: 0240802233.

Film Directing Shot by Shot: Visualizing from Concept to Screen, por Steven D. Katz. Focal Press, 1991. ISBN: 0941188108.

Iluminação

Digital Lighting & Rendering, por Jeremy Birn. New Riders Publishing, 2000. ISBN: 1562059548.

Light Fantastic: The Art and Design of State Lighting, por Max Keller e Johannes Weiss. Prestel Publishing, 2000. ISBN: 3791321625.

A Practical Guide to Stage Lighting, por Steven Louis Shelley. Focal Press, 1999. ISBN: 0240803531.

Ajuste de design e decoração de interiores

Colour Art and Science (The Darwin College Lectures), por Trevor Lamb e Janine Bourriau (editores). Cambridge University Press, 1995. ISBN: 0521499631.

Living Colors: The Definitive Guide to Color Palettes Through the Ages, por Margaret Walch e Augustine Hope. Chronicle Books, 1995. ISBN: 0811805581.

3D & computação gráfica

The Art of Maya, por T. Hawken et al. Alias|Wavefront Education, 2000. ISBN: 0968572510.

The Art and Science of Digital Compositing, por Ron Brinkmann. Morgan Kaufmann Publishers, 1999. ISBN: 0121339602.

The Art of Visual Effects: Interviews on the Tools of the Trade, por Pauline B. Rogers. Focal Press, 1999. ISBN: 0240803752.

Resumo

Em 3D vai uma combinação de arte e tecnologia. Neste ponto, você aprendeu o básico de terminologia de computação gráfica e está pronto para começar a trabalhar com Maya. Você pode explorar estes tópicos em mais detalhes em outros livros, se quiser.

- **Como usar o seu sistema operacional** — Mover arquivos e gerenciar o seu computador.
- **Termos de computação gráfica em 2D e 3D** — Uma linguagem comum, para começar.
- **Composição de imagem estática** — O que aparece em sua moldura.
- **Iluminação e direção** — A sua animação é ainda um tipo de filme!
- **Formatos de arquivo para imagens bitmap** — Os prós e os contras de cada formato.

Não sinta como se você precisasse ser um especialista em cada aspecto de tecnologia e arte. Aprenda o básico e, muito importante, aprenda tudo o mais que há para aprender. Se você conhecer a gama de possibilidades em uma matéria, pode explorar mais profundamente áreas específicas para solucionar problemas, quando eles surgirem.

CAPÍTULO 2

Um passeio por Maya

Neste capítulo

É hora de iniciar Maya e aprender como usá-lo. Mas, antes de começarmos a discutir como fazer qualquer coisa, este capítulo o apresenta à estrutura e ao design de Maya. Você aprenderá todos os elementos de interface e começará a ter um sentido em se movimentar em painéis. Também verá a exibição de animação e os modos Shaded e Wireframe de ver objetos. Estas são as principais partes de qualquer programa em 3D e depois que você tiver algum conforto com estes *verdadeiros* fundamentos de Maya, estará seguro para se mover para os específicos.

- **A interface Maya** — Fazer um passeio por cada recurso, à medida que o descrevemos e nomeamos as partes.
- **Manipulação de vistas** — Aprender como inclinar, rastrear e embonecar a sua vista em 3D.
- **Detalhe e sombreado** — Ver como qualquer painel 3D pode ser exibido em vários modos diferentes.
- **Mudança de sua interface** — Aprender como mudar rapidamente, à mão, a interface Maya para se adequar à tarefa, redimensionando e redesignando os painéis e minimizando ou maximizando qualquer painel individual.

Termos-chave

Attribute Editor — A interface principal para mudar objetos e tal, em Maya, disponível como uma janela flutuante ou atracada do lado direito da interface.

Hotbox — Um ágil fluxo de trabalho que muitos animadores Maya adoram — um menu sobreposto, disparado mantendo pressionada a barra de espaço.

Termos-chave

tumble — O termo oficial para girar ou rotacionar ao redor de uma vista.

track — O termo oficial para enquadrar ou movimentar linearmente através de uma vista.

dolly — O termo oficial para aproximar e afastar uma vista (tecnicamente, o termo para mover a câmera para dentro e para fora de uma cena).

zoom — Usado para ações onde você desenha uma janela para ampliar ou reduzir.

LMB (left mouse button — botão esquerdo do mouse) — O botão de tomada de ação principal.

MMB (middle mouse button) — Com freqüência, um botão de tomada de ação secundária ou alternativa.

Channel Box — Usada para ver e editar as variáveis de seu item atualmente selecionado, em geral, acessada do lado direito da interface.

RMB (right mouse button) — Normalmente oferece opções para selecionar com o LMB (como com a maioria dos aplicativos Windows).

Wireframe mode — Ver uma cena em 3D como linhas que a fazem parecer como se os objetos fossem feitos de uma tela de malha de arame. Até o bem recente advento de placas 3D de potência mais alta, a única maneira interativa de trabalhar com cenas em 3D.

Shaded mode — Permite que você veja a geometria de uma maneira interativa, cruamente renderizada (não deve ser confundido com a renderização de alta qualidade). Qualquer painel de vista em 3D em Maya pode ser no modo Wireframe ou Shaded.

Gouraud shading — Uma forma crua de suavizar sombreado que acrescenta destaques a objetos poligonais, pela média dos cantos do polígono. Ele renderiza rapidamente e é o método usado para sombreado interativo em painéis Maya.

Teclas de atalho a memorizar

Alt+LMB — órbita

Alt+MMB — painel

Alt+LMB+MMB — zoom

Ctrl+Alt+arrastar janela com LMB — janela de zoom

Ctrl+A — ativa o Attribute Editor

f — usa opção Frame Selected Object (moldura de objeto selecionado) (ampliar ou reduzir para os limites do objeto atual)

a — usa a opção Frame All Objects (emoldurar todos os objetos) (ampliar ou reduzir para os limites da cena)

spacebar tap — alterna modo de tela cheia do painel selecionado

spacebar hold — abre Hotbox

1 — NURBS em detalhes baixos

2 — NURBS em detalhes médios

3 — NURBS em detalhes altos

4 — Modo Wireframe para o painel de vista 3D selecionado

5 — Modo Shaded para o painel de vista 3D selecionado

6 — Shaded e modo Hardware Textured (hardware texturizado) para o painel de vista selecionado

Teclas de atalho a memorizar

7 — Uso de luzes de cena
q — Modo Select (selecionar) — cursor
w — Modo Move (mover)
e — Modo Rotate (girar)
r — Modo Scale (escala)
t — Modo Manipulator (manipulador)

F1 — Help (ajuda)
F2 — Modo Animation (animação)
F3 — Modo Modeling (modelagem)
F4 — Modo Dynamics (dinâmica)
F5 — Modo Rendering (apresentação)
Ctrl+z — undo (desfazer)

Visão geral de Maya

No design original de Maya, a abordagem tomada foi chamada de *dependency graph* (dependência de gráfico). A idéia é que tudo na cena — cada curva, objeto, link, imagem, textura, moldura-chave e assim por diante — e cada troca feita em tais itens deve ser considerada uma "coisa". Na verdade, não "coisa"; o nome que eles usam é *node* (nó), mas é quase igual. É um bloco de cena montado. Estes blocos montados se vinculam para criar coisas ainda mais complexas. Por exemplo, quando é desenhada uma linha de perfil em Maya, ela se torna um nó. Quando a linha é alterada para criar, por exemplo, um vaso, a linha subjacente ainda está lá. Além disso, a operação de alteração cria um nó "alterado", colocado na história, permitindo assim que você modifique a curva original e os parâmetros de alteração, independentemente.

Modificações feitas à linha afetam imediatamente a forma do vaso e as próprias modificações criam um nó, para que você possa desfazer e modificar qualquer coisa que tiver feito antes. Esta flexibilidade está subjacente em todo o produto Maya e inclui a opção de incapacitar ou apagar a história, o que os animadores usam com freqüência, para eficiência.

A arquitetura de dependência de gráfico é simples de entender e permite uma tremenda flexibilidade. Maya permite que o animador veja um arquivo de cena com cada dependência revelada, usando uma vista chamada Hypergraph (hipergráfico). Aqui, links podem ser partidos e reconectados, para que qualquer variável possa controlar, virtualmente, qualquer outra variável. Este recurso ilustra uma razão para a popularidade de Maya com Hollywood: um técnico pode ajustar as dependências para que o trabalho do animador seja minimizado. Quando um personagem inclina a cabeça para trás, a pele estica, os músculos parecem se mover e contrair — e tudo isso acontece automaticamente, pois ele foi ajustado para trabalhar daquela maneira em Maya. Naturalmente, ajustar dependências complexas toma tempo, mas o investimento é facilmente justificável em um personagem que será usado com freqüência. Porém, raramente são exigidas habilidades de programação. É uma simples questão de aprender o que é possível e se tornar proficiente em ajustar estas dependências. À medida que Maya torna-se mais popular entre animadores de todos os tipos, este tipo de "TD work" (trabalho de diretor técnico) — nomeado para os diretores técnicos de projetos, que tipicamente fazem esse trabalho — está se tornando algo que todos fazem, poupando assim tempo e esforço geral.

Posicionamento de mão

Na maior parte do tempo, quando você faz animação com Maya, a sua mão direita controla o mouse de três botões e a sua mão esquerda é deixada ao lado do teclado. Isto põe a sua mão esquerda na posição de operar as principais teclas de atalho, a barra de espaço, as teclas Alt e Ctrl e outros atalhos de teclado que são pesadamente usados. Usuários canhotos que mantém o mouse à esquerda de seu teclado precisam reprogramar as teclas de atalho padrão, que colocam todas as principais teclas do lado esquerdo do teclado.

Como usar o mouse de três botões

Maya usa todos os três botões do mouse, constantemente. O botão esquerdo do mouse (LMB) é usado para selecionar e pegar coisas e, com freqüência, é usado para realizar ações como mover ou girar um objeto. O botão direito do mouse (RMB) normalmente traz uma lista de seleção (com a qual você deve estar familiarizado com outros programas como um menu pop-up ou um menu sensível de contexto), para você escolher a partir do LMB. O botão central do mouse (MMB) é usado para ajustar coisas interinas — por exemplo, arrastar e soltar materiais para a cena ou mover parte de um objeto, com alinhamento temporário anexado.

Uso da barra de espaço

A barra de espaço tem duas funções. A primeira é alternar a janela de tela cheia, onde um rápido toque da barra de espaço leva a janela a alternar para tela cheia. A janela que troca para tela cheia é sempre aquela em que o cursor do mouse está passando por cima. Quando começa uma instalação nova de Maya, ela está no modo típico Four View (quatro vistas), com as vistas Top (superior), Side (lateral), Front (frente) e Perspective (perspectiva); no entanto, a vista Perspective é maximizada. Se você tocar rapidamente a barra de espaço, as quatro telas aparecem. Então, você pode maximizar qualquer uma das outras vistas.

A outra função da barra de espaço é abrir a Hotbox, mantendo pressionada a barra de espaço. A Hotbox é descrita em detalhes quase ao final do capítulo.

Manipulação de uma vista

À medida que você monta e manipula objetos, precisa ser capaz de ajustar rapidamente o seu ponto de vista interativamente. Uma parte importante de conhecer Maya é o seu método de manipulação de janela. Você pode se posicionar em qualquer lugar em uma cena usando os controles tumble, track e dolly.

Tumble

Com o controle de inclinar, também conhecido como *orbit* (órbita) ou *spin* (volta), você move a sua posição orbital com relação à cena. Mantenha a tecla Alt pressionada com a sua mão esquerda enquanto clica e arrasta com o LMB em um visor de perspectiva.

Capítulo 2 – Um passeio por Maya | 29

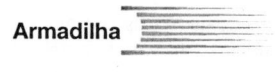

Armadilha — Você não pode inclinar uma vista ortogonal, pois, por padrão, as vistas Side, Top e Front não giram (os ajustes ortogonais de câmera são discutidos no Capítulo 11, "Câmera e renderização"). Estas vistas são bloqueadas no lugar. O termo *ortogonal* significa que as vistas não têm perspectiva ou ponto de desvanecimento.

Track

Com o controle de rastreio, também conhecido como *pan* ou *move*, literalmente, você move a sua vista na tela. Isto é, sem mudar o ângulo ou nível de zoom, o ponto de vista move-se para cima, para baixo, para a esquerda ou para a direita. Mantenha pressionada a tecla Alt com a sua mão esquerda enquanto clica e arrasta, com o MMB, em qualquer visor.

Dolly

Com o controle dolly também conhecido como *zoom*, você pode se aproximar ou se afastar de uma cena. Mantenha pressionada a tecla Alt com a sua mão esquerda, enquanto clica e arrasta com ambos, LMB e MMB, pressionados. Você também pode se aproximar ou se afastar de um desenho de retângulo, usando estes métodos:

- **Janela zoom** — Você pode clicar e arrastar uma janela que esboça uma área que você deseja aproximar, uma técnica que os usuários de CAD apreciam muito. Para fazer a aproximação de uma janela, mantenha pressionadas as teclas Ctrl e Alt com a sua mão esquerda, enquanto arrasta uma janela com o mouse pressionando o LMB. Arraste o retângulo do canto superior esquerdo para o canto inferior direito.
- **Afastamento de janela** — Se você realizar as mesmas etapas como para uma janela zoom, mas arrastar o retângulo do canto inferior direito para o canto superior esquerdo, a janela é afastada de novo. Quanto menor a janela, maior é o afastamento.

Como salvar uma vista

Cada painel tem o seu próprio Bookmark Editor (editor de marcador de livro) para que você possa salvar suas vistas. Isto pode ser um grande poupador de tempo quando você tem alguns objetos perfeitamente alinhados em um painel e, então, precisa ajustar o painel para editar algo mais. Para acrescentar um bookmark a um painel, abra o Bookmark Editor com View I Bookmarks I Edit Bookmarks (vista — marcadores de livro — editar marcadores de livro). Você pode digitar no nome do bookmark e até incluir uma descrição. Agora, ele aparecerá acima do item Edit Bookmarks, sob View I Bookmarks naquele painel.

Dica — Todas estas ferramentas, exceto tumble, funcionam por todo Maya. Isto é, cada caixa de diálogo gráfica Maya que aparece, da janela Render a Hypershade, e mesmo a paleta Paint Effects, pode ter a janela rastreada, aproximada e afastada. Você usará constantemente estas ferramentas, para focalizar a sua área de trabalho e também para evitar esforço visual. Não se esqueça disto quando uma caixa de diálogo aparecer com texto tão pequeno que é ilegível!

Armadilha	Cada painel tem os seus próprios bookmarks, exclusivos dos outros. Se você não puder encontrar um bookmark que fez, provavelmente você está olhando no painel errado ou fez originalmente, o bookmark no painel errado.

A interface Maya

Quando você inicia Maya pela primeira vez, ele se parece com a janela mostrada na Figura 2.1. Agora, levaremos você por uma visita à interface e explicaremos o que tudo significa. Alguns elementos da interface são explicados em mais detalhes nas seções a seguir. Se a necessidade ou o uso de alguns recursos parecer difícil de compreender, simplesmente arquive-o longe, para futura referência. À medida que você adquirir uma idéia maior, a lógica deste layout fará mais sentido.

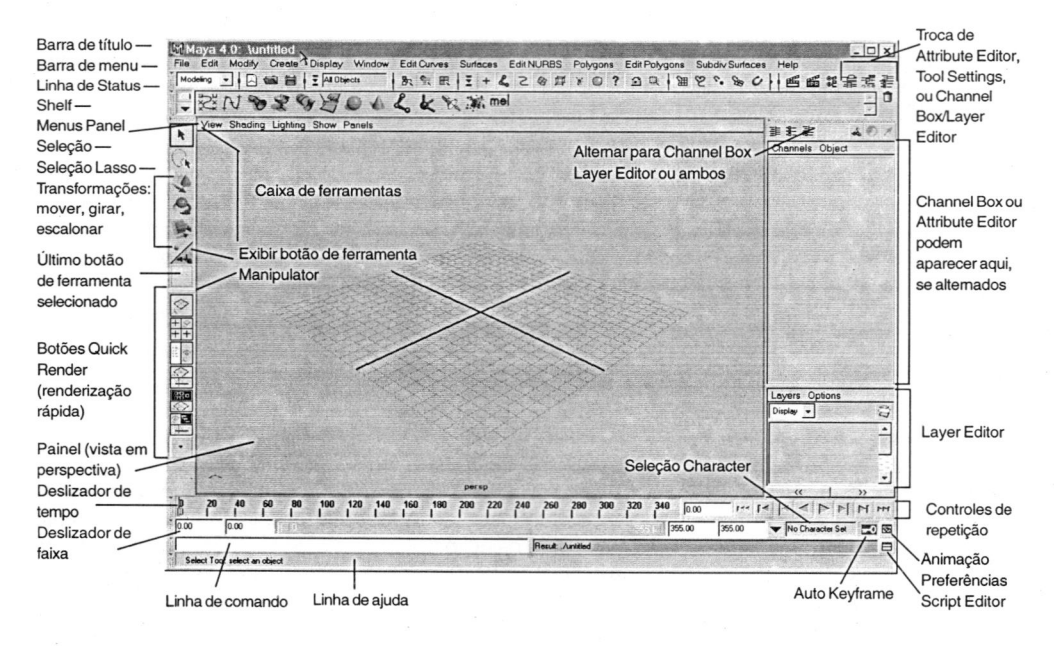

Figura 2.1 – *A interface Maya.*

Descendo, do lado esquerdo da Figura 2.1, no alto está a barra de título, seguida pela barra de menu — recursos comuns a todos os aplicativos de computador. A Status Line (linha de estado) contém a maioria das alternâncias e botões usados para manipulação de objeto e funções usadas com freqüência, tal como o botão Quick Render (o ícone de claquete do diretor). Abaixo da Status Line está Shelf, uma inovação Maya que permite a você acrescentar facilmente, botões rápidos, que podem ser personalizados. Dependendo do projeto no qual você estiver trabalhando, você pode ter várias "macros" personalizadas, que você mantém visíveis em Shelf para apressar o seu trabalho.

Movendo-se para baixo do lado esquerdo, em seguida está a caixa de diálogo vertical, chamada de Tool Box. A metade superior da Tool Box contém as ferramentas de seleção e transformação, que são usadas constantemente para mover, girar e escalonar coisas (coletivamente, a posição, a rotação e a escala de um objeto são conhecidas como a sua *transformação*). Os botões Show Manipulator Tool e Last Selected Tool fecham esta seção. O botão Show Manipulator permite que você ajuste a "história" de uma operação, tal como quando você aplicou anteriormente uma textura a um objeto e agora precisa de um manipulador para mudar onde aquela textura está aplicada. O botão Last Selected Tool é exatamente isto — uma maneira rápida de voltar à última ferramenta usada. Ele é útil para apressar o seu fluxo de trabalho. O ícone nesta caixa muda para combinar com a última ferramenta usada.

A parte de baixo da Tool Box consiste de um conjunto de botões Quick Layout, que ajusta o layout do painel para várias configurações populares. Embaixo destes botões está o Time Slider, que tem várias funções: primeiro, para mostrar o ponto de tempo atual da animação e, segundo, para permitir que a animação seja *scrubbed* ('esfregada') (isto é, clicar no Time Slider e arrastar o mouse para a esquerda e a direita para ver a animação mover-se para a frente e para trás).

Mais abaixo está Range Slider, que permite ao animador focalizar em uma parte específica da animação. Entradas numéricas em qualquer final do conjunto Range Slider (da esquerda para a direita), a animação toda inicia a moldura, o foco de faixa inicia a moldura, o foco de faixa encerra a moldura, e a animação toda encerra a moldura. Se você estivesse trabalhando em uma cena de desenho para TV que durasse um minuto, provavelmente ajustaria o início e o final total para 0 e 1800, pois há 30 molduras por segundo e 60 segundos em um minuto. Se o problema ocorresse no ponto de 12 segundos, você quereria olhar para a moldura 360 e provavelmente, ajustaria a faixa para molduras 300 e 420; isto facilita muito ver o que está acontecendo. Embaixo de Range Slider estão a Command Line e a Help Line. A Command Line é útil porque é onde Maya fala com você, confirmando se as coisas estão funcionando ou permitindo que você saiba quando ele está detectando erros no que você está pedindo a Maya para fazer. A Help Line também dá retorno, deixando que você saiba o que Maya espera que você faça a seguir.

No lado direito da interface, à extrema direita da Status Line, há três botões de alternância para escolher o que aparecerá do lado superior direito da interface. Você também pode escolher não ter nada do lado direito do painel, para máximo espaço do painel 3D. As escolhas de alternância são Attribute Editor, Tool Settings ou Channel Box/Layer, da esquerda para a direita. Em versões anteriores de Maya, era sempre o Channel Box e, provavelmente, muitos usuários preferem aquele modo. Eis para o que são usados estes recursos:

- O Attribute Editor é uma outra maneira, mais detalhada, de ajustar as configurações para um objeto. Na maior parte do tempo você usa o Attribute Editor como uma janela flutuante.
- A janela Tool Settings é onde você ajusta coisas como alinhamentos de ângulos para o modo Rotate.
- O Channel Box tem uma alternância no alto, para acrescentar o Layer Editor ao fundo ou trocar completamente para o Layer Editor. Há dois tipos de camadas em Maya: exibir e renderizar (acessados com o pull-down Layers (camadas) no alto do Layer Editor). As camadas de exibição são usadas para organizar o seu trabalho; por exemplo, você pode colocar as suas diretrizes para um modelo em uma camada, para que elas possam ser ocultas ou bloqueadas (modo Template (gabarito), na terminologia de Maya), enquanto que você monta, com base nas linhas. As camadas de renderização permitem que você ajuste com facilidade alguns objetos a serem renderizados ou não, úteis geralmente em cenas complexas, quando você só quer renderizar determinados objetos.

Na parte inferior direita estão os controles de repetição da animação. Os botões mais externos voltam, para iniciar ou adiantar depressa para o final. Os botões seguintes, no sentido horário, uma moldura para trás ou para a frente. Os botões seguintes são para a última ou para a próxima *moldura-chave*, o ponto adjacente em tempo onde o animador ajustou uma "pose" do objeto em questão. Em animação de computador, o computador lida com todo o movimento interino e o animador só ajusta as posições mais extremas ou "chave". Os dois botões mais internos (os simples triângulos) são os botões para exibir adiante ou para trás. A velocidade da repetição é ajustável, ajustada clicando o botão Animation Preferences (preferências de animação). Dois outros botões nesta área capacitam o modo Auto Key e o Script Editor, que são discutidos mais adiante (o modo Auto Keyframe é coberto no Capítulo 10, "Animação" e script é descrito rapidamente no Capítulo 14, "As suas próximas etapas: eficiência e arte").

A Menu Bar (barra de menu)

É útil observar algumas coisas sobre a barra de menu. Primeiro, as seis entradas à extrema esquerda na barra de menu — File (arquivar), Edit (editar), Modify (modificar), Create (criar), Display (exibir) e Window (janela) — são sempre iguais, mas as outras mudam, com base no modo em que você está. O modo é ajustado na caixa de lista, à extrema esquerda, na Status Line. Os quatro modos em Maya Complete são Animation, Modeling, Dynamics e Rendering (veja a Figura 2.2). As teclas de atalho para estes quatro modos são F2, F3, F4 e F5. Também, você pode *tear off* (arrastar para qualquer lugar da tela) qualquer item de menu que tenha linhas duplas acima dele, para criar uma mini Tool Box personalizada, para que ferramentas usadas com freqüência possam flutuar em seu desktop, conforme mostrado na Figura 2.3.

Figura 2.2 – *Mudança de modos. Compare esta com a Figura 2.1 e observe que os primeiros seis itens de menu são iguais, mas os outros mudaram.*

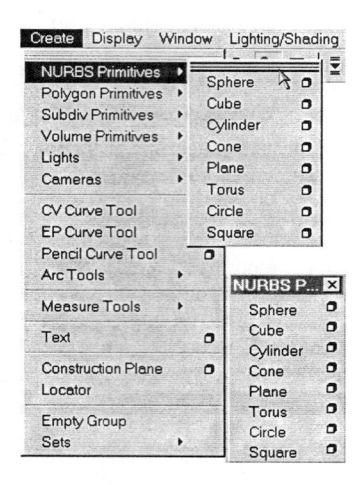

Figura 2.3 – *Clique nas linhas duplas para arrastar uma caixa de diálogo para qualquer lugar na tela. Observe a caixa de diálogo flutuante no fundo, à direita.*

Capítulo 2 – Um passeio por Maya | 33

A Option Box

Muitos itens de menu têm uma pequena caixa à direita do nome de comando (veja a Figura 2.4). Essa é a *option box* (caixa de opção), que você clica para abrir uma caixa de diálogo contendo toda a criação de ajustes para o comando. Sempre que a caixa de opção é usada, os ajustes tornam-se os novos padrões para aquela ferramenta.

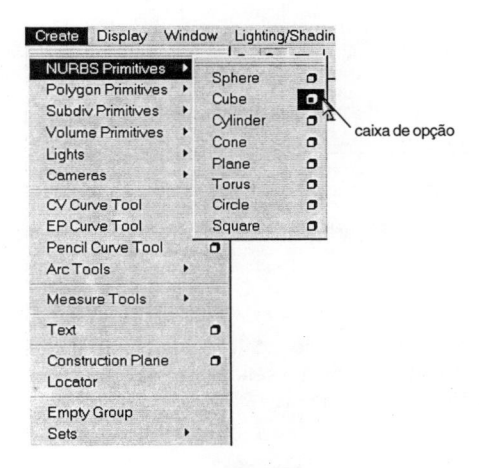

Figura 2.4 – Escolha da caixa de opção.

Dica

Quando em dúvida, você deve sempre escolher a caixa de opção e depois reajustá-la, quando estiver acompanhando tutoriais neste livro, porque Maya se lembra dos ajustes na caixa de opção, mesmo depois de reiniciar. Isto significa que você não consegue o resultado esperado se a ferramenta tiver sido ajustada antes de alguém usar a sua cópia de Maya! Simplesmente, escolha Edit I Reset Settings (editar — reajustar configurações) da barra de menu na caixa de opção, para colocar de volta os valores instalados de fábrica (veja a Figura 2.5). A longo prazo, você personalizará as ferramentas que usa com freqüência, de modo que não precisa reajustar sempre a caixa de opção. No entanto, como um iniciante, é fácil esquecer que anteriormente você mudou os ajustes e o tutorial que você estiver acompanhando neste livro pode supor que eles permanecem em seus ajustes padrão.

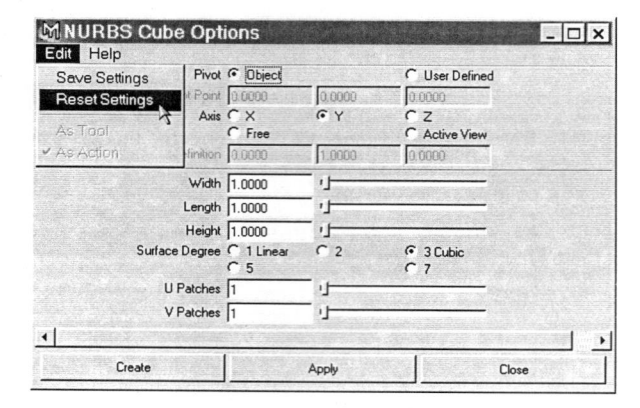

Figura 2.5 – *Reajuste da caixa de opção.*

A Status Line

Vamos ver mais de perto a Status Line mostrada na Figura 2.6 e explicar alguns de seus controles estranhos. Na extrema esquerda está o seletor de modo, descrito anteriormente em "A Menu Bar", quando explicamos a mudança de modos.

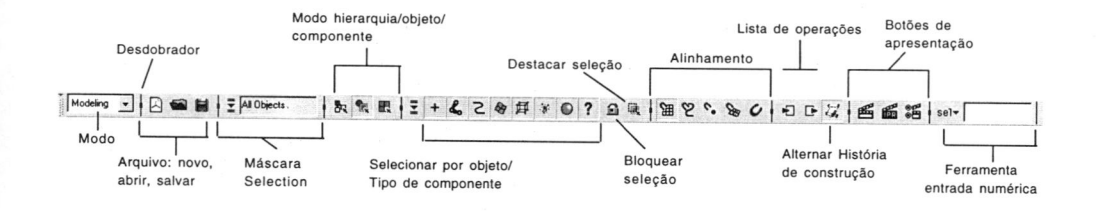

Figura 2.6 – *A Status Line de Maya, uma barra de botões desdobrável.*

Em seguida, está uma barra de seta — uma desdobra que é uma troca que pode ser clicada, usada para ocultar uma seção da Status Line. Estas desdobras permitem que você exiba o que precisa e oculte os itens que amontoam a Status Line em seu trabalho atual. Quando a linha vertical tem nela uma seta indicando para a direita, algo está oculto nela. Depois, estão os típicos ícones File para New, Open e Save.

Depois dos ícones File está uma outra caixa de lista que controla a máscara de "pré-ajustes" de seleção de objeto, que lhe permite ignorar determinados tipos de objetos ao tentar selecioná-los. Os ícones à direita da caixa de lista mostram as seleções de máscara que foram feitas. Pelo fato que a animação em Maya confia em selecionar as coisas certas na ordem certa, trocar a habilidade de selecionar apenas certos tipos de itens torna o processo muito mais fácil. A caixa de lista de máscara de seleção age como um pré-ajuste dos botões na área Select by Type (selecionar por tipo), mais à direita. Por exemplo, no modo Animation, só uniões e alavancas podem ser selecionadas (os "pontos de puxar" dos personagens em animação) na área Select by Type; você não vai querer selecionar nada mais ao posicionar e colocar em moldura-chave. Os três botões à direita da máscara de seleção permitem que você alterne entre três modos: Hierarchy, Object e Component.

Capítulo 2 – Um passeio por Maya | 35

No início, normalmente você fica no modo Object Selection. Aqui, você pode selecionar os objetos inteiros e mascarar a sua seleção, pegando apenas certos tipos de objetos — linhas, superfícies, luzes e assim por diante.

O modo Component Selection permite que você ajuste subcomponentes de um objeto, tal como puxar uma esfera para uma forma de cápsula, pegando apenas a parte de cima da esfera e esticando-a para fora.

Hierarquia é o termo de animação para vincular um objeto a outro. Por exemplo, você vincula os pneus do automóvel ao corpo do automóvel, de modo que só é preciso animar o corpo do automóvel — os pneus acompanham, automaticamente. Neste caso, você diz que os pneus são filhos do corpo, já o corpo do automóvel é o pai dos objetos pneus. Maya também usa uma árvore de metáfora com as palavras *root* (raiz) e *leaf* (folha). No modo Hierarchy Selection, as máscaras de seleção permitem que você só pegue o pai ("raiz") ou apenas os filhos ("folha") — muito útil quando você está ajustando hierarquias de objeto, que são discutidas em mais detalhes no Capítulo 10, "Animação".

A faixa de botões à direita das trocas Hierarchy/Object/Component muda, dependendo de qual destes três modos você tiver escolhido. Quando um botão descrevendo um tipo de entrada, tal como curvas, superfícies, luzes ou câmeras (quando no modo Object Selection), é pressionado, ele pode ser selecionado. Quando ele não é pressionado, não pode ser selecionado. Por exemplo, você pode querer pegar um objeto vaso que foi criado a partir de um perfil de tira para desenhar curva, mas poderia pegar acidentalmente a tira de desenhar curva ao invés do objeto vaso, pois ambos coexistem, mesmo depois da tira de desenhar curva ter produzido o vaso. Uma solução é ocultar objetos não sendo editados. Entretanto, normalmente é melhor ajustar a máscara de seleção para você poder pegar apenas superfícies e não curvas. Se houver muitos tipos diferentes de objetos amontoados em cena, as máscaras de seleção podem se tornar inestimáveis.

Dica	Alguns botões de máscara de seleção cobrem várias coisas; por exemplo, a máscara Select by Object Type-Rendering (selecionar por tipo-renderização de objeto) cobre luzes, texturas e câmeras. Se você clicar com o botão direito do mouse sobre o botão, obtém a opção de capacitar ou incapacitar cada um destes subtipos. Quando alguns subtipos estão ativos e outros inativos, o botão se torna marrom. Por exemplo, se você mantiver luzes passíveis de serem selecionadas, mas não câmeras ou texturas, o pequeno ícone de esfera no botão tem um fundo marrom para indicar uma seleção parcialmente capacitada.

Em seguida está o habilidoso botão Lock Selection, que evita desligar acidentalmente um objeto, desfazendo a sua seleção. Quando você sabe que quer trabalhar em algo por algum tempo, você o bloqueia. Depois, está o botão Highlight Selection Mode, uma alternância para destacar o objeto selecionado na exibição, que é ativada por padrão. Em seguida estão as ferramentas de alinhamento, que facilitam a modelagem e modificação de objetos, fazendo parecer como se um objeto, ou parte de um objeto, fosse desenhado em outro; quando o mouse se aproxima a determinada distância, a entidade sendo movida pelo mouse pula para o elemento alinhado mais próximo. O elemento alinhado mais próximo pode ser de curvas, pontos, planos de vista, a grade ou qualquer combinação deles. O ícone de alinhamento mais à direita (o grande U atraindo a si próprio) torna um objeto "vivo", transformando depois o próprio objeto em um gabarito de montagem. Com este modo, você pode usar uma malha de face humana para criar uma máscara Lone Ranger; as curvas devem se alinhar automaticamente à superfície de face.

Os botões Operations List são usados para ver conexões contra a corrente ou a favor da corrente e capacitá-las ou incapacitá-las. A alternância Construction History está a seguir e Maya a usa para gravar a construção. Todos os parâmetros usados para formar um objeto são armazenados com o objeto, permitindo que você os altere mais tarde. Porém, tê-la ativada torna os arquivos maiores e lentos de carregar, portanto, você deve optar por desativá-la, às vezes. Com mais freqüência, o animador apaga uma história do objeto quando o objetivo foi montado com sucesso, ao invés de desativar toda a história com esse botão.

> **Dica**
> History não é relacionada à operação Undo. Você pode ter History ativada e ainda assim usar Edit | Undo para desfazer qualquer coisa. History só embute a história de construção em um objeto, tal como quantas divisões são usadas para criar um objeto extrudado. Com History ativada, o animador pode voltar ao projeto em qualquer ocasião e ajustar mais ou menos segmentos.
>
> A tecla de atalho para desfazer é Ctrl+z, como em quase todos os programas Windows. Por padrão, a opção Undo registra as suas últimas 10 edições, mas ela ainda pode ser ajustada para qualquer valor, inclusive indefinido, usando Window | Settings/Preferences | Preferences | Undo (janela — ajustes/preferências — preferências — desfazer).

Em seguida estão os botões de renderização Quick Render (renderização rápida) e IPR (Interactive Photorealistic Renderer). Clicar neles apresenta uma janela e, então, o computador leva de alguns segundos a alguns minutos (ou mesmo horas) para computar uma renderização de qualidade total. A renderização IPR é mais lenta, mas quando acabada, ele pode atualizar a renderização quase em tempo real, à medida que você ajusta luzes e materiais em uma cena. O tamanho da renderização e muitos outros parâmetros são controlados pela janela Render Globals (renderizar globais); um botão para abrir esta janela aparece à direita do botão IPR.

Finalmente, do lado à extrema direita da Status Line está a ferramenta Numeric Input. Ela pode operar em quatro modos:

- **Selection by name** (seleção por nome) — Usado para digitar em um prefixo ou letras comuns e selecionar rapidamente todos os objetos que você deseja. Por exemplo, digitar *Torus* selecionaria qualquer objeto com as letras *Torus* em qualquer lugar no nome.
- **Quick rename** (renomear rapidamente) — Usado para renomear o objeto atualmente selecionado.
- **Absolute entry** (entrada absoluta) — Usado para entrar com o valor exato da transformação atualmente destacada. Por exemplo, você pode selecionar a seta de movimento Y quando no modo Move, e ela se transforma em amarelo. Então, entrar com um valor o força a mover-se imediatamente para aquele valor para a coordenada Y.
- **Relative entry** (entrada relativa) — Semelhante à entrada absoluta, mas neste caso, a quantidade fornecida é acrescentada ao valor atual.

Painel de menus

Cada vista de painel com o qual você trabalha tem um conjunto comum de menus pull-down listados acima dele, conforme mostrado na Figura 2.7.

Capítulo 2 – Um passeio por Maya | 37

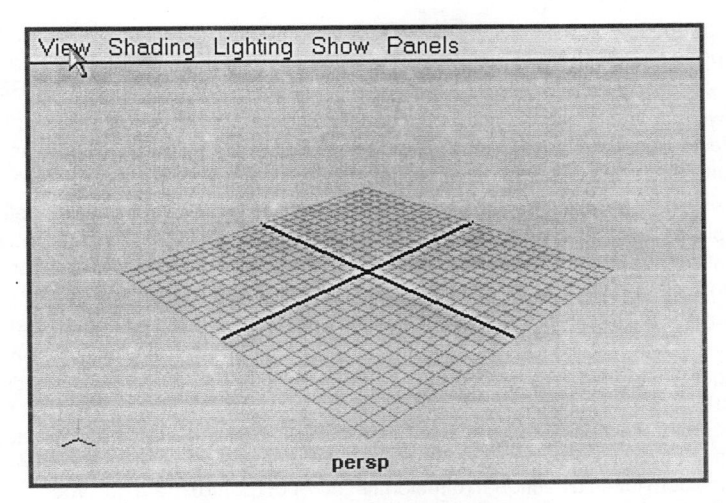

Figura 2.7 – *O painel de menu que aparece em qualquer vista da cena 3D.*

Dica Se os painéis pull-down não estiverem aparecendo, você pode capacitá-los em Window I Settings/Preferences I Preferences e, depois, clicar a entrada da interface, sob a lista Categories, do lado esquerdo da caixa de diálogo. Assegure-se de que haja uma marca de verificação na caixa de verificação Show Menubar — In Panels (exibir barra de menu em painéis).

Alguns dos itens de painel de menu mais importantes são descritos na lista a seguir:

- Sob o pull-down View, você verá opções para Look at Selected (ver selecionado), Frame Selected (moldura selecionada) e Frame All (todas molduras). Estas opções são úteis para encontrar um item e focalizar nele. A opção Look at Selected centraliza na vista o objeto selecionado. Frame Selected (tecla de atalho: **f**) centraliza o objeto e faz um zoom em toda a extensão do objeto. Frame All (tecla de atalho: **a**) centraliza a dá zoom na extensão de todos os objetos exibidos no painel atualmente ativo. Estas mesmas teclas de atalho se aplicam em outros tipos de painéis Maya, tal como Hypershade.

Armadilha Todas as teclas de atalho têm estilo de letra. Se você tiver a sua Caps Lock (tecla de letras maiúsculas) alterada, parecerá que as teclas de atalho não estão funcionando ou não estão fazendo o que se espera delas.

- Sob o pull-down Shading, as duas primeiras entradas são Wireframe (tecla de atalho: **4**) e Smooth Shade All (tecla de atalho: **5**). Estas opções alternam um porto de vista entre ver objetos só como linhas ou como imagens sombreadas renderizadas em tempo real em Gouraud.

Uma opção importante a observar é o modo de detalhe NURBS. Quando você está trabalhando com NURBS, pode exibi-las nestes três níveis de detalhe: baixo (tecla de atalho: **1**), médio (tecla de atalho: **2**) ou alto (tecla de atalho: **3**). Estas teclas de atalho só funcionam com NURBS.

- O pull-down Lighting tem uma opção para usar as luzes na cena (tecla de atalho: **7**) com o modo Shaded deste painel. Em geral, o modo Shaded usa luzes padrão, que são mínimas e servem para obter alguma luz na cena, quando você só precisa de alguma luz rápida de cálculo.

- O pull-down Show permite que você oculte seletivamente todas as entradas de determinado tipo. Por exemplo, geralmente você o usa para ocultar câmeras e luzes apenas para limpar a vista, para poder focalizar nos objetos. No fundo deste pull-down está uma opção para ocultar a grade, que é útil quando você deseja simplicidade na vista.

- Sob o pull-down Panels (veja a Figura 2.8), as três opções superiores permitem que você selecione qual painel está vendo em uma vista 3D. A primeira opção é para Perspective, com a opção para usar qualquer vista Perspective predefinida ou acrescentar uma nova. Se você acrescentar uma nova, a verá listada na próxima vez que você olhar para as opções de vista Perspective. A segunda opção é semelhante; para vistas ortográficas, você tem a opção das vistas existentes Top, Side ou Front, mas pode criar novas. A terceira opção, Look Through Selected (olhar através da selecionada) funciona com luzes Directional (direcionais) ou Spot (ponto), para que você possa ver exatamente para onde elas estão apontadas. Também funciona com quase qualquer tipo de objeto, simplesmente colocando-o no ponto central da entidade, olhando na direção de Z-negativo.

As três opções seguintes permitem que você mude todo o layout dos painéis. O item Panel exibe opções que permitem a você trocar o painel selecionado para alguma outra janela, tal como uma vista renderizada ou o Graph Editor (editor de gráfico). Observe que todos estes outros tipos de painel também podem ser ativados como flutuantes, sob Window na barra de menu principal de Maya. Entretanto, qualquer painel que já esteja aberto como um flutuante não é disponível em uma posição de painel fixo e será acinzentado nesta caixa de diálogo. A seguinte é Layouts, usada para determinar como a área de vista é dividida em janelas. Abaixo dela está Saved Layouts (layouts salvos), que é semelhante aos botões Quick Layout, abaixo de Tool Box. Dez layouts populares estão listados, em oposição aos seis que aparecem como botões 'quentes' abaixo da Tool Box. Você também pode criar os seus próprios layouts personalizados.

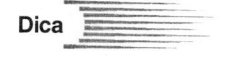

Dica — Você pode clicar com o LMB (botão esquerdo do mouse) e arrastar na linha divisória entre qualquer de dois painéis e movê-lo em favor de um painel sobre o outro. Isto também pode ser feito no ponto central dos quatro painéis.

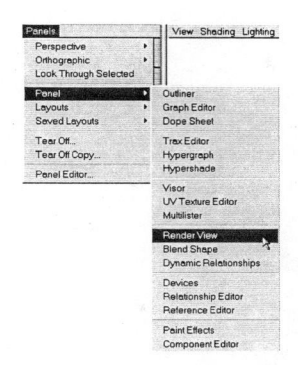

Figura 2.8 – *O pull-down Panels no menu de painel.*

Tutorial: interação com Maya

O tutorial a seguir lhe dá a oportunidade de experimentar algumas destas teclas de atalho e combinações de chave. Já que estas ações são as mais fundamentais em Maya, percorra este tutorial algumas vezes, para que ele se torne mais como uma habilidade interna, como digitar ou tocar um instrumento musical. Como qualquer datilógrafo ou músico sabe, repetição é a chave!

1. Carregue o arquivo de cena chamado ch02tut01.mb do CD-ROM. Ele tem alguns NURBS e primitivas polígono já criadas para você interagir com elas.

   No CD
   Chapter_02\ch02tut01.mb

2. Mantenha o cursor sobre a vista Perspective e dê um toque na barra de espaço. A vista deve alternar para tela cheia.

3. Mantenha pressionada a tecla Alt e use o LMB, MMB (botão central do mouse) e ambos os botões do mouse juntos para navegar pelos objetos. Tente obter uma boa vista do torus NURBS.

   No CD
   Chapter_02\movies\ch02tut01.wmv

4. Selecione o torus NURBS. Ele deve tornar-se contornado em verde. Pressione **2** e observe o aperfeiçoamento no detalhe. Depois, pressione **3** para vê-lo aperfeiçoar-se novamente (veja a Figura 2.9). Para colocá-lo de volta à sua posição original, pressione **1** de novo. Deixe-o no modo "3" — o detalhe maior.

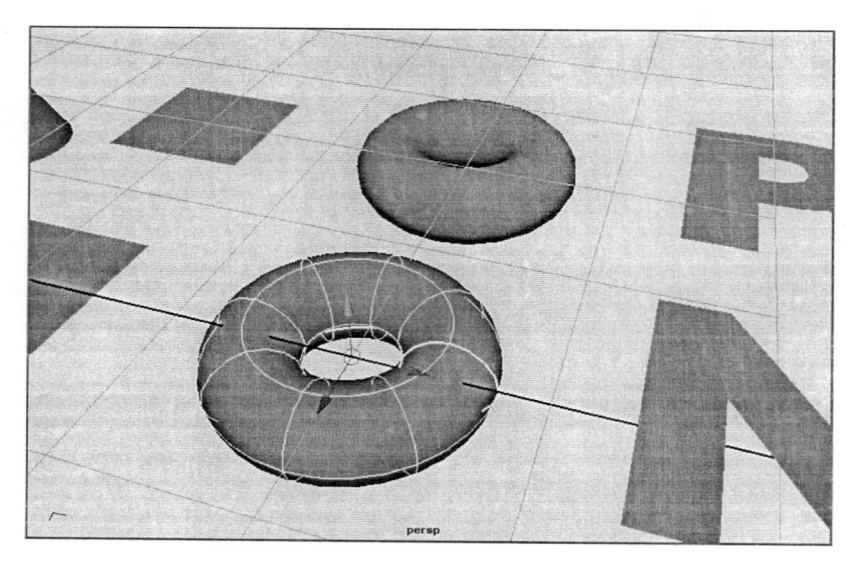

Figura 2.9 – *Um torus NURBS em modo de alto detalhe.*

5. Use a tecla Alt com o MMB para unir a outros objetos NURBS e ajustar o detalhe de exibição deles. Observe que o plano e o cubo não ganham detalhes, apesar das divisões acrescentadas, pois eles não têm bordas curvas. Note também que o cubo NURBS é criado como seis planos NURBS separados.
6. Pressione **4** para trocar o painel para o modo Wireframe. Pressione **a** para usar a opção Frame All (também conhecida como Zoom Extents for All Objects (zoom se estende por todos os objetos)). Mantenha pressionado Ctrl+Alt e arraste uma janela para aproximar aos seis objetos à extrema esquerda.
7. Clique no cilindro poligonal para selecioná-lo e pressione **f** para usar a opção Frame Selected (Zoom Extents of Selected Object — zoom se estende do objeto selecionado) (veja a Figura 2.10).
8. Toque a barra de espaço com o cursor do mouse colocado sobre o painel de perspectiva para revelar as quatro vistas. Vá para qualquer um dos quatro painéis. No menu de painel, escolha Panels I Layouts I Three Panes Split Top (painéis — layouts — separar três painéis).
9. Coloque o cursor no ponto de divisão horizontal dos painéis, clique LMB e arraste para baixo, para tornar o fundo do painel menor. Ajuste o fundo do painel para ver a frente da vista ortogonal, escolhendo Panels I Orthographic I Front (painel — ortográfico — frente) no menu de painel.
10. Clique com o botão direito do mouse na vista Top para ativá-la. Observe que clicar com o botão direito do mouse capacita ativar a vista sem desfazer a seleção de um objeto atualmente selecionado. Clique LMB e arraste um retângulo em torno das letras à direita das primitivas geométricas (veja a Figura 2.11).

Capítulo 2 – Um passeio por Maya | 41

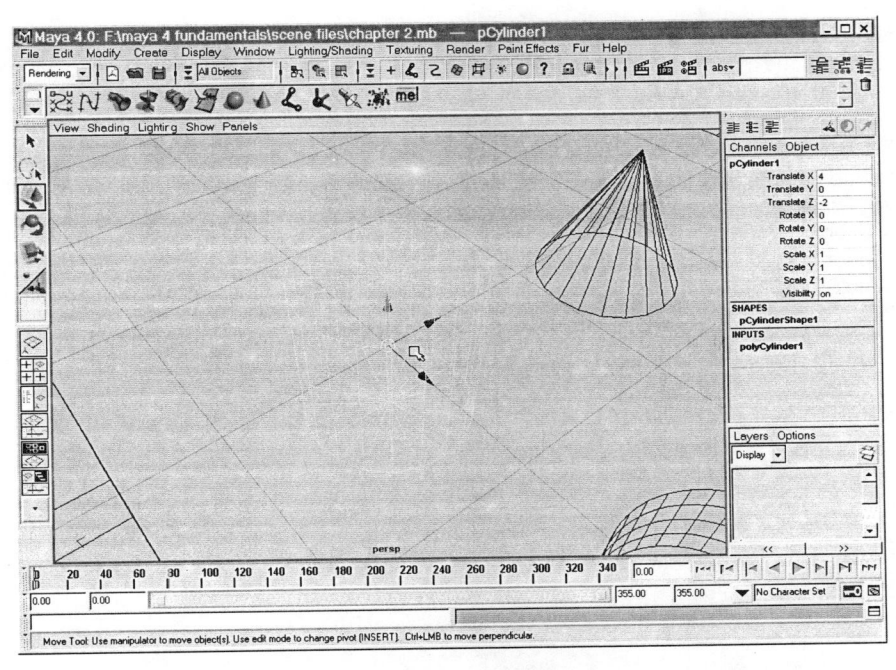

Figura 2.10 – *Modo Wireframe, aproximação no cilindro poligonal.*

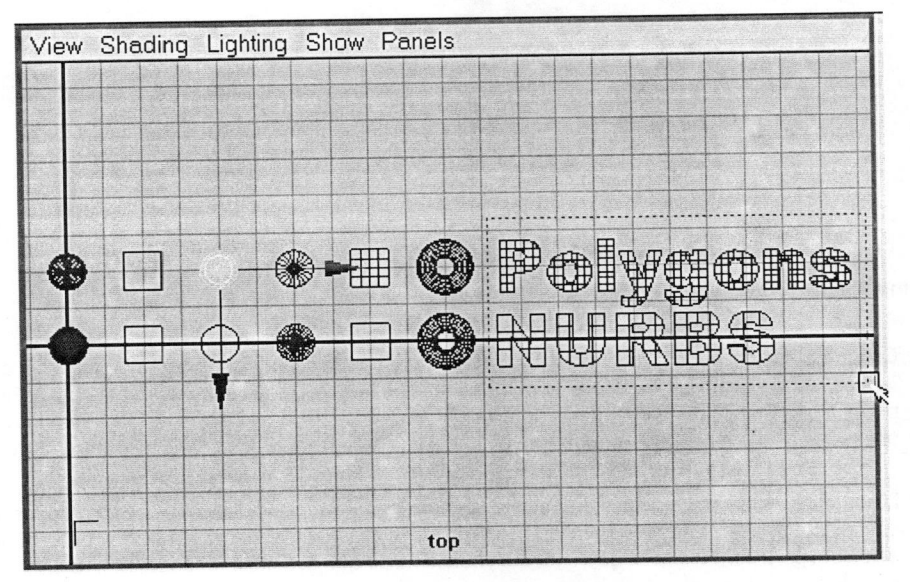

Figura 2.11 – *Arrastando um retângulo para selecionar múltiplos objetos.*

42 | **Dominando Maya 4**

11. No menu de painel da vista Top, escolha View I Look At Selection. Os itens de texto serão centralizados. Toque a barra de espaço com o cursor do mouse colocado sobre este painel e a vista será trocada para tela cheia. Pressione **5** para trocar esta vista para o modo Shaded. Pressione **1, 2 e 3** para observar o texto NURBS exibido em diferentes níveis de detalhe. Observe que o texto poligonal não é afetado.

12. Clique no número 0, no Range Slider, e enquanto mantém pressionada LMB, arraste o mouse vagarosamente para a direita. Você deve ver o torus poligonal se mover. Este objeto tinha uma animação aplicada a ele quando você carregou a cena. Arraste o Range Slider para a extrema esquerda e o torus deve voltar à sua posição original. Agora, selecione o torus, clicando nele. No Time Slider, linhas verticais vermelhas devem aparecer, para indicar as molduras onde as chaves foram criadas (veja a Figura 2.12).

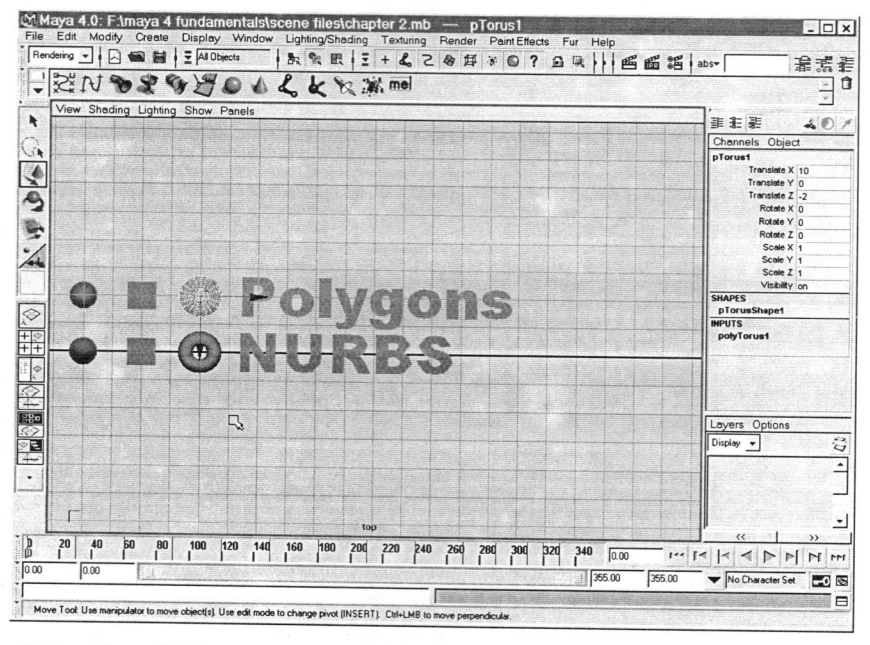

Figura 2.12 – *Time Slider exibe molduras-chave para o objeto selecionado, com uma linha vertical.*

13. Clique o botão chave seguinte, abaixo à direita: o botão de exibir indicando para a direita, com a linha vertical vermelha no ponto. Isto o faz pular adiante no tempo, para o próximo ponto chave. Repita, para ver os pulos. Depois clique o botão de execução, a seta apontando para a direita. Veja a animação sendo repetida. O botão de execução torna-se um quadrado vermelho durante a exibição — o botão de parar (stop). É preciso clicá-lo para interromper a execução.

14. Mude esta vista para a vista Perspectiva, escolhendo Panels I Perspective I Persp do menu de painel. Execute novamente a animação. Incline, rastreie, aproxime a vista, à medida que a animação se exibe, para centralizar a ação e ter uma boa idéia do que está acontecendo. Pare a exibição da animação.

Capítulo 2 – Um passeio por Maya | 43

> **Dica** — Você pode interromper a exibição com a tecla Esc ou ao clicar o botão de interrupção (o mesmo botão clicado para iniciar a exibição).

15. Pressione **f** para aproximar torus poligonal. Agora, traga as faixas de tempo de 250 para 320; para fazer isto, digite tais números nos dois campos internos de números, abaixo de Time Slider, ou clique LMB e arraste as pequenas caixas em Range Slider. Deslize Time Slider para ver o que acontece, clicando LMB e arrastando para a esquerda e para a direita. Reinicie a exibição e, durante ela, ajuste a vista. A Figura 2.13 mostra como a cena deve se parecer quando você tiver terminado. Se quiser, carregue o arquivo observado a seguir no ícone de CD para compará-lo com o seu trabalho.

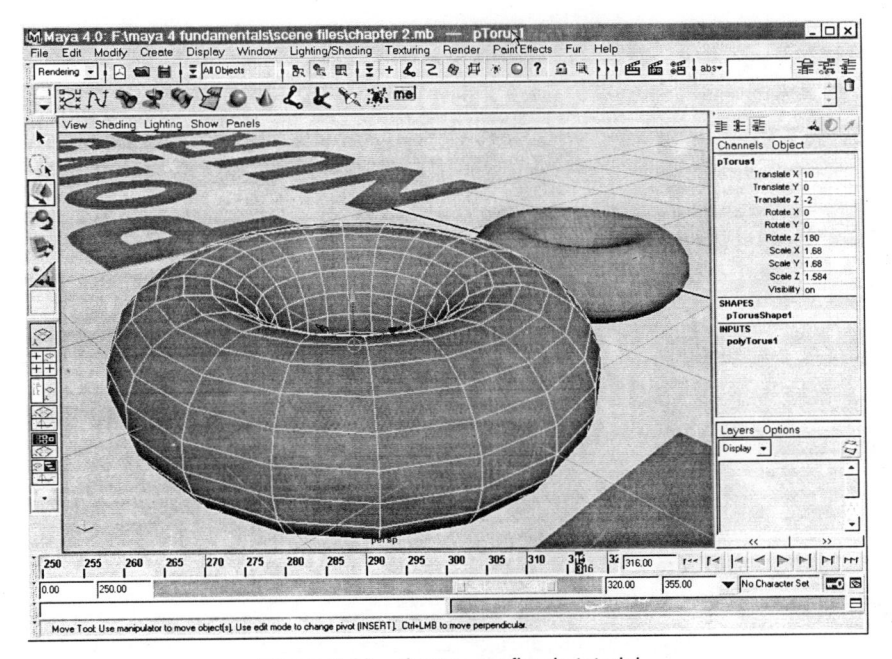

> **No CD**
> chapter_02\ch02tut01end.mb

Figura 2.13 – *A cena, no fim do tutorial.*

Como ir além

Repita várias vezes o tutorial e, em cada vez, tente manipular as coisas diferentemente. Explore a opção de janela de zoom para aproximar e afastar uma janela de seleção retangular que você desenhou. Experimente alguns layouts de painel diferentes (em qualquer painel, escolha Panels I Saved Layouts (layouts de painel que salvei)), inclusive Hypershade e Hypergraph, e observe como você pode aproximar e unir estes painéis exatamente como com painéis de vista em 3D.

A Hotbox

A Hotbox de Maya é uma outra forma de conseguir os mesmos pull-downs como na barra de menu. Para ativá-la, mantenha pressionada a barra de espaço. A Hotbox é centralizada sobre a posição do cursor do mouse, ao mesmo tempo em que a barra de espaço é pressionada, portanto, você irá querer estar, de alguma forma, no centro.

Para ver toda a Hotbox, clique na seção Hotbox Controls (controles de caixa 'quente') no lado direito da janela e arraste o cursor sobre a opção Show All (veja a Figura 2.14).

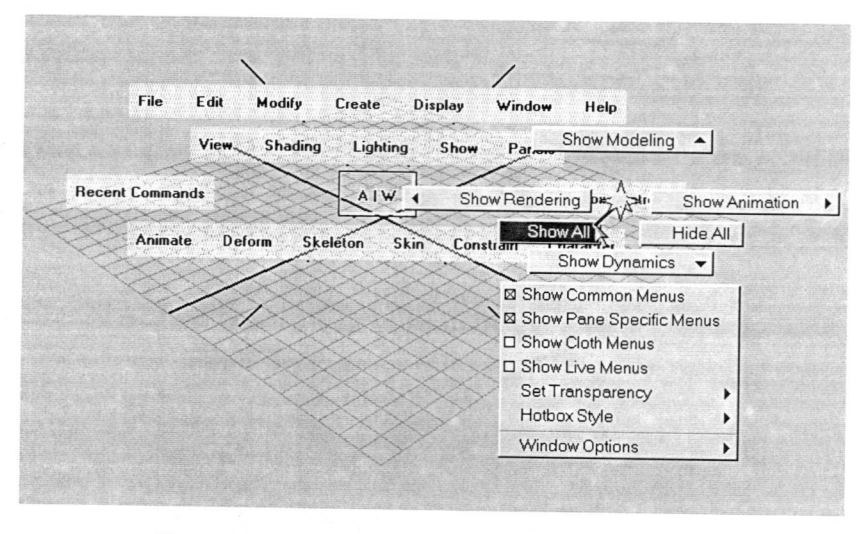

Figura 2.14 – *Como ativar todas as opções de Hotbox.*

Agora, a Hotbox exibe cada opção. Aqui, em um painel, está cada comando individual de Maya. Além disso, há cinco zonas com opções especiais. Para vê-las, clique em superior, inferior, direita, esquerda e centro (a caixa de logo da AIW) da Hotbox. Novos menus aparecerão, como mostrado na Figura 2.15.

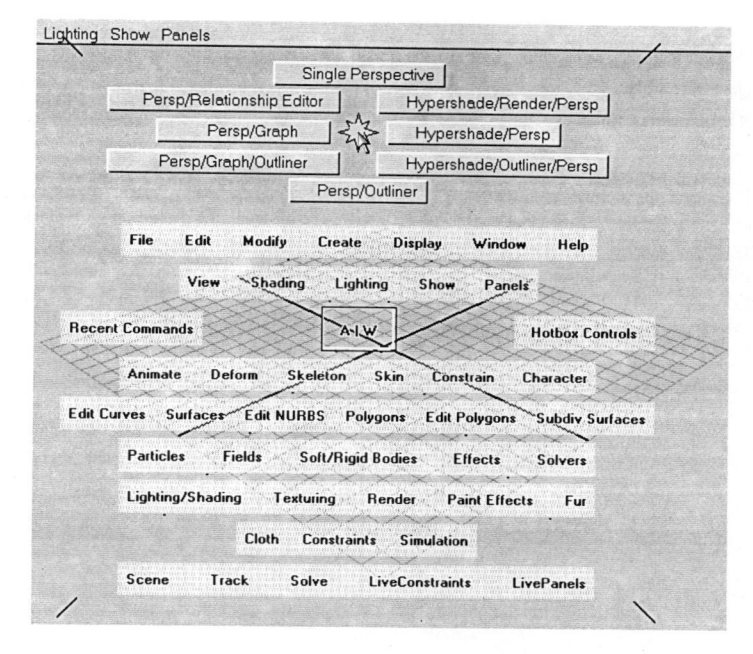

Figura 2.15 – *Clique na zona superior de Hotbox.*

Como ir além

Neste capítulo, apenas tocamos na Hotbox, mas aproveite essa oportunidade para explorá-la mais. Experimente cada uma das cinco zonas de Hotbox e ative os modos que aparecem lá. Você pode mudar o layout do painel, a vista de painel e capacitar e incapacitar partes da interface de usuário, entre outras coisas.

Resumo

Tendo visitado a interface, você aprendeu a interagir com o mundo virtual de Maya, para poder ver as coisas que você deseja ver, do ângulo em que deseja vê-las e sombreadas como deseja. Também começamos a desenvolver uma linguagem comum para as partes de Maya, de modo que você pode distinguir a Tool Box do Channel Box. Aqui, uma curta lista a que você foi exposto e, esperamos, começamos a internalizar:

- **Manipulação em 3D com o botão Alt+mouse** — Uma habilidade central que você precisará sempre que quiser mudar a vista em um painel Maya.
- **A Hotbox** — Mesmo que você ainda não a esteja usando, pode começar a explorar o que ela faz e ver como ela pode tornar o trabalho com Maya mais eficiente.
- **Playback, esfregar e faixa de tempo** — Habilidades essenciais para criar, editar e ver a sua animação.
- **Os nomes** — Uma linguagem comum para os componentes da interface Maya, para que você possa entender o resto deste livro.

- **Janelas de zoom, extensões de aproximação** — Quando você se perde em um painel de vista 3D, estas ações o trazem de volta rápida e facilmente ao seu trabalho.
- **Layouts de painel** — Você os usará para reajustar rapidamente a interface para uma que seja ótima para tarefa em mão.

Estas são as tarefas e conceitos verdadeiramente fundamentais de Maya. O ponto chave a tirar deste capítulo é a manipulação de vistas 3D. Depois de praticar os movimentos Alt+mouse por algumas horas, eles devem começar a se tornar a segunda natureza e você se beneficiará de um uso mais instintivo das manipulações Alt+, à medida que adiantar para aprender novas coisas. A partir deste ponto, você está pronto para aprender como criar e modificar elementos de cena, tais como, objetos, luzes e câmeras, e para captar o seu conhecimento de menus pull-down de Maya.

CAPÍTULO

3

Interação Maya

Neste capítulo

Agora que você aprendeu o layout de Maya, é hora de começar a criar e interagir com objetos em Maya. Este capítulo irá prepará-lo para o próximo capítulo, onde você criará uma animação completa, do início ao fim. Para chegar lá, você precisará de mais algumas ferramentas em seu cinto:

- **Elementos de criação de cena** — Aprenda a abordagem de Maya para criar os diferentes tipos de elementos de cena que você precisará — objetos, luzes, câmeras e assim por diante.
- **Elementos de seleção de cena** — Maya tem vários métodos para selecionar objetos, luzes e outras partes de seu arquivo de cena. Você precisará conhecê-los todos, quando as suas cenas ficarem complexas.
- **Elementos de transformação de cena** — Maya oferece uma quantidade de aperfeiçoamentos úteis para mover, girar e escalonar os seus elementos de cena.
- **Elementos de duplicação de cena** — Uma maneira fácil de agilizar a criação é montar elementos, copiando os existentes.
- **Pontos centrais de modificação** — A rotação e o escalonamento acontecem em torno de um ponto central (um tipo de "âncora"), assim, ajustando este ponto central, você pode controlar como um objeto ou outro elemento de cena é transformado.
- **Hierarquia** — Elementos de cena podem ser ajustados para ter relacionamentos uns com os outros, para que eles herdem transformações feitas em objetos acima deles na hierarquia.
- **Modos extras de exibição** — Os painéis podem exibir uma vista em 3D de uma série de maneiras, para ajudar com a visualização ou velocidade de exibição de cenas complexas.

Termos-chave

hierarchy (hierarquia) — Conexões entre elementos de cena, onde um objeto dita as transformações de todos os objetos abaixo dele, em uma hierarquia.

transform (transformação) — A posição combinada, rotação e escala de um objeto; as informações sobre onde está um objeto, como ele é orientado e como foi dimensionado.

scene element (elemento de cena) — Um termo que usamos neste livro para referenciar todas as coisas que você pode fazer em Maya: objetos, luzes, câmeras e outras entidades que existem no espaço 3D.

parent (pai) — O membro mais alto de um relacionamento hierárquico entre dois elementos de cena.

child (filho) — O membro subordinado de um relacionamento hierárquico entre dois elementos de cena. O filho pode mover-se livremente, mas quaisquer transformações feitas ao pai são feitas ao filho.

pívot point (ponto pivô/central) — O ponto em torno do qual um objeto gira ou escalona; também onde aparece o manipulador de transformação e o ponto de referência para os valores que aparecem em Channel Box. O ponto central é onde "vive" o objeto no espaço 3D.

group (grupo) — Uma opção organizacional para criar um *nó* ou alavanca de nova cena que representa uma coleção de elementos de cena e é o pai daqueles elementos de cena.

instance (instância) — Ao duplicar um elemento de cena, um tipo especial de duplicata que pode ter a sua própria transformação individual, mas ecoa em todas as edições (exceto em transformações) feitas no objeto original.

snap (alinhar) — Uma opção que força o cursor do seu mouse a "pular" para pontos específicos. Por exemplo, alinhar à grade, quando capacitada, puxa o cursor do seu mouse na direção de pontos da grade quando você está movendo um objeto. Maya também oferece alinhamentos de rotação, que forçam alterações de rotação serem trocadas em aumentos de ângulo fixo.

Teclas de atalho a memorizar

Tecla Insert — alterna o modo Pivot Editing

Ctrl+q — seleção com lasso

Shift+select (shift-selecionar) — alterna seleção de objeto

p — pai

Shift+P — não pai

x — alinhar temporariamente à grade

c — alinhar temporariamente à curva

v — alinhar temporariamente ao ponto

Ctrl+d — duplicar

Capítulo 3 – Interação Maya | 49

Criação de objetos

Ao invés de criar objetos nos visores, Maya os cria no centro do espaço do mundo Maya — por padrão, o ponto (ou *origem*) 0,0,0. De lá, você é quem decide mover o objeto e colocá-lo na posição desejada.

Todos os elementos básicos de cena que podem ser renderizados estão relacionados no menu Create (criar): NURBS, polígonos, luzes, câmeras, curvas e texto. A maioria tem caixas de opção, onde você pode mudar o tipo de objeto padrão que é criado. Há muitos outros elementos de cena, como uniões, deformadores e gradeamentos, que não renderizam, mas que ajudam na animação ou modelagem. Outros elementos de cena que podem ser renderizados, que não aparecem no menu Create incluem partículas e efeitos de pintura.

Criação de primitivas

Os tipos de objetos que você verá sob a criação NURBS e polígono são chamados de primitivas: esfera, cubo, cilindro, cone, plano e torus (ou toro, figura geométrica). Estas formas podem não parecer um ponto de partida útil para o seu projeto, mas elas são muito maleáveis com as ferramentas de edição de Maya; com alguma experiência, você pode esculpir uma esfera em uma pedra, uma cabeça ou uma tigela. No entanto, normalmente você modela criando curvas (linhas de construção que são infinitamente finas e não renderizam) e, depois, usando as funções Surfaces (superfícies) para extrudar, inclinar ou realizar uma outra função que monta um objeto a partir de uma curva.

Quando você cria uma nova primitiva em Maya, ela se torna um objeto selecionado. Na Channel Box, é possível acessar os parâmetros de criação do objeto, aqueles usados com mais freqüência para modificar uma nova forma. Depois de criar um objeto, você abre o nó Inputs (entradas) na Channel Box e edita os parâmetros de criação do objeto. Por exemplo, você pode mudar um valor Sweep (varrer) da esfera para convertê-la rapidamente em um hemisfério.

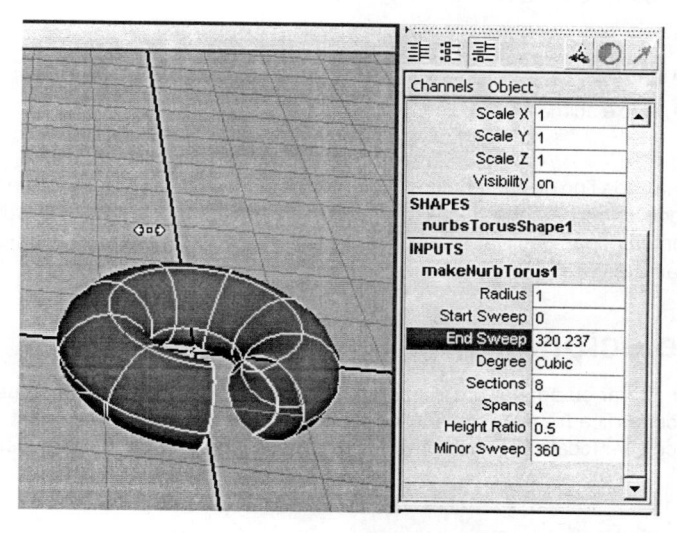

Figura 3.1 – *Virtual Slider (deslizador virtual) de Maya em ação: o MMB está sendo arrastado para a esquerda e para a direita, para ajustar o parâmetro End Sweep (parar de varrer).*

> **Dica**
>
> Maya tem um elegante recurso, chamado Virtual Slider, que é parte da Channel Box. Se você clicar em um nome variável em Channel Box e depois esfregar (arrastar para a frente e para trás) o mouse em qualquer vista 3D enquanto pressiona MMB, o valor se altera para cima e para baixo (veja a Figura 3.1). Este é um excelente método para visualizar parâmetros de sintonização, ao invés de digitar repetidamente valores numéricos.

Criação de luzes

Quando você está criando luzes, Maya não cria qualquer geometria real. O ícone Light (luz) que aparece, mostra de onde a fonte de luz virtual irá irradiar, mas é apenas um contentor de lugar, que não renderiza.

Há cinco tipos de luz que você pode criar. Para três destes tipos — Directional (direcional), Spot (local) e Area (área) — você pode escalonar seus ícones. Para os tipos Directional e Spot, é possível usar a ferramenta Scale, para tornar o ícone Light maior, de modo que ele seja mais fácil de ver e selecionar. Para a luz Area, você deve escalonar para fazer mais luz, emanando de uma área de superfície maior. Não é possível escalonar as luzes Point (ponto) e Ambient (ambiente) maior, com a ferramenta Scale e os ícones que representam estes tipos de luz ficam com um tamanho fixo independente de quão perto ou longe as luzes estão de qualquer ponto de vista de painel. As luzes são descritas em detalhes no Capítulo 9, "Iluminação".

Criação de câmeras

É possível criar três tipos de câmeras:

    Câmera

    Câmera e alvo

    Câmera, alvo e acima

Quando você cria cada tipo de câmera, um ícone que se parece com uma câmera de filme aparece na origem. Este ícone, como os ícones Light, não pode ser renderizado. Ele pode ser escalonado para um tamanho conveniente, para facilitar a seleção da câmera. As câmeras são descritas em detalhes no Capítulo 11, "Câmeras e renderização".

Como selecionar objetos

Antes de poder alterar ou apagar um elemento de cena, você precisa ser capaz de selecioná-lo. À medida que as cenas ficam cheias com muitos objetos, pode ser surpreendentemente difícil selecionar os itens que você quer focalizar. Felizmente, Maya oferece uma variedade de opções de seleção.

Capítulo 3 – Interação Maya | 51

Seleções individuais

Um clique do mouse em um objeto o seleciona. Se o objeto for exibido como uma linha de moldura (wireframe), você precisa clicar na linha. A linha de moldura muda de cor para indicar que ela está selecionada; por padrão, esta cor é verde. Se o objeto for exibido no modo Shaded, você pode clicar em qualquer lugar em sua superfície para selecioná-lo. A linha de moldura do objeto sombreado é exibida para indicar quando ele está selecionado. Clicar em qualquer lugar que não em uma linha (no modo Wireframe) ou não em uma superfície ou outro elemento de cena (no modo Shaded) desfaz a seleção de tudo.

Armadilha Se você não for capaz de selecionar outros objetos em Maya, provavelmente está no modo Component Editing (edição de componente), conforme mostrado na Figura 3.2. Note, por exemplo, que os ícones de máscara de seleção na Status Line mudaram e a palavra *Components* aparece no espaço que normalmente diz "All Objects" (todos os objetos). Maya bloqueou o objeto como a seleção e está esperando que você selecione partes do objeto; por exemplo, você poderia selecionar e mover pontos de controle de um objeto para remodelá-lo. Para sair deste modo, pressione a tecla F8, uma alternância do modo Object e do modo Component. Você a usará com freqüência nos capítulos de modelagem deste livro.

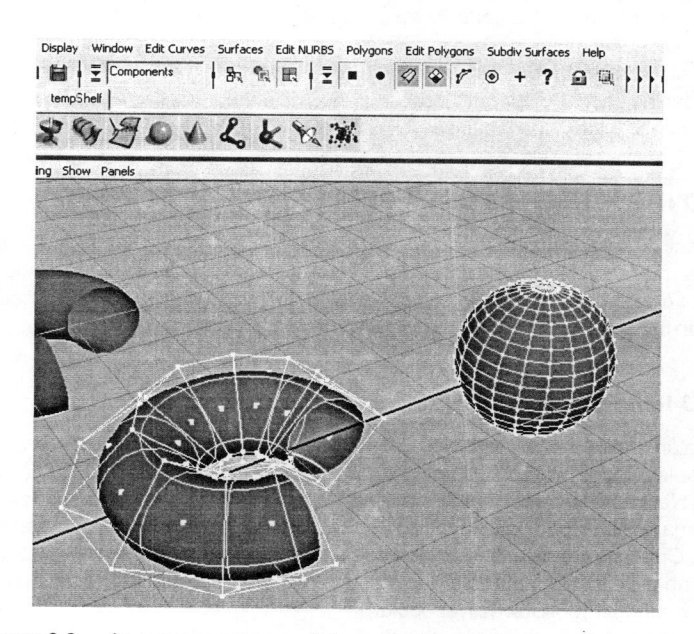

Figura 3.2 – Ao ver os pontos ou linhas púrpura, você não pode selecionar outros objetos, provavelmente está no modo Component Editing.

Como adicionar e subtrair seleções

São as seguintes as opções para adicionar e subtrair seleções:
- **Alternância de seleção** — Use a tecla Shift para selecionar e desfazer a seleção de objetos. Cada clique no mesmo objeto alterna a sua seleção. O último objeto selecionado e de uma única cor (por padrão, verde) e os outros objetos selecionados indicam a sua seleção por uma mudança de cor na linha de moldura (por padrão, branco).
- **Subtração de uma seleção** — Ctrl+clique em um objeto (ou Ctrl+marquee, selecionando múltiplos objetos) no visor sempre desfaz a seleção.
- **Acréscimo a uma seleção** — Shift+Ctrl+clique (ou Shift+Ctrl+marquee, selecionando múltiplos objetos) sempre seleciona objetos.
- **Invertendo a seleção** — Shift+clique em um objeto (ou Shift+marquee selecionando múltiplos objetos) inverte a sua posição de seleção.

Opções de seleção do menu Edit

Há algumas opções de seleção úteis sob o menu Edit. Sellect All seleciona todos os elementos de cena, incluindo luzes, câmeras e objetos. Select All by Type permite que você selecione todos os elementos de determinado tipo, tais como luzes ou geometria (todos os objetos).

Select Invert (inverter seleção) é útil para inverter uma seleção, mas todos os elementos de cena são incluídos na inversão, mesmo se todos os seus visores estiverem ajustados para não exibir determinados itens, tais como câmeras. No entanto, há duas maneiras de ocultar objetos da vista e da edição: você pode usar a escolha de menu Display I Hide (exibir — ocultar), para ocultar um objeto ou objetos, ou para ocultar globalmente todas as luzes ou câmeras. Um outro método é alternar a visibilidade de todas as camadas no Layer Editor, para ocultar grupos de elementos de cena. Demonstraremos essa técnica no Capítulo 5, "Modelagem básica NURBS".

A seleção marquee de objetos

Uma maneira fácil de selecionar vários objetos de uma vez é clicar LMB, manter pressionado e arrastar. Um desenho de retângulo — a *marquee* (tenda) — aparece, para indicar uma seleção retangular. Qualquer objeto que sobreponha, ainda que ligeiramente a marquee, será selecionado quando você soltar o botão do mouse.

A seleção lasso de objetos

Às vezes, um retângulo não é a melhor forma para a sua seleção. Os seus objetos de cena podem exigir uma forma de seleção mais complicada para elementos que se sobrepõem ou que estão organizados mais ao acaso. Nestes casos, você pode selecionar objetos com uma ferramenta Lasso — um limite de desenho de forma livre. O ícone Lasso Select (seleção lasso) aparece na Tool Box, bem abaixo do ícone Select (Arrow). Como com seleções marquee, qualquer objeto que sobreponha ligeiramente a forma que você desenhar será selecionado. A tecla de atalho para esta ferramenta é **Ctrl+q**, válido de ser lembrado para quando a Tool Box estiver oculta.

Capítulo 3 – Interação Maya | 53

Seleção rápida

À medida que você cria objetos, deve nomeá-los, para facilitar navegar através de sua cena. Um outro benefício de nomear objetos é que Maya inclui uma ferramenta para pegar objetos com curingas: a ferramenta Numeric Inputs, na extrema direita da Status Line. Você pode precisar ocultar algumas das opções Status Line (clicar nos divisores de linha vertical) para ver esta área. Para usar esta ferramenta com curingas para selecionar objetos, clique o ícone de seta para baixo, próximo à área de entrada, para escolher o modo Selection by Name (seleção por nome).

Há dois tipos de curingas: * e ?. O * significa qualquer quantidade de caracteres e o ? um único caractere. Assim, se você tiver objetos nomeados

1. front_tire (pneu dianteiro)
2. front_tire01 (pneu dianteiro 01)
3. rear_tire (pneu traseiro)
4. rear_tire_right (pneu traseiro direito)
5. side_tire (pneu lateral)
6. front_right_head_light (luz de freio dianteira, à direita)

Deve usar curingas como mostrado aqui:

>Você pode selecionar os itens 3 e 4 com rear*.
>
>Você pode selecionar os itens 1, 3 e 5 com *tire.
>
>Você pode selecionar os itens 4 e 6 com *right*.
>
>Você pode selecionar os itens 1, 2, 3, 4, e 5 com *tire*.
>
>Você pode selecionar os itens 3 e 5 com ?????tire.

Tenha isto em mente quando nomear os seus elementos de cena; fazer escolhas cuidadosas quanto ao prefixo ou sufixo do nome pode facilitar selecionar os grupos com os quais você precisa trabalhar.

Conjuntos de seleção rápida

Uma outra ferramenta útil é a Quick Select Set (conjunto de seleção rápida). Estas são seleções de objetos nomeados ou outros elementos de cena que trabalham como um bookmark. Para criar uma, escolha Create I Sets I Quick Select Set. Na caixa de diálogo que se abre (veja a Figura 3.3), você pode entrar com o nome do conjunto. Assegure-se de usar a nomeação "legal" de Maya, significando que você deve evitar espaços e caracteres que não letras, números e o sublinhado, e não inicie o nome com um número. Para usar esta seleção nomeada mais tarde, escolha Edit I Quick Select Sets na barra de menu e todos os conjuntos nomeados aparecerão, para você selecionar a partir deles. Para apagar ou renomear os seus conjuntos de seleção, use o Outliner (delineador), que é descrito na seção "Seleção a partir de uma lista: o Outliner".

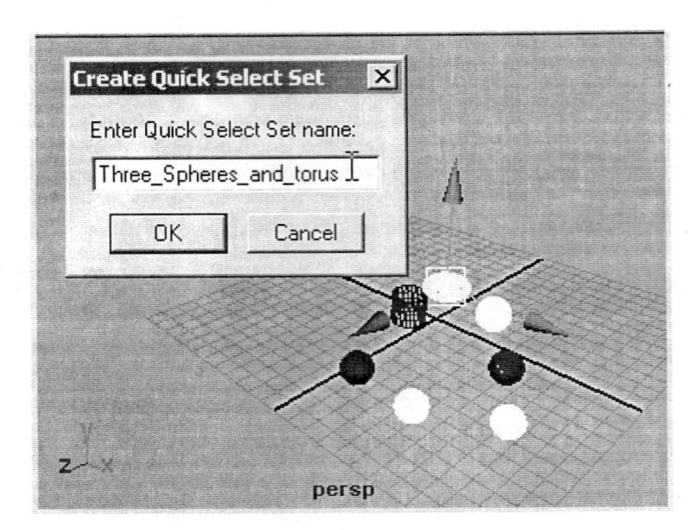

Figura 3.3 – *A caixa de diálogo Quick Select Set.*

Máscaras de seleção

Quando você está no modo Object Selection, um conjunto de botões aparece na Status Line, para limitar o que pode ser selecionado nos visores com cliques, marquees e lassos. Cada botão contém vários subtipos, que podem ser individualmente habilitados ou desabilitados, clicando RMB (botão direito do mouse) no ícone. Por exemplo, se você quisesse pegar tudo, exceto luzes, clicaria RMB no botão Select by Object Type-Rendering e, depois, desmarcaria Lights na lista que aparece, conforme mostrado na Figura 3.4.

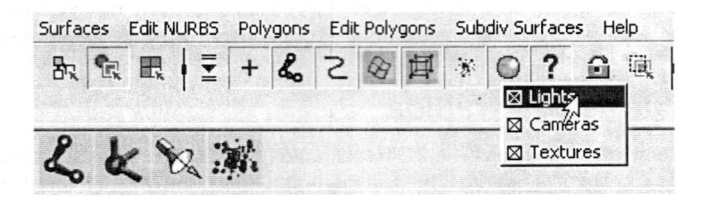

Figura 3.4 – *Clicar RMB em quaisquer destes botões de Selection Mask (máscara de seleção) exibe os subtipos que estão incluídos.*

Seleção a partir de uma lista: o Outliner

Também é possível selecionar e desfazer a seleção de objetos a partir de uma lista que mostra cada elemento de cena por nome. Esta caixa de diálogo, chamada Outliner, é ativada escolhendo Window | Outliner na barra de menu. Em Outliner, itens selecionados têm uma barra cinza sobre eles. Você pode selecionar e desfazer a seleção em grupos, exatamente como faz em listas Windows: clique um nó e depois, Shift+clique em qualquer outro lugar na lista, para selecionar toda uma faixa, ou Ctrl+clique, para selecionar itens que não são adjacentes. Se você clicar simplesmente em um item, todos os outros têm a seleção desfeita. Uma outra opção é clicar e arrastar para cima ou para baixo, para selecionar tudo na

Capítulo 3 – Interação Maya | 55

faixa de arraste (e desfazer a sua seleção prévia). Selecionar em Outliner funciona até quando as máscaras de seleção (descritas na seção anterior), o impedem de clicar em um item. Você usará muito Outliner no Capítulo 5.

Transformação de objetos

Uma "transformação" de objeto soa como se significasse a sua posição, mas de fato, ela descreve três funções: posição, rotação e escala. Cada função tem três componentes — em X, Y e Z — portanto, a transformação é formada por nove variáveis. Quando você cria uma entidade de cena, a sua transformação aparece na Channel Box.

Você altera uma transformação de objeto com os botões Move, Rotate e Scale, na Tool Box. Geralmente, você usará as teclas de atalho para esses modos, **w, e e r**. Quando estiver mudando quaisquer destes tipos de transformação, aparece um manipulador que lhe possibilita modificar a posição, rotação ou escala do objeto, restrito a um eixo de cada vez. O eixo que você está ajustando se torna amarelo, para indicar a restrição. Se você clicar no centro do manipulador, pode ajustar todos os três eixos de uma vez. As alavancas do manipulador aparecem em três cores: vermelho, verde e azul. Estas cores correspondem a X, Y, Z. É fácil de lembrar: X-Y-Z, R-G-B. Repita três vezes.

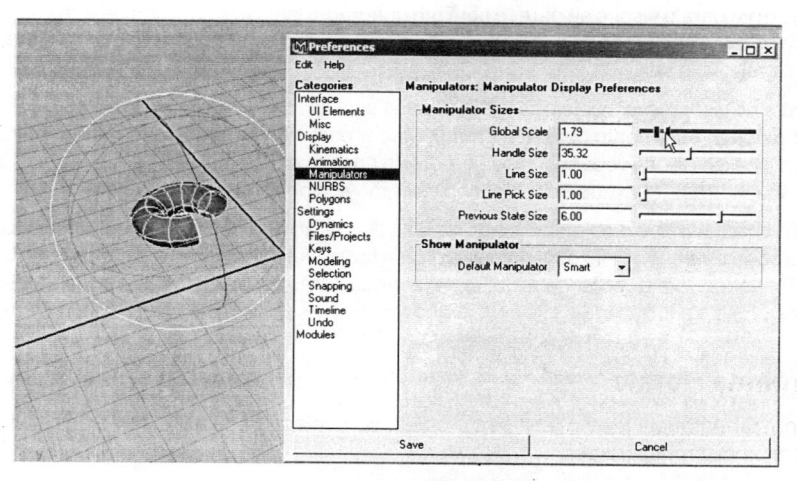

Figura 3.5 – *Ajuste do tamanho dos manipuladores na caixa de diálogo Preferences.*

Dica

Às vezes, você descobrirá que as alavancas do manipulador são pequenas ou grandes demais para o seu gosto. É possível ajustar facilmente o tamanho delas, com as teclas + e -. Se você quiser mais controle sobre o tamanho e aparência exatos, pode editar este ajuste, escolhendo Window I Settings I Preferences I Preferences no menu. Na lista Categories, sob Display, clique Manipulators, para abrir seus ajustes (veja a Figura 3.5). Aqui, você pode ajustar a escala global do manipulador e outros atributos úteis.

Utilização de transformações

Quando você está no modo Move (tecla de atalho: **w**), Rotate (tecla de atalho: **e**) ou Scale (tecla de atalho: **r**), tem várias opções para transformar o objeto, descritas nas seções a seguir. Em geral, se clicar e arrastar na superfície de um objeto selecionado, ou no ponto central das alavancas de manipulação, você pode mover ou girar livremente o objeto. No modo Scale, o objeto escalona uniformemente. Você também pode clicar e arrastar em qualquer das alavancas, para ter a ação restrita àquele eixo.

A ferramenta Move

Clicar e arrastar no ponto central, no meio do manipulador, move o objeto com relação à tela e clicar e arrastar em uma de suas setas de eixo move o objeto ao longo daquele eixo. Clicar em uma das setas de eixo, o seleciona e um MMB-arrastar (clicar com o botão central do mouse e arrastar) em qualquer lugar no visor leva o objeto a mover-se ao longo daquele eixo.

Ctrl+clique em uma seta de eixo muda o ponto central a ser restrito para um plano perpendicular ao eixo selecionado. Por exemplo, se você der um Ctrl+clique no eixo Y e depois clicar+arrastar no ponto central, a sua tradução é restrita ao plano X-Z (solo). Um pequeno plano amarelo aparece no centro do manipulador para indicar o plano ao qual o movimento está restrito. Normalmente, este indicador amarelo fica de frente para o visor e se parece com um quadrado, indicando o modo de movimento relativo à tela. Se você estiver no modo de movimento plano, dar um Ctrl+clique no ponto central o reajusta para o movimento relativo à tela.

MMB-arrastar no visor move o objeto com relação aos ajustes atuais para o ponto central. Não é preciso selecionar o objeto ou o ponto central do manipulador para mover o objeto; qualquer parte do visor funcionará. Por exemplo, se você tiver movido o objeto apenas em uma direção, aquela seta permanece amarela e MMB-arrastar em qualquer lugar no visor move o objeto restrito àquele eixo.

Shift+MMB+arrastar move o objeto ao longo do eixo que se alinhar mais próximo à direção do arraste. Você não precisa clicar no objeto ou manipulador para fazer isto; novamente, em qualquer lugar no visor, funcionará. Alinhando a direção de arrastar para um dos três eixos XYZ, você pode mover o objeto naquele eixo. Esta é a forma mais eficiente de mover rapidamente objetos restritos a um eixo.

A ferramenta Rotate

Clicar e arrastar no anel externo azul gira o objeto com relação à tela e clicar e arrastar dentro do manipulador produz rotação livre.

Clicar e arrastar em um eixo especial de rotação restringe a rotação àquele eixo em especial. Quando um eixo ou anel externo é selecionado, MMB-arrastar no visor restringe a rotação àquele eixo.

A ferramenta Scale

Clicar e arrastar em um eixo de escala em especial restringe o escalonamento àquele eixo e clicar e arrastar no centro do manipulador restringe a rotação a todos os três eixos, para escalonamento uniforme.

Depois que um manipulador de eixo tiver sido selecionado, MMB-arrastar no visor restringe a escala àquele eixo.

Alinhamento de rotação

Se você clicar duas vezes nos ícones da Tool Box para mover, girar e escalonar terá opções para as ferramentas (nenhuma aparece para escalonar, mas pelo menos aparece uma caixa de diálogo vazia). Para girar, você encontrará a opção para ajustar o alinhamento, o que é útil quando você quiser girar objetos em aumentos discretos. Um bom ajuste seria de 15 graus, para facilitar girar objetos a posições exatas de 30, 45, 60 e 90 graus. Observe que este alinhamento só acontece quando você usa uma alavanca de manipulador de eixo.

Como transformar múltiplos objetos

Quando você tem múltiplos objetos selecionados, pode aplicar transformações em todos eles. Para os modos Move e Rotate, você desejará rever as opções de ferramenta, para poder escolher se as suas mudanças acontecem local ou globalmente nos objetos. Por exemplo, depois de girar um objeto, se você acrescentar um outro objeto à seleção e movê-los no modo *local*, junto com o eixo Z, cada objeto se move ao longo do seu eixo local Z — direções completamente diferentes, conforme mostrado na Figura 3.6. O movimento de modo *global* força todos a se mover juntos, como se fosse um objeto. Clique duas vezes o botão Move, na Tool Box, para alternar entre os modos.

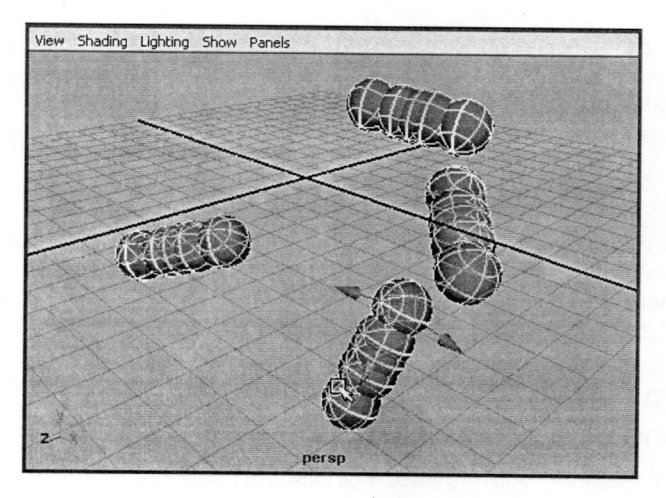

Figura 3.6 – Movimento ao longo do eixo Z significa algo diferente para cada esfera, quando mover no modo local.

Duplicação de objetos

Com freqüência, você cria novos objetos começando com objetos existentes. Às vezes, é preciso copiar um objeto muitas vezes, para criar um objeto complexo. O duplicador de objeto de Maya está sob Edit | Duplicate no menu. O padrão é duplicar um objeto no lugar e isto pode ser feito com a tecla de atalho **Ctrl+d**. A nova cópia aparece, por padrão, exatamente sobre o objeto original, portanto, normalmente você acompanha a duplicação com uma transformação.

Duplicação avançada: duplicação de conjunto

Em alguns casos, você deseja criar mais do que uma cópia. Use a caixa de opção Edit I Duplicate para modificar como as cópias são feitas. É possível fazer cada cópia com uma transformação aumentada a partir da anterior, conforme mostrado na Figura 3.7. Maya só faz *arrays* lineares — duplicatas que aparecem em uma linha. Para preencher uma área ou um volume com objetos, você simplesmente escolhe novamente a caixa de opção Edit I Duplicate com a linha ou área de objetos sendo duplicados ao longo de um eixo perpendicular.

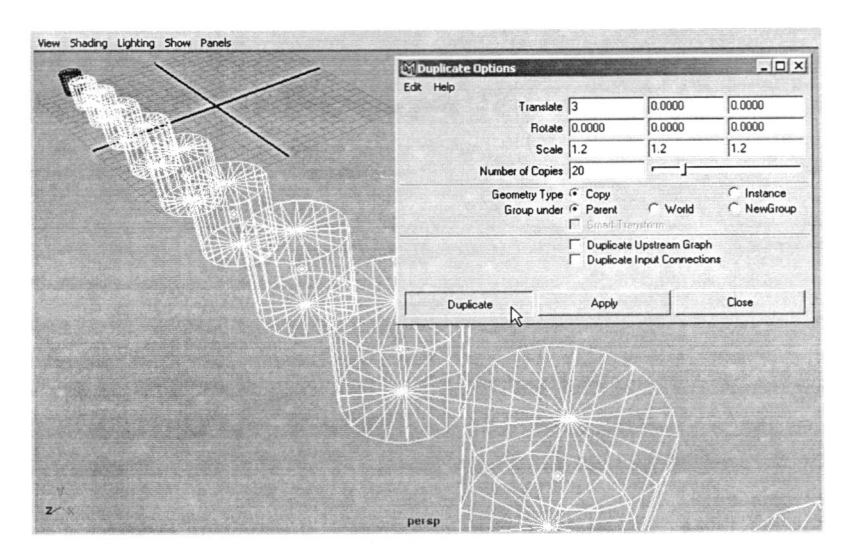

Figura 3.7 – *A caixa de diálogo Duplicate Options, com cada nova cópia aumentando a sua escala em 1.2 e movendo três unidades em X.*

Duplicação de instâncias, Upstream Graph e Input Connections

Na Figura 3.7, você observará que existem opções para criar instâncias (exemplos) ao invés de cópias. Você também notará duas caixas de verificação na parte de baixo da caixa de diálogo, uma para duplicar o Upstream Graph (gráfico corrente acima) e uma para duplicar Input Connections (conexões de entrada); estas opções são explicadas nas seções a seguir.

Cópias de exemplo

Instâncias são diferentes de cópias. As instâncias aparecem como objetos únicos, porém Maya, na verdade, está referenciando a geometria do objeto original (na terminologia Maya, a sua *forma de nó*) exatamente para cada instância. As instâncias podem ter transformações únicas e ter diferentes materiais aplicados, mas qualquer mudança na geometria da fonte (ou quaisquer dos exemplos) é refletida em todas as instâncias. Isto pode ser um grande poupador de tempo quando você precisa mudar o design de um objeto depois de ter posicionado muitas cópias dele em sua cena. Se eles estão instanciados, você pode atualizar todos de uma vez!

Upstream Graph

Se você olhar de novo para a Figura 3.1, pode ver como um objeto mantém, normalmente, a sua história de criação, para você poder editar mais tarde seus parâmetros de criação. Porém, ao criar duplicatas, as novas cópias não têm nenhuma dessas opções na Channel Box. Em outras palavras, o seu *Upstream Graph* não existe. Se você duplicar com esta opção marcada, cada duplicata obtém as suas próprias opções de criação duplicadas.

Input Connections

Neste modo de duplicação, você obtém um resultado semelhante a instanciar, onde os parâmetros de criação da fonte são copiados a todos os objetos. No entanto, neste método de duplicação, todas as cópias são objetos únicos e você pode modificar cada cópia de maneiras diferentes, sem afetar as outras cópias ou o original.

Remoção de objetos

Para apagar objetos, você simplesmente os seleciona e pressiona a tecla Delete ou Backspace. Também é possível escolher Edit I Delete no menu. Todos os objetos, luzes ou outros elementos de cena selecionados são permanentemente removidos da cena.

Como apagar por tipo

Bem abaixo do item de menu Edit I Delete está Delete All By Type (apagar tudo por tipo), que lhe permite se livrar rapidamente de todas as luzes, objetos ou outros tipos de elementos de cena. Se você olhar para baixo nesta lista, verá muitos outros tipos de elementos de cena: Joints (uniões), Lattices (gradeamentos), Clusters (grupos), Wires (redes) e muitos outros.

Pontos centrais

Ao transformar um objeto, você observará que normalmente ele parece colocar o manipulador bem no centro do objeto, mas, às vezes, aquele não é o lugar ideal. Por exemplo, se você tivesse modelado uma placa para ser usada como uma porta, desejaria que o centro rotacional dela fosse em uma borda da porta. Você pode editar o ponto central de objetos em Maya, usando a tecla Insert, que o alterna dentro e fora do modo Pivot Editing. Se estiver movendo, girando ou escalonando, quando estiver no modo Pivot Editing, você só vê o ícone de ponto central (conforme mostrado na Figura 3.8) e pode apenas movê-lo. Embora as alavancas de ponto central trabalhem da mesma forma que o ícone de movimento, com restrições X, Y e Z, você pode descobrir que precisa alinhar o centro perfeitamente em algum canto ou borda de seu objeto. A próxima seção explica a técnica para solucionar este problema.

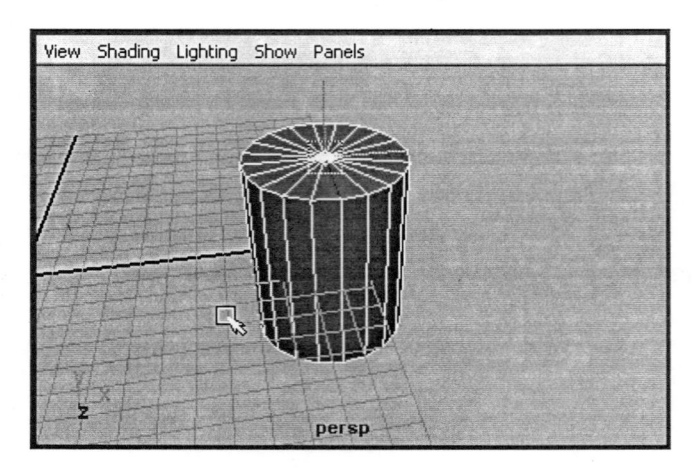

Figura 3.8 – *O modo Pivot Editing tem um único ícone.*

Alinhamento temporário

Conforme descrito no Capítulo 2, "Um passeio por Maya", geralmente você precisa de Maya para ajudá-lo a colocar as coisas com precisão, especialmente quando você está criando ou editando objetos mecânicos ou feitos pelo homem. Por exemplo, se estiver editando o ponto central de uma porta, você quer que o centro esteja exatamente no canto de borda da porta. O alinhamento de Maya puxa na direção de um ponto da grade, borda de objeto ou ponto de objeto, quando necessário. Ao invés de habilitar permanentemente o alinhamento, você pode encaixar temporariamente o tipo de alinhamento desejado, enquanto você movimenta os elementos de cena. As teclas de atalho para alinhamento são **x** (grades), **c** (curvas) e **v** (pontos).

Para usar alinhamento temporário, você já precisa estar no modo Move e ter algo selecionado. Se você mantiver pressionada a tecla x, verá o quadrado no centro do ícone de transformação se tornar um círculo. Se você tentar mover o item selecionado, descobrirá que ele se alinha à grade. Alinhamentos de curva e ponto são semelhantes, mas você precisa especificar a curva ou ponto de um objeto com seleção desfeita. Para fazer isto, mantenha pressionada a tecla de alinhamento (c ou v) e depois MMB-clique (clicar com o botão central do mouse) na borda ou ponto do objeto alvo. Outros movimentos do objeto agora estão restritos à curva ou ponto.

Hierarquia

Às vezes, você tem grupos de objetos em sua cena que são relacionados, sem estarem conectados como uma entidade única. Por exemplo, você pode ter um buquê de rosas que está mais ou menos junto, ou pode ter um objeto automóvel com quatro objetos roda e as rodas estão presas na posição do automóvel, mas giram independentemente do objeto automóvel. Em casos como estes, surgem as hierarquias de Maya, pois você aplica grupos e origem.

Agrupamento explicado

Qualquer coleção de objetos pode ser selecionada e transformada em um grupo, escolhendo Edit I Group (editar – grupo) no menu. Isto faz um novo nó único (em termos Maya, um *nó de transformação*), que se conecta a todos os membros do grupo e transforma os membros do grupo, à medida que o grupo nó é modificado. Note que os objetos não são ligados neste apanhado; você ainda pode selecioná-los independentemente. Há apenas um novo objeto que significa a coleção.

Inicialmente, isto não parece ser um aperfeiçoamento na organização de cena, mas navegar para o grupo não é difícil. O nó de grupo está "sobre" os membros do grupo e as teclas de seta para cima e para baixo permitem que você navegue para cima ou para baixo através de sua seleção. Assim, você simplesmente seleciona um membro do grupo e pressiona a seta para cima e todo o grupo é selecionado. De fato, o agrupamento é criado fazendo um novo nó de grupo (que não pode ser renderizado) e, depois, dando um pai a cada membro do grupo para esse nó. Os membros do grupo são os filhos e o nó de grupo é o pai.

Pais e filhos em hierarquias funcionam como a seguir: aonde o pai vai, os filhos precisam ir, mas por outro lado, o filho pode andar sem destino. Portanto, qualquer animação ou transformação aplicada ao nó pai agita qualquer objeto filho. Entretanto, os objetos filho ainda podem ser independentemente animados, sem afetar o pai ou outros parentes. Com grupos, o nó de grupo pode ser animado e todos os membros do grupo acompanham o nó de grupo, mas os membros do grupo ainda podem se animar, independentemente do grupo.

Normalmente, quando Maya cria objetos, ele vincula uma forma de nó ao nó de transformação para definir um único objeto. A forma de nó define a geometria do objeto e o nó de transformação define a sua transformação. Quando você cria um grupo, cria um nó que é uma transformação vazia; ele não tem nó de forma vinculada, assim, não há nada a renderizar do próprio nó de grupo. No entanto, ele pode se tornar um pai ou filho de qualquer outro objeto na cena, o que geralmente é útil na organização ou animação de uma cena.

Objetos pai e não pai

É possível designar relacionamentos hierárquicos diretamente a objetos, selecionando o(s) objeto(s) filho(s), selecionando o pai com Shift e, depois, escolhendo Edit I Parent (tecla de atalho: **p**). Qualquer transformação aplicada ao pai então refletirá no filho. Observe que o filho se transforma em torno do pai, a partir do ponto central do pai. Isto faz sentido porque você deseja que o objeto filho pareça estar conectado ao pai quando o objeto filho não é animado para se transformar independentemente do pai. Em nosso exemplo anterior, as quatro rodas do automóvel poderiam ter como pai o corpo do automóvel, assim, as rodas do automóvel seriam filhos do corpo. Agora as rodas podem ser animadas (rodando para girar e guiar), mas seguirão o corpo para onde quer que ele se movimente.

Você também pode interromper esta ligação, usando Edit I Unparent (editar — não pai) (tecla de atalho: **Shift+P**). Isto só funciona quando o objeto, ou objetos, filho é selecionado.

Paternidade e agrupamento: qual é a diferença?

A paternidade cria relacionamentos individuais pai-filho entre os objetos em sua cena. Criar um grupo é um tipo especial de hierarquia que é automaticamente criada. Quando você agrupa vários objetos, Maya cria o grupo de nós transformado, que não pode ser renderizado. Normalmente, o seu ponto central é colocado no centro geométrico de todos os objetos, mas você pode movê-lo para uma outra posição, no modo normal Pivot Editing. O agrupamento cria um relacionamento pai-filho, com cada um dos membros do grupo com pai do nó do grupo. Resumindo, a paternidade é o conceito geral de criar uma hierarquia entre elementos de cena e o agrupamento torna todos os objetos agrupados parentes, que são filhos de um novo elemento de cena, que não é renderizado.

Figura 3.9 – *O Outliner mostra relacionamentos pai-filho com recuo. Observe o ícone de transformação que aparece ao lado do nó do grupo.*

Se você abrir o Outliner (Window I Outliner), verá o objeto grupo com um + ao lado dele. Clicar este + no Outliner abre a lista do grupo, para que você possa ver os membros. Se você tiver hierarquias que estão várias camadas abaixo (filhos de filhos de filhos de filhos), o Outliner facilita ver os relacionamentos (veja a Figura 3.9). Se você selecionar um objeto filho, o seu pai também é selecionado, mas de uma cor diferente (por padrão, um verde claro).

Exibição de objetos

No Capítulo 2, mostramos como trocar do modo Wireframe para o Shaded (teclas de atalho: **4** e **5**) e como mudar o nível de detalhe de objetos NURBS (teclas de atalho: **1**, **2** ou **3**). Estas são algumas outras opções de exibição que podem ajudá-lo a ver mais claramente o seu objeto ou apressar a interação.

Se você escolher Shading I Shade Options (sombreado — opções de sombra) no menu do painel, encontrará opções para exibir os modos Wireframe on Shaded Objects e X-Ray (raio X). Estas opções podem ser úteis quando você precisa de modos especiais de renderização mais lenta no modo Shaded, para ajudar a solucionar um problema. Wireframe on Shaded Objects pode ajudá-lo a visualizar melhor as curvaturas e ver os efeitos de editar mais claramente uma forma do objeto. O modo X-Ray torna os objetos sombreados semitransparentes na vista em 3D. É possível ver através de todos os objetos sem desistir do aspecto tridimensional do modo Shaded.

Outras opções apressam a interatividade de vistas sombreadas. Sob Shading I Interactive Shading (sombreado — sombreado interativo) no menu de painel, você encontrará quatro opções para diminuir a atualização de exibição quando estiver movendo elementos de cena. Assim que parar de transformar objetos, ou mudar a vista, a vista totalmente sombreada volta. Geralmente, cenas complexas atolam tanto as vistas 3D sombreadas, que você não pode mover objetos com facilidade; a vista sombreada interrompe constantemente os movimentos para restaurar a exibição. Tal modo é chamado Normal nas opções Interactive Shading. As outras opções — Wireframe, Bounding Box (caixa de limite) e Points (pontos) — trocam a exibição para ver a cena naqueles estilos visuais durante as alterações de visor ou de objeto.

Capítulo 3 – Interação Maya | 63

Uma outra agilidade de interatividade está sob Display I Fast Interaction (exibir — interação rápida). Quando ela está habilitada, as vistas sombreadas simplificam objetos e texturas sob determinadas condições, para apressar a exibição. Esta opção é muito popular e poupa tempo, sem ser muito intrusiva em sua degradação da imagem exibida durante mudanças.

Tutorial: crie, selecione, transforme, duplique!

Agora você pode aplicar um pouco do que aprendeu, em um rápido, simples tutorial. Você usará um pouco de cada das seções deste capítulo para montar um objeto porta.

1. Comece com uma área de trabalho em branco, vazia, em Maya. Confirme se o seu histórico está ativo, assegurando-se que o botão Construction History na Status Line está ativado. Escolha Create I Nurbs Primitives I Cube para criar um objeto cubo no ponto de origem, que será a sua porta.

No CD
Chapter_03\movies\ch03tut01.wmv

2. O objeto é nomeado nurbsCube1, o qual você pode ver no alto de Channel Box. Clique no nome para poder renomeá-lo como door (porta).

3. Clique com o botão direito do mouse na vista Perspective para ativá-la sem desfazer a seleção do objeto cubo. Pressione **5** para trocar para o modo Shaded.

No CD
Chapter_03\ch03tut01start.mb

4. Troque para o modo Scale (tecla de atalho: **r**) e escalone verticalmente a caixa (na direção Y), arrastando na caixa verde, que é a alavanca de manipulação. Escalone-o repetidamente, se necessário, para conseguir uma altura de cerca de 16 unidades.

Armadilha
Os objetos cubo NURBS já são "grupos" de seis lados. Se acidentalmente você desfizer a seleção do cubo, clicando em outro lugar na vista, são necessárias duas etapas para selecionar novamente todo o cubo: primeiro, selecione um lado do cubo e depois, pressione a seta para cima, para navegar para o alto da hierarquia de grupo, selecionando automaticamente todos os seis lados. Você também pode selecioná-lo no Outliner.

---

5. Clique em Scale X, em Channel Box, e depois MMB-arrastar (arrastar com o botão central do mouse) para a esquerda e para a direita na vista Shaded, para ver como funciona o Virtual Slider de Maya. É possível ajustar qualquer parâmetro desta forma. Ajuste Scale X para cerca de 8.
6. Tendo aproximado o tamanho da porta, digite os valores 8 e 16 nas entradas Scale X e Scale Y, em Channel Box. É assim que você ajusta com precisão um valor numérico. Lembre-se, é preciso pressionar a tecla Enter depois de digitar o valor!

Dominando Maya 4

7. Ajuste Translate X da porta para 4 unidades, e Translate Y para 8 unidades, para que ela seja colocada no ponto de origem, conforme mostrado na Figura 3-10.
8. Crie um cilindro com Create I Polygon Primitives I Cylinder (criar — primitivas polígono — cilindro). Em Channel Box, mude o nome de pCylinder1 para knocker_stub. Depois, abra a seção Inputs, clicando no texto polyCylinder1, exatamente abaixo da etiqueta Inputs, onde você verá cinco parâmetros de criação: Radius (raio), Height (altura) e três ajustes de subdivisão. Ajuste o raio para .25 e a altura para 0.5.
9. Em seguida, você colocará a knocker stub (ponta da argola) na posição. Troque para o modo Move e posicione horizontalmente o cilindro, no centro da porta e verticalmente, três-quartos para cima na porta. Provavelmente, você precisará mover a ponta da argola um pouco para fora, para que ele se projete a partir da porta. Posicione-o, mudando os valores em Channel Box para 4, para Translate X, 12 para Translate Y e 0.75 para Translate Z.
10. Crie um torus com Create I NURBS Primitives I Torus e renomeie knocker, em Channel Box. Clique a etiqueta makeNurbTorus1 sob Inputs, para abrir a seção Inputs e ajuste o Height Ratio (raio de altura) para 0.1. Posicione o torus, mudando os ajustes de transformação na seção do alto de Channel Box: Translate X para 4, Translate Y para 11, Translate Z para 1.5 e Rotate X para 90. Para verificar como a argola se parece em outras vistas, dê um toque na barra de espaço, para trocar para o modo Four View (quatro vistas) e depois, veja se as outras vistas têm o posicionamento relativo dos objetos, como mostrado na Figura 3.11.

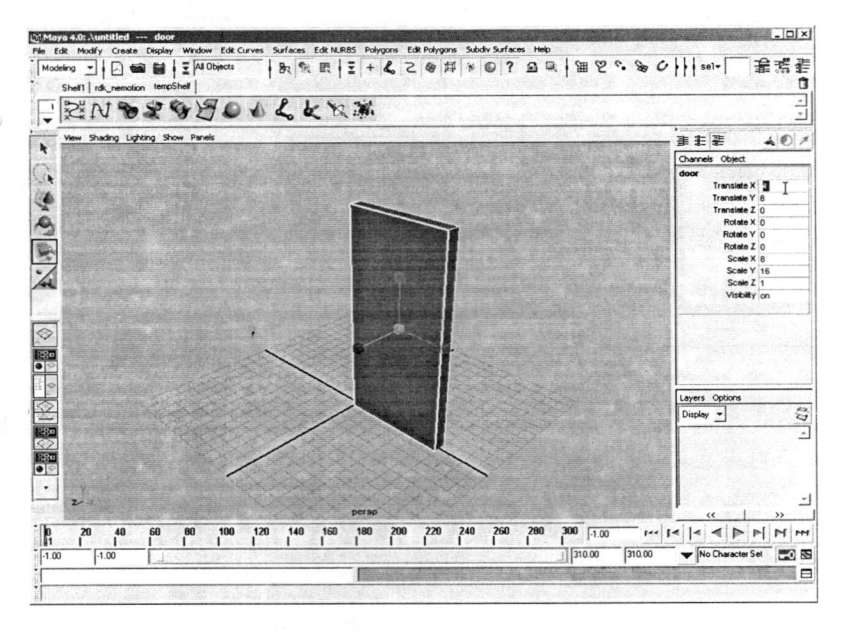

Figura 3.10 – *A porta na posição.*

Capítulo 3 – Interação Maya | 65

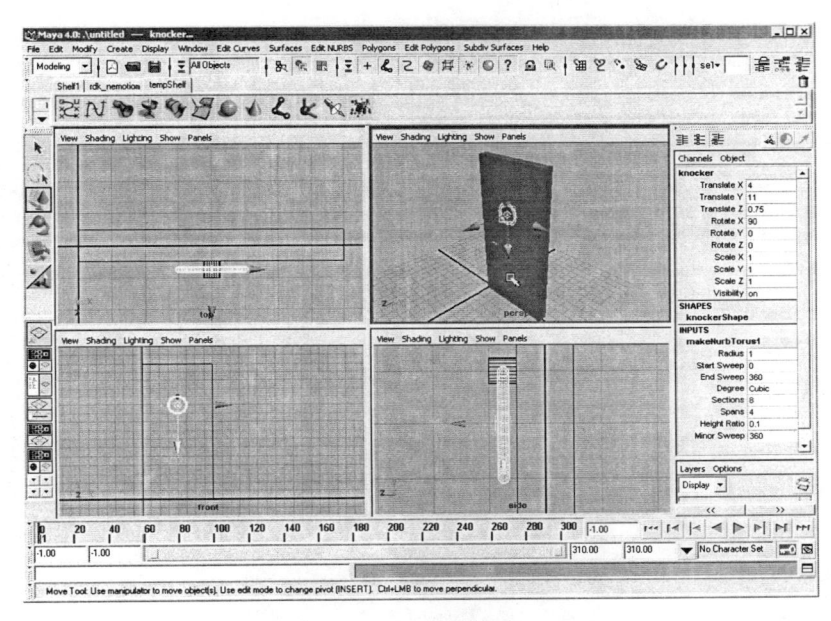

Figura 3.11 – *A porta com todas as suas partes.*

11. Em seguida, você ajustará os pontos centrais da argola e da porta. Comece com a argola, que ainda deve estar selecionada. Depois, troque para o modo Move (tecla de atalho: **w**) e pressione a tecla Insert para trocar para o modo Pivot Editing (você precisa estar sempre no modo Move antes de tentar mudar o pivô). O ícone de transformação na argola muda, para se parecer com o movimento de transformação, mas sem as setas nos finais dos três eixos. Use a vista Front e aproxime-se da argola. Agora, enquanto no modo Move, clique diretamente na linha vertical verde do ponto central. Isto restringe os seus movimentos à direção vertical (eixo Y). Agora, você pode levantar o ponto central até que ele esteja centralizado no cilindro que é a ponta da argola. Pressione Insert para sair do modo Pivot Editing.
12. Com a argola ainda selecionada, troque para o método Rotate (tecla de atalho: **e**) e clique no círculo vermelho, para girar, restrito ao eixo X. Agora, você pode bater na porta com a argola. Gire-a para que ela fique ligeiramente fora de eixo, para um aspecto natural.
13. Em seguida, selecione a porta. Clique em qualquer um dos seis lados do objeto cubo que formam a porta e, depois, pressione a seta para cima, para selecionar todo o objeto door. Você ainda deve estar no modo Rotate e notará que as alavancas giratórias estão no centro da porta. Você não quer que a porta gire em seu ponto central; as dobradiças devem estar na borda esquerda da frente da porta. Encaixe o modo Pivot Editing, pressionando Insert. Note que, automaticamente, você está no modo Move com o pivô, apesar de estar no modo Rotate geral. Os pivôs só podem ser movidos, não girados!
14. Depois, você coloca o ponto central exatamente no canto de baixo da porta, usando o alinhamento de curva. Cada canto de borda da porta é considerado uma curva passível de alinhamento quando no modo Curve Snap. Vá para a vista Perspective e incline em torno da vista para uma posição na frente e à esquerda da porta. Mantenha pressionada a tecla **c**, clique MMB diretamente na borda da frente superior da porta e, depois, MMB-arraste (arrastar com o botão central do mouse) para a

esquerda. O pivô será restrito à borda da frente da porta e deslizará facilmente para a extrema esquerda, onde o pivô deve estar localizado. Pressione Insert para sair do movo Pivot Editing.

15. Teste a rotação da porta, clicando no círculo verde (para restringir a rotação ao eixo Y) e arrastando. Porém, a ponta da argola e a argola não giram com a porta (veja a Figura 3.12). Elas precisam ter a porta com o pai para poderem girar quando a porta girar. Pressione z para desfazer a sua rotação.

16. Vá para o modo Select (tecla de atalho: **q**), selecione a argola e depois, Shift-selecione (pressione a tecla Shift e selecione) a ponta da argola. A ponta estará verde e a argola branca. Agora, escolha Edit l Parent ou, simplesmente, pressione a tecla de atalho **p**. Então, quando você selecionar a ponta da argola, a argola também será selecionada. Da mesma forma, sempre que você transformar a ponta da argola, a argola acompanhará, como se ela fosse parte da ponta da argola.

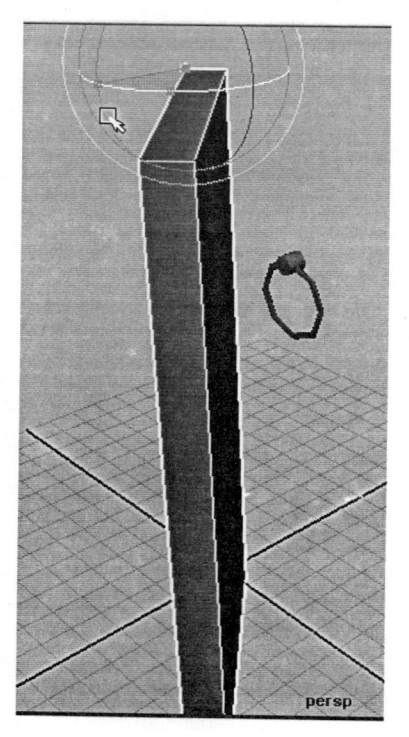

Figura 3.12 – *Giro da porta no ponto central correto; a argola não está acompanhando a rotação da porta.*

17. Selecione a ponta da argola (a argola também parece estar selecionada, mas se você verificar em Channel Box, verá que só a ponta da argola está selecionada). Shift-selecione o painel frontal da porta e pressione a tecla de seta para cima, para selecionar toda a porta. Depois, dê o pai à ponta da argola da porta (tecla de atalho: **p**). Agora você pode selecionar qualquer lado do objeto door, pressionar a seta para cima para selecionar toda a porta e, depois, trocar para o modo Rotate. Gire com uma restrição Y (clique e arraste no círculo verde do manipulador de rotação) e verá que todo o grupo gira como um (veja a Figura 3.13). Sucesso! Se você testá-lo, descobrirá que ainda pode girar corretamente a argola, independente do ângulo da porta.

Capítulo 3 – Interação Maya | 67

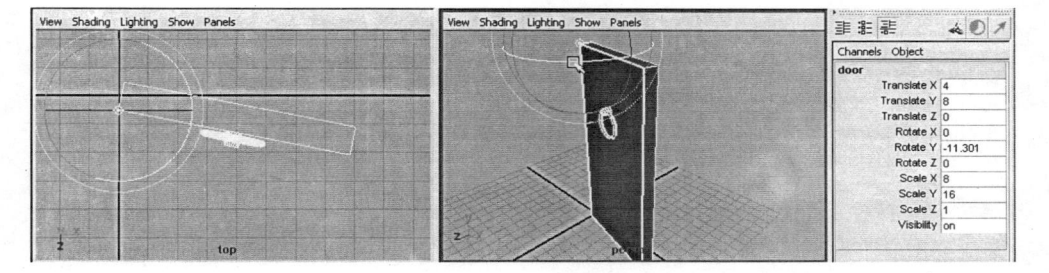

Figura 3.13 – *Todas as partes agora giram juntas — uma hierarquia vinculada!*

18. Abra o Outliner (Window I Outliner). Clique o + à esquerda do objeto door, para expandi-lo. Verá os seis lados do cubo door; um lado tem um + próximo a ele, indicando que este é o lado pai da ponta da argola. Abra este objeto e a ponta da argola para ver se a argola está embutida a quatro níveis de profundidade na hierarquia: door, leftnurbsCube1, knocker_stub, knocker. Esta exibição oferece uma dica visual da hierarquia, conforme mostrado na Figura 3.14.

No CD

Chapter_03\ch03tut01end.mb

Você pode explorar mais a cena e observar os efeitos de paternidade em transformações de objeto das partes da porta. Se quiser carregar um arquivo completo, encontre o arquivo da cena no CD-ROM (indicado próximo ao ícone de CD) e carregue-o.

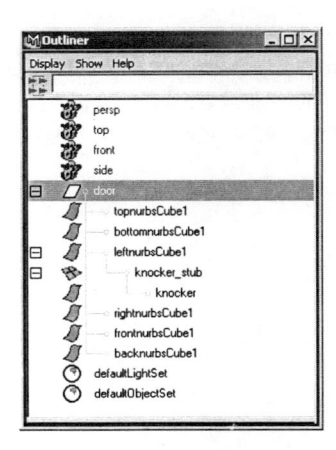

Figura 3.14 – *O Outliner exibe toda a hierarquia criada.*

Como ir além

Explore todos os modos de exibição de Maya para ver as vantagens de cada um. Teste as opções de agilidade de interação, para aprender o que elas fazem na vista Shaded e para reconhecer a aparência. Você também pode querer testar as opções de duplicação, para aprender algumas das possibilidades que elas oferecem.

Resumo

Agora que você obteve uma visão geral das funções de criação e edição de Maya, está pronto para se aprofundar no uso de Maya. Este capítulo demonstrou os seguintes conceitos e técnicas:

- **Criação de primitivas e outros objetos.** O uso destes objetos como blocos de construção de sua cena.
- **Seleção de objetos.** Agora você conhece uma variedade de maneiras de fazer com que o seu objeto, ou objetos, aja.
- **Transformação de objetos.** O uso de Channel Box ou o manipulador de transformação para mover objetos, a medida em que você monta as suas cenas.
- **Duplicação de elementos de cena.** Como copiar partes de sua cena para montar novas partes é um recurso útil.
- **Ajuste de pivôs.** Você pode ajustar um objeto para girar ou escalonar em torno de qualquer ponto no espaço, reposicionando o seu ponto central.
- **Hierarquia.** A vinculação de objetos em relacionamentos pai-filho é uma técnica essencial de inicialização e preparação de cena para animação.

Agora que você teve uma chance de aprender o design e os métodos básicos de Maya, é hora de molhar os pés. No próximo capítulo, progrediremos através de cada etapa de criar uma animação desenvolvida em Maya. Este tutorial parecerá mais fácil se você tiver se tornado familiarizado com cada uma das ferramentas descritas neste capítulo, bem como no Capítulo 2.

Se os próximos capítulos parecerem desafiadores, volte a este capítulo e experimente novamente cada etapa, cuidadosamente. Você ficará mais confortável navegando através de sua cena e tendo controle sobre o modo em que estiver e do que Maya estiver fazendo. Ganhe alguma confiança com estas habilidades principais e, então, estará pronto para um novo desafio.

CAPÍTULO 4

Mergulho: a sua primeira animação

Neste capítulo

Chegou a hora de caminhar para o âmago de Maya e criar o seu próprio mundo, de alto a baixo. Ouvir o que Maya pode fazer é uma coisa, mas você pode aprender muito mais mergulhando nele, explorando os seus recursos e descobrindo do que ele é capaz. Aos não iniciados, pode parecer que nem tudo aquilo seja usado na produção de um projeto. Porém, como você descobrirá neste capítulo, muitas coisas são. Além de se ligar ao lado criativo de sua mente, você também precisa aplicar as suas habilidades de organização e solução de problemas. É possível criar cenas incríveis, mas se elas não estiverem organizadas com eficiência, podem causar problemas para colaboradores ou outros que precisem trabalhar com suas cenas. Ou pode ser problemático para você, quando voltar para editar a sua cena três meses depois!

Vamos familiarizá-lo com as etapas que os artistas de computação gráfica tipicamente percorrem em Maya, ao montar um projeto a partir do nada. Ainda que você já tenha alguma experiência em Maya, pode aprender alguma coisa. Uma das melhores maneiras de aprender novas técnicas é olhar o que os outros fazem — às vezes, você descobrirá maneiras alternativas, melhores, de conseguir as coisas.

Este capítulo vai ser uma excitante oportunidade para você descobrir o que Maya tem a oferecer, à medida que você completa um pequeno projeto do início ao fim. Você terá um sentido do fluxo de trabalho do pacote de software que acabou de tirar da caixa e será apresentado aos seguintes conceitos:

- **Como ficar mais confortável com a interface Maya.** Nos capítulos anteriores, você aprendeu o básico da interface Maya. Neste capítulo, você aplicará aquele conhecimento e aumentará o seu nível de conforto quando estiver trabalhando com Maya.
- **Como aprender as etapas do processo de animação.** Ao completar este miniprojeto, você irá modelar, iluminar, texturizar, animar e renderizar — todas as principais etapas que cada projeto de animação exige.
- **Um pouco de tudo.** Trabalhar através de um tutorial que atinge a maioria dos recursos básicos e intermediários que Maya tem a oferecer. Você terá a oportunidade de usar dinâmica suave de corpo, animação de caminho, NURBS, texturização e mais!

- **Organização básica de cena.** Você aprenderá como trabalhar com camadas para organizar com eficiência a sua cena.
- **Modelagem e edição simples com NURBS.** Usando uma das duas principais ferramentas de Maya, você percorrerá um tutorial para criar objetos para a sua cena.
- **Renderizar a sua primeira cena em Maya.** Depois de terminar o tutorial deste capítulo, você terá uma impressionante animação para renderizar e exibir!

Termos-chave

isoparm — Uma curva em um caminho NURBS, que ajuda a dar uma indicação visual de topologia de superfície.

vertex (vértice) — Uma descrição X, Y, Z de um lugar do ponto no espaço 3D. Vértices podem ser conectados com segmentos de linha conhecidos como bordas. Três ou mais bordas conectadas em uma forma de polígono representam uma face de polígono (que produz a superfície).

control vertices (CVs — controle de vértices) — Muito semelhante ao vértice em um polígono, exceto que CVs são usados com NURBS.

material — Uma definição de superfície, incluindo fatores como cor e brilho. Phong, Blinn e Lambert são exemplos de diferentes tipos de materiais com os quais você trabalha em Maya.

raytracing (traço a raio) — Um método de renderização usado para criar reflexos e refrações realistas em superfícies, tais como espelho e vidro. O traço a raio também renderiza sombras mais reais. Como uma alternativa de alta qualidade para mapear reflexão, o traço a raio precisa de mais computação, causando assim, tempos mais longos de renderização.

dynamics (dinâmica) — Uma simulação física. Ao invés de animar manualmente, você aplica massa aos objetos, acrescenta gravidade e outros fatores, e deixa que Maya descubra.

soft body dynamics (dinâmica suave de corpo) — Dinâmica aplicada em objetos "batidos". Quando o objeto colide com algo, ele não tem apenas ricochetes, mas também flexões e balanços.

project (projeto) — Uma maneira de organizar as suas informações de cena. Formado de várias pastas, um projeto contém uma coleção de arquivos de cena e outros arquivos, tais como texturas, gerados para a sua cena.

Teclas de atalho a memorizar

manter pressionada a barra de espaço — Hotbox

q — modo Select
w — modo Translate
e — modo Scale
r — modo Rotate
t — exibir manipuladores
4 — mudar vista atual para o modo Wireframe
5 — mudar vista atual para o modo Shaded
F2 — trocar para a interface de usuário Animation (animação)
F3 — trocar para a interface de usuário Modeling (modelagem)
F4 — trocar para a interface de usuário Dynamics (dinâmica)
F8 — modo Component Selection

toque na barra de espaço com o cursor sobre uma vista — maximizar ou minimizar visor

Alt+v — executar ou parar o playback Time Slider

Ctrl+a — abrir Attribute Editor

f — focalizar no objeto

clicar com o botão direito do mouse no objeto — exibe um menu de atalho de funções disponíveis

Ctrl+d — duplicar

g — repetir último comando

p — criar um objeto pai

z — desfazer

Shift+Z — refazer

b+LMB-drag (b — botão esquerdo do mouse — arrastar) — redimensionar pincel quando esculpir um objeto

Como iniciar um novo projeto

Maya funciona melhor com uma estrutura de projeto. Esta é uma pasta que você põe em algum lugar em seu disco rígido e especifica como o projeto root (raiz). Então, Maya pode criar subpastas para organizar os diferentes arquivos que serão criados para a cena.

Antes de começar, um pequeno planejamento também nunca dói. Imagens em 3D podem ser um pouco mais difíceis de visualizar do que imagens em 2D. Com freqüência, é uma má idéia simplesmente sentar e começar a criar algo — você acaba tendo que começar de novo, pois esqueceu uma etapa iniciar. A maioria dos artistas de computação gráfica pega lápis e papel para fazer pelo menos alguns rascunhos e anotações antes de chegar ao poder de troca na estação de trabalho.

O projeto inicial que você vai criar é uma animação de um barco flutuando no mar. Você modelará o mar e o barco e depois, fará o barco atravessar o mar. Você aplicará materiais de madeira para o barco e materiais de água para o mar. Depois, animará o barco viajando pelo mar e apresentará um filme do resultado.

Tutorial: configuração inicial

A primeira etapa em criar esta cena, como com qualquer outra cena em Maya, é criar um novo projeto. Não se esqueça que se qualquer das etapas neste tutorial confundi-lo, você pode vê-las feitas e explicadas, exibindo o filme, indicado próximo ao ícone de CD de filme. A introdução a este livro inclui dicas de fazer o filme ser exibido em seu computador.

No CD
Chapter_04\movies\ch04tut01.wmv

1. Com Maya aberto, escolha File | Project | New no menu, ou pressione e mantenha pressionada a barra de espaço, para abrir a Hotbox e depois, clique File. Depois de ter aberto a caixa de diálogo New Project (novo projeto), clique no botão Use Defaults (usar padrões) (veja a Figura 4.1), que automaticamente criam pastas organizacionais para os componentes de projeto.

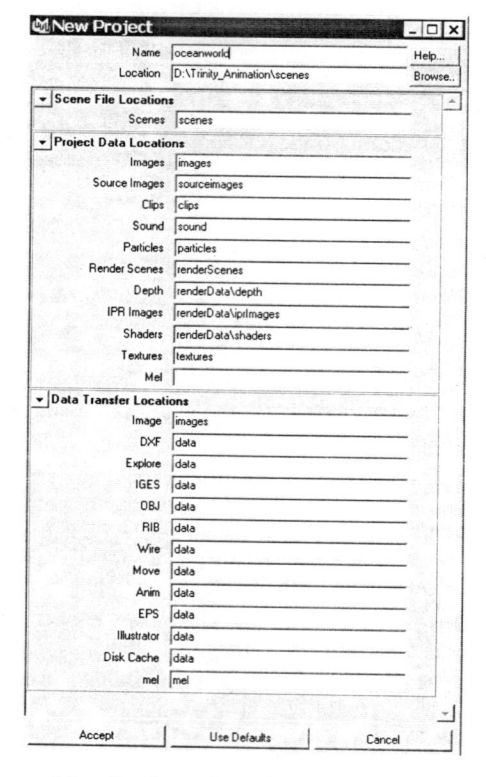

Figura 4.1 – *Configurações dos diretórios de projeto na caixa de diálogo New Project (novo projeto) de Maya.*

Capítulo 4 – Mergulho: a sua primeira animação | 73

2. Em seguida, nomeie o seu projeto, digitando oceanworld na caixa de texto Name. Na caixa de texto Location (localização), você deve digitar o diretório padrão que usará para todos os projetos Maya. O padrão em Windows 2000 e Windows XP é C:\Documents and Settings\user\My Documents\maya\projects. Você deve criar seus projetos nesta pasta, com um nome de projeto significativo, para facilitar identificar as pastas contendo seus projetos.

> **Nota**
> Você não pode deixar quaisquer espaços em nomes de arquivo, pois Maya não reconhece o caractere de espaço. Você pode usar um sublinhado (new_scene, por exemplo) ou uma mistura de letras maiúsculas e minúsculas, como NewScene, para nomear seus arquivos.

3. Depois de nomear o seu projeto, clique no botão Accept (aceitar) para tê-lo criado automaticamente.

Como organizar suas pastas de projeto

Ao criar o seu novo projeto, você disse a Maya para especificar uma estrutura de arquivo padrão. O diretório de seu projeto é um método organizado para armazenar e recuperar informações sobre um projeto e os seus arquivos de cena, para que Maya saiba onde buscar por informações de um componente especial na cena. Busque pelas pastas que foram criadas em seu diretório de projeto; a maioria dos nomes é auto-explicativa. A mais importante é a pasta Scenes, onde você salva seus arquivos de cena e informações do seu projeto.

Além de organizar as suas pastas de projeto, é importante salvar continuamente a sua cena, à medida que você desenvolve o seu projeto. Salvar os aperfeiçoamentos permite que você volte para um estágio em seu projeto, abrindo uma cena anteriormente salva em seu desenvolvimento de projeto e poupe seu tempo de remodelar, se alguma coisa não funcionar conforme esperado. Salvar o aperfeiçoamento é um novo recurso em Maya 4. Para usá-lo, escolha a caixa de opção File | Save Scene para abrir a caixa de diálogo Save Scene Options (opções de salvar cena) e selecione a caixa de verificação Incremental Save (salvar aperfeiçoamentos). Isto cria uma pasta de backup (cópia) na sua pasta de cenas do projeto (\scenes\incrementalsave\). Sempre que você salvar a sua cena, um arquivo de backup é colocado nesta pasta, numerado com uma extensão de incremento (por exemplo, filename.000.mb, filename.001.mb). Por padrão, você tem um número ilimitado de salvar aperfeiçoamentos, mas pode especificar um limite, para poupar espaço no disco rígido. Você ativará salvar aperfeiçoamentos como a primeira etapa no próximo tutorial.

Criação de elementos de cena para o seu projeto

Com o seu projeto criado, comece salvando a cena (File | Save Scene) e nomeando o arquivo ch04oceanScene. À medida que for passando pelos próximos tutoriais, você pode salvar tão freqüentemente quanto quiser. Normalmente, é uma boa idéia salvar depois de fazer várias operações em um objeto ou cena.

Na próxima vez que você abrir este arquivo salvo, escolha File | Project | Set (arquivo — projeto — ajuste) no menu. Isto especifica o projeto com o qual você está trabalhando e indica a Maya a localização certa dos arquivos no projeto. Você também pode escolher File | Recent Projects (arquivo — projetos recentes) para escolher a partir de uma lista dos projetos mais recentes nos quais trabalhou.

Dominando Maya 4

Com o projeto ajustado e o seu arquivo de cena inicial salvo, você está pronto para começar a modelar a cena! Você começará criando a água e depois acrescentando algum movimento à água, para dar alguma vida à cena. Este é o esboço de etapas para criar a água:

1. Escolha a sua geometria (neste caso, um plano NURBS).
2. Especifique a densidade (número de caminhos) da geometria. Para fazer os picos de água parecerem suaves e detalhados, você precisará de mais densidade do que o padrão.
3. Mude o plano em um corpo suave, para ter um efeito "ondulado" para a água.
4. Acrescente dinâmica, para "balançar" o plano, para criar o movimento da água.

Tutorial: criação do plano da água

A primeira etapa na criação da água é decidir qual tipo de geometria usar. Para a água, um plano é bom, pois a água não precisa de volume; criando simplesmente a superfície da água com um plano, você pode conseguir o efeito visual certo. Para este tutorial, você usará um plano NURBS ao invés de um plano baseado em polígono, porque uma superfície NURBS pode se subdividir automaticamente, para oferecer mais detalhes por ocasião da renderização. Porque a água terá todas aquelas pequenas ondulações, isto é uma coisa boa.

No CD
Chapter_04\movies\ch04tut02.wmv

Nota Geralmente a Hotbox é a maneira mais rápida de criar objetos em sua cena. Para ver todos os recursos em Maya na Hotbox, clique Hotbox Controls | Show All (controles de Hotbox — exibir todos). Todos os menus são exibidos, portanto, você não precisa pressionar teclas para trocar entre animação, renderização, modelagem e assim por diante. No entanto, por ora, deixe a Hotbox em seus ajustes padrão.

1. Vá em frente e ative o recurso Incremental Save, para ter todos os arquivos retornados se você tiver um problema. Escolha a caixa de opção File | Save Scene para abrir a caixa de diálogo Save Scene Options e selecione a caixa de verificação Incremental Save.
2. Para criar um plano NURBS, primeiro assegure-se de estar no modo Modeling (tecla de atalho: **F3**). Usando a barra de menu ou a Hotbox, clique a caixa de opção Create | NURBS Primitives | Plane para abrir a caixa de diálogo NURBS Plane Options (opções de plano NURBS). Depois você mudará o plano para um corpo suave e depois acrescentará a ele uma força dinâmica, para produzir um efeito de água ondulada. Para ter partículas dinâmicas suficientes para acrescentar movimento à água, você precisará aumentar o número de caminhos, para ter mais CVs, que definem a localização e o número de partículas para o corpo suave que você criará; digite 30 em ambas as caixas de texto, U Patches (caminhos U) e V Patches (caminhos V) (veja a Figura 4.2).

Capítulo 4 – Mergulho: a sua primeira animação | 75

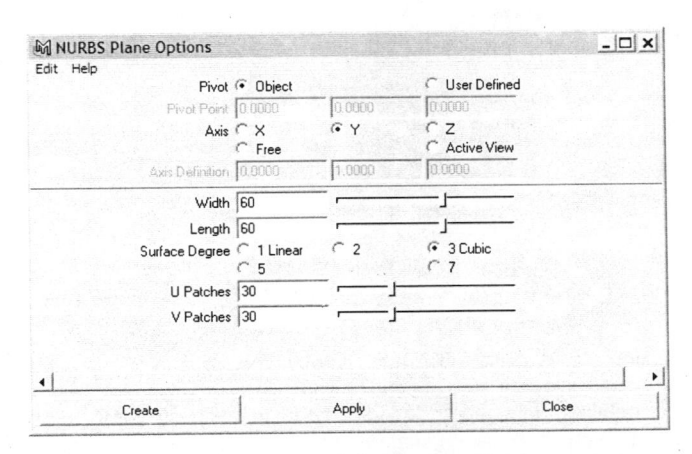

Figura 4-2 – *Uso da caixa de diálogo NURBS Plane Options para mudar os valores usados na criação de uma superfície.*

3. Em seguida, você precisa definir o tamanho do plano. Nas caixas de texto Length (comprimento) e Width (largura), digite 60 e depois clique o botão Create. Por padrão, o objeto recém criado será selecionado. Em Channel Box, nomeie o plano NURBS, WaterPlane.

> **Dica**
> Neste ponto, você deve ocultar a grade padrão, para poder ver o plano mais claramente (escolha Display | Grid (exibir — grade) no menu principal, ou na barra de menu do painel, escolha Show | Grid (mostrar — grade)).

Conversão do plano em um corpo suave

4. Convertendo o seu plano NURBS para um corpo suave, você obtém uma réplica baseada em partículas, com partículas colocadas em cada um dos CVs do plano NURBS. Isto permite acrescentar efeitos dinâmicos ao plano, para conseguir um efeito mais real de água. Para trabalhar com corpos suaves, você precisa trocar para o modo Dynamics (tecla de atalho: **F4**). Com o plano selecionado, abra a Hotbox e clique a caixa de opção Soft/Rigid Bodies | Create Soft Body (corpos suaves/rígidos — criar corpo suave).

5. Na caixa de diálogo Soft Options (veja a Figura 4.3), mude os seguintes ajustes: na lista drop-down Creation Options, selecione Duplicate, Make Original Soft (duplicar — tornar original suave); selecione as caixas de verificação Hide Non-Soft Object (ocultar objeto não suave) e Make Non-Soft a Goal (tornar não suave um alvo); e digite .25 na caixa de texto Weight (peso). Clique o botão Create. Isto cria uma cópia oculta de WaterPlane e converte o plano original em um corpo suave.

76 | Dominando Maya 4

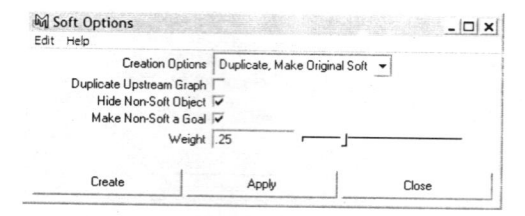

Figura 4.3 – *Use a caixa de diálogo Soft Options para especificar como deseja que o corpo suave seja criado.*

As partículas do corpo suave serão anexadas ao plano oculto, que evita a superfície da água de deformar muito. O peso alvo controla a atração da partícula para o alvo. Sem ajustar um alvo, o plano destorceria incontrolavelmente depois que você aplicasse a ele um campo dinâmico. Ajustar um valor de 1 leva as partículas a pular imediatamente para o alvo, já um valor de 0 não tem efeito na posição da partícula. Valores de 0 a 1 criam efeito como retorno, o que é bom para ondas rolantes.

6. Abra o Outliner (Window | Outliner, no menu) e busque por um grupo chamado WaterPlane. Expanda este grupo, clicando o + próximo ao seu nome e verá a partícula de corpo suave — WaterPlaneParticle — que foi criada. Abaixo de WaterPlane original está a superfície alvo, copyOfWaterPlane (cópia de plano de água) (veja a Figura 4.4). Para ver as partículas do corpo suave, selecione WaterPlaneParticle no Outliner. O plano no visor mostrará claramente todas as partículas.

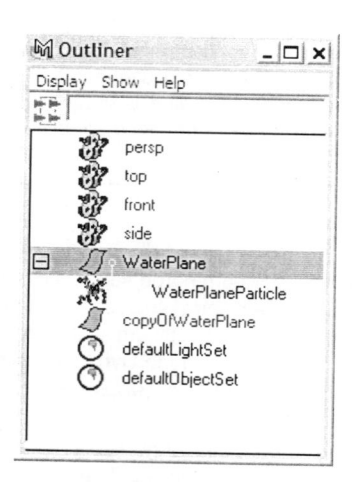

Figura 4.4 – *O Outliner mostra claramente a estrutura e os componentes da cena. WaterPlane agora é um corpo suave.*

7. Antes de acrescentar movimento a WaterPlane, você deve descobrir quanto tempo deseja que a sua animação tenha. Por padrão, a animação é ajustada para executar em 24 molduras por segundo (fps — frames per second). Você executará a animação por 15 segundos, o que significa que um total de 360 molduras será criado. Vá para o Range Slider, na parte inferior da janela de Maya, sob os botões Play (Time Slider) e digite 360 para o tempo de encerramento de execução e animação.

No entanto, se você clicar Play no Time Slider, nada acontece, pois nenhuma dinâmica ainda está afetando as partículas de corpo suave. No próximo tutorial, você verá como acrescentar dinâmica para poder ver a água se movendo da próxima vez que executar a animação. Se tiver problemas com este tutorial, você pode copiar o arquivo de cena (indicado próximo ao ícone de CD) do CD-ROM de Fundamentos de Maya e usá-lo para continuar para o próximo tutorial.

No CD
Chapter_04\ch04tut02end.mb

Tutorial: como acrescentar movimento à água

O plano de mar está agora ajustado para "ondular", pois você o tornou um corpo suave, mas, para ajustá-lo durante o movimento, é preciso fazer algo. Uma opção é animá-lo, balançando-o para a frente e para trás, para obter o movimento da água como o agito de uma banheira de água. Provavelmente, ele pareceria exatamente como uma banheira de água agitada! Felizmente para este projeto, Maya oferece "influências", tais como vento e gravidade, que você pode aplicar em corpos suaves para que eles façam algo, mesmo quando estão parados. Para criar dinâmica de movimento de água, você usará uma chamada turbulência. A turbulência cria um "campo de ruído" que causa movimento aleatório. Há dois ajustes que você mudará para modificar o campo de turbulência: a sua *magnitude*, que representa a força do campo de turbulência e a sua *atenuante*, que afeta como a turbulência é distribuída através da superfície do plano. Por exemplo, um valor de atenuante de 0 leva a turbulência a ser igualmente espalhada pela superfície. Se o valor for aumentado, você consegue ondas fortes no centro, que morrem perto das bordas do plano de água.

No CD
Chapter_04\movies\ch04tut03.wmv

1. No Outliner, sob o item expandido WaterPlane, selecione o corpo suave WaterPlaneParticle.

Nota

Quando você selecionar WaterPlaneParticle, observe que as informações na Channel Box mudam. Isto é porque a Channel Box está exibindo todos os atributos de partícula que podem ser modificados por padrão. Você também pode exibir estas propriedades abrindo o Attribute Editor (tecla de atalho: **Ctrl+a**) e clicando a guia WaterPlaneParticleShape.

78 | Dominando Maya 4

2. Assegure-se de estar no modo Dynamics (tecla de atalho: **F4**). Com WaterPlaneParticle selecionada, abra a Hotbox e clique Fields | Turbulence (campo — turbulência), para anexar um campo Turbulence às partículas de corpo suave. Você deve ver um pequeno ícone circular aparecer na cena de origem, indicando que o campo foi criado. Com o campo de turbulência selecionado, vá para a Channel Box e nomeie o campo como WaterWavesField.

Dica Você também pode anexar o campo de turbulência às partículas do corpo suave com Dynamic Relationships Editor (editor de relacionamentos de dinâmica) (Window | Relationship Editor | Dynamic Relationships). Para mais informações a respeito veja o Capítulo 13, "Sistemas de partícula e dinâmica".

---

3. Agora, tente executar novamente a animação, para ver o plano se mover ("deformar"). Se não o vir se movendo, tente aproximar mais o plano. Ele não se move da maneira que você espera que um mar se mova, portanto, para corrigir isto, é preciso modificar os ajustes do campo Turbulence. No Outliner, selecione WaterWavesField. Na Channel Box, ajuste Magnitude para 6, para criar uma força maior no corpo suave. Ajuste Attenuation para 0, conforme mostrado na Figura 4.5, para distribuir a turbulência igualmente através da superfície.
4. Exiba a animação de novo e veja a diferença. A deformação do corpo suave é muito mais evidente, agora que a turbulência está dividida igualmente. Se ainda não tiver feito isto, salve a sua cena.

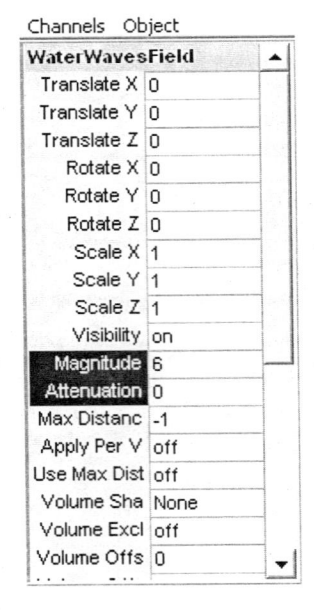

Figura 4.5 – *Mudança de ajustes de turbulência na Channel Box.*

Capítulo 4 – Mergulho: a sua primeira animação | 79

Como ir além

Você pode querer tentar acrescentar um outro campo, tal como Air (ar) (para um efeito de vento) ou Vortex (vórtice) (um redemoinho!) à cena e exibir a animação para ver os resultados. Também, você pode conseguir alguns resultados interessantes, alterando apenas alguns ajustes em seu campo de turbulência. Tente modificar os valores para os ajustes de Frequency (freqüência), Attenuation e Magnitude.

Se a sua animação voltar vagarosamente ou picada, é preciso mudar a velocidade de exibição da animação ou o seu computador pode não ser poderoso o bastante para exibir a animação suavemente. Clique o botão Animation Preferences à direita do Range Slider ou escolha Window | Settings/Preferences | Preferences, para abrir a caixa de diálogo Preferences. Na lista Categories, role para baixo para Settings e clique a entrada Timeline (linha de tempo) (veja a Figura 4.6). Sob a seção Playback, selecione Play Every Frame (executar cada moldura) na lista drop-down Playback Speed e, depois, clique o botão Save para salvar estas preferências. Estas mudanças devem fazer a animação ser executada mais suavemente.

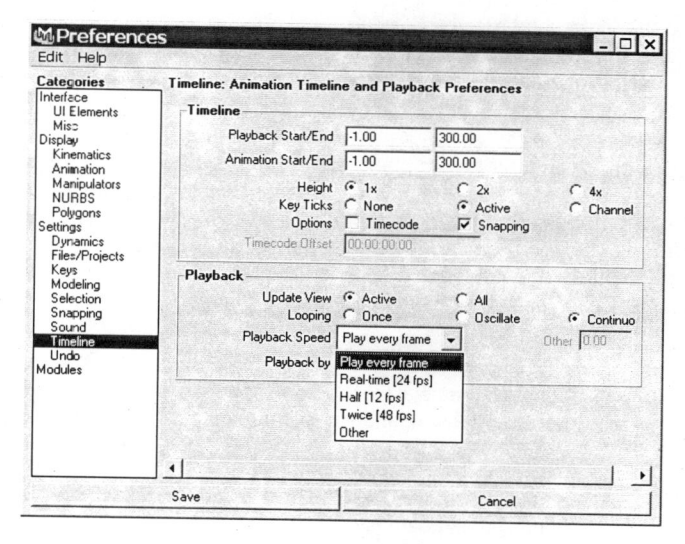

Figura 4.6 – *Mudança do ajuste de exibição na caixa de diálogo Preferences.*

Dica

Se a sua animação ainda é exibida muito vagarosamente, você pode executar individualmente cada tela de sua cena (Window | Playblast | caixa de opção). Playblast faz uma cópia de cada moldura do seu visor e a executa em seu reprodutor de mídia padrão ou no utilitário FCheck. Ele é um método válido para testar a velocidade de exibição de sua animação.

Tutorial: criação do solo

Neste tutorial, você aprenderá como criar uma camada, que lhe permite organizar elementos de cena, para que eles sejam mais fáceis de gerenciar. Também verá como o agrupamento de objetos facilita selecionar itens no Outliner ou no Hypergraph, pois você acaba com menos objetos amontoando as janelas. Você pode continuar a partir do tutorial anterior, ou carregar o arquivo de cena indicado.

No CD
Chapter_04\movies\ch04tut04.wmv

No CD
Chapter_04\ch04tut03end.mb

1. Para criar o solo, você precisa de um outro plano NURBS. Na barra de menu, escolha Create | NURBS Primitives | Plane, com os mesmos ajustes usados para a água.

2. Na Channel Box, nomeie o plano como GroundPlane. Já que ele é criado na origem da cena (o ponto 0,0,0), está na mesma posição que WaterPlane. Porém, o solo precisa estar sob a água, então, você precisa movê-lo na direção -Y. Para fazer isto, digite -2 em Translate Y na Channel Box.

3. Porque o solo é criado a partir de um plano, ele é completamente chato. Para conseguir uma superfície irregular mais real e acrescentar uma pequena ilha, você esculpirá o plano NURBS. É difícil fazer isto com a água no caminho, portanto, você precisa ocultá-la ou criar uma camada. Você usará o Layer Editor (editor de camada), na parte inferior da Channel Box (veja a Figura 4.7) para criar uma camada para a água. Assegure-se de que o plano de água está selecionado e, na barra de menu de Layer Editor, escolha Layers | Create Layer (camadas — criar camadas).

Nota Lembre-se de ajustar o Time Slider de volta para zero para a sua cena, se você exibiu uma animação. O botão da extrema esquerda de exibição (setas duplas para a esquerda) é o botão rápido para isto. Não se esqueça de interromper primeiro a exibição! Algumas deformações geométricas permanecerão, a menos que você "rebobine". A água é um bom exemplo para isto.

---

4. Clique duas vezes na nova camada para abrir a caixa de diálogo Edit Layer, onde você pode mudar ajustes para a camada (veja a Figura 4.7). Nomeie a camada como WaterL e mude a cor da camada para azul; quaisquer objetos associados a esta camada agora serão azuis no modo Wireframe. Finalmente, desmarque Visible (visível) para ocultar a camada e, depois, clique o botão Save.

5. Antes de acrescentar a água à camada, você agrupará todas as partes da água, para que elas apareçam como um objeto (o que reduz o amontoado no Outliner). No Outliner, Ctrl+clique para selecionar WaterPlane, copyOfWaterPlane e WaterWavesField.

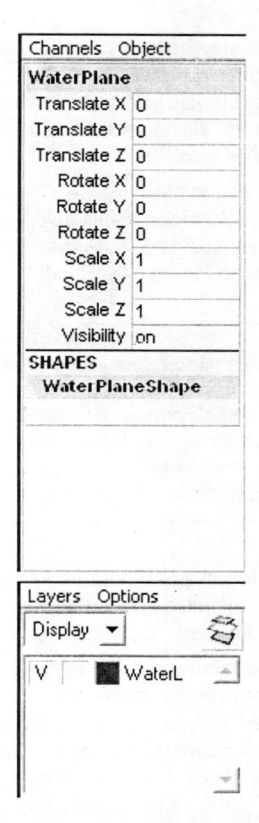

Figura 4.7 – *Use o Layer Editor para organizar seus elementos de cena.*

6. Na Hotbox, clique Edit | Group e nomeie o grupo como WaterGroup. Verifique o Outliner, onde você verá os componentes de água sob WaterGroup.

Dica
Se agora você selecionar WaterPlane em um dos visores, os outros componentes do grupo de água não estarão selecionados. No entanto, é possível clicar em qualquer dos componentes do grupo e depois pressionar a seta para cima, para selecionar facilmente todo o grupo. Agrupar os objetos cria hierarquicamente um "nó de grupo", ao invés de juntar todos os objetos em um único objeto. Você também pode usar as teclas de seta para navegar para outros objetos hierarquicamente arrumados no Outliner. Por exemplo, expanda WaterGroup, selecione WaterPlane e pressione as teclas de seta para a esquerda e para a direita. Você verá a seleção destacada mover-se para outras partes de WaterPlane. As teclas de seta para a esquerda e para a direita permitem que você mova para os parentes do objeto selecionado, a seta para cima o leva para o pai e a seta para baixo, para o filho.

Dominando Maya 4

7. Em seguida, é preciso designar WaterGroup à camada. Assegure-se de que WaterGroup esteja selecionado no Outliner, clique com o botão direito do mouse em WaterL, no Layer Editor e clique Add Selected Objects (acrescentar objetos selecionados) no menu de atalho. WaterGroup é acrescentado à camada de água, portanto, ele não é mais visível. Já que a camada é oculta, você pode ver e modificar facilmente o plano de solo.

8. Agora, você pode esculpir GroundPlane para dar-lhe alguma forma: selecione GroundPlane e, na Hotbox, clique Edit NURBS I Sculpt Surfaces I caixa de opção (editar NURBS — esculpir superfícies), para abrir a janela Tool Settings (ajustes de ferramenta) para a Sculpt Surfaces Tool (ferramenta de esculpir superfícies) (mostrada na Figura 4.8). Clique a guia Sculpt, se ela não estiver exibida.

Dica — Se você tiver uma mesa digitalizadora sensível a pressão (tais como, Wacom, Intuos e Graphire), esta seria uma boa hora para usá-la, pois você terá mais controle com a Sculpt Surfaces Tool. Na janela Tool Settings da Sculpt Surfaces Tool, clique a guia Stroke. Sob a seção Stylus Pressure (estilo de pressão), ajuste a caneta para ser sensível a Opacity (opacidade), Radius (raio) ou Both (ambos).

---

9. Sob a seção Operation (operação), clique o botão de rádio Pull (puxar) e deixe o restante nos ajustes padrão (veja a Figura 4.8). Minimize esta janela e mova o cursor do mouse através do plano de solo. Você deve ver um círculo vermelho que representa a área a ser esculpida.

10. Se não vir o cursor vermelho movendo-se pelo plano, provavelmente você não selecionou o plano de solo. Pressione q para obter a seleção de cursor, clique no plano e depois, pressione y para obter a última ferramenta usada. À medida que clica e arrasta através do plano de solo para fazê-lo parecer como um fundo do mar, você deve ver a superfície sendo puxada para cima (na direção Y). Troque para o modo Shaded (tecla de atalho: **5**) para facilitar ver as mudanças feitas à superfície. Porém, o raio da Sculpt Surfaces Tool é um pouco pequeno demais, assim, ajuste-o pressionando b e LMB, arrastando para a esquerda e para a direita.

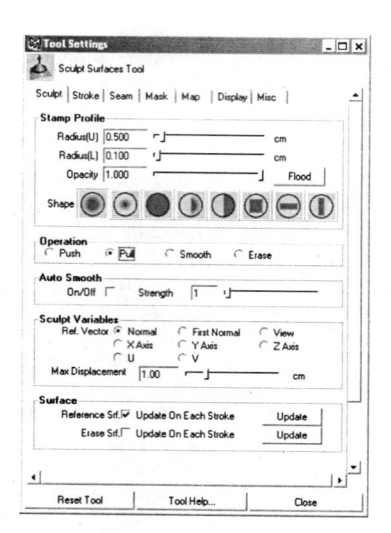

Figura 4.8 – *A janela Tool Settings para a Sculpt Surfaces Tool.*

11. Continue a esculpir a superfície, alternando ocasionalmente a operação para Push (empurrar), na janela Tool Settings, ou com a tecla de atalho **u** do menu de marcação. Puxe um pouco para as bordas do plano de solo, mas não puxe tanto que o solo penetre o plano de água. Eventualmente, você deve ter uma superfície semelhante à Figura 4.9. É possível exibir a camada de água para ter uma idéia de quais porções do solo estarão acima da linha de água. No Layer Editor, clique duas vezes WaterL e selecione a caixa de verificação Visible, na caixa de diálogo Edit Layer. Você também pode alternar a visibilidade, clicando no quadrado à extrema esquerda do nome da camada, no Layer Editor. Quando você clica no quadrado, ele deve exibir um V, de "visível".

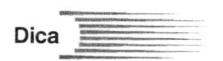

> **Dica** — Você pode mudar interativamente a função atual da Sculpt Surfaces Tool, pressionando u e clicando na superfície que está esculpindo. Isto exibe um menu de marcação, com opções para a ferramenta.

12. Para sair da Sculpt Surfaces Tool, pressione q. Exatamente como você fez para a água, é preciso criar uma camada para o plano de solo. Crie uma nova camada, nomeie-a como GroundL, ajuste a cor para marrom e designe GroundPlane a ela.
13. Se até agora não o tiver feito, salve a sua cena.

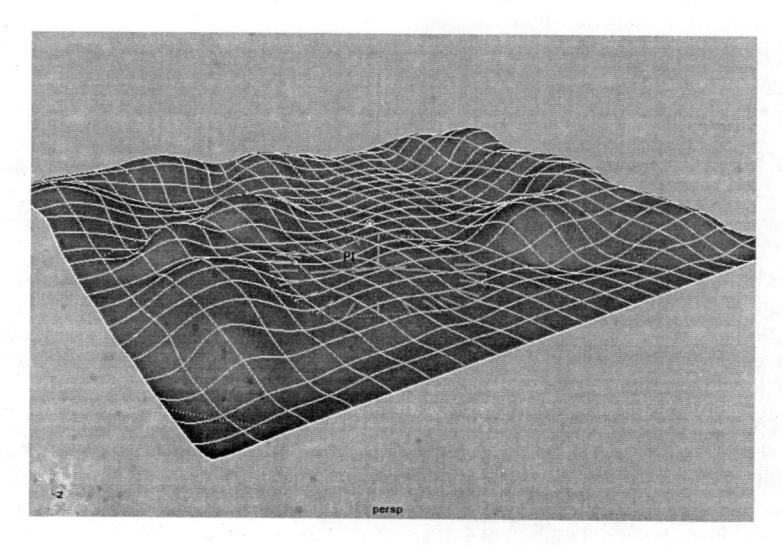

Figura 4.9 – *Como usar a Sculpt Surfaces Tool em seu plano de solo.*

Tutorial: criação do barco

Finalmente, você vai criar o barco que flutuará pela sua cena. Você construirá o barco a partir de NURBS. Oculte todas as camadas de sua cena e, depois, troque para o modo Four View. Você pode prosseguir a partir do tutorial anterior, ou carregar o arquivo de cena indicado aqui.

No CD
Chapter_04\movies\ch04tut05.wmv

1. O barco que você criará se parece com um cone dividido, assim, crie primeiro um cone NURBS, escolhendo Create | NURBS Primitives | Cone | caixa de opção. Na caixa de diálogo NURBS Cone Options (opções de cone NURBS), clique o botão de rádio Z, para mudar o eixo e digite 180 na caixa de texto End Sweep Angle (encerrar ângulo de varredura) (isto diz a Maya para criar uma superfície que tem apenas meia-volta — 180 graus). Em seguida, selecione o botão de rádio Bottom (em baixo) para Caps (tampa), selecione a caixa de verificação Extra Transform on Caps (transformação extra em tampa) e digite 4 na caixa de texto Number of Spans.

> **No CD**
> Chapter_04\ch04tut04end.mb

2. Clique o botão Create para criar metade de um cone com uma tampa no final. Se o cone parecer muito distante, selecione-o (clicando no cone, não na tampa final) e pressione f. Nomeie o cone como BoatOutside.
3. Em seguida, você precisa dar forma ao cone, para se parecer com um pequeno barco. Maximize a vista Side (lado), colocando o seu cursor sobre ele e dando uma batida na barra de espaço. Assegure-se de que o cone ainda está selecionado e, na Channel Box, ajuste Scale X para 0.5, Scale Y para 0.75 e Scale Z para .15, para começar a moldar o cone.

Dica Já que os visores são sensíveis à localização do cursor do mouse, coloque-o sobre a vista que você deseja focalizar. Então, você pode pressionar f para afetar aquele visor em especial.

---

4. Na vista Perspective, o cone não se parece com o fundo do casco curvado de um pequeno barco. Para corrigir isto, é preciso mover e escalonar os CVs. Com o cone selecionado na vista Side, troque para o modo Component Selection (tecla de atalho: **F8**). Clique com o botão direito do mouse no cone e selecione Control Vertex. Você verá as colunas de CVs inclinando para baixo, em direção à parte de trás do cone.
5. Os CVs controlam a forma do cone. Na vista Side, selecione com a ferramenta marquee em cada conjunto de baixo dos CVs (dois CVs estão visíveis, mas você está selecionando três) e troque para a ferramenta Move (tecla de atalho: **w**). Comece com o par de CV mais à direita e trabalhe para a frente, até que o cone tenha um fundo plano que subitamente se curva, para moldar a frente do barco, conforme mostrado na Figura 4.10. Note que na figura, todos os CVs modificados estão selecionados, mas os CVs só foram movidos como grupos de três para cada "rung" (travessa de madeira) do barco.
6. Troque para a vista Top e maximize esse visor. Você pode ver que o cone ainda é estreito demais na frente. Assegure-se de que ainda está no modo Component Selection, com os CVs selecionados, para poder escalonar fileiras de CVs para modelar mais o cone. Começando com a fileira no final mais largo do cone, selecione com a ferramenta marquee todos os CVs naquela fileira. Depois, escalone-os ao longo do eixo X (a seta vermelha), trocando para a ferramenta Scale (tecla de atalho: **r**) e deslizando os lados da alavanca de eixo X vermelho. Referindo-se à Figura 4.11 como um guia, escalone os CVs para conseguir uma forma de barco suavemente arredondada.

Capítulo 4 – Mergulho: a sua primeira animação | 85

7. Agora você pode trabalhar dentro do barco. Saia do modo Component Selection (tecla de atalho: **F8**) e restaure a vista Top, para ter todos os quatro visores visíveis. Selecione BoatOutside e duplique-o, clicando Edit I Duplicate (tecla de atalho: **Ctrl+d**). A cópia será automaticamente selecionada. Na Channel Box, nomeie-o como BoatInside e ajuste Scale X para 0.44, Scale Y para 0.45 e Scale Z para 1.321, para que ele se ajuste dentro de BoatOutside. Porém, o lado de trás de BoatInside ainda está no mesmo plano que BoatOutside, portanto, mova BoatInside para a frente, ajustando Translate Z para 0.12. Agora, você deve ter o exterior e o interior do barco criados a partir do cone original (veja a Figura 4.12).

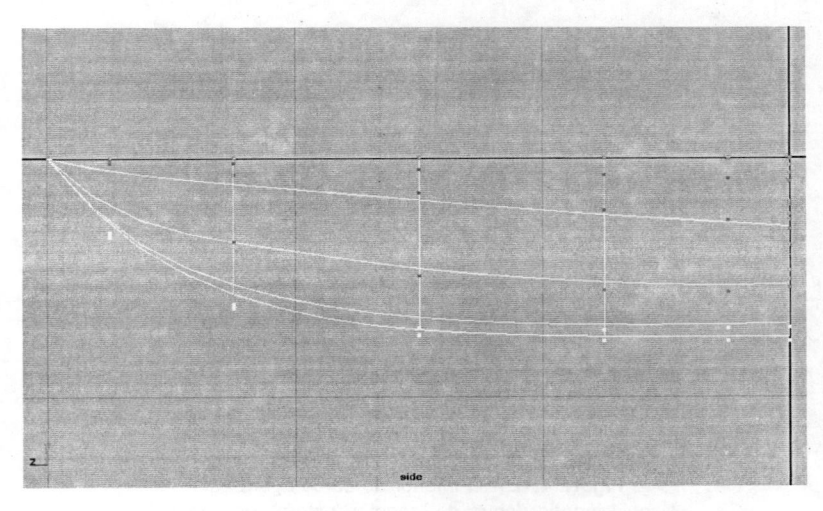

Figura 4.10 – Os CVs em baixo de cada coluna de CVs foram movidos para baixo, para moldar o perfil do barco.

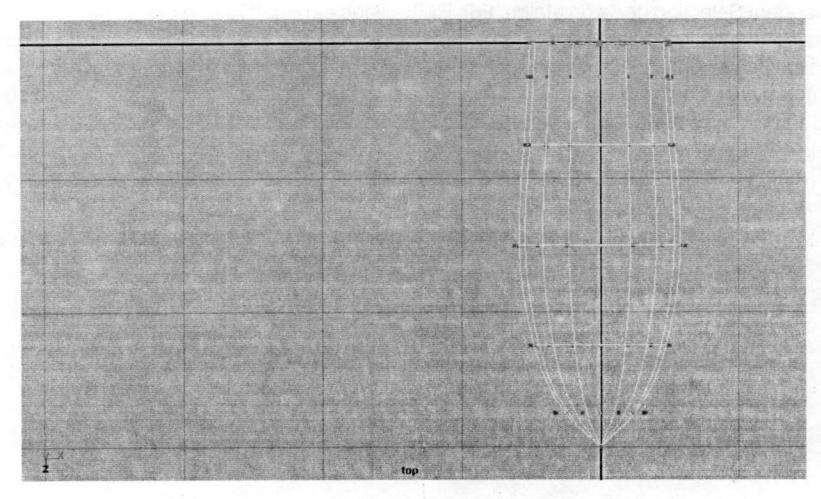

Figura 4.11 – Na vista Top, você pode ver como os CVs foram escalonados no eixo X, para moldar o cone.

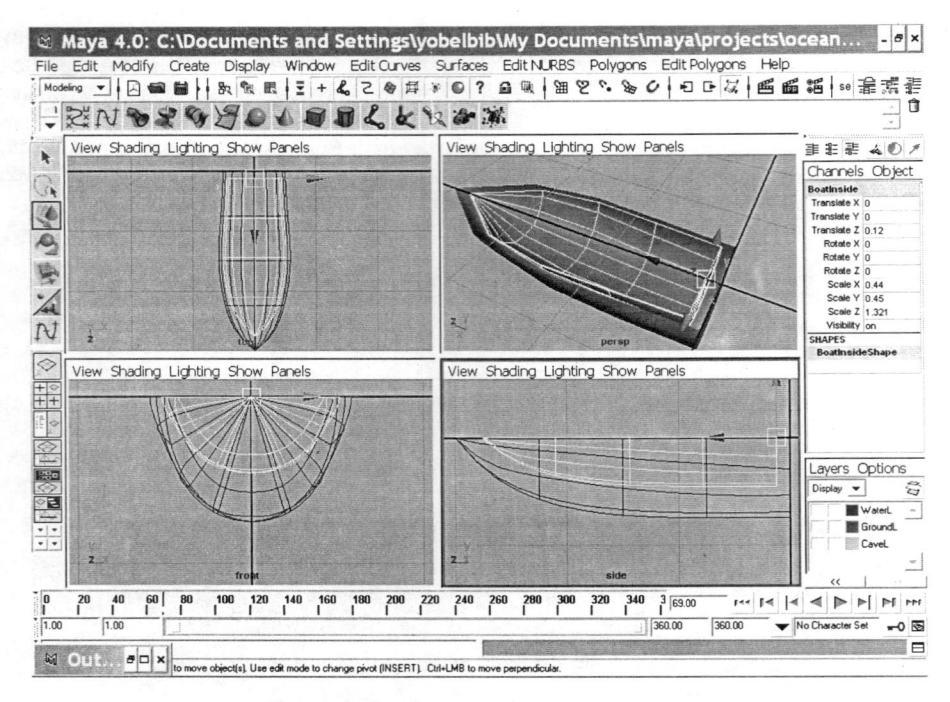

Figura 4.12 – O interior do barco agora está posicionado dentro da "concha" externa do barco.

8. Para fechar os espaços entre BoatInside e BoatOutside, você usará uma inclinação. Volte ao modo Component Selection (tecla de atalho: **F8**), RMB-clique em BoatOutside e escolha Isoparm no menu de atalho. A moldura de arame de BoatOutside se tornará azul. Selecione os isoparms na borda de um lado de BoatOutside (uma linha amarela aparece para representar o isoparm que você selecionou). Em seguida, é preciso selecionar um isoparm na borda paralela de BoatInside. Clique à direita em BoatInside, escolha Isoparm e Shift+clique (pressione a tecla Shift e clique) na margem isoparm paralela do isoparm que você selecionou em BoatOutside. Com ambos os isoparms selecionados, vá para a Hotbox e clique Surfaces | Loft (superfícies — inclinar) para preencher o espaço, conforme mostrado na Figura 4.13.
9. Repita no outro lado do barco, selecionando os isoparms nas bordas e, depois, inclinando-os juntos.

Capítulo 4 – Mergulho: a sua primeira animação | **87**

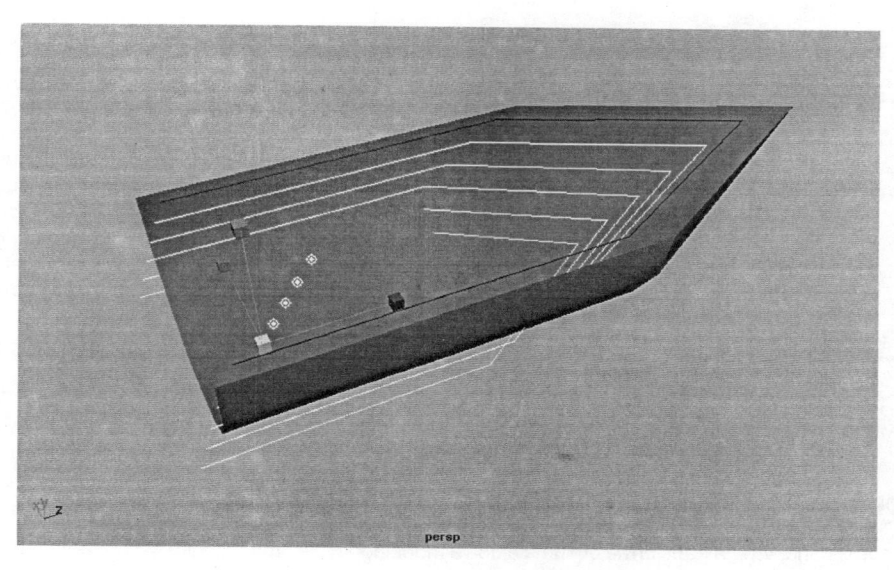

Figura 4.13 – Incline os isoparms juntos para fechar os espaços entre BoatOutside e BoatInside.

10. Exatamente como fez dos dois lados do barco, você precisa inclinar as tampas de finalização de trás do barco, juntas. Selecione a borda de isoparm nas tampas interna e externa e, depois, incline-as juntas. Você terá que fazer isto duas vezes em cada lado do barco. Quando tiver terminado com as inclinações, saia do modo Component Selection (tecla de atalho: **F8**).

Dica — Lembre-se de que você muda o nível de detalhe da exibição selecionando o barco e pressionando **1**, **2** ou **3**.

---

11. Se você clicar para selecionar o barco, apenas porções da superfície, ao invés de todo o barco, são selecionadas, pois você construiu o modelo a partir de dois objetos separados: o cone com o qual começou e a cópia feita para o interior. É preciso agrupá-los para parecer como uma superfície. Mas, antes de fazer isto, você precisa apagar a história de construção. Se ficar qualquer história, os elementos de cena ainda podem ser influenciados pelos objetos que os criaram, significando que você pode ter mudanças aleatórias inesperadas. Selecione todas as superfícies do barco e escolha Edit | Delete by Type | History (editar — remover por tipo — história). Em seguida, agrupe as superfícies, clicando Edit | Group. O barco se torna um objeto selecionado, chamado Group1. Mude o nome de Group1 para BoatG na Channel Box. Se você desfizer a seleção do barco e clicar nele novamente para selecioná-lo, ainda estará selecionada apenas uma parte da superfície, pois as superfícies foram colocadas em uma hierarquia, sob o pai do grupo. Pressione a seta para cima para mover para cima a hierarquia, até que BoatG seja o nome no alto da Channel Box; agora o grupo BoatG está selecionado.

| Dica | Com o Outliner, é possível limpar facilmente muito do amontoado em sua cena. Olhe todos os objetos relacionados no Outliner que incluem restos de objetos não utilizados e outros elementos criados anteriormente neste capítulo. Com todas as camadas visíveis em seus visores, clique em uma superfície que você não reconhece no Outliner. Tendo todas as camadas visíveis, você pode ver se algo está selecionado quando clicar a superfície. Você pode querer pressionar f para focalizar um visor, no caso do objeto não estar na área visível. Se nenhuma superfície atual estiver selecionada, fique à vontade para apagar aquela superfície do Outliner — apenas tenha cuidado para não apagar uma parte vital de sua cena!

12. Oculte novamente todas as camadas e crie uma para o seu barco. Nomeie a camada como BoatL e acrescente BoatG à nova camada. Assegure-se de salvar novamente a sua cena.

Como acrescentar mais animação à sua cena

Fazer uma cena "viva" a transforma em uma ajuda à modelagem e é uma maneira fácil de desenhar uma curva diretamente em uma superfície. Acrescentando uma curva ao plano de água, você pode anexar BoatG a ele para que o barco siga ao longo da curva (o caminho da animação). Já que a curva é desenhada na água, ela também se deforma com o movimento da mesma.

Tutorial: animação do barco ao longo de um caminho

Para animar o barco, você criará um movimento de caminho junto à água e animará o barco nele. É possível continuar a partir do tutorial anterior ou carregar o arquivo de cena indicado aqui.

1. Oculte a camada BoatL e exiba WaterL. Assegure-se de que o Time Slider está ajustado para a primeira moldura, 0, a qual ajusta o plano à sua forma original antes da deformação. Abra o Outliner, expanda WaterGroup e selecione WaterPlane. Na Hotbox, clique Modify | Make Live (modificar — tornar vivo). Por padrão, o plano se torna verde escuro para indicar que ele está vivo.

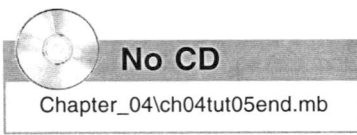

No CD
Chapter_04\movies\ch04tut06.wmv

No CD
Chapter_04\ch04tut05end.mb

2. Exiba a camada GroundL e troque para a vista Top. Você pode trabalhar no modo Shaded (tecla de atalho: 5) e capacitar também wireframes com Shading | Shade Options | Wireframe on Shaded. Crie uma curva CV (Hotbox | Create | CV Curve Tool) e clique ao longo do alto da água, fazendo um caminho com CVs, que irá através da água (veja a Figura 4.14). Note que a curva não aparece até que você tenha criado o primeiro de seus quatro pontos e, depois, ela se atualiza a cada novo clique. Se você quiser voltar uma etapa no desenho da curva, pressione a tecla Backspace. Pressione Enter quando tiver terminado de desenhar a curva. Experimente criar o caminho de modo que você não clique nas "ilhas" para que o barco não rode na terra. Não se preocupe com a sua curva ser perfeita; você sempre pode alterá-la mais tarde. Nomeie a curva como BoatPath.

Capítulo 4 – Mergulho: a sua primeira animação | 89

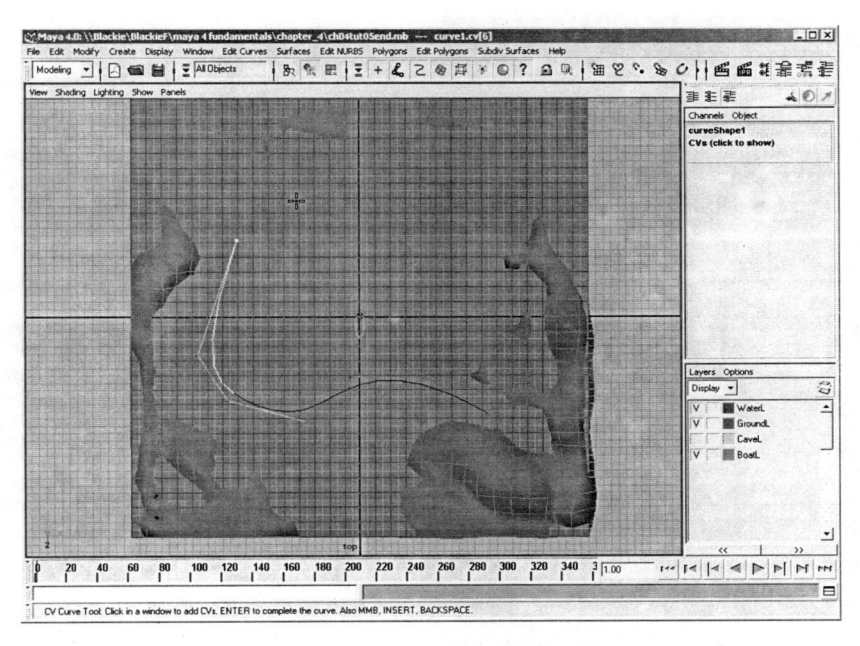

Figura 4.14 – *Um caminho de curva CV foi desenhado dentro de uma superfície viva.*

3. A curva ainda não é parte de WaterPlane e não será, até que você faça o plano *não* vivo. Desfaça a seleção da curva criada, clicando na área em branco do visor e na Hotbox, clique Modify I Make Not Live (modificar — tornar não vivo). Agora você tem uma curva desenhada diretamente na superfície. Embora a curva seja parte do plano, você pode selecioná-la separadamente clicando nela.
4. Exiba a camada BoatL e selecione o grupo BoatG no Outliner. Aproxime-se em BoatPath e Shift+clique (pressionar a tecla Shift e clicar) para selecionar a curva. O barco e a curva devem, ambos, ser selecionados. Troque para o modo Animation (tecla de atalho: **F2**). Anexe o barco a BoatPath escolhendo Animate I Motion Paths I Attach to Motion Path (animar — caminhos de movimento — anexar a caminho de movimento) no menu. Recupere a vista para o modo Four View e exiba a animação na vista Perspective (tecla de atalho: **Alt+v**). BoatG agora acompanhará o caminho quando a animação se executar.
5. Depois de olhar a animação, provavelmente você observou alguns problemas. O barco está sob a água, devido à localização de BoatG. Quando um objeto é anexado a um caminho, o ponto de anexo está no ponto central do objeto. Para corrigir isto, ajuste a moldura de animação para 0 no Time Slider e aproxime em BoatG, na vista Perspective. Com BoatG selecionado, troque para a ferramenta Translate (tecla de atalho: **w**) e pressione a tecla Insert para entrar no modo Pivot Editing. Traduza o pivô ao longo do eixo -Y até que o barco esteja colocado sobre a água. Deixe o barco um pouco submerso, exatamente como seria um barco real. Quando você tiver o barco posicionado (veja a Figura 4.15), pressione novamente Insert para sair do modo Pivot Editing.

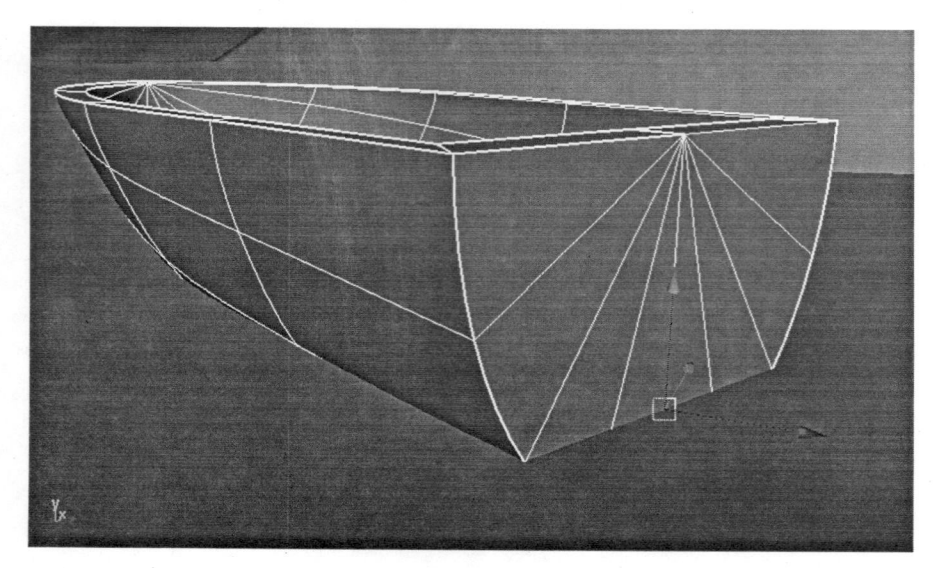

Figura 4.15 – *Ao mover o ponto central do barco, você pode posicioná-lo sobre a água.*

6. O problema seguinte é que o barco flutua pelo lado, ao longo do caminho. Para corrigir a direção que o barco está enfrentando, com BoatG selecionado, abra o Attribute Editor (tecla de atalho: **Ctrl+a**) e clique a guia motionPath1 (movimento de caminho 1) para exibir a lista de opções para o movimento de caminho. Selecione Z na lista drop-down Front Axis (eixo dianteiro) e mude World Up Type para Normal (o qual orienta o eixo Y do objeto para a direção curva). Clique o botão Close na parte inferior do Attribute Editor. Agora o barco deve estar de frente para a direção certa, conforme mostrado na Figura 4.16.

Dica
Se você exibir a animação e o barco sacudir para a frente e para trás, verifique os CVs em seu movimento de caminho. Amontoá-los pertos demais poderia ser a causa deste problema. Também evite esfregar o Time Slider, pois ele pode causar efeitos negativos na dinâmica de um objeto.

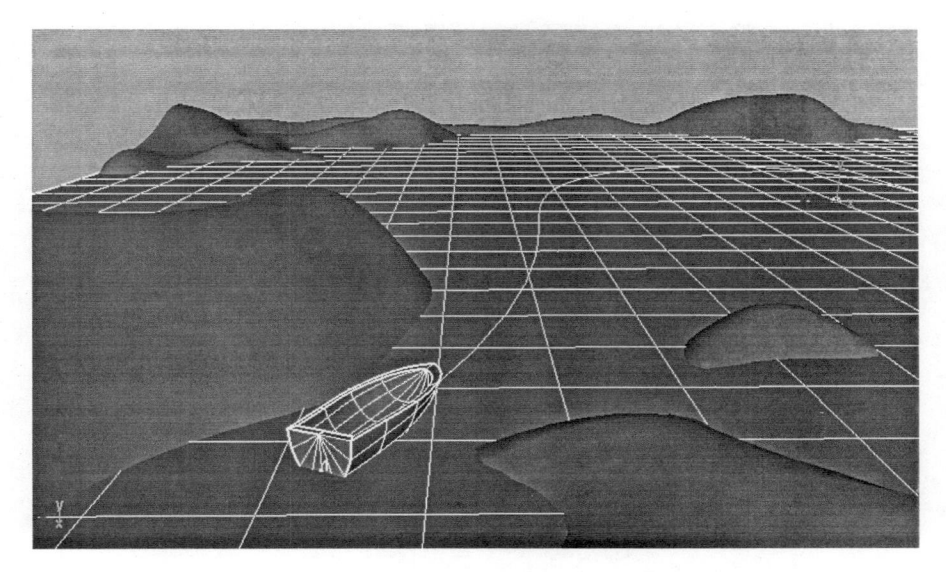

Figura 4.16 – *Agora o barco está de frente para a direção certa.*

Tutorial: colocação de câmera

Neste tutorial, você vai renderizar uma cena a partir da perspectiva de alguém oculto no barco. A câmera que você acrescentar será uma etapa importante na criação de tal ilusão. Você pode continuar a partir do tutorial anterior ou carregar o arquivo de cena indicado aqui.

No CD
Chapter_04\movies\ch04tut07.wmv

No CD
Chapter_04\ch04tut06end.mb

1. Troque para o modo padrão Four View (Panels | Saved Layouts | Four View). Primeiro, crie um localizador para bloquear a câmera sobre, clicando Create | Locator (criar — localizador) e nomeie-o como CameraHinge na Channel Box. Com o localizador selecionado, você precisa posicioná-lo diretamente sobre o barco. Usando a ferramenta Move (tecla de atalho: **w**), posicione o localizador para que ele esteja diretamente acima do barco, próximo da parte final, conforme mostrado na Figura 4.17. A câmera será colocada dentro do barco, anexada ao localizador.

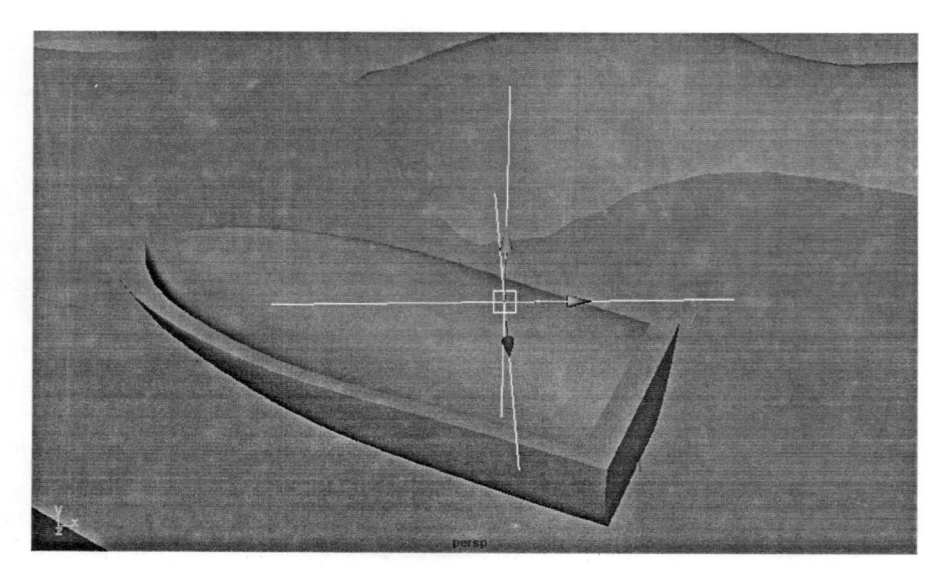

Figura 4.17 – Posicione o localizador na parte de trás do barco, ligeiramente acima dele.

2. Em seguida, você anexará o localizador ao barco para que ele se mova com BoatG ao longo de BoatPath. Abra o Outliner, selecione CameraHinge e MMB-arraste-o (clique com o botão central do mouse e arraste-o) para o alto de BoatG.

3. Depois, você importará uma câmera que já está ajustada para a cena. Com o CD-ROM de Fundamentos de Maya no drive, vá para File | Import. Busque pelo arquivo indicado próximo ao ícone do CD, selecione o arquivo e clique o botão Import. Esta câmera agora está localizada na cena de origem e tem um ambiente de céu anexada à ela. No Outliner, expanda BoatG, selecione CameraHinge e, depois, Ctrl+clique em BoatCamera para que ambos os itens sejam selecionados.

> **No CD**
> Chapter_04\BoatCamera.mb

4. Para anexar a câmera a CameraHinge, é preciso ajustar uma restrição que lhe possibilite bloquear um atributo a um valor, posição, orientação ou escala específicos. Assegure-se de estar no modo Animation (tecla de atalho: **F2**) e clique Hotbox | Constrain | Point para colocar a câmera diretamente no localizador. Agora a câmera acompanhará o localizador e, portanto, o barco.

5. Na vista Perspective, selecione a câmera e escolha Panels | Look Through Selected (painéis — olhar através de selecionado) para mudar a vista atual para aquela da câmera. Você pode mudar para a câmera em qualquer ocasião, escolhendo Panels | Perspective | BoatCamera. Se não tiver todas as suas camadas visíveis, exiba-as todas no Layer Editor. Exiba a animação e observe o visor sob a perspectiva de BoatCamera.

Capítulo 4 – Mergulho: a sua primeira animação | 93

Dica
O motivo pelo qual você não deve atribuir o barco pai à câmera é que o filho de um pai herda os atributos do pai. Portanto, se você escalonasse o seu barco, por exemplo, ele afetaria a câmera de uma maneira que você não desejaria.

6. Você pode ter notado que a câmera segue o barco, mas não muda a sua orientação durante a animação do jeito que deveria. Para corrigir o problema da câmera, você ajustará uma restrição de orientação no localizador. No Outliner, selecione CameraHinge e, depois, BoatCamera e clique Hotbox I Constrain I Orient. Agora, a câmera mudará a sua orientação de acordo com o localizador.
7. Se a câmera estiver indicando na direção errada, você pode corrigir isto facilmente selecionando CameraHinge e usando a ferramenta Rotate (tecla de atalho: **e**) para girar em torno do eixo Y, até que BoatCamera esteja apontando para a frente do barco (veja a Figura 4.18). À medida que você gira e ajusta a câmera, observe a vista de BoatCamera. Vá em frente e salve a sua cena.

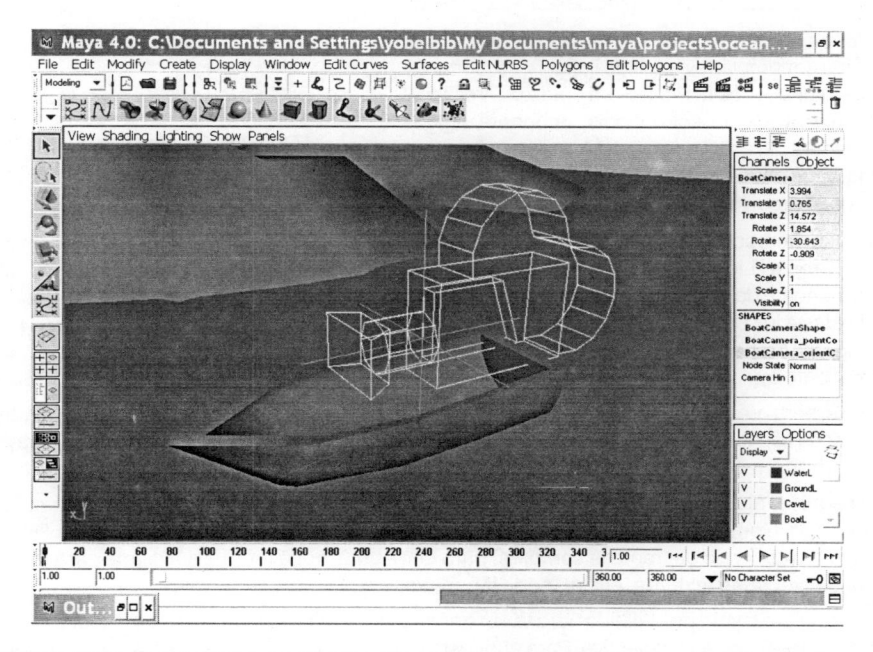

Figura 4.18: *Como usar o localizador (CameraHinge) para restringir a rotação da câmera.*

Dica
Execute a animação e observe-a cuidadosamente. Se a frente do barco for sob a água, tente mover o ponto central de BoatG para a frente do barco. Se o barco estiver se movendo rápido demais, você pode modificar BoatPath, apagando CVs nele para encurtar o comprimento do caminho. Viajar em um caminho mais curto na mesma quantidade de tempo (360 molduras) significa que o barco se moverá mais lentamente.

Como acrescentar materiais e iluminação à sua cena

Em seguida, você tornará os objetos de cena um pouco mais bonitos do que acinzentados. Os materiais não apenas dão cor, mas também acrescentam atributos de superfície, tais como brilho ou transparência. Acrescentando materiais à sua cena, você pode criar contraste entre elementos de cena e fazê-los parecer mais reais. Nesta seção, você explorará Hypershade (hipersombra) para criar e aplicar materiais. Em Hypershade também é possível trabalhar com "nós de renderização", os quais são usados para modificar texturas, materiais, luzes, efeitos especiais e outros elementos de cena. Você também trabalhará com materiais acrescentados e iluminação de cena. Aplicará materiais a objetos e depois fará algumas renderizações rápidas, para poder ver onde serão necessários ajustes. Materiais e luzes vão lado-a-lado, pois a iluminação afeta a aparência de quaisquer materiais aplicados.

Tutorial: acréscimo de luzes e materiais

Antes de renderizar qualquer coisa, você precisa criar pelo menos um simples sistema de iluminação, portanto, para este tutorial, você acrescentará uma luz Directional para simular a luz do sol. Depois, importará alguns sombreadores para acrescentar textura aos objetos em sua cena. Você pode continuar a partir do tutorial anterior ou carregar o arquivo de cena indicado aqui.

No CD
Chapter_04\movies\ch04tut08.wmv

1. Primeiro, acrescente uma simples luz Directional à cena (Create | Lights | Directional). Na Channel Box, mude o nome da luz para SunRays. É possível ver o efeito desta luz pressionando 7 em seu teclado, para desativar a luz padrão e usar apenas a luz Directional acrescentada.

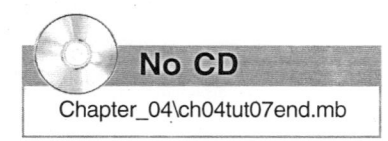

No CD
Chapter_04\ch04tut07end.mb

2. Depois, será preciso mudar alguns ajustes para a luz Directional. A sua localização não importa, pois você pode capacitar uma luz Directional onde quiser, não importando onde ela é colocada. Para ajustar o foco da luz, na Channel Box, ajuste Rotate X para 0, Rotate Y para -132 e Rotate Z para -38.

3. Em seguida, ajuste Scale X, Y, Z para 10, para tornar o ícone Light maior e, portanto, mais fácil de selecionar. Com a luz ainda selecionada, sob Shapes na Channel Box, mude Use Ray Trace Shadows (usar raio de traço de sombras) para On. Agora, você tem luz suficiente para renderizar a cena e ver suas texturas, assim, pode ir para texturizar.

4. Maya tem um layout predefinido para texturizar que inclui Hypershade, a janela Render View (vista renderizar) e a vista Perspective. Para abrir este layout, em qualquer barra de menu do visor ou na Hotbox, clique Panels | Saved Layouts | Hypershade/Render/Persp. A interface mudará para o layout predefinido (veja a Figura 4.19).

5. Texturizar é um processo complexo, portanto, para este tutorial, você trabalhará com *shaders* (sombreadores) que já criamos. Um sombreador define os materiais, volume e outros atributos de um material. Para importar estes sombreadores, escolha File | Import | caixa de opção, na barra de menu. Na caixa de diálogo Import Options, selecione a caixa de verificação Group; sob as opções Name Clash

No CD
Chapter_04\Shaders\OceanWater.ma

Capítulo 4 – Mergulho: a sua primeira animação | 95

(choque de nome), deve-se ler "Resolve clashing nodes with this string" ("Solucionar nós de choque com esta string"). Mude ambas as caixas de lista na caixa de diálogo para combinar com esta declaração. Na caixa de texto This String (esta string), digite Water e, depois, clique o botão Import. Insira o CD de Fundamentos de Maya, busque pelo arquivo previamente indicado, selecione-o e clique o botão Import. Na guia Materials em Hypershade, agora você deve ver um material sombreador chamado OceanWater (veja a Figura 4.20).

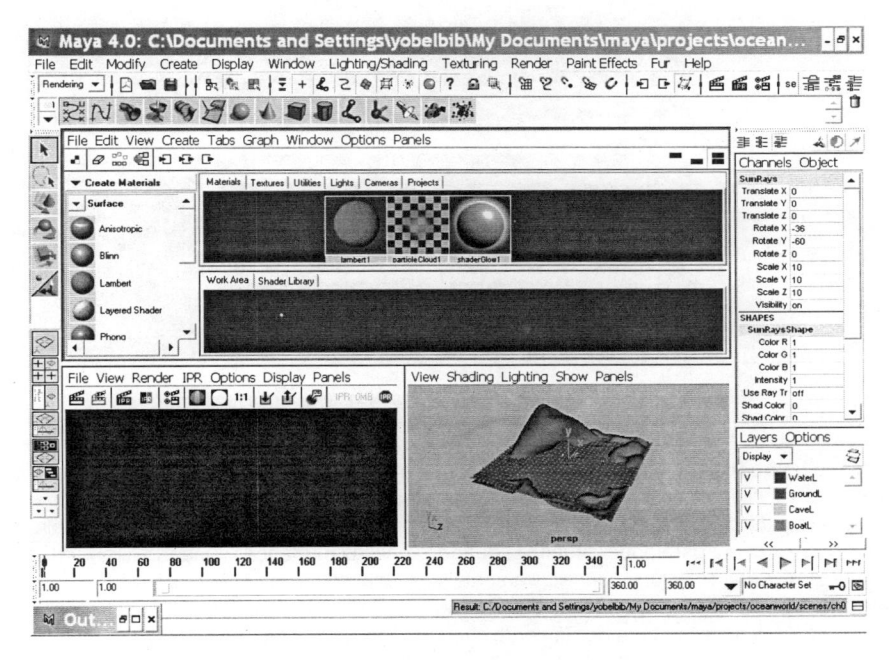

Figura 4.19 – *Layout predefinido de Maya para trabalhar com texturas.*

6. Em Hypershade, clique com o botão direito do mouse em OceanWater e escolha Graph Network (gráfico de rede). A Work Area (área de trabalho) em Hypershade exibe todos os nós usados para criar aquele sombreador. Você pode usar estas informações para descobrir como o sombreador funciona e eventualmente, criar o seu próprio.
7. OceanWater está pronto para ser aplicado à água em sua cena. Na vista Perspective, selecione WaterPlane. Depois, clique com o botão direito do mouse em OceanWater em Hypershade e escolha Assign Material to Selection (designar material à seleção). Agora a água está texturizada!
8. Com a renderização IPR de Maya, você pode ver como as texturas e luzes afetam a cena, atualizando automaticamente a renderização com cada mudança feita. Primeiro, posicione a sua cena na vista Perspective, para que você se aproxime em uma área onde pode ver parte do solo e da água.

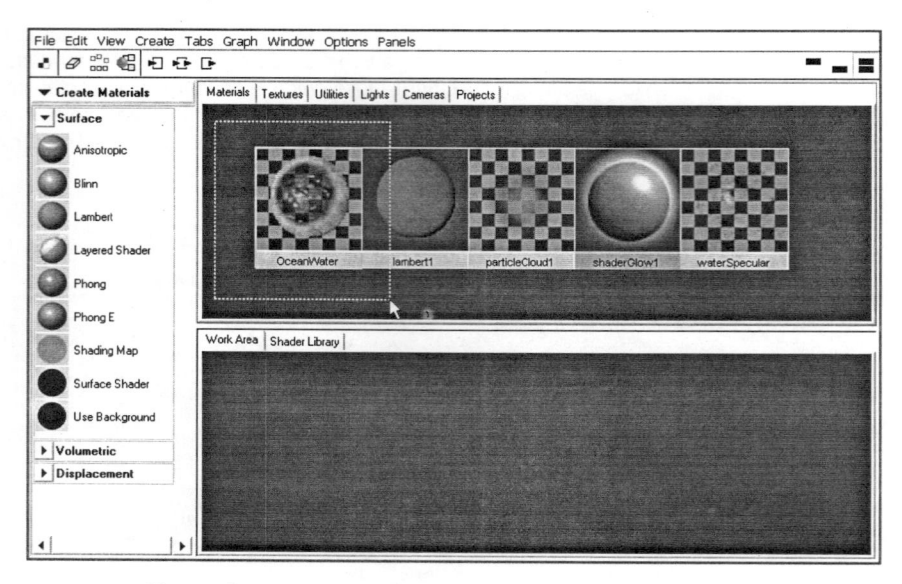

Figura 4.20 – *Importação de OceanWater.ma em Hypershade.*

9. Clique o botão Play no Time Slider e pare aproximadamente na metade da animação. Na janela Render View, clique o botão IPR para iniciar a renderização IPR. Esta renderização demora mais do que uma renderização normal de teste, pois a renderização IPR precisa armazenar mais informações sobre a cena, para poder atualizar, quando você faz mudanças. Quando a renderização IPR estiver terminada, selecione com a ferramenta marquee toda a imagem renderizada (arrastando da parte superior à direita para o canto inferior esquerdo) na janela Render View, para ser atualizada com IPR. Você deve ver uma borda verde circundando-a (veja a Figura 4.21).
10. Abra o Outliner, selecione o nó place3dTexture17 e MMB-arraste-o (clicar com o botão central do mouse e arrastar) para o grupo WaterGroup.
11. Em seguida, você importará os sombreadores para o solo. Como fez na Etapa 5, escolha File | Import | caixa de opção, mude a caixa de texto de Water para Ground e clique o botão Import. No CD de Fundamentos de Maya, busque pelo arquivo indicado aqui, selecione-o e clique o botão Import. Um novo sombreador, chamado OceanGround é acrescentado à Hypershade. Selecione o plano de solo em sua cena, RMB-clique (clicar com o botão direito do mouse) em OceanGround em Hypershade e escolha Assign Material to Selection, no menu de atalho. Você verá a renderização IPR atualizar e mostra o solo texturizado. Salve a sua cena.

No CD

Chapter_04\Shaders\OceanGround.ma

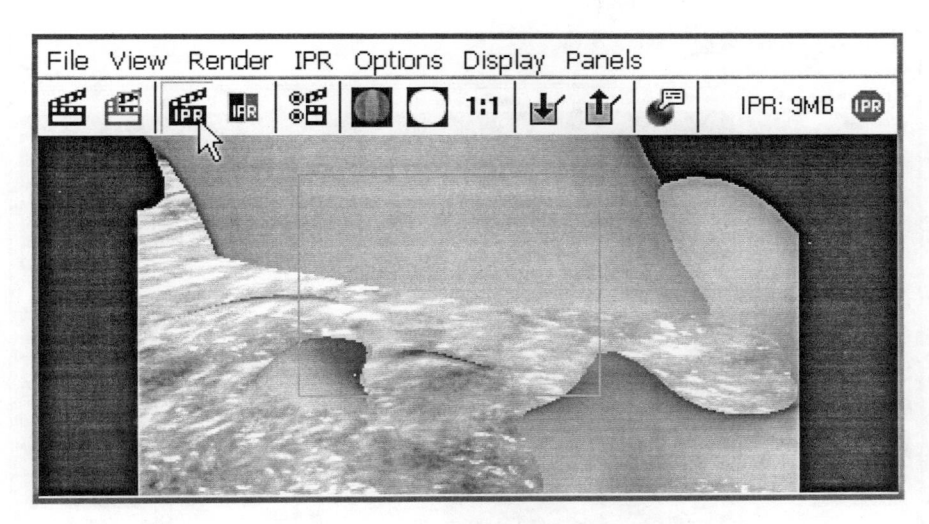

Figura 4.21 – *Seleção de uma região a ser automaticamente atualizada com a renderização IPR.*

12. Oculte todas as camadas, exceto BoatL. Importe OceanBoat.ma (use o mesmo procedimento da Etapa 5) e assegure-se de mudar a caixa de texto na caixa de diálogo Import Options para Boat. Depois de importar OceanBoat.ma, verá que ele está disponível em Hypershade. No Outliner, selecione BoatG e, depois, focalize BoatG na vista Perspective (tecla de atalho: **f**). Com BoatG selecionado, RMB-clique no sombreador OceanBoat em Hypershade e escolha Assign Material to Selection.

Armadilha — Para ter as texturas carregadas corretamente, é preciso ter o CD-ROM no drive.

---

13. Assegure-se de que a animação exibida é retornada à moldura 1 e IPR renderiza o barco. A textura não parece certa, pois os nós de colocação de textura, que mostram como a textura está colocada em um objeto, não estão corretamente alinhados com o barco. Para posicionar a textura, em Hypershade, clique com o botão direito do mouse no sombreador OceanBoat e escolha Graph Network. Na rede para OceanBoat há um nó chamado place3dTexture_boat. É preciso ajustar os valores para a posição deste nó (veja a Figura 4.22).

No CD
Chapter_04\Shaders\OceanBoat.ma

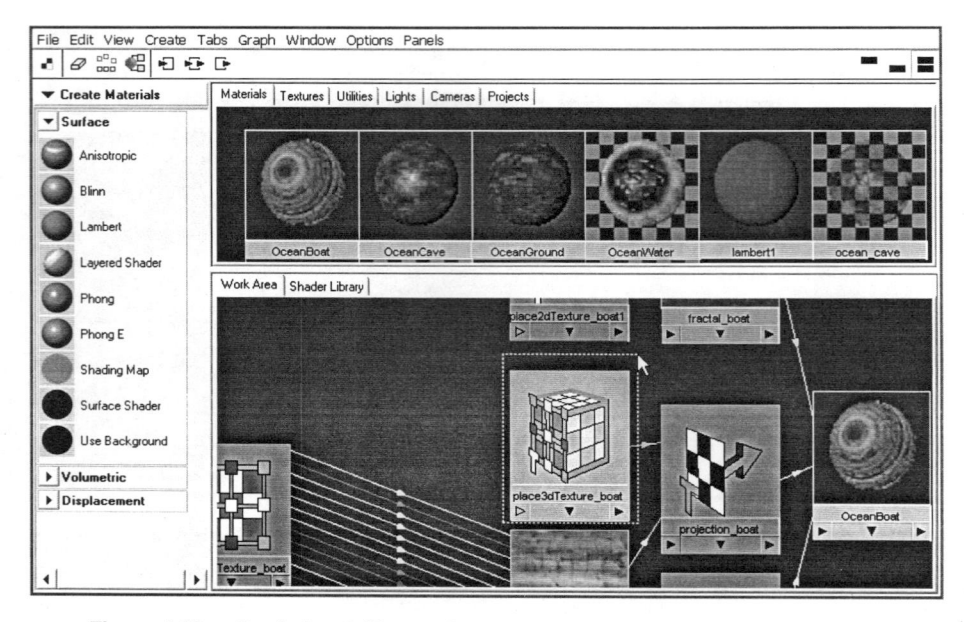

Figura 4.22 – *O nó place3dTexture_boat mostra a colocação da textura no barco.*

14. Com place3dTexture_boat selecionado, abra o Attribute Editor (tecla de atalho: **Ctrl+a**). Sob a seção 3D Texture Placement Atributes (atributos de colocação de textura 3D), clique o botão Fit to Group Bbox (ajustar para grupo Bbox). Na vista Perspective, você verá uma moldura verde (a moldura de projeção), do lado do barco que representa como a textura 3D é colocada em seu objeto.
15. A moldura de projeção verde não é paralela ao lado do barco porque o barco está anexado a um caminho e foi girado para se ajustar. Você precisará alinhar temporariamente BoatG de volta à rotação zero e, depois, aplicar o nó de colocação. Selecione novamente BoatG no Outliner e mude todos os valores de rotação na Channel Box para 0. Estes valores têm um fundo laranja, assim, você sabe que eles estão com moldura-chave, significando que quando você exibe de novo a animação, o barco voltará à sua posição adequada.
16. Selecione o nó place3dTexture_boat em Hypershade novamente, abra o Attribute Editor, se ele não estiver aberto, e clique de novo Fit to Group Bbox. Agora a textura se ajusta corretamente no barco (veja a Figura 4.23).
17. Se você fosse exibir a animação agora, o barco se moveria, mas as texturas permaneceriam no mesmo lugar, dando o efeito de texturas deslizando através da superfície da água. Para evitar isto, é preciso ajustar BoatG como um pai do nó place3dTexture_boat. No Outliner, expanda o grupo Group2 para exibir o item place3dTexture_boat. MMB-arraste Group2 no alto de BoatG para ser pai do barco no nó de textura. Quando você exibir a animação, agora as texturas animarão com o barco, ao longo do movimento do caminho.
18. Agora seria uma boa hora para salvar a sua cena.

Figura 4.23 – *Ajuste da posição do nó place3dTexture_boat.*

Como finalizar a cena

Estamos quase terminando com a sua cena. Tudo o que é preciso fazer agora é terminar a iluminação e renderizar a sua cena. Já que a iluminação pode ser uma tarefa complexa, a tornamos mais fácil neste capítulo, fornecendo um arquivo com luzes já configuradas. Você aprenderá mais sobre iluminação no Capítulo 9, "Iluminação".

Tutorial: importação de luzes e renderização da cena

Você continua a partir do tutorial anterior ou carrega o arquivo de cena indicado aqui.

No CD
Chapter_04\movies\ch04tut09.wmv

1. Exiba todas as suas camadas. Troque de volta para o layout padrão de Four View (Panels I Saved Layouts I Four View).
2. Para importar as luzes na cena, escolha File I Import I caixa de opção na barra de menu. Deixe as opções iguais às que eram no tutorial anterior, mas mude a caixa de texto com a palavra *Boat* para Lights. Clique o botão Import, busque pelo CD-ROM de Fundamentos de Maya, selecione o arquivo indicado aqui e clique o botão Import.

No CD
Chapter_04\ch04tut08end.mb

100 | Dominando Maya 4

3. Todas as luzes para a sua cena foram importadas e já estão posicionadas. Verifique seus ajustes no Attribute Editor e salve a sua cena.

   Finalmente, todo o seu trabalho duro estará reunido quando você renderizar a sua cena. Durante a renderização, Maya calcula cada moldura em sua cena e a salva como um arquivo. Então, você faz a seqüência destes arquivos reunidos para exibir a animação em FCheck (o programa de ver imagem de Maya). Entretanto, antes de renderizar a cena, é preciso mudar alguns ajustes de renderização, explicado nas etapas seguintes.

   > **No CD**
   > Chapter_04\OceanLights.mb

4. Abra a janela Render View (Hotbox | Window | Rendering Editors | Render View) e, depois, abra a janela Render Globals (renderizar globais) (Options | Render Globals, no menu), que contém os ajustes para a sua renderização. Para especificar um nome para as imagens que serão renderizadas, sob Image File Output (saída de arquivo de imagem), digite OceanWorld na caixa de texto File Name Prefix (prefixo de nome de arquivo) e selecione name.#.ext na caixa de lista Frame/Animation Ext (extensão de moldura/animação), conforme a convenção de nomeação para arquivos criados durante uma renderização em lote. Por exemplo, a moldura 67 seria chamada de OceanWorld.067.tif.

5. Para especificar o número de molduras a serem renderizadas, entre com 360 na caixa de texto End Frames. Em seguida, mude Frame Padding (preenchimento de moldura) para 3 (para 3 dígitos), para ter zeros precedentes acrescentados a números inferiores a 100. Isto garantirá que o sistema de numeração funcionará em todos os programas de compilação de imagem.

6. Em seguida, é preciso escolher um formato de imagem. Se você não tiver muito espaço em disco, pode querer selecionar JPEG, mas TIFF/TIF normalmente é uma boa escolha (refira-se de volta ao Capítulo 1, "Pré-Maya: uma introdução", para informações sobre diferentes formatos de arquivo. Mais importante: assegure-se de selecionar a câmera certa para renderizar. Na caixa de lista Camera, selecione BoatCamera. Desmarque a caixa de verificação Alpha Channel (Mask), já que você não precisa dele nesta renderização. Para Anti-aliasing Quality (qualidade anti-distorção), selecione Production Quality (qualidade de produção) na caixa de lista Presets (pré-ajustes). Em seguida, sob a seção Raytracing Quality, selecione a caixa de verificação Raytracing. Finalmente, selecione a caixa de verificação Motion Blur (movimento enevoado) e selecione o botão de rádio 2D (veja a Figura 4.24). Depois de fazer estas mudanças, feche a janela Render Globals.

7. Salve a sua cena.

8. Na janela Render View, clique o botão Render. Se a vista errada for renderizada, clique com o botão direito do mouse, com o cursor do seu mouse colocado sobre a imagem e escolha Render | Render | View (para a vista que você deseja renderizar).

9. Para renderizar a animação, clique Hotbox | Render | Batch Render. Maya começará a renderizar e as imagens serão armazenadas em seu diretório Project na pasta Images. Você pode observar o progresso de sua renderização abrindo Script Editor (editor de script) (Window | General Editors | Script Editor — janela — editores gerais — editor de script).

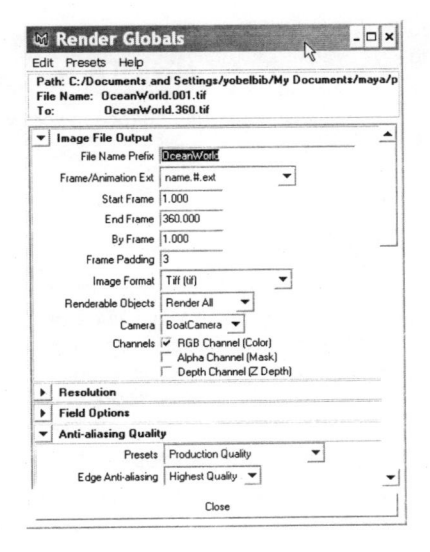

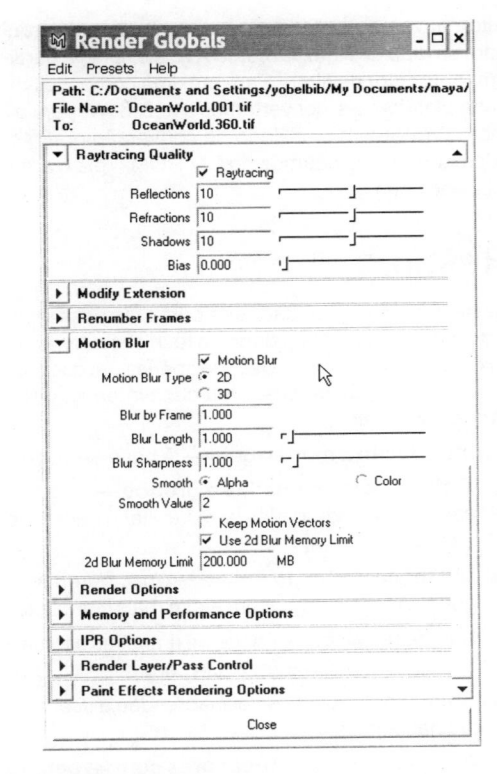

Figura 4.24 – Uso da janela Render Globals para especificar ajustes para uma renderização em lote.

Como ver a sua renderização

Neste exemplo, você renderizou uma seqüência de moldura ao invés de um arquivo de filme. Agora que esperou todas as molduras renderizarem, você quererá vê-la de novo. É aonde FCheck vem à cena. Este pequeno utilitário é o visor de animação de Maya. Ele permite que você carregue uma seqüência de imagens que você renderizou e as exiba em ordem.

Quando você instala Maya, atalhos para o utilitário FCheck são colocados em seu menu Start (iniciar). Vá para o menu Start e depois ao item de menu onde Maya está colocado. Clique o atalho chamado FCheck para abrir o utilitário. Abra a sua animação, escolhendo File l Open Animação (arquivo — abrir animação) na barra de menu de FCheck, navegue pela pasta Images em seu diretório de projeto e selecione o primeiro arquivo de imagem, OceanWorld.001.tif. Clique o botão Open e, depois, observe como a animação é carregada na memória. FCheck carrega toda a seqüência e depois a exibe na velocidade total.

Alternativamente, você pode ajustar o tipo de arquivo para um tipo de filme, tal como AVI, e exibi-lo a partir de um reprodutor de filme. Para máxima compatibilidade entre plataformas, convertemos o nosso AVI para o formato WMV (com o utilitário de conversão gratuita da Microsoft) e o colocamos no CD-ROM (veja o arquivo indicado aqui).

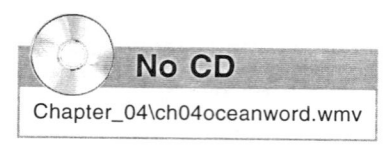

No CD

Chapter_04\ch04oceanword.wmv

Resumo

Neste capítulo, foram dados os primeiros passos na experiência completa de Maya. Você foi apresentado a uma vasta quantidade de técnicas e ferramentas que Maya tem a oferecer e aprendeu sobre o fluxo de trabalho básico. Usando apenas um dos muitos métodos de animação — animação de caminho — você foi capaz de criar uma cena interessante. No caminho, você aprendeu sobre os seguintes conceitos e métodos:

- **Introdução à modelagem** — A base de sua cena vem dos objetos modelados.
- **Trabalho com camadas e grupos** — Você aprendeu como separar componentes de cena em camadas ou agrupá-los para facilitar o trabalho com elementos de cena e manter as coisas organizadas.
- **Dinâmica de corpo suave** — Você aprendeu quão facilmente é possível deformar um simples objeto para conseguir um efeito mais complexo e criar a ilustração de movimento.
- **Uso de restrições** — Você viu maneiras alternativas de ajustar relacionamentos de objeto, o que lhe dá mais controle sobre a sua cena.
- **Animação básica** — Você aprendeu a usar animação de caminho como uma maneira simples de animar objetos.
- **Acréscimo de sombreadores com Hypershade** — Aprendeu como importar sombreadores e aplicá-los a objetos em sua cena para acrescentar textura.
- **Usar a renderização IPR** — A sua habilidade de texturizar e iluminar uma cena em Maya é aumentada pela visualização em tempo real, que lhe dá atualizações instantâneas das mudanças feitas em sua cena.
- **Renderização** — Você viu como inicializar uma cena para renderização final e usar o utilitário FCheck de Maya para ver a renderização.

É sempre uma boa idéia permanecer organizado enquanto você trabalha — nomear as coisas que você cria, agrupar objetos, luzes e outros elementos de cena quando faz sentido e assim por diante. Isto tornará todas as outras etapas mais fáceis, como você viu neste projeto quando ocultou camadas ou movimentou grupos. À medida que você continuar em *Fundamentos de Maya 4*, descobrirá que trabalhar em Maya torna-se mais fácil com o tempo. É até divertido, pois Maya simplifica o processo de traduzir visões complexas em realidade. Movendo-se a partir daqui, você investigará cada uma das etapas abordadas no projeto deste capítulo: modelagem, acréscimo de materiais, iluminação, animação e renderização.

PARTE II

Básicos de Maya

5	Modelagem básica NURBS	105
6	Mais modelagem NURBS	135
7	Modelagem com polígonos	179
8	Materiais	221
9	Iluminação	267
10	Animação	297
11	Câmeras e renderização	313

CAPÍTULO 5

Modelagem básica NURBS

Neste capítulo

Tendo dado uma olhada em todas as etapas de animação de Maya no capítulo anterior, é hora de explorar cada tarefa principal em detalhes nos capítulos a seguir: modelagem, materiais, iluminação, animação e renderização. Começaremos do início, com modelagem. Os fundamentos de modelagem são a base para tudo o que você cria em Maya. Esteja você criando um mundo inteiro, um personagem ou um simples projeto, a primeira etapa é esculpir no espaço virtual de cada um dos objetos que aparece em seu projeto. Em computação gráfica em 3D, a modelagem é definida como o processo de criar superfícies de objeto.

Também neste capítulo, você começa a trabalhar com Maya de uma maneira mais profissional, com a Hotbox, teclas de atalho e menus de marcação de montagem personalizada. Diferente de muitos programas em 3D feitos como passatempo, Maya não vem completamente pré-configurado. Os usuários profissionais de Maya confiam na Hotbox e, normalmente, configuram as suas próprias teclas de atalho, além daquelas fornecidas com Maya. Os menus de marcação são uma inovação especial de Maya, que agilizam muito o seu trabalho. Para orientar o caminho, este livro inclui um conjunto de menus de marcação, como os criados por profissionais. No Capítulo 14, "As suas próximas etapas: eficiência e arte", mostraremos como montar os seus próprios menus de marcação.

Eis alguns dos conceitos e técnicas cobertas neste capítulo:

- **Instalação de pré-ajustes** — Veja como carregar um conjunto de personalizações para menus de marcação, teclas de atalho e outras preferências de Maya.
- **A Hotbox e as teclas de atalho** — Aprenda a usar a Hotbox de Maya, junto com as teclas de atalho e menus de marcação que fornecemos, para aumentar a sua eficiência.
- **Modelagem básica NURBS** — Aprenda como construir modelos 3D a partir de objetos primitivos, tais como esferas e cubos, e aprenda a manipular as partes de tais objetos.
- **Como escolher uma técnica de modelagem** — Compare as virtudes e as fraquezas de diferentes técnicas de modelagem para decidir qual método dará o efeito que você deseja.

- **Como colocar tudo junto** — Caminhe passo a passo através do tutorial deste capítulo — criação do básico de uma antiga casa — para ver como estas habilidades se unem.

Este capítulo ajuda você a entender o básico de técnicas de modelagem NURBS em Maya e oferece algumas diretrizes para a abordagem que você deve tomar com diferentes tipos de objetos. Entendendo os princípios de modelagem NURBS, você pode criar modelos mais leves e mais eficientes, que são mais fáceis de manipular e mais rápidos de renderizar. Maya oferece tantos recursos e capacidades com a modelagem NURBS que você nunca ficará aborrecido!

Termos-chave

node (nó) – O bloco de montagem básica de Maya é um lugar para armazenar informações e ações correlatas. Um simples objeto pode ser formado de sua criação, ou "forma", nó; já a sua transformação é um nó diferente, mas conectado. As variáveis ajustadas em um nó são chamadas de *atributos* aos outros nós, para criar uma rede, ou teia, de nós. Quando você trabalha com Maya, por trás das cenas ele está criando, conectando, avaliando e eliminando nós.

NURBS – Non-Uniform Rational Bezier Splines (tiras para desenho Bezier racionais não uniformes), o termo para modelar formas em 2D ou 3D com curvas.

splines (tiras para desenho) – Uma linha curva, com a sua curvatura ditada por pontos de controle.

surface direction (direção de superfície) – Uma superfície NURBS tem sempre um lado superior e um lado inferior que lhe dá a direção de superfície, definidas em coordenadas U e V. Da mesma forma, as curvas têm uma direção. Podem ocorrer problemas quando a direção é invertida da que você espera.

normal, surface normal (normal, superfície normal) – Já que os objetos são formados de superfícies que são sempre folhas infinitamente finas, um lado é definido como "fora" e o lado invertido é definido como "dentro". O lado "fora" é para onde a superfície normal indica. Pense em uma superfície normal como um raio que emana perpendicularmente de sua superfície.

Teclas de atalho a memorizar

manter pressionada a barra de espaço — Hotbox

seta para cima — Seleciona todo o grupo quando um membro de grupo foi selecionado (o nó de grupo é o pai de todos os nós membros e a seta para cima é usada para pegar um pai)

x — alinhar à grade

w — mover

e — girar

z — desfazer

F8 — alternar o modo Component ou o modo Object

F9 — edição de componente NURBS: CVs

r — escala

Ctrl+z — Abre o menu de marcação NURBS Primitives (um personalizado criado para este capítulo)

O que são NURBS?

Em Maya Complete, a modelagem vem em dois sabores: NURBS e polígonos. A maioria dos produtos de animação em 3D trabalha inteiramente com polígonos, objetos feitos a partir de triângulos fixados em 3D. Maya oferece um sistema de modelagem mais complexo e poderoso, conhecido como NURBS — Non-Uniform Rational Bezier Splines. Pense nelas como folhas curvas em 3D no espaço. Elas têm suas próprias regras e limitações sobre como você pode montar, anexar e cortá-las, mas geralmente são muito flexíveis. Uma principal vantagem de NURBS é que elas permanecem em Maya como curvas puras — construções matemáticas. Você pode escolher ter mais ou menos detalhe em suas vistas em 3D ou renderizações, em qualquer ocasião. O aspecto facetado de baixa resolução que ocorre com freqüência quando cria superfícies curvadas com polígonos é facilmente tratado em modelos NURBS, que podem exibir superfícies curvadas como, virtualmente, qualquer quantidade de polígonos.

A modelagem NURBS não é simplesmente colocar objetos juntos. Diferente de polígonos fixados (cobertos em mais detalhes no Capítulo 7, "Modelagem com polígonos"), NURBS criam objetos em 3D a partir de curvas e superfícies. Portanto, NURBS podem ser modeladas em uma variedade de maneiras. Aqueles que apreciam designs arquitetônicos e solução de problemas, definitivamente gostarão de modelagem NURBS.

Embora o termo *NURBS* pareça um pouco tolo (experimente o delicioso e novo naco de queijo NURBS!), na verdade ele é um conceito bastante complexo. No entanto, para torná-lo um pouco mais simples, NURBS são simplesmente uma variação de tiras, que são usadas para definir uma curva. As curvas são a base para a estrutura matemática subjacente do que forma uma superfície NURBS, e neste capítulo, você consegue ver como de fato elas trabalham (ao invés de percorrer páginas de teoria). Em computação gráfica, a melhor maneira de aprender é através de tentativa e erro, portanto, este capítulo oferece a oportunidade de trabalhar através de um tutorial detalhado. Oferecemos constantes lembretes ao longo do caminho sobre onde encontrar determinados ajustes ou comandos para ajudá-lo a se lembrar deles. Para facilitar a sua absorção de tantos detalhes, tentamos mencionar cada ação, localização, tecla de atalho e valor que você precisará. À medida que você progride através deste livro, você não precisará com tanta freqüência destes lembretes, mas, até então, eles estão aqui para você!

Como escolher NURBS como uma técnica de modelagem

Cada técnica de modelagem tem as suas próprias virtudes e fraquezas e decidir sobre o melhor método é uma questão de experiência. Ao escolher um método para usar em um objeto específico, você precisa considerar vários fatores. Geralmente, NURBS são melhores para objetos orgânicos, tais como, animais, frutas e vegetação — objetos com superfícies de fluxo suave que executam juntos. Os candidatos ideais para NURBS são superfícies industriais (definidas como curvadas e produzidas em massa), que exigem ambos, precisão e superfícies de fluxo curvado: veículos, partes moldadas, utensílios e outros objetos curvos feitos pelo homem.

Se você estiver em dúvida sobre qual técnica de modelagem usar, está certo começar com NURBS e converter para polígonos mais tarde. Uma vantagem principal de modelar com NURBS em Maya é que você pode converter qualquer objeto NURBS para subdivisão de superfícies (também chamada de "SubDs"; disponível apenas em Maya Unlimited) ou superfícies de polígono, em qualquer ocasião. Por exemplo, se você estiver modelando um personagem e descobrir que não pode se livrar de uma emenda entre múltiplas superfícies NURBS nos membros, você pode querer converter aquele personagem para polígonos para poder soldá-lo em um único objeto, ao invés de múltiplas superfícies. Usando a história de construção de Maya, mais tarde você pode deformar e animar a fonte original de superfícies NURBS e, automaticamente, a superfície convertida acompanha!

Usar NURBS também pode ter desvantagens. Ao modelar um personagem que precisa ser animado, você pode notar emendas entre superfícies NURBS, ou mesmo espaços visíveis entre superfícies NURBS (veja a Figura 5.1). Como um resultado da maneira pela qual NURBS são construídas, raramente você tem um objeto composto de uma única superfície e as superfícies precisam combinar exatamente para evitar estes problemas.

Usar NURBS também acrescenta complexidade ao seu modelo. Pode ser difícil modificar um objeto se você tiver uma grande quantidade de curvas que definam a forma. Uma superfície NURBS complexa também pode tornar o seu modelo tão corpulento que se torna difícil interagir com ele em tempo real (dependendo da potência de aceleração de sua placa de vídeo 3D). Uma outra desvantagem importante, especialmente em um ambiente de produção, é o tempo de renderização, que é quando NURBS precisa ser marchetada. As curvas matemáticas ideais que definem a forma de superfície são preenchidas com polígonos e este processo pode ser demorado quando são necessários muitos polígonos.

Neste capítulo, você começa criando uma antiga casa a partir de NURBS, a base de uma cena que será montada através de todo este livro.

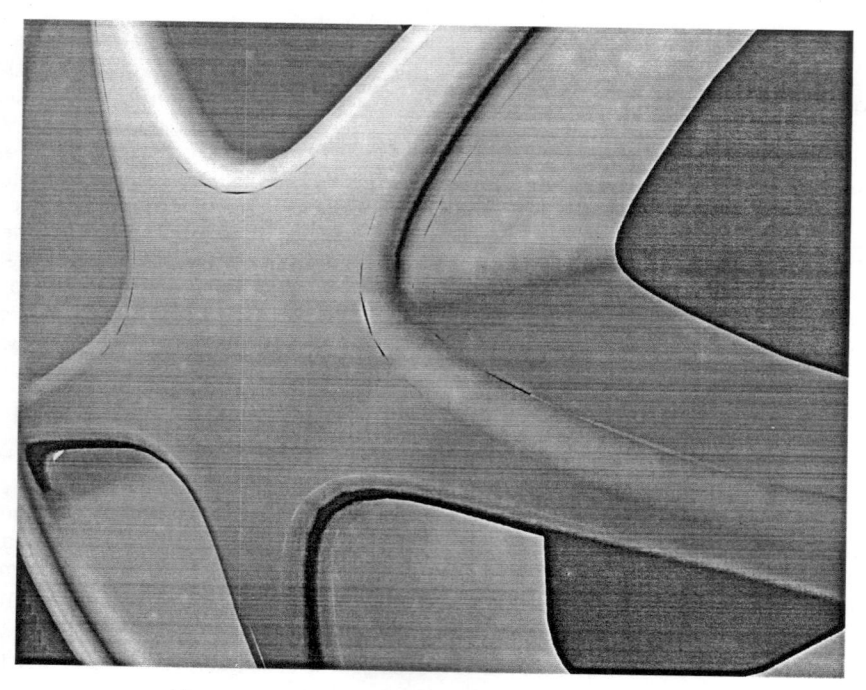

Figura 5.1 — *Uma superfície com emendas visíveis.*

Menus de marcação e a interface de usuário

Maya tem o potencial para um rápido e eficiente fluxo de trabalho. Observar um usuário experiente interagir com Maya parece mágico, porque o bom trabalho toma forma rapidamente, com um mínimo de toques de teclas e pressões no mouse. A chave para esta eficiência é criar menus de marcação personalizadas que aumentam a produtividade e velocidade. Quando você pressiona e mantém pressionada uma tecla no teclado e depois clica com o botão esquerdo do mouse e mantém pressionado o mouse, aparece na tela um tipo de compasso. Então, você pode arrastar com o mouse na direção de um comando para executá-lo. Se você realizar a ação um pouco mais rápido, verá apenas um pequeno desenho de uma linha na tela e um lampejo rápido no nome de comando (tal como, "Create Cube" — "criar cubo"), quando o comando é executado.

Depois de algumas semanas, você terá memorizado os seus menus de marcação e será capaz de compactar através da criação e edição. Já que o menu de marcação é uma combinação de duas escolhas (primeiro a tecla de atalho, depois a seleção do mouse), você pode agrupar comandos correlatos em uma única tecla de atalho. O relacionamento mental é muito natural e rápido, se você designar logicamente as ações e teclas de atalho de seu menu de marcação. Por exemplo, você pode escolher Alt+c como uma tecla de atalho para o menu de marcação Curve Editing e designar diretamente os itens de menu usados com mais freqüência para a esquerda e para a direita (nas posições de 9 horas e 15 horas), conforme mostrado na Figura 5.2. Portanto, um simples Alt+c e LMB-arrastar para a esquerda, o coloca no modo de edição certo — ergonomicamente eficiente e, na hora, surpreendentemente rápido. Se você tiver aprendido a tocar um instrumento musical, conhece o poder de interiorizar movimentos através de repetições.

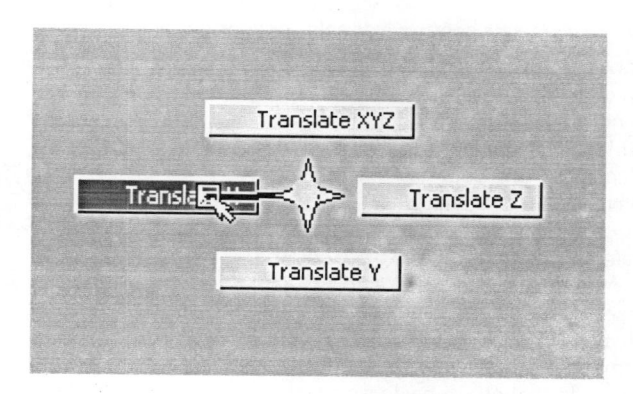

Figura 5.2 – *Um dos menus de marcação internos: Translate X (traduzir X) está na posição de 9 horas.*

Para este capítulo e para o restante do livro, construímos um conjunto de menus de marcação específico para as tarefas que você está aprendendo a realizar. Eles estão disponíveis no CD-ROM do livro; carregando-os antes de iniciar os tutoriais, você obterá uma boa idéia de em quantas maneiras os menus de marcações podem ser usados. Estes menus de marcação também oferecem um ponto de partida para montar o seu próprio conjunto. Aprender as teclas de atalho de Maya e acrescentar novas teclas de atalho também acrescentará velocidade à sua criação. Incluímos algumas teclas de atalho, além das usadas pelos menus de marcação personalizados. Vamos carregá-los agora.

Personalização da interface e carregamento dos menus de marcação

Primeiro é preciso importar os menus de marcação e teclas de atalho para este capítulo. O Capítulo 14 explica como criar os seus próprios menus de marcação e designar a eles teclas de atalho, mas para poupar tem-

No CD

Chapter_05\movies\ch05tut01.wmv

po, nós os colocamos no CD-ROM para você carregá-los em algumas poucas etapas. Lembre-se de que quando você vê o pequeno ícone de CD de filme, como o relacionado aqui, aquilo significa que você pode carregar um filme do CD-ROM do livro, que corresponde à técnica sendo apresentada.

Note que as indicações são para usuários Maya em sistemas operacionais baseados em Windows. Se você estiver usando Maya em Linux, Mac OS ou IRIX, encontrará pastas e arquivos análogos em seu disco rígido. Em caso de dúvida, consulte o seu manual de referência.

No CD
Chapter_05\Marking_Menus\

1. Assegure-se de haver encerrado Maya 4 e, depois, quando iniciar Maya novamente, ele carregará os arquivos que você está prestes a mudar.
2. Com este CD-ROM de Fundamentos de Maya no drive, abra a pasta chamada Marking_Menus, que contém todos os menus de marcação. Clique o primeiro arquivo na pasta, mantenha pressionada a tecla Shift e depois clique no último. Agora, todos os arquivos devem estar selecionados. Clique com o botão direito do mouse nos arquivos selecionados e escolha Copy.
3. Em seguida, você precisa localizar a sua pasta de preferências em Maya. No Windows NT, ela deve estar em My Documents\Maya \4.0 \prefs\Marking Menus, ou winnt\Profiles \Administrator\maya\4.0 \prefs\marking Menus. Em Windows 2000, ela pode aparecer em Documents and Settings\Administrator \My Documents\maya\4.0 \prefs\markingMenus. Se você estiver em um sistema de múltiplos usuários em rede, as preferências aparecem sob o seu nome de registro, ao invés de aparecer no do administrador (um belo recurso, que permite a cada usuário registrado em Maya ter ajustes individuais). Em qualquer caso, normalmente, a pasta está no drive C. Uma maneira fácil de encontrar a pasta é procurar pelo sistema operacional no disco rígido por windowprefs.mel. Navegue até este diretório e cole os arquivos lá.

No CD
Chapter_05\Hotkeys\

4. Acesse novamente o CD-ROM, abra a pasta Hotkeys, selecione todos os arquivos naquela pasta e copie-os.
5. Busque pela pasta de preferências de Maya no seu disco rígido e cole os arquivos naquele diretório, para carregar as suas teclas de atalho personalizadas.
6. Agora, abra Maya. Antes de carregar os menus de marcação, é preciso ocultar alguns componentes desnecessários de interface de usuário (UI — user interface), para ter mais área com que trabalhar. Primeiro, oculte toda a interface de usuário, abrindo a Hotbox (tecla de atalho: **manter pressionada a barra de espaço**) e clicando Display I UI Elements I Hide UI Elements. Agora observe quão maior está a área de trabalho.

7. Entretanto, você deve ter um par de elementos UI visíveis. Na Hotbox, clique novamente Display I UI Elements e na lista, marque as caixas para Help Line (linha de ajuda) e Command Line (linha de comando). Quando você estiver construindo algo em Maya, estes dois elementos exibem informações de ajuda e mensagens de erro. Ainda será preciso ocultar os menus File e Panels. Para fazê-lo, use as teclas de atalho **Ctrl+m** e **Shift+M**, respectivamente.

> **Dica**
> Também é possível acessar os controles UI detalhados na caixa de diálogo Preferences. No menu principal de Maya, clique Window I Settings/Preferences I Preferences. Na lista Categories, clique Interface. Modifique as preferências gerais de interface, desmarcando as opções em Show Menubar in Main Window and In Panels (exibir barra de menu na janela principal e em painéis). Você pode ir ainda mais além e ocultar a barra de título de Maya, se quiser, mas se precisar de múltiplos aplicativos com título na tela, ocultar a barra de título dificulta um pouco trabalhar com Maya.

8. Clique o botão Save. Agora, você tem a interface Maya simplificada para os tutoriais deste capítulo.

Como personalizar a Hotbox

Em princípio, a interface Maya pode parecer intimidante, porque ocultar todos aqueles elementos UI faz parecer como se você tem menos controle sobre o software. No entanto, na verdade, você tem acesso a cada menu com a Hotbox. Siga as etapas para personalizar a Hotbox, para que todas as suas opções estejam sendo exibidas:

No CD
Chapter_05\movies\ch05tut02.wmv

1. Para garantir que todos os menus estão habilitados, mantenha pressionada a barra de espaço. Para exibir a Hotbox, clique a seção Hotbox Controls e depois clique Show All. Você pode ver que todos os elementos estão disponíveis. Quando precisar acessar um recurso que não tem uma tecla de atalho ou um menu de marcação, você pode usar, simplesmente, a Hotbox. Quando você se vir usando repetidamente a Hotbox para determinado grupo de comandos, você pode criar menus de marcação e/ou teclas de atalho para lidar com eles.

> **Dica**
> Se possuir o pacote Maya Unlimited, você deve ocultar alguns dos itens da Hotbox por ora, de modo que a Hotbox só exiba as funções que você está usando. Para fazer isto, abra a Hotbox, clique Hotbox Controls e desmarque as caixas Show Cloth Menus (exibir menus de roupa) e Show Live Menus (exibir menus vivos).

2. Antes de prosseguir, salve as suas preferências, clicando File I Save Preferences.

Armadilha — Não é possível acessar a Hotbox com a barra de espaço, a menos que um dos painéis esteja ativo. Quando você tem uma caixa de diálogo aberta no alto dos painéis, nenhum dos painéis é considerado ativo, portanto, clique com o botão direito do mouse em qualquer painel para torná-lo ativo. Isto ativa o painel sem selecionar ou desfazer a seleção de quaisquer objetos (clicar com o botão esquerdo do mouse em um painel também o ativa, mas é um mau hábito, pois poderia ocasionar seleções e desfazer seleções acidentalmente). Observe que a borda do painel se torna azul, para indicar que ele está ativo. Depois, você pode manter pressionada a barra de espaço para abrir a Hotbox.

Eis as teclas de atalho de menu de marcação que você carregou:

Menu de marcação	Tecla de atalho
mfNURBSPrimitives_Press:	**Ctrl+z**
mfNURBSediting_Press:	**Alt+z**
mfNURBSsurface_Press:	**Ctrl+Alt+z**
mfPolygonPrimitives_Press:	**Ctrl+x**
mfPolygonEditing_Press:	**Alt+x**
mfCurvesCreation_Press:	**Ctrl+c**
mfCurvesEditing_Press:	**Alt+c**

Você pode testar as suas novas teclas de atalho pressionando a combinação de teclas e depois LMB-clicar em seu visor (veja a Figura 5-3). Mantenha o botão do mouse pressionado e logo um menu aparecerá! Arraste o mouse na direção de qualquer uma das opções de menu para realizar aquela ação. Experimente cada uma das teclas de atalho em seus menus de marcação.

Eis as outras teclas de atalho que você acrescentou ou redesignou:

Função	Tecla de atalho
Script Editor (editor de script)	**Shift+S**
Hypergraph (hipergráfico)	**Shift+H**
Attribute Editor (editor de atributo)	**Ctrl+a**
Exibir/ocultar a Channel Box (caixa de canal)	**Shift+C**
Hypershade (hipersombreado)	**Shift+T**
Outliner (delineador)	**Shift+O**
Alternar o Time Slider (deslizador de tempo) para ligado/desligado	**Alt+t**
Undo (desfazer)	**z**
Visor	**Shift+V**

Capítulo 5 – Modelagem básica NURBS

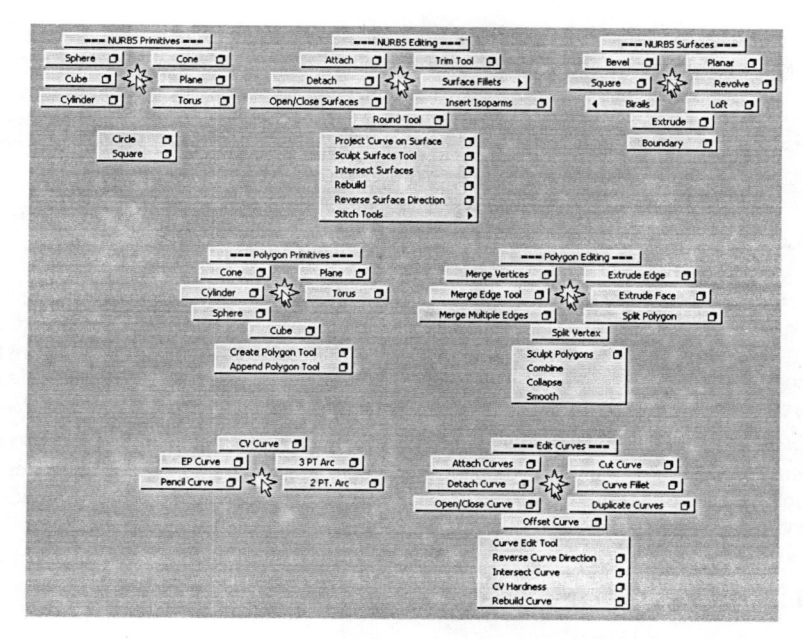

Figura 5.3 – *Os seus novos menus de marcação personalizados.*

As teclas de atalho foram posicionadas para serem mais acessíveis à mão esquerda para usuários destros de mouse. Sempre é possível redesigná-los para outras teclas se você decidir. Você também pode querer mover as teclas de atalho de tradução (**q, w, e, r**), pois elas também estão do lado esquerdo do teclado. Mantendo a sua mão em uma área, você pode trabalhar ainda mais rapidamente. O objetivo é ser capaz de pressionar as teclas de atalho principais, sem precisar olhar para o teclado. Acrescentaremos mais teclas de atalho à medida que você for adiante no livro, depois de você ter memorizado as recém designadas.

As primeiras teclas de atalho que você usará e memorizará nos tutoriais deste capítulo são as seguintes:

- **Ctrl+z** — Oferece acesso a um menu contendo as ferramentas de criação de superfície NURBS.
- **Alt+z** — Traz o menu de marcação para editar superfícies NURBS.
- **Clicar com o botão direito do mouse em um painel com um objeto NURBS selecionado** — Traz o menu de marcação para selecionar elementos de uma malha NURBS, tal como um isoparm ou um controle de vértice.

Armadilha

Se, acidentalmente, você pressionar **Alt+v**, Maya começa a exibir a animação. Isto pode ser frustrante, pois você não tem o Time Slider visível e, portanto, não sabe que Maya iniciou a exibição — você ainda não criou qualquer animação em moldura chave. Você perde a habilidade de criar e editar a maioria dos objetos quando a animação está executando. É possível trazer de volta o Time Slider na Hotbox usando Display l UI Elements l Time Slider para confirmar que Maya está voltando à execução. Também mapeamos uma tecla de atalho que alterna a exibição do Time Slider: **Alt+t**. Pressionar **Alt+v** ou a tecla Esc interrompe a exibição se Maya a tiver iniciado.

É possível reprogramar esta tecla de atalho padrão para alguma outra tecla, usando o Hotkey Editor. Na seção Assign New Hotkey (designar nova tecla de atalho), da caixa de diálogo, entre com v como a tecla, selecione a caixa de verificação Alt e clique o botão Find. Agora você pode redesignar ou desfazer a designação facilmente desta tecla de atalho. É melhor ser conservador quanto a redesignar teclas de atalho, pois se você tiver que trocar para uma outra instalação de Maya (que obviamente não tem as suas redesignações de tecla de atalho), você estará perdido!

Criação da casa antiga

Você está pronto para começar a montar o projeto "Spooky World" criando a casa da criatura. Inicialmente, a casa é formada de simples objetos NURBS, mas ela fica mais complicada à medida que você acrescenta detalhes. Não vamos relacionar exaustivamente e explicar cada possível ferramenta Maya — você pode conseguir isto no manual de referência de Maya. No entanto, explicaremos as principais ferramentas e algumas das mais ocultas, no sentido de transmitir um sentido pelo modo de trabalhar de Maya.

Para começar a trabalhar com NURBS, você criará o começo de uma casa antiga, usando a Hotbox, teclas de atalho e menus de marcação para navegar. Você continuará a aumentar a casa nos capítulos subseqüentes e quando terminar este livro, terá um arquivo de cena elaborado, que renderiza uma impressionante animação.

Como iniciar um novo projeto

Diferente de programas típicos Windows, que permitem carregar e salvar arquivos em qualquer lugar em seu drive, Maya sempre indica para as pastas designadas sob a pasta de projeto. Você ainda pode carregar ou salvar arquivos em qualquer lugar, mas ele sempre indica a volta às pastas de projeto. Por que *pastas* ao invés de *pasta*? Porque Maya cria uma série de subpastas para gerenciar todos os arquivos que podem ser criados ao gerar uma animação complexa. Algumas das pastas incluem aquelas para arquivos de cena, material de textura de imagens, imagens renderizadas e assim por diante. Geralmente, quando está iniciando um novo projeto, você cria a pasta de projeto em algum lugar em seu disco rígido e, depois, Maya ajuda na criação de todas as subpastas.

No CD
Chapter_05\movies\ch05tut03.wmv

1. Primeiro, escolha um lugar em seu disco rígido para designar como a pasta de seu tutorial Fundamentos de Maya 4. Crie e nomeie a pasta lá, usando o navegador de arquivo padrão de seu sistema operacional. Chamamos a nossa pasta de M4F_SW e a colocamos no drive C de nosso computador Windows.

Armadilha — Evite o uso do caractere espaço na pasta ou nomes de arquivo; ao invés, substitua por caracteres de sublinhado. Partes de Maya não funcionam muito bem com caminhos de arquivo que incluem espaços!

Capítulo 5 – Modelagem básica NURBS | 115

2. Para criar um novo projeto em sua cena, ative a Hotbox e clique File I Project I New.
3. Digite o nome do projeto como OldHouse e clique o botão Use Defaults (usar padrões).
4. Verifique a localização de seu projeto para ter certeza de que é a pasta onde você deseja armazenar os arquivos. Clique o botão Browse para encontrar a pasta criada e clique duas vezes nela, para que o ícone apareça como uma pasta aberta. Depois, clique o botão Accept (aceitar). Se você revisitar a pasta de projeto em um navegador de arquivo, verá todas as subpastas que foram criadas.
5. Em seguida, ajuste as unidades de medida em seu projeto, para trabalhar em unidades não métricas (afinal, é uma casa antiga). Para mudar as unidades com as quais Maya trabalha, na Hotbox, clique Window I Settings/Preferences I Preferences.
6. Na lista Categories, selecione Settings. Na seção Working Units, mude o ajuste Linear de centímetros para polegadas.
7. No caso da grade ter sido ajustada, reajuste-a para garantir que estamos no mesmo ponto de partida. Clique Hotbox I Display I Grid I caixa de opção e, depois, reajuste as configurações. Na caixa de diálogo, escolha Edit I Reset Settings e, depois, clique o botão Apply and Close (aplicar e fechar), na parte inferior.
8. Clique o botão Save na parte inferior da caixa de diálogo Preference, para salvar as preferências e feche a caixa de diálogo. Se você quiser começar o tutorial a partir deste ponto, carregue ch05tut03end.mb do CD.

No CD
Chapter_05\ch05tut03end.mb

Armadilha Você pode observar alguns problemas ao tentar aproximar e afastar, agora que alterou as unidades. O seu visor pode parecer como se estivesse cortado ao meio, quando você se afasta (veja a Figura 5.4). Isto porque o valor da perspectiva Far Clip da câmera está ajustado muito baixo. Assegure-se de que o painel Perspective esteja ativo. Depois, abra o Attribute Editor para a perspectiva de câmera, escolhendo View I Camera Attribute Editor, na Hotbox. Sob a seção Camera Attributes, mude o valor Far Clip Plane para um número mais alto, tal como 10000. Isto deve lhe dar muita distância de campo ao longe, antes da câmera cortar. Se os objetos parecerem desaparecer, à medida que você se aproxima mais deles, corrija da mesma maneira, usando o valor Near Clip Plane.

Como fazer o telhado

Ao fazer o telhado, você usará duas primitivas NURBS: um cubo e um plano. Ao criar um cubo a partir de NURBS, ele é composto de vários planos NURBS colocados juntos em um grupo, criando assim um cubo. Se você fosse clicar no cubo, apenas um lado seria selecionado. É preciso selecionar o alto da hierarquia — o objeto pai de todos os seis lados do cubo. Salte a sua seleção para o alto do grupo, com a seta para cima, para selecionar todos os lados de uma vez.

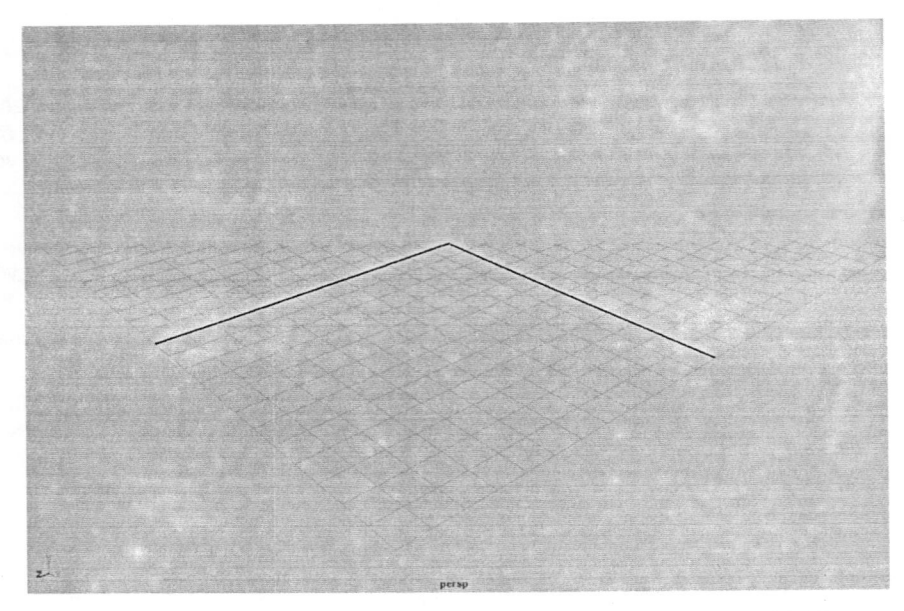

Figura 5.4 – *O plano de grade aparece cortado, devido ao valor de Far Clip Plane (recorte distante de plano) para a perspectiva de câmera não estar ajustado alto o bastante.*

Tutorial: criação de telhas

Lembre-se, antes de começar o seu tutorial, que você pode carregar o filme indicado próximo ao ícone de CD de filme, para nos observar no decorrer das etapas, antes de você experimentar.

No CD
Chapter_05\movies\ch05tut04.wmv

1. Para fazer o telhado, você começa usando um cubo NURBS. Ao invés de usar o item de menu Create na Hotbox, comece aplicando e se acostumando aos seus novos menus de marcação. Acesse o menu de marcação NURBS Primitive Creation, pressionando Ctrl+z e LMB-clicando e mantendo pressionado. Arraste para a esquerda, para a caixa de opção Cube. Na caixa de diálogo NURBS Cube Options, mude a Surface Degree (grau de superfície) para 1 Linear e, depois, clique o botão Create.

2. Abra a Channel Box (tecla de atalho: **Shift+C**) para que você possa modificar os ajustes do cubo. Na caixa de texto Name, digite RoofTile, ajuste Scale X para 150, Scale Z para 12 e Rotate X para -6. Agora, você tem uma longa placa plana, ligeiramente angular, para usar como um sarrafo de telha de telhado.

3. Em seguida, você vai duplicar o cubo, para ter múltiplas cópias do objeto RoofTile; isto tornará a apresentação de telhas do telhado mais rápida e mais fácil. Na Hotbox, escolha Edit I Duplicate I caixa de opção para duplicar o sarrafo de telha. Na caixa de diálogo Duplicate Options, reajuste os ajustes (Edit I Reset Settings). Se você tiver usado Maya antes para criar duplicatas, reajustar as configurações o leva de volta ao modo padrão, para que você não crie duplicatas com ajustes previamente usados.

Capítulo 5 – Modelagem básica NURBS | **117**

4. Mude Translate Z para 8 (a coluna à extrema direita é Z) e depois, ajuste Number of Copies (número de cópias) para 15. Deixe todos os outros ajustes em seus padrões e clique o botão Duplicate. Você deve acabar com 15 sarrafos angulares, conforme mostrado na Figura 5.5.

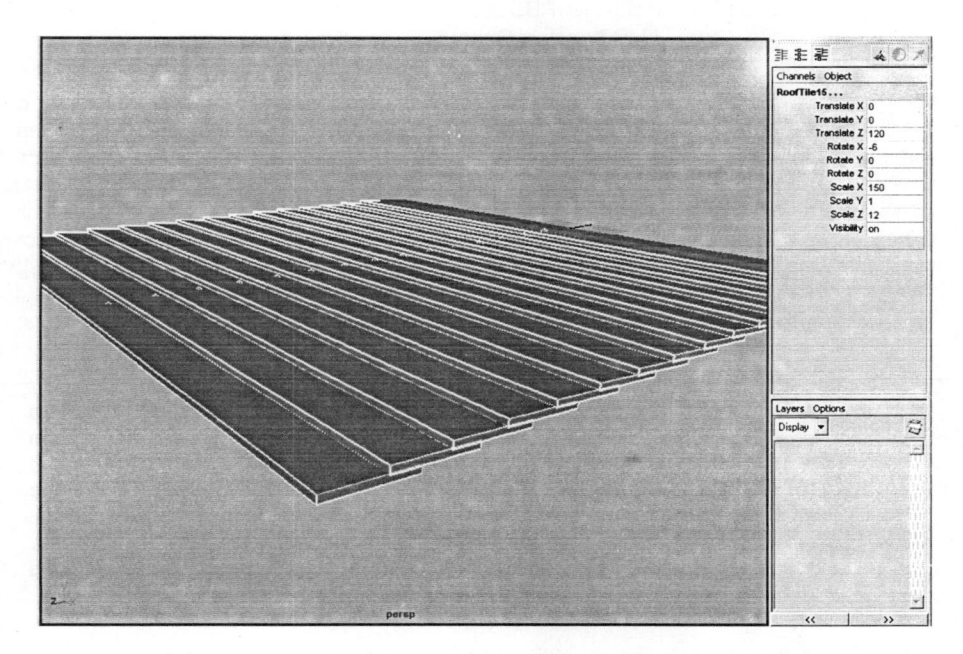

Figura 5.5 – *Objetos cubo duplicados para criar um lado de telhado feito de sarrafos de telha.*

5. Agora, você tem fileiras de cubos se sobrepondo uns aos outros. Afaste-se para ver tudo (tecla de atalho: **a**). Agora, selecione todos os cubos, LMB-arrastando um retângulo em torno deles. Pressione a tecla para cima para selecionar toda a caixa de hierarquia de cada membro do grupo e, depois, agrupe-os, clicando Edit I Group I caixa de opção. Na caixa de diálogo Group Options, mude o botão de rádio Pivot para Center, deixando o restante em seus ajustes padrão e clique o botão Group, para criar um grupo. Isto lhe dá uma única entidade para todos os sarrafos de telhado, facilitando girá-las e movê-las.

Tendo recém criado o grupo, ele permanecerá selecionado. Em seguida, mude o nome do grupo de Group1 para Shingles (telhas) na Channel Box. É uma boa maneira nomear tudo que você faz em Maya; é até melhor nomear as coisas imediatamente, ao invés de deixar de lado!

Tutorial: como terminar o telhado

Se quiser, você pode carregar o arquivo de cena ch05tut04end.mb para iniciar o tutorial neste ponto.

No CD
Chapter_05\movies\ch05tut05.wmv

118 | Dominando Maya 4

1. Para terminar o telhado, é preciso dar às telhas uma superfície para se apoiar – a laje do telhado. Isto ajuda a evitar ser capaz de ver dentro da casa, entre as telhas. Crie um novo cubo NURBS com o menu de marcação (Ctrl+z l LMB-arrastar l Cube). Renomeie o cubo como RoofSlab.

> **No CD**
> Chpater_05\ch05tut04end.mb

2. Você quer que o cubo RoofSlab se ajuste sob o grupo Shingles, mas seja um pouco menor, para que as telhas fiquem para fora. Isto é feito mais facilmente usando todas as quatro vistas e escalonando e traduzindo interativamente o cubo ao longo dos eixos X e Z. Dê uma batida na barra de espaço para ir para o modo Four View e aproxime todas as vistas para Frame All (tecla de atalho: **Shift+A**). Depois, usando a ferramenta Move (tecla de atalho: **q**) e depois a ferramenta Scale (tecla de atalho: **r**), posicione o cubo conforme mostrado na Figura 5.6. Você também pode usar a Channel Box para entrar com esses valores exatos: Translate Y para -2, Translate Z para 58.5, Scale X para 143 e Scale Z para 129. Finalmente, você deseja posicionar o cubo RoofSlab bem sob as telhas, alinhados com o primeiro cubo criado.

Dica — Os menus de marcação de transformação são úteis quando você é aproximado e quer restringir uma ferramenta de transformação para um eixo. Pressionando e mantendo pressionada a tecla de atalho corresponde a uma ferramenta de transformação (**w** para Translate, **e** para Rotate, **r** para Scale) e, depois, LMB-clicando e mantendo pressionado, você abre um menu de marcação que lhe permite restringir a tradução ao longo de qualquer eixo (veja a Figura 5.7). Selecione um e depois use MMB para transformar o objeto naquele eixo.

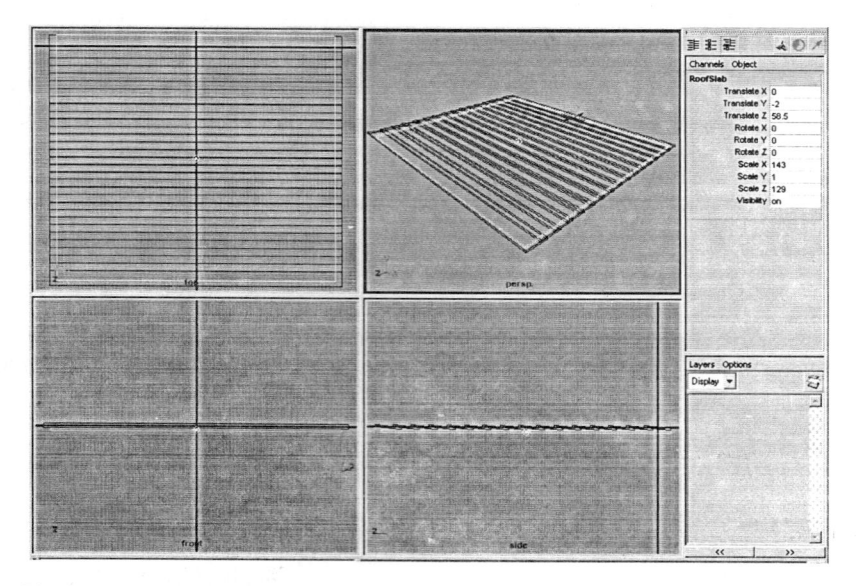

Figura 5.6 – *Laje de telhado escalonada e reposicionada. A vista Perspective está ajustada para o modo Wireframe (tecla de atalho: 4) para ver sob as telhas.*

Capítulo 5 – Modelagem básica NURBS | 119

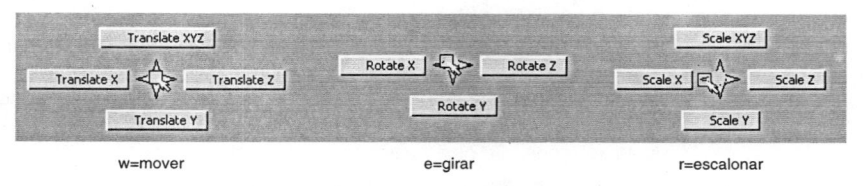

```
w=mover                e=girar              r=escalonar
```

Figura 5.7 – *Os três menus de marcação para transformações.*

3. Afaste-se para poder selecionar RoofSlab e Shingles e, depois, LMB-arraste um retângulo em torno de tudo. Agora, agrupe tudo. Para facilitar a manipulação: pressione a seta para cima para selecionar todo o objeto cubo em cada uma das superfícies selecionadas. Na Hotbox, escolha Edit I Group I caixa de opção; na caixa de diálogo Group Options, selecione o botão de rádio World para a opção Group Under (sob grupo). Se você mantiver Group Under como Parent, deve perder o agrupamento das telhas e da laje. Nomeie o grupo como RoofSide na Channel Box.
4. Gire o grupo ajustando o valor Rotate X na Channel Box, para 35.
5. É preciso criar o outro lado do telhado, o que é feito simplesmente duplicando RoofSide e escalonando-o com um valor oposto. Com RoofSide selecionado, abra a caixa de diálogo Duplicate Options (Hotbox I Edit I Duplicate I caixa de opção). Reajuste as configurações com Edit I Reset Settings. Ajuste Translate Z para -109.3, Scale Z para -1 e Rotate X para -70. Clique o botão Duplicate e, agora, você tem o outro lado do telhado. Agrupe ambos os lados juntos, usando Frame All (tecla de atalho: **Shift+a**), LMB-arrastando um retângulo em torno de todas as partes, pressionando duas vezes a seta para cima para selecionar cada cubo na cena e, depois, escolhendo Hotbox I Edit I Group. Nomeie o novo grupo como Roof.

Nota — Lembre-se: tente se habituar a reajustar as configurações de sua caixa de opções, como na Etapa 5. Naquela etapa, os ajustes Duplicate Options já tinham sido ajustados enquanto se fazia os sarrafos de telha, anteriormente, portanto, o número de cópias, por exemplo, ainda estava ajustado para 15. Reajustar as suas configurações o põe de volta em um modo de reprodução de cópia única.

---

6. Em seguida, você moverá o centro do grupo Roof para o ponto de origem Maya para facilitar o trabalho de modelagem que virá. Assegure-se de que a ferramenta Move esteja ativa (tecla de atalho: **w**). Na vista Side, pressione e mantenha pressionada a tecla **x**, para Grid Snapping (alinhamento de grade) — você saberá que o alinhamento está habilitado porque o centro da ferramenta Move se altera de um quadrado para um círculo. Clique no centro da ferramenta Move, onde os eixos se encontram e arraste para a origem, onde as linhas em negrito da grade se interseccionam (veja a Figura 5.8). O alinhamento ajuda a colocar exatamente no ponto.
7. Agora, você unirá o cume do telhado. Na vista Side, aproxime-se do ponto superior do telhado, desenhando uma caixa de aproximação (tecla de atalho: **Ctrl+Alt+LMB-arrastar**) e, depois, selecione a área que deseja aproximar. Depois da aproximação, você pode ver que os eixos de cada lado não se encontram e alguns dos cubos estão atravessando uns aos outros, como mostrado na Figura 5.9. Para corrigir isto, é preciso agarrar os vértices dos cubos Shingles (telhas) e alinhá-los à grade, até que interseccionem.

Armadilha

Se o visor Far Clipping Plane da câmera estiver ajustada muito baixo, além de ver os problemas descritos anteriormente, você só pode selecionar a uma determinada profundidade. Se estiver na vista Side e pegar elementos se sobrepondo perto e longe, você não tem ciência de que as suas seleções não estão obtendo os elementos de trás!

É uma boa prática verificar as suas seleções em outros visores antes de agir nelas. Volte para o modo Four View e verifique as vistas Side e Perspective, para garantir que as suas seleções são o que você pensa que são. Ajuste o plano de recorte para o lado da câmera (com o mouse sobre a vista Side, Hotbox | | View | Camera Attribute Editor e aumente o valor Far Clip Plane).

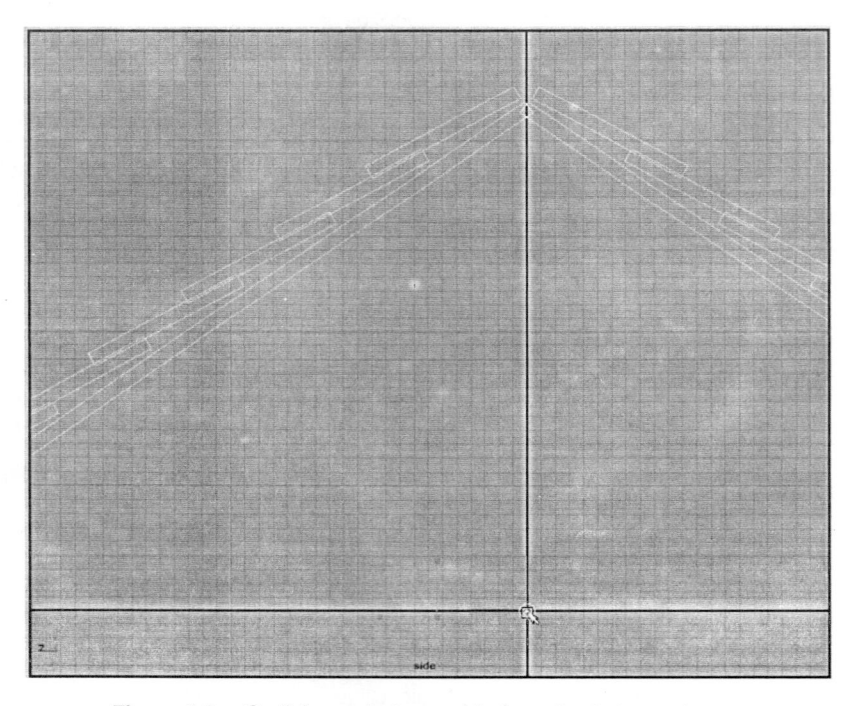

Figura 5-8 – *O alinhamento temporário à grade ajuda a colocar o objeto telhado acabado na origem para fácil modelagem adicional.*

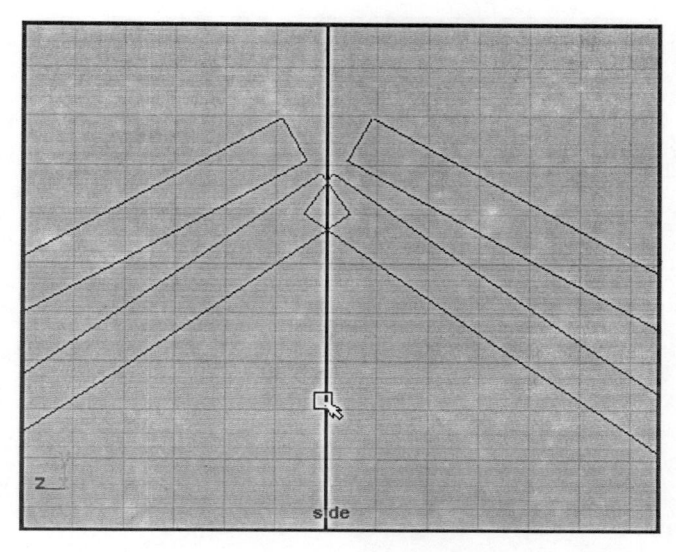

Figura 5.9 – *Uma vista Side ampliada revela um cume de telhado descuidado.*

8. Selecione o objeto telha do cubo superior em cada lado do telhado (tecla de atalho: **Shift**, para pegar seleções adicionais) e, depois, pressione a seta para cima para obter ambos os objetos RoofTile. Em seguida, pressione **F9** para trocar para edição de componentes destes objetos NURBS. F9 ativa o modo CV Editing — os pontos de encerramento dos objetos NURBS. Os CVs aparecem em púrpura. Arraste uma pequena caixa em torno do CV no canto mais alto de um dos lados. Isto seleciona todos os vértices que controlam aquela borda do objeto cubo, tornando-os azuis. Verifique a vista Perspective para ter certeza que todos os quatro vértices estão selecionados: dois na frente e dois atrás.
9. Com a ferramenta Move ativada (tecla de atalho: **w**) pressione e mantenha pressionada a tecla **x** para alinhar temporariamente à grade. Agora, MMB-clique nos CVs azuis na vista Side e alinhe para a primeira interseção de grade para cima e para a direita, conforme mostrado na Figura 5.10.
10. Repita a Etapa 9 para a telha superior do outro lado do telhado: Arraste uma seleção em torno dos outros CVs, pressione e mantenha pressionada a tecla **x** e MMB-arraste os CVs selecionados para o mesmo ponto central.
11. Agora, você quer alinhar os CVs sob os superiores, só para ajustar as coisas. Alinhe-os exatamente uma unidade de grade abaixo, como mostrado na Figura 5.11. Pressione **F8** para sair do modo CV Editing para poder selecionar outros objetos.

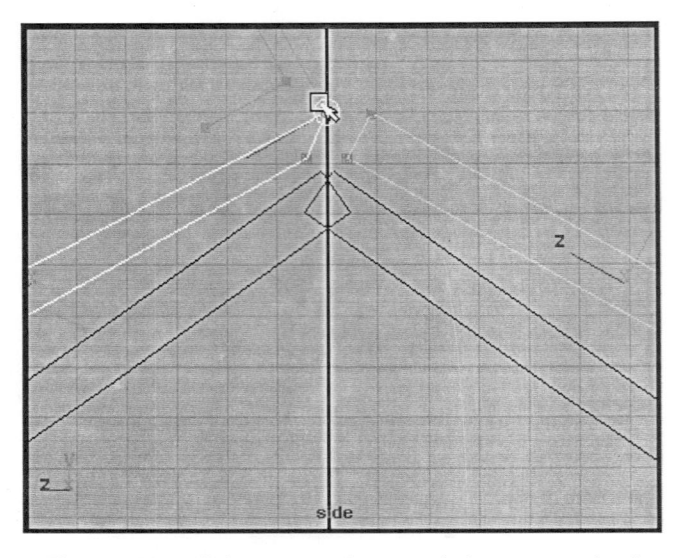

Figura 5.10 – *Alinhar temporariamente ajuda a mover a borda superior de RoofTiles para um ponto central.*

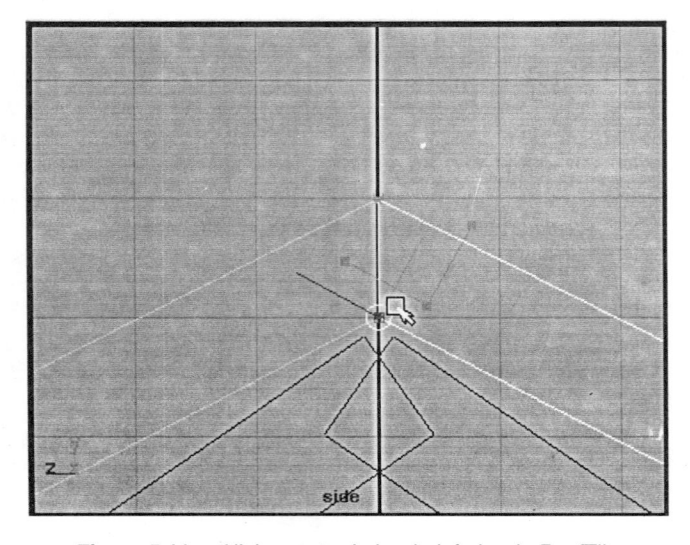

Figura 5.11 – *Alinhamento da borda inferior de RoofTiles.*

12. Repita todo o processo (etapas 8 a 11) para os objetos RoofSlab. Veja na Figura 5.12 o resultado final. Pressione F8 para sair do modo Component.

Capítulo 5 – Modelagem básica NURBS | **123**

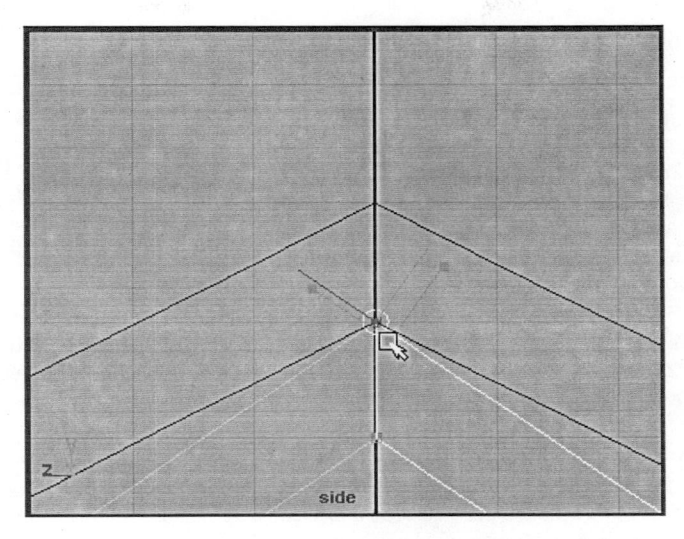

Figura 5.12 – Agora, todos os CVs estão verticalmente alinhados.

13. Tenha certeza que a Channel Box está aberta (tecla de atalho: **Shift+C**) e, no Layer Editor, crie uma camada (Layers I Create Layer). Se a Channel Box não estiver exibindo atualmente as camadas, clique o botão à extrema direita, bem acima do pull-down Channels na Channel Box, para tornar ambos visíveis, Channel Box e Layer Editor. Clique duas vezes na camada criada, chamada "layer1" para abrir as suas propriedades. Nomeie a camada RoofL e designe a cor do fio da moldura. Com o telhado selecionado, clique com o botão direito do mouse na camada RoofL recém nomeada, no Layer Editor e escolha Add Selected Objects (acrescentar objetos selecionados), para designar o grupo Roof à camada. Clique a caixa de diálogo V (de visibilidade), para exibir e ocultar o telhado para verificar se ele foi adequadamente designado.
14. Agora, salve a sua cena (Hotbox I File I Save Scene As) e nomeie-a como ch05oldHouse.mb. Observe que a pasta Oldhouse\scenes é automaticamente escolhida, pois você está salvando uma cena e Maya foi ajustado para trabalhar com o projeto Oldhouse. Lembre-se que você pode ativar o recurso Incremental Save (Hotbox I File I Save Scene I caixa de opção e selecionar a caixa de verificação Incremental Save) para ajudar a garantir que você tem backup o bastante, no caso de algo corromper a sua cena.

Como acrescentar a casa

Se você quiser recomeçar neste ponto, pode carregar o arquivo salvo a partir do final do último tutorial, ch05tut05end.mb.

No CD
Chapter_05\ch05tut05end.mb

Tutorial: criação de paredes e da fundação

Você começará criando as paredes da casa:

1. Se ela ainda não estiver oculta, oculte a camada RoofL. Crie um quadrado NURBS, usando o menu de marcação NURBS Primitives (Hotbox | Ctrl+z | LMB-arrastar para baixo | Square). Nomeie este nurbsSquare1 como OuterWallcurve1 na Channel Box. O quadrado é formado por quatro curvas que são agrupadas para formar um quadrado.

   No CD
   Chapter_05\movies\ch05tut06.wmv

2. Você ajustará este quadrado para formar a borda inferior da fundação da casa. Ajuste Scale X para 140 e Scale Z para 200. Ajuste Translate Y para -159. Isto fará um retângulo que está ligeiramente dentro das bordas de cada lado do telhado, como visto a partir da vista Top (superior).

Dica — Quando você está no modo Wireframe, pode ser difícil ver a sua seleção, se tiver ajustado a exibição para o seu nível mais baixo de detalhe. Lembre-se que você sempre pode pressionar as teclas **1, 2** ou **3** para mudar o detalhe de exibição. Se você ajustar o nível de detalhe mais alto, pode ver mais divisões naquela superfície, facilitando ver o que foi selecionado no modo Wireframe.

---

3. Você duplicará o quadrado existente para formar os contornos da estrutura da parede. Mais tarde, as curvas podem ser inclinadas juntas para formar as superfícies das paredes. Selecione OuterWallcurve1, se necessário, clicando uma borda e usando a seta para cima para selecionar todo o quadrado. Depois, duplique-o para um objeto com a mesma transformação, com Hotbox | Edit | Duplicate with Transform (duplicar com transformação). Isto criará uma duplicata diretamente no alto do original, com valores de transformação idênticos aparecendo na Channel Box. Ajuste Translate Y para -111.

4. Com o retângulo OuterWallcurve2 ainda selecionado, faça uma Duplicate (duplicata), novamente com Transform. Ajuste Translate Y para -107 e os valores de Scale X e Scale Z para 138 e 198. Com este retângulo, OuterWallCurve3, ainda selecionado, duplique novamente com Transform. Ajuste os valores de Scale X e Scale Z para 136 e 196. Duplique com Transform mais uma vez e ajuste Translate Y para -33. Isto dará um total de cinco objetos OuterWallCurve (veja a Figura 5.13).

5. Com o fio da moldura que você criou, agora é possível inclinar as curvas destes quadrados juntas para formar as superfícies. Comece com OuterWallCurve5 (o retângulo superior) e clique no lado longo do quadrado, no lado -X, selecionando uma das quatro curvas do retângulo. Verifique o nome da curva — ele deve ser leftnurbsSquare1. Shift+clique na borda de OuterWallCurve4, que está diretamente sob a seleção de curva atual. Você precisará aproximar mais antes de pegar para evitar selecionar, acidentalmente, OuterWallCurve3. Incline através de duas curvas, usando o menu de marcação NURBS Surfaces (Ctrl+Alt+z | LBM-clique | Loft | caixa de opção). Reajuste as configurações para a inclinação (Edit | Reset Settings) e mude Surface Degree para Linear. Clique o botão Loft. A primeira parede foi criada, conforme mostrado na Figura 5.14. Esta é a sua primeira parede, portanto, nomeie-a como Wallside_1. Você pode ativar o modo Shaded para ver a superfície (tecla de atalho: **5**).

Capítulo 5 – Modelagem básica NURBS | 125

6. Movendo no sentido horário e usando o mesmo método como para Wallside_1, incline o lado seguinte destas duas curvas superiores. Só para ter certeza, verifique se a curva superior (primeira curva a inclinar) está nomeada como bottomnurbsSquare1. Se não, selecione a curva no lado oposto do quadrado. Depois, selecione as quatro curvas abaixo dela, na ordem, e incline-as juntas. Ao invés de usar a caixa Loft Options, simplesmente repita a última ação realizada (tecla de atalho: **g**). Nomeie a inclinação resultante como Wallside_2. Repita o procedimento mais duas vezes para terminar os outros lados da parede e nomeie-as na ordem, como Wallside_3 e depois Wallside_4. Inclinando desta forma, é certo que todas as superfícies criadas têm parâmetros idênticos, que podem ser facilmente texturizados.

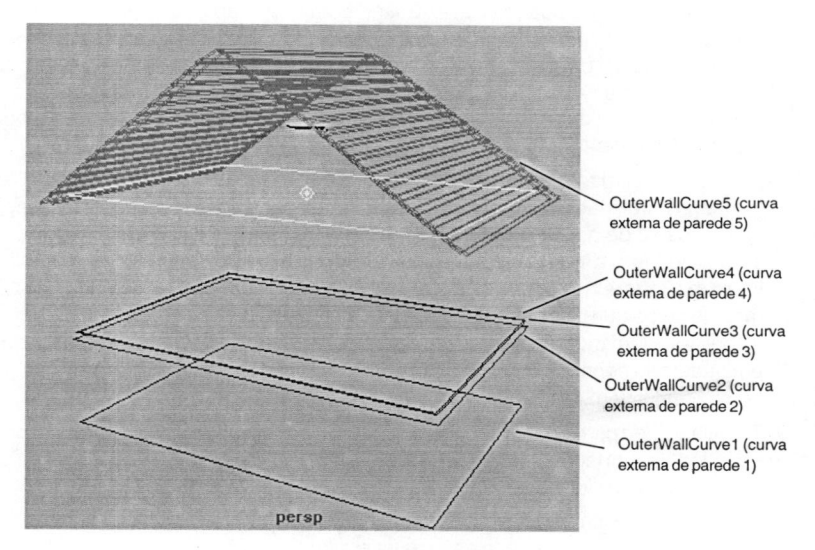

Figura 5.13 – *O primeiro quadrado foi duplicado quatro vezes para criar o esboço de fio de moldura da parede.*

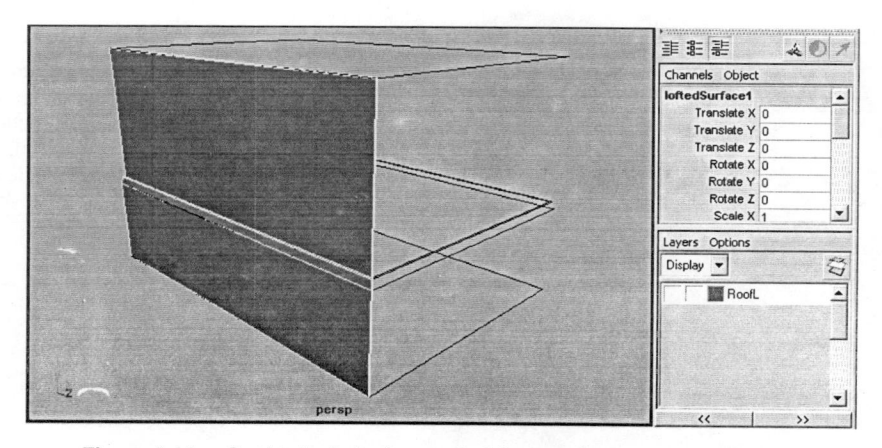

Figura 5.14 – *O primeiro lado da parede foi criado usando uma inclinação.*

| Dica | Lembre-se: você sempre pode pressionar **g** para reutilizar rapidamente a última ação realizada. Também, a Hotbox tem uma lista de comandos recentes (Hotbox I Recent Commands). É possível escolher um na lista, para repeti-lo. |

7. A parede externa da casa será completada depois que você agrupar os quatro lados da parede (Edit I Group). Assegure-se de não selecionar acidentalmente as curvas. Nomeie o grupo OuterWall para encerrar. Ter um cubo com o fundo e o alto cortado lhe dá as paredes necessárias para a casa.
8. Crie uma outra camada, no Layer Editor, como na Etapa 13 do tutorial anterior. Nomeie a nova camada como OuterWallsL. Selecione e designe o grupo OuterWall a esta nova camada; assegure-se de ter o nó pai para as paredes selecionadas (pressione a seta para cima com um lado selecionado). Oculte a camada, de modo que a seleção de curva seja mais fácil. O próximo componente a acrescentar ao exterior é a fundação, que você criará com o mesmo método usado no tutorial anterior. No entanto, a fundação é formada de quatro curvas em baixo.
9. Inicie selecionando o lado da curva, leftnurbsSquare1, de OuterWallCurve4. É a mesma curva que foi usada para criar Wallside_1 (a de baixo, ou segunda curva usada na inclinação). Shift+clique na curva abaixo dela, leftnurbsSquare1, a partir de OuterWallCurve3 e depois, Shift+clique a curva abaixo, leftnurbsSquare1, a partir de OuterWallCurve2 e, finalmente, Shift+clique a curva abaixo, leftnurbsSquare1, a partir de OuterWallCurve1. Vê um padrão aqui? Cada lado da curva tem o mesmo nome que o anterior. Os nomes definem cada um dos quatro lados de um quadrado NURBS. Já que eles têm todos o mesmo nome, você sabe que selecionou uma curva do mesmo lado como um quadrado separado. Incline juntas as três curvas, como antes, e nomeie a superfície resultante como FoundationSide_1.
10. Trabalhe o seu caminho no sentido horário, inclinando e depois nomeando cada lado, até que todos os lados da fundação estejam criados. Agrupe a fundação, nomeie o grupo como Foundation e designe-o à camada OuterWallsL. Salve a sua cena.
11. Exiba ambas as camadas em sua cena. Observe que é preciso preencher o espaço triangular entre o telhado e as paredes (veja a Figura 5.15).

No CD
Chapter_05\ch05tut06end.mb

| Nota | Com a história de construção em Maya, você pode modificar a nova superfície, mudando as curvas-fonte usadas para criar aquela superfície. Elas ainda estão na cena e ainda estão vinculadas à superfície que foi criada. Experimente isto com diferentes objetos criados; é fácil desfazer, pressionando a tecla **z**. Você pode conseguir alguns resultados impressionantes e abrir a sua mente para a variedade de técnicas de modelagem e animação com NURBS. |

Capítulo 5 – Modelagem básica NURBS | **127**

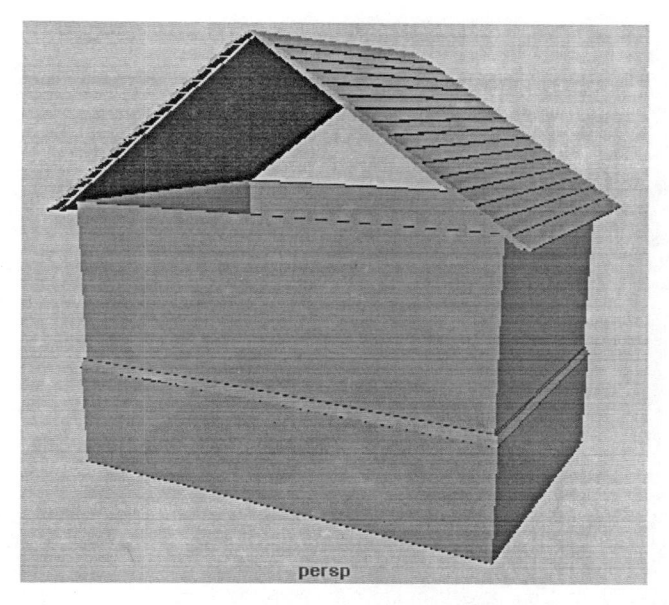

Figura 5.15 – *As paredes e a fundação agora estão adequadamente ajustadas, exceto pelos grandes buracos entre o telhado e as paredes.*

Tutorial: preenchimento do espaço e acréscimo de parede interna

Não se esqueça que você pode carregar o arquivo de cena do final do tutorial anterior (ch05tut06end.mb) para recomeçar e verificar o arquivo de filme indicado aqui para observar o tutorial em ação.

No CD
Chapter_05\movies\ch05tut07.wmv

1. Selecione a primeira curva, leftnurbsSquare1, que foi usada para criar Wallside_1. Ocultar temporariamente a camada OuterWallsL pode facilitar selecionar a curva. Use a Channel Box para mudar Translate Y para 80. Ainda que Wallside_1 não esteja selecionada, a curva causou uma modificação nela, devido à sua história de construção (a curva ajudou a criar Wallside_1).

2. Com a parede penetrando o telhado, você pode interseccionar as superfícies e aparar a parte extra da parede que está saindo fora do telhado. A interseção cria curvas em uma superfície, com base nas superfícies que penetram ou atravessam outras superfícies. Interseccionando Wallside_1 com o telhado, você acrescentará curvas que definem pontos exatos (na curva) de penetração da superfície na parede (veja a Figura 5.16). Para fazer isto, selecione Wallside_1 e Shift-clique a parte inferior do plano de RoofSlab de um lado do telhado. Intersecione as superfícies, usando o menu de marcação NURBS Editing (Alt+z+LMB-clique I Intersect Surfaces I caixa de opção). Reajuste as configurações e ajuste a opção Create Curves (criar curvas) para First Surface (primeira superfície). Clique o botão Intersect. Em seguida, interseccione a parede com RoofSlab do outro lado do telhado.

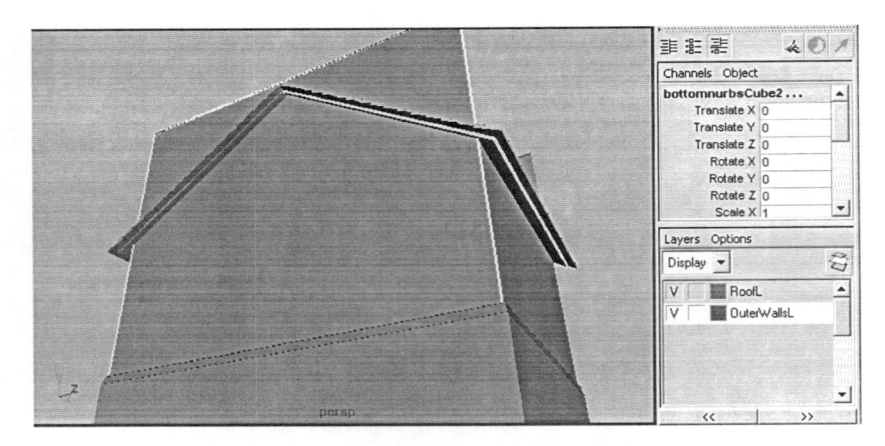

Figura 5.16 – Observe que o alto da parede penetra no telhado.

3. Selecione Wallside_1 e use a ferramenta Trim (aparar) do menu de marcação NURBS Editing (Alt+z+LMB-clique I Trim Tool). Esta ferramenta permite que você "fatie" porções de uma superfície com curvas desenhadas nela. Quando a ferramenta Trim for focalizada em uma superfície, você verá uma grade branca. Usando esta grade, clique na área da superfície que deseja manter (veja a Figura 5.17). Neste caso, você deseja clicar em algum lugar sob o telhado e pressionar Enter. As bordas se foram e agora, a parede se ajusta perfeitamente! Agora que você sabe como corrigir o problema, repita no lado oposto da casa.

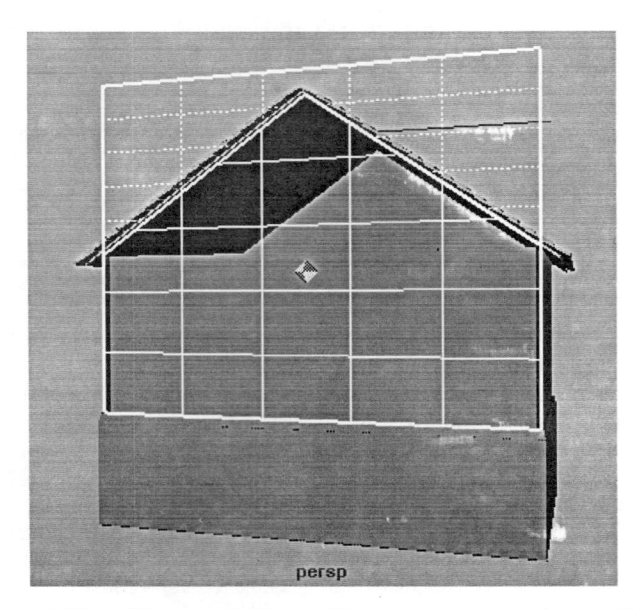

Figura 5.17 – A ferramenta Trim facilita aparar excessos de superfícies.

Capítulo 5 – Modelagem básica NURBS | 129

4. Agora você pode acrescentar as paredes internas, o que é certo. Crie um cubo NURBS (Ctrl+z | LMB-arrastar | Cube) e nomeie-o como InnerWalls (paredes internas). Na Channel Box, ajuste Translate Y para -89, Scale X para 132, Scale Y para 112 e Scale Z para 192.5. A parte superior de InnerWalls deve se alinhar com o canto onde as paredes externas encontram o telhado.
5. Designe o cubo InnerWalls a uma nova camada chamada InnerWallL. Para fazer isto, depois de criar a camada, selecione o grupo no Outliner (tecla de atalho: **Shift+O**) e designe-o, clicando com o botão direito do mouse em InnerWall no Layer Editor, e escolhendo Add Selected Objects (veja a Figura 5.18).
6. Salve a sua cena (Hotbox | File | Save Scene) e carregue o arquivo de cena (ch05tut07end.mb) do CD, se quiser comparar o seu resultado final.

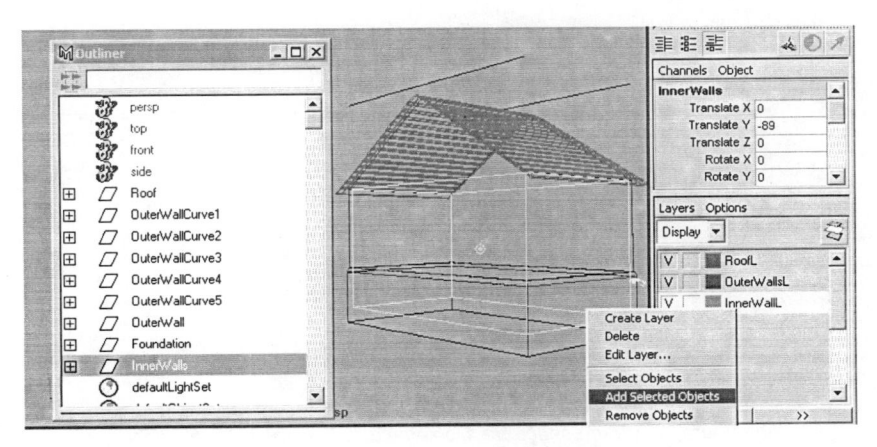

No CD
Chapter_05\ch05tut07end.mb

Figura 5.18 – *Acréscimo de um objeto a uma camada, depois de selecioná-lo no Outliner.*

Tutorial: criação da varanda

Agora você colocará uma varanda na frente da casa.

1. Oculte a camada RoofL, pois você não precisa dela agora e ela está ocupando memória. Dê um toque na barra de espaço para ir para o modo Four View e, depois, pressione novamente a barra de espaço, com o mouse sobre a vista Front.

No CD
Chapter_05\movies\ch05tut08.wmv

2. Verifique, para ter certeza que a grade está ativada (Hotbox | Display | Grid).
3. Aproxime o canto inferior direito da casa, que está na posição X positiva. Aproxime o suficiente, para que os quadrados na grade estejam claros e fáceis de ver.
4. Você vai usar a ferramenta EP (edit point — ponto de edição) Curve para criar as placas na varanda. Ative a ferramenta EP Curve a partir do menu de marcação CV Curve (Ctrl+c pressionado | LMB-arrastar para EP Curve | caixa de opção). Na janela Tool Settings, mude Curve Degree para 1 Linear. Clique o botão Close, para fechar a janela Tool Settings.

5. Cada quadrado na grade representa uma polegada e você deseja criar uma varanda de cerca de 6 pés (1,85m) de largura. Usando o alinhamento de grade (tecla de atalho: **x**), você clicará e colocará pontos para criar uma curva que representa a vista lateral das placas, colocadas no solo. Para fazê-lo, pressione a tecla **x** e clique em um ponto 2 polegadas (0,788cm) acima e 2 polegadas para a direita do canto inferior direito das paredes (16 polegadas (6,304cm) acima da fundação). Crie o ponto seguinte 4 polegadas (1,576cm) (divisões de grade) à direita. Agora, clique 2 unidades para baixo, 1 unidade para a direita e depois de volta 2 unidades para cima, para criar uma ranhura de 2 polegadas (0,788cm) de profundidade e 1 polegada (0,394cm) de largura. Repita, para obter 14 fendas apontando para baixo, para criar uma forma como a da Figura 5.19.

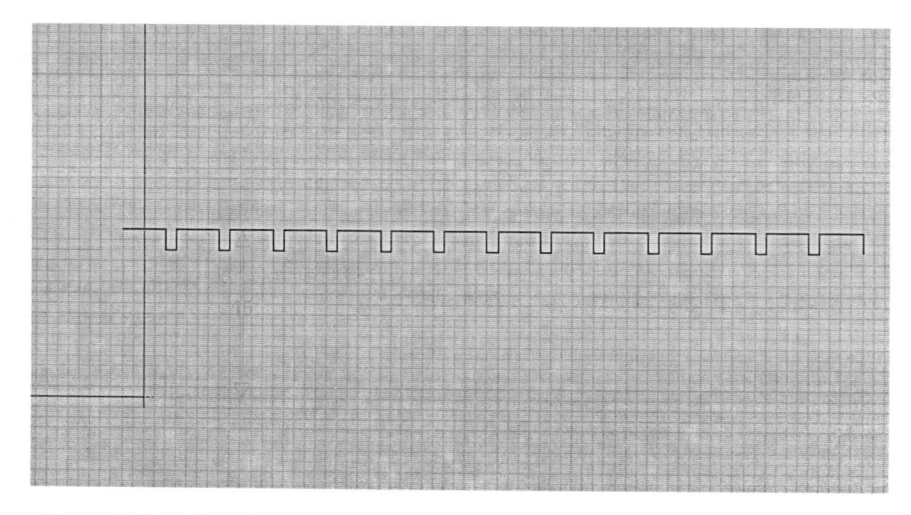

Figura 5.19 – Uma vista lateral das 14 placas, cada uma com 4 polegadas (1,576cm) de largura, com um espaço de 1 polegada (0,394cm) entre as placas.

Dica
Se acontecer de você colocar um ponto incorretamente, é possível pressionar **Backspace** para apagar o último ponto colocado. Uma outra opção é pressionar a tecla **Insert**, para reposicionar e mover o ponto para onde você o deseja, sem precisar terminar primeiro a curva. Simplesmente pressione novamente **Insert** quando tiver posicionado corretamente o ponto. Você pode pressionar a tecla **x** para alinhamento de grade, desde que a pressione antes de usar LMB para começar a mover o ponto.

Nota
Lembre-se: quando você estiver colocando pontos e começar a executar fora da tela, apenas mova a tela como faria normalmente para ver uma outra área: Alt+MMB-arrastar.

Capítulo 5 – Modelagem básica NURBS | 131

6. Quando tiver terminado de colocar os pontos, pressione Enter para terminar a curva. A curva torna-se verde brilhante. Nomeie esta curva como porchProfile.
7. Ao criar uma curva que não está na origem, o pivô ainda está colocado na origem. Para centralizar o pivô no objeto para que mover, escalonar e girar seja mais fácil, clique Hotbox I Modify I Center Pivot. Se você trocar para o modo Move (tecla de atalho: **w**), o ícone de transformação aparece no ponto central e você pode observar o seu reposicionamento no centro da curva verde.
8. Toque a barra de espaço para ir para o modo Four View e, depois, pressione novamente a barra de espaço com o mouse sobre a vista Top para trazê-lo para tela cheia.
9. Você precisa mover o cursor quase até a borda da casa, mas primeiro aproxime, para poder ver a grade.
10. Troque para a ferramenta Move (tecla de atalho: **w**) e traduza para baixo, ao longo do eixo Z, usando a seta azul para restringir o movimento. Mova-o 6 polegadas (2,364cm) a partir da borda da parede externa. Para ajustar manualmente, digite 94 em Translate Z na Channel Box (veja a Figura 5.20).

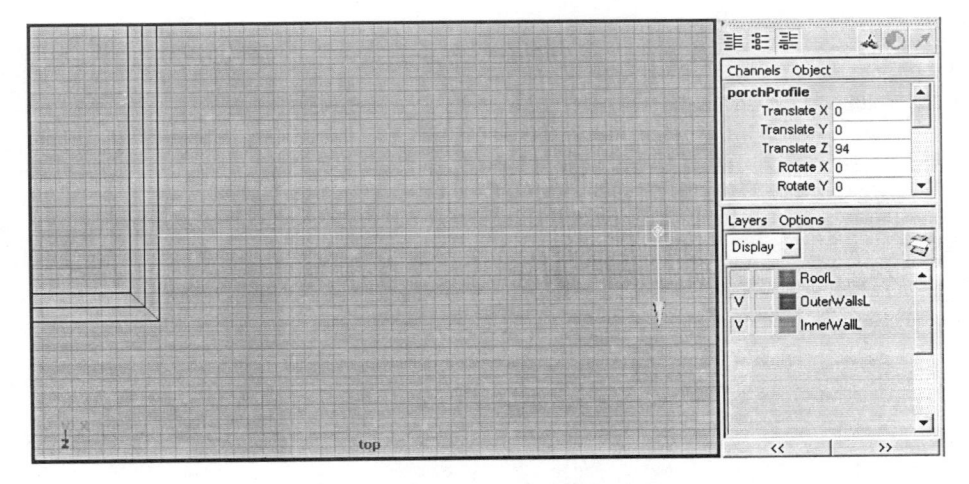

Figura 5.20 – *Posicionamento do perfil de curva da varanda para o ponto à direita na vista Top.*

11. Restaure a vista para o modo Four View, tocando a barra de espaço.
12. A curva que você acabou de criar é o perfil da superfície de varanda que você criará. Para criar a superfície de varanda, existem diversas opções, mas, para este tutorial, você fará uma extrusão. Abra a caixa de diálogo Extrude Options, usando o menu de marcação (Ctrl+Alt+z I Extrude I caixa de opção). Mude as seguintes opções: Style para Distance (estilo para distância), Direction para Specify (direção para especificar) e Direction Vector (vetor de direção) (a direção que você deseja extrudar, junto ao lado da casa) para Free. Ajuste o vetor de extrusão nos três espaços abaixo do botão de rádio (use 0.0 e -1) e ajuste Surface Degree para Linear. Ajustar -1 diz à superfície para extrudar na direção -Z. Porém, não faça a extrusão agora.
13. É preciso mudar mais uma opção: a Extrude Lenght (comprimento de extrusão). A extrusão deve terminar 6 polegadas (2,364cm) de um outro lado da OuterWall. Há um par de métodos que você poderia usar, mas para este tutorial, você usará a ferramenta Distance (Create I Measure Tools I Distance Tool — criar, ferramentas de medida, ferramenta distância). Da curva da vista Top, alinhe

(tecla de atalho: **e** e LMB-arrastar ao longo da curva) o primeiro localizador na borda de porchProfile. Mova a vista para que você seja aproximado no lado oposto da casa que você precisa medir. Shift+LMB-arraste para um ponto estimado. Mova o cursor até que ele esteja a 6 polegadas (2,364cm) da borda da parede (você precisa fazer isto visualmente e pode alinhar para a grade com a tecla x, como antes). Agora, afaste-se da vista e a distância é mostrada a você — 188 (veja a Figura 5.21). Depois de ter a distância, não é mais preciso medir. Clique o número para selecionar a distanceDimension e pressione Backspace para apagá-la. Abra o Outliner e verifique por localizadores extras. Apague qualquer um que encontrar.

14. Selecione novamente porchProfile e volte para a caixa de diálogo Extrude Options. Usando o valor Distance, volte para a janela Extrude Options e entre nela como a Extrude Length. Clique o botão Extrude para criar a superfície. Nomeie a face extrudada como PorchFloor (piso da varanda) e centralize o seu pivô (Hotbox l Modify l Center Pivot).
15. No Layer Editor, crie uma camada e nomeie-a como PorchL. Designe porchProfile e PorchFloor a esta camada.
16. Salve o seu arquivo de cena novamente (Hotbox l File l Save Scene). Se você quiser comparar a sua cena com o tutorial do livro, carregue ch05tut08end.mb do CD. Se você quiser ver a construção até agora, torne visíveis todas as camadas e verifique. Algumas renderizações de teste podem ser válidas, para saber como a geometria renderiza.

No CD

Chapter_05\ch05tut08end.mb

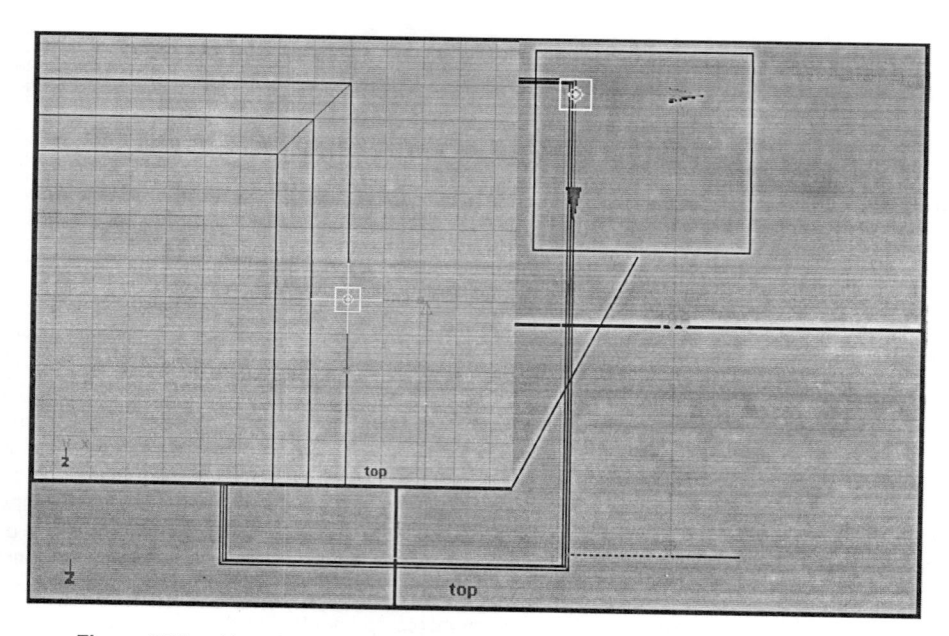

Figura 5.21 – *Usando a ferramenta Distance e colocando visualmente o segundo localizador, você pode ficar com uma distância bem exata entre as paredes opostas.*

Como ir além

Inicie um novo arquivo de cena e tente, você mesmo, criar alguns tipos de objetos semelhantes. Explore as opções das ferramentas Loft e Extrude e veja como elas trabalham em outros tipos de curvas que você pode desenhar.

Na maioria das etapas do tutorial, ajustamos a curvatura para 1 (ou linear) de 3 (cúbico), forçando assim a planura. Veja o que acontece quando você desenha linhas em um modo cúbico. Experimente extrair e projetar curvas dentro de outras primitivas NURBS, tais como esferas.

Resumo

Neste capítulo, você explorou as abordagens padrão de modelar com NURBS, focalizando em modelagem arquitetônica. Também praticou as seguintes técnicas:

- **Criação e edição de primitivas NURBS** — Aprendeu a usar cubos como um ponto de partida para modelagem e, depois, como apagar partes de primitivas ou pegar seus pontos de encerramento e movê-los.
- **Encaixe de alinhamento quando necessário** — Você pode ativar temporariamente o alinhamento de grade para tornar edições de modelo mais precisas.
- **Uso da Channel Box para entrada numérica** — Você pode usar esta ferramenta para entrar com o tamanho exato e ajustes de posição.
- **Criação de curvas** — Você pode desenhar linhas que mais tarde são usadas para extrusão, inclinação ou muitos outros métodos de criação de modelagem.
- **Fundir superfícies** — Você funde superfícies para conseguir uma superfície temporária, onde projetar uma linha.
- **Extrusão de curvas** — Você aprendeu esta técnica para extrusões simples, a partir de qualquer curva.
- **Inclinação para conectar linhas** — Quaisquer duas linhas podem ser inclinadas juntas para criar uma superfície.
- **Uso de Construction History para manipular superfícies** — A história permite que você trabalhe com as etapas anteriores que levaram à posição atual do objeto (por exemplo, mover um CV em uma curva que criou uma inclinação, mudará a superfície inclinada).
- **Aparas básicas** — Aparar permite que você "fatie" porções de superfícies.
- **Uso de camadas** — É possível ocultar facilmente elementos de cena e organizar a sua cena.

Agora que você montou alguns objetos básicos e planos, continuará a explorar a modelagem NURBS no Capítulo 6, "Mais modelagem NURBS", com métodos mais complexos e algumas superfícies curvas. Olhando para a casa, neste ponto, é possível ver que você precisará de algumas novas técnicas, para ser capaz de cortar furos exatos nas paredes, para acomodar janelas, portas e outros objetos. Você também acabará a varanda com grades e postes e acrescentará outros detalhes para completar a casa.

CAPÍTULO

6

Mais modelagem NURBS

Neste capítulo

Tendo trabalhado através do básico de modelagem com NURBS no capítulo anterior, você está pronto para explorar superfícies mais complexas a técnicas de modelagem mais avançadas. Você continuará a modelar a casa, acrescentando uma detalhada frente de varanda, escadas para a varanda, uma chaminé e portas e janelas. No caminho, você verá o restante dos principais métodos de modelagem com NURBS. Eis alguns dos conceitos e técnicas cobertos neste capítulo:

- **Como usar curvas para criar superfícies complexas** — É possível conectar giros ou fazer curvas extrudadas de muitas formas para modelar superfícies complexas.
- **Alinhamento** — Você pode alinhar elementos (tais como CVs) ou objetos, a qualquer CV baseado em NURBS, borda ou curva, para colocação exata.
- **Reconstruir** — É possível recriar superfícies NURBS com mais ou menos divisões, para reter a forma atual ou acrescentar ou remover detalhe em áreas específicas.
- **Modelagem a partir de objetos existentes** — Você pode começar uma superfície com a borda de qualquer objeto NURBS existente para modelar rapidamente novos detalhes em um lugar específico.

Termos-chave

ponto de edição — Um ponto que se baseia em uma curva ou superfície, exibido em Maya como um pequeno x. Você cria uma forma, criando pontos de edição seqüenciais. Mover estes pontos muda a forma da curva ou superfície.

isoparms — As curvas que definem a topologia de superfície de um objeto NURBS. Estes "divisores" NURBS criam a superfície como uma folha, com direções U e V que formam a folha.

span (extensão) — A parte de uma curva entre dois pontos de edição. As extensões não são diretamente editadas; elas "reagem" às mudanças feitas nos pontos de edição.

hull (envoltório) — Um aperfeiçoamento de visualização onde os CVs são conectados com linhas para permitir um tipo de gaiola imaginária, que mostra a influência de CV através de uma superfície.

controle de vértice (CV) — Um ponto de controle NURBS que define a forma de uma curva ou superfície. Com freqüência, os CVs flutuam em algum lugar no espaço, parecendo se enganchar no tecido da superfície NURBS.

multiplicidade — Um fator específico a cada ponto em uma curva, que determina a sua força ou dureza — como "pointy" (indicador) que ele pode ser.

pivot point (ponto central) — O ponto central designado de um objeto ou uma curva, que gira ou escalona em torno daquele ponto central.

Teclas de atalho a memorizar

Insert — ajusta o ponto central de alternância

Ctrl+g — agrupa objetos selecionados

g — repete a última ação

x (com Move) — alinha à grade

c (com Move) — alinha às bordas ou curvas

F9 — edita CVs de objeto NURBS

F8 — sai do modo Component Editing de objetos NURBS

t (em objetos girados) — ajusta o eixo de giro

Teclas de atalho personalizadas de menu de marcação

Menus de marcação com teclas de atalho personalizadas usadas neste capítulo:

Ctrl+c — Cria NURBS Curve

Alt+c - Edita NURBS Curve

Ctrl+z — Cria NURBS Primitive

Alt+z — Edita NURBS Surface

Ctrl+Alt+z — Cria NURBS Surface

Capítulo 6 – Mais modelagem NURBS | **137**

Este capítulo usa menus de marcação personalizados que foram carregados no início do Capítulo 5, "Modelagem básica de NURBS". Estes comandos podem ser prontamente encontrados na Hotbox (principalmente na quinta linha, sob Edit Curves, Surfaces ou Edit NURBS), se você não tiver os menus de marcação carregados.

Mais NURBS

Você viu alguns dos métodos básicos de modelagem com NURBS no capítulo anterior, começando com primitivas: edição de componentes daquelas primitivas, projetando curvas em superfícies e montando superfícies com base em curvas. Agora, você acompanhará aquelas técnicas com outros tipos de criação complexa de superfície: giros, inclinações de superfícies existentes e esculturas em superfícies, reconstruindo e editando CVs. Estas técnicas serão o seu conjunto básico de ferramentas para modelagem de NURBS.

Como refinar a casa

Agora que você tem as principais partes montadas da casa, é hora de acrescentar alguns detalhes para torná-la mais real, começando com a varanda. Se você tiver trabalhado através do Capítulo 5, pode continuar com o seu arquivo de cena atual. Se você pulou o Capítulo 5 ou quiser começar de novo, pode carregar o arquivo de cena do CD-ROM.

No CD
Chapter_05\ch05tut08end.mb

Tutorial: acréscimo à varanda

O próximo estágio na criação da varanda é a construção de parapeito, degraus e telhado da varanda.

1. Oculte todas as camadas em sua cena, clicando o alternador V próximo de cada camada no Layer Editor, sob a Channel Box. Os visores não devem ter nada neles. Emoldure todos os objetos em todos os visores (tecla de atalho: **Shift+A**) para ver se algo permanece sem designação nas quatro camadas criadas no Capítulo 5. Se assim for, você pode designá-las facilmente, para corrigir a camada. Troque para a vista Front. Aproxime a cena de origem (onde as linhas em negrito se interseccionam) até poder trabalhar com facilidade com a grade. Se a grade não estiver exibida, ative-a (Hotbox l Display l Grid).

    Para criar os postes para os parapeitos laterais da varanda, você usará um design de estilo Vitoriano, que amplia o ambiente desta cabana fantasmagórica. Para fazer isto, você desenhará um perfil de curva e depois o girará para obter um efeito de torno.

No CD
Chapter_06\movies\ch06tut01.wmv

2. Troque para a ferramenta CV Curve (Ctrl+c | CV Curve | caixa de opção). Sob a seção CV Curve Settings, clique o botão Reset Tool e depois feche a caixa de diálogo.
3. Alinhe a grade (tecla de atalho: **x**) do primeiro CV na cena de origem. Alinhe um outro CV algumas polegadas para a esquerda do ponto de origem. Comece a criar o perfil de curva para o parapeito, colocando CVs à medida que você mover para cima o eixo Y, conforme mostrado na Figura 6.1. Não se preocupe com o tamanho da curva com relação à casa; sempre é possível escalonar, mais tarde, a superfície com a qual você acaba. Assegure-se de não cruzar o eixo Y — mantenha todos os pontos do lado esquerdo da linha em negrito. Ao final do perfil de curva, tenha certeza de alinhar o último CV no eixo Y, acima do primeiro CV que você colocou, assim, quando girado, o alto do poste será fechado, pois o eixo Y é o eixo de rotação. Pressione Enter para completar o perfil de curva.

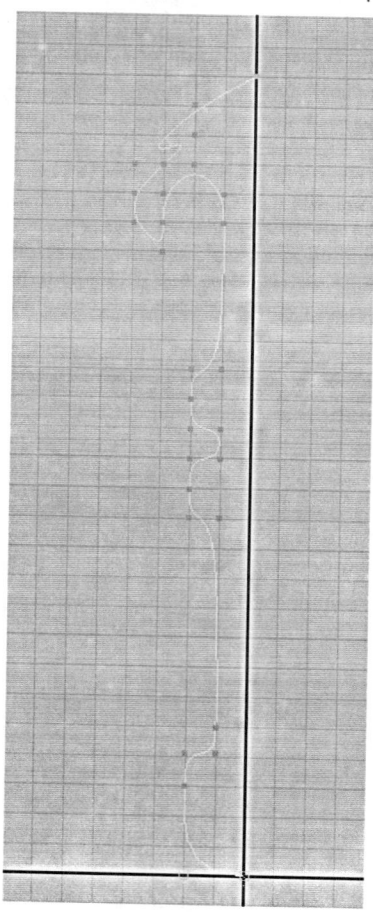

Figura 6.1 — *O perfil de curva inicial que será girado para criar postes gradeados.*

Capítulo 6 – Mais modelagem NURBS | **139**

4. Normalmente, depois de criar este tipo de curva, você a edita, antes de criar com ela uma superfície. A primeira edição a ser feita é na parte inferior do poste, onde você deseja um canto duro, no ponto inferior esquerdo. Clique com o botão direito do mouse na curva e escolha Control Vertex. Isto o põe no modo Component, onde você está editando CVs. Clique na parte inferior de CV que você colocou no ponto da cena de origem e pressione a tecla Delete.

5. Exatamente agora, a curva é toda arredondada, mas para este poste, você quer nele algumas bordas agudas. É onde a ferramenta CV Hardness é habilidosa. Quando você começa a criar uma curva CV com o seu grau ajustado para 3 Cubic (a escolha padrão na caixa de diálogo CV Curve Tool, quando você cria uma curva), Maya ajusta um valor Multiplicity (a força de empuxo) de 3 para começar e terminar CVs. Os arcos entre estes CVs têm um valor Multiplicity de 1. Quando você muda uma dureza de CV, o valor Multiplicity é alterado.

6. Selecione o segundo ponto CV de extremidade indicando para baixo (mostrado na Figura 6.2), ou outros pontos que você queira com bordas agudas e use o menu de marcação Edit NURBS Curve (Alt+c l CV Hardness) para afiar a ponta.

7. Para criar uma superfície a partir deste perfil de curva, é preciso fazer um giro. Saia do modo Component Selection (tecla de atalho: **F8**) e selecione a curva — ela deve ser exibida com uma linha verde sólida. Abra o seu menu de marcação NURBS Surface (Ctrl+Alt+z l Revolve l caixa de opção), reajuste as configurações (Edit l Reset Settings) e, depois, clique o botão Revolve. Para dar uma olhada na superfície, assegure-se de que a superfície está selecionada, ajuste o detalhe para alto (tecla de atalho: **3**) e, depois, volte para o modo Four View (tecla de atalho: **toque na barra de espaço**). Emoldure o objeto selecionado em todas as quatro vistas (tecla de atalho: **Shift+F**) e ele deve se parecer como na Figura 6.3. Você pode girar a superfície na vista Perspective ajustada para o modo Shaded (tecla de atalho: **5**) para inspecionar os resultados.

Dica
A ferramenta CV Hardness só funciona se houver dois CVs de cada lado com uma multiplicidade de 1 (isto é, CVs diferentes dos pontos de início e fim).

Quando você está criando uma curva, sempre pode pressionar Backspace para apagar o último ponto colocado, ou pressionar Insert, para mover aquele ponto.

Dica
Agora que você pode ver a superfície criada a partir de seu perfil de curva, pode pensar que ela parece diferente do esperado. Se você tiver história habilitada (o botão com o ícone de rolagem na extrema direita da Status Line), você pode selecionar a curva original e alterar a superfície girada em tempo real — uma boa maneira de trabalhar com uma superfície, pois você consegue resultados instantâneos quando a superfície é simples e a sua CPU é rápida. Também é possível modificar interativamente o ciclo do eixo. Para fazer isto, sob Inputs na Channel Box, selecione revolve1, que é o nó de entrada do giro. Depois, ative a vista Front e pressione a tecla **t**. Você verá três alavancas aparecerem — duas para mover as extremidades e uma para traduzir todo o eixo. Se movê-las em torno, você pode ver como a orientação do eixo afeta o giro.

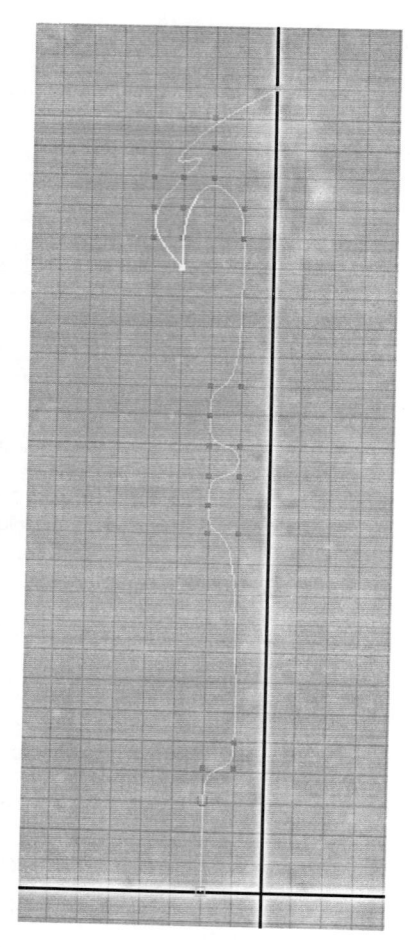

Figura 6.2 – *A extremidade arredondada é endurecida em uma ponta.*

Capítulo 6 – Mais modelagem NURBS | 141

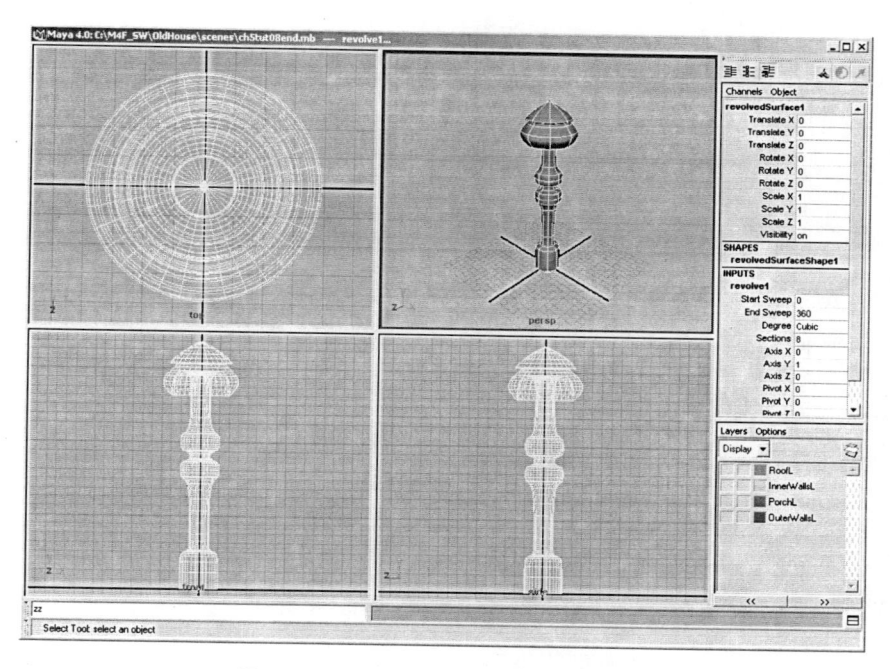

Figura 6.3 – *Uma superfície recém-girada.*

8. Na vista Front, selecione o perfil de curva, clique com o botão direito do mouse e escolha Control Vertex. Todos os CVs púrpura aparecem e você pode movê-los, para ajustar a forma, até que ela se pareça com a Figura 6.4. Para facilitar, você pode configurar Maya para poder selecionar apenas CVs: traga de volta a Status Line, se você a tiver oculta no momento (Hotbox I Display I UI Elements I Status Line), depois clique o botão Select by Component Type (tecla de atalho: **F8**) e assegure-se que todos os filtros estão desmarcados, exceto o botão da extrema esquerda (verifique a Status Line na Figura 6.4). Depois de terminar de torcer os CVs do poste para se parecer com o poste na Figura 6.4, pressione F8 para sair do modo Component Editing. Agora, apague a história de superfície girada, para tornar o seu design permanente: com a superfície e a curva selecionadas, clique Hotbox I Edit I Delete by Type I History. Abre o Outliner e apague o perfil de curva, pois ele não está mais vinculado ao giro.

Dica

As vistas extras mostradas na Figura 6.4 são Shaded (painel persp) e X-Ray Wireframe em Shaded (painel persp1). As opções de vista X-Ray e Wireframe em Shaded estão em Hotbox I Shading I Shade Options. A vista precisa estar no modo Shaded para ver essas opções (tecla de atalho: **5**). Essas opções de vista podem ajudá-lo a ver mais claramente os objetos que você está ajustando.

Dominando Maya 4

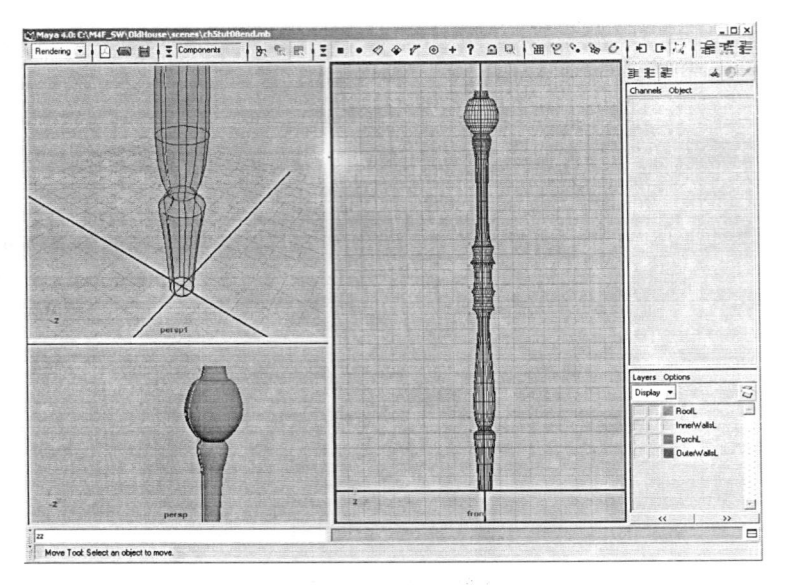

Figura 6.4 – O giro modificado, um poste gradeado Vitoriano.

9. Nomeie o poste como PorchPole e salve a sua cena como ch06tut01a.
10. Em seguida, é preciso posicionar o poste em sua varanda. Exiba as camadas OuterWallsL e PorchL no Layer Editor, sob a Channel Box. Maximize a vista Front. Mova o poste para que fique 1 polegada (0,394cm) (uma grade quadrada) acima, no alto de PorchFloor. Para fazer isto, pressione a tecla **w** para entrar o modo Move e, depois, pressione e mantenha pressionada a tecla **x** (para alinhar à grade), antes de clicar no objeto para movê-lo na posição. Os seus movimentos alinharão à grade.
11. Dependendo do tamanho do poste, você pode precisar escaloná-lo para se ajustar. Usamos uma altura de 4 pés (1,220cm). A sua grade está ajustada para divisões de uma polegada (0,394cm), assim, você poderia contá-las para escalonar para 4 pés, mas há uma maneira mais fácil de fazer isto. A ferramenta Distance cria uma fita de medida com localizadores como extremidades móveis, que exibem a distância calculada. Para usá-la, clique Hotbox | Create | Measure Tools | Distance Tool, clique e arraste a ferramenta na vista Front (grosseiramente colocada; você irá corrigi-la na próxima etapa). A medida deve então ser exibida (se não, assegure-se que o painel atual de Show | Dimensions está ativo). Confirme que você está no modo Move (tecla de atalho: **w**) e, depois, pressione e mantenha pressionada a tecla x, enquanto clica o primeiro localizador para a grade, uma polegada acima de PorchFloor. Mova o outro localizador, com alinhamento, para um ponto 48 unidades diretamente acima do primeiro localizador. Isto oferece um guia no que se refere a quão alto o poste *deve* ser.
12. Agora que você tem um objetivo visível com a ferramenta Distance, pode escalonar o seu PorchPole para a altura certa. Este escalonamento será um ajuste aproximado, feito no visor; neste caso, perto é perto o bastante! Troque para o modo Scale (tecla de atalho: **r**) e clique e arraste a partir do centro (caixa amarela) do eixo de transformação Scale; o poste deve escalonar uniformemente para cima, pois o seu ponto central é 0,0,0 (veja a Figura 6.5). Se ele não escalonar uniformemente, use a Channel Box (tecla de atalho: **Shift+C**, se ela ainda não estiver exibida) e mude Scale X e Scale Z para combinar com Scale Y ajustada. Quando tiver terminado de escalonar o poste, apague todas as partes da ferramenta Distance. Você encontrará os nós de dimensão de distância no Outliner (tecla de atalho: **Shift+O**) como locator1, locator2 e distanceDimension1.

Capítulo 6 – Mais modelagem NURBS | **143**

13. No momento, o PorchFloor se parece com um painel ondulado, pairando no ar, assim, é preciso acrescentar uma moldura e alguns suportes. Para fazer isto, você acrescenta alguns cubos pelo piso da varanda e os escalona, para ajuste. Crie um cubo NURBS (Ctrl+z I Cube) e nomeie-o como PorchPanel.
14. O cubo PorchPanel é pequeno demais e não escalonado da maneira que você deseja. Na Channel Box, ajuste Scale X para 68, Scale Y para 4 e Scale Z para 2.
15. Posicione o cubo do lado do eixo Z positivo da varanda. Observe a vista Top e o eixo azul do ícone no canto inferior esquerdo do painel. Pressione e mantenha pressionada a tecla **x**, enquanto move o cubo para alinhar a sua posição à grade. Use a Figura 6.6 como um guia de colocação.

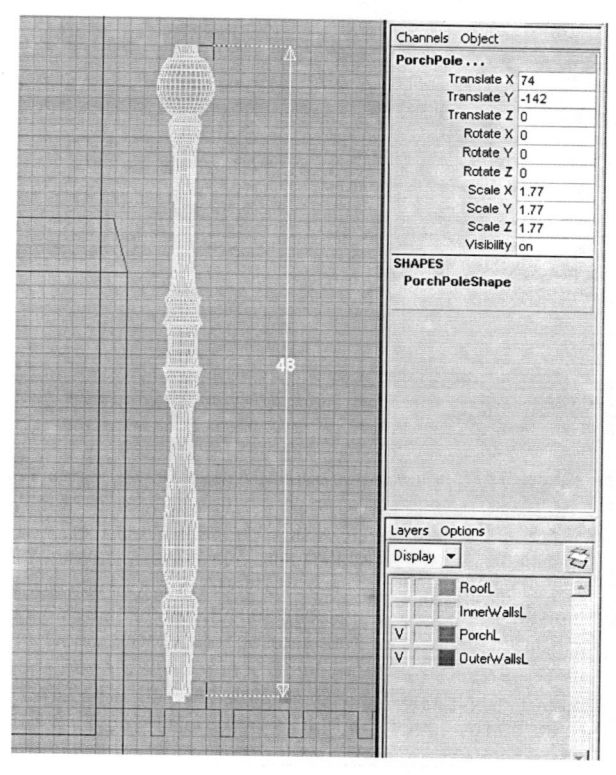

Figura 6.5 – *Escalonamento do poste para combinar com uma medida de altura.*

Dica

Às vezes, é útil ver a sua cena em outros layouts de painel, tal como na operação de escalonamento, na próxima etapa. Com os layouts predefinidos de Maya, você pode trocar facilmente para uma inicialização de duas vistas e ter as vistas Front e Top empilhadas (Hotbox I Panels I Layout I Two Panels Stacked). Depois de exibir o novo layout, você pode trocar o que está em um visor (Front, Side e assim por diante), ativando a vista (tecla de atalho: clicar com o botão direito do mouse sobre o painel) e, depois, clicando e mantendo pressionada em AIW central, na Hotbox. Um menu de marcação com as opções de vista Orthographic e Perspective se abre, onde você seleciona a vista desejada.

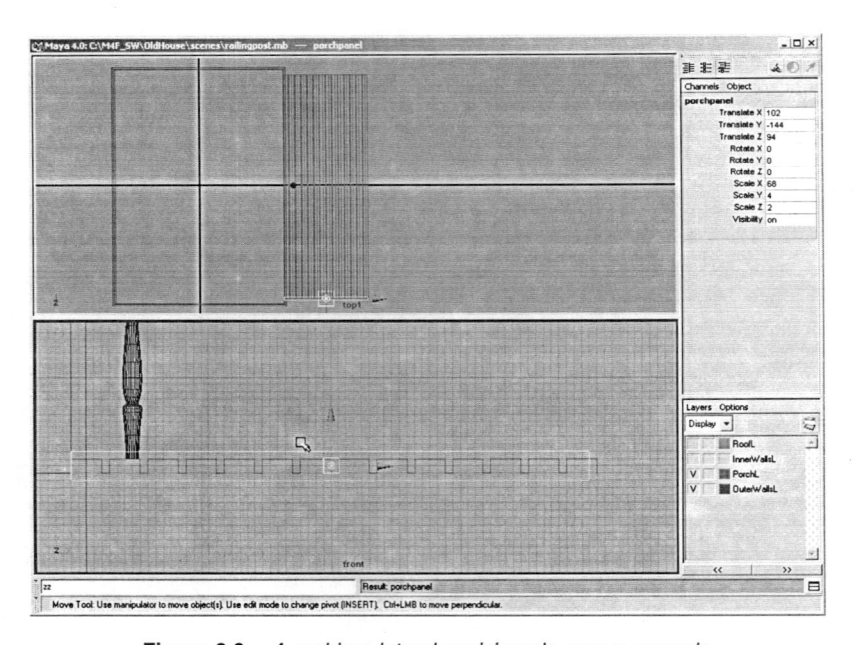

Figura 6.6 – *A moldura lateral posicionada para a varanda.*

Nota

Lembre-se: se você desfizer a seleção de um cubo e quiser selecioná-lo novamente, primeiro é preciso pegar um dos lados e depois selecionar o nó do alto no grupo (pressionar a seta para cima). Se o Outliner estiver aberto, você pode evitar esta etapa, selecionando o cubo pelo nome.

Capítulo 6 – Mais modelagem NURBS | **145**

16. Troque o painel Top para a vista Perspective, no modo Shaded, para poder selecionar facilmente os dois planos pequenos nas extremidades do cubo estendido e apagá-los (você pode precisar ocultar temporariamente as camadas de varanda e parede para chegar à dianteira que toca a fundação da casa). As extremidades dianteiras abertas da moldura serão cobertas com postes verticais, portanto, não é um problema apagar ambas as extremidades.
17. Selecione o cubo PorchPanel. Abra a caixa de diálogo Duplicate Options, reajuste as suas configurações e, depois, clique o botão Duplicate. A cópia estará diretamente sobre o original, assim, troque para a ferramenta Move e mova-a ao longo do eixo Z a algumas unidades. Se você perder o controle da duplicata, pode encontrá-la no Outliner, com o nome de PorchPanel1.
18. Posicione o PorchPanel duplicado na extremidade oposta da varanda, da mesma maneira que o seu original, usando a tecla **x** para alinhar à grade, à medida que você o move. A casa é alinhada ao eixo X, portanto, Translate Z é ajustado para -94 para a duplicata, pois Translate Z do cubo original foi ajustada para 94.

Dica
Ao mover objetos, o padrão é mover o objeto no mundo de coordenadas. Este é um ajuste da ferramenta Move ajustada clicando duas vezes o ícone Move. Você pode usar o botão Reset Tool, na janela Tool Settings, se precisar reajustar a ferramenta Move para os seus ajustes padrão.

19. Duplique PorchPanel mais uma vez e, na Channel Box, ajuste Rotate Y para 90. Mova o novo painel, PorchPanel2 para a frente da varanda. Alinhe a grade do ponto central para a linha de eixo X em negrito, na vista Top e, depois, mova, ao longo do eixo X, até que PorchPanel2 esteja diretamente na frente de PorchFloor. Ele não deve estar sobrepondo, mas não deve haver um espaço. Escalone o comprimento de PorchPanel2 para que ele encontre os dois outros painéis: ajuste Scale X para 190, conforme mostrado na Figura 6.7. Você pode salvar novamente a sua cena, como ch06tut01b.mb, como uma boa prática para manter um backup. Se quiser comparar o seu trabalho com o arquivo do livro, carregue o arquivo indicado próximo ao ícone de CD, do CD-ROM.

No CD
Chapter_06\ch06tut01end.mb

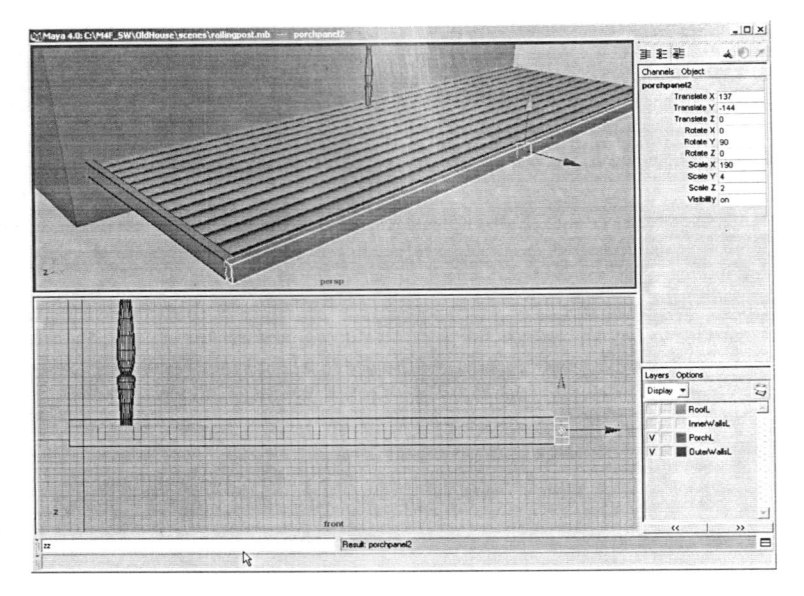

Figura 6.7 – *A grade dianteira da varanda — agora a varanda está emoldurada.*

Tutorial: mais detalhes de varanda

Todos os PorchPanels estão criados. A próxima coisa que você precisa fazer é criar as pernas que mantém a varanda em pé.

No CD
Chapter_06\movies\ch06tut02.wmv

1. Volte para o modo padrão Four View (Hotbox I Panels I Saved Layouts I Four View). Crie um outro cubo NURBS e nomeie-o como PorchLeg. Ajuste Scale X e Z para 6 e Scale Y para 20.
2. Na vista Top, mova PorchLeg para o canto inferior direito da varanda. Alinhe-o na posição, para que fique sentado no canto, conforme mostrado na vista Top da Figura 6.8. Na vista Front, mova PorchLeg ao longo do eixo Y, até que a parte superior tenha 3 polegadas (1,182cm) acima da varanda (refira-se à vista Front da Figura 6.8). Assegure-se de que a parte inferior da perna da varanda esteja igual a parte inferior da fundação da casa. Você pode arrastar temporariamente a perna direita na direção da casa para verificar e, depois, usar Undo (tecla de atalho: **z**) para desfazer o movimento.

Capítulo 6 – Mais modelagem NURBS | **147**

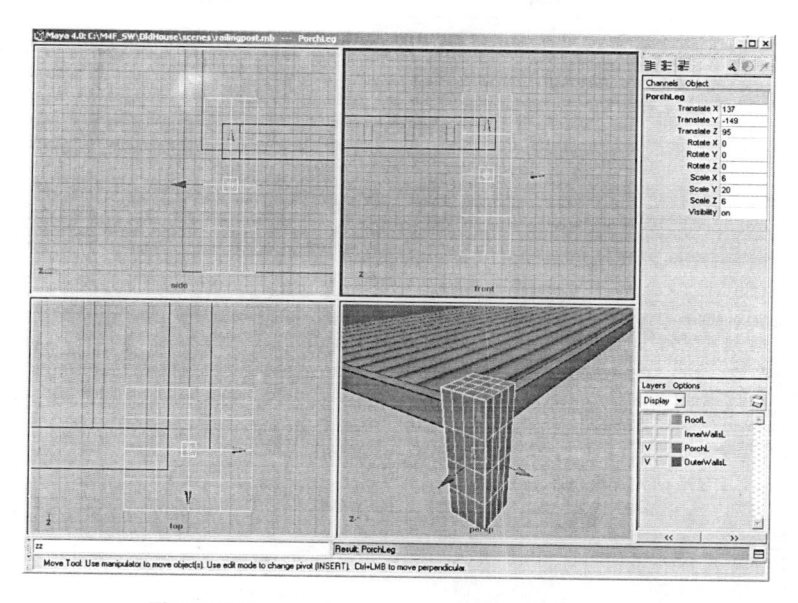

Figura 6.8 – *A perna da varanda depois de usar a função Rebuild Surface (reconstruir superfície).*

3. A perna da varanda é bem simples; assim, você modificará alguns de seus CVs para dar a ela mais complexidade. Se você trocar para o modo CV Component Selection (tecla de atalho: **F9**), verá que não há CVs no meio das superfícies do cubo para permitir escultura. Entretanto, a função Rebuild Surface permite que você troque as opções para uma superfície que já está criada. Primeiro, assegure-se de não estar no modo Component (tecla de atalho: **F8** para sair). Abra a caixa de diálogo Rebuild Surface Options (Alt+z l Rebuild l caixa de opção) e reajuste os ajustes (Edit l Reset Settings). Para acrescentar mais detalhes ao cubo, é preciso mudar a sua quantidade de extensão. As opções Number of Spans U (número de extensões U) e Number of Spans V ajustam a quantidade de divisões em sua superfície. O padrão é 4, que funciona bem para os seus objetivos. Selecione o botão de rádio 1 Linear em ambos os ajustes, Degree U (grau U) e Degree V. Clique o botão Rebuild e o cubo muda para exibir mais curvas (e, portanto, mais CVs) em seus seis planos, conforme mostrado na Figura 6.8.

4. Volte para o modo CV Component Selection (tecla de atalho: **F9**) e escalone ou posicione as três fileiras do alto de CVs, como mostrado na Figura 6.9, para fazer a perna da varanda se parecer como um poste trabalhado. Use as vistas Front e Top para ativar a Status Line, para você poder limitar as seleções de componente só para as pontas — o botão de seleção de máscara da extrema esquerda (veja a Figura 6.9).

148 | Dominando Maya 4

Armadilha — É mais fácil deformar o poste selecionando fileiras horizontais de CVs na vista Front e depois escalonando-as para um novo tamanho. Se você selecionar mais do que uma fileira de CVs para escalonar, pode ajustar, acidentalmente, a altura delas em Y, pois a função Scale baseia o seu pivô no centro da seleção. Se a posição da fileira inferior dos CVs estiver ajustada em Y, ela não combinará mais com a base da fundação, portanto, é melhor selecionar e editar só fileiras individuais de CVs.

5. Em seguida, você precisa duplicar a perna da varanda e fazer quatro cópias: abra a caixa de diálogo Duplicate Options (Hotbox | Duplicate | caixa de opção), mude o ajuste Translate Z para -47 e digite 4 na caixa de texto Number of Copies. Clique o botão Apply e quatro cópias da perna serão criadas, alinhando igualmente ao longo da borda de PorchFloor (veja a Figura 6.10). Observe que a caixa de diálogo permanece aberta; isto é porque em Maya, o botão Apply realiza a função sem fechar a caixa de diálogo. Reajuste a caixa de diálogo Duplicate Options (Edit | Reset Settings) de modo que futuras duplicações criem uma única cópia, e feche a caixa de diálogo.

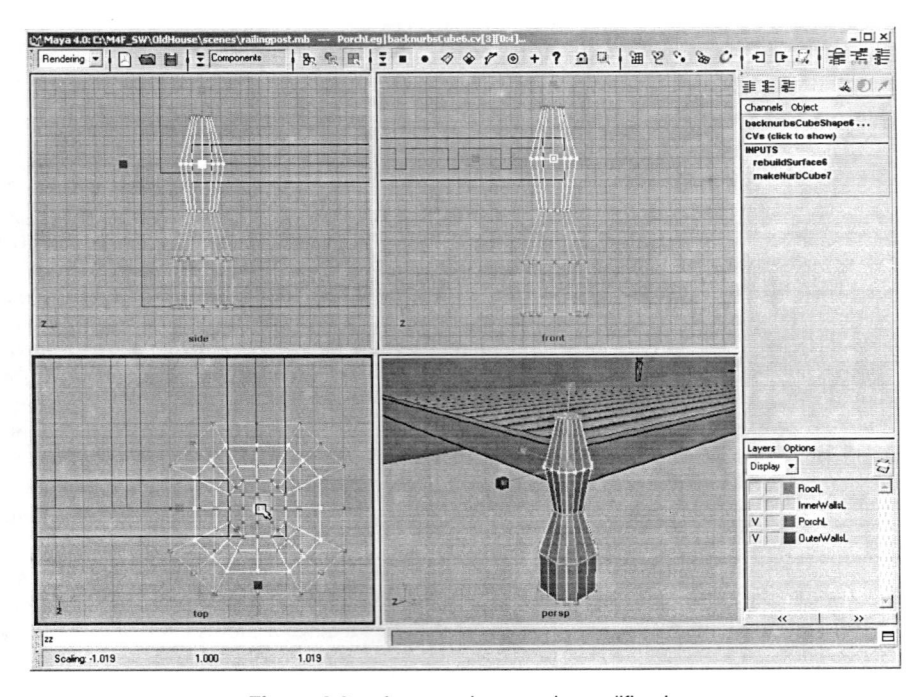

Figura 6.9 – *A perna da varanda modificada.*

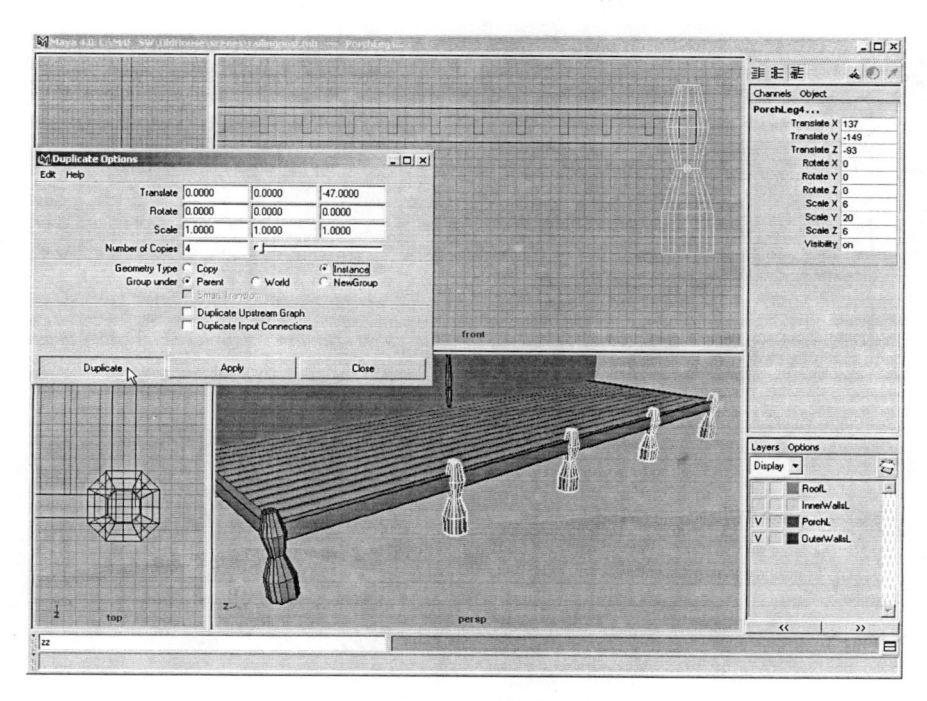

Figura 6.10 – As pernas duplicadas da varanda no lugar.

6. É preciso duplicar e posicionar mais duas pernas da varanda. Selecione e duplique a PorchLeg original (tecla de atalho: **Ctrl+d**). Medir a distância a partir de Foundation (fundação) para a borda da perna da varanda dá 64 polegadas (25,216cm) e você quer posicionar uma perna da varanda no centro da Foundation e de PorchLeg. Assegure-se de que PorchLeg, que você acabou de criar, ainda está selecionada e, na Channel Box, clique na caixa para o valor Translate X. Todo o valor deve tornar-se azul e quando você começar a digitar, o valor atual desaparece. Digite -=32, depois pressione Enter. O valor atual será diminuído em 32, para igualar com 105. Estas funções de entrada de valor relativo trabalham com qualquer variável. Você pode usar -=, +=, /= e *= para as diferentes funções matemáticas.
7. Repita a Etapa 6 no outro poste do canto.
8. Nas vistas Top e Front, mova e alinhe PorchPole diretamente no alto de uma das pernas. Duplique (tecla de atalho: **Ctrl+d**) o PorchPole e mova alinhando (pressione e mantenha pressionada a tecla **x** antes de mover o poste) para colocar um poste no alto de cada perna, conforme mostrado na Figura 6.11.

150 | Dominando Maya 4

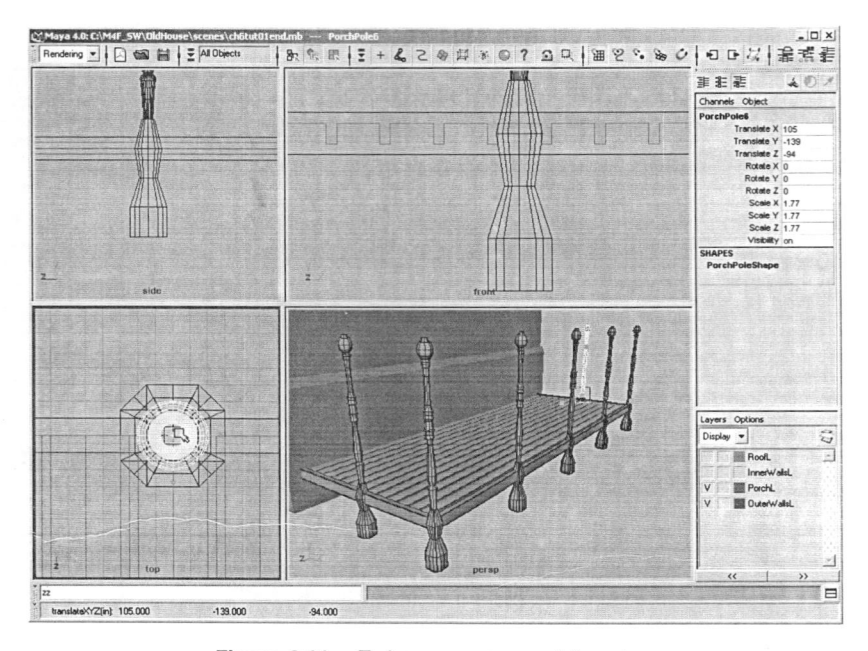

Figura 6.11 – Todos os postes posicionados.

9. Para completar o parapeito, é preciso criar o corrimão. Crie um cubo NURBS (Ctrl+z I Cube) e dimensione-o como a seguir: Scale X para 36, Scale Y para 1 e Scale Z para 4. Mova-o sobre a área da varanda, ajustando Translate X para 86, Translate Y para -97.5 e Translate Z para 94. Nomeie o cubo como HandRail (corrimão).

Agora, você colocará objetos HandRail entre os dois postes à extrema esquerda da varanda e à frente da casa.

10. Ajuste a largura do parapeito (Scale X) para que ela se ajuste com o PorchPoles. Escalone e movimente o cubo para que ele fique entre a casa e o poste traseiro à esquerda, conforme mostrado na Figura 6.12. Ao colocar o HandRail entre a casa e o poste, evite deixar que a borda do HandRail penetre nas paredes.

11. Para acrescentar alguns detalhes a HandRail, comece novamente, reconstruindo a superfície para mais CVs. Selecione o objeto HandRail e, na caixa de diálogo Rebuild Surface Options (Alt+z I Rebuild I caixa de opção), selecione o botão de rádio 3 Cubic para os dois ajustes, Degree U e Degree V. Estes ajustes criam mais CVs para dar-lhe mais controle sobre a forma e também mudar o grau, para que o cubo acrescente arredondados entre os CVs. Mova os CVs para criar placas que se aplanam no meio, conforme mostrado na Figura 6.12. Também, puxe ligeiramente as extremidades de CVs do corrimão, para que a extremidade do HandRail interseccione completamente o poste, quase no centro (veja a vista Top na Figura 6.12).

Capítulo 6 – Mais modelagem NURBS | 151

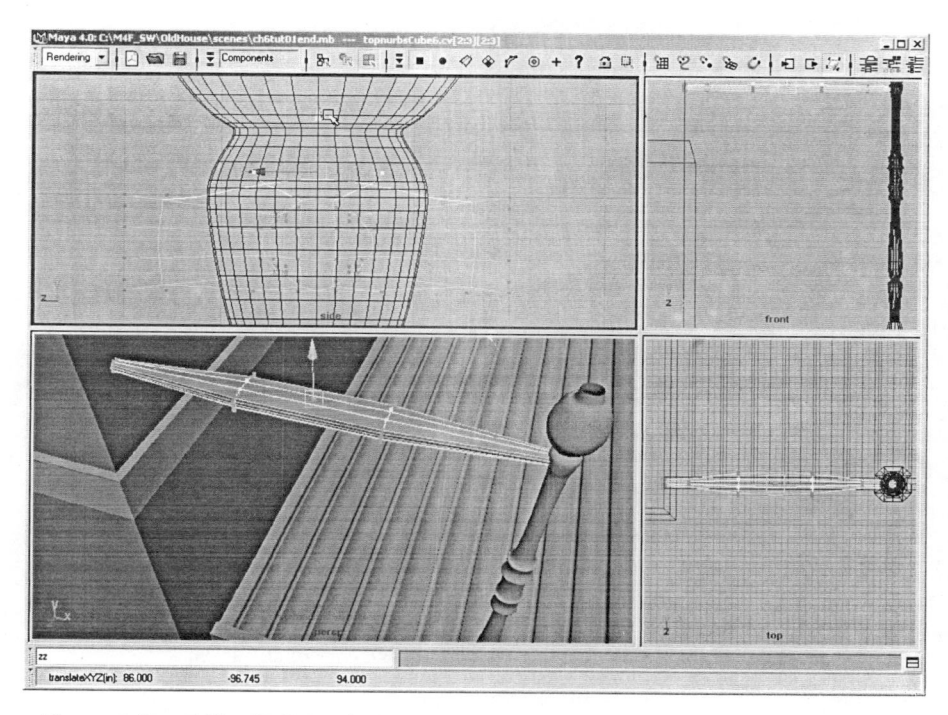

Figura 6.12 – O HandRail depois de modificar os CVs; agora ele é uma placa esculpida.

12. Duplique o HandRail e mova-o ao longo do eixo Y, até que ele tenha cerca de 8 polegadas (3,152cm) a partir do PorchFloor. Um método fácil é colocar o HandRail no chão da varanda e, depois, entrar com +=8 para Translate Y, na Channel Box.
13. Shift-selecione os dois corrimãos e duplique-os. Depois, mova-os ao longo do eixo X até que eles estejam entre os dois postes seguintes. Escalone os novos parapeitos, tanto quanto necessário, para ajustá-los entre os postes (ajustamos Scale X para 31). Você pode ter que selecionar os CVs de um lado e puxá-los ao longo do eixo X.
14. Duplique um dos corrimãos para servir como uma viga vertical. Mude Rotate Y da duplicata para 90 e renomeie-a como RailBar. Ajuste Scale X e mova a RailBar em Z, assim ela intersecciona adequadamente à parte superior e inferior de HandRails, como mostrado na Figura 6.13. Coloque a RailBar do lado da casa. Ajustamos Translate X para 68, Translate Y para -116.5 e Translate Z para 94. Agora, mova a RailBar exatamente 7 polegadas (2,758cm) para fora, digitando +=7 para o valor Translate X na Channel Box (veja a Figura 6.13). Pressione Enter para terminar o cálculo e mova o parapeito para o lugar.

152 | Dominando Maya 4

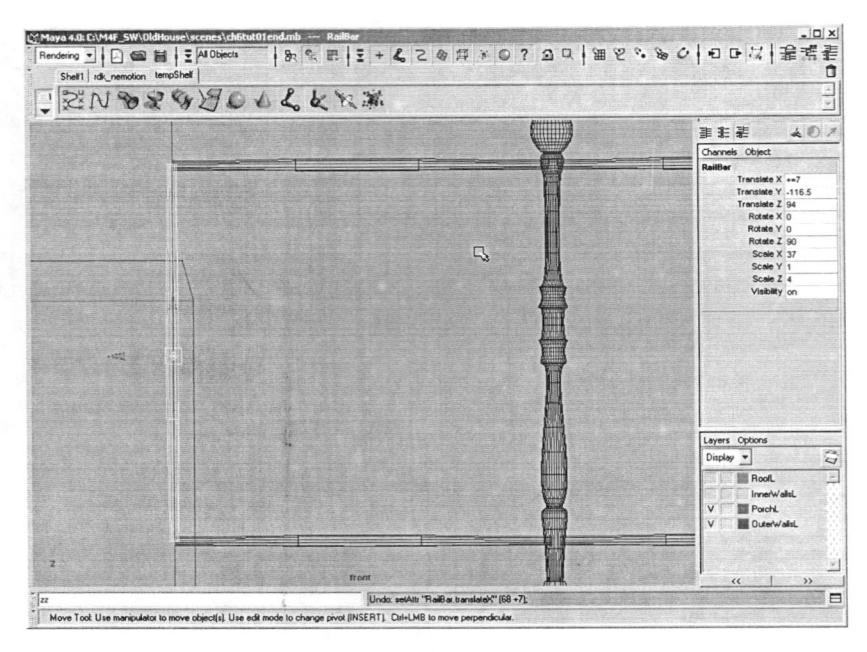

Figura 6.13 – *A RailBar, exatamente antes de reposicionar em X.*

15. Duplique a RailBar (tecla de atalho: **Ctrl+d**) e mova-a, digitando +=8 para o valor de Translate X na Channel Box. Duplique a nova RailBar e mova-a mais oito unidades e, depois, repita mais uma vez. Os seus ajustes podem não ser exatamente iguais, mas o objetivo é. Experimente espaçar igualmente as quatro RailBars entre o poste e o lado da casa (veja a Figura 6.14). Entre os dois postes laterais, posicione uma RailBar duplicada e copie-a duas vezes com espaçamento semelhante, como antes. Isto lhe dá três barras entre os postes e quatro barras entre a casa e o poste, conforme mostrado na Figura 6.14.

16. Agora, com todas as RailBars posicionadas do lado esquerdo da varanda, você pode selecionar todos os HandRails e RailBars e duplicá-los para o lado oposto da varanda. Uma maneira fácil de selecioná-los é abrir o Outliner e Ctrl+clicar para selecionar os sete objetos, que começam com HandRail ou RailBar. Você também pode selecioná-los Shift-clicando em um único lado de cada objeto cubo e, depois, pressionar a seta para cima, para que cada lado selecionado se torne o objeto selecionado completo. Shift-selecione qualquer coisa que faltar, pressione novamente a seta para cima, se necessário, para incluir todas as partes de todos os objetos cubo e, depois, duplique os objetos com Ctrl+d. Na Channel Box, mude Translate Z de um valor positivo para um negativo (por exemplo, de 94 para -94) e os parapeitos de cópia duplicada se moverão para o lado oposto da varanda, como mostrado na Figura 6.15.

Capítulo 6 – Mais modelagem NURBS | 153

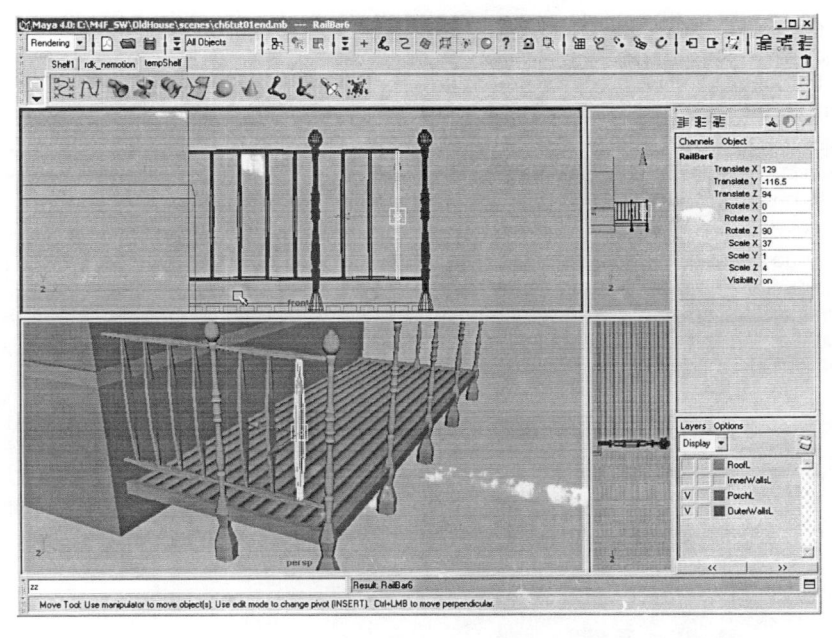

Figura 6.14 – *Sete RailBars verticais mais ou menos igualmente espaçadas.*

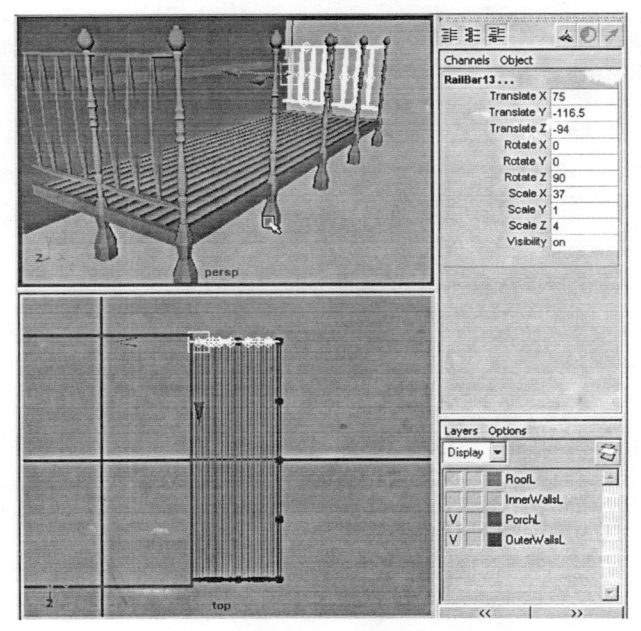

Figura 6.15 – *Os parapeitos e os corrimãos de um lado da varanda foram duplicados e colocados do lado oposto.*

154 | Dominando Maya 4

17. Em seguida, você precisa colocar corrimãos na frente da varanda. Shift-selecione um par de HandRails — um de baixo e um de cima. Pressione a seta para cima, para garantir que você tem os objetos completos. Duplique-os e gire-os no eixo Y por 90 — isto pode ser feito na Channel Box, enquanto ambos objetos ainda estão selecionados.

18. Posicione os HandRails duplicados entre dois dos postes, na frente da varanda e escalone-os para se ajustar. Ajustamos Translate X para 137, Translate Y para -97.5 e Translate Z para 71. Scale X foi ajustado para 46, para que os parapeitos atingissem de poste a poste.

19. Duplique a RailBar vertical e mude o seu ajuste Rotate X para 90. Posicione a RailBar duplicada no centro do poste do canto e entre com -=8 em Translate Z. A sua primeira RailBar na frente foi posicionada em Translate X 137, Translate Y -116.5 e Translate Z 86. Em seguida, duplique quatro vezes RailBar, usando a caixa de diálogo Duplicate Options, ajustando Translate Z para -8 e Number of Copies para 4 (veja a Figura 6.16).

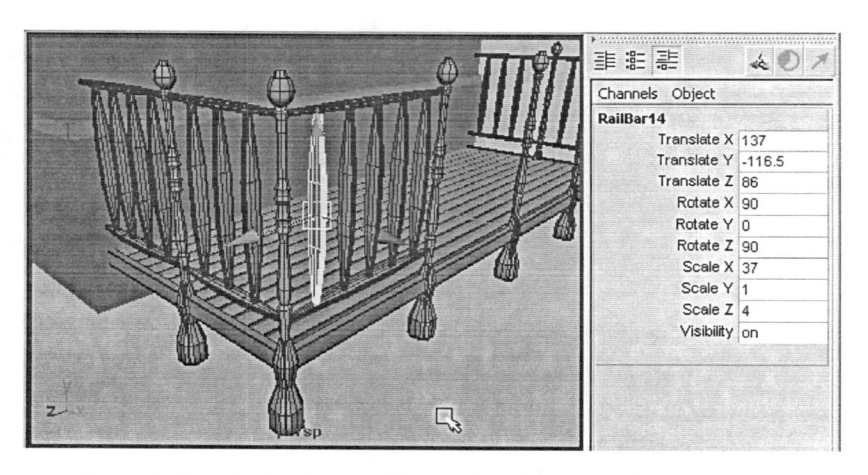

Figura 6.16 — O primeiro corrimão selecionado, mostrando os ajustes da Channel Box. A duplicação, para preencher o restando do espaço, já foi realizada.

Nota Nós usamos Wireframe no modo Shaded para clareza em algumas das figuras. Para capacitar este modo, escolha no menu Shading | Shade Options | Wireframe on Shaded.

---

20. Tendo completado uma seção do parapeito dianteiro, você preencherá os dois espaços seguintes da mesma maneira. O último espaço será deixado aberto, para a entrada da varanda. Shift-selecione uma parte de cada RailBar e HandRail da seção recém completada — uma porção de parapeito no alto, embaixo e cinco verticais. Pressione a seta para cima, para selecionar todo o objeto cubo para cada peça. Duplique a seleção e mova-a para o próximo conjunto de postes. Posicione-as de acordo e repita mais uma vez (veja a Figura 6.17).

Capítulo 6 – Mais modelagem NURBS | 155

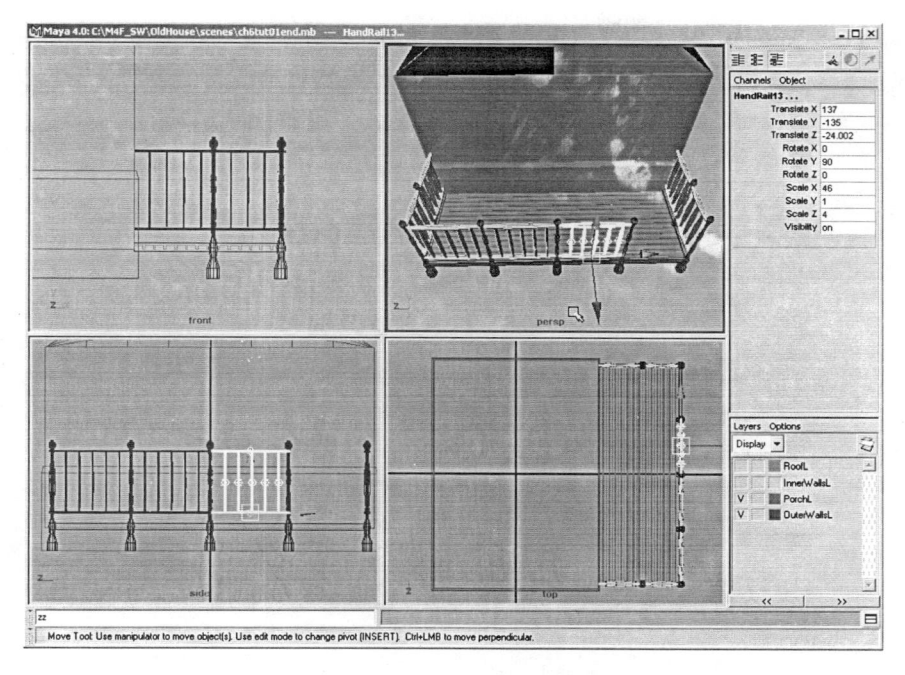

Figura 6.17 – *Neste ponto, todos os parapeitos estão no lugar.*

21. Oculte todas as camadas em sua cena, clicando o V próximo a cada camada, no Layer Editor. Arraste e selecione todos os postes, corrimãos e barras. Agrupe-os (tecla de atalho: **Ctrl+g**) e nomeie o grupo como PorchRailings. Com o grupo ainda selecionado, Shift-selecione os PorchPanels e PorchLegs restantes e designe-os à camada PorchL.
22. Salve novamente a sua cena (tecla de atalho: **Ctrl+s**).

No CD
Chapter_06\ch06tut02end.mb

Tutorial: criação dos degraus

Agora que você terminou a varanda, pode fazer alguns degraus para conduzir até ela. Você os fará como um carpinteiro — dois suportes do lado e dois degraus.

No CD
Chapter_06\movies\ch06tut03.wmv

1. Exiba a camada PorchL. Troque para a vista Front e ative a ferramenta EP Curve (Ctrl+c I EP Curve I caixa de opção). Ajuste Curve Degree para 1 Linear.
2. Alinhe o primeiro ponto de edição para que ele fique 3 polegadas (1,182cm) mais abaixo e 3 polegadas para a direita de PorchPanels — a posição do x amarelo na Figura 6.18. Coloque um outro ponto 2 polegadas (0,788cm) acima do primeiro. Inicie o alinhamento à grade do próximo ponto de edição 8 polegadas (3,152cm) através e o seguinte ponto de edição 6 polegadas (2,364cm) para

Dominando Maya 4

baixo. Crie um outro degrau, 8 polegadas (3,152cm) acima e 6 polegadas (2,364cm) abaixo e você deve estar no nível horizontal de PorchLeg. Depois, coloque um ponto 4 polegadas (1,571cm) para a esquerda. Alinhe o último ponto ao ponto de início, conforme mostrado na Figura 6.18. Pressione Enter depois de colocar o último ponto para fechar e completar a forma. Centralize o ponto central na curva (Hotbox | Modify | Center Pivot).

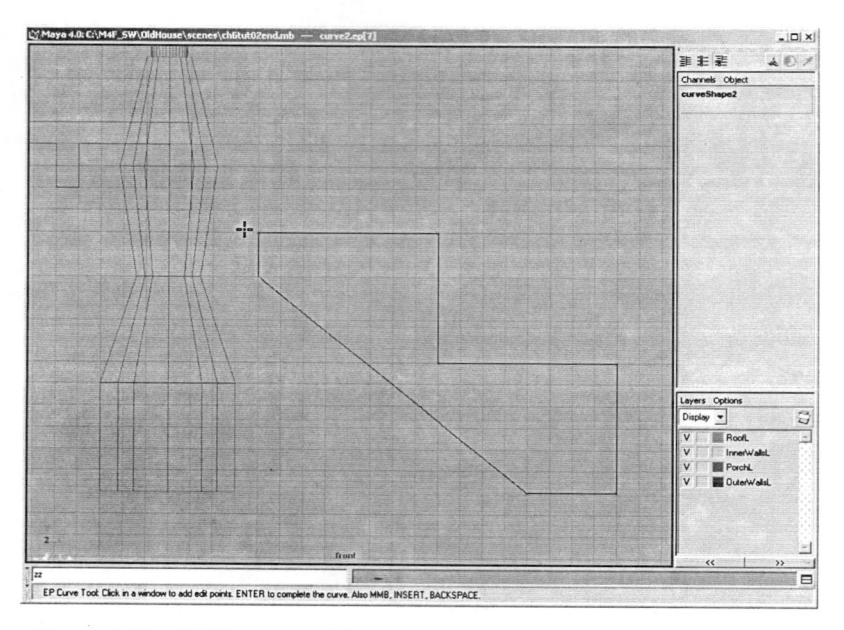

Figura 6.18 – *O último ponto foi colocado para a curva do suporte dos degraus.*

3. Troque para a vista Side e mova a curva na frente do espaço na varanda, na frente, como mostrado na vista Side na Figura 6.19. Assegure-se de não mover a curva na direção Y, pois você já a alinhou corretamente naquele eixo. Em seguida, você irá zerar as transformações, usando o comando Freeze Transformations (congelar transformações), que deixa o objeto no lugar, mas reajusta todos os seus valores de transformação. Congele as transformações da curva com Hotbox | Modify | Freeze Transformations.
4. Abra a caixa de diálogo Duplicate Options e reajuste as configurações. Duplique (tecla de atalho: **Ctrl+d**) a curva e, depois, ajuste Translate Z para -2 na Channel Box.
5. Selecione ambas as curvas e incline-as juntas (Ctrl+Alt+z | Loft) para criar uma superfície entre as duas curvas.
6. Selecione uma das curvas e aplique uma apara planar (Ctrl+Alt+z | Planar | caixa de opção). Na caixa de diálogo Planar Options (opções de planar), reajuste as configurações e mude o Degree para Linear. Clique o botão Planar Trim. Isto cria uma superfície plana aparada, com o limite como uma curva, conforme mostrado na Figura 6.19.

Capítulo 6 – Mais modelagem NURBS | 157

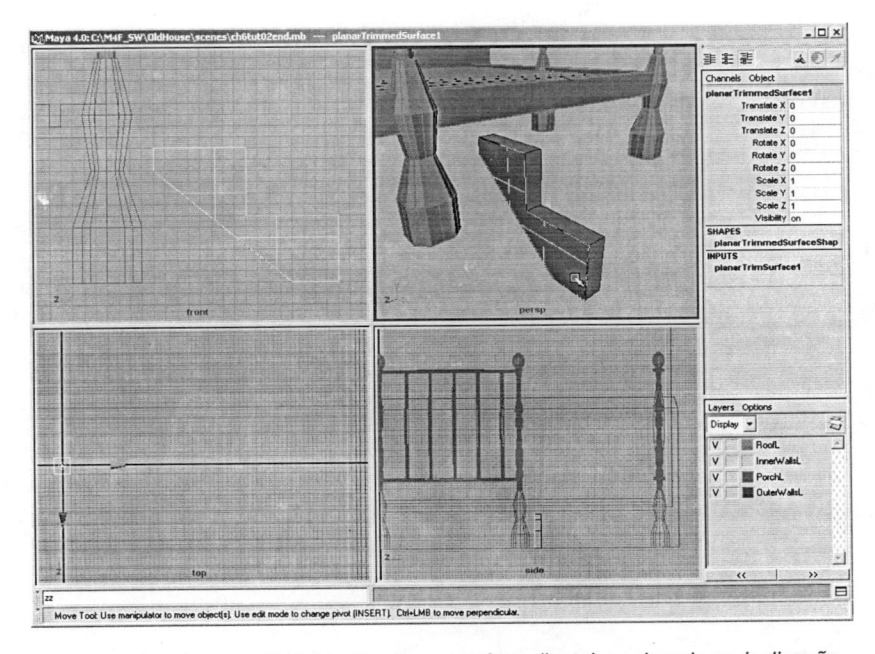

Figura 6.19 – *A curva CV foi inclinada e uma face dianteira colocada na inclinação.*

7. Selecione a curva do outro lado e crie uma outra superfície planar. Agora, o objeto suporte de degrau está completo.
8. Para apagar a história das curvas, aparas e inclinação, marquee-selecione todas e depois clique Hotbox I Edit I Delete by Type I History. Com todas as partes ainda selecionadas, agrupe-as (tecla de atalho: **Ctrl+g**) e nomeie o grupo como StepFrame. Agora, apague as curvas originais usadas para criar a inclinação e aparas, Shift-selecionando-as e pressionando Delete. (Você também pode usar o Outliner: expanda a listagem de grupo no Outliner, para ver as curvas que são parte do grupo e, depois, selecione e apague-as.)
9. Em StepFrame (moldura de degrau), mude Translate X para -3, para que ela toque a frente do painel da varanda.
10. Duplique StepFrame e mova-a ao longo do eixo Z, até que ela esteja próxima a PorchLeg, do outro lado da abertura na frente da varanda, como mostrado na vista lateral da Figura 6.20. Ajustamos Translate Z para a duplicata StepFrame1 para -37, mas o seu valor pode variar, pois você está colocando os suportes de degrau avaliando-os "a olho".
11. Crie um cubo e nomeie-o como Step (degrau).
12. Em seguida, você irá escalonar e colocar no alto de StepFrame. Ajuste Scale X para 10, Scale Y para 1.5 e Scale Z para 41. Maximize a vista Front (mantenha o cursor do mouse sobre ela e dê um toque na barra de espaço) e ajuste Translate X para 143, para que o degrau se alinhe com a borda de StepFrame e PorchPanel. Depois, ajuste Translate Y para -146.25, para que o degrau fique posicionado no alto de StepFrame.
13. Na vista Side, centralize o degrau em StepFrame, ajustando Translate Z para -70.5 (veja a Figura 6.20).

14. Duplique Step e coloque-o na próxima borda abaixo. Nós usamos os seguintes ajustes: Translate X para 151 e Translate Y para -152.25.
15. Acrescente Steps e StepFrame à sua camada PorchL. Depois, abra o Outliner e selecione todas as superfícies em PorchL e agrupe-as (tecla de atalho: **Ctrl+g**). Isto tornará a sua cena muito mais fácil para ser trabalhada no Outliner. Nomeie o grupo como PorchGroup.
16. Salve a sua cena novamente (tecla de atalho: **Ctrl+s**).

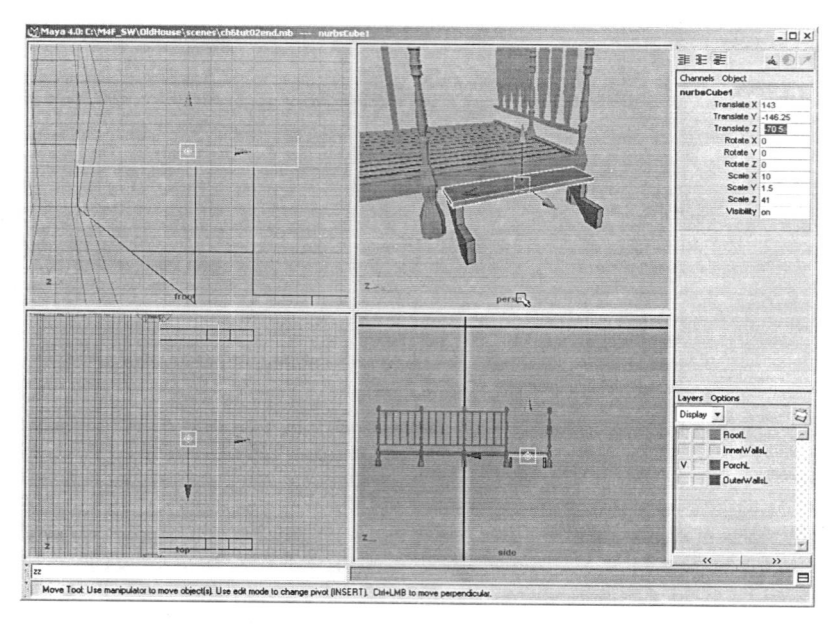

No CD
Chapter_06\ch06tut03end.mb

Figura 6.20 – *Posicionamento do degrau.*

Como montar uma chaminé para a casa

Em seguida, você acrescentará uma chaminé à cabana. Você a criará editando um cubo NURBS de algumas maneiras novas.

Tutorial: criação da chaminé

A varanda está completa, mas a casa precisa de mais detalhes, assim, em seguida você acrescentará uma chaminé na parte de trás da casa.

No CD
Chapter_06\movies\ch06tut04.wmv

Capítulo 6 – Mais modelagem NURBS | 159

1. Oculte a camada PorchL. Torne todas as outras camadas visíveis, exceto RoofL.
2. Crie um cubo NURBS (Ctrl+z | Cube) e nomeie-o como Chimney (chaminé).
3. Para mover o cubo para trás da casa, ajuste Translate Y para -89 e Translate X para -100.
4. Faça o cubo em proporções aproximadas da chaminé: ajuste Scale X para 40, Scale Y para 140 e Scale Z para 40.
5. Agora, você vai mover o ponto central para a base da chaminé. Com o cubo selecionado, troque para a ferramenta Move (tecla de atalho: **w**) e pressione Insert em seu teclado. As alavancas do manipulador não terão mais setas em suas extremidades, o que indica que você está no modo Pivot Editing. Na vista Front, clique e arraste o pivô para a parte inferior da chaminé, alinhando à grade (tecla de atalho: **x**) próxima ao centro da base. Pressione Insert novamente, depois de ter posicionado o pivô, para sair do modo Pivot Editing.
6. A chaminé não atinge o telhado, assim, você precisa escaloná-la mais ao longo do eixo Y. Ao invés de trocar os valores na Channel Box, troque para a ferramenta Scale (tecla de atalho: **r**) e arraste o eixo Y verde com a alavanca para cima. Observe que agora a chaminé escalona em Y a partir da base para cima. Isto é causado pelo movimento do ponto pivô — o objeto escalona a partir do ponto pivô. Ajuste Scale Y para 225, para que a chaminé fique cerca de um pé ou dois (0,305cm — 0,610cm) acima do telhado.

> **Dica**
> Dependendo de onde você deseja que um objeto gire ou escalone, pode julgar útil reposicionar repetidamente o ponto pivô do objeto.

7. O cubo Chimney é bastante aproximado, então você precisa modificar a sua forma, para parecer mais como uma chaminé verdadeira. Não há CVs suficientes no cubo, assim, abra a caixa de diálogo Rebuild Surface Options (Alt+z | Rebuild | caixa de opção). Mude Number of Spans U para 6 e Number of Spans V para 6. Verifique, para ter certeza que o botão de radio 1 Linear está selecionado para ambos, Degree U e Degree V, conforme mostrado na Figura 6.21 e clique o botão Rebuild. Agora deve haver curvas o suficiente para modificar a chaminé.
8. Apague os planos superior e inferior do cubo. Você não precisa do plano inferior, pois ele não vai ser visível e você trocará o alto da chaminé, mais tarde. É mais fácil selecionar estas partes se usar a vista Perspective no modo Shaded. No modo Shaded, você pode clicar em qualquer lugar para selecioná-lo; no modo Wireframe, é preciso selecionar a borda de um objeto.
9. Assegure-se de que toda a chaminé esteja selecionada, selecionando um lado e pressionando a seta para cima. A Channel Box exibe "Chimney" quando todo o objeto está selecionado. Troque para o modo CV Component Selection (tecla de atalho: **F9**). Na vista Side, marquee-selecione as três fileiras inferiores de CVs. Aumente Scale Z dos CVs, movendo a alavanca do modificador azul. É possível ver o fator Scale em Help Line (linha de ajuda) de Maya; uma Scale Z de cerca de 2 deve funcionar.

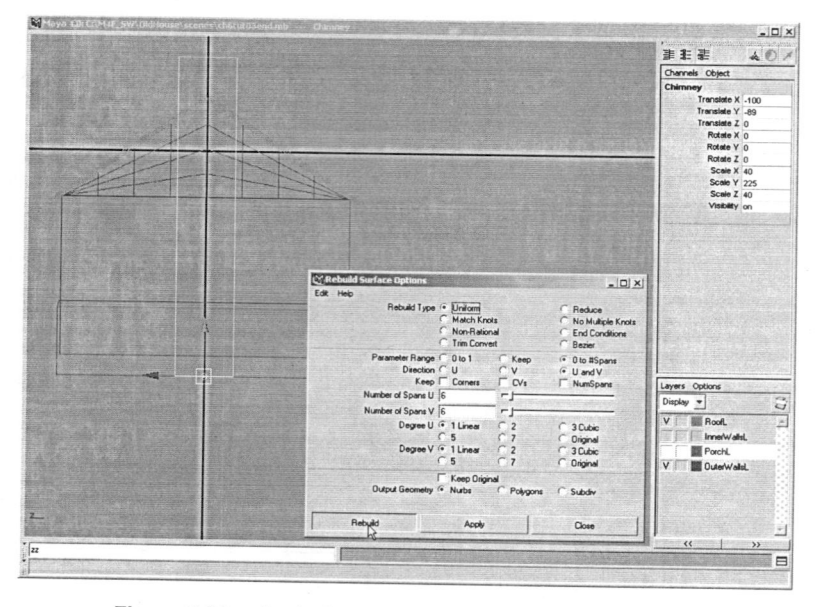

Figura 6.21 – *Acréscimo de mais divisões ao cubo Chimney.*

10. Em seguida, selecione a fileira de CVs acima da primeira das três fileiras que você acabou de modificar (veja a Figura 6.22). Mova esta fileira ao longo do eixo -Y cerca de um pé (0,305cm) (12 unidades) para baixo, na direção da base da chaminé (mostrado em progresso na Figura 6.22).
11. Na vista Front, selecione a coluna de trás das primeiras três fileiras de CVs. Mova-as ao longo de -X cerca de 8 polegadas (3,152cm), conforme mostrado na Figura 6.23.
12. Selecione a fileira do alto de CVs e escalone-as, uniformemente, para baixo; permitindo cerca de 3 a 4 polegadas (1,182cm a 1,576cm) de redução, para fazer uma chaminé que se estreita no alto. Saia do modo Component Selection (tecla de atalho: **F8**).
13. Crie uma camada, nomeie-a como ChimneyL e designe o cubo Chimney à camada.
14. Mova a chaminé, para que a extremidade de frente para a casa tenha cerca de 6 polegadas (2,364cm) dentro da parede interna; para fazer isto, mude Translate X na Channel Box para -82.
15. Abra o Outliner, selecione toda a geometria em sua cena e apague a história (Hotbox I Edit I Delete All by Type I History).

No CD
Chapter_06\ch06tut04end.mb

Capítulo 6 – Mais modelagem NURBS | 161

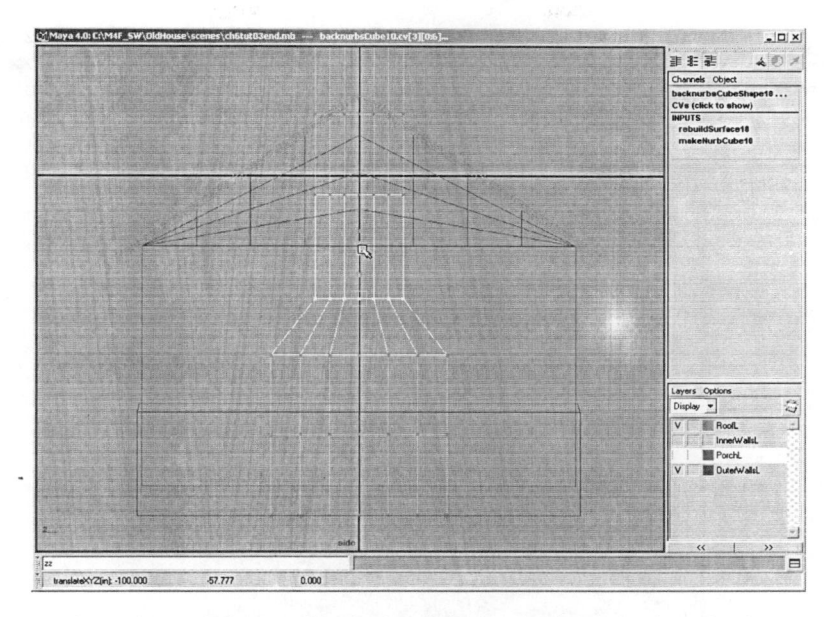

Figura 6.22 – *Editar os CVs da chaminé toma um ângulo mais profundo.*

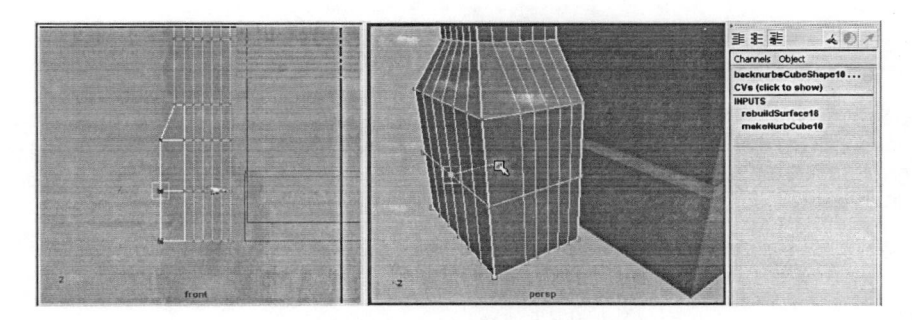

Figura 6.23 – *Puxando para fora o fundo da chaminé.*

Tutorial: interseção da chaminé e paredes de trás

Agora você usará mais curvas de projeção para cortar furos nas paredes, por onde empurrar a chaminé.

1. Para aparar a parte das paredes da casa que se sobrepõem à chaminé, primeiro oculte a camada RoofL. Selecione as paredes externa e interna de trás que estão indo através da chaminé e depois, Shift-selecione um dos dois lados da chaminé que está penetrando as paredes (não o lado plano, mas os dois lados com o ângulo dobrado neles).

No CD
Chapter_06\movies\ch06tut05.wmv

2. É preciso interseccionar estas superfícies, de modo que você possa apará-las (Alt+z I Intersect Surfaces I caixa de opção). Na caixa de diálogo Intersect Surfaces Options, mude a opção Create Curves para First Surface (primeira superfície) e clique o botão Intersect. Agora, as curvas foram criadas em ambas as paredes de trás, exatamente onde elas interseccionam com a chaminé, como mostrado na Figura 6.24. Selecione novamente as duas paredes de trás, selecione o outro lado da chaminé e intersecione de novo.

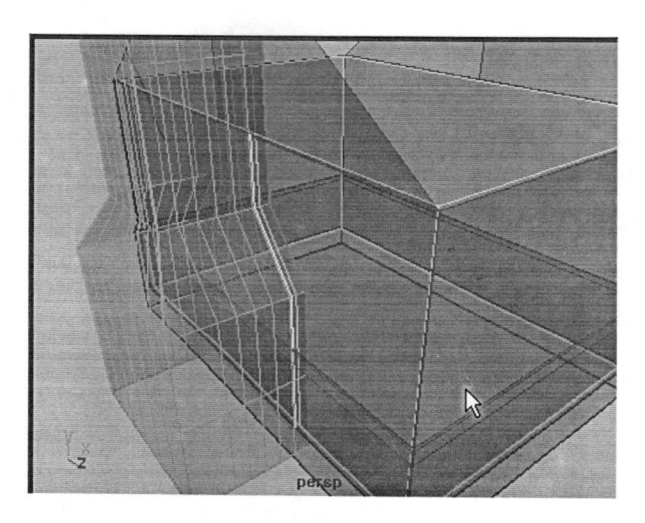

Figura 6.24 – *As duas linhas criadas pela interseção nas paredes interna e externa.*

3. Selecione a parede externa de trás. Com as interseções definidas, agora você pode fazer uma apara (Alt+z I Trim Tool). Deve aparecer uma grade branca; se não, clique na parede de trás. Esta grade define áreas que podem ser aparadas, com linhas brancas realçadas, traçando o contorno da chaminé.

Nota: A ferramenta Trim funciona permitindo que você selecione superfícies para manter e, depois, descartando as superfícies que não são selecionadas quando você compila a apara, pressionando Enter. A apara se baseia em curvas que interseccionam completamente a superfície e a divide em partes.

4. Clique na parede do lado da chaminé. Aparece um diamante amarelo indicando a seleção da área que você deseja manter. Clique na parede, do outro lado da chaminé. Um outro diamante deve ser colocado onde você clicar. Observe que o diamante original se torna azul, conforme mostrado na Figura 6.25. Pressione Enter para apagar a seção central que não está selecionada. Em seguida, selecione a parede de dentro e apare da mesma maneira. Agora as paredes foram aparadas a partir da chaminé. Você só está cortando fora a parede porque a chaminé terá uma abertura interna para o respirador; o telhado e o chão inseriram a chaminé, mas em lugares que não são vistos na animação.

Capítulo 6 – Mais modelagem NURBS | **163**

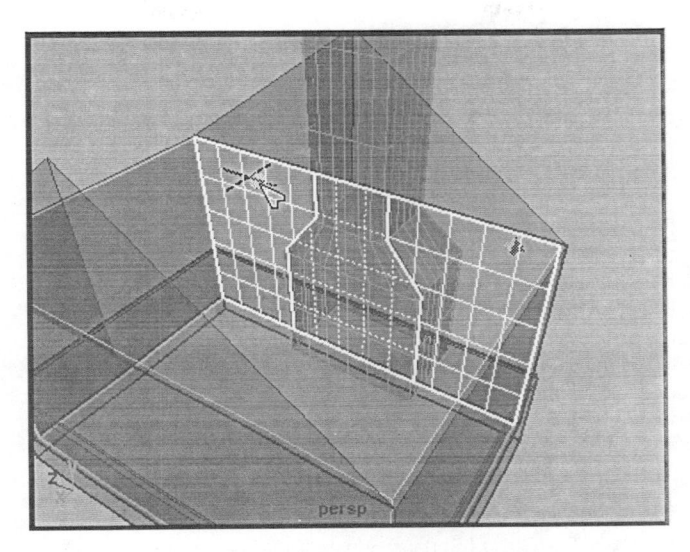

Figura 6.25 – A ferramenta Trim, com superfícies selecionadas para manter.

5. Para aparar a Foundation, selecione a parede de trás da fundação, que é uma peça única, pois você anexou as superfícies quando terminou de construir a fundação. Shift-selecione um dos lados da chaminé, exatamente como fez para a parede de trás. Interseccione tais superfícies e, depois, repita do outro lado da chaminé. Isto cria as linhas de apara.
6. Apare a fundação com a ferramenta Trim. Selecione os dois lados da fundação a manter. A peça central deve ser apagada quando você completar a apara, pressionando Enter (veja a Figura 6.26).

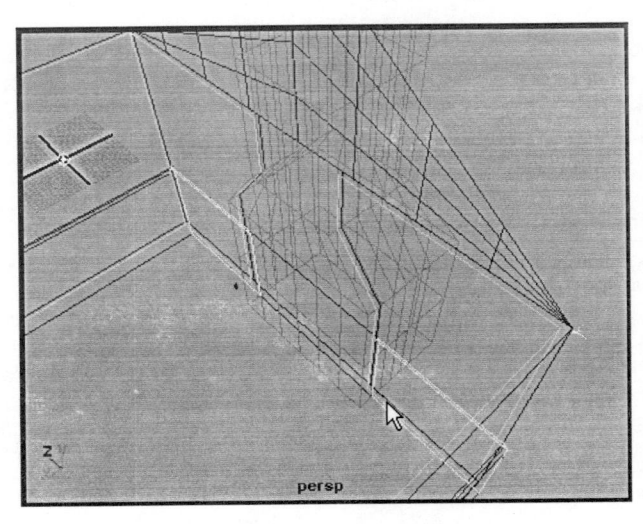

Figura 6.26 – *A chaminé inserida com os furos cortados completos das paredes interna e externa e a fundação.*

7. Salve a sua cena como ch06tut05a.mb. É uma boa idéia salvar ocasionalmente o seu trabalho e também para que você possa inverter para um estágio anterior de seu projeto, se necessário. Por isso é que você muda o nome de arquivo cada vez que salva.

No CD
Chapter_06\ch06tut05end.mb

Tutorial: como puxar a chaminé

Com a chaminé criada e inserida em sua casa, você acrescentará mais alguns detalhes a ela neste tutorial. Primeiro, criará uma abertura no alto da chaminé, colocando alguns retângulos alvo acima do cume da chaminé e, depois, simplesmente informará à chaminé para inclinar através destas novas formas. Você precisará de quatro quadrados para fazer isto — a abertura externa requer dois quadrados e a interna, dois quadrados.

No CD
Chapter_06\movies\ch06tut06.wmv

1. Oculte todas as camadas, exceto ChimneyL.
2. Crie um quadrado NURBS (Ctrl+z I Square). Ajuste a sua Translate X para -82, para centralizá-la na chaminé e sua Translate Y para 66, para colocá-la no ponto alto da chaminé. Escalone o quadrado para que ele tenha cerca de 2 polegadas (0,788cm) para fora das bordas do alto da chaminé. Já que o alto da chaminé foi afilado, ajustar Scale X e Scale Z para 40 deve ser bom.
3. Duplique o quadrado e mova-o ao longo do eixo Y (acima da chaminé) em 4 polegadas (1,576cm).

Dica — Muito como o objeto cubo NURBS é formado de seis planos, o quadrado NURBS é feito de quatro curvas. Você precisa selecionar parte do objeto e pressionar a seta para cima para selecionar todo o objeto.

---

4. Duplique o quadrado superior e escalone-o menor em X e Z, em 10 polegadas (3,940cm), para que ele seja menor do que o braço superior da chaminé. Em seguida, duplique esse quadrado e mova-o para baixo do eixo Y, em 4 polegadas (0,788cm).

   Com os seus quatro quadrados criados, você está pronto para criar superfícies. Você inclinará quatro vezes para criar a abertura completa. Em cada lado, você inclinará a partir da linha do alto da chaminé para cada uma das quatro linhas.

5. Primeiro, é preciso pegar o isoparm superior em um dos lados da chaminé: selecione um lado da chaminé, clique com o botão direito do mouse nele e, depois, escolha Isoparm. Agora, você pode pegar a linha isoparm superior da chaminé. Shift-selecione cada uma das curvas paralelas dos quadrados para aquele lado da chaminé. Assegure-se de seguir a ordem pretendida da criação das curvas: externa inferior, externa superior, interna superior, interna inferior (a vista Perspective na Figura 6.27 ilustra esta ordem e como você está criando a abertura, começando do alto da chaminé). Depois, incline, clicando Ctrl+Alt+z I Loft I caixa de opção, ajustando o Surface Degree para Linear, na caixa de diálogo Loft Options e, depois, clicando o botão Loft. Você deve ver a nova superfície, como mostrado na Figura 6.27. Repita em cada lado da chaminé.

Capítulo 6 – Mais modelagem NURBS | 165

6. Agora, você unirá os quatro lados da abertura da chaminé. Conectar os dois primeiros é fácil. Selecione uma seção inclinada e Shift-selecione a peça próxima a ela. Una-as com Alt+z | Attach | caixa de opção. Na caixa de diálogo Attach Options, assegure-se de que Attach Method is Connect, Multiple Knots (método de anexar está conectado, múltiplos nós) esteja ajustado para Keep (manter) e Keep Originals (manter originais) esteja desmarcado. Clique o botão Attach e as duas superfícies inclinadas se tornam uma.

7. Para as outras inclinações, você precisa selecionar um isoparm para cada parte, para uni-las. Os isoparms precisam estar se tocando — isto é, posicionados na junção das duas peças. Primeiro, selecione as superfícies recém unidas, se elas não estiverem selecionadas no momento e, depois, clique com o botão direito do mouse e escolha Isoparm. Agora, você pode selecionar um isoparm na superfície e arrastá-lo para a borda que será conectada. Shift-selecione uma inclinação adjacente, clique com o botão direito do mouse novamente, escolha Isoparm e, depois, Shift-selecione um isoparm neste objeto e arraste-o para a borda se conectando, conforme mostrado na Figura 6.28. Já que as seleções não estão incluídas nos comandos lembrados, una as superfícies repetindo o último comando (tecla de atalho: **g**). Repita estas etapas para unir a última peça inclinada. Agora a abertura é um único objeto.

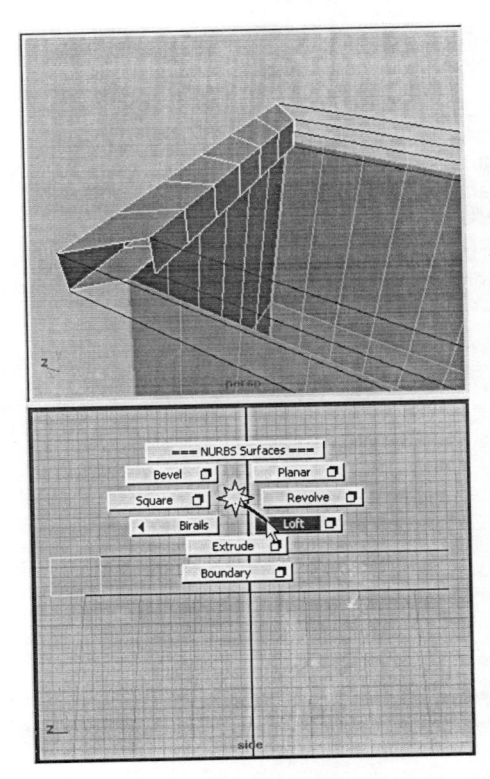

Figura 6.27 – Um dos quatro lados agora está inclinado. Os quatro retângulos usados para criar a abertura estão visíveis.

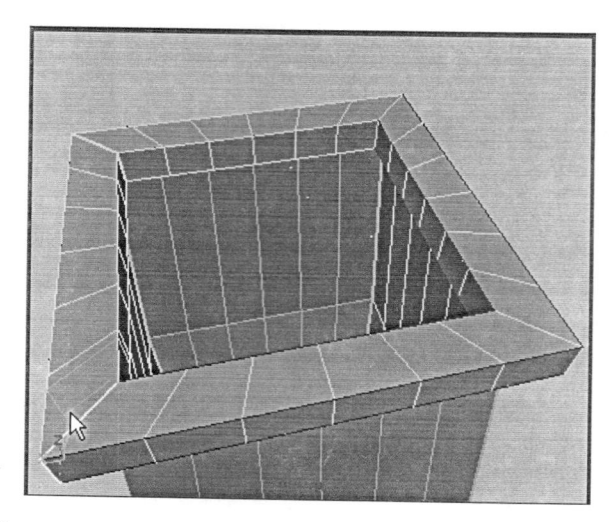

Figura 6.28 – *Todos as quatro aberturas estão inclinadas e a última peça está prestes a ser unida. O isoparm para uma inclinação está no lugar e o outro está sendo arrastado na posição.*

8. Em seguida, crie um cilindro NURBS (Ctrl+z | Cylinder | caixa de opção, reajuste as configurações e clique o botão Create). Nomeie-o como ChimneyPipe e ajuste Scale X e Z para 8.5, e Scale Y para 14. Mova o cilindro para o centro das bordas superiores da chaminé, exatamente como fez com o quadrado na Etapa 2. Usamos -82, 80 e 0 para Translate X, Y e Z.
9. Alinhe a parte inferior do cilindro ao inferior da abertura. Você pode mover com o alinhamento de grade ativado (pressione e mantenha pressionada a tecla **x**), para facilitar (veja a Figura 6.29).

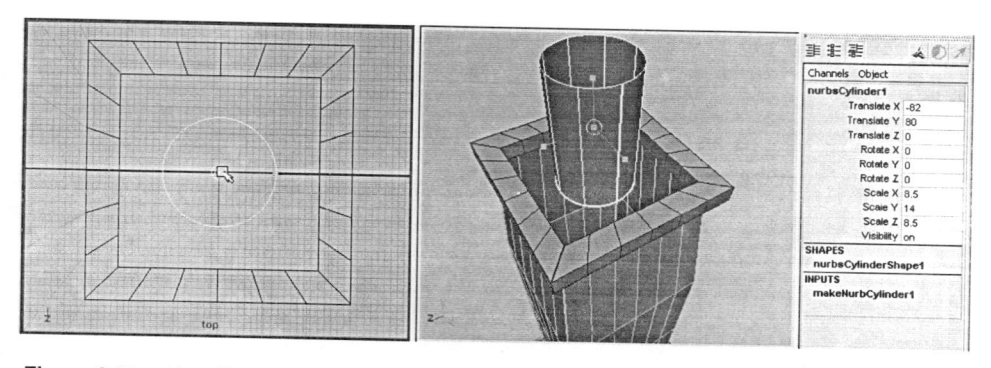

Figura 6.29 – *Um cilindro sendo colocado no meio do alto da chaminé. Alinhar à grade enquanto observa as alavancas de transformação vermelha e azul facilita a colocação.*

Capítulo 6 – Mais modelagem NURBS | **167**

10. Para criar uma superfície plana entre o cilindro e o alinhamento, selecione a parte inferior do isoparm do cilindro, selecionando o cilindro, clicando com o botão direito do mouse e escolhendo Isoparm e, depois, selecionando ou clicando-arrastando, para obter um isoparm amarelo na parte inferior do cilindro. Em seguida, você precisa de outra forma com a qual se conectar. Shift-selecione a parte inferior interna do retângulo. Apenas um lado se torna verde, assim, pressione a seta para cima, para obter todo o retângulo e o isoparm do cilindro permanece selecionado. Você pode achar mais fácil selecionar o retângulo no Outliner. Em seguida, abra a caixa de diálogo Planar Trim Options (Ctrl+Alt+z | Planar | caixa de opção). Reajuste as configurações e clique o botão Planar Trim. Já que você usou inclinação quando estava colocando o cilindro, ele deve ficar rente à borda interna inferior da abertura e a operação planar produzirá uma superfície plana entre a base do cilindro e o retângulo (veja a Figura 6.30).

Armadilha
Se a operação não funcionou, provavelmente é porque as suas bordas selecionadas não são planares uma com a outra. Ainda que elas parecessem que eram, é preciso ser exato. Mova o ponto central do cilindro para a sua base, alinhando-o para a sua própria curva inferior (tecla de atalho: **c**) e, depois, movendo o manipulador para dentro da curva. Agora você saberá que ele está alinhado quando o manipulador deslizar para a frente e para trás perfeitamente, na parte inferior do cilindro. Agora, alinhe a base do cilindro para o mesmo ponto de grade que a borda de sua inclinação. Se a borda de inclinação não estiver exatamente em um ponto da grade, você pode selecionar a última curva feita para a sua inclinação e alinhá-la ao mesmo ponto da grade como a parte inferior do cilindro. Agora, tente realizar a apara planar. Se ela não funcionar, provavelmente é porque as curvas ainda não estão planares; alguns dos pontos podem ter sido movidos fora de posição.

11. Por ora, você acabou de detalhar a chaminé. Afaste um dos visores (tecla de atalho: **a** em Frame All) e marquee-selecione toda a chaminé. Pressione a seta para cima, para selecionar todos os pais — as transformações superiores dos quadrados, cubos e grupos. Com tudo selecionado, apague a história (Hotbox | Edit | Delete by Type | History). Designe todas as novas partes da chaminé para a camada ChimneyL: Abra o Outliner e selecione todas as novas partes criadas e depois, MMB-arraste os seus nomes no Outliner para dentro do item chamado Chimney.

12. Salve a sua cena (tecla de atalho: **Ctrl+s**).

No CD
Chapter_06\ch06tut06end.mb

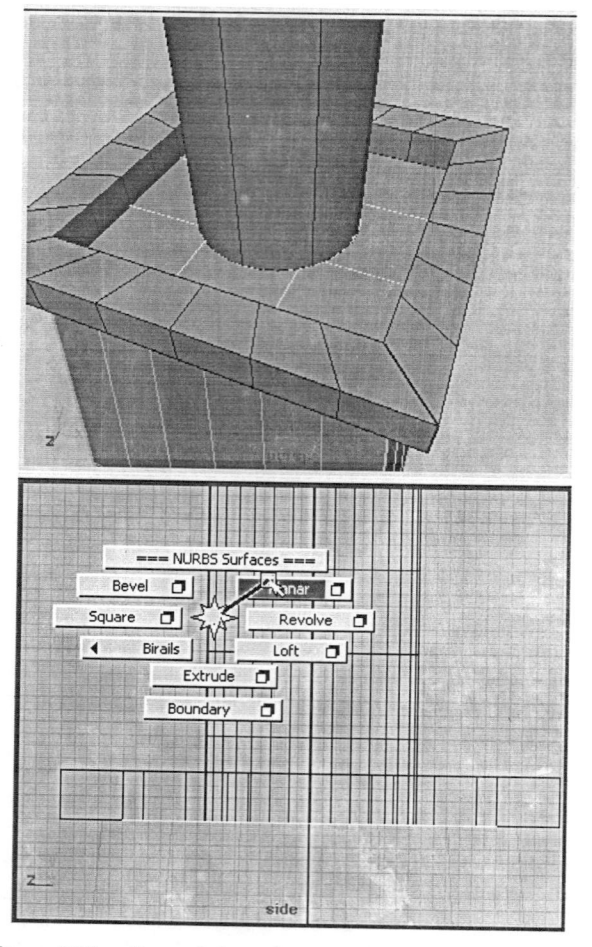

Figura 6.30 – *O menu de marcação que criou a apara planar.*

Como ir além

Se você quiser praticar mais as suas técnicas e experimentar com outras ferramentas, tente acrescentar mais recursos à sua casa, tal como apara do lado da casa. É surpreendente como tais pequenos toques podem fazer a sua cena parecer mais complexa.

Como acrescentar mais elementos à sua casa

Os últimos detalhes que você acrescentará à casa são uma porta e algumas janelas. Além de modelar esses objetos, você precisará criar aberturas, para que elas possam abrir e fechar.

Tutorial: como fazer uma abertura de porta

Antes de fazer, de fato, a porta, você precisará fazer uma abertura que determine o tamanho da porta.

1. Crie um cubo NURBS (Ctrl+z | Cube). Na Channel Box, ajuste Scale X, Y e Z para 13, 96 e 48. Mova e posicione o cubo, para que ele penetra a parede interna, a parede externa e a fundação; com relação à casa, ele deve estar próximo ao espaço nos corrimãos da varanda. Usamos 68, -94 e -67 para Translate X, Y e Z.

> **No CD**
> Chapter_06\movies\ch06tut07.wmv

2. Quando você tiver o seu cubo posicionado, execute a função Intersect Surfaces em todos os seus lados, com a fundação e as paredes: primeiro, selecione as paredes internas e, depois, Shift-selecione as paredes externas e o lado da fundação que corre através do cubo. Em seguida, Shift-selecione um dos quatro lados do cubo que está indo através das paredes e da fundação e interseccione-os (Alt+z | Intersect Surfaces | caixa de opção). Na caixa de diálogo Intersect Surfaces Options, selecione o botão de rádio Both Surfaces (ambas as superfícies), próximo a Create Curves. Clique o botão Intersect para criar as seis curvas — uma em cada superfície para cada uma das três linhas, conforme mostrado na Figura 6.31. Repita este processo, selecionando um lado diferente do cubo de cada vez, até ter percorrido toda a sua volta. Para selecionar a parte de baixo da porta, você pode precisar ocultar a camada PorchL.

3. Em seguida, apare o cubo a partir da fundação e das paredes: selecione a fundação e depois use a ferramenta Trim (Alt+z | Trim). Clique no lado da fundação que está próximo, mas não dentro da porta e pressione Enter. A seção da fundação que tinha a intersecção de cubo deve ter desaparecido. Apare agora uma das paredes, repetindo o processo usado para o lado da fundação. Quando você selecionar a parede externa, ela terá uma separação horizontal, causada pela intersecção criada quando você acrescentou a fundação. Assim, para este objeto, selecione o alto e a parte de baixo para mantê-las, antes de pressionar Enter para fazer a apara do furo da porta.

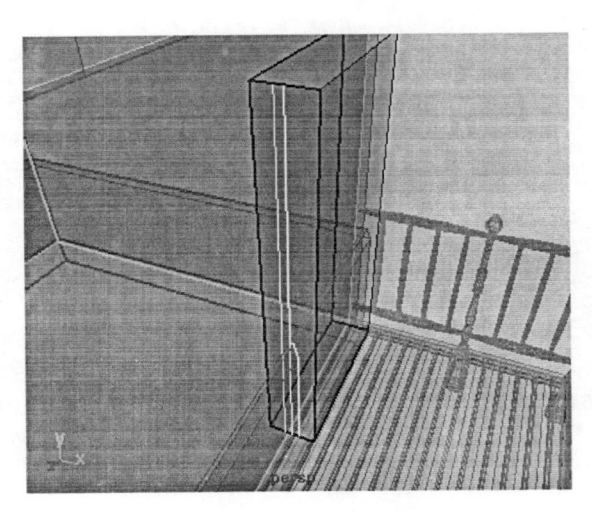

Figura 6.31 – *Vista sombreada no modo X-Ray, para ver as três curvas criadas com a intersecção.*

170 | Dominando Maya 4

4. O vão da sua porta agora está aparado. Selecione os planos da frente e de trás do cubo e apague-os (veja a Figura 6.32). Agora você tem uma entrada para a casa!

5. Os lados do seu cubo estão saindo para fora das paredes, mas sabíamos que isto aconteceria — por isso é que você fez a intersecção criar curvas nas duas superfícies. Com todas as curvas no cubo cortadas, é possível aparar as bordas e cobrir as aberturas do furo da porta. Antes de apará-lo, abra a caixa de diálogo Trim Tool Options (Alt+z l Trim l caixa de opção) e mude Selected State (posição selecionada) para Discard (descartar). Agora os itens selecionados são os que estão descartados, o que facilita aparar os lados, pois há muitas peças a manter. Clique o botão Close.

6. Clique um dos lados que você deseja aparar. Clique em cada lado que está saindo da parede, colocando um diamante nele, para significar a sua seleção. Pressione Enter e observe os lados sendo aparados. Repita em cada um dos quatro lados.

7. Oculte todas as camadas quando tiver terminado e verá algumas superfícies deixadas para trás. Elas são os restos do cubo, que agora é a sua moldura de porta perfeitamente cortada. Acrescente-os à camada OuterWallsL, selecionando as superfícies restantes, clicando com o botão direito do mouse na camada OuterWallsL e escolhendo Add Selected Objects.

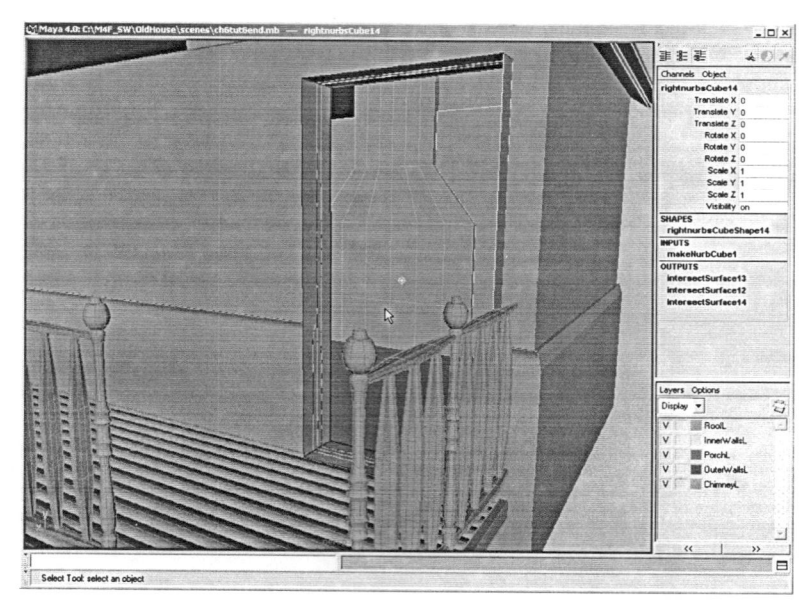

No CD
Chapter_06\ch06tut07end.mb

Figura 6.32 – *As paredes interna e externa e a fundação foram aparadas e a frente e a parte de trás do cubo de intersecção do furo da porta foram apagadas.*

Capítulo 6 – Mais modelagem NURBS | 171

Nota	Se parecer que a superfície tem furos nela depois da apara, selecione a superfície e aumente o seu nível de detalhe de exibição ao máximo, pressionando **3**.

Tutorial: como fazer uma porta

Agora é hora de criar, de fato, a porta. O método mais fácil é criar um cubo e usá-lo como a porta. Depois, você pode projetar curvas na porta, apará-la e acrescentar-lhe detalhes.

No CD
Chapter_06\movies\ch06tut08.wmv

1. Crie um cubo NURBS e ajuste Scale X, Y e Z para 2, 96 e 48, para combinar com o objeto cortado de moldura de porta, criado anteriormente. Nomeie o objeto como Door.
2. Centralize a porta na moldura de porta feita anteriormente. Translate X, Y e Z são ajustadas para 67, -94 e -67. Reduza um pouco o tamanho para que Scale Y seja 95.5 e Scale Z seja 47.5; isto cria um pequeno espaço para a porta.
3. Crie uma camada e chame-a de DoorL. Assegure-se de que toda a porta permaneça selecionada. Acrescente a porta recém-criada a esta camada, clicando com o botão direito do mouse na camada e escolhendo Add Selected Objects no menu de atalho. Alterne a visibilidade desta camada para desativada.
4. Para criar a maçaneta, você criará para ela o perfil de curva e depois girará uma superfície em torno dele. Para a criação, use CV Curve Tools (Ctrl+c I CV Curve I caixa de opção). Na caixa de diálogo, assegure-se de ajustar o Curve Degree para 3 Cubic, para poder fazer linhas curvas. Use a vista Front para desenhar o perfil. Se você quiser fazer um canto rijo, coloque três pontos seqüenciais no mesmo lugar. Se quiser um canto mais suave, coloque dois pontos seqüenciais no mesmo lugar. Use a Figura 6.33 como um guia para desenhar o seu perfil de maçaneta. Depois de ter criado a curva, centralize o ponto pivô (Hotbox I Modify I Center Pivot). Para mover o pivô para a base da maçaneta (onde ela se unirá à porta), pressione Insert para alternar o ajuste de pivô e, depois, alinhe-mova o pivô para o ponto central de trás (veja a Figura 6.33). Isto ajusta o ponto de partida do eixo de giro. Não se esqueça de sair do modo Pivot Editing, pressionando Insert — pode ficar confuso se você não vir o manipulador de pivô, pois nada parecerá reagir às suas seleções e movimentos nos painéis.
5. Com a curva selecionada, faça um giro na superfície (Ctrl+Alt+z I Revolve). Porém, a superfície gira e cria uma forma inesperada, já que ela girou a curva ao longo do eixo errado. Você pode mudar o eixo, modificando a entrada de giro, pois você tem a história habilitada. Na Channel Box, sob Inputs, na seção Revolve, mude Axis Y para 0 e depois, ajuste Axis X para 1, para corrigir junto a qual eixo a curva gira.

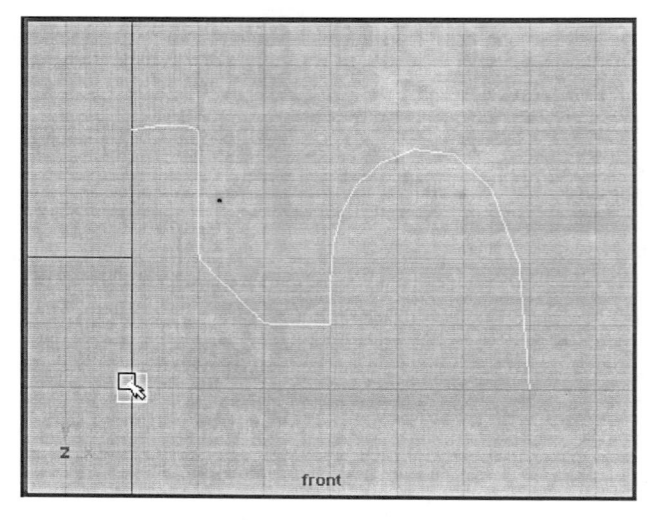

Figura 6.33 – Um perfil de maçaneta, pronto para girar.

6. Torça a fonte do perfil de curva, se quiser, para obter o aspecto de maçaneta girada como você deseja. A superfície girada reagirá imediatamente às mudanças na curva. Ajuste o pivô da superfície para a parte central de trás da maçaneta, conforme mostrado na Figura 6.34.

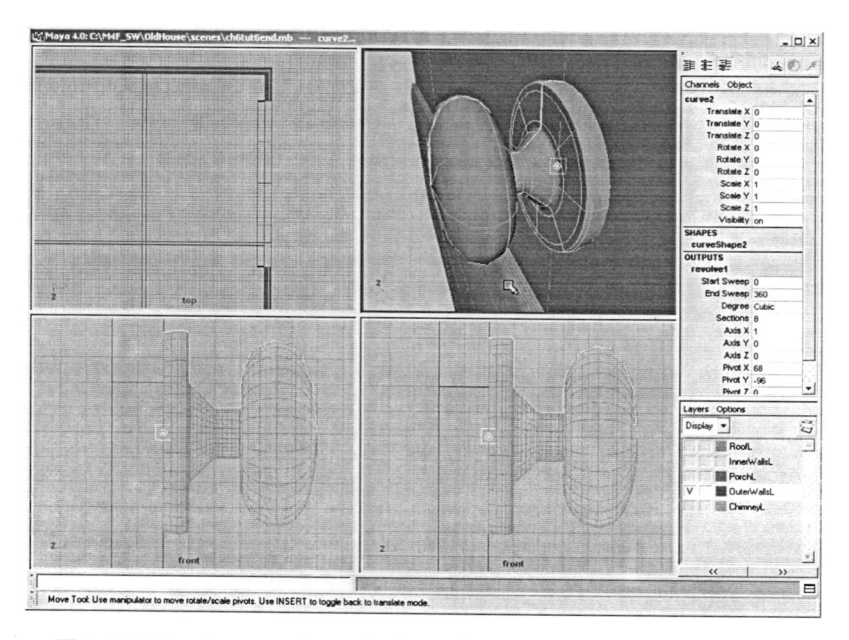

Figura 6.34 – A maçaneta mostrada em detalhes máximos na vista Shaded.

Capítulo 6 – Mais modelagem NURBS | **173**

7. Nomeie a superfície de maçaneta como DoorKnob.
8. Exiba a camada DoorL e posicione a alavanca na porta. Você pode precisar escalonar a DoorKnob para que ela seja proporcional ao resto da porta. Quando ela estiver na posição, apague a história da maçaneta, como antes.
9. Duplique a maçaneta e coloque-a do lado oposto da porta. Simplesmente, mude Scale X para um valor igual negativo e, depois, mova a maçaneta para a posição. Agora a porta tem uma maçaneta de ambos os lados.
10. Selecione todas as partes da porta no Outliner. Agrupe-as (tecla de atalho: **Ctrl+g**) e nomeie o grupo como Door. Acrescente a porta e a maçaneta à camada DoorL e apague o perfil de curva da maçaneta.
11. Em seguida, você deseja mudar a posição do pivô da porta, para que ela possa girar a partir do ponto onde deve estar uma dobradiça. Primeiro, oculte todas as camadas, exceto DoorL. Depois, selecione o grupo Door e pressione Insert para ajustar o pivô. Na vista Front, mova o pivô para o canto extremo esquerdo da porta.
12. Troque para a vista Perspective e se aproxime do canto dianteiro da porta. Agora você alinhará-colocará o pivô diretamente na borda dianteira inferior direita da porta, usando Snap to Curves (alinhar à curvas) (tecla de atalho: **c**). Enquanto ainda no modo Pivot Editing, pressione e mantenha pressionada a tecla c e, depois, MMB-clique e mantenha pressionada em uma borda da porta. O pivô se alinha à borda. Enquanto ainda estiver pressionando MMB, arraste para o ponto do canto, como mostrado na Figura 6.35. Pressione Insert para sair do modo Pivot Editing. Agora você pode girar a porta (tecla de atalho: **e**; use o círculo vermelho para girar, restrito ao eixo Y). Agora ela deve girar conforme esperado e o puxador com ela.

No CD
Chapter_06\ch06tut08end.mb

Tutorial: fazer as janelas

O último estágio importante de modelar a sua casa NURBS é fazer algumas janelas. Você criará uma moldura de janela, fazendo um perfil de curva de moldura de janela (como o perfil de molde de maneira) e, depois, inclinando-o em torno de um retângulo. Acrescentar divisões e um painel de vidro é então uma simples questão de dimensionar objetos cubo.

No CD
Chapter_06\movies\ch06tut09.wmv

1. Oculte todas as camadas, exceto InnerWallsL e OuterWallsL. Troque para a vista Front, para poder ver o lado de sua casa. Crie um quadrado NURBS (Ctrl+z I Square). Em seguida, ajuste Rotate X para 90, Scale X para 48 e Scale Z para 36 (veja a Figura 6.36). Mova o quadrado ao longo do eixo -Z na vista Top para que ele fique fora das paredes.

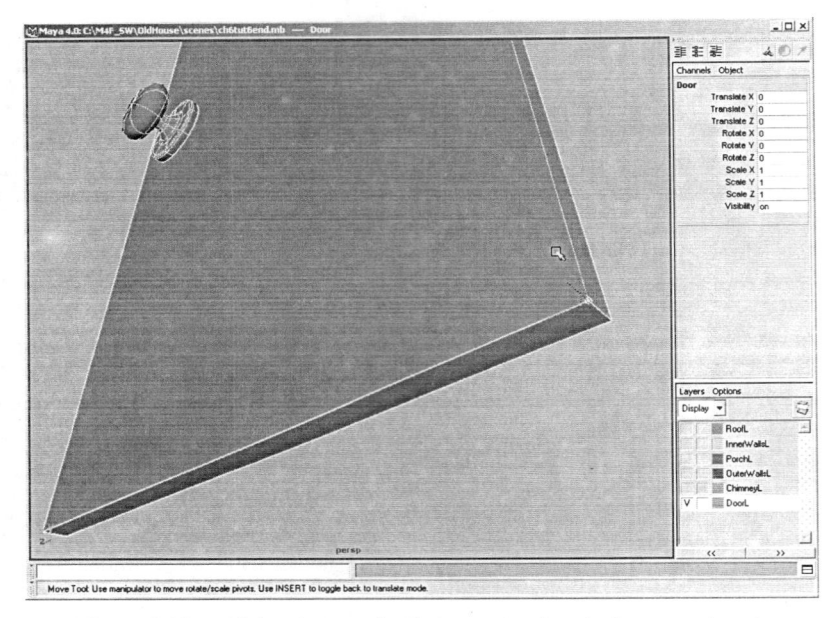

Figura 6.35 – *Alinhar à curva funciona mantendo a tecla c pressionada, clicando MMB em uma curva, e depois arrastando ao longo da curva.*

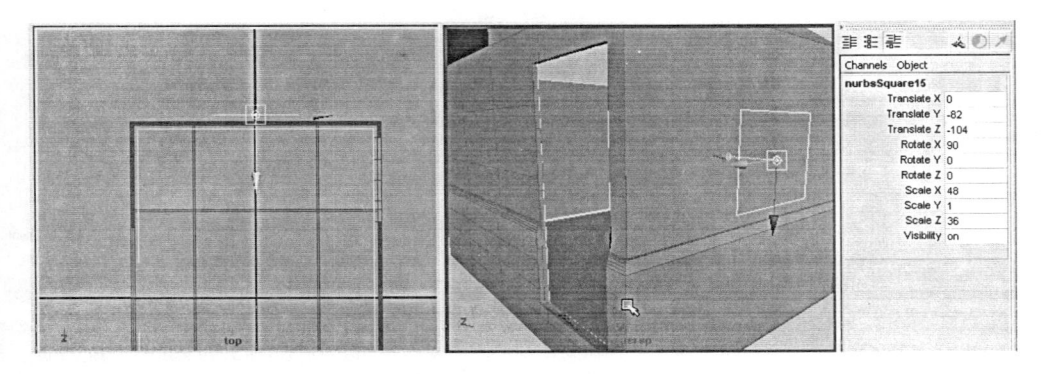

Figura 6.36 – *A forma da janela, colocada em um lado da casa.*

2. Na vista Top, crie um perfil de curva para a janela que você inclinará para criar a moldura. Use a ferramenta EP Curve com Surface Degree ajustado para 1 Linear. Desenhe um perfil de moldura, como o mostrado na Figura 6.37, usando o alinhamento.

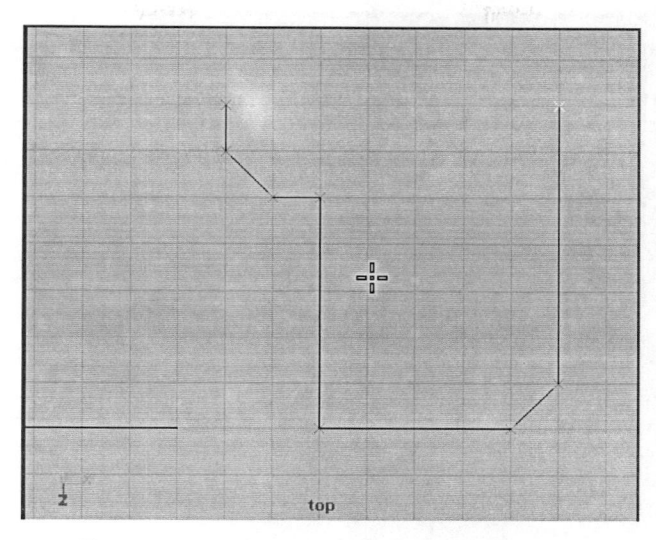

Figura 6.37 – *A forma do perfil de moldura da janela.*

3. Centralize o pivô da nova curva. Mova a curva para a base do quadrado, próxima ao canto inferior direito, usando alinhamento de curva (manter pressionada a tecla **c**, depois MMB-clique na forma de retângulo e arrastar para um canto). Você vai girar a curva a 45 graus e duplicá-la em torno do quadrado. A pequena peça de perna da curva em forma de L deve ficar para a frente, conforme mostrado na Figura 6.38. Você está criando curvas de canto para inclinar em torno do quadrado, fazendo a moldura para a janela. Duplique, mova e gire cada curva, para separar os cantos do quadrado.

4. Agora, selecione cada uma das quatro curvas em seqüência. Abra a caixa de diálogo Loft Options (opções de inclinação) (Ctrl+Alt+z | Loft | caixa de opção) e reajuste as configurações. Ajuste Surface Degree para Linear e selecione a caixa de verificação Close. Depois, clique o botão Loft e a janela deve aparecer, como mostrado na Figura 6.39.

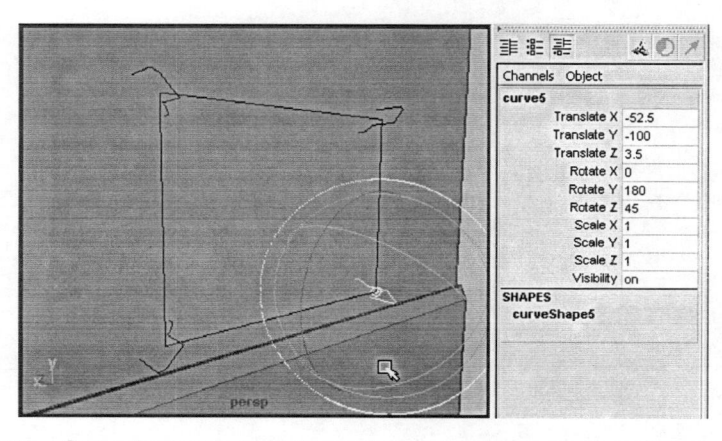

Figura 6.38 – *Quatro formas de perfis de moldura de janela nos quatro cantos do retângulo.*

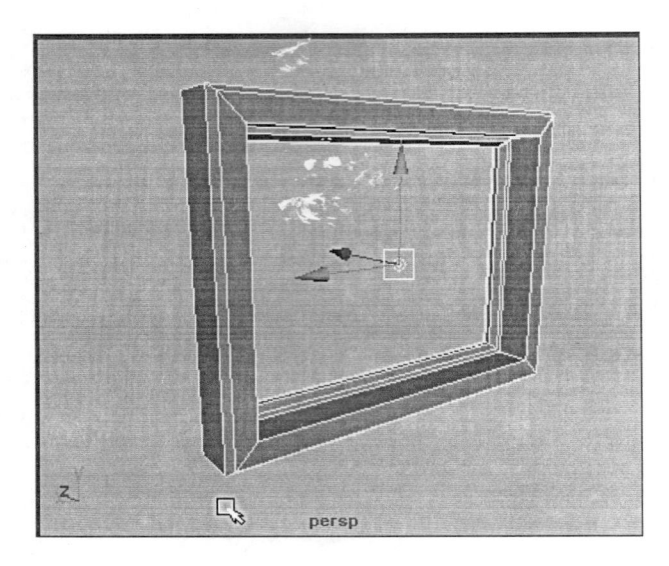

Figura 6.39 – *A janela inclinada.*

5. É possível acrescentar detalhes à moldura de janela com um divisor vertical e horizontal. Crie um cubo e ajuste Scale X para 48. Coloque-o no centro da janela. Duplique-o e ajuste Rotate Z para 90 e Scale X para 36, na duplicata. Isto cria uma moldura cruzada, evidenciada na Figura 6.40.

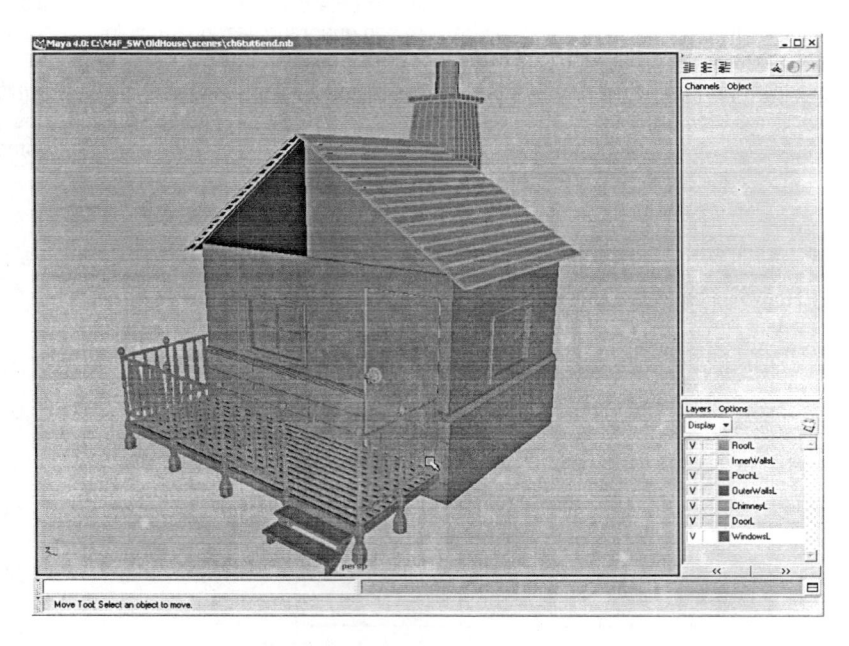

Figura 6.40 – *Duas janelas acrescentadas à casa, com furos.*

6. Em seguida, crie um plano NURBS (Ctrl+z | Plane | caixa de opção, reajuste as configurações e clique o botão Create). Ajuste Scale X para 48, Scale Z para 36 e Rotate X para 90, na Channel Box. Posicione o plano onde o vidro deve ficar na janela, centralize na ou atrás das barras cruzadas, criadas na Etapa 5. Nomeie o plano como Glass (vidro).
7. Para criar o furo nas paredes, é preciso projetar o quadrado original da janela nas paredes, para preparar uma apara. Selecione o quadrado, pressione a seta para cima, para obter todos os lados do quadrado e, depois, Shift-selecione as paredes interna e externa adjacentes a ele. Na vista Front, projete a curva (Alt+z | Project Curve on Surface). Agora você tem uma curva projetada nas paredes. Apare cada parede (Alt+z | Trim). Agora as paredes têm furos nelas.
8. Selecione todas as partes da janela, inclusive o quadrado usado para projetar as curvas. Agrupe-as e nomeie o grupo como Window. Centralize o pivô do grupo. Com a história da forma de quadrado original, agora você pode mover a janela e os furos na parede se moverão com ela. Desta maneira, você pode movê-la se não estiver contente com a sua colocação. Mova a janela para que ela fique posicionada na parede.
9. Quando tiver a janela posicionada, apague a sua história, duplique-a e mova e gire a janela para um lugar na frente da casa.
10. Abra o Outliner (tecla de atalho: **Shift+O**) e expanda a entrada Window1, para ver a lista de grupo. Você deve ser capaz de encontrar os quatro lados do quadrado, chamados topnurbsSquare, leftnurbsSquare e assim por diante. Clique e arraste sobre os quatro nomes, para selecioná-los. Você deve ver a forma de quadrado da janela da frente selecionada. Agora, é possível usar o método de projetar curva a partir da Etapa 7 para cortar um furo para esta janela nas paredes interna e externa.
11. Crie uma camada e nomeie-a como WindowsL. Acrescente as janelas à camada e torne as outras camadas visíveis. A casa está completa!

No CD
Chapter_06\ch06tut09end.mb

12. Salve a sua cena como Windows.

Resumo

Tendo trabalhado através dos estágios de criação desta casa, você aprendeu uma série de operações complexas de modelagem. Você misturou as técnicas de modelagem de modificar simples primitivas e criar superfícies a partir de curvas. Estes métodos indicam a maneira de explorar as caixas de opção e experimentar criar e modificar superfícies NURBS. Eis algumas das técnicas que você aprendeu neste capítulo, que precisa continuar praticando:

- **Alinhamento de curva** — Como forçar objetos a controlar qualquer curva ou borda em sua cena.
- **Aparas de projeções** — Criação de curvas projetadas em duas superfícies, para permitir facilidade de apara.
- **Reconstrução de superfícies** — Quando você precisa mais detalhes para editar, recrie a superfície com mais divisões.
- **Giro de superfícies** — Criação de um meio perfil de um objeto e o seu giro, para criar um efeito torneado.
- **Unir superfícies** — Combinar separadamente superfícies criadas, que compartilham bordas.
- **Inclinar a partir de isoparms** — Qualquer borda de uma superfície existente pode ser usada como um ponto de partida para inclinar para outras curvas.
- **Conexão de formas com superfícies planares** — Se uma curva circunda outra e as duas curvas são co-planares, você pode facilmente, criar uma superfície planar, ideal para tampar furos.

- **Ajustar curvas já usadas para fazer superfícies** — Superfícies baseadas em curvas mudam quando a fonte da curva é alterada, desde que a história esteja registrada para o objeto.

Versões anteriores de Maya se focalizaram em modelagem NURBS, a abordagem mais versátil para quaisquer modelos, devido à facilidade de exibir uma superfície e mudar o nível de detalhe. No entanto, para muitos objetivos (tais como a criação de personagens para jogos), a modelagem de polígono é o melhor método. A capacidade de modelagem de polígono de Maya tornou-se completamente desenvolvida como modelagem NURBS e você irá explorar a modelagem de polígono em detalhes no próximo capítulo.

CAPÍTULO 7

Modelagem com polígonos

Neste capítulo

A modelagem poligonal em Maya é excelente na criação de formas orgânicas, tais como personagens, plantas e outras formas naturais. Claro que você pode modelar qualquer tipo de forma com qualquer sistema de modelagem, mas neste capítulo, verá como usar polígonos para criar uma superfície orgânica — a cabeça de uma criatura do tipo de um ogre. NURBS costumava ser o método preferido para modelar personagens, devido ao seu poder com curvas e a habilidade de ajustar o nível de detalhes do modelo renderizado. No entanto, devido às desvantagens de NURBS — as complicações de combinar isoparms e ter emendas para fechar — e com os aperfeiçoamentos que os desenvolvedores de Maya acrescentaram ao conjunto de ferramentas de polígono, agora a modelagem poligonal normalmente é o método preferido para personagens.

Modelagem de polígono é semelhante a esculpir com barro: você começa com uma simples forma e então molda e puxa para formas mais complexas. É possível acrescentar divisões, onde necessário, para detalhes mais finos de superfície e deixar simples superfícies mais amplas, para facilitar o ajuste. Também é possível converter qualquer superfície NURBS para uma superfície baseada em polígono, em qualquer ocasião. Geralmente, você achará mais fácil começar a modelar com NURBS e depois converter para uma superfície poligonal para completar o modelo.

Os polígonos são rápidos de editar e parecem bons quando criados e modificados corretamente. Além disso, eles não exigem qualquer computação antes de renderizar, como fazem NURBS, assim, modelos poligonais geralmente são mais rápidos de renderizar. Para ver como eles trabalham, você começará criando um personagem complexo, detalhado, que fará parte da casa modelada nos capítulos sobre NURBS. Lembre-se que cada tutorial é demonstrado em forma de filme no CD que acompanha. Criar um personagem pode ser divertido e excitante. No caminho, você aprenderá sobre estas importantes tarefas e conceitos:

- **Emulated Subdivision Surfaces** (subdivisão emulada de superfícies) — Você usará uma forma poligonal crua para ajustar uma forma mais suave para emular Subdivision Surfaces em Maya Unlimited.

- **Hypergraph** (hipergráfico) — Aprenda como usar este editor para ver graficamente as interconexões de seus elementos de cena.
- **Conexão de atributos** — Conectando um atributo a outro você pode, por exemplo, fazer a cor vermelha de um objeto ficar mais brilhante, à medida que ele se torna mais alto. Neste capítulo, você conectará atributos para fazer edição de ondulações de modelagem através de vários objetos independentes.
- **Planos de imagem** — É possível designar uma imagem a câmeras ortogonais para que a imagem seja fixada no espaço e possa ser vista em vistas em 3D. Este método é ideal para trabalhar com croquis e projetos fotográficos.
- **Criação de um personagem** — Comece com um esboço para montar um personagem detalhado a partir do nada.
- **MELscripts** — Você verá rapidamente o uso deste poderoso comando e da linguagem de script, que oferece mais controle sobre Maya.
- **Espelho conectado** — Você usará este recurso para modelar apenas a metade do caractere e a outra metade simétrica refletirá automaticamente as mudanças feitas na primeira metade.
- **Suavização de polígono** — Este recurso será usado para subdividir objetos poligonais para obter um resultado mais suave.
- **Camadas de referência** — Você pode configurar um objeto ou grupo de objetos de forma que eles podem ser vistos em um modo sombreado ou texturizado, mas não podem ser selecionados. Este método é útil para designar procedimentos.

Termos-chave

extrude (extrudar) — Para mover uma face poligonal para que as suas bordas sejam circundadas com novas faces poligonais, criando uma área que se estende para fora; este método é usado para montar partes de um modelo. Efetivamente, você está "acrescentando" um rosto para fora (ou para dentro) de uma superfície.

polygon face/edge/vertex (face/borda/vértice de polígono) — Os três componentes que formam uma superfície de polígono. Um vértice é um ponto único no espaço definido por uma coordenada X, Y e Z. Uma borda é simplesmente uma linha desenhada entre dois vértices. Quando você tem três bordas definindo uma área embutida, pode criar um triângulo poligonal. Em Maya, um rosto poligonal pode ser formado por qualquer quantidade de triângulos.

subdivide (subdividir) — Separação de um polígono para criar novas faces, para acrescentar detalhe ou mais edição.

InMesh/OutMesh (ativar/desativar a malha) — A malha de um polígono é o que controla o componente e exibe opções. Quando você move uma borda ou um ponto em uma superfície, está mudando a malha. É possível usar os atributos InMesh e OutMesh para conectar com outros objetos no Hypergraph.

selection mask (máscara de seleção) — Ativada por RMB-clicar em um objeto, esta opção permite escolher componentes do objeto para seleção. Em polígonos, você pode editar bordas, vértices, faces e UVs.

Capítulo 7 – Modelagem com polígonos | 181

Teclas de atalho a memorizar

Ctrl+x — menu de marcação Create Polygon (criar polígono)

Alt+x — menu de marcação Edit Polygon (editar polígono)

F9 — modo Vertex Selection (seleção de vértice)

Ctrl+q — seleção Lasso

' - ajusta foco em um cursor na Command Line

Insert — alterna o modo Pivot Editing

Backspace — apaga objetos ou desfaz uma etapa de um processo de múltiplas etapas

Configuração de emulação para subdivisões

Uma das melhores maneiras de modelar personagens é usar Subdivision Surfaces, mas este recurso só está disponível no pacote muito mais caro Maya Unlimited. Subdivision Surfaces usa uma malha de resolução mais baixa para fazer mudanças em uma malha de resolução mais alta. A malha de baixa resolução parece uma aproximação grosseira da malha detalhada que a rodeia, o que facilita ajustar o modelo detalhado através de suas edições, para o modelo de baixa resolução. Embora Subdivision Surfaces ("Sub-Ds") seja melhor, Maya Complete pode simular modelagem de subdivisão e você usará este método para construir uma criatura para a sua cena. Para fazê-lo, será preciso entrar com um pouco de código MELscript na Command Line, ou ativar um script oculto. Iremos orientá-lo nas etapas para aplicar algumas operações avançadas, para que você possa ir direto para a configuração necessária a esta criatura.

Nota — Se você possui Maya Unlimited, pode usar a modelagemSubdivision Surfaces real nos tutoriais deste capítulo, ao invés do método emulado que descrevemos. Você irá querer trabalhar no modo polígono, para obter a gaiola de poucos polígonos que criamos nos tutoriais.

O método de simulação Sub-D que você usará é descrito em detalhes no livro *Polygonal Modeling*, que vem com Maya. Usando um MELscript chamado polyDuplicateAndConnect (duplicar e conectar polígono), você pode emular o fluxo de trabalho Subdivision. O script cria uma duplicata de entrada de objeto poligonal e, depois, conecta dados da forma de polígono original ao atributo InMesh para a nova forma duplicada. O InMesh, que descreve uma estrutura básica de objeto, é o que lhe permite alterar a duplicata com base em mudanças ao original. No tutorial a seguir, conectando OutMesh do primeiro cubo ao InMesh do segundo cubo, você tem uma malha simples com a qual trabalhar, que transfere automaticamente as suas informações de malha ao cubo mais complexo. Parece complicado, mas o encaminharemos etapa por etapa. A configuração completada é um método elegante para modelagem de polígono.

Antes de começar a modelar o seu personagem poligonal, você dará alguns passos para simplificar o processo. A maioria dos personagens em 3D que você cria é simétrica, como criaturas que você encontra no mundo real. Ao invés de fazer mudanças em ambos os lados da criatura e tentar tornar tais mudanças perfeitamente simétricas, Maya pode ajudá-lo, espelhando automaticamente cada edição do outro lado do personagem. Este método poupa tempo e garante simetria exata. Se você quiser acrescentar algumas ligeiras variações em cada lado para um aspecto mais natural, ainda pode — você apenas faz como uma última etapa, antes de finalizar os atributos simétricos do personagem.

Tutorial: preparação para modelar

Antes de começar, lembre-se que você ainda está trabalhando com Maya como configurado no início dos tutoriais, no Capítulo 5, "Modelagem básica de NURBS". Isto é, a interface de usuário foi simplificada para mostrar apenas a Command Line e a Help Line. Também, se você pulou o Capítulo 6, precisará carregar os menus de marcação e teclas de atalho descritas aqui. Os tutoriais deste capítulo se baseiam nestes aperfeiçoamentos para o fluxo de trabalho de Maya. Este tutorial começa com uma cena vazia. Confirme que história está ativa: é o botão Construction History à direita da Status Line (um com um ícone de rolagem nele). Quando ele está inativo, um x vermelho aparece sobre o ícone de rolagem do botão.

No CD
Chapter_07\movies\ch07tut01.wmv

1. Inicie um novo projeto (Hotbox | File | Projects | New). Nomeie o projeto como Creature (criatura), clique o botão Use Defaults (usar padrões) para usar o diretório padrão e clique o botão Accept.
2. Ajuste o seu layout para o modo padrão Four View (Hotbox | Panels | Saved Layouts | Four View).
3. Comece criando um polígono cubo (Ctrl+x | LMB-pressionar | Cube) com o nome padrão de pCube1. O seu nó Shape (forma), que você pode na em Channel Box, é chamado pCubeShape1.
4. A próxima etapa é conectar OutMesh de pCubeShape1 a InMesh de um cubo recém criado. Você fará isto executando um script. Confirme que pCube1 ainda está selecionado e pressione ' (o apóstrofo invertido, também chamado de acento grave, de seu teclado). Na Command Line, digite polyDuplicateAndConnect e pressione Enter. Depois do script executar, você pode ver um outro cubo (chamado pCube2). Confirme que pCube2 está selecionado.
5. Assegure-se de que seus visores estão no modo Wireframe (tecla de atalho: **4**). Aplique um Polygon Smooth (suavização de polígono) à forma, acessando o menu de marcação Polygon Editing (Alt+x | Smooth). Agora você tem uma malha de cubo controlando um cubo suavizado (veja a Figura 7.1).

Nota — Há diversas maneiras de suavizar uma forma de polígono. Este tutorial usa o primeiro método, modificando a topologia, suavizando um polígono, expandindo os vértices e as bordas em uma nova face — uma maneira de subdividir o polígono. O segundo método é fazer a média dos valores de vértices, sem distribuir a topologia para o objeto recentemente suavizado; este método é benéfico quando você deseja UVs, que são mais fáceis para se trabalhar. O terceiro método é usar Sculpt Polygons Tool (ferramenta de esculpir polígonos), que dão a média dos valores alvo que você "pinta" interativamente, resultando em uma superfície mais suave. Este método não modifica a topologia do objeto.

Capítulo 7 – Modelagem com polígonos | 183

6. Abra o Attribute Editor (tecla de atalho: **Ctrl+a**). Selecione a guia de polySmoothFace1 e desmarque Keep Border (manter borda) (veja a Figura 7.2) para moldar diferentemente o polígono, quando ele é dividido. Feche o Attribute Editor.

> **Dica** — Lembre-se de usar o Outliner quando estiver tentando selecionar um objeto especial em sua cena. O Outliner é uma das maneiras mais rápidas e precisas de selecionar objetos em sua cena.

7. Se você tentar modificar a malha agora, ela não atualiza a suavidade de acordo, portanto, é preciso modificar o atributo .inputComponents, que é parte de polySmoothFace1. Para fazer isto, você pode emitir um simples comando e mudar o número de faces para uma variável que é continuamente atualizada, em resposta a mudanças de superfície. Confirme que pCube2 permanece selecionado (ou selecione-o em Hypergraph, no Outliner ou no visor). Troque para a Command Line (tecla de atalho: '), digite a linha a seguir e, depois, pressione Enter:

```
setAttr polySmoothFace1.inputComponents -type
"componentList" 1 "f[*]";
```

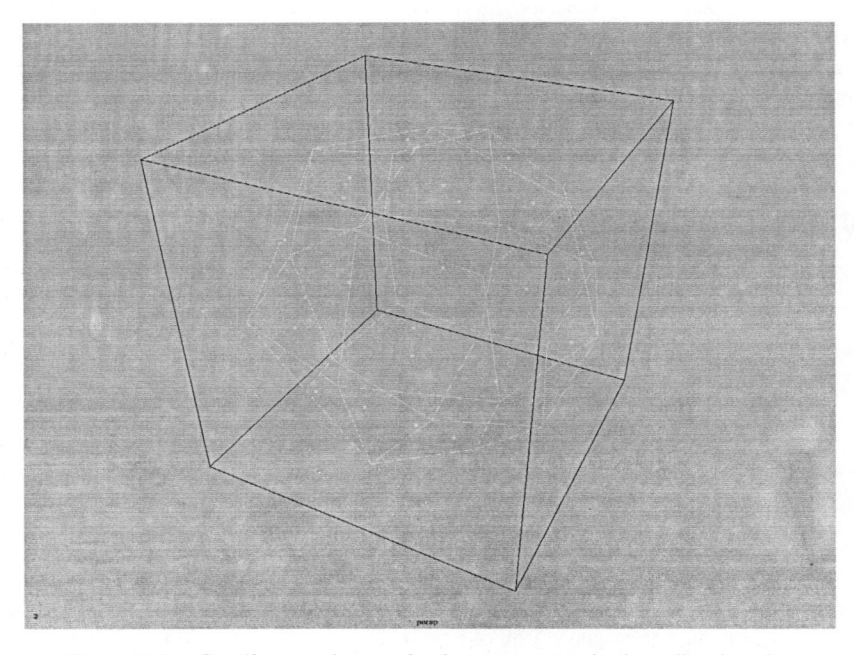

Figura 7.1 – *O polígono cubo suavizado com o controle de malha do cubo circundando-o, para emular a técnica de modelagem Subdivision.*

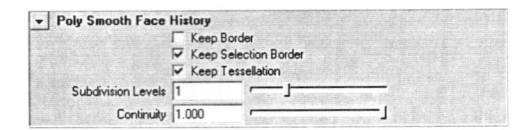

Figura 7.2 – *Desmarcando a opção Keep Border.*

> **Armadilha** — Quando você estiver digitando os comandos MELscript, lembre-se de que eles têm estilo de letra. Um pequeno erro de digitação e o comando não funcionará corretamente. Se o lado direito da Command Line ficar vermelho e exibir "Error: ..." (erro ...), você saberá que cometeu um erro de digitação. Neste caso, o texto digitado não desaparecerá quando você pressionar Enter. Simplesmente, encontre o erro, corrija-o e pressione Enter novamente.

Agora você configurou a sua emulação para o fluxo de trabalho Subdivision, usando polígonos. Modificando pCubeShape1, a forma interna com a suavização aplicada deve se atualizar adequadamente. Este método de modelar formas orgânicas permite que você mude uma simples estrutura e veja os resultados em uma suave malha detalhada, em tempo real.

8. Na seção Poly Smooth Face History (história de face de polígono suave) do Attribute Editor, de polySmoothFace1, é possível ajustar o valor Subdivision Levels (níveis de subdivisão) para o suave, o que lhe permite aumentar ou diminuir o nível de suavidade de seu objeto. Experimente para ver como ele funciona, se quiser, mas restaure o ajuste para 1 depois de terminar.

Configuração de cubos para modelagem

Com freqüência, é mais fácil ver os seus modelos no modo Shaded do que no modo Wireframe, mas isto não significa que modelar é mais eficiente no modo Shaded. A vantagem do método que você está usando é que você tem uma "gaiola" de moldura de arame que circunda um modelo de resolução mais alta. Você usa esta simples "gaiola" do cubo de poucos polígonos para criar um personagem complexo, subdividindo inteligentemente a malha de cubo no controle e puxando os novos pontos.

> **Dica** — Como uma regra geral, ajuste visores ortográficos no modo Wireframe (tecla de atalho: **4**) e vistas Perspective no modo Shaded (tecla de atalho: **5**).

Ao modelar um personagem, normalmente é muito mais fácil trabalhar apenas com um lado da figura. Por isso, os cubos neste tutorial são ajustados para ter uma versão espelhada que é automaticamente atualizada com as modificações feitas do outro lado.

Capítulo 7 – Modelagem com polígonos | 185

Tutorial: simetria facilitada

Continue a partir do tutorial anterior ou carregue o arquivo de cena listado aqui. Se você estiver no modo Shaded, não pode mais ver o pCube2 suavizado, pois pCube2 o circunda e tem uma superfície visível.

No CD
Chapter_07\movies\ch07tut02.wmv

No CD
Chapter_07\ch07tut01end.mb

1. Abra a Channel Box (tecla de atalho: **Shift+C**). No Layer Editor, na parte inferior, crie duas camadas. Clique o botão Layers à direita, duas vezes, e, depois, clique duas vezes no nome da camada recém-criada para mudar o seu nome. Nomeie a primeira camada como CageL e a segunda como SmoothL. Designe pCube1 para CageL. Nomeie pCube2 como Smooth e designe a SmoothL.
2. No Outliner, selecione pCube1 e renomeie como Cage1. Abra o Attribute Editor (tecla de atalho: **Ctrl+a**). Clique a guia CageL e expanda a seção Drawing Override Options (sobrepor opções de desenho). Clique a caixa de verificação Enable Overrides (capacitar sobreposições) e desmarque o resto das caixas, exceto Visible (visível) (veja a Figura 7.3). Agora, a gaiola será visível nos painéis 3D de moldura de arame ou sombreado, como uma moldura de arame, mas nunca aparecerão em uma renderização.

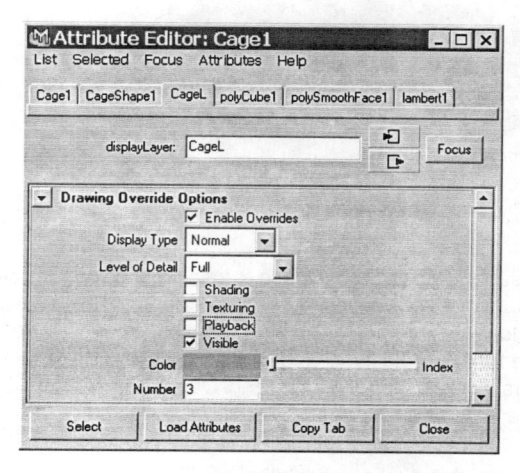

Figura 7.3 – *O Attribute Editor com as opções de sobreposição de desenho ajustadas para CageL.*

3. Para criar a metade esquerda simétrica do personagem, você duplicará o cubo. Primeiro, para mover a geometria atual para a direita se tornar a metade certa do personagem, selecione Cage1 e Smooth e, na Channel Box, ajuste Translate para 0.5.

186 | Dominando Maya 4

4. Em seguida, é preciso abrir o lado do cubo que se ajustará à metade espelhada, selecionando e apagando as faces de polígono (que logo serão) no lado interno do cubo, mais perto da cena de origem (o ponto 0,0,0): para fazer isto, selecione Cage1, RMB-clique em Cage1 e escolha Face. Alavancas seletoras de ponto azul aparecerão nos seis lados do cubo. Selecione a face do lado que está diante da cena de origem e pressione Delete. O cubo Smooth agora está aberto de um lado (veja a Figura 7.4). Pressione F8 para sair do modo Component.

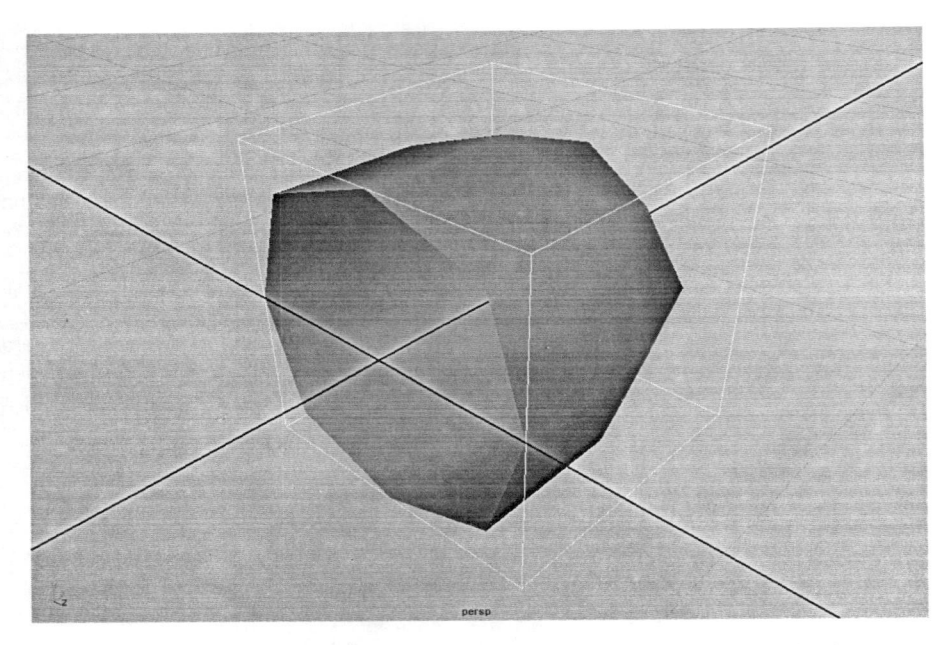

Figura 7.4 – *Na vista Perspective, o cubo suavizado agora deve ter um lado aberto.*

5. O ponto central das superfícies tem um espaço extra a partir da origem, centralizado entre os dois objetos que fizemos. Já que você deseja duplicar o cubo Smooth e espelhá-lo, é preciso mover o ponto central para a localização onde os objetos serão espelhados, portanto, você alinhará o pivô à origem 0,0,0. Para fazê-lo, selecione Cage1, troque para o modo Move (tecla de atalho: **w**) e pressione Insert, para ir para o modo Pivot Editing. Depois, mantenha pressionada a tecla **x**, para alinhar à grade enquanto arrasta o ícone de pivô em uma vista 3D com o seu MMB. Pressione Insert, quando terminar, para sair do modo Pivot Editing. Repita este procedimento para o objeto Smooth.
6. Selecione o objeto Smooth e duplique-o (Hotbox I Edit I Duplicate I caixa de opção). Na caixa de diálogo Duplicate Options, reajuste as configurações e, depois, ajuste Scale X para -1. Clique o botão Duplicate. Agora, você deve ter uma duplicata, além de seu original, com os dois objetos visíveis formando uma forma cápsula. Nomeie a duplicata como SmoothMirror. O objeto espalhado pode ser visto na Figura 7.5.

Capítulo 7 – Modelagem com polígonos | 187

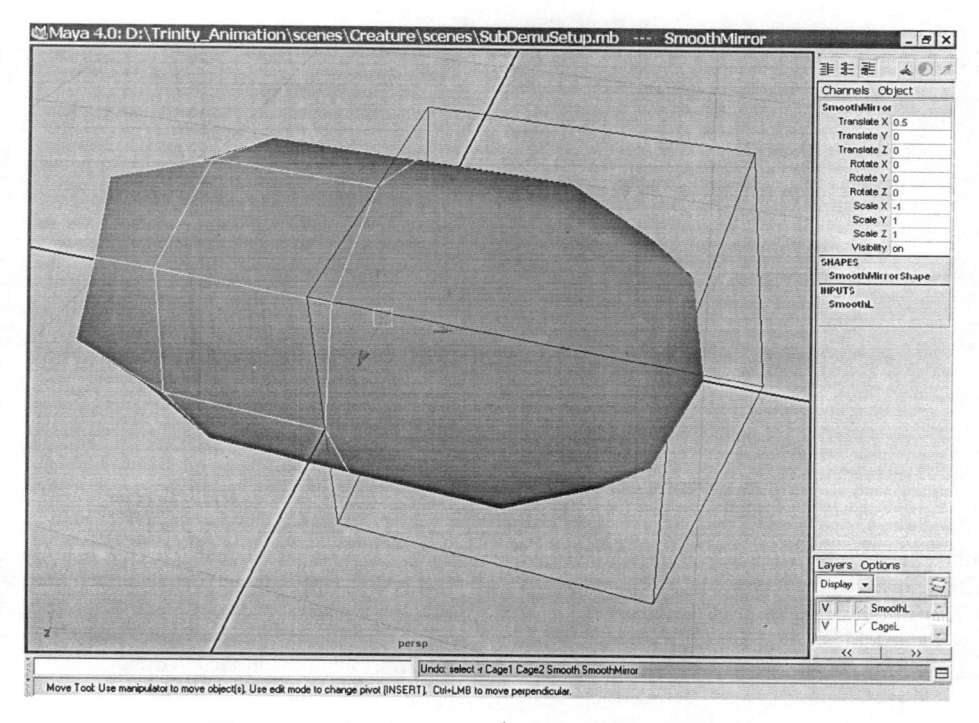

Figura 7.5 – *O cubo Smooth foi duplicado e posicionado onde a metade original do cubo estaria.*

Se agora você fosse modificar o cubo suavizado original, a metade espelhada não mudaria de acordo. Para conseguir que a malha do duplicado reaja, você precisa fazer algumas conexões entre Smooth e SmoothMirror.

7. Abra o Outliner (tecla de atalho: **Shift+O**). Abra o Connection Editor (editor de conexão) (Hotbox I Window I General Editors I Connection Editor).
8. Em seguida, RMB-clique em um espaço em branco no Outliner e escolha Show Shapes (exibir formas). Expanda Smooth e SmoothMirror, clicando o + próximo aos seus nomes (veja a Figura 7.6).
9. No Connection Editor, você pode conectar saídas específicas de Smooth para entradas de SmoothMirror. No Outliner, clique em SmoothShape e no Connection Editor, clique o botão Reload Left (recarregar esquerda). Selecione SmoothMirrorShape no Connection Editor e clique o botão Reload Right (recarregar direita). O Connection Editor agora está ajustado para aceitar saídas de SmoothShape e conectá-las a entradas de SmoothMirrorShape.

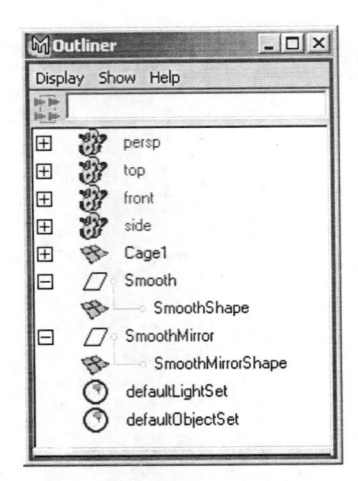

Figura 7.6 – *Os cubos suavizados no Outliner.*

10. Role para baixo a lista Outputs (saídas) em SmoothShape e clique WorldMesh (marque os Left and Right Side Filters (filtros laterais à esquerda e à direita) na barra de menu do Connection Editor, se as entradas não aparecerem na lista). Na lista Inputs de SmoothMirrorShape, role para baixo e clique InMesh. Ambos os nomes estão em itálico, para indicar que os atributos WorldMesh de saída e InMesh de entrada estão conectados (veja a Figura 7.7). Feche o Connection Editor.

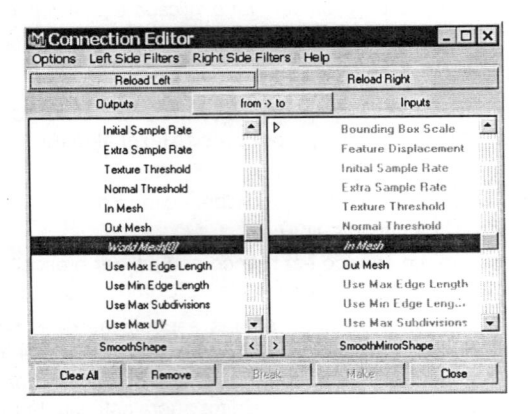

Figura 7.7 – *Ambos os atributos no Connection Editor são destacados e em itálico, indicando que eles foram conectados.*

Capítulo 7 – Modelagem com polígonos | 189

Nota Experimente a nova conexão, manipulando o cubo Cage1. Para modelar o objeto Smooth, você ajustará o cubo Cage1, modificando CVs, bordas, faces e assim por diante. Perca algum tempo para olhar o cubo para confirmar a conexão e ver o efeito. Experimente selecionar Cage1 e trocar para o modo CV Component Selection (tecla de atalho: **F9**) e depois mover alguns dos CVs. Observe que SmoothMirror reflete as mudanças feitas em Smooth, conforme mostrado na Figura 7.8. Isto facilita verificar as suas proporções, enquanto modela. Use Undo (tecla de atalho: **z**) para pôr os CVs de volta no lugar depois de movimentá-los.

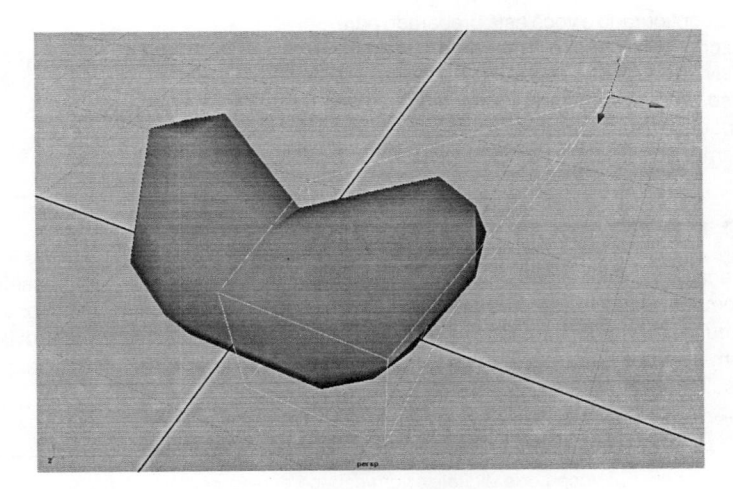

Figura 7.8 – *O efeito de puxar um dos vértices em sua gaiola — SmoothMirror agora se movimenta de acordo com as modificações.*

11. Selecione o objeto SmoothMirror e designe-o à camada SmoothL.
12. Quando você estiver tentando trabalhar com a gaiola circundando a sua suavização, pode selecionar acidentalmente o objeto suavizado. Maya oferece o modo Reference para camadas que você deseja ver, mas não selecionar. Para habilitar este modo no Layer Editor na Channel Box, selecione a camada SmoothL e, depois, clique duas vezes o quadrado próximo ao V. Ele circula os três modos — nothing (nada), Template (gabarito) e Reference (referência) (veja a Figura 7.9). Agora, é impossível selecionar Smooth ou o objeto SmoothMirror clicando nele!

Dica Quando você ajusta o tipo de camada para Reference, evita e modificação acidental.

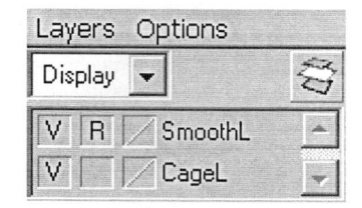

Figura 7.9 – *Observe o "R" no Layer Editor, indicando que você ajustou a camada SmoothL como uma camada Reference.*

Agora tudo está configurado e você está preparado para modelar a sua criatura usando o método de emulação Subdivision. Salve a sua cena como SubDemuSetup. Se você ficar preso na criação da configuração inicial do personagem, pode carregar o arquivo próximo ao ícone de CD, para começar.

No CD

Chapter_07\ch07tut-2end.mb

Criação da cabeça da criatura

Antes de começar a modelar a cabeça da criatura em Maya, você deve esboçar grosseiramente um desenho de como quer que ela se pareça. É uma boa idéia fazer desenhos de vista frontal e de perfil. Você gastará muito mais tempo tentando criar um personagem se, simplesmente, improvisar o modelo do personagem. Se planejar antecipadamente com desenhos, fará progressos muito mais rápidos quanto aos resultados desejados.

Dica — Você pode digitalizar um esboço de seu personagem e usar as imagens como um *plano de imagem*, um visor bitmap em Maya, que é específico a uma das vistas ortogonais. Por exemplo, um bitmap do esboço de perfil do seu personagem aparecerá na vista Side de Maya, se ele estiver designado como um plano de imagem daquela vista.

Como carregar uma imagem para referência

Antes de carregar as digitalizações de seus dois esboços (desenhos frontal e perfil) em Maya, é preciso ter certeza de que eles têm o mesmo tamanho, tanto quanto possível, especialmente em altura. Você quer que as vistas Front e Side do modelo sejam proporcionais de modo a poder trocar entre as duas vistas e usá-las para esculpir a criatura. Com isto em mente, você deve tentar rascunhar os dois desenhos na mesma escala para poder simplesmente digitalizá-los, mas, se estiver em dúvida, apenas redimensione ambos, para combinar, em um editor bitmap (tal como Photoshop). Para este capítulo, dividimos as imagens em várias partes: face, braços, pernas e tronco. Desta maneira, você pode carregar cada parte do corpo à medida que modelar aquelas áreas.

Capítulo 7 – Modelagem com polígonos | **191**

Armadilha	Ao salvar o arquivo no formato Windows .BMP, não use este modo compactado opcional de formato. Maya não pode decodificar arquivos de imagem BMP que foram compactadas.

Tutorial: como carregar planos de imagem para referência

Continue a partir do tutorial anterior ou carregue o arquivo de cena listado aqui. Para modelar a sua criatura, você começará com a face, portanto, primeiro é preciso carregar algumas imagens de referência.

1. RMB-clique no visor Front para ativá-lo. Para importar uma imagem, clique Hotbox I View I Image Plane I Import Image. Insira o CD de Fundamentos de Maya 4, selecione o arquivo próximo ao ícone de CD aqui e, depois, clique o botão Open para criar imagePlane1.

2. Abra o Attribute Editor para a imagem (Hotbox I View I Image Plane I Image Plane Attributes I imagePlane1). Mude o nome de imagePlane1 para FrontFace.

3. No Attribute Editor, expanda a seção Placement Extras (colocação de extras) e ajuste a Width (largura) para 7.5 e a Height (altura) para 7.5 (veja a Figura 7.10). Confirme também que Offset (espaço extra) está ajustado para 0,0 e que Coverage Origin X and Y (cobertura de origem X e Y) (sob Placement Extras) estão ajustadas para 0.

4. Para carregar a imagem de perfil da cabeça, ative a vista Side (RMB-clique nela) e, depois, repita o procedimento usado para carregar a imagem FrontFace, mas use FaceProfile.bmp. Nomeie o novo plano de imagem como SideFace e redimensione como antes, no Attribute Editor.

5. Mude o layout para Three Panes Split Right (separar três painéis à direita) (Hotbox I Panels I Layout) e desative a grade nas três vistas (Hotbox I Display I Grid). As imagens de referência devem estar ajustadas conforme mostrado na Figura 7.11).

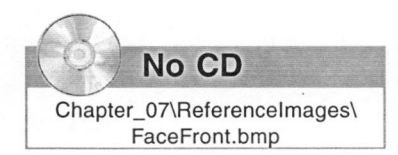

No CD — Chapter_07\movies\ch07tut03.wmv

No CD — Chapter_07\ch07tut02end.mb

No CD — Chapter_07\ReferenceImages\FaceFront.bmp

No CD — Chapter_07\ReferenceImages\FaceProfile.bmp

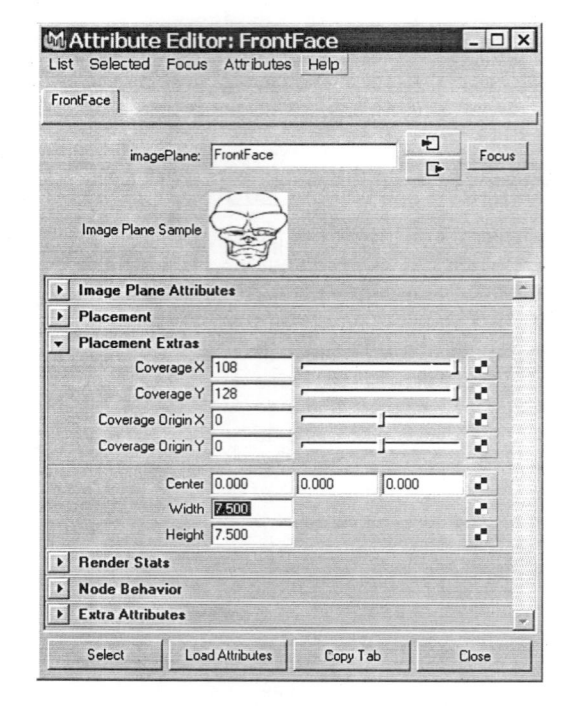

Figura 7.10 – *Com o Attribute Editor, você pode carregar imagens em sua cena e modificar como elas são exibidas.*

As imagens de referência agora estão configuradas, portanto, você pode começar a modelar o seu personagem. As duas imagens devem ter aproximadamente a mesma altura nos visores. Se não, você pode abrir o Attribute Editor para cada uma e compará-las, enquanto estiver alternando os ajustes.

Dica: Na parte inferior do Attribute Editor está o botão Copy Tab (novo em Maya 4). Você pode usá-lo para fazer uma janela flutuante que se torna o painel de atributo para um elemento de cena específico. É possível listar a guia para um dos atributos do objeto e, depois, abrir outros atributos no Attribute Editor, enquanto ainda está vendo o que foi "transformado". É uma maneira fácil de comparar ajustes.

Capítulo 7 – Modelagem com polígonos | 193

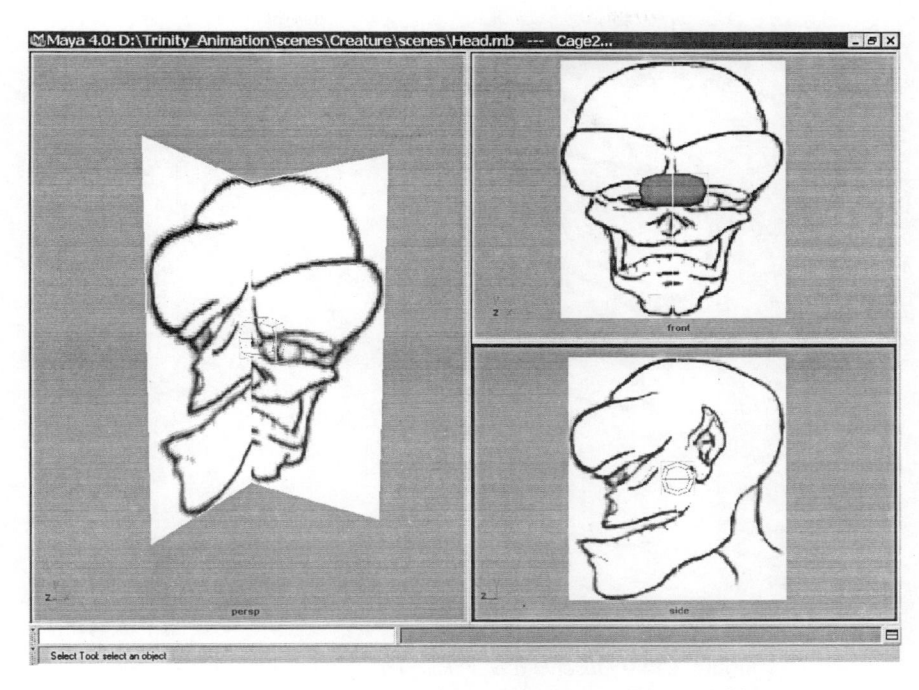

Figura 7.11 – *Os visores com os planos de imagem incluídos.*

Modelagem da cabeça

Usar a emulação Subdivision não é um método difícil de administrar. Você só precisa de algumas ferramentas simples — Append Polygon (anexar polígono), Extrude Faces (extrudar faces) e Create Polygon (criar polígono) — para modelar. À medida que você criar a criatura, tente pensar em termos de trabalhar com barro. Você estará "esculpindo" a sua forma, acrescentando partes a ela. Ao montar a partir do objeto original, gradativamente o aspecto da cabeça tomará forma. Se você tiver dificuldade em visualizar as etapas para criar partes da face, sempre pode referir-se às figuras deste capítulo para ajuda.

Tutorial: como bloquear na cabeça

Continue a partir do tutorial anterior ou carregue o arquivo de cena listado aqui.

1. Abra o Outliner (tecla de atalho: **Shift+O**) e selecione a gaiola e as duas formas suavizadas. Na vista Side, mova os cubos para a base do pescoço, pois você montará a sua criatura do pescoço para cima. Em seguida, incremente o ajuste Divisions para polySmoothFace1 para conseguir uma forma mais suave. Selecione o cubo Smooth, abra a Channel Box e na seção Inputs de polySmoothFace1, ajuste Divisions para 2 (veja a Figura 7.12).

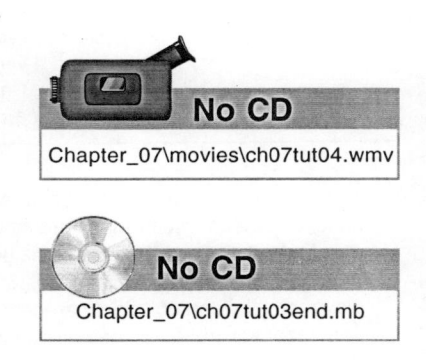

No CD
Chapter_07\movies\ch07tut04.wmv

No CD
Chapter_07\ch07tut03end.mb

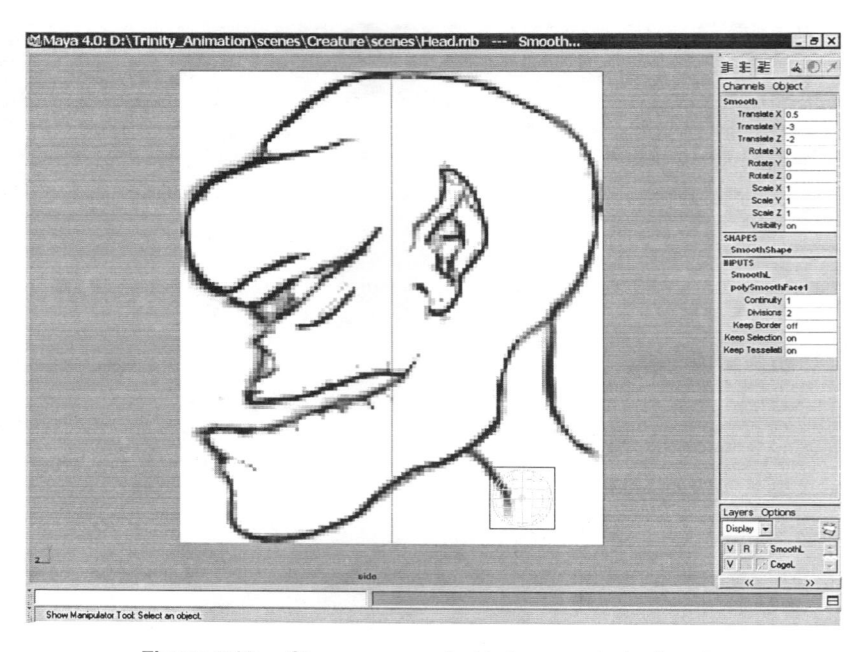

Figura 7.12 – *Observe a complexidade aumentada do cubo depois de mudar o ajuste Divisions para 2.*

Dica

Ao modelar o seu personagem, Maya exibe uma representação mais apurada quando as divisões estão ajustadas mais altas. No entanto, podem ocorrer dois problemas. Primeiro, o hardware de seu computador pode não ser capaz de lidar com a complexidade acrescida, dificultando manipular a cena devido à baixa interação. Segundo, a densa malha de moldura de arame de uma superfície altamente subdividida pode dificultar ver a gaiola com a qual você trabalhou. No entanto, sempre é possível mudar o número de divisões.

Você também poderia querer desativar completamente a camada com o objeto subdividido suavizado. Geralmente, é muito difícil e lento trabalhar com a versão suave visível e atualizando dinamicamente enquanto você edita. Camadas são úteis para este propósito, simplesmente clique a caixa V na lista Layers na Channel Box e a camada desaparece

2. Agora começaremos a fazer a extrusão de faces a partir do objeto Cage1, para que o formato de cabeça comece a se formar. Para fazê-lo, selecione Cage1 no Outliner e, depois, selecione a face do alto de Cage1, RMB-clicando na borda do cubo e escolhendo Face. Selecione a face do alto da gaiola e faça a sua extrusão (Alt+x-pressionar | LMB-pressionar | Extrude Face). Quando as alavancas do manipulador aparecerem, você pode mudar a rotação, escala e posição da nova face, para fazer a extrusão. À medida que você trabalhar nas próximas edições, cuide para não mover a face na direção X, pois ela ficará diferente da cópia espelhada. Para esta primeira extrusão, mova a face verticalmente, para cima, cerca de .5 de uma unidade, conforme mostrado na Figura 7.13.

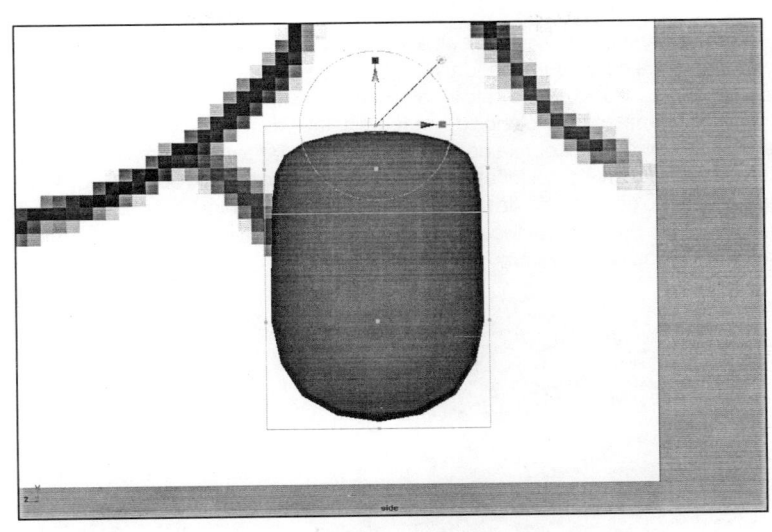

Figura 7.13 – *A face superior do cubo foi extrudada e movida para cima.*

3. Repita o comando Extrude Face (tecla de atalho: **g**) e mova a nova face cerca de 2 unidades na direção Y, para que a face de polígono esteja bem alinhada com a base dos olhos. Repita a extrusão mais uma vez e mova-a cerca de 4 unidades para o alto da cabeça (veja a Figura 7.14).

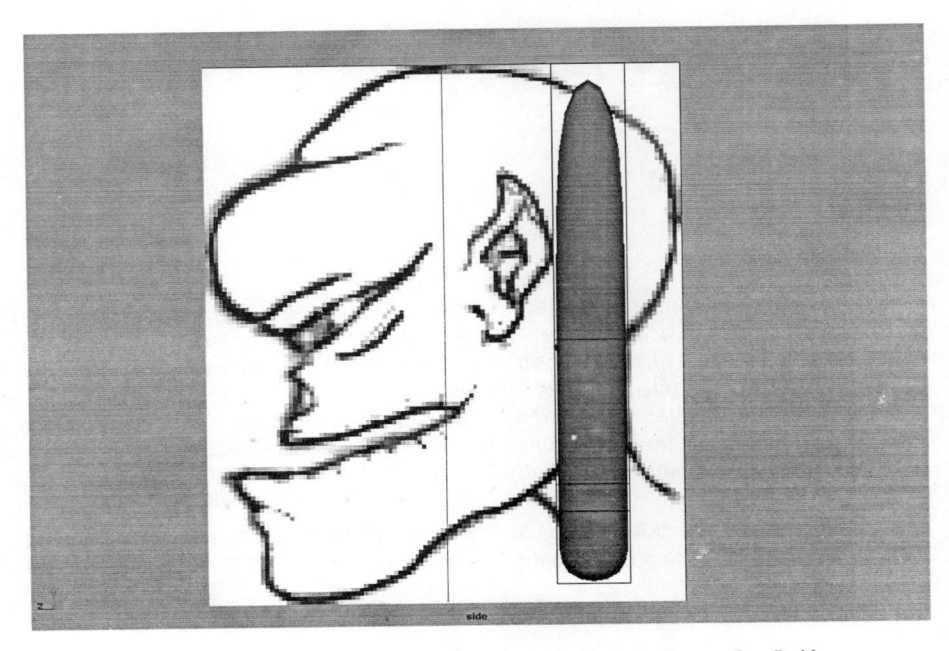

Figura 7.14 – *O cubo na vista Side, depois da extrusão na direção Y.*

4. Na vista Perspective, você pode ver que as extrusões criaram dois pilares saindo da base do cubo. Provavelmente, você notou que quando fez a extrusão da face, as duas metades da suavização não estavam conectadas no centro. Isto é devido às novas faces criadas durante a extrusão. É fácil resolver este problema, mas os planos de imagem estão dificultando ver as suas seleções. Oculte as câmeras (que por sua vez oculta os planos de imagem) na vista Perspective (Hotbox | Show | Cameras). Agora é possível selecionar facilmente as faces no lado do objeto Cage1 extrudado, pois você já está no modo de edição da face. Simplesmente, selecione cada uma das três faces entre as duas extrusões e pressione a tecla Backspace para apagá-las. Com cada remoção, os lados ficarão mais próximos (veja a Figura 7.15).

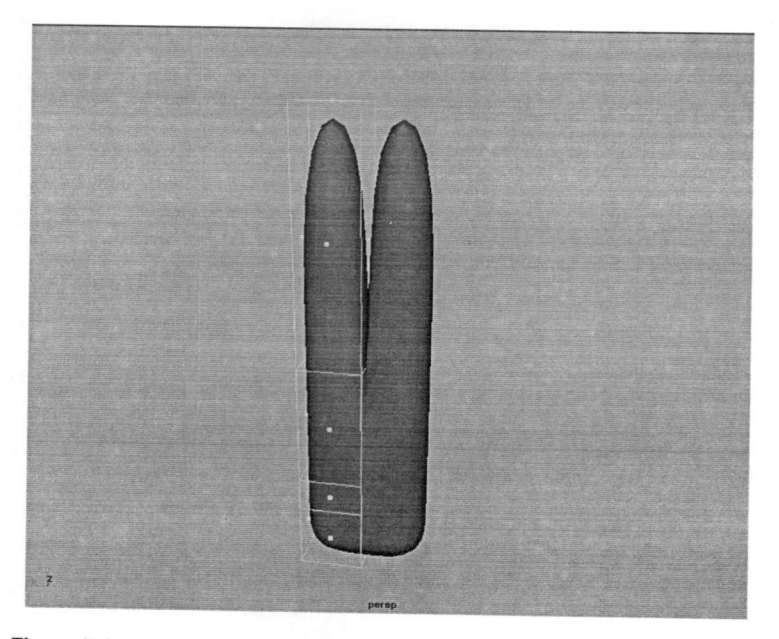

Figura 7.15 – *Apagar as faces entre os dois pilares leva os lados a se fundir.*

5. A próxima etapa é fazer a extrusão das faces na frente dos cubos e movê-las na direção Z, até que atinjam a frente da cabeça de sua criatura. Exatamente agora você tem Cage1 dividida em quatro seções. Na vista Perspective, selecione as faces de polígono na frente das duas seções superiores. Faça a extrusão delas (Alt+x-pressionar | LMB-pressionar | Extrude Face) cerca de 3 unidades na direção Z positiva e troque para a vista Side, para afastá-las mais na direção da frente da cabeça, deixando um pouco menos do que um quarto do perfil da referência de imagem descoberto. A partir dali, faça a extrusão mais uma vez (tecla de atalho: **g**) e mova as faces cerca de 1.7 unidades, para a borda esquerda do desenho (veja a Figura 7.16). Agora, há mais duas seções.

6. Troque para a vista Perspective e apague as novas faces entre os dois lados suavizados, como na Etapa 4. Para facilitar, você pode ocultar o objeto Smooth, clicando o V no Layer Editor para a camada SmoothL.

Capítulo 7 – Modelagem com polígonos | **197**

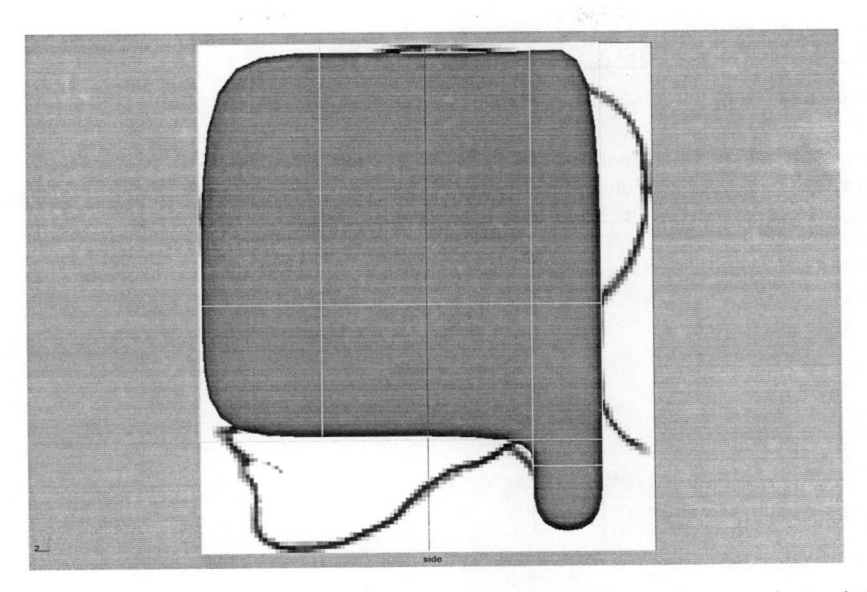

Figura 7.16 – *Na vista Side, é possível ver as novas extrusões, movendo para a frente da face.*

Como trabalhar com a Split Polygon Tool (ferramenta dividir polígono)

Agora você precisa ser um pouco mais criativo. Para acrescentar detalhes à criatura, você usará a Split Polygon Tool, que divide uma face de polígono em duas faces separadas. Para o detalhe funcionar, esta ferramenta oferece uma vantagem sobre a modelagem NURBS, pois com NURBS, acrescentar uma divisão acrescenta uma curva que envolve todo o modelo (a menos que você esteja trabalhando com remendos NURBS). Se você tentar modelar uma única cabeça composta de NURBS, o resultado normalmente será dividido em curvas NURBS demais para que sejam fáceis de trabalhar. Uma exceção é criar um modelo colocando "remendos" de superfícies baseadas em NURBS reunidas.

Quando trabalhou com NURBS nos tutoriais anteriores, você usou a ferramenta Snapping, que é crucial para a colocação precisa de pontos. Com a Split Polygon Tool, você usará muito pouco o alinhamento de borda. Um recurso da Split Polygon Tool é um ajuste para o número de *alinhamentos magnéticos*, que se referem à quantidade de divisões de uma borda de polígono, que são "agarráveis". Com alinhamentos magnéticos ajustados para 2, você pode dividir facilmente uma borda em pontos a 1/3 e 2/3, pois haverá dois magnetos igualmente colocados naquela borda. A *tolerância magnética* ajusta a atração para pontos alinhados. Quanto mais alta ela estiver alinhada, mais forte o efeito de alinhamento.

Com a Split Polygon Tool, você pode acrescentar detalhes localizados. Iniciando com um esboço grosseiro da cabeça, você pode então acrescentar recursos detalhados, tais como os olhos e a boca. Este método é especialmente eficiente para modeladores visuais interativos que gostam de montar as suas superfícies como um escultor faria com argila. A Split Polygon Tool é semelhante à ferramenta Create EP Curve usada na modelagem NURBS. Se acidentalmente, você colocar um ponto no lugar errado, pode reposicioná-lo (tecla de atalho: **Insert**) ou apagá-lo (tecla de atalho: **Backspace**).

Tutorial: como acrescentar forma à cabeça

Continue a partir do tutorial anterior ou carregue o arquivo de cena listado aqui.

1. Abra a caixa de diálogo Tool Settings (ajustes de ferramenta) para a Split Polygon Tool (Alt+x | Split Polygon Tool | caixa de opção). Ajuste Snapping Tolerance (tolerância de alinhamento) para 50, para alinhamento extraforte (veja a Figura 7.17) e, depois, feche a caixa de diálogo Tool Settings.

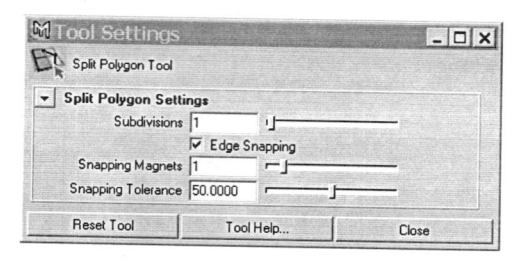

No CD
Chapter_07\moviesch07tut05.wmv

No CD
Chapter_07\ch07tut04end.mb

Figura 7.17 – Em Tool Settings, você pode mudar os ajustes para indicar o alinhamento.

Dica Lembre-se de que você precisa trocar o modo Component Selection (tecla de atalho: **F8**), ou não será capaz de selecionar objetos. O modo Component só lhe permite pegar partes de objetos, como extremidades.

Usando a Split Polygon Tool, você separará os polígonos em áreas que precisam de mais detalhes. Por ora, mantenha-os simples e só acrescente divisões onde necessário. Se você acrescentar detalhes demais muito cedo no estágio de modelagem, será difícil modificar os detalhes mais tarde, pois você precisará selecionar muitos vértices apenas para começar a fazer uma nova edição. Para criar a linha da sobrancelha e as áreas em torno dos olhos e da boca, você colocará pontos definindo o início e o fim de uma borda de polígono. Quando clicar uma das bordas de polígono, aparece um quadrado verde que representa o ponto e você LMB-arrasta o ponto ao longo da borda, até que ele esteja posicionado no ponto inicial da divisão. Depois, você pode alinhar para a outra borda. Pressione Enter depois de terminar de colocar os pontos e as suas novas bordas serão divididas em todas as faces de polígono que intersseccionam. Observe que, automaticamente, você sai do modo Component e volta ao modo Object ao terminar uma operação de divisão de polígono.

2. Troque para o modo Four View para poder ver o que você está fazendo a partir de todos os ângulos (Hotbox I Panels I Saved Layouts I Four View). Referindo-se à Figura 7.18, divida a parte superior à volta toda (Alt+x-pressionar I LMB-pressionar I Split Polygon) e, depois, clique nas bordas à medida que você trabalha na malha. Note que se você clicar e mantiver pressionada em uma borda, é possível movimentar em volta o ponto conectado e ele alinhará com o centro, se você se aproximar de um ponto central da borda. Primeiro, acompanhe a linha superior em negrito, mostrada na vista Perspectiva, na Figura 7.18; use a vista Perspective para girar à medida que você trabalhar. Permita que o alinhamento o force para o ponto central, à medida que você colocar cada ponto de divisão no centro da borda.

Dica: Também é possível clicar dentro de uma face enquanto estiver separando um polígono, quando você precisar de cortes mais complexos.

3. Pressione Enter quando todos os segmentos da linha divisória superior em negrito estiverem no lugar e os polígonos divididos. Abra a caixa de diálogo Tool Settings para a Split Polygon Tool (Alt+x I Split Polygon Tool I caixa de opção) e ajuste Snapping Magnets para 3 para conseguir divisões alinhadas de bordas em quatro partes. Em seguida, acompanhe a linha divisória inferior em negrito (veja a Figura 7.18). Para as linhas divisórias inferiores, você precisará criar os pontos usando a parte inferior dos três pontos alinhados.

Dica: Você pode precisar mudar novamente o ajuste Snapping Magnets para colocar um ponto onde necessário. Se você estiver separando uma grande face de polígono, tente aumentar o ajuste para 4, de modo a ter quatro possíveis posições de alinhamento. Isto facilita definir áreas para uma boca, linha de sobrancelha ou queixo, por exemplo. Se você quiser colocar pontos de divisão de forma livre, apenas desative o alinhamento na caixa de diálogo Tool Settings para Split Polygon Tool.

4. Em seguida, selecione os vértices, clicando RMB em Cage1 e escolhendo Vertex. Usando as vistas Front e Side, selecione os vértices contornados individualmente ou em grupos locais e use a ferramenta Move para posicioná-los na forma de superfície externa da cabeça. Simplesmente, LMB-arraste um vértice que você deseja mover. É possível usar a ferramenta Lasso para selecionar múltiplos vértices, desenhando um loop em torno deles (tecla de atalho: **Ctrl+q**). Onde possível, tente mover linhas inteiras de vértices de uma vez, para mantê-los alinhados. Este método ajuda a manter o seu modelo simples e, mais tarde, ele será mais fácil de animar.

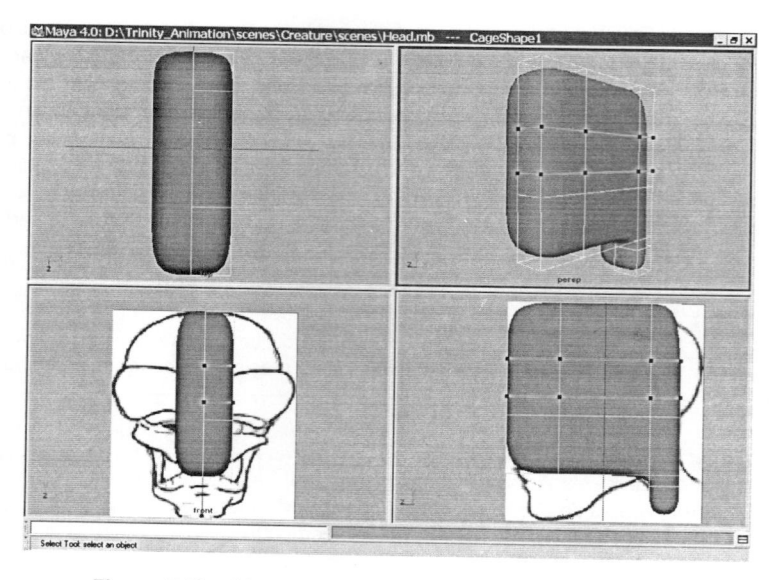

Figura 7.18 – Usar o modo Four View facilita ver exatamente onde você está colocando pontos específicos.

Armadilha   Mantenha a base do pescoço. Não mova quaisquer pontos de vértice na base na direção Y. Mais tarde, você vai fazer a extrusão do corpo a partir do pescoço, e se os vértices não forem planares, você terá que reposicioná-los.

---

5. Para dar algum arredondamento ao pescoço, você dividirá os polígonos até a coroa da cabeça e os puxará para fora, ligeiramente. Usando a Figura 7.19 como uma referência, aplique a Split Polygon Tool a partir do centro do pescoço para cima, parando na coroa. Depois de dividir estes polígonos, RMB-clique o objeto Cage1, escolha Vertex e, depois, puxe estes novos vértices para fora da cabeça, para arredondar a forma.

Capítulo 7 – Modelagem com polígonos | **201**

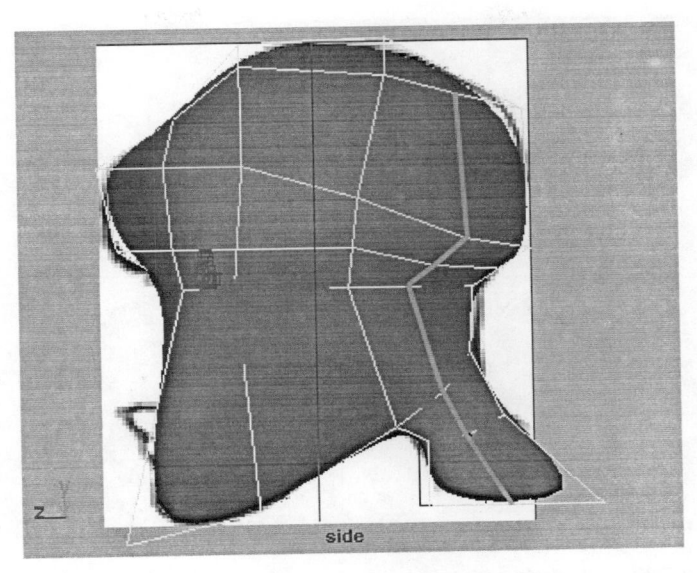

Figura 7.19 – *Os polígonos do pescoço são divididos para a coroa da cabeça.*

6. A borda onde os dois cubos suavizados se encontram tem uma borda pontiaguda e esta emenda óbvia correndo verticalmente através do centro da cabeça do personagem não vai parecer boa. Para corrigi-la agora, você dividirá os polígonos por toda a volta da cabeça, espaçando das bordas um quarto de distância de cada borda. Será preciso usar a vista Perspective para fazer isto. Abra a caixa de diálogo Tool Settings para a Split Polygon Tool, ajuste Snapping Magnets para 3 e feche a caixa de diálogo. Comece da base da frente do pescoço e trabalhe sob o queixo, suba a cabeça para o alto e toda a volta para trás do pescoço (veja a Figura 7.20). Não divida abaixo da ponta do pescoço!

   Com a divisão que você fez, pode moldar a cabeça ainda mais com os novos vértices e bordas. As bordas onde as duas metades da cabeça se encontram agora se misturam mais suavemente.

7. Continue a torcer a forma da cabeça, movendo vértices, faces e bordas. Lembre-se de arredondar a cabeça e ajustar recursos, tais como, a testa, a parte de trás do crânio e o queixo.

8. Depois de ter conseguido o contorno básico da cabeça, salve a sua cena e nomeie-a como HeadShell.

   Você criou apenas a estrutura básica para a cabeça final da criatura, mas não se preocupe por ela não se parecer exatamente da maneira que você deseja. Mais tarde, você acrescentará detalhes e torcidas nas posições de pontos de vértice. Por ora, a chave é simplicidade. Quanto mais simples a forma, mais fácil é modificá-la mais tarde.

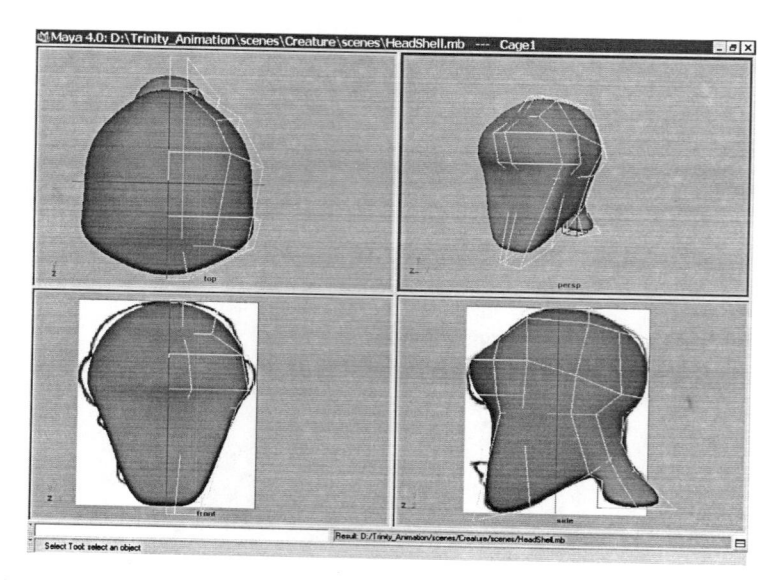

Figura 7.20 – *Dividindo as faces de polígono em torno da emenda onde os cubos espelhados se encontram, você tem uma conexão mais suave entre os dois lados.*

Criação das feições

Você começará com os olhos, pois criar os olhos de qualquer personagem é uma das tarefas mais importantes. Se você for um artista, sabe como os olhos são essenciais na criação de um personagem. Os olhos retratam emoção, a essência do que traz um personagem animado à vida.

Tutorial: formação das cavidades dos olhos

Continue a partir do tutorial anterior ou carregue o arquivo de cena listado aqui. Enquanto esteve criando a estrutura da cabeça, você acrescentou linhas divisórias na parte superior da mesma, que permitem um ponto de partida ideal para a sobrancelha. É possível ver essa área na Figura 7.21.

No CD
Chapter_07\movies\ch-7tut06.wmv

Armadilha — Se você quiser carregar o arquivo de cena indicado próximo ao ícone do CD, terá que recarregar os esboços de frente e de perfil dos planos de imagem da criatura.

No CD
Chapter_07\ch07tut05end.mb

Capítulo 7 – Modelagem com polígonos | **203**

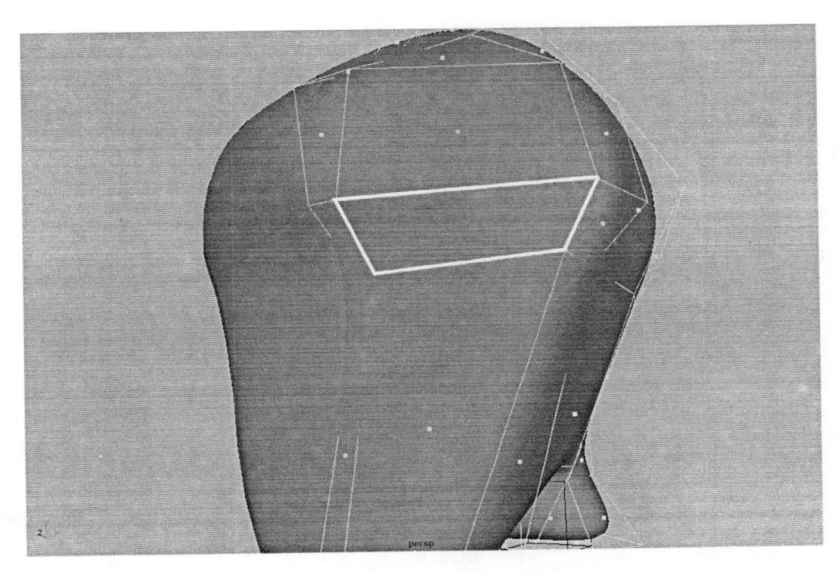

Figura 7.21 – *A face de polígono que é esboçada é onde você criará o olho.*

Há um par de métodos para a criação da cavidade do olho: você pode usar a ferramenta Bevel (chanfro), que é mais rápida, ou usar o seguinte método, que é um pouco mais demorado, mas é certo trabalhar adequadamente. Como um artista, você pode querer usar o seguinte método, pois ele oferece mais controle. O que você fará a seguir é dividir o único polígono de sobrancelha de uma maneira que lhe permita criar um furo e acrescentar detalhes, onde necessário, para criar as dobras do olho.

1. Selecione o objeto Cage1. Na vista Perspective, aproxime-se da face de polígono onde você criará o olho. Abra a caixa de diálogo Tool Settings para a Split Polygon Tool, como antes; desmarque a caixa de verificação Edge Snapping, mas deixe esta caixa de diálogo aberta, assim, poderá habilitá-la mais tarde. Divida o polígono ao meio, diagonalmente, de um canto a outro. A sua primeira divisão diagonal só exigiu dois pontos. Por outro lado, a segunda diagonal criada precisa de um ponto bisseccional quanto à borda criada pela divisão anterior. Você precisa fazer isto porque agora há dois polígonos a dividir, ao invés de apenas um (veja a Figura 7.22).
2. Em seguida, divida uma única face grande em quatro menores, com as bordas resultantes formando um x. Usando o mesmo método, divida novamente, mas ao invés de um x, divida-a em uma cruz. Você deve ter oito faces, todas irradiando do mesmo ponto central, como mostrado na Figura 7.23.

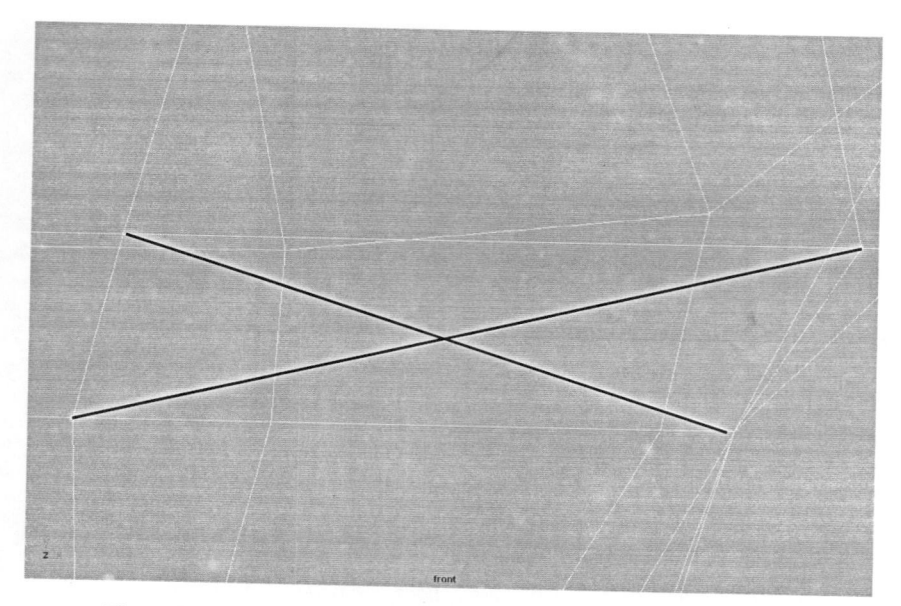

Figura 7.22 – *Uma divisão x inicia as divisões para a estrutura de olho.*

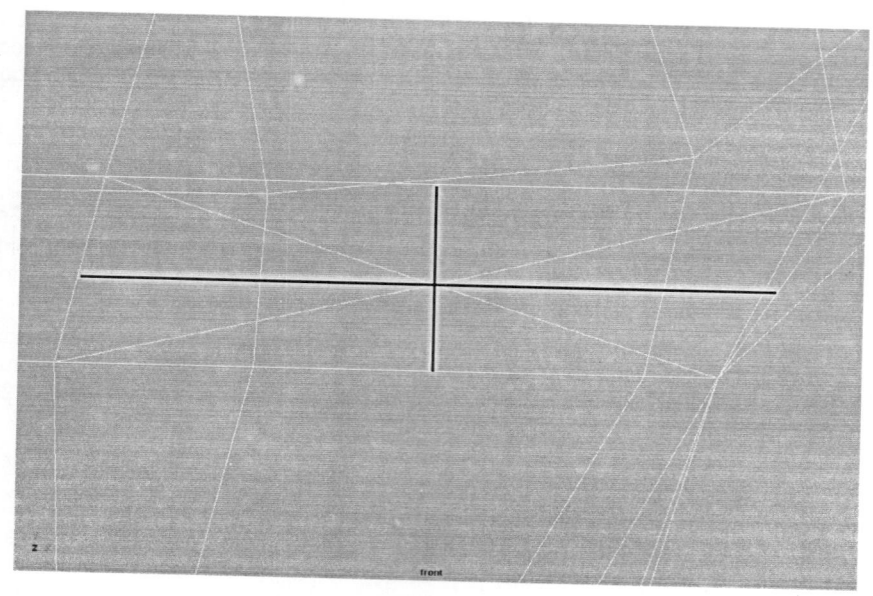

Figura 7.23 – *Esta imagem mostra as novas divisões; agora você tem oitos bordas separadas na face de polígono original.*

3. Em seguida, você usará a Split Polygon Tool para dividir todas as bordas que acabou de criar, para poder criar um furo para o olho. Olhe a figura de um olho para referência. Um bom lugar para posicionar o primeiro ponto é onde você deseja que o canto do olho esteja (mais próximo do nariz). Ative a Split Polygon Tool e clique nas oito linhas, em seqüência, para fazer o furo. Você deve terminar clicando no mesmo ponto onde começou e pressionando Enter para completar a divisão. Divida as faces de polígono de modo a criar um caminho de bordas que se pareça com o esboço básico de uma estrutura de olho (veja a Figura 7.24).

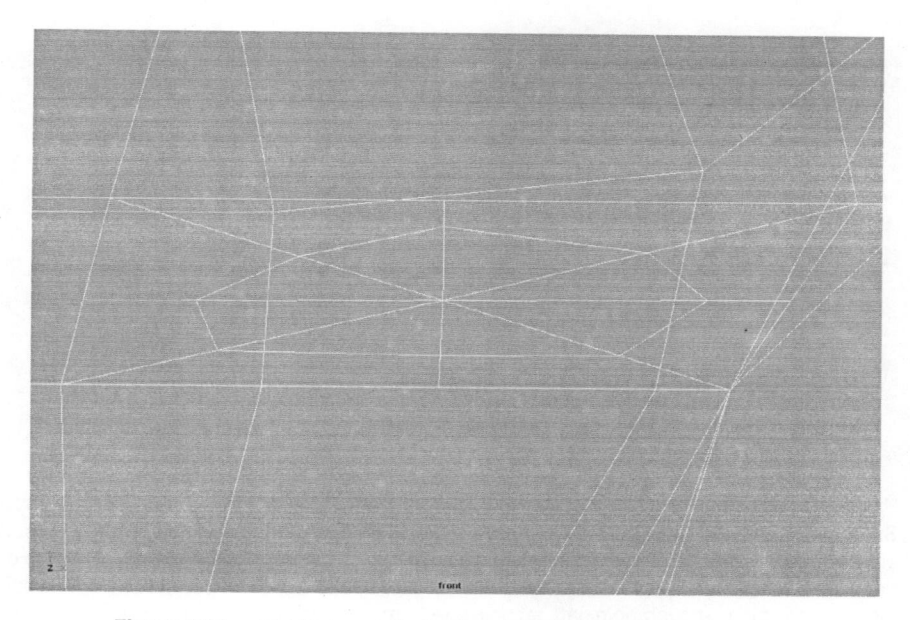

Figura 7.24 – *Dividindo as oito bordas de polígono, você pode apagar as faces dentro delas para criar um furo para o globo ocular.*

4. RMB-clique em qualquer borda, escolha Face e selecione todas as oito faces dentro das bordas criadas. Você deve ver um ponto no centro de cada face de polígono. Você pode manter pressionada a tecla Shift para selecionar cada uma das faces e depois pressionar Backspace para apagá-las. Agora deve haver um furo criado para o olho. É possível tornar a camada SmoothL temporariamente visível para ver como o furo do olho é espelhado do outro lado.

5. Depois, você estenderá algumas das bordas que foram usadas para dividir o olho. Para tornar o processo um pouco mais fácil, assegure-se de usar o alinhamento de borda. Olhando para a Figura 7.25, você pode ver que divisões são aplicadas às faces de polígono que estavam diretamente próximas às faces do olho.

6. Em seguida, selecione as bordas da margem do furo, clicando RMB em uma borda do objeto Cage1, selecionando Edge (tecla de atalho: **F10**) e depois Shift+clicando em cada borda, até as oito estarem selecionadas. Com todas as bordas selecionadas, use a ferramenta Scale para proporcionar o furo. Dependendo do personagem que estiver criando, você pode querer que as proporções sejam de humanóide ou de algo completamente alienígena. Depois, mova a seleção na direção Z negativa, até que as bordas estejam entre as bordas externas do perfil do olho.

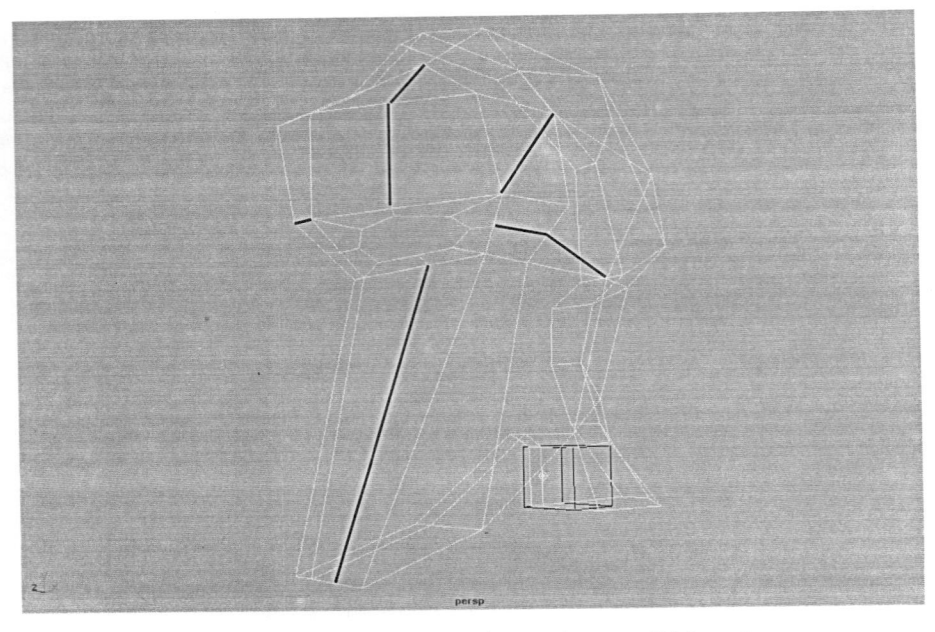

Figura 7.25 – *Extensão de bordas usadas para dividir o olho.*

7. Para modificar e moldar o olho troque a vista para o modo X-Ray para ver através da superfície Smooth do objeto (Hotbox I Shading I Shade Options I X-Ray). Depois, divida as faces de polígono entre a face de olho inicial que você dividiu e o novo furo que você tem. É possível fazer esta divisão da mesma forma com que foi feito o furo do olho, clicando em torno do perímetro para completar o oval. Depois, faça-o novamente para ter dois anéis em torno do furo do olho, para manipulação (veja a Figura 7.26). Estas divisões lhe darão uma borda que pode ser usada para criar as dobras de pele em torno do olho.

Agora você moverá cada um dos três círculos de vértices. O anel mais interno se aprofundará na cabeça para criar a borda da pálpebra. O anel do meio será apenas ligeiramente maior do que o anel interno e será menos empurrado dentro da cabeça. O anel mais externo será profundamente empurrado na cabeça, em áreas selecionadas — sob e sobre o olho — para dar a impressão de estruturas de olho e o tecido gorduroso em torno de olhos humanos. Veja a Figura 7.27, que é um corte lateral da cabeça, perto do olho. Observe como as pálpebras são criadas com os dois vértices da gaiola mais próxima ao olho e o anel externo é empurrado para trás na cabeça, para fazer o olho saltar um pouco.

Capítulo 7 – Modelagem com polígonos | **207**

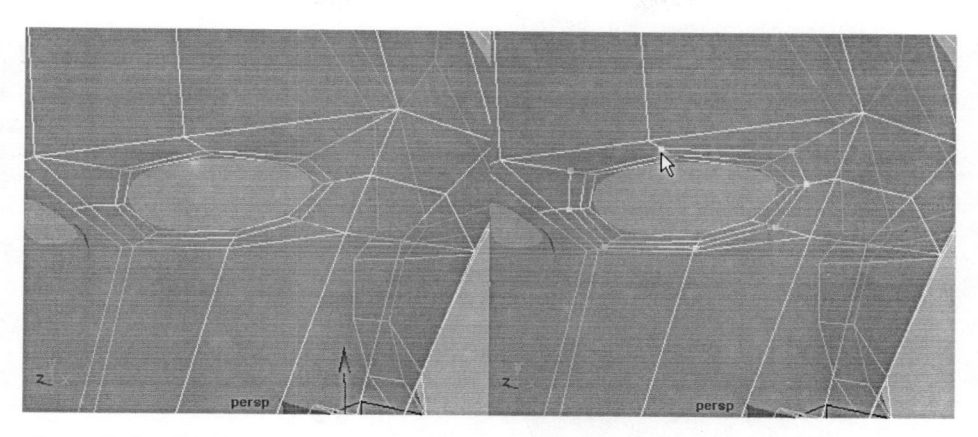

Figura 7.26 – *Criação de dois anéis de divisões; o anel externo está quase completo à direita.*

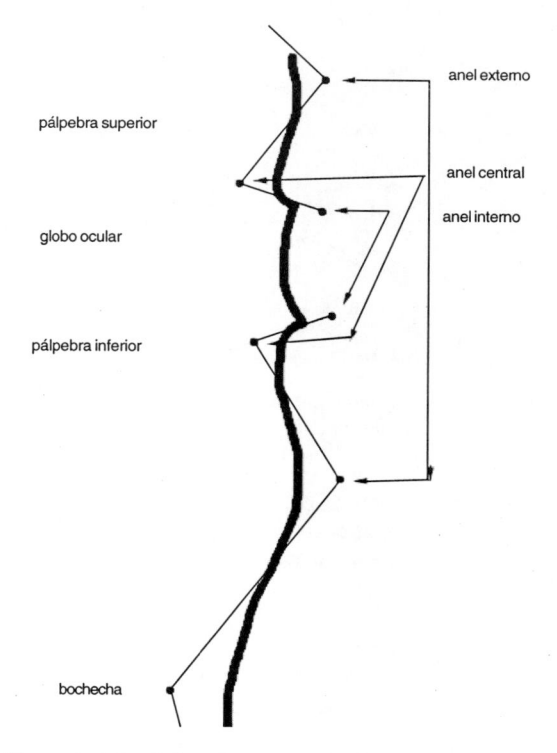

Figura 7.27 – *Um corte lateral da cabeça, com o objeto Smooth representado pela linha em negrito e os pontos de controle de Cage1 representados pela linha mais fina.*

8. Shift-selecione o anel interno de oito pontos de vértice em torno do olho (tecla de atalho: **F9**) e empurre estes vértices na direção -Z (a seta azul do ícone de transformação Move), cerca de 0.1 unidades. Os vértices do anel interno que você está movendo devem ser posicionados onde o globo ocular tocará as pálpebras. Fique à vontade para movimentá-los por outros eixos, para conseguir o melhor posicionamento. Em seguida, crie as pálpebras, ajuste os vértices do anel central, um de cada vez, para que eles fiquem quase na frente do anel interno. Finalmente, ajuste os vértices do anel externo para formar a estrutura externa do olho. Empurre um pouco os vértices centrais de cima e de baixo do anel externo para formar recuos na cabeça (veja a Figura 7.28).

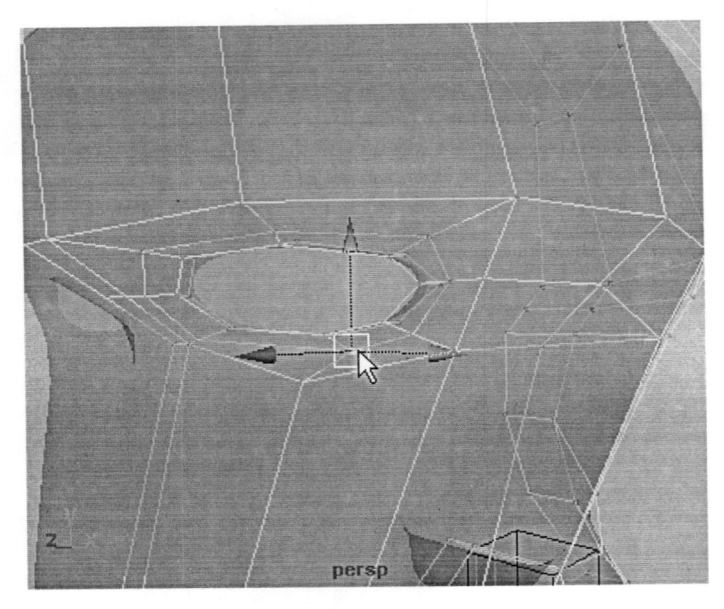

Figura 7.28 – *O vértice inferior central do anel externo está sendo empurrado para trás na cabeça para formar um recuo sob o olho.*

Agora você tem uma forma básica para as pálpebras, mas, provavelmente, ela não se parece com a forma final que você deseja. Observe os desenhos, você mesmo ou um amigo, e compare as pálpebras da sua criatura. Puxe os componentes dos olhos até conseguir os resultados desejados. É possível que você queira conseguir um espelho e olhar como as suas pálpebras são formadas. Experimente mover os vértices e posicioná-los para aperfeiçoar a forma dos olhos. Não se preocupe em dividir mais polígonos para detalhe agora, pois você pode voltar a eles mais tarde.

Quando tiver terminado de fazer as modificações, salve a sua cena como HeadEyes. Depois de ter esculpido as pálpebras, você deve ter algo que se pareça com a Figura 7.29.

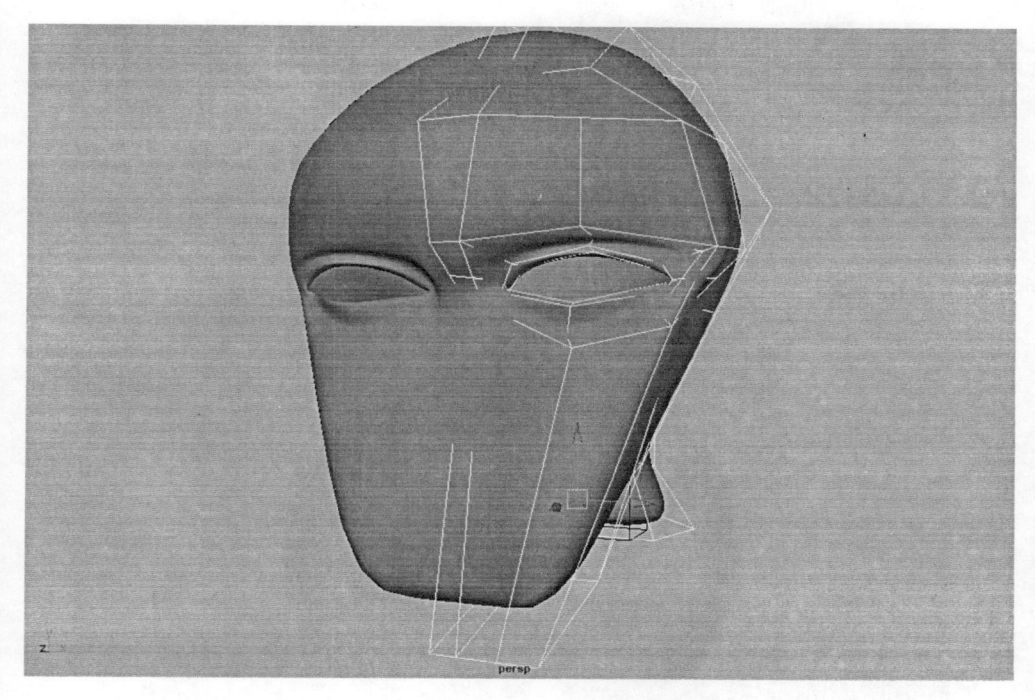

Figura 7.29 – *As pálpebras foram moldadas movendo vértices para criar dobras da pele.*

Tutorial: criação da boca

Continue a partir do tutorial anterior ou carregue o arquivo de cena listado aqui. Para criar a boca, em primeiro lugar, é preciso ajustar algumas faces de polígonos que podem ser apagadas. Você criará aqueles polígonos de abertura de boca dividindo os polígonos existentes. Usando as vistas Front e Side, você pode estabelecer as linhas para os limites da boca.

No CD
Chapter_07\movies\ch07tut07.wmv

No CD
Chapter_07\ch07tut06end.mb

1. Usando a Split Polygon Tool, você separará as faces de polígono entre o queixo e o olho. Abra a caixa de diálogo Tool Settings para a Split Polygon Tool e desmarque a caixa de verificação Edge Snapping (alinhamento de borda), pois alguns destes pontos serão fechados juntos e, se os alinhar, estaria anexando o seu cursor ao ponto errado. Primeiro, crie uma divisão vertical sob o queixo, que passe pelo canto da boca (identificada como 1 na Figura 7.30). Em seguida, usando as suas imagens de referência, divida horizontalmente os polígonos, exatamente sob o lábio superior, a partir da primeira divisão criada da frente da face, indicada com 2 na Figura 7.30.

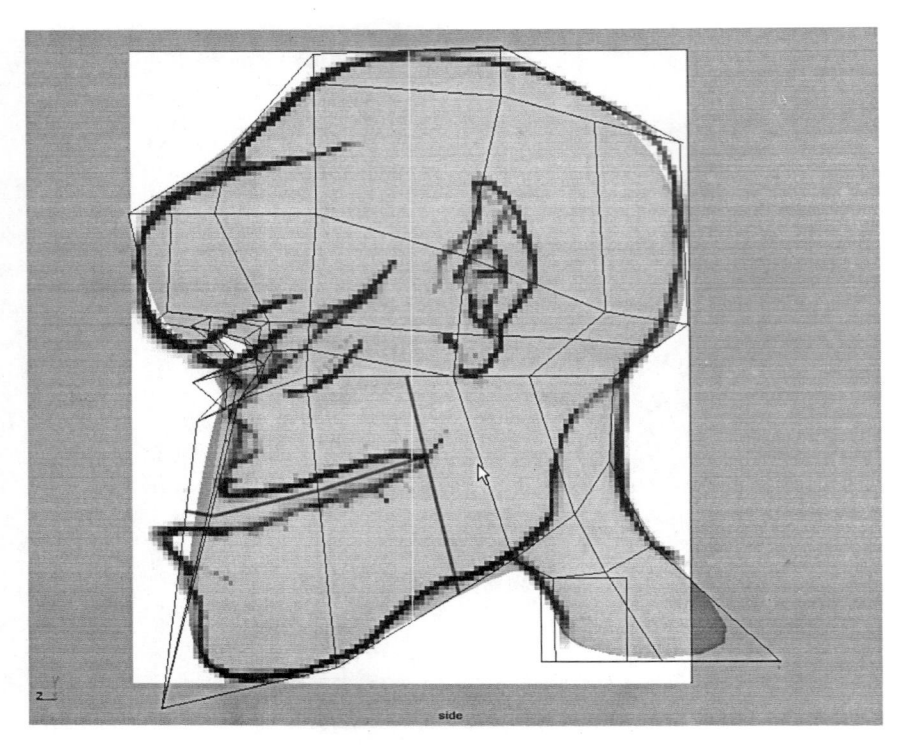

Figura 7.30 – *1) A primeira divisão vertical que cruza o canto da boca.*
2) A divisão horizontal para a boca.

2. Em seguida, usando a Figura 7.31 como guia, divida uma área que circunde a divisão horizontal da boca, criada na etapa anterior. Esta linha divisória deve acompanhar a borda externa dos lábios superior e inferior. Clique em cada um dos 13 pontos e pressione Enter para completar a divisão.
3. Em seguida, usando a Figura 7.32 como guia, você criará uma divisão na parte superior do lábio de baixo. Isto permitirá que um conjunto de polígonos possa ser apagado para formar a abertura da boca. Usando a Split Polygon Tool como antes, crie uma linha divisória horizontal que vai da frente da face para a mesma linha vertical que você interrompeu para o lábio superior.

Capítulo 7 – Modelagem com polígonos | 211

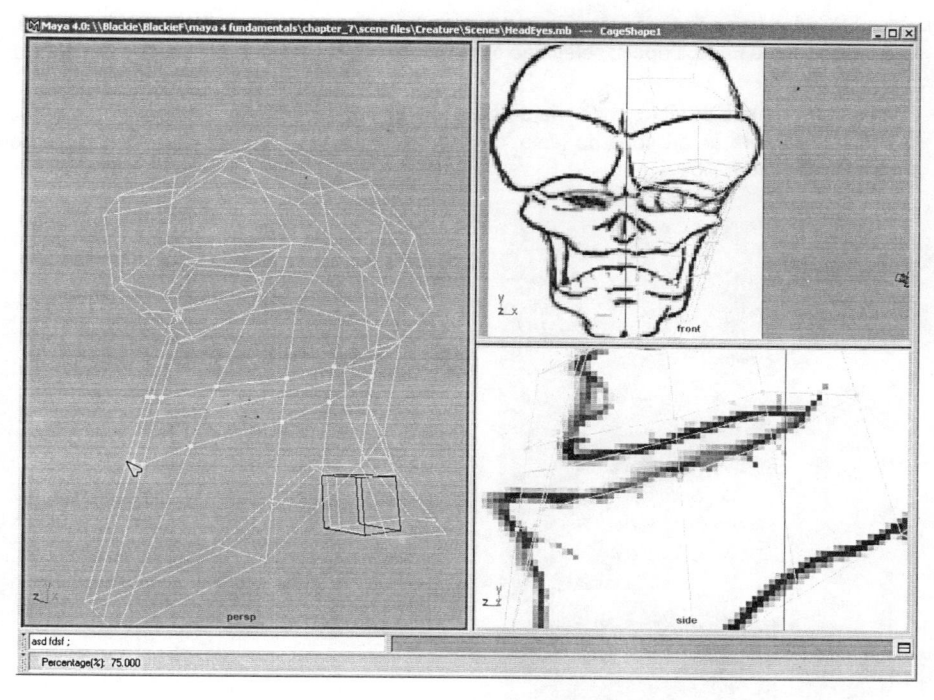

Figura 7.31 – *Criação de uma divisão que acompanha o perímetro externo dos lábios.*

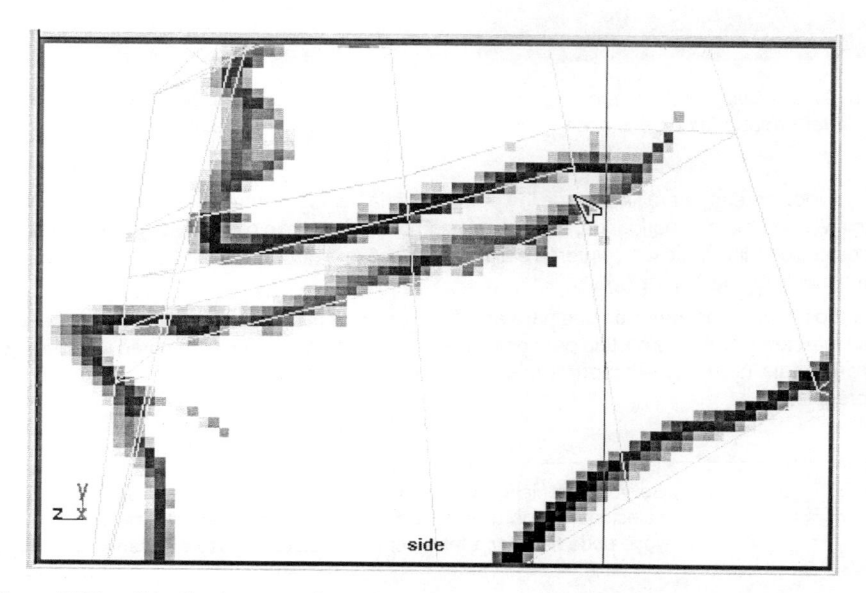

Figura 7.32 – *Criação de um conjunto de polígonos a ser apagado para a abertura da boca.*

212 | Dominando Maya 4

4. Para selecionar e apagar as faces de polígonos que fazem a abertura da boca, clique RMB em Cage1 e escolha Face. Depois, selecione os polígonos da boca e apague-os, como mostrado na Figura 7.33.
5. Para fazer as linhas do lábio, você criará uma divisão horizontal no canto da boca. Isto lhe dá um ponto âncora para as divisões do lábio, que serão feitas na próxima etapa. Divida, conforme mostrado na Figura 7.34.

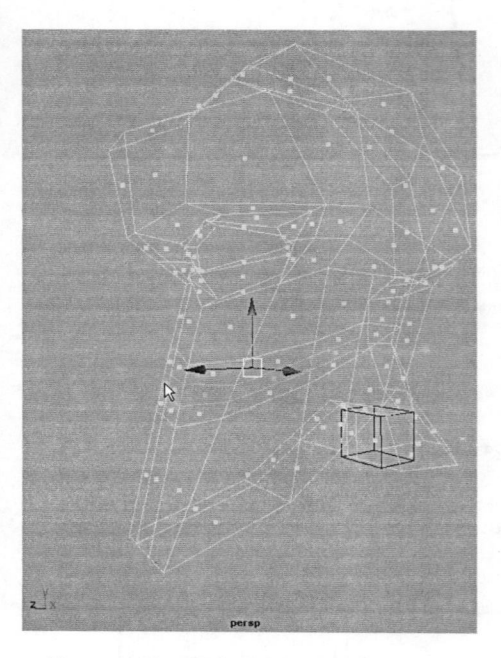

Figura 7.33 – Seleção de polígonos para serem apagados para a boca.

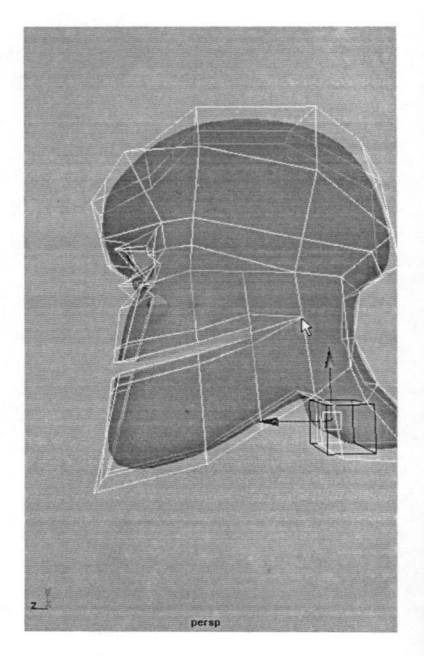

Figura 7.34 – Acréscimo de uma divisão no canto da boca.

6. Agora você acrescentará linhas que lhe permitem criar lábios e outros detalhes na boca. Isto será feito dividindo mais os polígonos, exatamente como foi feito com o olho. Divida a área da boca duas vezes entre as linhas do lábio, interna e externa, e você terá quatro bordas para usar em cada lábio, como mostrado na Figura 7.35.
7. Usando os mesmos métodos que para as pálpebras, crie os lábios. Na ordem, o anel externo de lábio marcará o ponto de partida para os lábios, os dois anéis seguintes definirão a largura do lábio e o anel mais interno será empurrado na boca, para completar os lábios. Veja a Figura 7.36 para referência.

Dica
Se você precisar selecionar um grupo de vértices, geralmente é difícil selecionar todos usando a caixa de arrastar típica. Pressionando Ctrl+q você pode habilitar a ferramenta de seleção Lasso e desenhar a seleção.

Capítulo 7 – Modelagem com polígonos | **213**

Faces de polígonos apagadas para criar a abertura da boca

Quatro bordas usadas para moldar os lábios

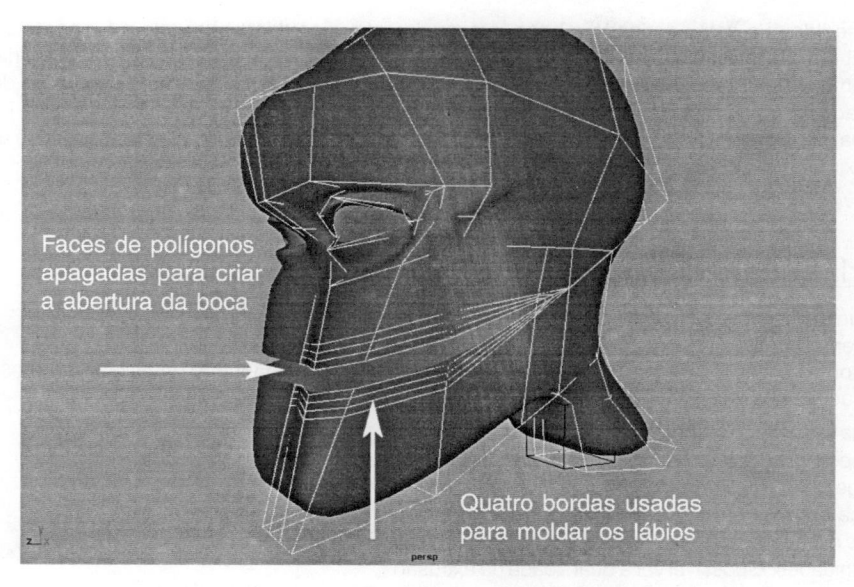

Figura 7.35 – *Duas vezes dividindo as linhas de lábios para criar detalhes a partir das quatro bordas resultantes.*

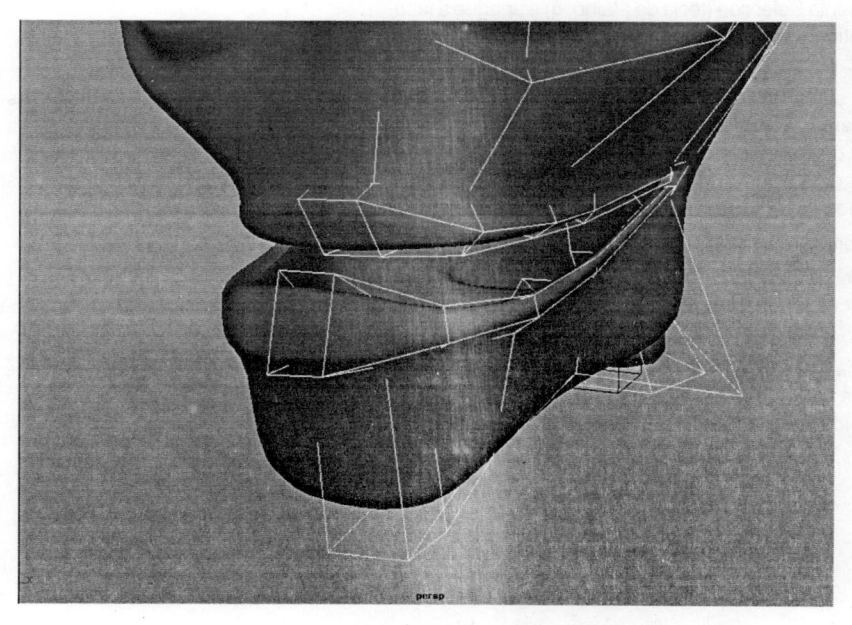

Figura 7.36 – *Esta figura ilustra como os lábios se parecerão depois de mover as bordas/vértices dos polígonos.*

8. À medida que estiver criando a boca, provavelmente você descobrirá que a forma da cabeça também precisa ser ajustada. Não hesite em fazer quaisquer mudanças que julgar necessárias. Por exemplo, a mandíbula pode estar larga demais, assim, você poderia selecionar os vértices definindo aquela área em especial e movê-los, até estarem proporcionalmente ajustados. No vinco da boca, seria melhor ter as bordas dos lábios de cima e de baixo atingirem um ponto, para se unirem próximos, quando você animar o personagem.
9. Salve a sua cena como HeadMouth.

Tutorial: criação do nariz

Continue a partir do tutorial anterior ou carregue o arquivo de cena listado aqui. A criação do nariz é bem simples. Consiste de várias extrusões e depois ligeiras modificações nos vértices.

No CD
Chapter_07\movies\ch07tut08.wmv

No CD
Chapter_07\ch07tutend.mb

1. Uma face de polígono está localizada no centro da cabeça, bem onde o nariz deve ficar. Clique RMB em Cage1, escolha Face e selecione essa face de polígono. Faça uma extrusão (Alt+x | Extrude Face). Mova a face extrudada para fora, apenas um pouco, cerca de .1 unidades. É possível ver a quantidade de extrusão em valores, mostrados na Help Line. A extrusão produz quatro lados em torno da face e você não quer o lado extrudado na linha de simetria. Troque para a ferramenta Selection (tecla de atalho: **q**) e apague a face dentro da extrusão, que está entre as duas metades da cabeça (veja a Figura 7.37).

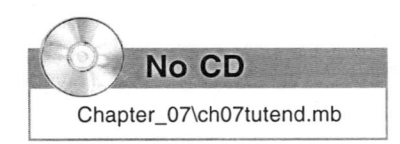

2. Em seguida, selecione a nova face de nariz e faça a extrusão mais uma vez. Desta vez, escalone Y para baixo, a uma pequena porcentagem (a alavanca de caixa verde) e mova a face mais para fora da cabeça (a alavanca de seta azul). Você está montando o montículo nasal. Evite escalonar ao longo do eixo X, pois ele irá separar os dois cubos suavizados. Apague as faces internas entre os cubos suavizados que foram criados quando você fez a extrusão.

3. Repita a Etapa 2 na nova face de polígono.

4. Selecione a última face e faça a extrusão mais uma vez. Desta vez, não mova de maneira alguma a face de polígono; simplesmente escalone-a a uma porcentagem menor ao longo do eixo Y. Também, não apague a face entre as duas metades suavizadas. O montículo nasal está completo.

5. Faça a extrusão da face superior do montículo nasal mais uma vez e escalone novamente a face para baixo, uma pequena porcentagem, no eixo Y. Mova a face na cabeça (seta azul) para criar a cavidade nasal (veja a Figura 7.38).

Capítulo 7 – Modelagem com polígonos | 215

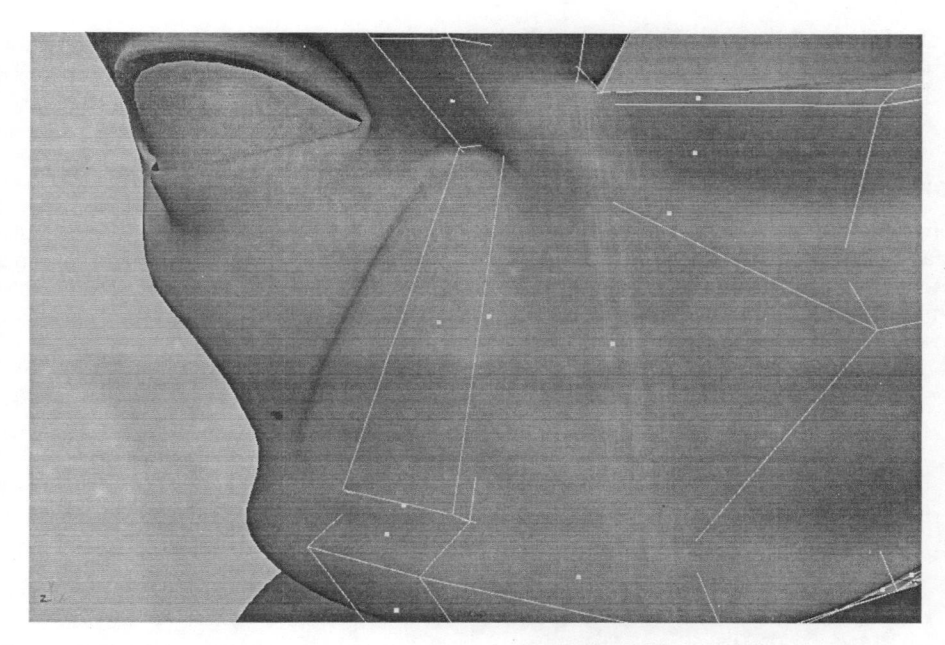

Figura 7.37 – *A face de polígono onde ficará o nariz foi selecionada e sofreu uma ligeira extrusão.*

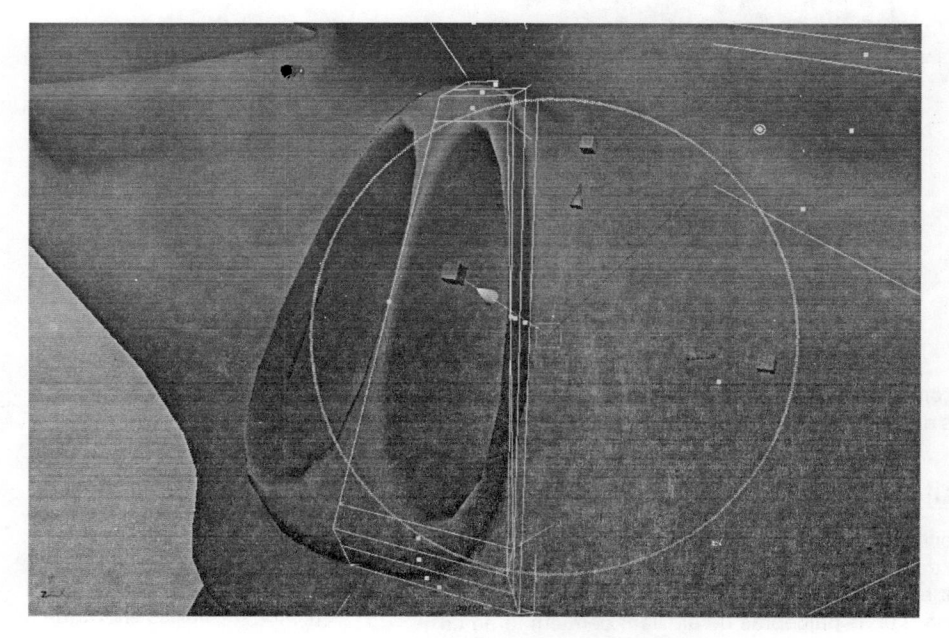

Figura 7.38 – *A face de polígono na ponta da extrusão do nariz foi escalonada para baixo e movida na cabeça.*

6. Troque para o modo Vertex Selection (tecla de atalho: **F9**) e mova os vértices em torno para conseguir a forma desejada. Movemos os vértices próximos ao final do nariz mais para perto da face e os vértices de cima foram movidos para longe, em busca do aspecto que buscávamos e para evitar qualquer conflito com a abertura da boca.

Torcida da forma da face

Como uma etapa final, você pode continuar a torcer a forma da cabeça. É possível encontrar muitas áreas que precisam de vértices puxados ou faces movidas para melhor se aproximar do esboço do pesonagem original. Neste exemplo, você pode ver que a sobrancelha foi arrastada para proporções como de Neanderthal e o queixo recebeu uma fenda proeminente (veja a Figura 7.39).

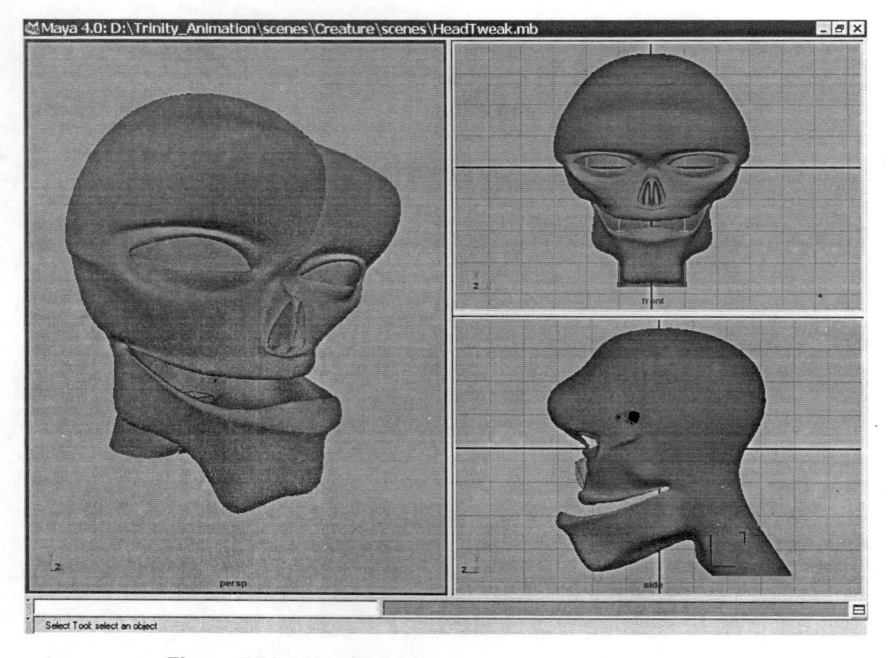

Figura 7.39 – A cabeça da criatura foi torcida e moldada.

Agora que você tem a forma da cabeça bem definida, está pronto para criar os globos oculares e ajustá-los nas estruturas dos olhos. Para os olhos, você usará simplesmente esferas.

Tutorial: ajuste dos globos oculares

Continue a partir do tutorial anterior ou carregue o arquivo de cena listado aqui. Ajustar os globos oculares na cabeça é apenas uma questão de mover os vértices para que as pálpebras de ajustem bem em torno da esfera usada para o olho.

Chapter_07\movies\ch07tut09.wmv

1. Crie uma esfera NURBS (Ctrl+z I Sphere) e nomeie-a como LeftEye.
2. Escalone LeftEye para o tamanho que quiser. O nosso personagem tem olhos grandes, como o típico "alienígena" dos mitos modernos, portanto, o valor Scale para a nossa esfera é de 1.112. Posicione a esfera por trás da pálpebra certa. Na vista Side, você pode mover a esfera, até que ela esteja quase exatamente nas bordas da pálpebra, conforme mostrado na Figura 7.40. Tente posicionar o globo ocular o mais próximo possível, sem mover através da frente da face da criatura.

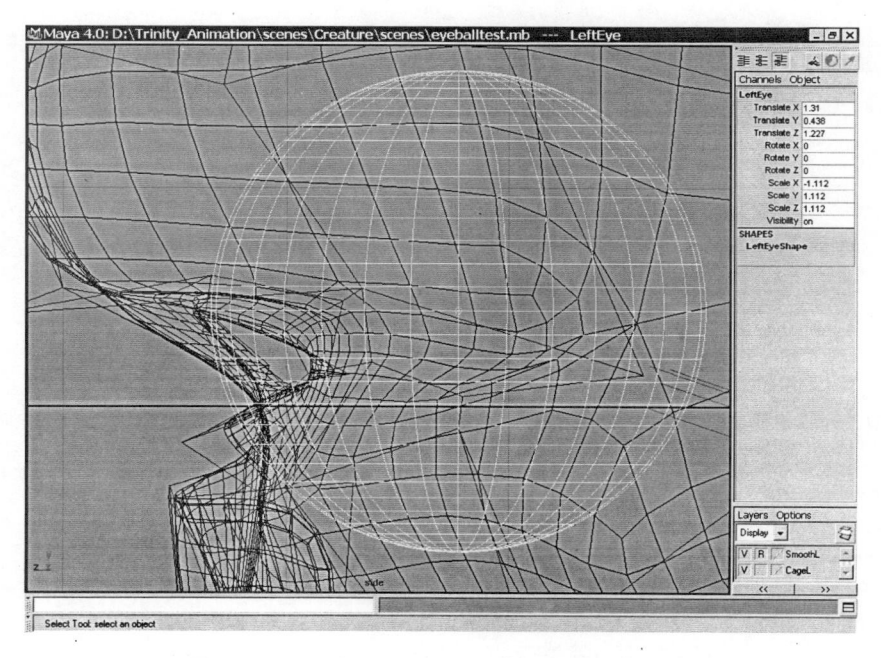

> **No CD**
> Chapter_07\ch07tut08end.mb

Figura 7.40 – *Colocação do olho na estrutura ocular.*

3. Depois de ter o olho na posição, é preciso mover os vértices em torno da pálpebra, para que eles se ajustem perfeitamente no alto do olho esquerdo. O objetivo é eliminar quaisquer espaços entre as pálpebras e o globo ocular. Este pode ser um processo lento, mas ele é necessário. Você precisa arrastar e mover os vértices para que eles fiquem quase que perfeitamente no alto do globo ocular. Aproximando e usando o modo Shaded, você pode apagar e corrigir quaisquer espaços, conforme mostrado na Figura 7.41.

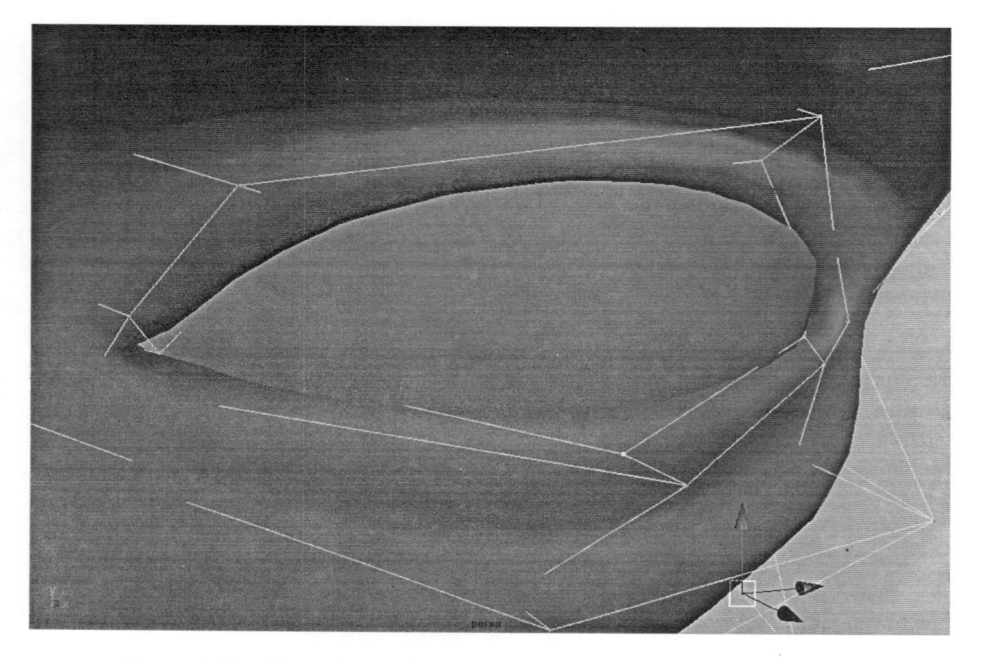

Figura 7.41 – *Movendo os vértices de borda em torno das pálpebras, você pode fazer as pálpebras parecerem como se estivessem cobrindo o globo ocular.*

4. Depois de eliminar os espaços, duplique o olho esquerdo (Hotbox I Edit I Duplicate I caixa de opção e, depois, reajuste as configurações e clique o botão Duplicate). Em seguida, muda o valor Translate X de positivo para negativo, para a nova esfera, para movê-la na posição do outro lado da cabeça. Nomeie a duplicata como RightEye.
5. Crie uma nova camada, nomeie-a como EyesL e designe ambos os olhos a ela. Salve a sua cena como HeadEyeBalls.

   Se quiser, carregue o arquivo indicado próximo ao ícone de CD para ver a cena com os olhos finalizados.

   No CD
   Chapter_07\ch07tut09end.mb

Neste ponto, você criou a cabeça da criatura com alguns detalhes. Usando uma mistura de edições repetidas para uma gaiola de polígono crua, você acrescentou detalhes de superfície onde necessário e encarnou os aspectos faciais. Como você pode imaginar, criar o resto do personagem é um processo semelhante, que combina divisões, extrusões e edições em um método que é um pouco como esculpir. Melhor de tudo, você pode aumentar ou diminuir o nível de suavidade para o atual personagem renderizável, mudando a quantidade de divisões. Isto lhe dá interação rápida para animar o personagem quando ele está ajustado em 1 ou 0 divisões e superfícies ultra-suaves renderizadas, mesmo bem próximas, quando ajustadas para 2 ou mais divisões.

Como ir além

Estamos deixando os detalhes de criação do resto da criatura para o CD-ROM. Um arquivo HTML detalhado (indicado próximo ao ícone do CD, abaixo), visto a partir de qualquer navegador web, mostrará as etapas de finalização da cabeça e criação do corpo da criatura. Depois de fazer o corpo, braços e pernas, como uma última etapa, você junta as duas metades para completar o personagem (veja a Figura 7.42). Depois de criar com sucesso esse personagem em detalhes, você deve pensar em criar um outro personagem, talvez algo que você desenhou e tentar modelá-lo com polígonos.

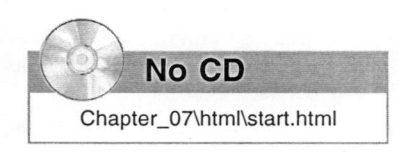

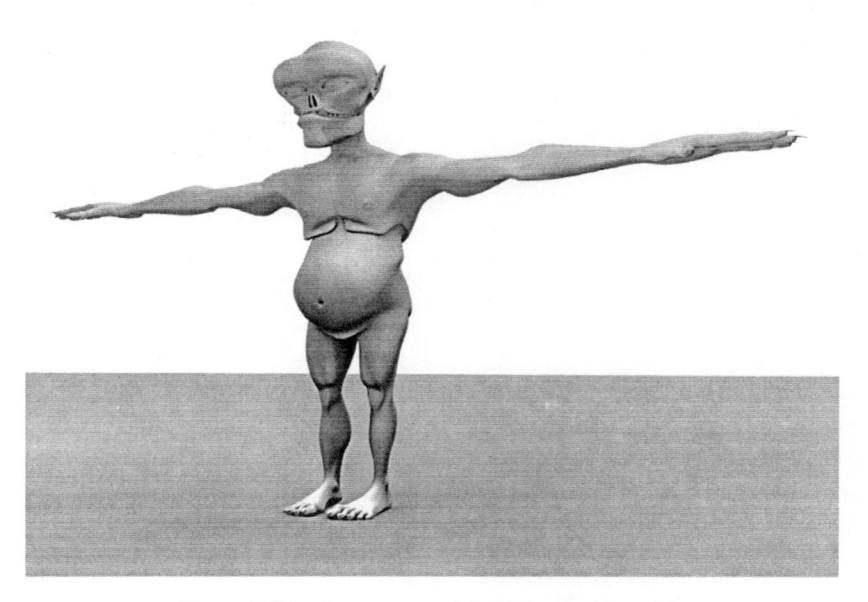

No CD
Chapter_07\html\start.html

Figura 7.42 – *O personagem final depois de modelar as orelhas e dentes, e acrescentar o corpo.*

Resumo

Há muitos aplicativos para modelar com polígonos, mas, neste capítulo, você aprendeu um uso principal para eles — emular modelagem Subdivision Surfaces. Usando as ferramentas que você aprendeu aqui, você pode criar muitos tipos de formas orgânicas detalhadas. Algumas das ferramentas que você usou incluem as seguintes:

- **Planos de imagem** — Você pode importar desenhos ou projetos fotográficos em uma vista ortogonal para ajudar a sua modelagem.

- **Split Polygon Tool** — Esta ferramenta permite que você acrescente detalhes onde necessários, quando modelar na técnica simulada de Subdivision Surfaces.
- **Extrusão de polígonos** — Usar extrusões é um outro método para acrescentar detalhes a uma superfície poligonal simulada de Subdivision. As extrusões são ideais para acrescentar saliências ou recuos.
- **Suavização** — Você usou suavização para subdividir a gaiola duplicada e criar um personagem final marchetado.
- **Atributos de conexão** — Ligando as metades simétricas do personagem, as edições em um lado são espelhadas no outro. Esta é apenas uma das muitas possibilidades de usar conexões.

Você explorou ambas as formas de modelar em Maya — NURBS e polígonos — e viu muitos recursos à sua disposição. Ele é um pacote rico e complexo que leva tempo para ser administrado. Neste ponto, provavelmente você só está começando a perceber o seu potencial. Nos próximos capítulos, você revisitará esta criatura e a sua casa. Você as usará como assuntos de teste, enquanto explorando iluminação, materiais, animação, renderização e outros recursos. A modelagem é apenas a primeira etapa!

CAPÍTULO 8

Materiais

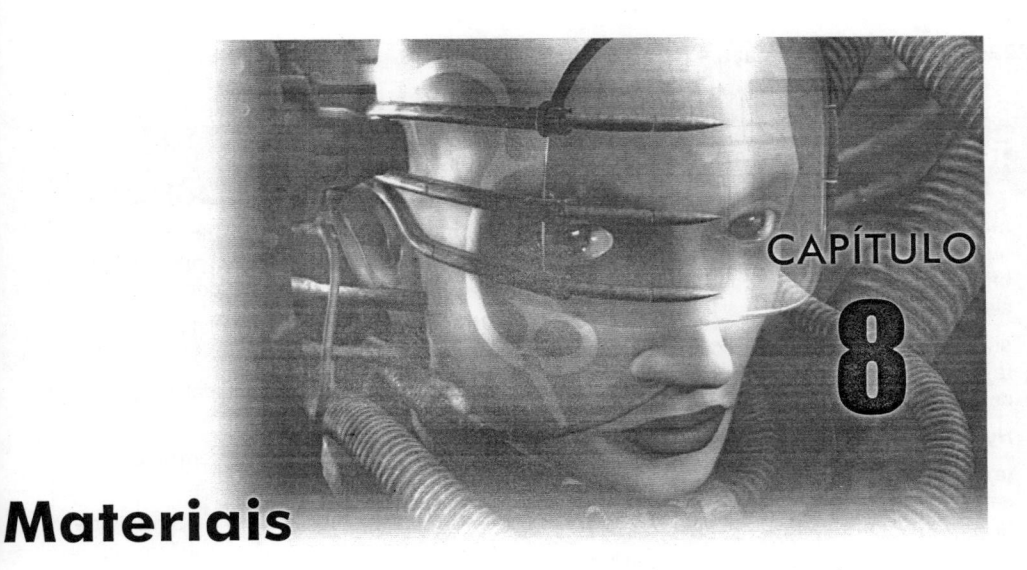

Neste capítulo

Depois de construir uma casa de boneca ou unir um modelo de avião de plástico, a próxima coisa que você não pode esperar para fazer é pintá-lo e colocar decalques nele. Com animação 3D, normalmente o sentimento é igual! Este capítulo encaminha a criação e aplicação de todos os tipos de materiais. Um dos encantos da animação 3D é experimentar todas aquelas escolhas de materiais "e se". E se o carro fosse pintado de cromo com adornos de couro vermelho ou plástico púrpura com pontos cromo? Simular estas superfícies com Maya é uma tarefa direta quando você usa Hypershade de Maya — o "laboratório" de material. Aplicar materiais revisados e renderizar novamente a cena é um toque. Neste capítulo, em primeiro lugar você irá focalizar no básico da criação de materiais e depois aprenderá como acrescentar complexidade e realismo através de mapeamento:

- **Uso de Hypershade** — Uma visão geral da ferramenta de criação e edição de Maya.
- **Criação de materiais** — Montagem de um tipo de superfície a partir do nada.
- **Uso de mapas** — Substituição de uma cor sólida de material por uma imagem.
- **Uso procedural de texturas** — Substituição de uma cor sólida de material por uma textura sólida criada por uma fórmula matemática.
- **Mapas irregulares** — Um método de texturização que dá a impressão de irregularidade em uma superfície.
- **Uso de mapas em qualquer atributo** — Substituição de uma cor sólida ou um número fixo por uma imagem para mudar o valor através da superfície de um objeto.

Termos-chave

material — A definição de todas as formas a que uma superfície responde à luz, inclusive brilho, cor, irregularidade, transparência e assim por diante.

shader (sombreador) — Um sombreador refere-se tanto a material quanto à iluminação de uma superfície, com relação à apresentação.

Hypershade — O editor de material de Maya.

texture map (mapa de textura) — Uma imagem 2D aplicada em uma superfície; tipicamente, uma imagem bitmap, tal como uma foto de grânulos de madeira, que pode ser azulejada.

UV coordinates (coordenadas UV) — Posicionam informações embutidas em um objeto 3D, usadas para dimensionar e posicionar nele um mapa de textura. Os objetos podem ter múltiplos conjuntos de coordenadas UV.

environmental textures, environment map (texturas ambientais, mapa de ambiente) — Um mundo circundante simulado para um material refletir.

volumetric material (material volumétrico) — Um tipo de material para simular materiais não sólidos, tais como emendas, fumaça, poeira ou nuvens.

procedural texture (textura procedimental) — Uma textura 2D ou 3D criada matematicamente.

bump map (mapa de irregularidade) — Aplicação de uma textura para criar a ilusão de perturbar a suavidade da superfície.

Phong — Um tipo de material com destaques aguçados, estreitos.

Lambert — Um tipo de material plano, sem destaques.

Blinn — Um tipo de material com destaques mais suaves.

Anisotropic (anisotrópica) — Um tipo de material como destaques não uniformes.

transparency (transparência) — O oposto de opacidade, a habilidade de ver através de um material, tal como vidro.

translucent (translúcido) — Semi-transparente, mas com uma luz difusa, tal como a luz vista através de uma folha verde de bordo.

specular color (cor especular) — O componente de um material que reflete uma fonte de luz — o destaque.

self-illumination (auto-iluminação) — A sensibilidade do material à luz; materiais totalmente auto-iluminados não são afetados pela luz de cena, nem eles emitem luz.

Teclas de atalho a memorizar

Shift+T — abre Hypershade

Shift+S — abre o Script Editor

6 — habilita Hardware Texturing (hardware de texturização)

Capítulo 8 – Materiais | **223**

Visão geral de materiais

Novos animadores geralmente minimizam a aplicação de materiais e iluminação de cenas. "Acrescente algumas luzes, faça isto vermelho, aquilo azul — estamos prontos!" Tipicamente, os resultados são lavados, planos e ásperos. Muito da crítica tradicional do meio artístico de arte de computador é baseada em ver renderizações cruas, simples, que só enfatizam as limitações do processo. Entretanto, a boa arte é possível com Maya. Apenas leva tempo para conseguir sombreado mais interessante e complexo. Artistas de CG gastam muito, se não mais, tempo em luzes e materiais do que na modelagem.

Os materiais são uma parte crítica da criação de imagens atraentes e animação em um programa 3D. Materiais interagem com luzes, portanto, a iluminação leva a algumas escolhas de material; por exemplo, se a sua iluminação geral for brilhante, você pode precisar fazer os materiais de sua cena, de certa forma, mais escuros. Em geral, a sua cena é montada com a iluminação e os materiais progredindo juntos, com renderizações freqüentes para testar seus ajustes. Compensar as limitações de luzes virtuais para criar um layout eficiente e sutil de luz é uma arte, uma que será discutida no próximo capítulo. Neste capítulo, você se concentrará em materiais.

O que queremos dizer com materiais? É um termo geral para descrever todos os aspectos de como uma superfície se parece. À primeira vista, normalmente os novatos observam a cor da superfície — vermelho, marrom madeira, prata metálico. Mas para um artista, há muitos outros fatores: um objeto não é apenas prata metálico, por exemplo — é uma suave finalização espelhada que se baseia na vizinhança refletida para o seu aspecto. Além de fatores de cor, brilho e reflexo, Maya também considera transparência, incandescência, translucidez, refração, irregularidade e muitos outros parâmetros controlados pelo usuário. Atenção a estes detalhes dá ao seu resultado renderizado mais sutileza e complexidade.

Um passeio por Hypershade

Como com a maioria dos programas 3D, Maya tem um construtor de material chamado Hypershade, que lhe permite ver seus materiais de criação em esferas (chamadas "swatches" (amostras)) enquanto as desenha. Depois de haver aperfeiçoado o seu material para os limites da amostra esférica, você usa o renderizador IPR de Maya para refinar os resultados na geometria atual de sua cena.

Hypershade usa uma abordagem de forma livre para design de material. As amostras se conectam uma com a outra para criar efeitos; por exemplo, uma imagem de tijolo pode ligar-se ao atributo Bump em um material, para criar irregularidades no padrão dos tijolos. Hypershade também se duplica, como uma espécie de browser, para que você possa ver e selecionar luzes, câmeras, materiais e outros elementos de cena existentes.

Para abrir Hypershade, escolha Window | Rendering Editors | Hypershade (tecla de atalho: **Shift+T**). A caixa de diálogo padrão é dividida em três partes (veja a Figura 8.1). O painel vertical à esquerda é chamado de Create Bar (criar barra). Os painéis de cima e de baixo, à direita, são chamados simplesmente de abas de cima e abas de baixo e você pode ajustar as linhas divisórias entre as duas áreas de guia.

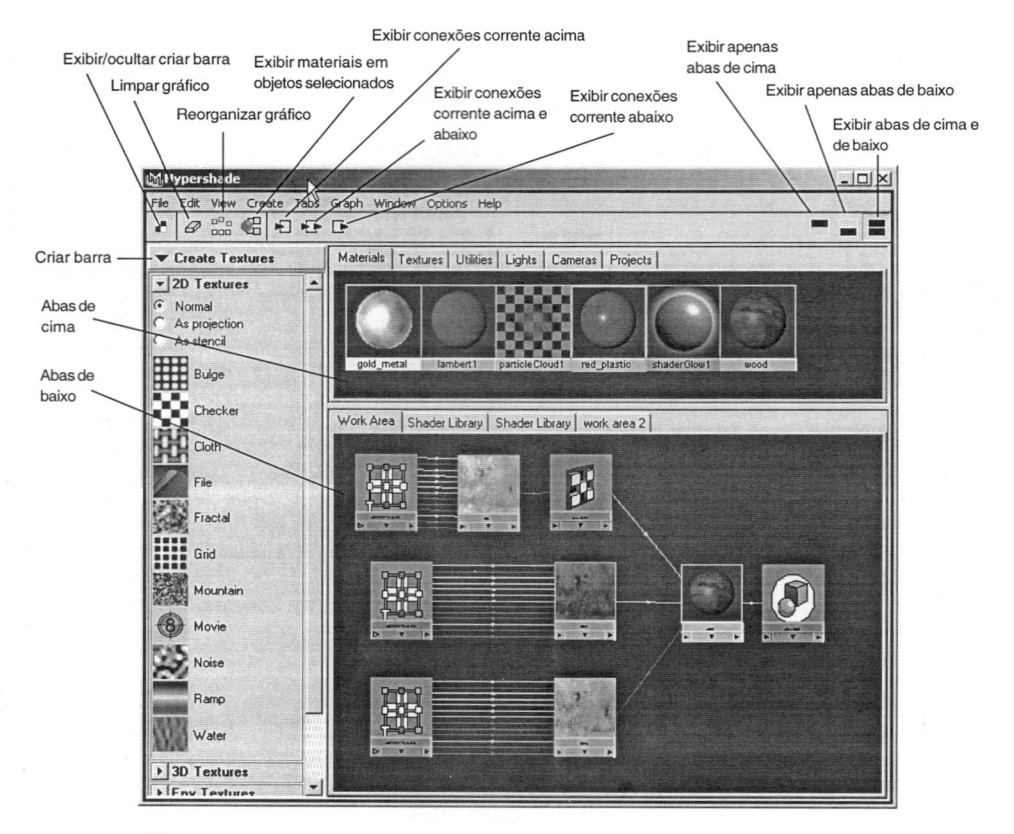

Figura 8.1 – *Hypershade de Maya — um laboratório de criação de materiais.*

Create Bar

À esquerda está a Create Bar, que exibe todos os tipos de materiais que você pode criar para uma categoria selecionada. Simplesmente, clique em um tipo para criar aquele item na Work Area (área de trabalho). Para selecionar uma categoria, clique a seta para baixo na barra, no alto de Create Bar; as opções são Materials (materiais), Textures (texturas), Lights (luzes), Utilities (utilitários) e All Nodes (todos os nós). Para os tutoriais neste capítulo, deixe selecionada a categoria Create All Nodes (criar todos os nós). Para alternar a ativação e desativação de Create Bar, clique o botão quadrado para a extrema esquerda (refira-se à Figura 8.1).

Os painéis Tab

Os painéis de aba de cima e de baixo podem ser personalizados para incluir quase qualquer tipo de aba. Nas descrições a seguir, falaremos sobre os painéis de aba no modo padrão de instalação, que usam a aba de cima para mostrar materiais existentes e aba de baixo para criar e editar materiais. Depois que você se tornar familiarizado com Hypershade, pode personalizar as abas ao seu gosto e até acrescentar abas da Work Area para editar simultaneamente vários materiais.

Capítulo 8 – Materiais | 225

Abas de cima

A área da aba de cima exibe todos os elementos que *já fazem parte* do arquivo de cena atual nestas abas: Materials, Textures (naqueles que são parte de materiais existentes), Utilities, Lights, Cameras e Projects (para buscar pela pasta de projeto em outros arquivos). Nesta área, você pode selecionar qualquer coisa que já tenha sido criada, com vários objetivos:

- Duplicá-la, para poder modificar o original quando tiver apenas ligeiras variações para fazer
- Editá-la
- Em materiais, selecionar objetos que foram designados a um material específico ou designar um material a objetos selecionados atualmente
- Em luzes, para fazer e romper links a objetos selecionados
- Em texturas, para reutilizar uma textura existente com um material diferente, quando a textura com todos os seus parâmetros é idêntica aos materiais aos quais a textura é designada
- Para exportar facilmente um material para uso em outra cena

Em todos os casos, clicar duas vezes a amostra na área da aba de cima abre o Attribute Editor daquela entidade.

Abas de baixo

Normalmente, a área da aba de baixo é usada como a Work Area — um ponto de agrupamento para os novos materiais. Quando você inicia uma nova cena, muito pouco aparece nas abas de cima, até você começar a criar elementos de cena. Então, a primeira coisa a fazer ao abrir Hypershade é colocar um material novo na Work Area e designá-lo a um objeto na cena. Você também pode ir para uma aba Shader Library (biblioteca de sombreador) e designar materiais a partir de lá. Mais adiante neste capítulo, mostraremos como criar a sua própria aba e acrescentar materiais que você criou nessa biblioteca.

Tipos básicos de material

Os principais tipos de material, mostrados na Figura 8.2, são descritos nas seções a seguir.

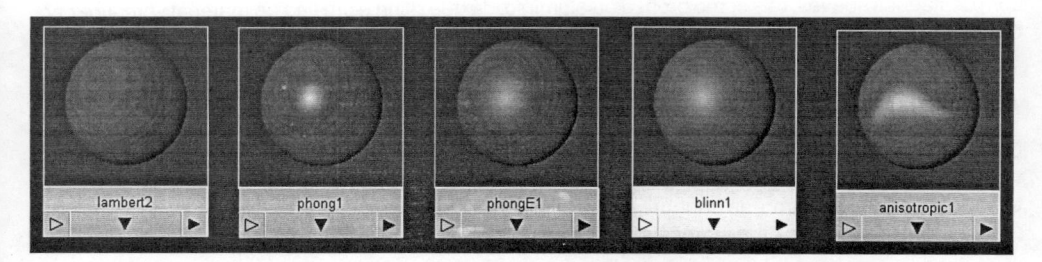

Figura 8.2 – *Em geral, os realces são mais suaves com PhongE do que com Phong, e mais suaves com Blinn do que com PhongE.*

Lambert

Lambert é um tipo de material plano, que possibilita um aspecto suave sem destaques. Ele calcula sem levar em conta a reflexão da superfície, que dá um aspecto opaco, como de giz. O material Lambert é ideal para superfícies que não têm destaques: cerâmica, giz, pintura opaca e assim por diante. Por padrão, qualquer objeto recém-criado tem o sombreador Lambert designado a ele. Porém, se o objeto deve ter destaques, é uma boa idéia designar um outro sombreador. Você irá querer ver destaques mesmo durante o estágio de modelagem, para ver se eles estão atravessando o modelo (indicando uma emenda na superfície).

Phong

O tipo de material Phong leva em conta a curvatura da superfície, quantidade de luz e ângulo de câmera para conseguir um sombreado e destaque apurados. O algoritmo resulta em destaques apurados que são excelentes para superfícies brilhantes polidas, tais como, plástico, porcelana e cerâmica vidrada.

Dica Se você observar que os destaques de uma superfície estão exibindo lampejos em sua animação ou vir uma aparência "viscosa" de linha para linha, troque para um tipo de material Blinn, que tem destaques mais suaves. Este problema também pode ficar pior com mapeamento irregular.

PhongE

PhongE é uma versão de renderização mais rápida de Phong, que possibilita destaques, de alguma forma mais suaves do que Phong. A maioria dos artistas usa Phong normal em objetos com destaques intensos e Blinn para todo o resto.

Blinn

O tipo de material Blinn calcula semelhança de superfícies a Phong, mas a forma dos destaques espetaculares em materiais Blinn reflete luz mais apuradamente. Blinn é bom para superfícies metálicas com destaques suaves, tais como bronze ou alumínio. Já que Blinn é um tipo de material versátil e não causa lampejos com mapas irregulares, ele é o principal tipo de material que usamos nestes tutoriais.

Anisotrópico

O tipo de material anisotrópico estica os destaques e os gira, com base na posição relativa do espectador. Objetos com muitas micro-ranhuras paralelas, como metal escovado, refletem luz diferentemente, dependendo de como as ranhuras são alinhadas com relação ao espectador. Os materiais anisotrópicos são ideais para materiais como cabelo, penas, metal escovado e cetim.

Os outros: Layered Shader, Shading Map, Surface Shader e Use Background

Os quatro tipos restantes de material são para objetivos mais avançados, portanto, esta seção só oferece uma visão geral de para que eles são usados. Layered Shader (sombreador em camada) permite que você combine vários materiais para criar um material mais complexo. Por exemplo, se você quiser pontos de cromo em uma superfície de madeira, pode simplesmente usar uma máscara de pontos em um Layered Shader e depois trazê-los para os seus materiais cromo e madeira já completados.

O material Shading Map (mapa sombreado) é destinado principalmente a permitir que você tenha um aspecto de "cel" (célula) em 3D, como típicos desenhos animados. Você pode usar este sombreador para um aspecto de 2D pintado, ao invés de 3D suavemente sombreado.

O Surface Shader (sombreador de superfície) é usado quando você deseja controlar uma cor, transparência e/ou brilho de um material com algo mais em Maya. Por exemplo, é possível vincular cor a qualquer posição XYZ do objeto e, então, o material mudaria cores à medida que o objeto fosse movido pela cena.

O sombreador Use Background (usar fundo) faz um "furo" no canal alfa da imagem, onde aparecem objetos com material. Este material é útil para uma técnica onde imagens separadas renderizadas são combinadas em um programa composto para criar o resultado final (para mais informações, veja o Capítulo 14, "As suas próximas etapas: eficiência e arte"). Normalmente, artistas de CG fazem isto para dividir uma grande animação complexa em partes mais administráveis, ou para combinar animação em 3D com ação viva fotografada/filmada.

Ajustes de material

Tendo revisto os principais tipos de material, agora dê uma olhada nas variáveis disponíveis no material que você usará mais freqüentemente: Blinn. Os outros materiais principais — Phong, PhongE e Lambert — têm muitas das mesmas variáveis.

Para editar ajustes de material, clique duas vezes em qualquer material nas abas de cima ou de baixo de Hypershade. Normalmente, você cria um material Blinn em branco na Work Area do painel da aba de baixo e, depois, clica duas vezes nele para abrir o Attribute Editor com o tipo de material carregado. Refira-se à Figura 8.3, à medida que viajamos pelo Attribute Editor e discutimos as suas seções.

Observe o nome de material no alto do Attribute Editor, que Maya ajusta para blinn1 para um nome padrão inicial. Maya aumenta o número se você criar mais materiais Blinn. Porém, você deve editar este texto para algo mais descritivo, para ajudá-lo a navegar através de seus materiais de cena.

A imagem próxima a Material Sample (amostra de material) mostra um exemplo de esfera de renderização, que se atualiza à medida que você muda os valores dos atributos. A lista de drop-down Type é usada para mudar um material para qualquer outro tipo; entretanto, se o novo tipo de material tiver parâmetros diferentes, automaticamente ele tem os ajustes padrão e o nome é reajustado para o nome padrão.

Em seguida está a seção Common Material Attributes (atributos comuns de material), seguida pela seção Specular Shading. Estas duas seções, exibidas por padrão, são usadas principalmente em edição de material. As outras seções permanecem fechadas, a menos que você clique para expandi-las.

Note que as primeiras quatro variáveis sob Common Material Attributes têm uma amostra de cor, um deslizador e um botão de marcação. Você pode clarear ou escurecer estas variáveis com o deslizador, mas precisa clicar a amostra de cor (que abre o Color Chooser) para fazer a sintonia fina de uma cor. Use o botão de marcação para sobrepor uma cor sólida com uma textura.

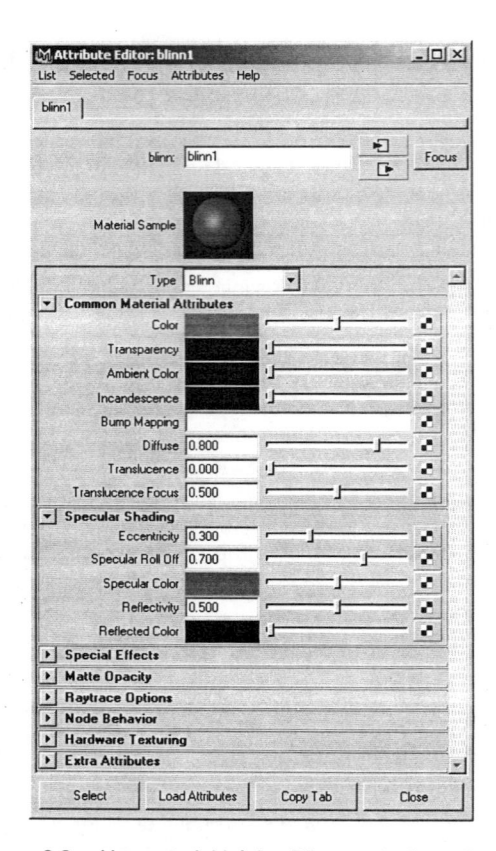

Figura 8.3 – *Um material básico Blinn no Attribute Editor.*

São estes os atributos Blinn nas seções Common Material Attributes e Specular Shading:
- **Color** (cor) — A cor básica da superfície.
- **Transparency** (transparência) — Ajusta a opacidade da superfície. Assim que ela é elevada acima de 0 (preto), Maya muda o fundo de amostra para um tabuleiro quadriculado, para ajudar a avaliar o efeito de transparência. Você pode usar cores para criar um efeito de vidro colorido.
- **Ambient Color** (cor ambiente) — Acrescenta a e se mistura com o valor de cor. É uma boa idéia deixar este valor ajustado em 0 (preto), exceto para efeitos especiais, pois ele diminui o contraste e a profundidade 3D em seus resultados renderizados onde aplicada.
- **Incandescence** (incandescência) — Uma simulação de luz emitida. Em valores baixos, tonaliza e auto-ilumina o material e em valores altos, sobrepõe a cor do material e torna-se auto-iluminada. Tenha em mente que o material renderizado pode parecer como se fosse luminoso, mas ele não projeta luz na cena; é preciso simular isto, acrescentando luzes.
- **Diffuse** (difundir) — Prevista para simular uma luz esparsa de material, mas funciona como um fator de escalonamento na cor. Por padrão, é ajustada para 0.8, que embaça o valor de cor que você ajustou. Geralmente, os animadores aplicam "mapas de sujeira" neste atributo, para acrescentar aspecto real de sujeira e uso que escurece uma superfície.

Capítulo 8 – Materiais | 229

- **Translucence** (translucidez) — Novo em Maya 4, um efeito especial onde a luz é absorvida e espalhada, à medida que passa através de um objeto, útil para simular materiais como vidro fosco. Este efeito se baseia nas fontes de luz em torno e atrás do objeto ao qual você está aplicando o material translúcido.
- **Translucence Focus** (foco de translucidez) — Novo em Maya 4, controla quanta luz se espalha a partir da superfície. Valores mais baixos fazem a luz se espalhar pesadamente e resultam em uma translucidez suave, manchada.
- **Eccentricity** (excentricidade) — A largura do destaque, simulando quão polida ou áspera a superfície aparece.
- **Specular Roll Off** (rolagem especular para fora) — O brilho/intensidade do destaque.
- **Specular Color** (cor especular) — A cor do destaque; normalmente ajustada para um valor branco ou cinza.
- **Reflectivity** (reflexo) — O brilho das reflexões no objeto. Reflexões podem ser traçadas a raio ou usar mapas de textura. Se nenhuma textura é designada ao atributo Reflected Color (cor refletida), você precisa habilitar o traço a raio para ver qualquer resultado deste ajuste. Você pode habilitar o traço a raio na janela Render Globals (a menos que você esteja usando mapas de reflexão).
- **Reflected Color** (cor refletida) — Em Blinn, a amostra de cor e o deslizador não têm efeito. Entretanto, quando é aplicado um mapa de textura, ele parece ser refletido pelo material. Normalmente, você usa um dos tipos de textura de ambiente. Texturas de ambiente são usadas para simular o ambiente circundando a cena; quando aplicadas a um atributo Reflected Color de material, elas são usadas para simular reflexo. Esta técnica é usada geralmente para conseguir um efeito brilhante, refletor, sem tornar mais lenta a renderização, causada pelo traço a raio nas cercanias. Às vezes, também não há cercanias para refletir; por exemplo, efeitos de logo flutuando com freqüência são ajustados em espaço vazio preto.

Observe as figuras a seguir para ver as diferenças entre alguns destes atributos. Na Figura 8.4, Transparency é aplicada ao quadrado à esquerda, para que você possa ver o objeto por trás dele. O quadrado da direita tem Translucence aplicada, assim, ele só permite que luz e sombra sejam vistas.

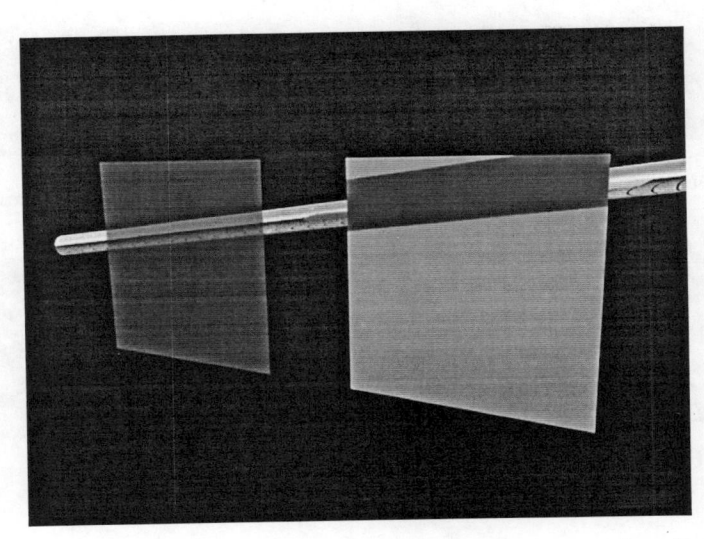

Figura 8.4 – *Transparency (transparência) versus Translucence (translucidez).*

A Figura 8.5 mostra esferas com a aplicação de materiais refletores semelhantes, mas a esfera à direita tem um mapa fractal (formato geométrico de linhas curvas sem quebras) aplicado ao seu atributo Diffuse. O efeito só é aparente onde o mapa é mais escuro, o que causa um efeito de "sujeira" — significando que a esfera é mais escura e os seus reflexos são menos intensos naquelas áreas.

Na Figura 8.6, o atributo Reflectivity está sempre em 1 (100%), mas abordagens variadas são usadas para conseguir efeitos diferentes. A imagem mais à esquerda não tem nada aplicado ao atributo Reflected Color. A imagem seguinte tem um mapa de ambiente cromo no atributo Reflected Color, o que cria a impressão de um fundo, independente das atuais cercanias da esfera. Na terceira imagem, o traço a raio está habilitado, mas o atributo Reflected Color está desativado, assim, é computado um reflexo perfeito. A imagem à extrema direita mostra o efeito de combinar reflexos de traços a raio com mapeamento de textura ambiental para produzir reflexos reais, que têm prioridade sobre os reflexos ambientais (Reflected Color).

Figura 8.5 – *O atributo Diffuse pode escurecer a cor e diminuir o reflexo.*

Figura 8.6 – *Uso de diferentes abordagens com o atributo Reflectivity.*

Capítulo 8 – Materiais | **231**

O Color Chooser

O Color Chooser aparece sempre que você clica em uma amostra de cor. Os 14 botões de cor no alto são uma área de transferência. Para selecionar a cor em um botão de cor, simplesmente clique nele. Para substituir um botão de cor, RMB-clique nele. Use a ferramenta eyedropper (conta-gotas) para pegar uma cor em qualquer lugar na janela.

Uma gama de cores aparece na área Wheel (roda). Em geral, a melhor maneira de selecionar uma cor é usar os deslizadores abaixo da roda (veja a Figura 8.7). Os deslizadores podem ser ajustados para o modo RGB (red-green-blue) ou HSV (hue-saturation-value) na caixa de lista, embaixo da seção Sliders, mas, geralmente, o modo HSV é o mais útil. Primeiro pegue uma tonalidade de cor no deslizador de matiz e, depois, seleciona a intensidade da cor, em comparação com cinza, no deslizador de saturação. Finalmente, ajuste a escuridão, ou mistura de preto, com o deslizador de valor. Na parte inferior está o deslizador alfa, para ajustar a transparência, mas raramente, se for, ele é usado.

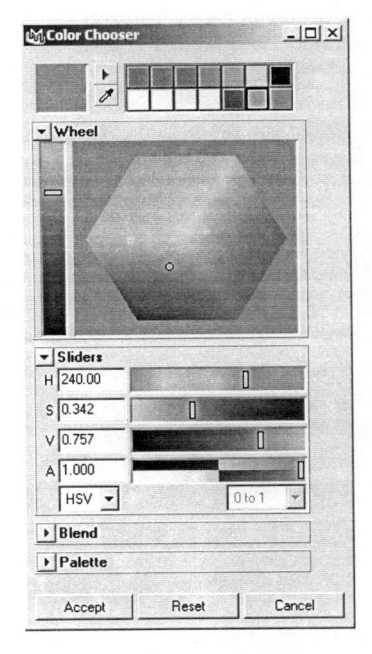

Figura 8.7 – *O Color Chooser de Maya no modo HSV.*

Tutorial: criação de materiais sólidos

Os materiais mais básicos têm uma cor sólida e uma superfície consistente. Neste tutorial, você usará Hypershade para criar algumas superfícies coloridas sólidas e as aplicará a objetos. Carregue o arquivo de cena indicado próximo ao ícone de CD, para ter um ponto de partida para o mundo de amostras às quais você acrescenta materiais.

No CD

Chapter_08\movies\ch08tut01.wmv

Cerâmica

Para o vaso, você aplicará um material de cerâmica, criado usando uma cor laranja escuro, em um material Lambert.

> **No CD**
> Chapter_08\ch08tut01begin.mb

1. Abra Hypershade com **Shift+T**. Assegure-se de que Create Bar e os dois painéis de aba esteja sendo exibidos. Clique com o botão direito do mouse na barra, no alto da Create Bar e escolha Create Materials (criar materiais). MMB-arraste um tipo de material Lambert para a parte inferior do painel de aba. Clique duas vezes o novo material e o Attribute Editor deve aparecer com os novos materiais carregados. Se isto não funcionar, você pode RMB-clicar no novo material e escolher Attribute Editor.
2. Renomeie o material de lambert2 para pottery. Ajuste a cor para laranja escuro no Attribute Editor, clicando a amostra próxima ao valor Color e ajustando a cor no Color Chooser. Ajustamos a Hue para 33, Saturation para .8 e Value para .7. Clique o botão Accept no Color Chooser.
3. Selecione o objeto vaso de flores na cena, RMB-clique o material editado em Hypershade e escolha Assign Material to Selection (designar material à seleção). Você deve ver o objeto de cerâmica na vista Shaded tornar-se laranja escuro.

Plástico

Para materiais plásticos, você usará o material Blinn com destaques brilhantes:

4. Em Hypershade, MMB-arraste um material Blinn para a parte inferior do painel de aba. Abra o Attribute Editor como antes e renomeie o material de blinn1 para red_plastic.
5. Ajuste a amostra de cor para vermelho brilhante. Você pode clicar o botão de cor vermelha no Color Chooser ou usar os deslizadores HSV para conseguir o vermelho desejado.
6. Na seção Specular Shading do Attribute Editor, torne vivo e tenso o nível de brilho, ajustando Eccentricity para 0.1 e Specular Roll Off para 1.0 e arrastando o deslizador Specular Color completamente para a direita, para obter um branco puro. A esfera de amostra de material, no alto do Attribute Editor, deve parecer como plástico vermelho brilhante.
7. Selecione o cilindro na cena. Em Hypershade, RMB-clique no material plástico vermelho e escolha Assign Material to Selection. Você deve ver o cilindro se tornar vermelho na vista Shaded.

Metal

Criar metal exige um truque. Os deslizadores no Attribute Editor implicam um limite superior e inferior que realmente não existe. Você pode digitar qualquer valor na maioria das entradas numéricas e o deslizador ajustará as suas faixas. Em alguns casos, você pode conseguir resultados úteis e únicos, "direcionando" um valor dessa forma.

8. MMB-arraste um novo tipo de material Blinn a partir da Create Bar para a parte inferior do painel de aba. Abra o Attribute Editor para este novo material e nomeie-o como gold.
9. No Color Chooser, ajuste a amostra de cor para marrom escuro (HSV: 40, 0.8, 0.2) e clique Accept. Sob a seção Specular Shading no Attribute Editor, deixe os ajustes em seus padrões: Eccentricity em 0.3 e Specular Roll Off em 0.7.

10. Para conseguir o aspecto de metal, clique a amostra Specular Color e ajuste-a para laranja, mas com um valor mais alto do que 1 (HSV: 40, 1.0 e 2.0), conforme mostrado na Figura 8.8).

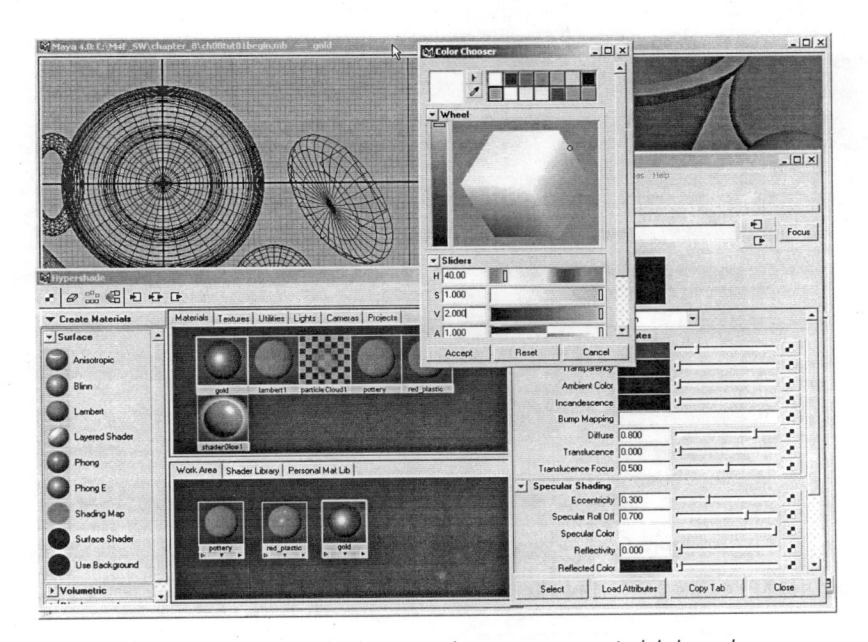

Figura 8.8 – *Ajuste do destaque de cor em um material dourado.*

11. Selecione o objeto esfera oval na cena, RMB-clique no material gold em Hypershade e escolha Assign Material to Selection. O objeto na vista Shaded deve se tornar dourado.
12. Experimente renderizar, para ver como realmente os materiais se parecem. RMB-clique na vista Perspective e renderize, clicando Hotbox I Render I Render Current Frame.
13. Uma janela Render View (vista de renderização) aparece e a imagem é renderizada. Deixe essa janela aberta.

Reflexo de metal traçado a raio

O dourado parece metálico, mas e se você quiser que ele reflita os seus arredores? Em Attribute Editor há um deslizador Reflectivity, mas é possível que você não veja quaisquer resultados a menos que habilite o traço a raio na renderização, ou aplique uma imagem ao atributo Reflected Color.

14. Nos atributos do material gold, deixe Reflectivity no seu padrão 0.5. Clique o ícone de claquete à esquerda, na janela Render View e a imagem se renderizará novamente. Entretanto, o dourado ainda não é refletivo.
15. Clique o botão Render Globals (renderizar globais), mostrado na Figura 8.9. Na janela Render Globals, encontre a seção Raytracing Quality (qualidade de traço de raio), selecione a caixa de verificação Raytracing e feche a janela Render Globals. Renderize novamente, clicando o ícone de claquete e você deve ver efeitos reflexivos no objeto gold. Faça uma volta pela vista Perspective e renderize a partir de alguns ângulos diferentes, para ver o efeito. Observe que o material plástico

vermelho também está refletindo. O ajuste padrão para Reflectivity é 0.5 – meio refletivo. É preciso mudar este valor quando não quiser reflexões em materiais.apresente a partir de alguns ângulos diferentes, para ver o efeito. Observe que o material plástico vermelho também está refletindo. O ajuste padrão para Reflectivity é 0.5 — meio refletivo. É preciso mudar este valor quando não quiser reflexões em materiais.

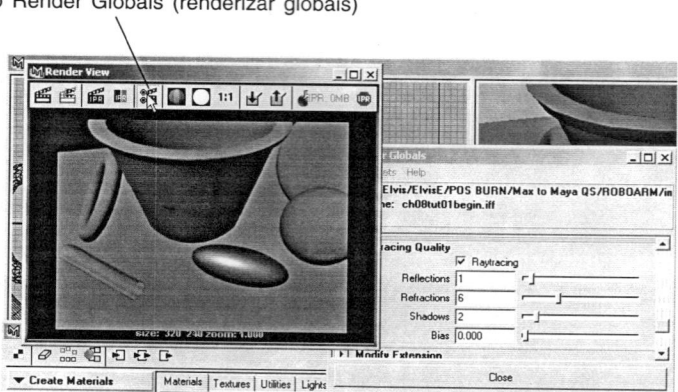

Figura 8.9 – *Abra a janela Render Globals para habilitar traço a raio em reflexões e retrações.*

> **Dica** Você pode se aproximar e balancear a imagem renderizada como em qualquer painel 3D. Também pode aproximar e balancear as amostras em qualquer aba de painel em Hypershade.

Vidro refratário traçado a raio

Você também pode ter materiais transparentes que fazem refração de luz. Isto é, a luz passa através dos objetos, mas é torcida, assim, você vê uma vista destorcida do que está por trás do objeto refratário.

6. MMB-arraste um material Blinn para a parte inferior da aba de painel. Abra o Attribute Editor e nomeie o material como glass (vidro).
17. Ajuste Color para preto e Transparency para branco. Assim que você começar a aumentar o valor Transparency, verá aparecer um fundo quadriculado atrás da amostra, no Attribute Editor, e em Hypershade, o que significa que o material está transparente. Ajuste Eccentricity para 0.1, Specular Roll Off para 1 e Specular Color para branco.
18. Abra a seção Raytrace Options no Attribute Editor. Selecione a caixa de verificação Refractions e ajusta o Refractive Index (índice refratário) para 1.5. Isto é semelhante a vidro. A maioria dos materiais tem um índice entre 1 e 2. Selecione o objeto anel à esquerda do vaso na cena, RMB-clique no material vidro em Hypershade e escolha Assign Material to Selection.

Capítulo 8 – Materiais | 235

Duplicação de materiais

Você pode começar com um material de cena existente e depois duplicá-lo, para poder usar o antigo material como um ponto de partida para um novo material não designado.

19. Selecione o material gold em Hypershade, em qualquer painel de aba, e pressione Ctrl+d para duplicar. Aparece um novo material chamado gold1.
20. No Attribute Editor, renomeie o material como chrome (cromo). Mude Color para azul escuro, ajustando Hue para 240 no Color Chooser. Ajuste Specular Color para branco, mudando Saturation para 0. Agora você tem um metal com aspecto azulado. Alterne Reflectivity para .85 e designe o material para a grande esfera na cena. Renderize a imagem da vista Perspective. A esfera se parece com um espelho, refletindo a cena em torno dela.
21. Renderize a vista Perspective. Se ela parecer um pouco confusa nas áreas refrativa e reflexiva, é porque a qualidade está com ajuste baixo para resposta rápida. Para aumentar a qualidade, abra a janela Render Globals. Na seção Anti-aliasing Quality, selecione Production Quality (qualidade de produção), na lista drop-down Presets (pré-ajustes), conforme mostrado na Figura 8.10. Você também pode querer aumentar a resolução; atualmente ela é de apenas 320x240 pixels. Na caixa de lista Presets, selecione Full 1024, o que lhe dá uma imagem de resolução em 1024x768. Este ajuste demora um pouco mais para renderizar do que antes, mas veja a imagem final! Para ver a imagem em escala total, clique o botão 1:1 na janela Render View. Você pode carregar a cena final do arquivo indicado próximo ao ícone de CD.

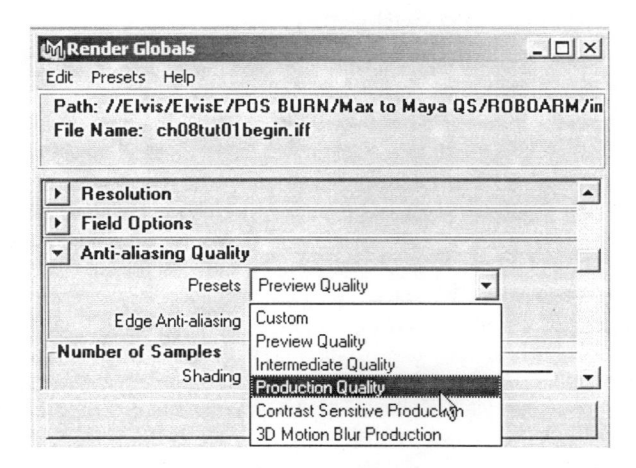

No CD
Chapter_08\ch08tut01end.mb

Figura 8.10 – *Aumento do nível de qualidade de renderização na janela Render Globals.*

Como acrescentar materiais à sua casa

Nos capítulos 5, "Modelagem básica de NURBS" e 6, "Mais modelagem NURBS", você criou uma casa com as técnicas de modelagem NURBS. Nesta seção, você irá texturizar a casa, seguindo os tutoriais para acrescentar materiais às portas, janelas e assim por diante.

Configuração das luzes padrão

Antes de começar a acrescentar texturas, você precisa acrescentar algumas luzes à cena, de vários ângulos, assim o teste de renderizações, enquanto trabalha em materiais oferece uma visão precisa da casa totalmente iluminada. Para facilitar o processo, criamos um MELscript, que acrescenta três luzes Spot à sua cena:

1. Comece abrindo o Script Editor (tecla de atalho: **Shift+S**).
2. Na pasta Chapter_08 no CD-ROM de Fundamentos de Maya 4, você encontrará o arquivo de script ch08Lights.mel. Abra este arquivo no Script Editor (File I Open Script).

   No CD
   Chapter_08\movies\ch08tut02.wmv

3. Na parte inferior do Script Editor você verá algum texto, que é o conjunto de comandos que você deseja executar. Clique para levar o cursor para baixo deste conjunto de comandos. Para executar este script, pressione Ctrl+Enter.

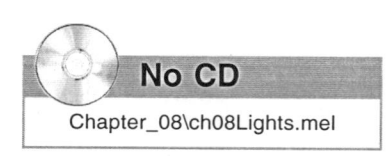

   No CD
   Chapter_08\ch08Lights.mel

4. Abra o Outliner (tecla de atalho: **Shift+O**). Você verá as luzes Spot listadas. Com algumas luzes na cena, agora você está pronto para começar a criar e aplicar materiais à casa.

Tutorial: materiais para a sua casa

Você deve carregar o arquivo indicado próximo ao ícone de CD, do CD-ROM de Fundamentos de Maya 4. Se usar o seu próprio arquivo de edição de cena do capítulo anterior, os resultados podem variar.

No CD
Chapter_08\ch08tut02begin.mb

1. Para trabalhar com mais eficácia neste tutorial, troque para o layout salvo, correspondente aos materiais e renderização (Panels I Saved Layouts I Hypershade/Render/Persp). Os visores agora devem ser substituídos com Hypershade, a janela Render View e a vista Perspective. Se você tiver uma das vistas abertas como uma janela flutuante, o visor ignora aquela janela em especial no layout e deixa a janela flutuante disponível.
2. Para a textura da maçaneta, você criará um metal escovado com um aspecto de usado. Primeiro, oculte todas as camadas na cena, exceto a camada DoorL, clicando o "V" (de visibilidade) próximo aos nomes de camada. Se houver outros objetos, tais como, câmeras ou deformadores, você pode ocultá-los desativando-os na vista (Hotbox I Show I Cameras, Deformers). Dê uma volta e aproxime para o objeto DoorKnob (maçaneta) na vista Perspective; esta é a maçaneta fora da casa.
3. O material preliminar da maçaneta é idêntico ao metal criado anteriormente neste capítulo, no tutorial "Criação de materiais sólidos", assim, siga as etapas 8-10 para criar um material de metal dourado e mude o nome do material para DoorKnobBlinn.

Capítulo 8 – Materiais | 237

| Nota | Quando você usa um hífen (-) entre palavras em nomes de arquivos, Maya o converte para um sublinhado (_). |

4. Assegure-se que a maçaneta ainda está selecionada e designe o material DoorKnob_Blinn, clicando com o botão direito do mouse no novo material e escolhendo Assign Material to Selection. Renderize a cena com IPR na janela Render View; quando ela estiver terminada, marquee-selecione um retângulo que circunda a maçaneta. Depois de alguns segundos, esta área renderizará novamente, e IPR agora está ajustado para responder instantaneamente ao seu material (veja a Figura 8.11).

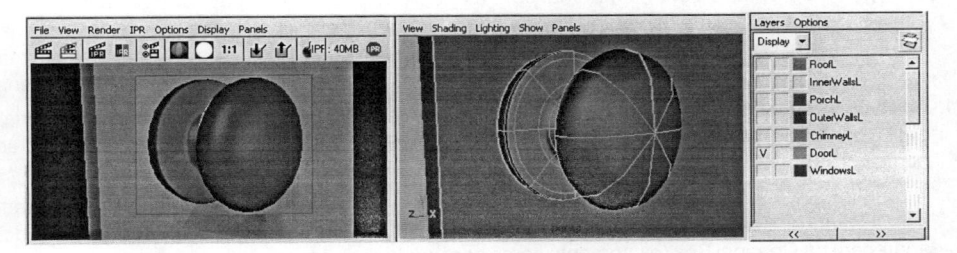

Figura 8.11 – *Ajuste de textura da maçaneta, usando apresentação IPR para reação rápida.*

5. Atualmente, a maçaneta tem um brilho feio de mancha amarela, que não parece real. Para corrigi-lo, selecione novamente DoorKnob_Blinn e abra o Attribute Editor. Clique na amostra em Specular Color e no Color Chooser, mude o ajuste Value para 0.45. Agora a cor especular parece um pouco mais morta.
6. Salve a cena como ch08TexturedHouse. É uma boa idéia salvar o seu trabalho com freqüência.

    A porta já está visível, assim, ainda que você não termine exatamente agora a textura, pode prosseguir e acrescentar um material nela.
7. Para a porta, você criará um outro material Blinn, MMB-arrastando um novo tipo de material Blinn da Create Bar para a parte inferior do painel de aba. Nomeie o novo material como Door-Blinn.
8. Selecione o objeto porta na vista Perspectiva. Lembre-se de que ele é um cubo NURBS, assim, depois de selecionar um lado, pressione a seta para cima, para selecionar toda a porta.
9. Na aba superior em Hypershade, RMB-clique em Door_Blinn e escolha Assign Material to Selection. A renderização IPR será atualizada na janela Render View.
10. Em seguida, ajuste os atributos do material no Attribute Editor. Você está criando um material de madeira para a porta, portanto, selecione uma cor marrom clara (HSV: 40, 0.8, 0.3). Ajuste Eccentricity para 0.5, aumentando assim o tamanho do destaque especular e ajuste Specular Color para um marrom mais claro do que a porta no Color Chooser (HSV 40, 0.4 e 0.5). Por fim, ajuste Reflectivity para 0 e salve novamente a sua cena. Você verá as atualizações na janela Render View depois de cada mudança.

A próxima etapa é configurar um material para a janela em sua cena:

11. Você terminou com a porta, então, oculte a camada DoorL no Layer Editor e, depois, exiba a camada WindowsL.
12. Crie um material Anisotropic, nomeie-o como Window_Anisotropic e ajuste o seu atributo Diffuse para 1. Ajuste a cor para preto, o atributo Transparency para branco e Refractive Index para 1.5.
13. Clique no objeto vidro de janela e confirme que a Channel Box relaciona Window_Glass. Designe a ele Window_Anisotropic. Repita para o outro vidro da janela e salve novamente a sua cena. Observe que, já que o material é transparente, você não pode mais ver o plano representando o vidro da janela. É possível selecioná-lo, clicando na área onde normalmente você veria o plano.

    Para circundar a janela, você pode acrescentar uma ripa de madeira, semelhante ao material usado para a porta. Depois de criar o material para a ripa, você pode usá-lo para outra ripa na casa, tal como ao longo do telhado da varanda ou em torno da porta. Reutilizar um material desta forma dá à sua casa um aspecto mais real — afinal, as ripas devem combinar, não é? Esta é uma maneira mais eficiente de trabalhar do que criar um material completamente novo para cada elemento na cena.

14. Ao invés de criar um novo material para a ripa, você usará um que já tem. Na aba superior Materials, em Hypershade, selecione Door_Blinn. Duplique o material (tecla de atalho: **Ctrl+d**) e mude o seu nome para Trim_Blinn.
15. Normalmente, você usaria o Attribute Editor para mudar valores do material, mas desta vez, tente usar a Channel Box. Quando um material é selecionado em Hypershade, os seus atributos padrão aparecem na Channel Box (exatamente como com qualquer outro objeto em Maya). Sob Trim_Blinn na Channel Box, mude a cor do material, entrando com valores nas três caixas de texto para vermelho, verde e azul. Ajuste Color R (red) para 0.4, Color G (green) para 0.35 e Color B (blue) para 0.25, conforme mostrado na Figura 8.12. O material se tornará um marrom mais escuro, variando ligeiramente de Door_Blinn original.

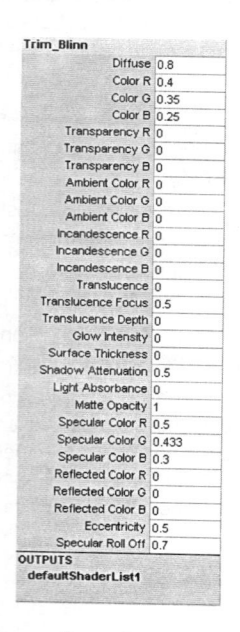

```
Trim_Blinn
              Diffuse  0.8
              Color R  0.4
              Color G  0.35
              Color B  0.25
       Transparency R  0
       Transparency G  0
       Transparency B  0
      Ambient Color R  0
      Ambient Color G  0
      Ambient Color B  0
      Incandescence R  0
      Incandescence G  0
      Incandescence B  0
          Translucence 0
    Translucence Focus 0.5
    Translucence Depth 0
        Glow Intensity 0
     Surface Thickness 0
    Shadow Attenuation 0.5
      Light Absorbance 0
         Matte Opacity 1
      Specular Color R 0.5
      Specular Color G 0.433
      Specular Color B 0.3
     Reflected Color R 0
     Reflected Color G 0
     Reflected Color B 0
          Eccentricity 0.5
       Specular Roll Off 0.7
OUTPUTS
defaultShaderList1
```

Figura 8.12 – *A Channel Box é uma alternativa ao Attribute Editor, ao modificar materiais.*

Capítulo 8 – Materiais | 239

16. Em seguida, você precisa aplicar o material à ripa da janela. Clique em uma das ripas Window_Frame da janela, que contorna a janela e designe Trim_Blinn à seleção. A apara de madeira interseccionando a janela precisa ter o material aplicado. No Outliner, expanda o grupo Windows. Sob qualquer janela, selecione Window_CrossH e Window_CrossV e designe a elas o material. Faça isto em ambas as janelas.
17. Agora que você terminou com os materiais básicos das janelas, oculte a camada WindowsL e salve a cena.

Tutorial: criação dos materiais básicos restantes

Até agora, você esteve criando um material e, depois, aplicando-o imediatamente a um objeto designado. Tal método de fluxo de trabalho é ótimo quando você está tentando obter materiais torcidos e tem os detalhes e atributos prontos para a especificação. Porém, neste tutorial, você verá como apressar o seu fluxo de trabalho para criar o restante dos materiais básicos e designá-los à casa. É preciso criar materiais básicos para as seguintes partes da casa:

No CD
Chapter_08\movies\ch08tut03.wmv

- Grades verticais da varanda
- Grades horizontais da varanda
- Parede externa
- Fundação externa
- Base da chaminé
- Tubo superior da chaminé
- Telhado

No CD
Chapter_08\ch08tut02end.mb

Já que está apenas criando materiais, você não precisa ter os outros visores visíveis. Com a vista Hypershade ativa, dê um toque na barra de espaço para maximizá-la. Aumentar o espaço de trabalho pode ajudar a melhorar a sua produtividade. Você pode começar onde parou, com o tutorial anterior ou carregar a cena do CD-ROM.

Dica Você também pode ocultar a UI (user interface — interface de usuário) para aumentar mais o espaço de trabalho (Display I UI Elements I Hide UI Elements). Isto remove tudo da Status Bar à Help Line. Você pode ativar a interface outra vez, selecionando Restore UI Elements ao invés de Hide UI Elements.

---

1. A varanda precisa de dois materiais separados, para as vigas verticais e horizontais na varanda. Selecione Trim_Blinn na aba superior Materials em Hypershade e duplique-o duas vezes. Nomeie Trim_Blinn1 como VertPorchRail_Blinn. Mude o nome de Trim_Blinn2 para HorizPorchRail_Blinn. Por ora, isto é tudo o que você precisa fazer para as grades.

2. As paredes da casa são as seguintes. Crie um material de superfície PhongE, selecionando PhongE da Create Materials Bar. Nomeie o novo material como Foundation_PhongE. A fundação terá um aspecto molhado, assim, PhongE é um material para se começar. Em seguida, crie um novo material Blinn e nomeie-o como Walls_Blinn.
3. Abra o Attribute Editor para Foundation_PhongE. Sob a seção Common Material Attributes, clique a amostra próxima a Color para ajustar o valor no Color Chooser (HSV: 65, 0.45, 0.35) e clique Accept. Em seguida, diminua Diffuse para 0.7. Continuando para baixo na seção Specular Shading, aumente Roughness (aspereza) para 0.810, diminua Highlight Size (tamanho de destaque) para 0.15 e ajuste Reflectivity para 0. Finalmente, clique a amostra de cor em Whiteness (brancura) para ajustar o valor no Color Chooser (HSV: 270, 0.010, 0.2), e clique Accept.
4. Depois, selecione Walls_Blinn no alto da aba Materials em Hypershade. Na Channel Box (pressione Shift+C se ela não estiver aberta), ajuste Color R para 0.9, Color G para 0.68 e Color B para 0.4. Você deve ter uma cor laranja-amarronzada para o material.
5. Em seguida, você criará um material Lambert para a chaminé. A chaminé é formada de tijolos, que normalmente não têm qualquer destaque, assim, Lambert é o candidato perfeito a material. Com o novo material Lambert selecionado (lambert2), mude o nome para ChimneyBase_Lambert. Depois, duplique o material, nomeando a duplicata para ChimneyPipe_Lambert. Selecione ChimneyBase_Lambert no alto da aba Materials. Abra o Attribute Editor, use o Color Chooser para ajustar a cor do material para vermelho embaçado (HSV: 0, 0.6, 0.5) e clique Accept. No Attribute Editor, clique em ChimneyPipe_Lambert na aba Materials, ajuste o seu atributo Color (HSV: 0, 0.4, 0.5) e clique Accept.
6. O último material básico que você precisa criar é para o telhado. Você não usou ainda um material Phong e o telhado ficaria bem com um material tipo musgoso úmido, portanto, crie um material Phong e nomeie-o como Roof_Phong. Na Channel Box, mude a cor do material, ajustando Color R para 0.34, Color G para 0.312 e Color B para 0.102, o que resulta em uma cor verde escuro amarronzado.
7. Neste ponto, a aba de baixo da Work Area está amontoada com nós de material e deve ser reorganizada. MMB-clique a Work Area e escolha Graph | Rearrange Graph (gráfico — reorganizar gráfico) a partir do menu de Hypershade, para organizar todos os materiais visíveis na Work Area.

Agora você ajustou a base dos materiais em sua cena e pode prosseguir para aplicar estes novos materiais aos objetos correspondentes em sua cena. Se não tiver salvo a sua cena, agora seria uma boa hora, pois você criou alguns materiais. O seu Hypershade deve ter todos os materiais mostrados na Figura 8.13.

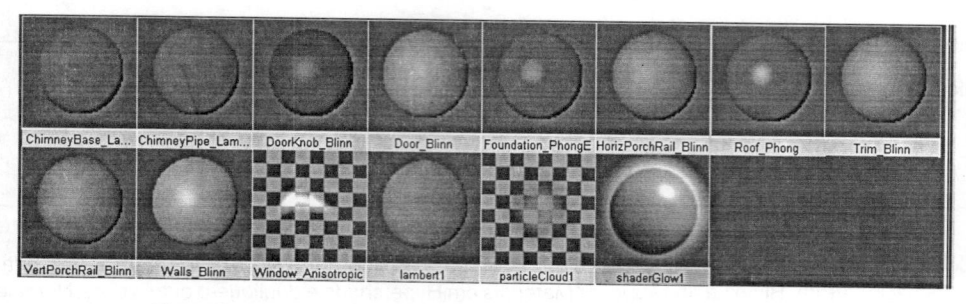

Figura 8.13 – *Os materiais básicos que você montará em sua cena.*

Capítulo 8 – Materiais | 241

8. Em seguida, você designará os materiais criados aos seus objetos de cena. Para facilitar, troque para um layout predefinido salvo (Hotbox I Panels I Saved Layouts I Hyperahsde/Outliner/Persp). O Outliner facilita selecionar componentes específicos, e tê-lo aberto em um visor elimina o amontoado. Em Hypershade, clique o botão Show Top Tabs Only (exibir apenas abas superiores) (refira-se de volta à Figura 8.1, para ver onde está este botão), pois agora você não precisa ver a Work Area. Para mais espaço, oculte a Create Bar, clicando o botão Show/Hide Create Bar. Por fim, oculte os elementos UI na cena (Hotbox I Display I UI Elements I Hide UI Elements). Mantenha a Channel Box visível (tecla de atalho: **Shift+C**) para poder trabalhar facilmente com as camadas na casa. Agora a sua interface deve ser ajustada para designar, eficazmente, os materiais restantes a objetos (veja a Figura 8.14).

9. No Outliner, todos os elementos de cena são agrupados sob Old_House. Exiba todas as camadas na cena. Para designar um material às paredes externas da casa, selecione no Outliner, OuterWall e designe Walls_Blinn. Você deve ver a moldura de arame verde das paredes externas, indicando que elas estão selecionadas. Em Hypershade, RMB-clique em Wall_Blinn e escolha Assign Material to Selection (designar material para seleção). Com a vista Perspective ativa, pressione 7 para garantir que as texturas sejam renderizadas pelo hardware, para ver e iluminar.

10. Selecione Foundation no Outliner. RMB-clique em Foundation_PhongE e escolha Assign Material to Selection. As paredes externas agora têm o seu material básico designado.

11. Selecione Chimney e designe a ela ChimneyBase_Lambert. Sob o grupo Chimney no Outliner, selecione Chimney_Top e designe ChimneyPipe_Lambert. Ainda que o material para a base da chaminé tenha sido designado ao tubo, ele não afeta os materiais sendo aplicados, que sobregravam imediatamente o material existente do objeto.

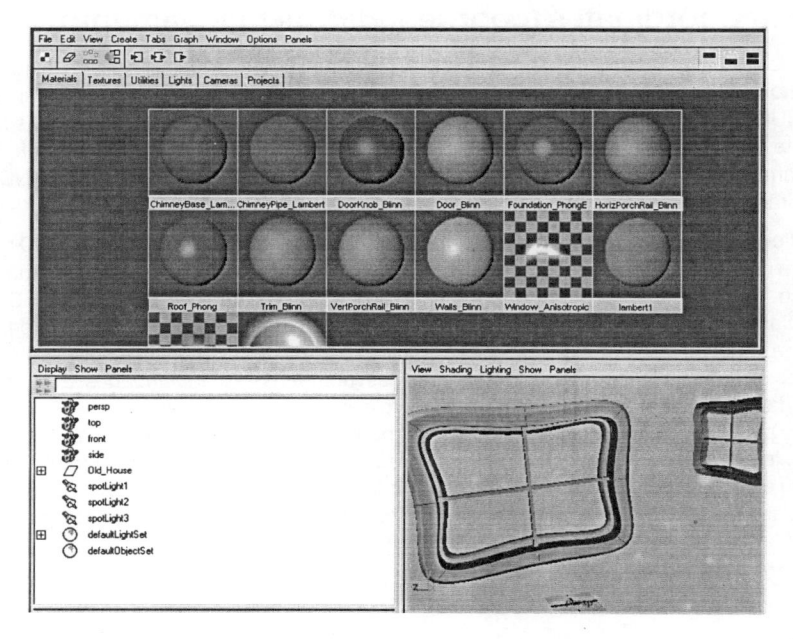

Figura 8.14 – *Usando Hypershade, o Outliner e a vista Perspective, você pode designar facilmente materiais a objetos em sua cena.*

12. Expanda o grupo Roof no Outliner. Sob RoofSide, selecione RoofSlab e designe a ele Trim_Blinn. Shingles (telhas) também devem estar localizadas neste grupo. Designe Roof_Phong a Shingles. Em seguida, designe Trim_Blinn a RoofSlab em RoofSide1 e Roof_Phong a Shingles em RoofSide1.
13. Feche o pai Roof mais acima no Outliner. Oculte a camada RoofL e salve a sua cena.
14. Os materiais básicos finais precisam ser designados à varanda, antes de você estar pronto para iniciar o mapeamento de textura. Selecione PorchTrim e designe a ele Trim_Blinn. Em seguida, selecione Porch_RailBars, Porch_Legs e Porch_Poles e designe a eles VertPorchRail_Blinn. Designe HorizPorchRail_Blinn a PorchFloor, PorchStairs e Porch_HandRails.
15. Você acabou de aplicar materiais básicos a objetos em sua cena; na próxima seção, aprenderá como acrescentar mais detalhes às suas texturas. Oculte a camada PorchL e salve a sua cena, como de hábito.

Se você ficou preso neste tutorial, carregue o arquivo ch08tut03end.mb, que contém a cena terminada deste tutorial.

No CD

Chapter_08\ch08tut03end.mb

Mapeamento de textura

A próxima etapa é substituir uma cor sólida da superfície por uma textura. Normalmente, uma textura refere-se a uma imagem 2D em torno de uma superfície 3D, ao invés de uma superfície curva como um papel de parede. Já que uma imagem 2D pode ser estendida, envolvida e projetada dentro de uma superfície de muitas maneiras diferentes, você precisa controlar como a imagem é aplicada.

Mapping Coordinates (coordenadas de mapeamento)

As coordenadas de mapeamento, também conhecidas como coordenadas UV, dizem ao renderizador de 3D como colocar o mapa 2D através de geometria, que varia, dependendo se o modelo é criado a partir de NURBS ou de polígonos. Em NURBS, o mapeamento paramétrico é inerente à superfície e, tipicamente, isto é o usado. Já que NURBS são superfícies paramétricas, o mapeamento pode fluir, automaticamente, com suavidade pela superfície. Você também pode ajustar mapeamento NURBS para mover e girar como o mapa é posicionado no objeto.

Em superfícies de polígono, normalmente o mapeamento é aplicado projetando mapas 2D pela superfície 3D em uma de várias maneiras: planar, cilíndrica e um método especial, chamado mapeamento automático. Como é de se esperar, quando você aplica uma textura 2D a um objeto 3D com uma projeção planar de mapa, você verá um efeito manchado em áreas do objeto que são perpendiculares à direção da projeção do mapa. As projeções cilíndricas e esféricas pareceriam resolver este problema, mas ambos os tipos de mapeamento têm as suas desvantagens — *singularidades*. Estes são pontos nos pólos da esfera, ou cilindro, onde o mapeamento é apertado em um ponto (veja a Figura 8.15). Em geral, você precisa aplicar o melhor método de mapeamento à superfície e às áreas vistas durante a animação. Isto é, se a parte feia estiver em uma área que não é visível à câmera durante a animação, o problema está resolvido. Em casos difíceis, uma combinação de mapeamento automático, múltiplas coordenadas de mapeamento e muito trabalho de foto-edição, normalmente pode corrigir o problema.

Figura 8.15 – *Três bules de chá com mapeamento planar, cilíndrico e esférico (da esquerda para a direita).*

Colocação interativa de textura de Maya

Para tornar o ajuste de mapeamento em uma superfície menos confuso, Maya oferece a colocação interativa de textura. Este recurso permite que você veja os mapas na superfície em tempo real, à medida que você move, gira e escalona o manipulador para o mapeamento. Para fazer este trabalho, você precisa ter Hardware Texturing (hardware de texturização) ativado em pelo menos um dos painéis de 3D. Para fazer isto, selecione o painel (RMB-clique sobre o painel) e, depois, clique Hotbox I Shading I Hardware Texturing (tecla de atalho: **6**). Por padrão, materiais com uma textura aplicada ao atributo Color têm um mapa de textura de cor ajustado para aparecer nos painéis de hardware de texturização.

Mapas procedurais explicados: 2D versus 3D

Além de aplicar uma imagem ou filme a uma superfície, Maya oferece muitos outros tipos de textura, chamados *procedural textures* (texturas procedurais). Ao invés de usar imagens atuais para mapeamento, as texturas procedurais usam fórmulas. Muitos padrões, como tijolos, azulejos e gradientes são tão repetitivos que podem ser facilmente representados por uma equação. Usando formas especiais de valores que parecem aleatórios, muitos efeitos naturais podem ser matematicamente simulados: mármore, couro, água, granito e muitas outras texturas complexas e aleatórias estão incluídas em Maya como procedurais.

As texturas procedurais de Maya vêm em duas variedades: 2D e 3D. Você pode pensar nos procedurais em 2D como uma forma calculada de um bitmap. Uma fórmula é responsável pela imagem, mas a imagem precisa ser aplicada à geometria 3D com algum tipo de mapeamento, assim, está sujeita a todos os benefícios e desvantagens de mapeamento 2D. No entanto, quando procedurais 3D são aplicados, eles existem através de espaço em 3D e objetos de superfícies definem onde você vê a textura. É como talhar o objeto a partir de um bloco do material. Este método tem o benefício de não exigir qualquer mapeamento, mas se o objeto curvar ou deformar, a textura procedural pode parecer "nadar" pelo objeto (mas Maya tem uma opção avançada para contornar esta limitação chamada Texture Reference Objects — texturizar objetos referenciados).

As texturas procedurais têm diversos benefícios. Já que elas são baseadas em fórmula, os seus parâmetros podem ser ajustados para sintetizar instantaneamente todos os tipos de efeitos diferentes. Devido ao fato de o "ruído" simulado aleatório usado para as texturas naturais variar em cada ponto no espaço, as procedurais não repetem, como é comum com uma imagem azulejada, digamos, de mármore. Também, já que os procedurais 3D existem através do espaço em 3D, geralmente você consegue bons resultados em objetos que, caso contrário, pareceriam difíceis de mapear. Ao invés de tentar envolver uma textura 2D em torno de uma escultura complicada, você pode aplicar um procedural 3D e ela parecerá estar perfeitamente mapeada. mármore. Também, já que os procedimentais 3D existem através do espaço em 3D, com freqüência, você consegue bons resultados em objetos que, caso contrário, pareceriam difíceis de mapear. Ao invés de tentar envolver uma textura 2D em torno de uma escultura complicada, você pode aplicar um procedimental 3D e ela parecerá estar perfeitamente mapeada.

Procedurais 2D

Os procedurais 2D de Maya podem ser divididos em duas categorias: padrões regulares e padrões de ruído. Os padrões regulares incluem grade, verificador, saliência, tecido e rampa. Com estes padrões, você pode criar azulejos, tijolos e muitos outros efeitos imitando os feitos pelo homem. Os padrões de ruído incluem fractal, montanha, ruído e água. Estas texturas pseudo-aleatórias são excelentes para criar as superfícies "sujas" complexas, comuns na natureza.

Procedurais 3D

Todos os procedurais 3D, exceto neve, são tipos aleatórios. Alguns, como madeira e mármore, imitam claramente a natureza. Entretanto, todos são excelentes para sintetizar efeitos aleatórios. Mesmo quando animar um mundo feito pelo homem, tal como uma construção interna, você ainda precisa de padrões ruidosos — azulejos de teto e até pintura escovada em paredes são, de alguma forma, texturizadas aleatoriamente.

Tutorial: aplicação de texturas

Neste tutorial, você aplicará alguns materiais texturizados aos objetos e editará a colocação daquelas texturas. Você pode carregar o arquivo de cena indicado aqui para pegar a partir do final do tutorial "Criação de materiais sólidos".

No CD
Chapter_08\movies\ch08tut04.wmv

No CD
Chapter_08\ch08tut01end.mb

1. Abra Hypershade (tecla de atalho: **Shift+T**). Assegure-se de que Create Bar e ambos os painéis de aba estejam exibidos. RMB-clique a Create Bar e ajuste-a para Create Materials. MMB-arraste um material Blinn para a parte inferior do painel de aba e clique-o duas vezes para abrir o Attribute Editor.
2. Renomeie o material checkerfloor e clique o botão quadrado, à direita da amostra de cor. A caixa de diálogo Create Render Node (criar nó de renderização) abre a aba Textures, exibindo todos os procedurais 2D e 3D e texturas (veja a Figura 8.16). Clique no tipo Checker para aplicá-lo ao atributo Color.
3. Transforme em tela cheia a vista Perspective e ajuste-a para a vista Shaded (tecla de atalho: **5**). Ative Hardware Texturing para esta vista (Hotbox I Shading I Hardware Texturing).
4. Você usará o método de arrastar-e-soltar para aplicar um material a um objeto. MMB-arraste a amostra checkerfloor a partir do painel de aba superior de Hypershade para a superfície de piso da cena. Você deve ver uma tabuleiro quadriculado aparecer no piso.
5. Clique duas vezes o material checkerfloor em Hypershade para torná-lo ativo no Attribute Editor. No Attribute Editor do material, abra a seção Hardware Texturing e ajuste a Texture Quality para High. Você deve ver a textura checkerfloor aguçada na vista Shaded.

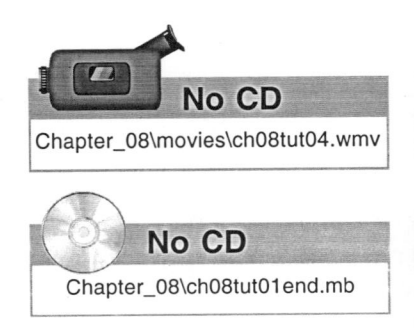

Capítulo 8 – Materiais | **245**

6. No Attribute Editor do material checkerfloor, a amostra Color é cinza claro e o ícone à direita do deslizador de Color mudou de um botão quadrado para uma seta indicando para a direita, sinalizando que a cor foi sobregravada por algo mais. Clique o ícone de seta à direita para que o Attribute Editor exiba os parâmetros para o nó Checker.
7. Uma caixa de diálogo se abre, onde você pode mudar as cores do material checkerfloor de preto e branco para outras cores, conforme mostrado na Figura 8.17. À direita destes deslizadores de cor estão botões quadrados que você pode clicar para substituir uma das cores sólidas de checkerfloor por uma outra textura. Para substituir os quadrados brancos em checkerfloor por uma textura marmorizada em 3D, clique o botão quadrado à direita de Color1 (branco) e depois, clique Marble sob 3D Textures, na caixa de diálogo Create Render Node.

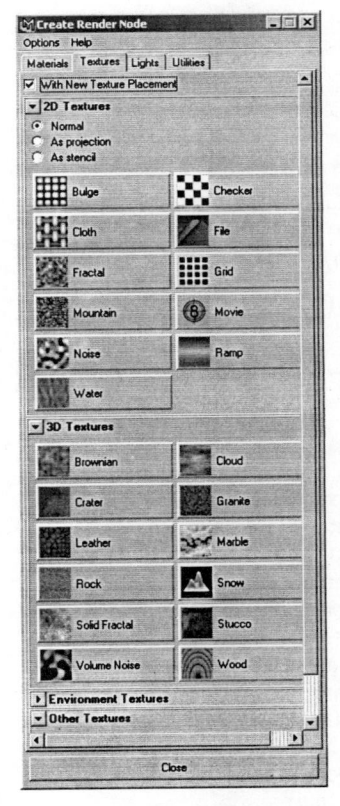

Figura 8.16 – *A caixa de diálogo Create Render Node lista todos os tipos de mapas disponíveis.*

Dica Para navegar de volta ao nó original depois de ter aplicado uma textura, clique o ícone de seta para a direita. Se você precisar desfazer a designação de uma textura, RMB-clique no nome da entrada e escolha Break Connection (interromper conexão).

8. Agora o Attribute Editor mostra os ajustes para a textura mármore. Porém, as veias no mármore são finas demais para a sua cena. Para escalonar para maior a textura procedural de mármore, clique a aba place3dTexture no Attribute Editor e ajuste os três valores de Scale para 10. Renderize a vista Perspective e você deve ver um material checkerfloor marmorizado. O piso, de alguma forma, é refletivo, pois o valor padrão de Reflectivity de 0.5 foi designado ao checkerfloor.

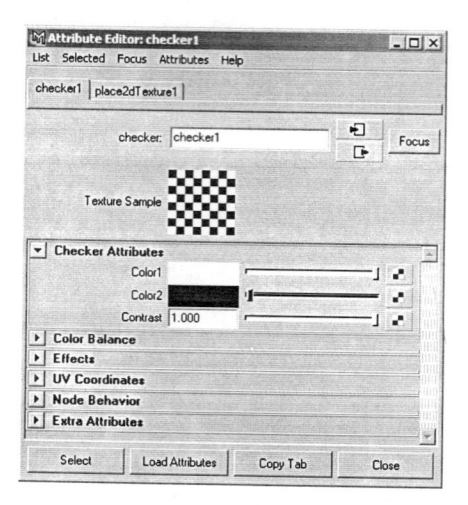

Figura 8.17 – O nó de textura Checker, no Attribute Editor.

9. Em seguida, você colocará uma textura 2D no objeto escudo poligonal com o texto "Maya 4 Fundamentals". Crie um novo material Blinn e abra o Attribute Editor. Nomeie o material como m4fshield. Clique o botão quadrado próximo a Color e na caixa de diálogo Create Render Node selecione File, na seção 2D Textures. Próximo à caixa de texto Image Name, no Attribute Editor, clique o botão com o ícone de pasta, para selecionar a imagem que você deseja aplicar. Para este objeto, é o arquivo indicado próximo ao ícone de CD. Depois de selecionar e aceitar o arquivo clique o material m4fshield na área de aba superior de Hypershade. Depois, MMB-arraste o material para dentro do objeto com escudo, para a direita do vaso de flores. Você deve ver a textura aparecer de uma maneira distorcida.

No CD

Chapter_08\shield_logo.tga

O escudo é um objeto poligonal feito com um giro. O mapeamento é aplicado ao giro, mas ele é aplicado circularmente, na direção do giro da ranhura, para criar a superfície. Neste caso, você simplesmente deseja um sinal plano na frente do escudo, assim, precisa sobregravar o mapeamento padrão que foi aplicado.

Capítulo 8 – Materiais | **247**

10. Selecione o objeto escudo e torne-o um mapa planar (Hotbox I Edit Polygons I Texture I Planar Mapping). Você deve ver o mapeamento na superfície mudar imediatamente e o manipulador de mapeamento é exibido.
11. Agora, é possível ajustar o tamanho e posicionar o manipulador de mapa para fazer o texto se ajustar bem no escudo. No canto do manipulador há um "L" vermelho; quando você clicar nele, ele se torna amarelo e aparecem três alças de manipulador: um círculo único (para ativar o modo Rotate) e os ícones Scale e Move, com X, Y e Z ativos, conforme mostrado na Figura 8.18. Se você clicar no círculo, os manipuladores Rotate X, Y e Z aparecem, conforme mostrado na Figura 8.18. Usando estes manipuladores, você pode transformar a aplicação da imagem para o escudo, até que ela esteja corretamente colocada. Observe que, se você clicar novamente o canto "L", o manipulador inverte para o seu modo original, que é designado para fácil dimensionamento. Use os Ls de canto (à esquerda na Figura 8.18) para ajustar o tamanho do mapa.

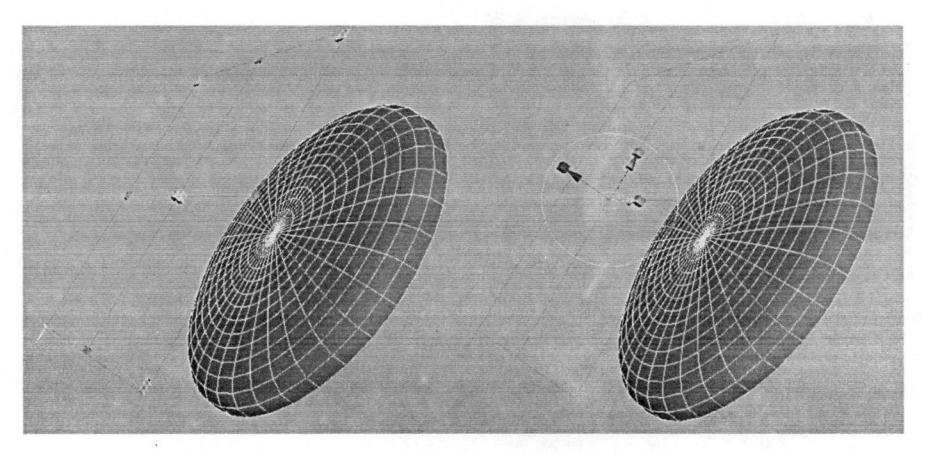

Figura 8.18 – *Os manipuladores de mapeamento planar foram puxados para longe da geometria, para mostrar os dois modos de colocação, alternados pelo clicar no canto "L", à esquerda inferior do manipulador.*

12. Agora renderize a vista, para ver como os materiais se parecem. A Figura 8.19 mostra o manipulador de mapeamento planar em sua colocação ajustada.

No CD
Chapter_08\ch08tut04end.mb

Dica Se você precisar trazer de volta as alças de manipulador para colocação de textura, pode fazê-lo, selecionando o objeto, abrindo a Channel Box (tecla de atalho: **Shift+C**) e clicando a entrada polyPlanarProj. Se isto falhar, você precisa abrir a Tool Box (Hotbox I Display I UI Elements I Tool Box). O sexto ícone a partir do alto na Tool Box, exatamente abaixo de Scale, é o botão Show Manipulator (exibir manipulador). Clique-o para obter de volta o seu manipulador de mapa.

Figura 8.19 – *A cena final, renderizada com o mapa escudo no lugar. Observe que o torus de vidro não aparece na vista Shaded.*

Como acrescentar mapeamento de textura a materiais básicos

Por agora, você deve ter um conhecimento básico de como as texturas funcionam com os materiais e como colocar texturas 2D em objetos em sua cena. Neste próximo tutorial, você aplicará estes métodos aos materiais básicos da casa criada e designada no tutorial anterior.

Tutorial: texturização de maçaneta, paredes e janelas

Ter uma cor sólida para a maçaneta não é tão real como deveria ser. Anteriormente, você aprendeu como pode usar um atributo Diffuse de material para criar um aspecto sujo, que é exatamente o que deseja fazer para a maçaneta.

No CD
Chapter_08\movies\ch08tut05.wmv

1. Primeiro carregue a sua cena em Maya. Você pode continuar a partir do tutorial anterior da casa, ou carregar o arquivo indicado próximo ao ícone de CD.

Capítulo 8 – Materiais | 249

2. Comece mudando o layout com o qual está trabalhando. Oculte os elementos UI, se ainda não o tiver feito, e mude para o layout salvo para trabalhar com materiais (Hotbox | Panels | Saved Layouts | Hypershade/Render/Persp).

> **No CD**
> Chapter_08\ch08tut03end.mb

3. Oculte todas as camadas, exceto DoorL. Para começar, você modificará a textura da maçaneta. Acrescentando um mapa ao atributo Diffuse, é possível conseguir um aspecto metálico usado para a maçaneta. Selecione a maçaneta externa e focalize nela (tecla de atalho: **f**). Faça uma renderização IPR da maçaneta e selecione-a para atualizar na janela Render View.

4. Em Hypershade, assegure-se de que as abas superior e inferior estejam visíveis (clique o botão Show Top and Bottom Tabs (exibir abas superior e inferior) se não estiverem). Clique duas vezes o material DoorKnob_Blinn para abrir o Attribute Editor, para poder mapear uma textura para o atributo Diffuse. Clique o botão quadrado à direita de Diffuse para abrir a caixa de diálogo Create Render Node. Sob a seção 2D Textures, assegure-se de que o botão de rádio Normal esteja selecionado para colocação e clique o tipo Fractal. O Attribute Editor troca para mostrar os atributos Fractal. Observando a renderização IPR, você verá o que foi atualizado.

5. Mudando as configurações da textura procedural, você pode conseguir um efeito escovado na maçaneta; à medida que você muda as configurações, observe a renderização IPR para ver como a textura é afetada. Clique a aba fractal1 no Attribute Editor. Sob a seção Fractal Attributes (veja a Figura 8.20), mude Amplitude para 0.5, Threshold (limiar) para 0.1, Ratio (proporção) para 0.77 e Frequency Ratio (proporção de freqüência) para 8. Agora, clique a aba place2dTexture. Sob a seção 2D Texture Placement Attributes (atributos de colocação de textura 2D), mude a segunda caixa de texto (para V) à direita de Repeat UV para 0.15, ajuste o Noise UV para 0 e 0.75. Acrescentar esse ruído UV ao atributo Fractal o faz "rodopiar" mais. Feche o Attribute Editor.

6. Focalize-se na porta e refaça a renderização IPR com mais a porta na vista. Clique duas vezes Door_Blinn em Hypershade para abrir o Attribute Editor. Você designará uma textura ao atributo Diffuse, exatamente como fez com a maçaneta, mas desta vez, criará uma textura Noise. Para fazê-lo, na aba noise1, mude os valores sob Solid Fractal Attributes (veja a Figura 8.21). Ajuste Amplitude para 0.8, Ratio para 0.35, Frequency Ratio para 20, Depth Max (máxima profundidade) para 3 e Noise Type (tipo de ruído) para Wispy (pequena mecha/fio). Na aba place2dTexture, mude a primeira caixa de texto de Repeat UV para 4. Finalmente, oculte DoorL, pois você acabou de aplicar texturas nela.

7. Em seguida, você acrescentará alguma textura às paredes. Exiba a camada OuterWallsL e faça a renderização IPR das paredes para poder vê-las claramente. Abra Walls_Blinn no Attribute Editor e mude a Reflectivity para 0. Mapeie uma textura Noise (novamente confirmando que Normal esteja selecionado no alto da caixa de diálogo Create Render Node) para o atributo Color de Walls_Blinn. Use os ajustes mostrados na Figura 8.22. Ajuste Amplitude para 0.5, Ratio para 0.77, Frequency Ratio para 2, Depth Max para 20, Density (densidade) para 5, Spottyness (manchado) para 0.3 e Falloff (diminuir) para Bubble (bolha).

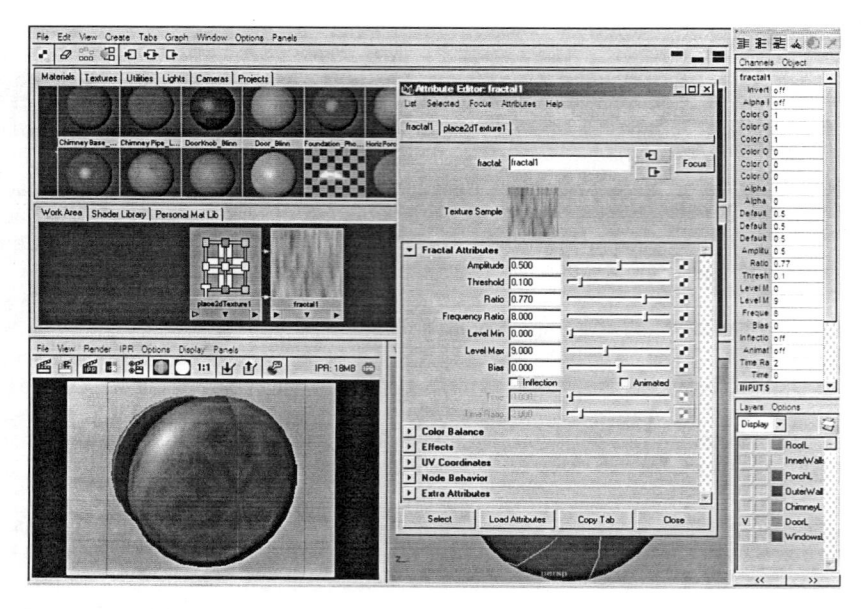

Figura 8.20 – *Usando o Attribute Editor, o IPR e Hypershade, você pode facilmente você pode acrescentar texturas aos seus materiais.*

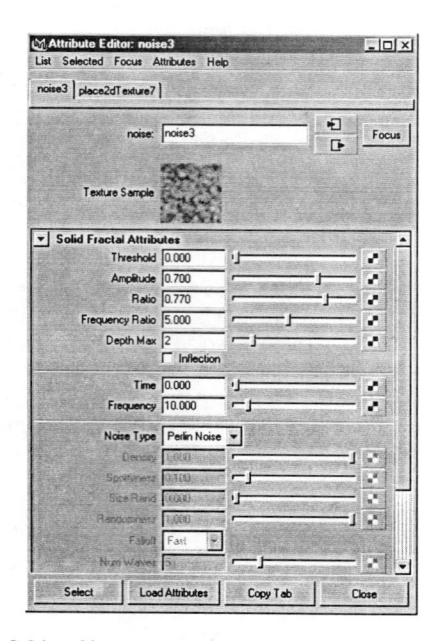

Figura 8.21 – *Use estes ajustes para mudar a textura Noise que você acabou de mapear para o atributo Diffuse de Door_Blinn.*

Capítulo 8 – Materiais | 251

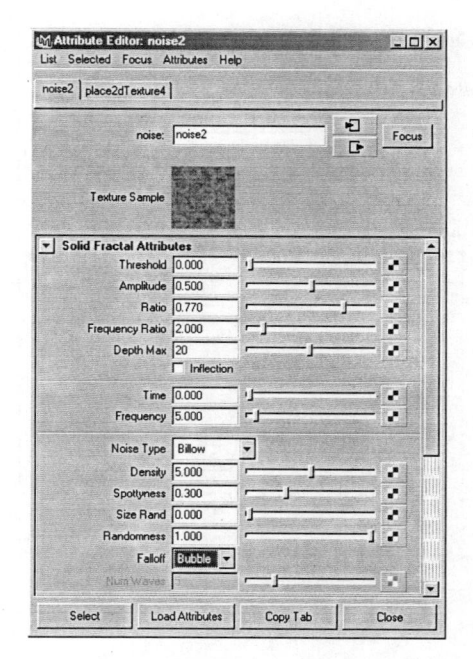

Figura 8.22 – *Ajustes para mudar a textura Noise mapeada para o atributo Color em Walls_Blinn.*

Maya oferece uma opção "color balance" (equilíbrio de cor) para ajustar facilmente o brilho e contraste de um ruído. Você usará isso agora, para escurecer e emudecer o efeito de ruído:

8. Sob a seção Color Balance para o Noise, ajuste Color Gain (obtenção de cor) no Color Chooser (HSV: 41, 0.315, 0.656). Depois, mude Color Offset (HSV: 45.5, 0.393, 0.120). Depois de ajustar estes valores, clique a aba place2dTexture e ajuste Repeat UV para 1 e 5 para fazer a textura compactar na direção V. Salve a sua cena.

9. Selecione novamente Walls_Blinn e mapeie uma textura 2D Mountain (montanha) para o atributo Diffuse. Na aba place2dTexture, mude Repeat UV para 0 e 3 e ajuste Noise UV para 0 e 0.005. Você também deve mudar os valores na aba mountain1, conforme mostrado na Figura 8.23. Amplitude para 0.75, Snow Altitude (altura de neve) para 1 e Snow Dropoff (queda de neve) para 1.

10. Agora você pode ir para a fundação. Abra o Attribute Editor em Foundation_PhongE. Você mapeará um arquivo de imagem para o atributo Color. Confirme novamente que o botão de rádio Normal da textura está selecionado. Uma aba chamada file1 será criada. Nesta aba, você pode clicar o botão de pasta para selecionar o mapa de imagem por nome, mas há uma maneira mais fácil, mostrada nas próximas etapas.

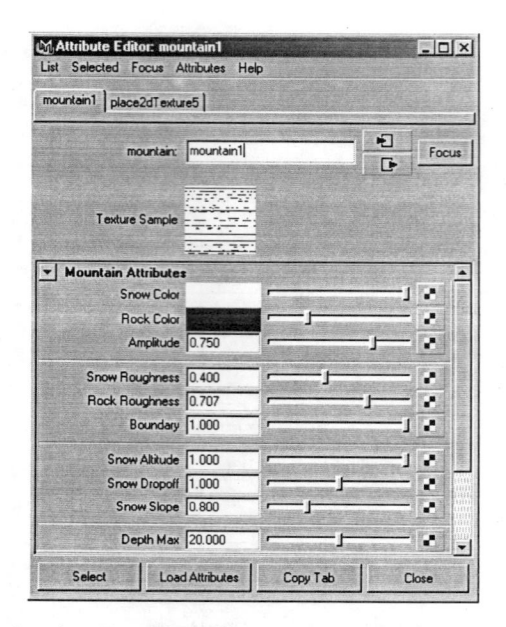

Figura 8.23 – *Ajustes da textura Mountain mapeada no atributo Diffuse de Walls_Blinn.*

11. Em Hypershade, escolha Tabs I Create New Tab (criar nova aba). Na caixa de diálogo Create New Tab, entre com M4F maps na caixa de texto New Tab Name (nova nome de aba), selecione o botão de rádio Bottom (de baixo) em Initial Placement (colocação inicial), selecione o botão de rádio Disk (disco) em Tab Type (tipo de aba) e, depois, indique o diretório root (raiz) para a pasta Chapter_08\Textures no CD-ROM (veja a Figura 8.24). Clique o botão Create.

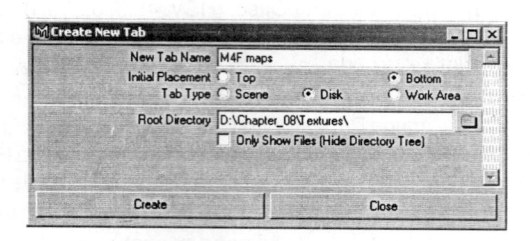

Figura 8.24 – *Acréscimo de uma nova aba a Hypershade.*

Capítulo 8 – Materiais | 253

12. Em Hypershade, clique na aba de baixo Shader Library e, depois, clique a nova aba criada. Você deve ver amostras aparecerem para todas as texturas na pasta selecionada. À direita estão imagens em miniatura das texturas disponíveis que você pode aproximar e balancear. Clique cobblestones.tif para selecioná-lo e, depois, MMB-arraste a textura para a caixa de texto Image Name (nome de imagem), no Attribute Editor. A localização do arquivo é automaticamente colocada na caixa de texto. Pressione Enter e a amostra Texture Sample se atualiza, para mostrar a nova textura (veja a Figura 8.25).

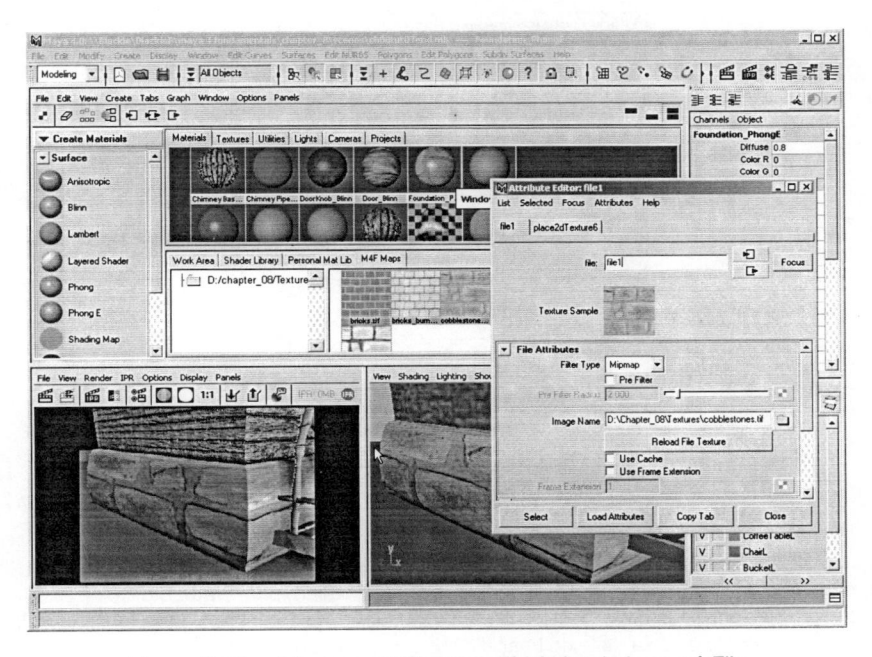

Figura 8.25 – *A textura cobblestones.tif foi vinculada ao nó File.*

13. Clique a aba place2dTexture. Sob a seção 2D Texture Placement Attributes, mude Repeat UV para 3 e 2. Clique novamente Foundation_PhongE, para abri-lo no Attribute Editor. Mapeie a textura 2D Noise para o atributo Diffuse e, na aba noise3, mude Solid Fractal Attributes para combinar com a Figura 8.26. Ajuste Amplitude para 0.7, Ratio para 0.77, Frequency Ratio para 5, Depth Max para 2, Frequency para 10 e Noise Type para Perlin Noise.
14. Oculte a camada OuterWallsL e exiba a camada ChimneyL. Aproxime-se da chaminé e faça a renderização IPR. Se você estiver tendo problemas para vê-la, pois algumas áreas não estão iluminadas o bastante, selecione spotLight2 no Outliner e aumente a sua Intensity para 1.2 na Channel Box.

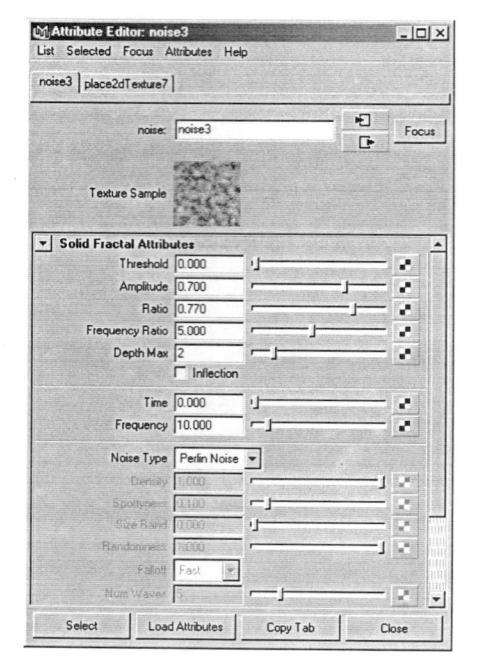

Figura 8.26 – *Colocar esta textura Noise no atributo Diffuse dá ao cobblestone (paralelepípedo) um aspecto bem sujo.*

15. Clique ChimneyBase_Lambert em Hypershade. No Attribute Editor, mapeie um nó de textura 2D File (o botão de rádio Normal deve ser selecionado para colocação) para o atributo Color. Exatamente como você carregou a textura cobblestone para a fundação, na aba Shader Library, localize bricks.tif e MMB-arraste para a caixa de texto Image Name, no Attribute Editor.
16. O IPR se atualiza, mas o tijolo é esticado. Para corrigir isto, RMB-clique ChimneyBase_Lambert e escolha Graph Network (gráfico de rede). Clique o nó place2dTexture para o tijolo. Em 2D Texture Placement Attributes, mude o Repeat UV para 1 e 6. O tijolo parece limpo demais, assim, você acrescentará um mapa Solid Fractal 3D Texture ao atributo Diffuse do material. Para fazê-lo, na aba place3dTexture, clique a caixa de verificação Fit to Group (ajustar ao grupo). Sob a seção Solid Fractal Attributes, mude a Amplitude para 0.8, Frequency Ratio para 5, Ripples (ondulações) para 2, 3 e 5 e Bias (desvio) para 0.05.
17. Na vista Perspective, gire ao redor. Observe que em dois lados da chaminé, parece como se a textura está se movendo na direção errada (veja a Figura 8.27). A direção de superfície está indo na direção oposta aos outros lados da chaminé. Em outras palavras, as coordenadas U e V foram trocadas, o que é típico de cubos NURBS em Maya. Para mudar a direção de uma superfície, selecione o lado da chaminé com o problema de direção e inverta a direção de superfície (Alt+z | LBM-clique | Reverse Surface Direction | caixa de opção). Assegure-se de que Surface Direction (direção de superfície) está ajustada para Swap (trocar). Clique o botão Reverse (inverter) para ver a textura magicamente reposicionada na vista Perspective. Você precisará renderizar em IPR novamente para ver a mudança.

Capítulo 8 – Materiais | 255

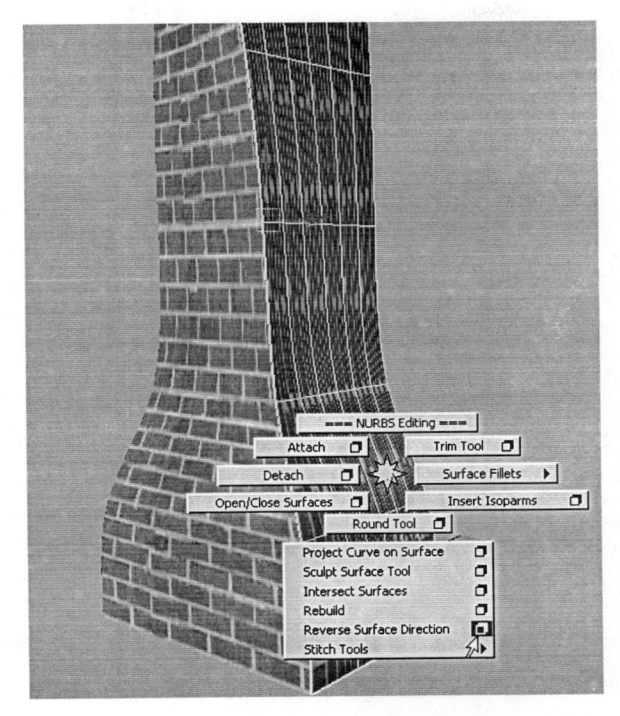

Figura 8.27 – *Inverter a direção de superfície corrigirá o mapeamento de textura no objeto NURBS em uma etapa.*

18. Antes de continuar, assegure-se de salvar a sua cena. A última etapa é acrescentar uma textura ao atributo Transparency em seu material Window_Anisotropic. Torne todas as camadas visíveis, exceto PorchL, pois a varanda não está em lugar algum perto de janelas. Você pode fazer uma renderização IPR da janela, mas ela não mostra muito sem traço a raio. No Attribute Editor de Window_Anisotropic, mapeie uma 2D Texture Ramp (selecione o botão de rádio Normal) para o atributo Transparency.

19. Uma textura Ramp pode oferecer uma ampla gama de efeitos. Você pode pensar nela como um gradiente, com uma cor se fundindo em outra. Clique a aba ramp1 e selecione Circular Ramp na caixa de lista drop-down Type (veja a Figura 8.28). A amostra Texture Sample se atualiza para mostrar como Ramp se parece. Você pode especificar as áreas que serão transparentes, ajustando uma cor de rampa (os botões de cor circulares) para branco. A caixa de lista Interpolation (interpolação), abaixo de Type, define como a mistura (intermediária) de cor muda; ela deve ser ajustada para Linear.

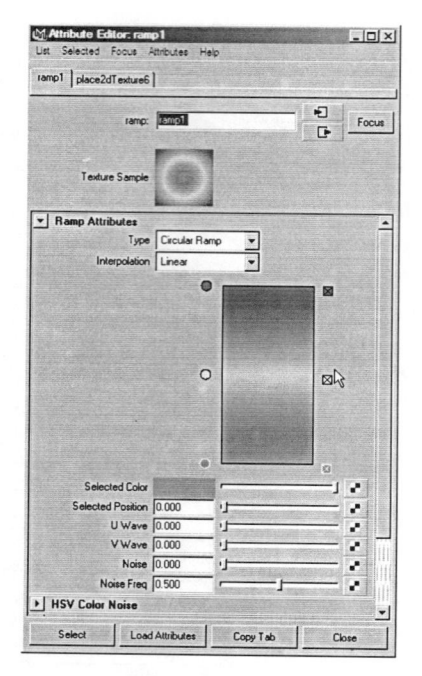

Figura 8.28 – *A Ramp padrão foi mudada para uma Circular Ramp.*

20. Depois de modificar todos os ajustes, você terá um aspecto mais transparente e desbotado em torno das bordas da janela. Usar a renderização IPR pode ajudá-lo a torcer as posições da transparência desbotada. No Attribute Editor da textura Ramp, observe que três cores separadas são exibidas, por padrão. Se você clicar em qualquer lugar na Ramp, cria uma outra cor. Para mover as cores, clique nos círculos, à esquerda; para apagar as cores, clique os pequenos quadrados do lado oposto. Clique o quadrado verde para apagar a sua cor e clique o círculo azul para selecioná-lo. Sob esta amostra de cor, ajuste Selected Color (cor selecionada) para quase completamente preto. Mude Selected Position (posição selecionada) para 0.810, U Wave (onda U) para 0.150, Noise para 0.150 e Noise Freq para 0.600. Observe a renderização IPR atualizar em cada mudança. Mude a outra cor na rampa para branco puro, clicando o círculo vermelho e ajustando Selected Color para branco. Mude Selected Position para 0.415. Os seus ajustes de Ramp agora devem se parecer com a Figura 8.29. Não se esqueça de salvar a sua cena.

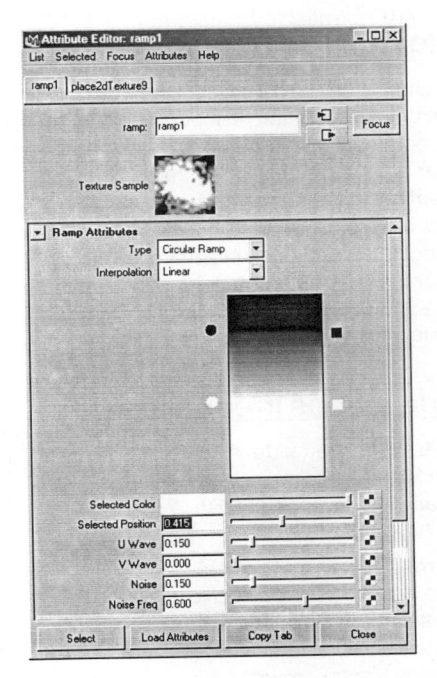

Figura 8.29 – *A textura Ramp foi ajustada para o vidro da janela.*

Neste ponto, você pode continuar sozinho para aplicar texturas no restante da casa. Você percorreu a aplicação de texturas para as paredes, chaminé, porta e vidro. A próxima seção deste capítulo introduz ainda um outro atributo importante para materiais — mapeamento bump (mapeamento irregular).

No CD

Chapter_08\ch08tut05end.mb

Bump Mapping

Um outro poderoso e útil método para acrescentar a mapeamento de textura é o mapeamento irregular. Este tipo de mapa não altera a geometria de forma alguma, mas torce a maneira com que a superfície responde à iluminação para dar a impressão irregular, com base em um mapa aplicado. Só a luminosidade da imagem irregular aplicada é usada para criar o efeito de irregularidade, assim, as imagens em escala cinza são a norma em mapas irregulares. Um cinza médio é considerado plano, áreas mais claras são mais altas e áreas mais escuras são mais baixas. Em áreas onde o brilho de mapa irregular está mudando, a superfície parecerá que está irregular. Já que você vê o efeito quando vê uma superfície em perfil, não é possível usar mapeamento irregular para simular grandes recursos; por exemplo, você não pode mapear um nariz saliente, mas pode mapear poros salientes em um nariz. Entretanto, em muitas superfícies, o mapeamento irregular é perfeito — tecidos, superfícies íngremes, veio de madeira, até mesmo orifícios metálicos, desde que a câmera não esteja perto demais.

Coordenação de textura e mapeamento irregular

Quando você combina mapeamento de textura e mapeamento irregular com arte, pode conseguir uma quantidade extraordinária de detalhes, a partir de modelos bastante simples. Geralmente os artistas criam estes mapas em um programa de pintura e combinam cuidadosamente a colocação de efeitos irregulares no mapa irregular em escala cinza, nas áreas coloridas correspondentes no mapa de textura de cor. Maya usa a luminosidade de mapas irregulares para ajustar a "altura", com o branco ficando completamente "fora" e o preto sendo totalmente "dentro". Se você tentar usar uma imagem como o seu próprio mapa irregular, raramente funciona; as áreas brilhantes parecem como grandes saliências e as áreas mais escuras, protuberantes, parecem recuadas. É importante manter mapas irregulares ligeiramente suaves; imagens em preto-e-branco com contraste super alto não funcionam, assim como imagens mais suaves com gradações entre os extremos.

Tutorial: aplicação de mapas irregulares

Neste tutorial, você aplicará um efeito de ruído procedural ao atributo Bump Mapping do material de argila do vaso de flor, para dar a ele um aspecto rústico, mais natural.

No CD
Chapter_08\movies\ch08tut06.wmv

1. Em Hypershade, MMB-arraste o material de cerâmica para baixo da área de aba. Se a parte de baixo da área de aba estiver amontoada, você pode limpá-la, selecionando os materiais que tiver terminado e clicando o botão Clear Graph (limpar gráfico) (refira-se à Figura 8.1).

No CD
Chapter_08\ch08tut04end.mb

2. Clique duas vezes o material de cerâmica para abrir o Attribute Editor. Clique o botão quadrado à direita do atributo Bump Mapping, próximo do alto da seção Common Material Attributes para abrir a caixa de diálogo Create Render Node.
3. Clique o tipo Solid Fractal na seção 3D Textures da caixa de diálogo Create Render Node. O Attribute Editor mostrará os ajustes Bump Value e Bump Depth. Observe que Bump Depth padroniza para 1.0. Você pode intensificar ou reduzir a quantidade de saliência com este deslizador. Clique o ícone de seta para a direita próximo a Bump Value para levá-lo ao fractal sólido que está direcionando a saliência. A seção Solid Fractal Attributes aparecerá no Attribute Editor.
4. Ajuste Ratio para 1.0, para intensificar a irregularidade.
5. Clique a aba place3dTexture no Attribute Editor. Você também pode encontrar este nó em Hypershade, conectado do lado esquerdo da amostra Solid Fractal, que se conecta com a amostra de cerâmica. No Attribute Editor, aumente a escala do Solid Fractal. Ajuste Scale X, Y e Z para 50.
6. Renderize a cena para ver a aparência irregular do vaso de flores.

No CD
Chapter_08\ch08tut06end.mb

Capítulo 8 – Materiais | 259

Tutorial: aplicação de mapas irregulares à sua casa

Aplicar um mapa irregular às texturas de sua casa requer um pouco mais de trabalho. Neste tutorial, você será guiado através da aplicação de um mapa irregular em três materiais: a chaminé, a fundação e as paredes externas.

> **No CD**
> Chapter_08\movies\ch08tut07.wmv

1. Carregue a sua cena com a casa texturizada (veja o arquivo indicado próximo ao ícone de CD). Pelo fato que os mapas irregulares são determinados com valores tomados de uma imagem em escala de cinza, geralmente você pode pegar a versão de cor de uma textura que você tem e a modificar para torná-la o mapa irregular, conforme mostrado na Figura 8.30. Depois de ter um mapa irregular, tudo o que é preciso fazer é ajustar a colocação para que ele se alinhe com a textura já aplicada ao objeto.

> **No CD**
> Chapter_08\ch08tut05end.mb

2. Troque para o layout salvo Hypershade/Render/Persp. Oculte todas as camadas, exceto DoorL. O material da porta será o mais fácil para adicionar mapa irregular. Não há linhas aguçadas definidas para a porta, assim, você pode usar quase qualquer tipo de mapa irregular. Manobre a vista Perspective, focalize na porta a partir de um ângulo. Se você olhar diretamente para a porta, é mais difícil ver os resultados do mapa irregular. Faça uma renderização IPR.

3. Clique duas vezes o material Door_Blinn para abrir o Attribute Editor. Clique o botão quadrado próximo a Bump Mapping. Selecione o botão de rádio Normal na caixa de diálogo Create Render Node e, depois, clique File como o seu tipo de textura. Na aba File, carregue o arquivo indicado próximo ao ícone de CD na caixa de texto Image Name.

> **No CD**
> Chapter_08\BumpMaps\planks_bump.tif

Figura 8.30 – *Os mapas irregulares na fileira de baixo foram criados alterando as texturas originais na fileira superior, para que as áreas "mais altas" sejam mais claras.*

Armadilha	Se você carregar os arquivos de mapa irregular do CD-ROM, precisará do CD-ROM cada vez que carregar a cena. Um bom plano seria copiar os arquivos do CD-ROM na pasta sourceimages (fonte de imagens) em seu diretório de projeto.

4. O mapa irregular é aplicado quase que perfeitamente, com o veio de madeira correndo verticalmente. Na aba bump2d, diminua Bump Depth para 0.6. Na Work Area de Hypershade, clique a aba place2dTexture para o mapa irregular e ajuste Repeat UV para 1 e 0.7. Acrescente algum ajuste Noise UV para 0.01 e 0 para fazer as linhas verticais "retorcerem" um pouco. Olhe a Figura 8.31 para ver a diferença antes e depois do mapa irregular ser aplicado.

5. Agora você acrescentará um mapa irregular às paredes da casa. Torne a camada OuterWallsL visível. Focalize no lado dianteiro esquerdo da casa na vista Perspective e faça a renderização IPR. Com Walls_Blinn aberto no Attribute Editor, clique o botão quadrado, próximo a Bump Mapping e clique File como o tipo de textura. Na aba bump2d, diminua a Bump Depth para cerca de 0.5. Em seguida, arraste e solte planks_bump.tif (veja o arquivo indicado aqui) para a caixa de texto Image Name, como antes. Clique duas vezes em Walls_Blinn em Hypershade e você pode encontrar os valores para o nó place2dTexture na Channel Box (tecla de atalho: **Shift+C**), clicando na entrada place2dTexture sob Inputs. Feche o Attribute Editor para tirá-lo de seu caminho.

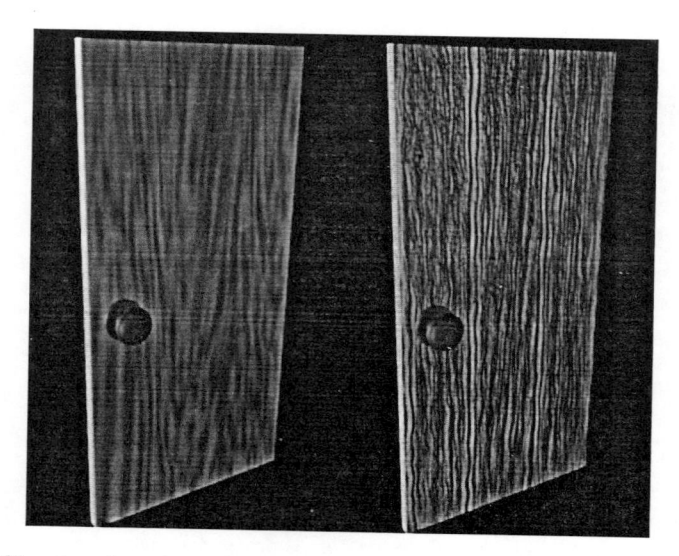

> **No CD**
> Chapter_08\BumpMaps\planks_bump.tif

Figura 8.31 – *A porta, antes e depois de acrescentar um mapa irregular ao seu material.*

Capítulo 8 – Materiais | 261

6. A seção Inputs na Channel Box contém informações sobre as conexões de material (texturas e colocação de mapeamento). Atualmente, há três nós place2dTexture, com os mais recentes embaixo. Clique no último nó place2dTexture para ver uma pletora de atributos (veja a Figura 8.32). Mude Rotate Frame para 90 e ajuste Repeat U para 7 e Repeat V para 4.

7. Ao acrescentar o mapa irregular à fundação, você precisa ajustar a colocação do mapa para se ajustar à textura de pedra. Abra Foundation_PhongE e conecte uma textura 2D File ao atributo Bump Mapping. Assegure-se que o botão de rádio Normal esteja selecionado para a colocação. Já que a cor de textura original está ajustada como colocação normal, a maneira mais fácil de alinhar os dois mapas é usar uma configuração de colocação idêntica. Abra o arquivo cobblestones_bump.tif e arraste-o para a caixa de texto Image Name.

> **No CD**
> Chapter_08\BumpMaps\
> cobblestones_bump.tif

8. A colocação padrão do mapa irregular está fora do caminho, o que você pode ver fazendo uma renderização IPR. O arquivo cobblestones_bump.tif é a versão modificada da textura da fundação. Se o mapa irregular for mapeado sobrepondo a textura, você terá um aspecto muito mais real. RMB-clique em Foundation_PhongE e escolha Graph Network. Reorganize o gráfico na Work Area (RMB-clique I Graph I Rearrange Graph).

9. Apague o nó place2dTexture que se conecta com o nó File no mapa, clicando para selecioná-lo e depois pressionando Delete. Agora, mantenha pressionada a tecla Ctrl, enquanto MMB-arrasta o nó remanescente de place2dTexture para o nó File em Bump. Quando você soltar o botão do mouse sobre este nó, todas as conexões devem aparecer instantaneamente.

10. Selecione o nó Bump2d e, no Attribute Editor, ajuste o nível Bump Depth para cerca de 1.2, para que ele se pareça com pedra, com profundos entalhes. A fundação deve parecer como a Figura 8.33, depois de você terminar.

11. O último mapa irregular que você aplicará é na base da chaminé. Tendo percorrido o processo de mapeamento para a fundação, experimente fazer a chaminé sozinho. A orientação é basicamente a mesma, exceto que você carregará o arquivo bricks_bump.tif (indicado próximo ao ícone de CD) e aplicará o mapa irregular ao material ChimneyBase_Lambert.

> **No CD**
> Chapter_08\BumpMaps\
> bricks_bump.tif

Surface Thickness	0
Shadow Attenuation	0.5
Light Absorbance	0
Matte Opacity	1
Specular Color R	0.5
Specular Color G	0.5
Specular Color B	0.5
Reflected Color R	0
Reflected Color G	0
Reflected Color B	0
Eccentricity	0.3
Specular Roll Off	0.7

INPUTS
mountain1
place2dTexture5
noise2
place2dTexture4
bump2d2
file4
place2dTexture11

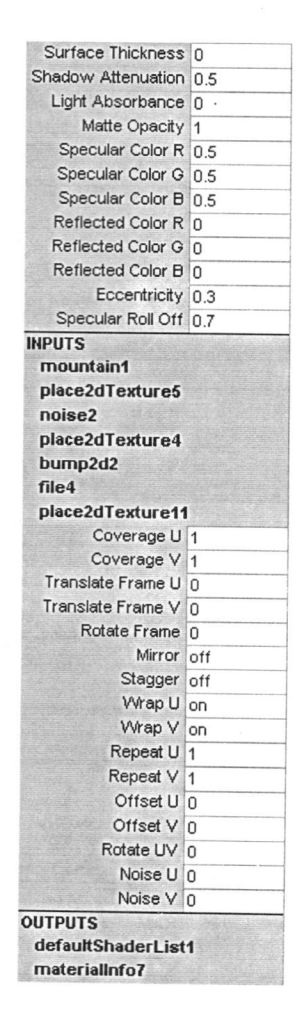

Coverage U	1
Coverage V	1
Translate Frame U	0
Translate Frame V	0
Rotate Frame	0
Mirror	off
Stagger	off
Wrap U	on
Wrap V	on
Repeat U	1
Repeat V	1
Offset U	0
Offset V	0
Rotate UV	0
Noise U	0
Noise V	0

OUTPUTS
defaultShaderList1
materialInfo7

Figura 8.32 – *Na Channel Box, você pode modificar valores dos nós de colocação de seu material.*

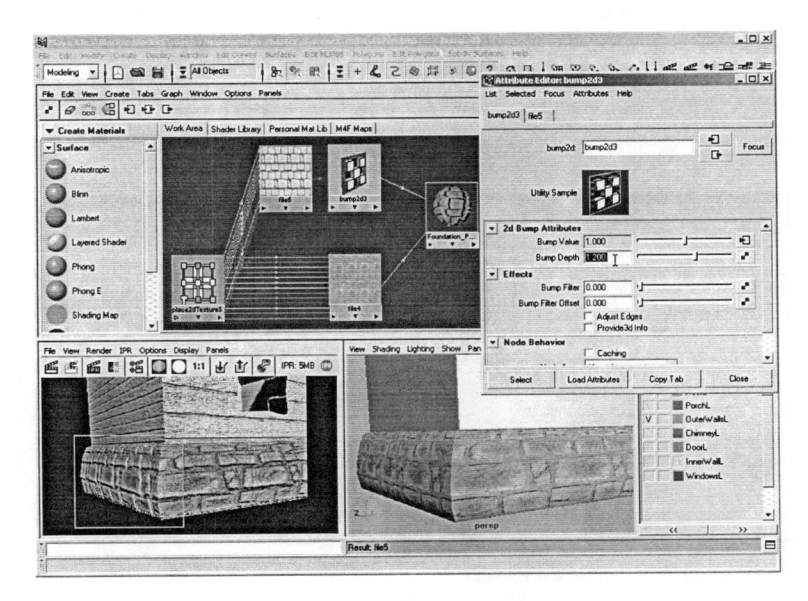

Figura 8.33 – *Aplicar o mapa irregular à fundação acrescenta muitos detalhes.*

Como ir além

Para entender melhor materiais e texturização, experimente configurar os materiais restantes da casa, experimentando com métodos diferentes de aplicação de texturas, tais como, métodos de projeção, texturas 3D e assim por diante. Você também poderia acrescentar alguns objetos dentro da casa. Poderia modelar uma mesa de café, um abajur ou mesmo uma cadeira, ou pode importar um arquivo com estes objetos já criados para você.

Para importar a cena, vá para File | Import | caixa de opção. Reajuste as configurações para o padrão e clique o botão Import. Depois, busque pela localização do arquivo no CD-ROM e clique novamente o botão Import. Foi criado um material de solo, assim como alguns objetos para dentro da casa.

Você pode precisar reposicionar alguns dos objetos, mas se estiver tendo problemas, pode carregar o arquivo de cena indicado próximo ao ícone de CD. A Figura 8.34 mostra a cena com os objetos importados.

No CD
Chapter_08\ch08importObjects.mb

No CD
Chapter_08\ch08tut07end.mb

Figura 8.34 – *Os objetos foram importados.*

Para o prazer de ver e renderizar, uma versão completamente texturizada da casa está disponível no CD-ROM. Carregue o arquivo de cena indicado próximo ao ícone de CD, para ver os objetos importados e as texturas acrescentadas.

> **No CD**
> Chapter_08\ch08HouseComplete.mb

Resumo

Trabalhando através dos tutoriais deste capítulo, o mundo de materiais se abriu para você. Pode parecer esmagador agora, mas não desanime. Demora um tempo e prática pra desenvolver um cuidadoso entendimento de como os nós funcionam juntos e afetam as suas renderizações. Usando este conhecimento fundamental de materiais e texturização em Maya, você tem onde se basear. Veja o que você aprendeu neste capítulo:

- **Blinn, Phong, PhongE, Lambert e Anisotropic** — Os tipos básicos de material são confusos, à primeira vista, mas não são mais estranhos a você.
- **Como trabalhar com atributos de material** — Entender os atributos básicos de material é vital para criar com sucesso um sombreador, tal como plástico ou metal.
- **Trabalhar com Hypershade** — Você aprendeu como usar a ferramenta de criação de material de Maya.
- **Acréscimo de materiais à casa** — Usando a casa dos capítulos 5 e 6, você se tornou íntimo em criar um modelo válido de renderização.
- **Como designar materiais e aprender sobre fluxo de trabalho** — Não há um conjunto de método para criar e aplicar materiais a uma cena, mas você aprendeu um par de métodos para ter uma idéia do processo.

- **Acréscimo de texturas a materiais básicos** — Um simples material pode parecer bem por si só, mas acrescentar uma textura pode dar vida ao material!
- **Mapas irregulares** — Você aprendeu como imitar deformação de superfície, mudando a maneira com que a luz reage à superfície.

CAPÍTULO 9

Iluminação

Neste capítulo

Artistas e fotógrafos sabem que a beleza de uma imagem ou cena se deve muito a como ela é iluminada. No mundo digital, freqüentemente as pessoas falham em dar à iluminação a atenção merecida. Para conseguir bons resultados em Maya, normalmente são necessárias complexas configurações de iluminação. O processo de iluminar habilidosamente uma cena é uma forma de arte usada por fotógrafos, cinematógrafos, decoradores de interior, designers de iluminação de estágio e outros artistas. Em Maya, as técnicas são semelhantes, mas são mais complexas, pois as luzes virtuais se comportam mais simplesmente do que luzes reais. Por exemplo, as luzes podem ou não projetar sombras, e se não o fizerem, elas passam através de objetos para iluminar outros objetos, normalmente ocultos da luz. Também, as luzes virtuais não refletem a partir de superfícies, significando que áreas a serem iluminadas precisam ser diretamente iluminadas por uma fonte de luz.

Ao final deste capítulo, você deve ter um conhecimento básico de iluminação que lhe permite testar com diferentes luzes, sem trabalhar "no escuro". Neste capítulo, você explorará várias configurações de iluminação para entender como colocar melhor as luzes em sua cena e ver onde encontrar uma variedade de efeitos de luz. Você tem vários tipos de luzes para escolher a partir de Maya; cada uma tem atributos e benefícios únicos e você aprenderá onde cada tipo é melhor usado. Quando souber como trabalhar com luzes, as cenas que antes se renderizavam opacas podem tomar um novo brilho. Iluminar uma cena virtual é uma habilidade que parecerá mais fácil à medida que você se acostumar com as limitações de luzes virtuais. Cobriremos os seguintes conceitos:

- **Como trabalhar com luzes** — Você terá a oportunidade de colocar e modificar luzes e se familiarizar com como elas podem iluminar uma cena.
- **Tipos de luzes** — Entender as diferenças entre os vários tipos de luzes que você pode escolher.
- **Atributos de luz** — Aprendendo os principais atributos de luz e algumas variáveis relativas de Maya, você pode conseguir os resultados esperados quando criar as suas cenas.

- **Renderização IPR** — Torcer luzes levaria 'séculos' sem a renderização IPR para reação em tempo real. Rapidamente, você verá porque esta ferramenta é tão valiosa.
- **O lado escuro da luz — sombras** — Há dois tipos diferentes de sombras em Maya. Aprender as diferenças entre eles pode poupar-lhe horas no tempo de renderização.

Termos-chave

Directional (direcional) — Um tipo de luz em Maya, semelhante à luz do sol, que emite raios de luz paralelos uns aos outros.

Ambient (ambiente) — Tipo de luz que ilumina todos os objetos em uma cena, independente de posição; ele não tem fonte aparente e projeta uma luz uniforme.

Point (ponto) — Tipo de luz que emite raios de luz em todas as direções, a partir de um único ponto no espaço.

Area (área) — Tipo de luz que emite luz a partir de uma área retangular definida, ao invés de um ponto no espaço.

Spot (foco de luz) — Tipo de luz que emite raios de luz de uma maneira cônica, semelhante a uma lanterna ou farol.

Cone Angle (ângulo de cone) — Um atributo de luz Spot que especifica quão ampla é a difusão dos raios de luz.

Penumbra Angle (ângulo de penumbra) — Um atributo de luz Spot que suaviza ou aguça a borda da área iluminada (o cone).

Decay Rate (taxa de decadência) — Um atributo em luzes Area, Spot e Point, que define a taxa à qual a intensidade de luz diminui com a distância.

Light Glow (brilho de luz) — Um efeito ótico em Maya.

Depth Map Shadows (profundidade de sombras de mapa) — Um tipo de sombra em Maya que cria e usa mapas de imagem para definir sombras.

Raytraced Shadows (sombras traçadas a raio) — Um tipo de sombra em Maya que calcula com precisão caminhos para os raios de luz emitidos a partir de uma fonte de luz, resultando em sombras

Teclas de atalho a memorizar

t – ferramenta Light Manipulator (manipulador de luz)

7 – habilita iluminação de hardware, usando todas as luzes de cena em um painel 3D

Por que a iluminação é importante?

A iluminação virtual requer um pouco mais de esforço do que poderia parecer à primeira vista. As razões são tanto técnicas quanto criativas. Tecnicamente, na maior parte do tempo você está tentando conseguir um efeito real com as suas luzes e as luzes virtuais de Maya não trabalham de forma real — em especial, as luzes em Maya não refletem. No mundo real, mesmo uma única fonte de luz pode iluminar completamente um cômodo, pois ela reflete a partir de superfícies, para atingir áreas sob mesas e prateleiras, por exemplo, que não são diretamente iluminadas. Entretanto em Maya, tais áreas são completamente escuras, assim, o *reflexo difuso* precisa ser simulado, com o acréscimo de muitas luzes

Capítulo 9 – Iluminação | 269

de baixo nível. Luzes em Maya também permitem opções não reais, como *luzes negativas* (para puxar luz de sua área de influência) e *luz de vínculo* (para que aquelas luzes iluminem apenas objetos selecionados). Estas opções são úteis para se obter bons resultados de iluminação. Também, se você estiver compondo uma imagem renderizada com metragem de mundo real, a iluminação da imagem renderizada precisa combinar com a metragem o mais perto possível para um resultado real.

Criativamente, a iluminação define o humor da cena. Se você estiver tentando criar um efeito arrepiante, fantasmagórico, provavelmente irá querer uma iluminação mais fraca na cena. Para uma sensação de suspense, você pode querer luzes que lampejam. Quando buscar por idéias para iluminar uma cena específica, pense em filmes de gêneros semelhantes — horror, filmes noir ('cabeça'), drama e assim por diante. Examine a iluminação destes filmes e busque por idéias que possa levar para a sua cena.

Os resultados de uma cena bem iluminada valem o esforço e o tempo. A iluminação habilidosa cria contraste entre objetos, aumenta as cores em sua cena e oferece mais controle sobre o sombreado da cena. Lembre-se de que a iluminação em uma cena cria as sombras, influencia as cores e afeta a aparência dos sombreadores e materiais.

Tipos de luzes disponíveis em Maya

Várias luzes diferentes estão disponíveis em Maya 4, cada qual com as suas próprias propriedades e usos: luzes Directional, Ambient, Point, Spot e Area. Cada uma tem o seu próprio ícone para representá-la em sua cena (veja a Figura 9.1).

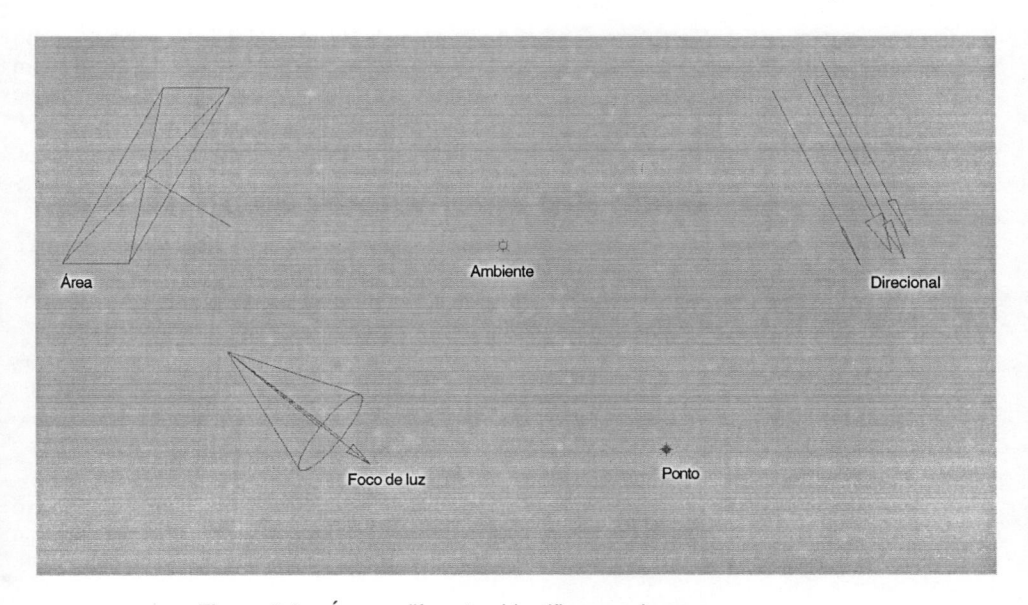

Figura 9.1 – *Ícones diferentes identificam as luzes em sua cena.*

Tutorial: foco de luz e atributos

Para aprender a usar luzes, você precisa trabalhar interativamente com elas. Usando uma simples cena com algumas primitivas NURBS, é possível criar luzes e renderizá-las, para ver os resultados de mudanças em atributos e outros ajustes. A primeira luz com a qual você trabalhará é a luz Spot, provavelmente a luz usada mais comumente, com uma multidão de opções para ajustar as configurações para as áreas que ela ilumina. A área de iluminação da luz Spot é definida por um cone e dentro da faixa do cone especificada, a luz é projetada igualmente. Começando a partir de um ponto infinitamente pequeno no espaço, uma luz Spot se expande à medida que se afasta da origem. As luzes Spot são úteis quando você está tentando criar feixes de luz, por exemplo, a partir de uma torre de vigia de prisão, um farol e assim por diante.

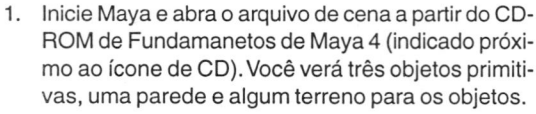

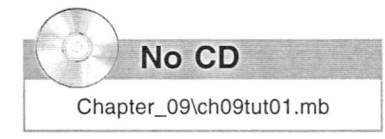

> **No CD**
> Chapter_09\movies\ch09tut01.wmv

1. Inicie Maya e abra o arquivo de cena a partir do CD-ROM de Fundamanetos de Maya 4 (indicado próximo ao ícone de CD). Você verá três objetos primitivas, uma parede e algum terreno para os objetos.

> **No CD**
> Chapter_09\ch09tut01.mb

2. Troque para o modo Four View. Abra a Hotbox e clique Create I Lights I Spot Light I caixa de opção para abrir a caixa de diálogo Create Spot Light Options (criar opções de foco de luz), que contém opções básicas de criação para a luz Spot. Você também pode acessar estes atributos no Attribute Editor.

3. Reajuste os valores aos seus padrões (Edit I Reset Settings) e clique o botão Create. Uma luz Spot, chamada spotLight1, é criada no ponto original da cena. Se a Channel Box não estiver visível, abra-a (tecla de atalho: **Shift+C**).

   A área que uma luz Spot ilumina é baseada em sua posição e centro de interesse (para onde ela é destinada), portanto, tê-la localizada na origem da cena normalmente não é a melhor colocação. A melhor forma de trabalhar com uma luz em uma cena é trocar para a ferramenta Light Manipulator, que você pode usar para modificar com facilidade a localização e o centro de interesse da luz.

4. Ative a ferramenta Light Manipulator (tecla de atalho: **t**). A ferramenta Light Manipulator tem um conjunto de dois manipuladores: o manipulador pivô, localizado no pivô da luz (origem) e o manipulador aim (alvo), localizado no alvo da luz — o seu centro de interesse. Na vista Top, exatamente como você moveria um objeto, mova a luz Spot para o canto inferior esquerdo do chão, usando o seu manipulador pivô.

5. O alvo da luz ainda está desativado. Usando o manipulador alvo (mostrado na Figura 9.2), mova o centro de interesse para o canto superior direito do chão. A idéia é posicionar spotLight1 para que ela se direcione a cerca de um ângulo de 45 graus a partir do chão na direção dos objetos, como visto de cima.

Capítulo 9 – Iluminação | 271

Dica	Há outras opções de manipulador além de pivô e alvo. Quando você estiver no modo de manipulador, um manipulador de luz azul, chamado de controlador Cycling Index (índice de ciclo) (com uma forma de um "Q" virado para baixo) é visível. Esta é uma troca para alternar modos de manipulador. Você pode conseguir uma resposta visual e controle sobre inclinação, recuo, ângulo de cone e outros parâmetros com estes modos de manipulador.

6. Troque para a vista Side e use o manipulador pivô para movê-la cerca de 12.5 unidades na direção Y. Agora você deve ter uma luz Spot direcionada para iluminar os objetos em cerca de um ângulo de 45 graus a partir da linha horizontal do solo, conforme mostrado na Figura 9.2.

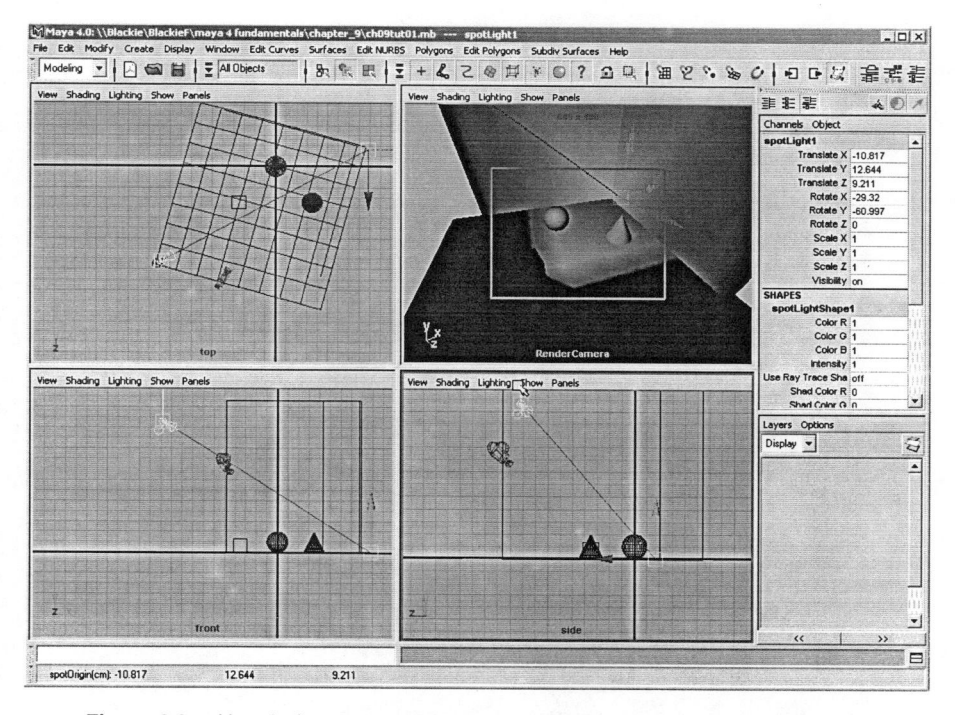

Figura 9.2 – *Uso da ferramenta Light Manipulator para posicionar a sua luz Spot.*

Uso da renderização IPR para torcer

Quanto mais você trabalhar com luzes, mais gostará do renderização IPR. Ser capaz de atualizar imediatamente a iluminação à medida que faz ajustes é uma ferramenta valiosa nas mãos do artista 3D. A iluminação também afeta os materiais na cena. Por exemplo, se uma luz em particular funcionou em uma cena com um material Lambert, você não teria especularidade. Se tentasse usar a mesma iluminação em uma cena com um material diferente, tal como Blinn, o resultado poderia ser inaceitável. Usando a renderização IPR, você pode ajustar facilmente as luzes em diferentes materiais. Siga estas etapas para experimentar a renderização IPR:

7. Abra a janela Render View a partir da Hotbox ou barra de menu (Window I Rendering Editors I Render View — janela, editores de renderização, vista de renderização). Primeiro, você deve determinar a resolução de teste que usará. Atualmente está ajustado para 640x480. Dependendo da velocidade de sua máquina, este valor pode ser alto demais e levar a renderização IPR a funcionar mais vagarosamente do que desejado. Para este tutorial, reduza a resolução de teste, clicando com o botão direito do mouse na janela Render View, escolhendo Options I Test Resolution e, depois, liberando o botão do mouse sobre o valor 320x240.
8. Os ajustes Render Globals já foram configurados para renderizar a partir da vista RenderCamera. Clique o botão IPR Render na janela Render View. Quando a renderização IPR tiver terminado, clique e arraste para selecionar toda a imagem renderizada na janela Render View. A renderização IPR deve atualizar os pixels. Depois, você pode mudar diversos atributos de uma luz Spot e ver como ela afeta a cena (veja a Figura 9.3).

Nota Se você notar um aviso na Command Line sobre IPR não suportando formato de imagens não IFF, ele se refere ao tipo de arquivo a salvar ajustado na janela Render Globals. Não causará problemas com IPR.

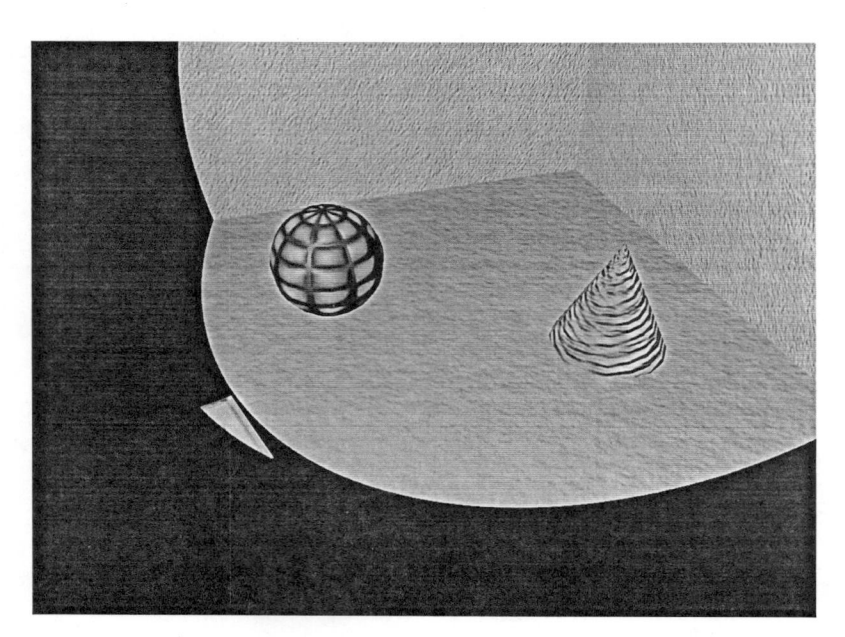

Figura 9.3 – *A luz Spot só ilumina objetos dentro da área especificada do cone.*

9. Se spotLight1 não estiver selecionada, abra o Outliner (tecla de atalho: **Shift+O**) e depois, clique em spotLight1 para selecioná-lo. Abra o Attribute Editor e clique a aba spotLightShape1. Agora você tem acesso aos ajustes de uma luz Spot em Maya.

Atributos para luzes Spot

Cada um dos cinco tipos de luz funciona diferentemente e cada um tem atributos específicos ao seu tipo. Entendendo os atributos que diferenciam as luzes disponíveis em Maya, você pode escolher a luz certa para uma configuração em especial. Se familiarizar com o que estes atributos fazem também pode poupar-lhe algum tempo enquanto cria uma cena. Você deve querer ser capaz de mudar um valor específico e ter uma boa idéia de qual deve ser o resultado. Dê uma olhada na Figura 9.4 para ver os atributos para uma luz Spot.

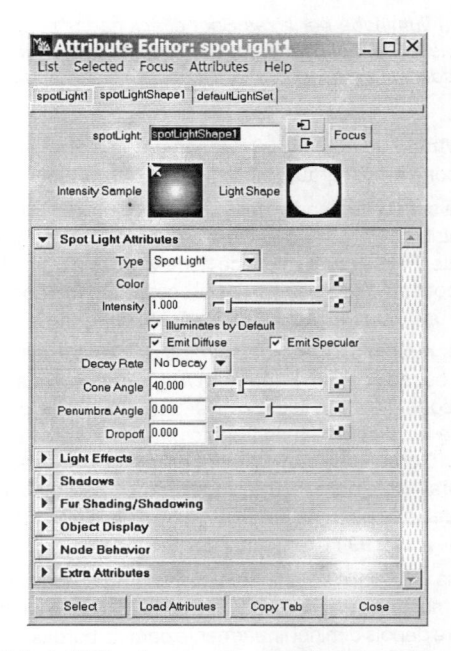

Figura 9.4 – Usar o Attribute Editor é a maneira mais fácil de ver os atributos para uma luz.

Tutorial: como trabalhar com atributos de luz Spot

O primeiro atributo que você vai modificar é o Cone Angle, o qual especifica a largura atual do cone e é definido em graus de 0.006 a 179.994. Por padrão, o Cone Angle é ajustado para 40. Se você diminuir o ângulo do cone, a área circular que é iluminada diminuirá (veja a Figura 9.5). Você pode continuar a partir do tutorial anterior, ou carregar o arquivo de cena indicado aqui.

No CD
Chapter_09\movies\ch09tut02.wmv

No CD
Chapter_09\ch09tut01end.mb

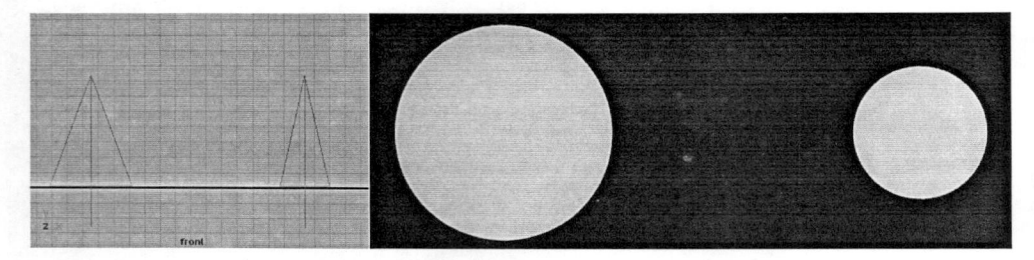

Figura 9.5 – *A área iluminada por luzes Spot direcionadas para baixo, renderizadas a partir da vista Top. Foi usado um Cone Angle de 40 graus no círculo iluminado visto à esquerda; à direita, um Cone Angle de 25.*

1. Mude o valor do Cone Angle de 40 para 60. Observe que a área iluminada aumenta, pois você aumentou o ângulo do cone em 20 graus.
2. Observe a borda da área sendo iluminada. Para diminuir a linha áspera definindo a borda onde a luz pára, você pode usar o atributo Penumbra Angle. No Attribute Editor em spotLight1, mude Penumbra Angle para -5. Depois que IPR se atualizar, você pode ver que a borda foi suavizada. Os resultados de iluminação da luz Spot estão começando a parecer muito melhores. Mudando alguns poucos ajustes, agora você tem uma iluminação completamente diferente.

Penumbra Angle pode acrescentar ou subtrair a partir de Cone Angle. Ele suaviza a borda externa do cone da luz Spot. Ao especificar um Penumbra Angle, você está ajustando o ângulo onde a luz cai, a partir da borda do cone. Se a sua luz Spot tiver um Cone Angle de 40 e você ajustar Penumbra Angle para 10, o total de luz dispersa pelo ângulo será de 50 graus (40 + 10). Depois da luz ser dispersa nos primeiros 40 graus, ele diminui para escurecer, nos restantes 10 graus. Colocando simplesmente, Penumbra Angle permite que você tenha uma área intensamente iluminada, mas elimina a borda áspera deixada por uma luz Spot padrão (veja a Figura 9.6). Penumbra Angle pode ser ajustado de -179.994 a 179.994 e tem um valor padrão de 0.

O atributo Dropoff de uma luz Spot é semelhante ao Penumbra Angle, mas age a partir do centro da luz. Portanto, você pode mudar a suavidade através de todo o cone (veja a Figura 9.7). A luz começa muito brilhante no centro e depois diminui linearmente para as bordas originais do cone. Com valores variando de 0 a infinito, você pode mudar o atributo Dropoff quando a borda da luz for sólida demais e cria contraste indesejado. Com uma borda mais suave, você pode usar uma luz Spot sem desistir de sua localização. Isto oferece a oportunidade de usar a luz Spot para iluminação geral, assim como iluminação destinada a uma área específica.

Capítulo 9 – Iluminação | **275**

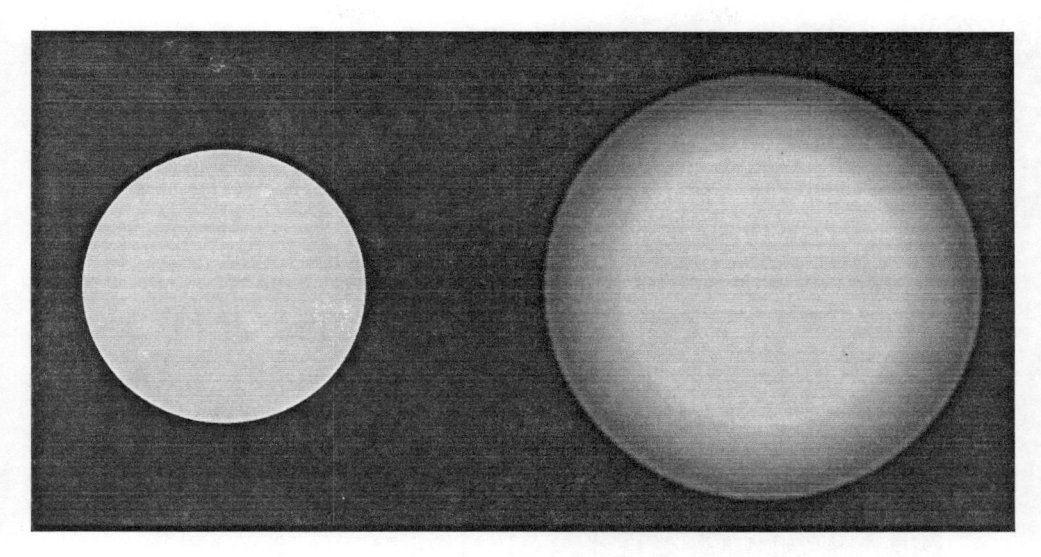

Figura 9.6 – *Aumentando o Penumbra Angle, a área circular iluminada à direita tem uma borda mais suave do que a luz padrão Spot.*

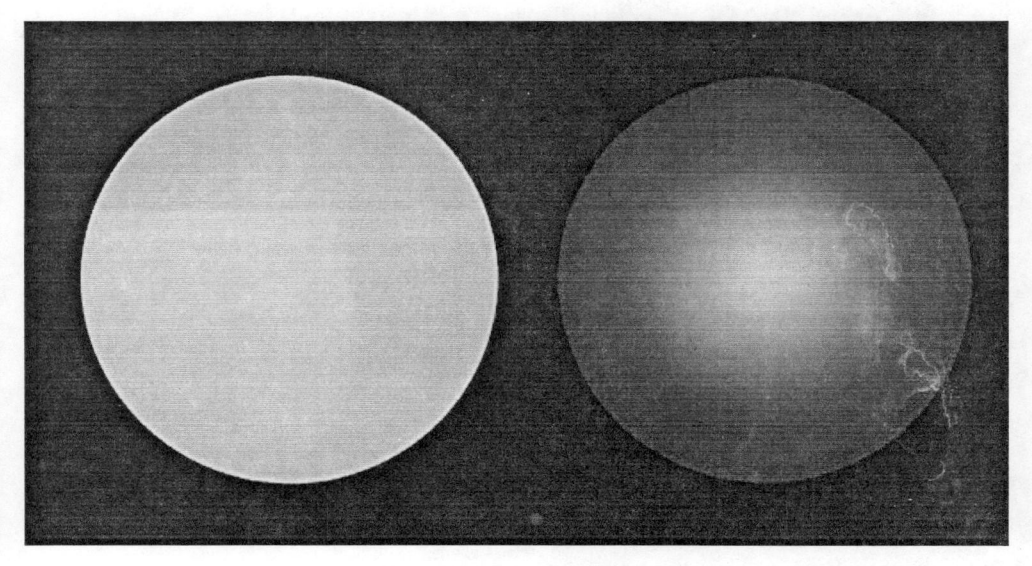

Figura 9.7 – *Ajustando o atributo Dropoff para 10 no círculo iluminado à direita, você tem uma transição mais suave da área central iluminada para a borda do círculo.*

3. No Attribute Editor para spotLight1, mude o atributo Dropoff para 5. O centro de interesse não está mais iluminado tão intensamente e a iluminação de área parece ser distribuída mais igualmente.
4. Renderize a vista RenderCamera.

Conforme você experimentou com a luz Spot, provavelmente deve ter notado que tem muito controle sobre direcionar a luz, permitindo assim que você focalize em uma parte específica da cena. A Figura 9.8 é uma renderização final depois de todas as mudanças de atributo à luz Spot.

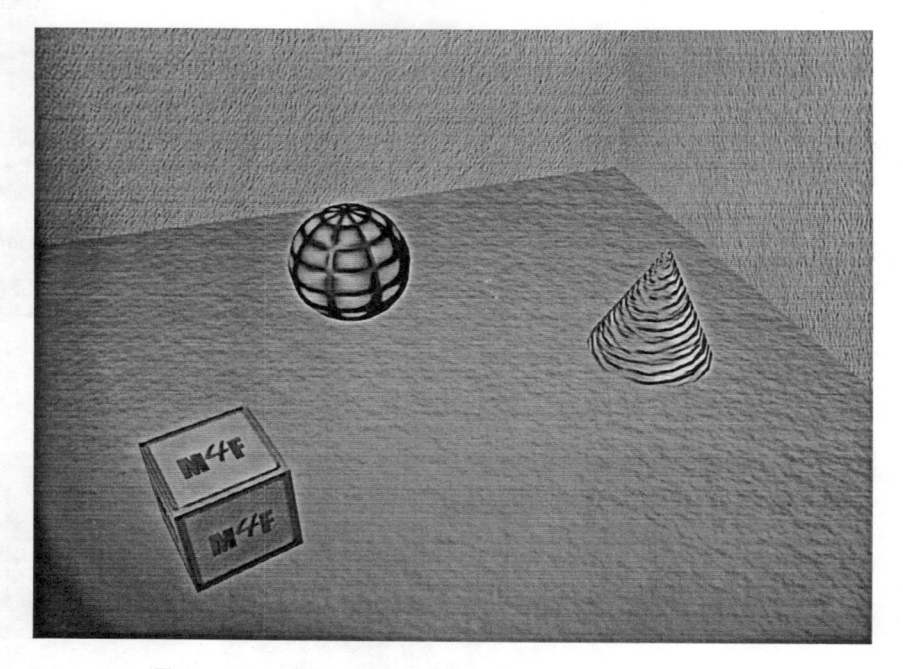

Figura 9.8 – *Os resultados de mudar atributos em spotLight1.*

Em seguida, com objetivos de comparação, você fará uma camada para a luz Spot:
5. Crie uma camada para a luz Spot e nomeie-a como SpotLight_L.
6. Designe spotLight1 à camada.
7. Aproveite esta oportunidade para salvar a cena em seu disco rígido. Nomeie o arquivo como LightExamples.

Outros tipos de luz

Os tutoriais seguintes o encaminham através dos outros tipos de luz disponíveis em Maya e demonstram como usar seus atributos para ajustar a iluminação em sua cena.

Capítulo 9 – Iluminação | **277**

Tutorial: luz Directional

A luz Directional (direcional) é a luz padrão usada quando você cria uma nova cena. Embora esta luz não tenha atributos especiais, é boa para emular raios de luz vindos do sol e faz um bom trabalho de iluminar toda a cena, ao invés de apenas áreas alvo. Se você resolveu pular o primeiro tutorial ou se o perdeu, pode carregar o arquivo de cena indicado próximo ao ícone de CD.

No CD
Chapter_09\movies\ch09tut03.wmv

No CD
Chapter_09\ch09tut02end.mb

1. Atualmente, há uma camada (SpotLight_L) com spotLight1 nela. Se você ocultar a camada, Maya ainda renderizará a luz, por padrão, assim, para ver o efeito da luz Directional por si só, é preciso desativar de alguma forma a luz Spot. Para fazê-lo, selecione spotLight1 no Outliner. Valores de transformação e atributos para a luz Spot agora devem ser carregados na Channel Box (torne a Channel Box visível com **Shift+C**). Na Channel Box, sob Shapes, spotLightShape1, mude o ajuste Visibility para 0, que o troca para "desativado", de modo que ele não ilumine a cena.
2. Crie uma luz Directional (Hotbox | Create | Lights | Directional Light). Uma luz Directional padrão, chamada directionalLight1, é colocada na origem da cena.
3. Abra a janela Render View (Window | Rendering Editors | Render View) e faça a renderização IPR da cena com a luz Directional.

Dica Vistas sombreadas podem exibir geometria iluminada por estes três métodos: iluminação padrão, iluminação de toda a cena ou iluminação selecionada. Normalmente, quando você começa a iluminar, ajusta as vistas sombreadas para usar iluminação de toda a cena (tecla de atalho: **7**). Estas opções aparecem no item de menu Lighting em cada painel 3D. Lembre-se de que a vista de iluminação sombreada é apenas uma grosseira aproximação de como se parecerá a iluminação da renderização final.

A localização da luz Directional em uma cena não afeta como os objetos são iluminados. Tudo o que importa é o ângulo em que a luz está ajustada. Posicione o ícone de luz Directional em um local conveniente, escalone-o para um tamanho que o torne fácil de selecionar e gire-o para ajustar a direção da entrada de luz. Por exemplo, se for dia claro, você deseja que a luz Directional indique diretamente para baixo, perpendicular ao solo.

4. Posicione a janela Render View em um local onde você possa vê-la mas ainda seja capaz de modificar a luz. Não é fácil ver o ícone de luz, devido ao plano de chão da cena. Confirme que a luz Directional ainda está selecionada e, na Channel Box, mude Translate X para -7, Translate Y para 5 e Translate Z para 7. Girar a luz muda o ângulo a partir do qual a luz brilha, portanto, ela ilumina a cena diferentemente. Troque para a ferramenta Rotate (tecla de atalho: **e**) e gire a luz Directional até que o canto do cômodo esteja iluminado: ajuste Rotate X para -17 e Rotate Y para -58.

278 | Dominando Maya 4

> **Dica** — Algumas pessoas preferem usar a ferramenta Light Manipulator para ajustar o ângulo de rotação em uma luz Directional. Simplesmente pressione **t** e mova o manipulador alvo para mudar o ângulo de rotação da luz Directional.

Provavelmente os resultados mais perceptíveis da luz Directional têm a ver com as sombras que ela projeta. As sombras projetadas por uma luz como uma luz Point, variam em seu ângulo a partir do objeto. Isto é bom se você tiver uma fonte de luz que esteja próxima, tal como um abajur, mas não funciona se você precisar simular sombras a partir de uma fonte de luz distante, como o sol. As sombras projetadas de um objeto distante devem ser paralelas. É onde entra a luz Directional. Como um resultado da luz Directional brilhando em uma direção especificada e emitindo raios de luz que são paralelos uns aos outros, as sombras também se projetam em paralelo (veja a Figura 9.9).

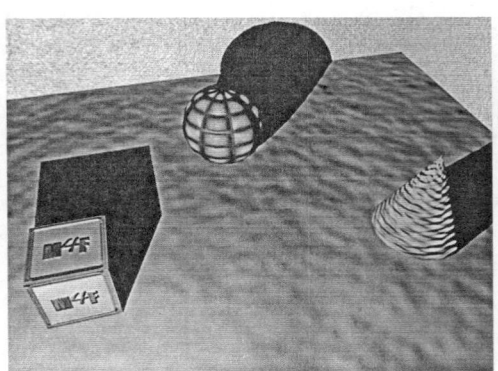

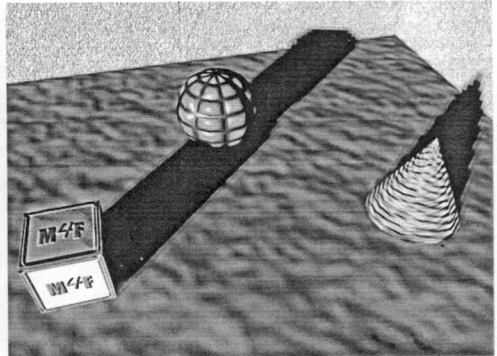

Figura 9.9 – *A imagem iluminada com uma luz Point (à esquerda) tem sombras irradiando a partir de um ponto comum. A imagem iluminada por uma luz Directional (à direita) tem sombras que são paralelas umas às outras.*

5. Assegure-se de que a luz Directional esteja selecionada. Na Channel Box, sob directionalLightShape1, mude o ajuste Use Depth Map Shadows para on (ativado) (veja a Figura 9.10). A maneira mais rápida é digitar o número 1 e depois pressionar Enter, ao invés de digitar a palavra on, mas qualquer dos métodos funciona. Imediatamente, IPR tentará atualizar o acréscimo de sombras, mas não mostrará uma. Você precisa renderizar IPR novamente para coletar dados nas sombras. Depois de IPR estar novamente ajustada, você verá que as sombras de três objetos se projetam em paralelo.
6. Crie uma nova camada e nomeie-a como DirectionalLight_L. Acrescente a luz Directional à camada e mude o seu ajuste Visibility para 0 (desativado) na Channel Box.
7. Salve novamente a sua cena.

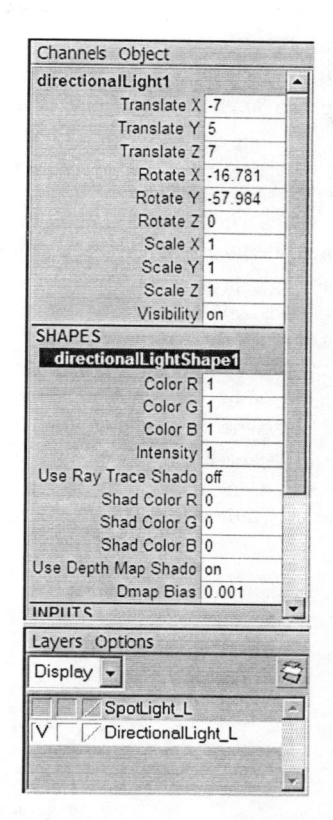

Figura 9.10 – *Habilitando a opção Use Depth Map Shadows na Channel Box.*

Tutorial: luz Point

Diferente da luz Directional, que tem raios de luz que são paralelos uns aos outros, uma luz Point (de ponto) projeta raios de luz igualmente em cada direção, a partir de um ponto. Pontos de luz são usados para iluminação de objetivo geral e simulação de fonte de luz onidirecional, tais como lâmpadas. Você pode continuar a partir do tutorial anterior, ou carregar o arquivo de cena do CD-ROM de Fundamentos de Maya 4 (veja o ícone de CD aqui).

No CD
Chapter_09\movies\ch09tut04.wmv

No CD
Chapter_09\ch09tut03end.mb

1. Crie uma luz Point (Hotbox I Create I Lights I Point Light), que tem o nome padrão pointLight1.
2. Posicione pointLight1, mudando Translate Y para 3. Na Channel Box, sob os parâmetros de pointLightShape, habilite a opção Use Depth Map Shadows.

   Em seguida, você acrescentará um efeito de luz. As fontes de luz têm a opção de ter um atributo opticalFX acrescentado, que pode ocasionar a aparição de um efeito especial onde a luz está localizada. Tipicamente, estes efeitos são do tipo que acontece em câmeras apontadas para fontes brilhantes: lentes chamejantes, brilhos e anéis. Quando uma fonte de luz deve aparecer na cena como um objeto muito intenso, uma chama opticalFX pode produzir convincentemente o efeito.
3. Abra o Attribute Editor para a luz Point (tecla de atalho: **Ctrl+a**). Para acrescentar um efeito de luz, na aba PointLightShape1 sob Light Effects (efeitos de luz), clique o botão quadrado à direita de Light Glow (brilho de luz). Então, o Attribute Editor exibe uma nova aba chamada opticalFX2. Por ora, deixe todos os ajustes em seus padrões e mantenha o Attribute Editor aberto.
4. Renderize a cena a partir de RenderCamera e você poderá ver que a origem da luz brilha. Usando a renderização IPR, é possível usar facilmente o Attribute Editor para mudar valores de Light Glow.
5. Experimente com os ajustes OpticalFX no Attribute Editor para ver seus efeitos na renderização IPR. Para a Figura 9.11, os tipos Glow e Halo estão ajustados para Rim Halo (aro de halo) e a opção Lens Flare (lentes chamejantes) está marcada. Todos os outros valores estão ajustados para o padrão.

Figura 9.11 – *Uma luz Point com um opticalFX Light Glow posicionada na cena. Observe como a luz Point emite luz em todas as direções.*

Capítulo 9 – Iluminação | **281**

6. Crie uma camada chamada PointLight_L e designe pointLight1 a ela. Ajuste a Visibility da luz para 0, na Channel Box, e oculte a camada com a luz Point.
7. Salve a sua cena.

Tutorial: luz Area

Com o lançamento de Maya 3 veio o suporte para a luz Area (de área). Este excitante recurso permite que você tenha uma fonte de luz que não apenas vem de um ponto infinitamente pequeno no espaço. A luz Area emite raios de uma área retangular no espaço e pode ser escalonada maior ou menor. Isto torna uma luz Area uma ótima escolha quando você está buscando por iluminação real, mas esteja antecipadamente avisado que ela demora mais para renderizar. Usando uma luz Area, você conseguirá sombras que suavizam à medida que são mais projetadas a partir do objeto projetando sombra. Maya só usa duas luzes Area planas bidimensionais que são retangulares. Você pode continuar a partir do tutorial anterior ou carregar o arquivo de cena indicado aqui.

No CD
Chapter_09\movies\ch09tut05.wmv

No CD
Chapter_09\ch09tut04end.mb

1. Depois de ter aberto o arquivo, crie uma luz Area (Create l Lights l Area Light) com o nome padrão areaLight1.
2. Ajuste Translate T para 5, para colocar o ícone de luz no visor. Depois, ajuste Translate X para -5.5 e Translate Z para 5.5.
3. Troque para a ferramenta Light Manipulator (tecla de atalho: **t**), e na vista Top, posicione o centro de interesse para o canto de trás do cômodo (veja a Figura 9.12). Observe que a luz Area está acima dos objetos e alinhada horizontalmente.
4. Assegure-se de que a janela Render View esteja aberta. Com a luz Area na posição, faça uma renderização IPR (na Hotbox, clique Render l IPR Render Current Frame). Agora a vista RenderCamera deve ser renderizada em IPR na janela Render View.

Dica
Se você achar que a vista errada foi renderizada, pode verificar, clicando com o botão direito do mouse na janela Render View e depois escolhendo IPR l IPR Render l RenderCamera. Quando a renderização IPR estiver completa, você será solicitado para desenhar uma janela na imagem IPR para a renderização IPR atualizar. Selecione toda a imagem para atualização por IPR, marquee-selecionando a imagem.

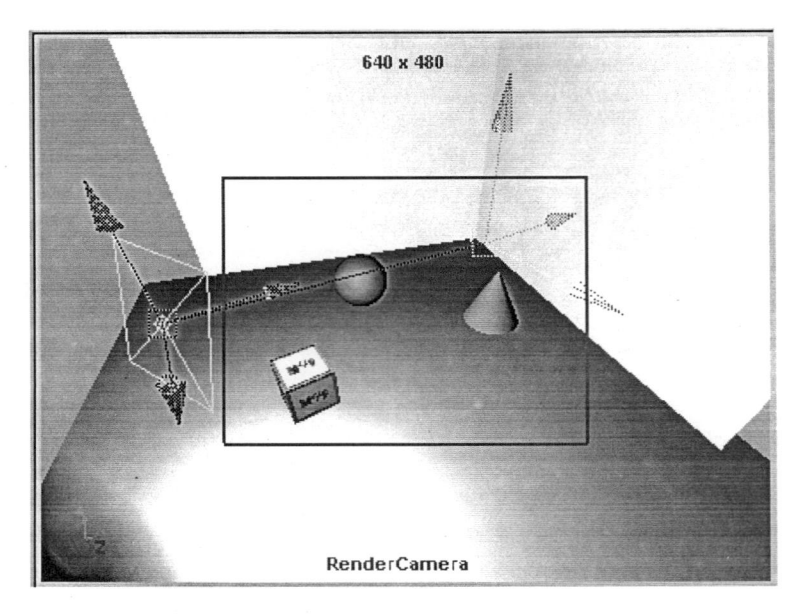

Figura 9.12 – *Posicionamento de areaLight1 com o centro de interesse no canto de trás do cômodo.*

Depois da renderização IPR da cena, veja a iluminação. Você pode ver que a luz começa muito forte e depois diminui com a distância da luz. Luzes Area dão naturalmente o efeito de diminuição de luz, mesmo quando o atributo Decay Rate está ajustado para o padrão No Decay (sem decadência). Como a luz Area se expande com a distância, a intensidade cai, porque uma área maior é iluminada pela mesma quantidade de luz. A forma pela qual você direciona a luz Area também altera como a sua cena é iluminada, semelhantemente como para uma luz Spot.

5. Usando a ferramenta Light Manipulator, com areaLight1 selecionada mude o centro de interesse para o meio do grupo de objetos e no solo. A janela Render View, com a imagem IPR, deve renderizar rapidamente de novo, para exibir a luz movida. O cômodo será mais intensamente iluminado perto da frente, por causa do ângulo da luz.
6. Em seguida, tente escalonar uniformemente (tecla de atalho: **r**) uma luz menor, para um valor de cerca de 0.5 (observe os valores Scale na Channel Box enquanto escalona). O ícone de luz Area no visor representa a escala de luz. A renderização IPR se tornará muito mais escura. Em seguida, para comparação, escalone a luz maior, para cerca de 2, e a renderização IPR será atualizada, com a luz Area maior, gerando muito mais luz.
7. Novamente, ajuste para desativada a Visibility da luz Area e, depois, crie uma camada para areaLight1 com o nome de AreaLight_L. Acrescente a ela a sua luz Area e depois salve a sua cena.

Luzes Area podem ser úteis para simular o reflexo difuso de luz das superfícies. Isto é mais útil para iluminar brilhantemente superfícies amplas (como o teto) ou superfícies fortemente coloridas que

No CD

Chapter_09\ch09tut05end.mb

refletem e colorem luz (uma bola vermelha perto de uma parede branca, por exemplo). Luzes Area quase sempre são muito mais lentas para renderizar do que outros tipos de luz, assim, você só deve usá-las quando necessário e puder viver com a perda de velocidade na renderização. O arquivo de cena indicado próximo ao ícone de CD-ROM é a versão acabada. Você pode querer compará-la com a sua versão final.

Luz Ambient

O tipo de luz Ambient (ambiente) cria luz em todas as superfícies. De forma alguma ela é comparável à luz ambiente do mundo real, que cria o reflexo difuso de superfícies mencionadas anteriormente no capítulo. Ao contrário, é um tipo de auto-iluminação automática, que clareia igualmente todas as partes de sua cena. Por este motivo, este tipo de luz deve ser usado cautelosamente ou só em casos especiais, ou ele dará à sua cena um aspecto lavado ou plano.

Única em Maya é a habilidade de usar uma luz Ambient como faria com uma luz Point. As luzes Ambient de Maya também podem projetar sombras (veja a Figura 9.13). Em essência, estes recursos permitem que você use luzes Ambient como se elas fossem luzes Point, com um ajuste variável "brilhar em qualquer lugar". Este ajuste é chamado Ambient Shade e a luz se comporta mais como uma luz Point, à medida que esse valor se aproxima de 1.

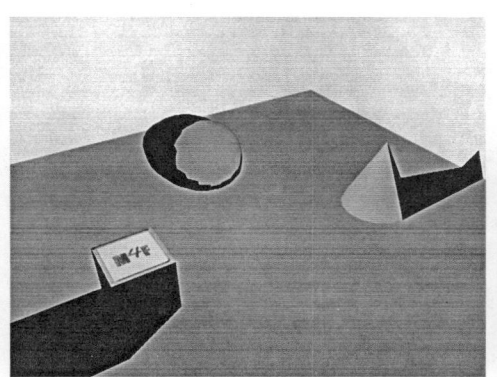

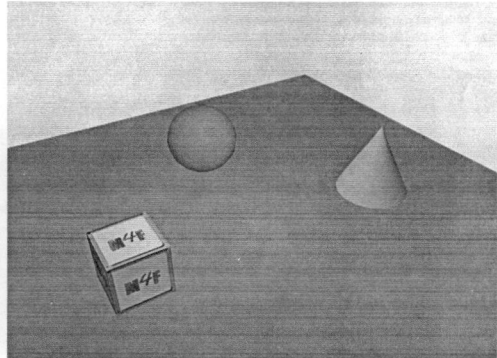

Figura 9.13 – *Luzes Ambient em Maya têm a opção de projetar sombras, mas estas luzes brilham igualmente em todas as superfícies, concedendo um aspecto plano se a luz Ambient for brilhante.*

Sombras em Maya

As sombras em Maya podem ser ativadas ou desativadas. O ajuste padrão para luzes é ter a sombra ajustada para desativada. Superfícies iluminadas pela luz de não-projeção-de-sombra ainda são sombreadas por ela, mas não projetam sombras. Isto significa que parte de um objeto que não é exposto à luz é iluminada, já o lado oposto do objeto desbota para um tom mais escuro. Também significa que a luz passa através de todos os objetos, iluminando objetos que são bloqueados por outros objetos.

Uma sombra de objeto pode identificar o seu tamanho, posição e direção no espaço, assim, acrescentando sombras à sua cena, você pode definir mais claramente os relacionamentos espaciais entre objetos. Sem sombras em uma cena, a renderização parece plana e falta profundidade. Sombras acrescentam profundidade e realismo à cena, especialmente cenas interiores. Olhe novamente para a Figura 9.8 e você pode ver que é difícil dizer se os objetos estão no solo ou flutuando no ar entre a câmera e o solo.

A norma é usar apenas algumas luzes de projeção de sombra e muitas luzes fracas de "preenchimento". As sombras exigem tempo de renderização, especialmente luzes Area e sombras traçadas a raio, portanto, esta diretriz serve para minimizar parcialmente a computação. Mais importante, entretanto, as sombras tendem a lavar umas as outras, à medida que você acrescenta mais luzes de projeção de sombra que iluminam a mesma área. Com Maya, você tem muito controle sobre a maneira com que as sombras são projetadas em uma cena, o que pode ajudá-lo a reduzir tempos de renderização, acrescentar contraste às suas renderizações e criar um resultado geral de aspecto melhor. Há dois tipos de sombras em Maya: sombras depth map (profundidade de mapa) e raytraced (traçadas a raio).

Sombras Depth Map

As sombras de profundidade de mapa são produzidas através de uma imagem de mapa (um arquivo com informações sobre a profundidade do ponto de vista da luz). A profundidade de mapa é calculada imediatamente antes de haver a renderização. Usando cálculos para a distância da luz a um ponto específico em um objeto, as informações de profundidade são armazenadas no mapa e depois passadas para o mecanismo de renderização, para produzir um efeito "simulado" de sombra. A profundidade de mapa informa ao mecanismo de renderização quais áreas da cena estão iluminadas pela luz e quais não estão, especificando quão longe os raios de luz atingirão, fazendo com que parem quando eles atingem pontos calculados a partir das informações na profundidade de mapa.

Normalmente as sombras de profundidade de mapa dão bons resultados sem precisar se preocupar com um grande aumento no tempo de renderização. Normalmente elas também são ligeiramente mais suaves, o que é mais natural do que sombras traçadas a raio com bordas ásperas. Se quiser, você pode conseguir quase o mesmo nível de nitidez das sombras traçadas a raio (aumentando o atributo Dmap Resolution, descrito na próxima seção). A principal desvantagem de sombras de profundidade de mapa é que elas não podem projetar sombras suaves e não respeitam transparência em materiais (todos os objetos projetam sombras completas, independente da transparência de seus materiais).

As sombras de profundidade de mapa funcionam de maneira única em luzes Point, Ambient e Area: já que um bitmap quadrado é exigido para criar sombra e estes tipos de luz podem projetar luz em todas as direções, eles precisam criar múltiplos mapas para cobrir a área. Maya usa sombra de mapas cúbicos para estes tipos de luz — isto é, seis sombras são projetadas para os seis lados de um cubo. Entretanto, este processo exige mais seis vezes a RAM, o que seria uma preocupação em mapas de tamanho grande. Geralmente, a maioria de suas sombras deve ser projetada a partir de luzes Spot ou Directional, onde você pode direcionar onde a luz e a sombra devem cair.

Atributos de profundidade de mapa

Em sombras de profundidade de mapa, você pode ajustar os seguintes atributos:

- **Shadow Color** (cor de sombra) — Aplicável a ambos os tipos de sombras em Maya. Mudar o atributo Shadow Color muda a cor vista na renderização. Geralmente, é uma boa idéia tornar as cores de sombra um pouco mais claras do que preto puro para acrescentar a simulação de reflexo de luz difusa. Você também pode mapear um arquivo de imagem ou uma textura para Shadow Color, exatamente como mapearia uma imagem para um material, conforme discutido no Capítulo 8, "Materiais".

- **Dmap Resolution** — Especifica a resolução (precisão) de uma sombra de profundidade de mapa. Os mapas são quadrados, portanto, se você ajustar este atributo para 1024, a sombra do mapa produzirá uma imagem de 1024x1024 pixels. Em tamanhos muito grandes (4096+), o consumo de RAM pode se tornar um problema. Se a sua luz estiver usando um Dmap de baixa resolução, a sombra pode ter bordas recortadas, dando um efeito de "degrau" (veja a Figura 9.14), mas isto é relativo à resolução de renderização de imagem. Você pode "confundir" uma sombra recortada de baixa resolução, usando um valor mais alto para Dmap Filter Size. Aumentar a resolução também reduz o efeito recortado, mas cria uma borda de sombra áspera.

- **Dmap Filter Size** — Afeta diretamente as bordas de uma sombra de profundidade de mapa, tornando-as mais suaves. Este atributo, combinado com Dmap Resolution, pode suavizar e amaciar gradativamente uma borda de sombra. Esteja ciente de que aumentar este valor aumenta o tempo de renderização. Use valores entre 1 e 3, a menos que realmente você precise ir mais além. Veja a Figura 9.15 para uma comparação de diferentes ajustes.

- **Dmap Bias** (bias = desvio) — Quando sombras de profundidade de mapa-projeção de luzes estão projetando sombras longas, às vezes elas podem separar dos objetos. Este ajuste permite que você ajuste a colocação das sombras e, normalmente, só é preciso ajustá-lo para ângulos de luz muito baixos (como um sol se pondo).

Figura 9.14 – *Esta sombra de profundidade de mapa tem um ajuste bem baixo de Dmap Resolution, dando à sombra uma borda recortada.*

Figura 9.15 – *À esquerda, aumentar a Dmap Resolution para 1024 define a borda da sombra mais asperamente. No meio, uma baixa Dmap Resolution de 128 apresenta sombra de bordas recortadas. À direita, a Dmap Resolution ainda é de 128, mas aumentando o Dmap Filter Size para 3 suaviza as bordas da sombra.*

Sombras Raytraced

Geralmente, as sombras traçadas a raio são mais lentas de computar, mas oferecem a vantagem de menor exigência de RAM, sombras suaves e projeção adequada de sombras em objetos, que não são opacas. Para fazer sombras traçadas a raio aparecerem em suas renderizações, você precisa ir para a janela Render Globals e habilitar raytracing.

Como a luz Area, as luzes Spot, Directional, Ambient e Point podem projetar sombras de área. Neste caso, as sombras suaves são criadas tendo a projeção de luz a partir de uma fonte circular. Fontes de luz não Point criam sombras suaves (conhecidas como sombras de penumbra), pois uma quantidade variável de fonte de luz não Point é bloqueada quando um objeto passa na frente da luz. A luz tem "picos" em torno de objetos, para iluminar parcialmente a área por trás deles, assim, as sombras parecem se transformar lentamente, de sombra pura para não sombra.

Objetos transparentes podem afetar sombras, se as sombras forem traçadas a raio. Entretanto, os valores de cor não afetam a cor de sombra. Para projetar sombras traçadas a raio coloridas, você precisa ajustar ou mapear a transparência de cor para o material. Observe também que as sombras terão intensidade uniforme; efeitos reflexivos na luz (conhecido como cáustico) não são contabilizados.

Atributos de sombra traçada a raio

A listagem a seguir descreve os atributos com os quais você trabalhará quando usar sombras traçadas a raio:

- **Light Radius (Shadow Radius/Light Angle)** — Ajusta o tamanho imaginário do efeito circular da luz Area. Saiba que valores não zero no atributo Light Radius (raio de luz) habilitarão sombras de penumbra (suave), o que pode demorar muito mais para renderizar.

- **Shadow Rays** (raios de sombra) — Controlam a amostra das sombras suaves. Se você usar um número baixo, as sombras parecerão manchadas, mas renderizarão mais depressa. Isto é semelhante à forma com que o Dmap Filter Size funciona com sombras de profundidade de mapa, pois aumentar Shadow Rays reduz a granularidade da sombra. Diferente de Dmap Filter Size, o ajuste Shadow Rays aumenta o tempo de renderizaçãoapresentação, à medida que você o aumenta, portanto, limite o valor ao mínimo possível necessário para conseguir uma sombra suave aceitável (veja a Figura 9.16).

- **Ray Depth Limit** (limite de profundidade de raio) — Este ajuste permite que você limite o número de vezes que uma luz pula de materiais reflexivos e refrativos. Você pode aumentar este valor, se quiser permitir que raios de luz traçados a raio pulem em torno de uma cena antes de criar, eventualmente, uma sombra.

Capítulo 9 – Iluminação | **287**

Figura 9.16 – *À esquerda, a sombra padrão traçada de raio. No centro, aumentar o Light Radius para 1.25 produz bordas de sombra granuladas. À direita, Light Radius permanece igual, mas aumentar Shadow Rays para 10 reduz a granularidade.*

Sombras de luz Area

Se você ajustar luzes Area para projetar sombras traçadas a raio, as sombras são calculadas a partir do ícone retangular de luz Area, com base em seu tamanho. Os resultados são semelhantes às luzes Area circulares. Como com luzes Area circulares, mais Shadow Rays suavizam a sombra, mas resultam em tempos de renderização substancialmente mais longos.

Tutorial: como trabalhar com sombras

Você pode continuar a partir do tutorial anterior ou carregar o arquivo de cena indicado aqui.

1. Inicialmente, ative a luz spotLight1, selecionando-a no Outliner e trocando a Visibility para ativada, na Channel Box. No Attribute Editor de spotLight1, expanda a seção de sombras. Sob Depth Map Shadow Attributes, selecione a caixa de verificação Use Depth Map Shadows.
2. Renderize a vista RenderCamera para ver as sombras criadas (veja a Figura 9.17).

No CD
Chapter_09\movies\ch09tut06.wmv

No CD
Chapter_09\ch09tut05end.mb

Nota	IPR pode dar-lhe uma reação instantânea em mudanças a materiais e valores de luz, mas não pode responder a algumas mudanças em sombras, inclusive resolução. Se você estiver alterando um valor de sombra e não estiver conseguindo uma alteração visível, experimente renderizar IPR novamente.

Figura 9.17 – *Sombras de profundidade de mapa foram habilitadas para a luz Spot na cena.*

3. No Attribute Editor, mude a Dmap Resolution do padrão 512 para 128. Faça uma renderização IPR e marquee-selecione a imagem, e notará as bordas recortadas nas sombras. Tenha em mente que a renderização IPR não atualiza alterações de Dmap Resolution, mas atualizará mudanças Dmap Filter Size na próxima etapa.

4. Mude Dmap Filter Size para 3. Agora, as sombras projetadas pelos objetos são suavizadas para não ter "degraus" visíveis.

   Em seguida, você explorará sombras traçadas a raio.

5. Com a luz Spot ainda selecionada e o Attribute Editor aberto, em Depth Map Shadow Attributes, desmarque a caixa de verificação Depth Map Shadows. A renderização IPR deve se atualizar para remover as sombras.

6. Abra a seção Raytrace Shadow Attributes no Attribute Editor e selecione a caixa de verificação Use Ray Trace Shadows, para criar sombras traçadas a raio. Olhando para a renderização IPR, você verá que ela não foi atualizada quanto a novas sombras (exatamente como as sombras de profundidade de mapa). Clique com o botão direito do mouse na janela Render View e escolha Options I Render Globals. Role para baixo a janela Render Globals, até ver Raytracing Quality. Selecione a caixa de verificação Raytracing para ativar a renderização de todas as partes traçadas a raio da

cena. Raytracing Quality oferece algum controle com relação a quantas informações são calculadas para traço a raio. Isto não se aplica apenas a sombras, mas também a refrações e reflexos de luz.

7. Feche a janela Render Globals e verifique a renderização IPR. Ela ainda não está atualizada! Clique novamente o botão IPR Render. Se você olhar para a Help Line, verá esta mensagem: Error: // IPR does not support raytracing. Turn off raytracing in Render Globals and select a new region. // (Erro: IPR não suporta traço a raio. Desative traço a raio em Render Globals e selecione uma nova região). Isto explica porque a renderização IPR não funciona. Você terá que fazer uma renderização típica para ver o traçado a raio em ação.

8. Clique o botão Render na janela Render View. Provavelmente, a renderização demorará um pouco mais do que quando você renderiza com uma sombra de profundidade de mapa. Quando ela estiver pronta, na verdade você poderá ver as sombras! As sombras têm bordas muito definidas, mas esta não é a única diferença. Você nota quaisquer mudanças no solo e nos objetos? As sombras em objetos com mapas irregulares também mudaram.

9. Mude Light Radius para 1.25 no Attribute Editor. Renderize novamente e observe que a sombra parece mais suave nas bordas. Olhe atentamente e observe que a sombra tem uma borda manchada. Se de fato você tiver um bom olho, provavelmente vê que a granularidade aumenta quanto mais longe a sombra está do objeto.

10. Em seguida, você corrigirá a borda granulada na sombra. Bem abaixo de Light Radius, no Attribute Editor, você verá Shadow Rays. Mude o valor para 10. Renderize outra vez a sua cena, mas prepare-se para esperar um pouco mais para conseguir sombras sem a granularidade.

Estes tutoriais mostraram o básico de inicialização de luzes e sombra. Em seguida, você verá alguns dos outros controles de luz.

No CD

Chapter_09\ch09tut06end.mb

Atributos comuns de luz

No alto do Attribute Editor para luzes há um conjunto de valores que ainda não discutimos: Color (cor), Intensity (intensidade) e alternâncias para Specular (especular), Diffuse (difusa) e Illuminates by Default (ilumina por padrão). Você usará estes atributos com freqüência para ajustar a intensidade e a aparência da luz.

Intensity

Um atributo Intensity de luz controla o brilho da fonte. Você pode ajustá-lo para qualquer valor, positivo ou negativo. Se a intensidade é aumentada, mais luz é emitida da fonte (veja a Figura 9.18). Normalmente, você ajusta o valor entre 0 e 1 para um preenchimento de luz de intensidade média. Para efeitos de luz do sol, é preciso ir tão alto quanto 1.5 ou semelhante. Com Decay Rate acrescentada (descrita mais adiante nesta seção), a intensidade da luz pode precisar ser ajustada muito mais alta, pois a potência pode cair rapidamente com a distância. Por padrão, todas as luzes Maya não têm taxa de decadência (embora a luz Area dê a impressão de luz diminuída) e iluminam objetos na intensidade total da luz, independente da distância.

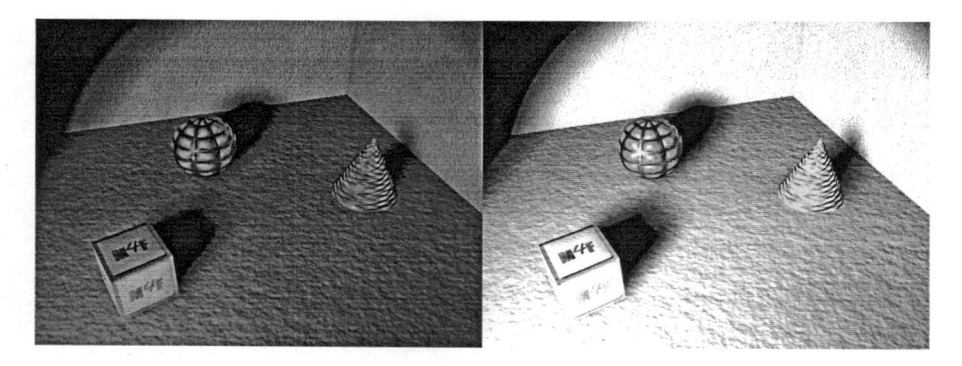

Figura 9.18 – *Mudando a intensidade de 1 para 3, o cômodo parece muito mais brilhante e as sombras permanecem completamente escuras.*

Você também pode usar valores negativos para o atributo Intensity. Ajustando um valor negativo, na verdade a luz "absorve" outra luz. Se você tiver uma área da cena à qual deseja preta, mas a luz a está iluminando, você pode usar uma luz com intensidade negativa para ajudar a eliminar o problema.

Illuminates by Default

Por padrão, automaticamente as luzes iluminam todos os objetos na cena. Quando você desativa a caixa de verificação Illuminates by Default, a luz é removida de defaultLightSet e só afeta os objetos que estão vinculados a ela. O vínculo de luz é gerenciado no Relationship Editor (editor de relacionamento) para luzes (Window I Relationship Editors I Light Linking). Nesta caixa de diálogo, você pode selecionar uma luz e depois escolher quais objetos ela ilumina (veja a Figura 9.19). Os objetos "ativos" que serão iluminados são destacados em cinza, do lado direito da caixa de diálogo.

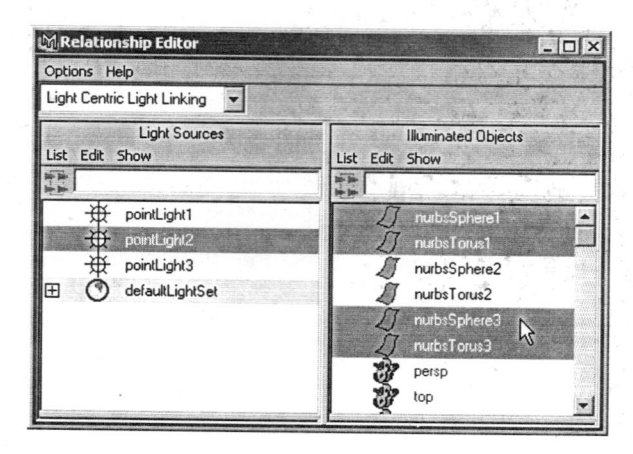

Figura 9.19 – *Configuração de vínculo de luz no Relationship Editor.*

Emit Diffuse e Emit Specular

Em casos especiais, uma luz pode emitir apenas sombreado difuso ou especular (veja a Figura 9.20). As caixas de verificação Emit Diffuse (emitir difusa) e Emit Specular (emitir especular) aparecem nos atributos da luz, próximas ao alto, conforme mostrado na Figura 9.4. Os atributos Emit Diffuse e Emit Specular não estão disponíveis com luzes Ambient. Usar só Emit Diffuse é particularmente útil para criar luzes de preenchimento suave, para simular reflexo de luz; você precisa desativar o atributo Emit Specular para que não sejam gerados destaques. Alternativamente, habilitar apenas Emit Specular pode ser útil para iluminar objetos de metal (tal como logos de cromo), quando você deseja acrescentar destaques especulares ao metal, sem iluminar outras áreas.

Figura 9.20 – *O objeto à extrema esquerda está iluminado por uma luz normal, que emite componentes especulares e difusos. O do centro só mostra especular e o da direita só mostra difuso.*

Color

Cada luz pode ter a sua própria cor designada. Modificar a cor para uma luz segue o mesmo procedimento e usa a mesma caixa de diálogo Color Chooser vista ao modificar cor para um material. Você também pode mapear texturas para uma cor de luz, levando a luz a projetar a textura como um projetor de slide ou um projetor de filme, se você animar as variáveis ou usar um filme como a fonte.

Decay Rate

Específico para luzes Spot, Area e Point, este atributo determina a taxa à qual a intensidade de luz diminui à distância. Vários tipos de decadência estão disponíveis na caixa de lista Decay Rate (taxa de decadência) no Attribute Editor. A lista a seguir descreve alguns ajustes a experimentar:

- **No Decay** (sem decadência) — A luz não diminui com a distância; ela atinge todos os objetos na cena.
- **Linear** — A intensidade da luz emitida diminui a uma taxa constante (linear), à medida que a distância da fonte de luz aumenta. A decadência linear é o tipo usado com mais freqüência, pois é mais fácil de controlar; você não precisa aumentar o atributo Intensity da luz para valores muito altos para compensar.
- **Quadratic** (quadrático/quadrado) — O modo fisicamente preciso de diminuir, também conhecido como quadrado inverso. A decadência quadrática é determinada por diminuir proporcionalmente a intensidade de luz ao longo do quadrado da distância. Geralmente, a intensidade de luz precisa ser substancialmente aumentada com esse modo.

- **Cubic** (cúbico) — Diminui a intensidade de luz mais rápido do que a taxa vista na realidade. Cubic Decay é avaliada por uma diminuição na intensidade que é relativamente proporcional ao cubo da distância. A área iluminada diminui quase instantaneamente com Cubic Decay. Este tipo de decadência pode ser usado para iluminar uma área que parece como se estivesse queimando, rodeada de escuridão. Geralmente, a intensidade de luz precisa ser aumentada para um valor muito alto para fazer a luz aparecer.

Dica A renderização IPR é útil para ajustar interativamente a decadência de luz; caso contrário, é difícil visualizar.

Tutorial: iluminação da casa

Neste tutorial, você acrescentará algumas luzes para iluminar a casa texturizada no último capítulo. Carregue o arquivo de cena indicado aqui.

No CD — Chapter_09\movies\ch09tut07.wmv

No CD — Chapter_09\ch09tut07start.mb

1. Inicialmente, selecione todas as luzes no Outliner e apague-as, para começar do nada.
2. Crie uma luz em cima para a cena (Create | Light | Directional Light). Nomeie-a como topLight na Channel Box, e depois, ajuste Translate X, Y e Z para -25, 1440 e -20. Depois, ajuste Rotate X, Y e Z para -270, -50 e -180 para que a luz aponte para baixo na cena. Ajuste Scale X, Y e Z para 500 para poder ver facilmente o ícone. Abra o Attribute Editor e ajuste o atributo Intensity para 0.2. Expanda a seção Shadows e habilite a opção Depth Map Shadows. Ajuste Dmap Resolution para 1024. Desative Dmap Auto Focus para que as sombras não se alternem à medida que o visor da câmera passe. Ajuste Width para 400, para que a área de sombra cubra a casa.
3. Em seguida, você criará algumas luzes de preenchimento. Crie uma luz Spot (Create | Light | Spot Light), e renomeie-a como front_fill. Ajuste translate X, Y e Z para 3200, 570 e -1550; Rotate X, Y e Z para 175, 64 e 180; e Scale X, Y e Z para 500, para poder ver facilmente o ícone. Abra o Attribute Editor e desmarque a caixa de verificação Emit Specular, para que esta luz de preenchimento não cause destaques em objetos. Ajuste Intensity para 0.2 e Cone Angle para 90.
4. Repita a Etapa 3, mas nomeie a luz como side_fill e ajuste suas Translate X, Y e Z para -2100, 830 e -2600 e seus Rotate X, Y e Z para 167, -38 e 180. No Attribute Editor, ajuste Intensity para 0.25 e Dropoff para 2, para obter um efeito gradiente nesta luz.
5. Crie uma nova luz Directional e nomeie-a como main_light. Ajuste Translate X, Y e Z para 2200, 980 e 2000 e Rotate X, Y e Z para -16, 47 e 0. No Attribute Editor, clique a amostra de cor e ajuste esta luz para uma cor ligeiramente azulada, para parecer como iluminação noturna (HSV: 230, .06, 0.85). Habilite a opção Depth Map Shadows e ajuste Dmap Resolution para 2048. Desative Dmap Auto Focus e ajuste Width para 8000, para que as suas sombras cubram toda a cena. Observe que se

você tiver limite de RAM, pode precisar ajustar os tamanhos de sombra para toplight (luz superior) e mainlight (luz principal), atualmente 1024 e 2048. Você pode diminuir para 512 e 1024 ou menor, se o seu sistema ficar sem RAM enquanto renderiza.

Agora, todas as luzes estão no lugar e você pode renderizar uma moldura de teste. Usamos um estilo de iluminação noturna para a casa fantasmagórica. Ela não é tão escura como seria em uma cena real noturna; elevamos intencionalmente o nível de luz, o suficiente para possibilitar ver melhor as adjacências. Isto é semelhante aos cineastas, trocando "dia pela noite" no crepúsculo, pois a noite verdadeira é escura demais para ver alguma coisa.

Um outro toque que você pode acrescentar à cena é uma lua brilhante no céu noturno. Para acrescentá-la, você fará uma luz Point que não brilha, mas usa OpticalFX para criar um halo brilhante no céu.

6. Crie uma luz Point, escolhendo Create I Lights I Point Light. Na Channel Box, mude o seu nome para moon-glow e ajuste Translate X, Y e Z para -7500, 1500 e -4000. Abra o Attribute Editor (tecla de atalho: **Ctrl+a**). Desmarque as caixas de verificação Emit Diffuse, Emit Specular e Illuminates by Default, para que a luz, de fato, não crie luz.

7. Em seguida, no painel Light Effects, clique o botão quadrado à direita do atributo Light Glow para acrescentar um ótico chamado OpticalFX1 à luz. Para o efeito ótico, ajuste Glow Type para None (nenhum) e o Halo Type para Exponential (expoente). Na seção Halo Attributes, você pode ajustar a cor para azul claro (HSV: 230, .3, 1) e ajuste Halo Intensity e Halo Spread (difusão de halo) para 0.5. Selecione a caixa de verificação Ignore Light e feche o Attribute Editor.

8. Em seguida, você precisa ter certeza que esta luz não está fora do plano de tomada distante da câmera. Selecione a vista Camera, escolha View I Camera Attribute Editor no menu e ajuste o Far Clip Plane (plano de tomada distante) para 50000. Este ajuste garante que a luz distante ainda está dentro da vista renderizável da câmera. A luz FX da "lua" precisa estar distante para garantir que a câmera não mostra a sua posição mudando com relação aos movimentos do espectador (reduzindo assim o efeito "parallax"). A verdadeira lua está tão longe que parece igual sob qualquer ponto de vista na terra, assim, você não vai querer que a sua lua virtual troque de posição e desista tão facilmente de sua proximidade.

Neste ponto, você deve ter um belo efeito noturno fantasmagórico ao renderizar, conforme mostrado na Figura 9.21. Carregue a cena do CD se quiser comparar.

No CD

Chapter_09\ch09tut07end.mb

Como ir além

Experimente acrescentar luzes à cena com o personagem modelado no Capítulo 7, "Modelagem com polígonos" e depois renderizando a cena. Iluminar um personagem pode ser muito divertido e pode fazer um bom modelo parecer espetacular. Acrescentar luzes não apenas ilumina objetos em sua cena, mas também ajuda a definir a forma do modelo. Usando o básico que você aprendeu neste capítulo, você deve ser capaz de iluminar com eficiência o seu personagem. Experimente usar o método de iluminação de três pontos, discutido no Capítulo 1, "Pré-Maya: uma introdução" (veja a Figura 9.22).

Figura 9.21 – *A cena de casa renderizada com luzes acrescentadas.*

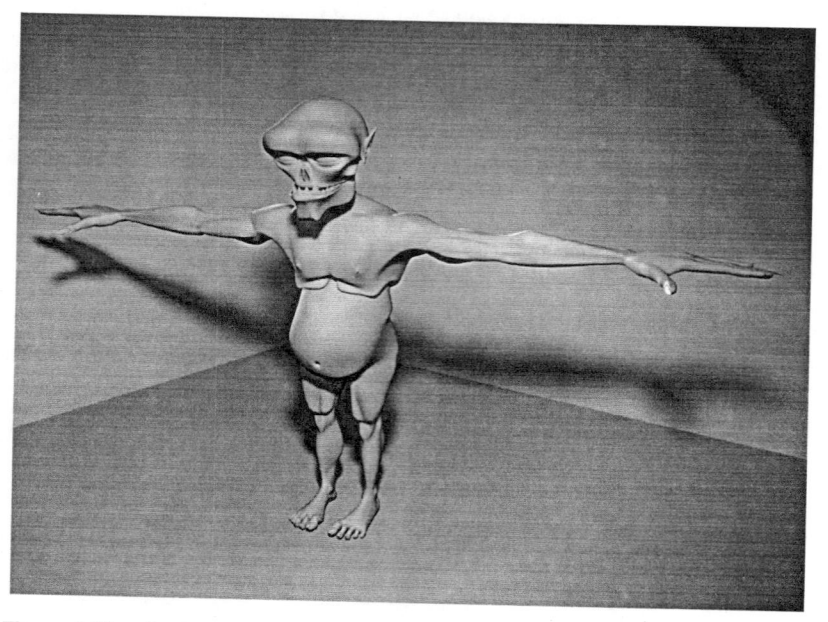

Figura 9.22 – *A criatura do Capítulo 7 foi iluminada com iluminação de três pontos.*

Resumo

A iluminação, junto com materiais, determina a aparência final de sua renderização. Aprender como criar e editar iluminação ajuda a aperfeiçoar a qualidade das renderizações que você produz. Neste capítulo, você aprendeu os seguintes básicos:

- **Os diferentes tipos de luz** — Agora você entende as diferenças entre luzes Spot, Ambient, Point, Directional e Area, e sabe como funcionam as luzes.

- **Posicionamento de luzes na cena** — Trabalhar com luzes é semelhante a trabalhar com objetos normais em Maya. Com a ferramenta Light Manipulator, você pode controlar facilmente o pivô e o centro de interesse da luz.

- **Atributos básicos para luzes** — É possível mudar muitos atributos de luz em Maya. Praticando com estes atributos, você será capaz de prever o resultado de mudar um valor, poupando assim tempo ao tentar iluminar a sua cena.

- **Sombras Raytraced e Depth Map** — Entender os dois diferentes tipos de sombra ajuda a decidir onde elas são melhor usadas.

- **O valor da renderização IPR** — A velocidade é um aspecto quando você está trabalhando em uma animação. Com a renderização IPR, você pode ver rapidamente os resultados de mudanças feitas à iluminação de uma cena.

CAPÍTULO 10

Animação

Neste capítulo

A tarefa mais complexa em animação é a própria animação. Acrescentar a quarta dimensão de tempo leva a forma de arte a uma posição onde é difícil fazer um único rascunho ou formar um único pensamento para planejar a sua idéia animada. A animação exige um novo tipo de pensamento — sobre movimento, tempo e suavidade em determinada ação. Provavelmente é onde Maya mais se excede, como uma ferramenta de 3D e, neste livro, infelizmente só temos espaço para apresentá-lo aos aspectos fundamentais de animação.

Exibir várias imagens paradas em seqüência é o que dá a ilusão de movimento. E exatamente como você foi capaz de renderizar imagens paradas nos capítulos anteriores, você pode renderizar múltiplas imagens em seqüência, com o computador ajustado para mudar um ou mais valores, à medida que cada imagem é renderizada em seqüência.

Quando falamos de animação, há mais para animar do que simples movimento. Virtualmente, qualquer coisa em Maya com um número anexado pode ser animada. Mares podem se transformar em madeira, a gravidade pode ser invertida e objetos podem se unir em nós. Muitas possibilidades – e, portanto, muita complexidade. Analisaremos o básico da configuração, avaliação e edição em animação, incluindo:

- **A interface de animação** — Você aprenderá onde encontrar ferramentas de animação na interface Maya e como trabalhar eficientemente com elas.
- **Como entender os diferentes tipos de animação** — Ver como os diferentes tipos de animação funcionam para decidir qual é o melhor para a sua cena.
- **Configuração para animações** — Aprender quais passos você precisa dar antes de animar uma cena.
- **Como trabalhar com chaves e curvas de animação** — Você aprenderá como trabalhar com o Graph Editor para modificar ajustes de chaves de animação e ajustar curvas de animação.
- **Continuar a trabalhar com a sua casa** — Prosseguindo a partir dos capítulos anteriores, você vai animar partes da casa criada.
- **Uso de Playblast** — Aprender como usar esta ferramenta para avaliar rapidamente os resultados de seus esforços de animação.

Termos-chave

key (chave) — Um marcador que designar um valor de atributo a um objeto, em um ponto específico no tempo.

keyframe (quadro-chave) — Uma moldura de animação contendo uma chave que foi ajustada para um objeto.

keyframe-based animation (animação baseada em quadro-chave) — Usa chaves para programar quando e onde ocorrem os eventos na animação; tipicamente, estes eventos são pontos "extremos" em um objeto, tais como um braço completamente estendido e um braço totalmente flexionado, e o computador cuida de animar suavemente a posição durante o tempo de intervalo.

key tangent (tangente chave) — A aceleração ou desaceleração de um valor quando você se aproxima ou sai de uma quadro-chave. Animar objetos envolve não apenas como eles se movem, mas também como o movimento muda com o tempo.

animation curve (curva de animação) — A representação visual das conexões entre chaves do mesmo atributo; modificadas ajustando as tangentes da curva no Graph Editor.

auto keyframe (quadro-chave automático) — Um recurso que diz a Maya para ajustar uma chave sempre que um valor de atributo muda, depois de você ter ajustado manualmente uma chave inicial.

path animation (caminho de animação) — Anexa um objeto a um caminho curvo para controlar o movimento daquele objeto.

nonlinear animation (animação não linear) — Um método avançado de animação, que usa "clips" (recortes) de chaves de animação em uma linha de tempo para por em camada e misturar seqüências de animação, independentemente de tempo. Por exemplo, um clip caminhando poderia ser acrescentado a um clip bebendo, para conseguir um personagem que bebe e caminha.

Graph Editor (editor gráfico) — Uma ferramenta para modificar chaves e curvas de animação em Maya.

frame rate (taxa de quadro) — Define quantos quadros serão exibidos no período de um segundo; medida em frames per second (fps — quadro por segundo).

playback range (faixa de execução) — Diz a Maya para exibir a animação a partir de uma quadro de início especificado para um quadro de término especificado.

Teclas de atalho a memorizar

Alt+v — exibir ou parar a animação

Esc — interromper a exibição de animação

Alt+. (ponto) — ir para o próximo quadro

Alt+, (vírgula) — ir para o quadro anterior

. (ponto) — ir para o próximo quadro-chave

, (vírgula) — ir para o quadro-chave anterior

Shift+R — ajustar chave para atributo Scale (escalonar)

Shift+W — ajustar chave para atributo Translate (mover)

Shift+E — ajustar chave para atributo Rotate (girar)

s — ajustar uma chave para o quadro atual

Shift+A — emoldurar todas as curvas na vista Graph (gráfico)

Capítulo 10 – Animação | 299

As ferramentas de animação e a interface

Antes de pular no processo de animação, você deve rever a interface e ferramentas que estão disponíveis para você. As seções a seguir ajudarão a familiarizá-lo com a interface, para que você possa encontrar os atributos e funções necessárias para animação.

Configuração de uma animação

Antes de criar qualquer animação em uma cena, você precisa configurar alguns ajustes padrões. Dois componentes da interface de usuário de Maya são específicos para animação: o Range Slider (deslizador de faixa) e o Time Slider (deslizador de tempo). Para garantir que eles estejam exibidos, clique Hotbox I Hotbox Controls para abrir um menu de marcação com várias opções para a interface de usuário (veja a Figura 10.1). Use este menu de marcação para exibir Range Slider e Time Slider em sua interface Maya.

Range Slider e Animation Preferences

A Figura 10.2 mostra o Range Slider com seus controles. Range Slider é usado para ajustar o comprimento total da animação, em quadros. Você também pode usar o Range Slider para limitar temporariamente a faixa de exibição e ajustar as molduras de início e de término da exibição. Na figura, os quadros 60-120 estão focalizados. Depois deste segmento ter sido editado, a barra de faixa pode ser movida para uma outra área de foco, ou puxada para fora, para mostrar toda a animação.

Uma outra maneira de controlar ajustes para a sua animação é usar a caixa de diálogo Preferences. Para abri-la, clique o botão Animation Preferences à extrema direita do Range Slider (refira-se à Figura 10.2) ou escolha Window I Settings/Preferences I Preferences no menu. Antes de fazer quaisquer alterações, reajuste todas as configurações na caixa de diálogo para padrões (Edit I Restore Default Settings). Fique à vontade para ocultar Shelf e a Tool Box, para diminuir o amontoado na interface Maya.

Você usa a caixa de diálogo Preferences, mostrada na Figura 10.3, para mudar valores da linha de tempo e exibição da animação. Também é possível ajustar o tempo total de sua animação, o tamanho da linha de tempo (o Time Slider) e outros recursos correlatos.

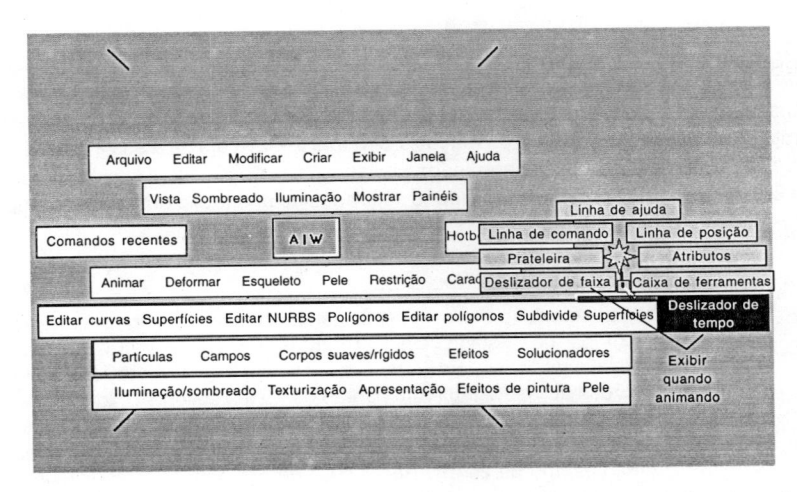

Figura 10.1 – *Use Hotbox para alternar rapidamente a exibição de partes da interface de usuário.*

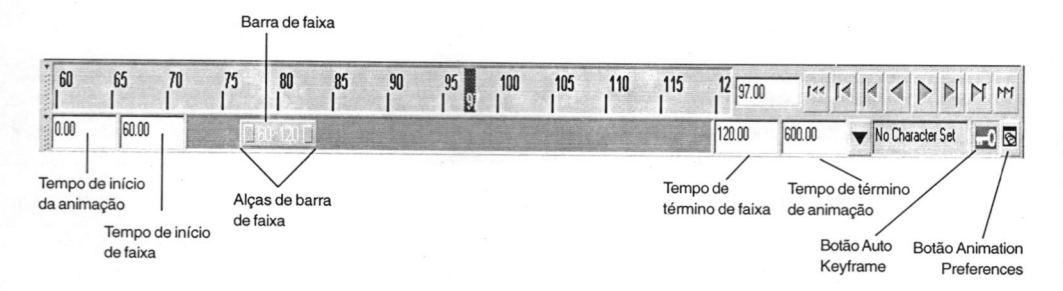

Figura 10.2 – *Use o Range Slider para controlar o comprimento da animação e limitar a exibição a faixas específicas.*

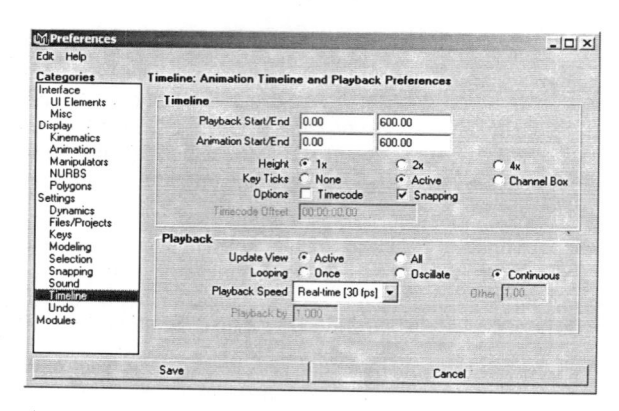

Figura 10.3 – *Use a caixa de diálogo Preferences para especificar o comprimento de sua animação e a velocidade de exibição nos visores.*

Como especificar a taxa de quadro

Especificar a taxa de quadro é o primeiro aspecto de configuração da sua animação. A taxa de quadro afeta o comprimento e a fluidez de sua animação. Por padrão, Maya ajusta a sua animação para Film (filme) que exibe a 24 fps (quadros por segundo). Portanto, cada segundo de sua animação é exibido através de 24 quadros. Você pode ver que alguns segundos de animação acrescentam rapidamente milhares de imagens renderizadas!

Nota

Em animação que será colocada em fita de vídeo, tipicamente você usa 30 fps, nos Estados Unidos e 25 fps em alguns outros países. NTSC (National Television Standards Committee — Comitê Nacional de Padrões de Televisão) é um padrão de 30 fps desenvolvido na América do Norte para transmissão de televisão. A Europa Ocidental e outros países usam PAL (Phase Alternate Line — Linha de Fase Alternada), com um padrão de 25 fps. Resoluções de rederização também são diferentes nos dois formatos.

Capítulo 10 – Animação | 301

Configuração da faixa

A faixa de uma animação determina o comprimento total em molduras. Ao determinar a faixa, você precisa decidir quão longa deseja que a animação demore, em segundos. Depois, multiplique o comprimento da animação em segundos pela taxa de moldura (neste caso, 30 fps). A animação que você cria neste capítulo terá 20 segundos de comprimento, portanto, você deve usar este cálculo:

30 fps x 20 segundos = 600 quadros (faixa de animação)

O Time Slider

O Time Slider é uma parte vital da interface de animação em Maya. A Figura 10.4 ilustra as suas funções disponíveis. Você pode usar o Time Slider para exibir a sua animação, para ajustá-la para um quadro em especial e até para ver chaves de animação e onde elas estão colocadas.

Clique na área Time Slider e arraste da esquerda para a direita para "esfregar" a animação para frente e para trás no tempo. Uma linha preta vertical indica o quadro atual. Quando chaves tiverem sido ajustadas para o objeto atualmente selecionado, aparece uma fina linha vertical vermelha na área Time Slider para indicar os tempos para aquelas chaves. Nos controles de exibição, botões para adiantar uma chave ou voltar uma chave estão disponíveis para pular facilmente de chave para chave.

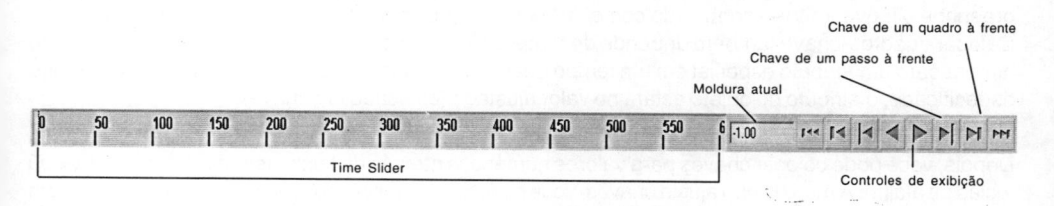

Figura 10.4 – *O Time Slider e seus controles.*

Tipos de animação

Você pode usar vários métodos diferentes para animar a sua cena. Cada método tem vantagens e desvantagens, claro, portanto, antes de decidir qual método usar, vamos rever rapidamente, nas próximas seções, do que cada método é capaz.

Animação de caminho

Você teve uma rápida visão sobre animação de caminho no Capítulo 4. Geralmente, neste método você cria uma curva baseada em NURBS e depois a anexa a um objeto em sua cena (no Capítulo 4, o objeto era o barco). Então, o objeto segue o caminho curvado para simular movimento. É possível escolher em qual tempo o objeto é posicionado em qualquer ponto ao longo do caminho, assim, o objeto pode se inverter, parar ou oscilar, se você quiser. Este método será revisitado no Capítulo 11, "Câmeras e renderização", para passar a câmera ao longo de um caminho na direção da casa.

Animação não linear

Animação não linear (conhecida em Maya como o Trax Editor) é um método mais avançado de animação. Diferente de quadro-chave, a animação não linear é completamente independente de tempo. Você mistura e põe em camadas seqüências de animação — chamadas de clips — para configurar o movimento em objetos. A linha de tempo permite que você solte clips de animação onde você quiser e misture clips que se sobrepõem. Além disso, você pode esticar ou contrair clips, para fazer as chaves de animação dentro deles acontecer mais rápido ou mais devagar.

Você também pode usar este método para explorar variações em partes da animação, sem perder o seu trabalho anterior ou afetar outras partes da animação. Por exemplo, se você quiser que um personagem corra ao invés de caminhar, pode fazer a parte caminhando da animação um clip e depois ajustar o movimento de perna, sem afetar a forma pela qual o resto do personagem se move. Se você estiver satisfeito com as mudanças no movimento de perna, pode fazer daquele movimento de correr um clip e misturá-lo com o resto da animação do personagem, sem perder o seu trabalho anterior no personagem.

Animação de quadro-chave

Animação de quadro-chave é o método padrão de animação, e o que você usará neste capítulo. Neste método, você ajusta chaves para posições extremas de um objeto e deixa o computador preencher o movimento no entremeio. Por exemplo, se estiver animando um braço que curvará, você ajusta uma chave com o braço totalmente estendido e outra com o braço em uma posição flexionada. Então, Maya preenche o movimento — conhecido como *in-betweens* (nos entremeios) — entre os dois extremos. Colocar quadros-chave também depende de tempo. Simplesmente coloque, uma chave é um ponto âncora para um atributo especial em um tempo designado. Quando a animação atinge aquele tempo especificado, o atributo do objeto estará no valor ajustado (colocado em chave).

Ao preparar uma animação, geralmente você especifica primeiro a faixa, como fez na seção anterior. Depois, você pode colocar chaves para valores numéricos através da faixa, usando a Channel Box ou teclas de atalho. À medida que ajusta chaves, você especifica o tempo, no valor do atributo, onde devem ocorrer aquelas mudanças.

Para ajustar chaves com o método automático de quadro-chave, você clica o botão Auto Keyframe no Range Slider (ele fica vermelho para indicar que está habilitado). A idéia com quadro-chave automático é que qualquer coisa que muda cria uma chave. Com quadro-chave automático, você pode animar rapidamente, simplesmente arrastando o Time Slider para determinado quadro e depois mudando um atributo. Entretanto, é preciso ajustar um quadro-chave inicial em um atributo para o método de quadro-chave automático "ativar" aquele atributo.

Nota Maya oferece a opção de mudar um atributo com base em outros atributos de chave. Isto é chamado de ajuste direcionado de chave de animação (discutido no Capítulo 14, "As suas próximas etapas: eficiência e arte"). Por exemplo, você poderia ligar um movimento de bola balançando à intensidade da luz brilhando nela, para que a bola fosse iluminada com mais brilho quando balançasse em seu ponto mais alto.

Capítulo 10 – Animação | 303

Tutorial: a casa está viva

Para ver como funciona a animação de quadro-chave, você vai trazer a sua casa à vida. Neste tutorial, você especificará os atributos de chave para um deformador de curva. Nós já aplicamos o deformador de curva, portanto, você conseguirá resultados confiáveis neste tutorial. O deformador de curva permite que você gire a casa para formas diferentes, para criar o efeito de um tipo de casa mal-assombrada. Você começará carregando o arquivo de cena indicado próximo ao ícone de CD. Esta cena contém toda a sua casa texturizada com a luz acrescentada e inclui os objetos importados do CD-ROM de Fundamentos de Maya 4, em especial o objeto solo, que oferece um horizonte para a casa se fixar.

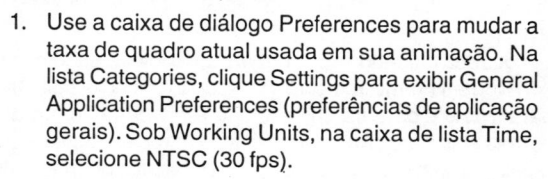

No CD
Chapter_10\movies\ch10tut01.wmv

1. Use a caixa de diálogo Preferences para mudar a taxa de quadro atual usada em sua animação. Na lista Categories, clique Settings para exibir General Application Preferences (preferências de aplicação gerais). Sob Working Units, na caixa de lista Time, selecione NTSC (30 fps).

No CD
Chapter_10\ch10tut01start.mb

2. Na lista Categories, na caixa de diálogo Preferences, selecione novamente Timeline (linha de tempo). Sob a seção Timeline, mude os quadros Animation Start/End (início/final de animação) para 1 e 600; O Range Slider atualizará de acordo. Em seguida, vá para baixo, para a seção Playback. Na caixa de lista Playback, selecione Real-Time (tempo real) (30 fps). Isto significa que, quando você clicar o botão Play nos controles de exibição (no Time Slider), o visor ativo se regula para exibir a animação em 30 fps. Isto é, se preciso, ela pulará quadros para manter espaço. Para finalizar as mudanças, clique o botão Save, na parte inferior da caixa de diálogo.

3. Porém, há um problema. Se você exibir a cena (tecla de atalho: **Alt+v**), descobrirá que ela pára e faz um loop curto de 600 quadros, pois você nunca modificou a faixa de exibição especificada. Entretanto, é possível mudá-la diretamente no Range Slider. Digite 600 na caixa de texto Range End Time (tempo de encerramento da faixa).

4. Mude o seu layout atual para o layout salvo Persp/Outliner (Panels I Saved Layouts I Persp/Outliner). Para facilitar trabalhar com a sua cena, no Layer Editor, oculte todas as camadas, exceto OuterWallsL, ChimeyL, WindowsL, InnerWallL, DoorL, RoofL e PorchL. Em seguida, pressione **5** para entrar no modo Shaded.

5. Depois, é preciso selecionar o deformador ao qual você vai acrescentar chaves. No Outliner, expanda o grupo Old_House e selecione House_Bend naquele grupo. Na seção Inputs da Channel Box, clique em bend1, para exibir os atributos com os quais você estará trabalhando para a animação.

Dica — Neste ponto, a cena é bastante complexa. Se a interação parecer lenta, tente selecionar todos os objetos e diminuir seus níveis de detalhe, pressionando **1**.

6. Usando o Time Slider, ajuste o seu quadro atual para 1. Clique o botão Auto Keyframe no Range Slider, para habilitar o quadro-chave automático. Sob bend1, na Channel Box, RMB-clique em Curvature (curvatura) e escolha Key Selected (chave selecionada) para ajustar a chave inicial. Agora, um quadro-chave será ajustado sempre que o valor Curvature for alterado. Atributos que foram marcados com chave são representados na Channel Box com uma caixa de texto sombreada (por padrão, laranja). Olhe para o quadro 1 no Time Slider, para ver a barra vermelha representando a chave que foi ajustada.

7. Com uma chave ajustada no quadro 1, arraste no Time Slider e verá um deslizador movendo-se através dele, indicando a mudança no quadro. Arraste o deslizador para o quadro 150, ou simplesmente digite 150 na caixa de texto Current Frame (quadro atual).

8. Na Channel Box, mude a Curvature para 0.6, para ajustar uma outra chave. Vá para o quadro 350 no Time Slider e mude Curvature para -0.5 na Channel Box. Depois, vá para o quadro 400 e ajuste Curvature para 0. Continue a ajustar as chaves: no quadro 450, ajuste Curvature para -0.2; no quadro 530, ajuste Curvature para 0.5; e no quadro 600, ajuste Curvature para 0.3. Quando você tiver terminado, clique o botão Auto Keyframe novamente, no Range Slider, para desativar o quadro-chave automático.

9. Mude o quadro atual de sua animação para o quadro 1, usando os controles de exibição próximos ao Time Slider ou digitando 1 na caixa de texto Current Frame. Execute a animação (tecla de atalho: **Alt+v**) e observe como a casa se curva para frente e para trás. Pressione Alt+v de novo, para interromper a animação. Tudo se move bem, mas algumas partes da animação parecem mover-se aos solavancos. Na próxima seção, você trabalhará com o Graph Editor para suavizar a animação. Antes de prosseguir, salve a sua cena como ch10HouseAnimation.

Como usar o Graph Editor

O Graph Editor, mostrado na Figura 10.5, é uma ferramenta útil para torcer valores em chaves que você ajustou. Ele oferece uma representação visual — uma linha curva — dos atributos que são animados. O tempo de animação vai da esquerda para a direita, e qualquer variável em chave aparece como uma linha que se move para cima ou para baixo, para indicar o seu valor com o tempo. Ele pode ajudá-lo a visualizar como as coisas estão mudando e quão rápido. Você pode balancear e aproximar este painel, como qualquer outro.

É possível usar o Graph Editor como uma janela de flutuação livre, ou ajustá-lo como um dos visores. Para usá-lo como uma janela de flutuação livre, simplesmente abra-o a partir de Hotbox (Window I Animation Editors I Graph Editor — janela, editores de animação, editor gráfico). Para ajustá-lo em um visor que exiba a vista Perspective e o Outliner, clique Hotbox I Panels I Saved Layouts I Persp/Outliner/ Graph. À medida que você caminhar pelo próximo tutorial, experimente ambos os layouts, para ver qual funciona melhor para você.

Capítulo 10 – Animação | 305

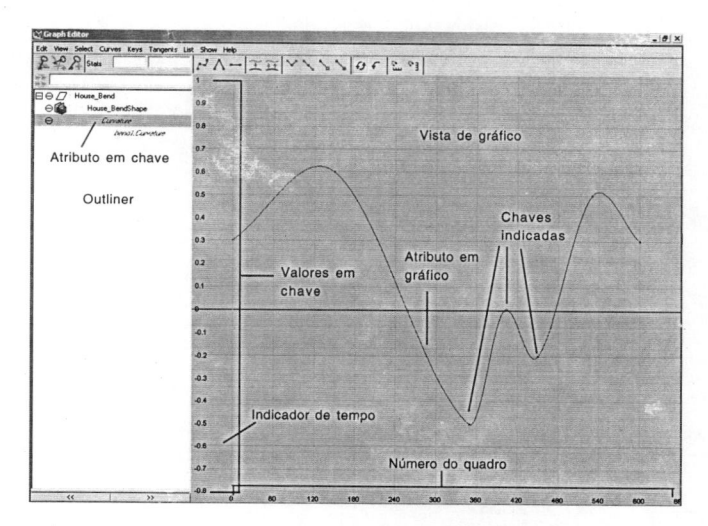

Figura 10.5 – *Você pode trabalhar facilmente com chaves no Graph Editor.*

Façamos um rápido passeio pelos componentes do Graph Editor na lista a seguir:

- **Menu bar** (barra de menu) — A barra de menu (veja a Figura 10.6) contém todos os comandos que tipicamente você precisa para trabalhar com o Graph Editor. O menu Edit é muito parecido como aqueles nos editores de texto ou processadores de texto, exceto que você está trabalhando com chaves ao invés de com texto.

  O menu Curves oferece controle sobre como as curvas são configuradas com as chaves em sua cena. Por exemplo, você pode ajustar determinados quadros-chave em ciclos repetidos. Para trabalhar diretamente com uma chave específica na vista Graph, é usado o menu Keys. Você usa o menu Tangents (tangentes) para dizer às chaves como reagir com a curva de animação em quadros-chave específicos.

- **Toolbar** (barra de ferramentas) — A barra de ferramentas (veja a Figura 10.7) oferece um rápido acesso a funções para modificar curvas e chaves de animação.

- **Outliner** (delineador) — O Outliner de Graph Editor tem a mesma função básica do Outliner que você tem usado no livro. No Graph Editor, ele é usado para selecionar atributos em objetos que têm chaves ajustadas. Os atributos em chave são formatados em itálico para fácil identificação.

306 | Dominando Maya 4

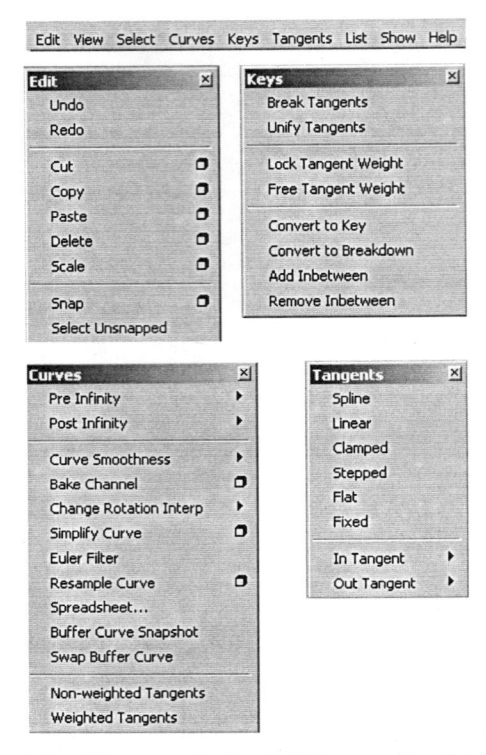

```
Edit  View  Select  Curves  Keys  Tangents  List  Show  Help
```

Edit
- Undo
- Redo
- Cut
- Copy
- Paste
- Delete
- Scale
- Snap
- Select Unsnapped

Keys
- Break Tangents
- Unify Tangents
- Lock Tangent Weight
- Free Tangent Weight
- Convert to Key
- Convert to Breakdown
- Add Inbetween
- Remove Inbetween

Curves
- Pre Infinity
- Post Infinity
- Curve Smoothness
- Bake Channel
- Change Rotation Interp
- Simplify Curve
- Euler Filter
- Resample Curve
- Spreadsheet...
- Buffer Curve Snapshot
- Swap Buffer Curve
- Non-weighted Tangents
- Weighted Tangents

Tangents
- Spline
- Linear
- Clamped
- Stepped
- Flat
- Fixed
- In Tangent
- Out Tangent

Figura 10.6 – *Os menus do Graph Editor para funções básicas de edição, chaves, curvas de animação e tangentes.*

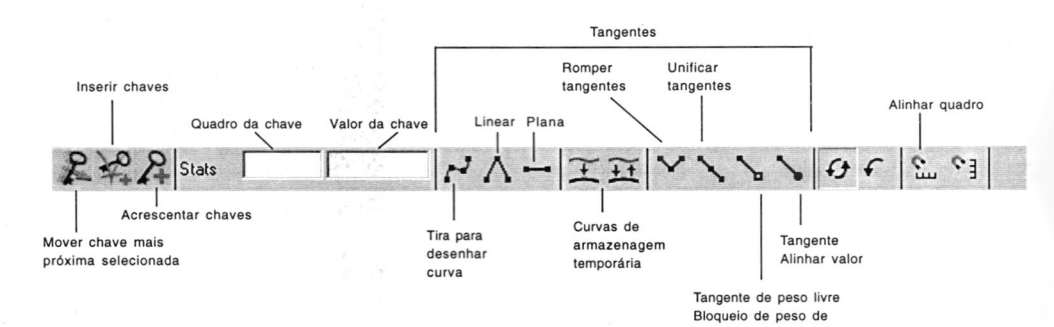

Figura 10.7 – *A barra de ferramentas oferece rápido acesso a recursos comumente usados do Graph Editor.*

Capítulo 10 – Animação | **307**

- **Graph view** (vista de gráfico) — Esta seção é usada para exibir as chaves, as curvas de animação e as tangentes. Você pode ajustar interativamente as curvas exibidas, usando as típicas ferramentas de manipulação (selecionar, mover e escalonar). Você também pode usar estas ferramentas para modificar as chaves ajustadas. As curvas são exibidas com o número do quadro no eixo X e o valor numérico de chave no eixo Y.

Dica

O Dope Sheet é um outro editor de animação em Maya, que é semelhante ao Graph Editor. Ao invés de exibir curvas, Dope Sheet exibe tempos de chave como retângulos coloridos e permite que você edite tempo de evento e movimento sincronizado em um arquivo de som.

Tutorial: como torcer chaves com o Graph Editor

Este tutorial oferece uma oportunidade de trabalhar com o Graph Editor. Se quiser, você pode carregar o arquivo de cena do tutorial anterior (veja o arquivo próximo ao ícone de CD) para garantir que tudo está corretamente ajustado.

No CD
Chapter_10\movies\ch10tut02.wmv

No CD
Chapter_10\ch10tut01end.mb

1. Clique Hotbox | Panels | Saved Layouts | Persp/Outliner/Graph para configurar o seu layout. Assegure-se de que o quadro atual está ajustado em 1 (o início da animação) no Time Slider. Oculte as camadas PorchL e ChimneyL no Layer Editor. Por ora, você não precisa delas e elas apenas tornarão lenta a execução da animação.

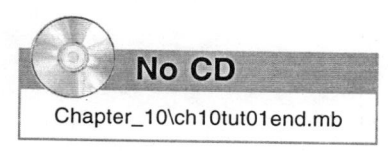

2. Abra o Outliner (tecla de atalho: **Shift+O**), selecione o grupo Old_House e clique o + para expandir o grupo. Automaticamente, House_Bend é selecionado e a vista Graph no Graph Editor muda, para exibir as curvas de animação nas chaves que você ajustou no tutorial anterior.

3. Antes de editar as chaves, faça algumas alterações no Graph Editor, para que seja mais fácil trabalhar com curvas. Se necessário, coloque quadros em toda a curva na vista Graph, escolhendo View | Frame All na barra de menu de Graph Editor (tecla de atalho: **Shift+A**).

4. Cada chave que você ajusta é representada por um pequeno ponto junto à curva. As curvas apontadas indicam áreas com súbitas inversões na direção. Exiba a sua animação (tecla de atalho: **Alt+v**) e observe a vista Graph. À medida que a animação progride, uma barra vermelha exibindo os slides do quadro atual, atravessa a vista Graph. Execute novamente a animação e observe o visor Perspective e a vista Graph, para ver como a casa reage a pontos específicos na curva. Verificar as duas vistas é uma forma eficiente de localizar com precisão problemas com a animação.

5. Para fazer a casa animar mais suavemente, você usará o Graph Editor para ajustar as chaves e mudar as tangentes. Clique em qualquer lugar na curva. Ela se torna branca e exibe alças anexadas ao quadro-chave. Estas alças representam a tangente da chave em relação à curva (veja a Figura 10.8).

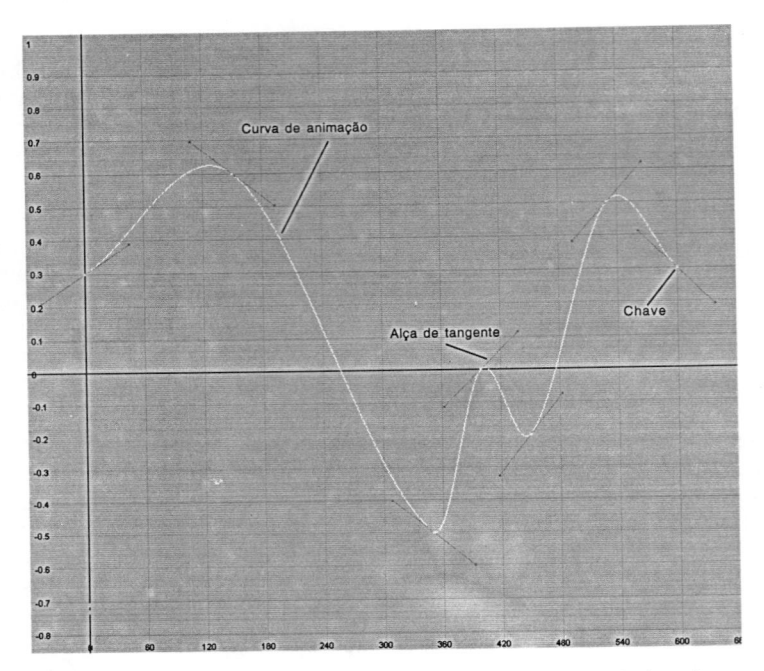

Figura 10.8 – *A vista Graph com a curva de animação selecionada.*

6. Primeiro você mudará a tangente para uma das chaves. Marquee-selecione a terceira chave no quadro 350. O quadro e o valor da chave selecionada são exibidos na barra de ferramentas. As alças de tangente são transformadas em um ângulo, mas você conseguirá uma transição mais suave se posicioná-las horizontalmente. Para fazer isto, clique o botão Flat (plano) (refira-se novamente à Figura 10.7) ou escolha Tangents I Flat no menu de Graph Editor, e a alça gira, para ficar em horizontal ao seu eixo X. Em resposta, a curva de animação muda, resultando em uma transição mais suave, para dentro e para fora da chave (veja a Figura 10.9).

Capítulo 10 – Animação | 309

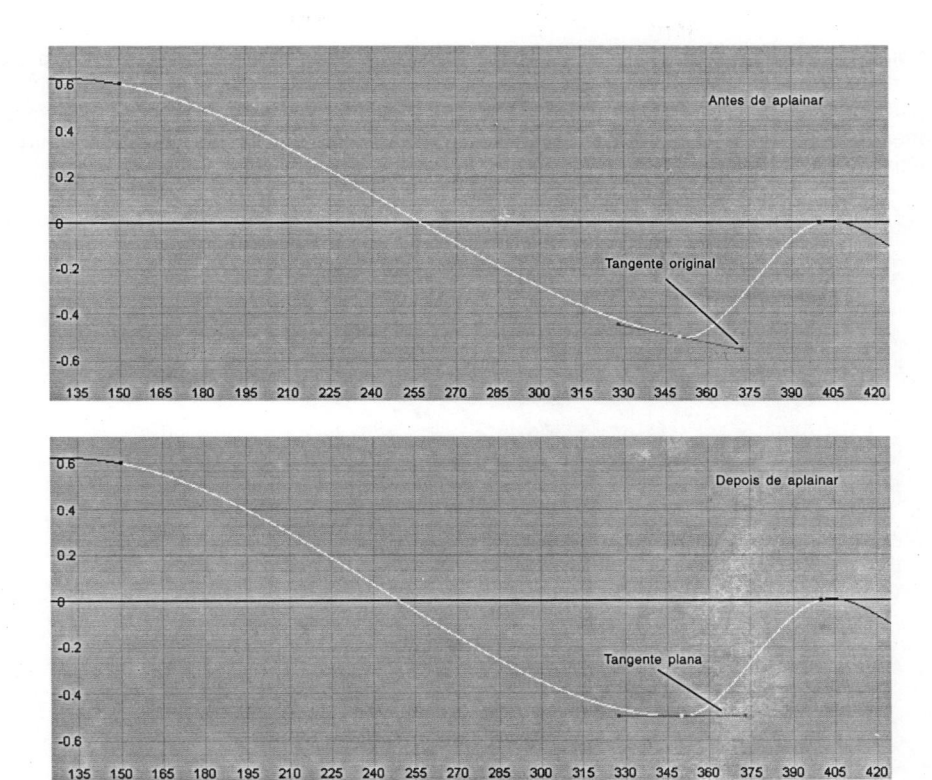

Figura 10.9 – *A curva de animação e a alça de tangente antes e depois de aplainar.*

Nota	Você poderia esperar ver uma mudança mais dramática na curva de animação depois de ajustar a tangente. A mudança na linha da curva de animação é sutil no Graph Editor, mas os efeitos na animação serão perceptíveis.
	É possível ajustar vários tipos de tangentes em suas chaves. Fique à vontade para experimentá-los para ver como eles trabalham. Por exemplo, você pode clicar o botão Break Tangents (interromper tangentes) para poder agarrar cada lado da alça e movê-lo independentemente. Isto cria uma interrupção, ou *cusp*, na linha que se iguala a uma mudança áspera e sacudida no movimento de moldura daquela chave.

7. Aplainar a tangente significa que a curva não excede o valor ajustado para a moldura-chave. Se você olhar para trás, para a seção Before (antes) da Figura 10.9, pode ver o ponto para a chave e agora a curva se estende, passando um pouco este ponto. Entretanto, estivemos animando com a idéia de que as chaves estavam ajustadas para representar os extremos. Clique em qualquer lugar na curva e, depois, clique novamente o botão Flat, para tornar todas as alças horizontais. Execute novamente a animação e observe que ela exibe mais suavemente.

8. Para suavizar ainda mais a animação, você pode ajustar as chaves com as ferramentas de manipulador padrão. Use a ferramenta Move (tecla de atalho: **w**) e MMB-arraste as chaves para mudar suas posições, para que elas fiquem espaçadas mais igualmente; isto torna as transições na animação menos abruptas. Use a Figura 10.10 como um guia para como a sua curva final deve se parecer. Quando estiver satisfeito com a curva de animação e com a sua animação, salve a sua cena.

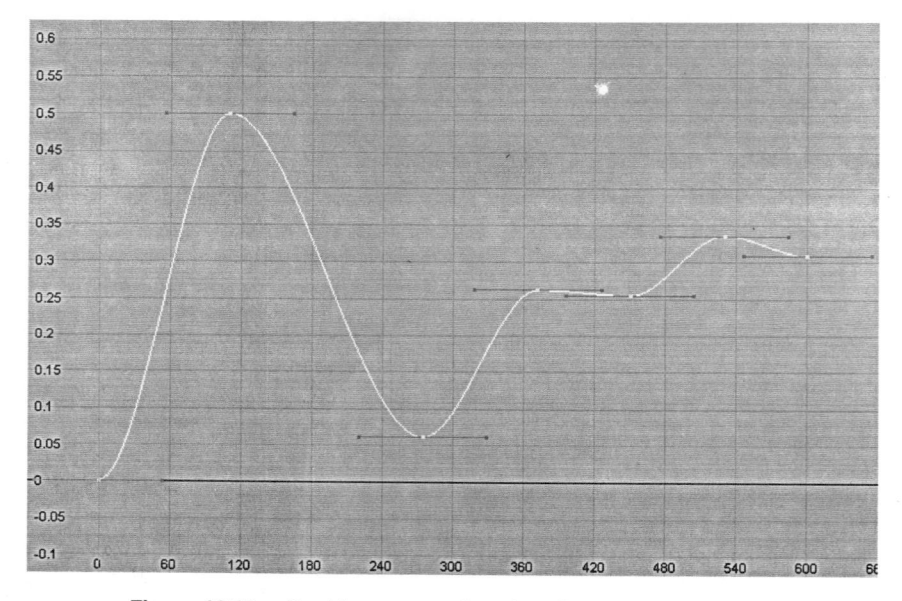

Figura 10.10 – *Torcida na curva de animação, tangentes e chaves.*

Dica — Se você quiser inserir mais chaves para tentar suavizar mais a animação, simplesmente clique o botão Insert Keys (inserir chaves) na barra de ferramentas do Graph Editor e MMB-clique na vista Graph.

Uso de Playbast em sua animação

Exibir a sua animação na vista Perspective lhe dá uma idéia aproximada de como a sua animação vai parecer. Entretanto, mesmo o computador mais rápido e a placa gráfica em 3D podem ficar atolados e falhar em exibir a animação suavemente, à taxa de quadro desejada. Em alguns casos, ocultar objetos ou ajustar a qualidade de exibição mais baixa pode compensar. No entanto, às vezes isto não é suficiente e você precisa criar um filme compilado dos quadros, para ver a animação exibir suavemente na taxa alvo. Renderizar toda a animação deve dar-lhe este filme compilado, mas poderia demorar horas. Maya oferece um método mais rápido: o recurso Playblast.

Capítulo 10 – Animação | 311

Tutorial: como usar o Playblast

O Playblast funciona tomando uma tomada de tela, moldura por moldura, a partir de uma porta de vista em especial e, depois, exibindo-as de volta em seqüência, como um filme compilado. O resultado é uma interpretação precisa do tempo de sua animação na apresentação final.

Fazer Playblast pode ajudá-lo a identificar áreas de sua animação que podem ser desativadas no tempo. Siga estas etapas para experimentar:

1. Com a vista Perspective ativa, posicione a vista para poder ver com facilidade a casa como as suas deformações. Abra a caixa de diálogo Playblast Options (Hotbox | Window | Playblast | caixa de opção) e reajuste as configurações aos seus valores padrão (Edit | Reset Settings).

   No CD
   Chapter_10\movies\ch10tut03.wmv

2. Você notará que o valor Scale está ajustado para 0.50. Clique o botão Playblast. A vista Perspective exibe a metade (50%) do tamanho normal, e você pode ver a animação sendo executada de volta, um quadro de cada vez. Durante este processo, cada um dos quadros de animação é capturado e armazenado em um buffer (área de armazenagem temporária).

   No CD
   Chapter_10\ch10tut02end.mb

Armadilha: Maya está confiando em sua placa gráfica 3D para calcular as imagens. Se você cobrir a interface Maya com uma outra janela para fazer algo mais enquanto Playblast renderiza, a sua placa de vídeo não tentará desenhar as imagens e você não terá um filme para olhar! É preciso deixar a janela Playblast aberta e livre enquanto Playblast calcula.

3. Quando o Playblast terminar, o seu media player padrão se abre e executa novamente a animação. Use esta execução para decidir se você está satisfeito com a maneira que a sua casa se move. Se encontrar quaisquer problemas, volte para o Graph Editor e faça as alterações conforme necessário.
4. Lembre-se de salvar novamente a sua cena depois de fazer quaisquer alterações.

Dica: Pelo fato de que leva tempo para avaliar a sua animação antes de poder editá-la, é essencial que você mantenha o seu sistema receptivo. Adote a filosofia de "dividir e conquistar". Oculte todos os objetos que não precisa ver. Substitua objetos complexos por objetos mais simples, mais fáceis de exibir aproximações (objetos "proxy"). Em resumo, faça tudo o que puder para conseguir que as suas animações executem na velocidade alvo, para você poder avaliar facilmente o seu trabalho clicando o botão Play. Se você precisar valer-se de um Playblast ou de uma renderização completa sempre que estiver pronto para avaliar as suas chaves de animação, o seu trabalho se tornará lento e também diminuirá a sua criatividade.

Como ir além

Ter a casa se movendo é divertido, mas quando a chaminé e a varanda estão visíveis, a animação não parece certa — a chaminé e a varanda permanecem paradas, enquanto que o resto da casa evolui em torno delas. Usando as habilidades que aprendeu até agora, tente ajustá-las para animação. Primeiro você pode agrupá-las com as deformações da casa, para que elas sigam os movimentos da casa. Depois, pode aplicar curvas adicionais ou outra animação, para tornar a chaminé e a varanda mais vivas. Se não tiver certeza de como a animação deve se parecer com a varanda e a chaminé animadas, carregue o arquivo de cena indicado aqui.

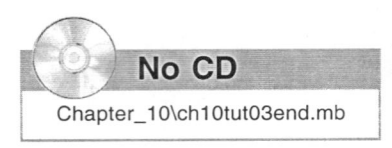

No CD
Chapter_10\ch10tut03end.mb

Resumo

Com animação, você pode fazer qualquer coisa mudar com o tempo. Pode usar dinâmica (demonstrada no Capítulo 13, "Sistemas e dinâmica de partículas") ou animação de caminho, para deixar Maya fazer o trabalho, ou pode fazer manualmente os principais ajustes de chave e deixar que Maya preencha os entremeios de quadros. Há muitas outras maneiras avançadas de criar animação com Maya e este capítulo serviu principalmente como uma introdução aos métodos de criação, avaliação e edição de sua animação em Maya. Neste capítulo, você teve uma visão geral dos seguintes conceitos:

- **Configuração de uma cena para animação** — Você usou a caixa de diálogo Preferences para configurar a sua cena para animação.
- **Chaves e animação** — Você entendeu como as chaves são ajustadas na primeira etapa para animar a sua cena.
- **Edição de chaves e curvas de animação** — Às vezes, ajustes de chaves não oferecem controle suficiente sobre a animação. Modificar as curvas de animação, tangentes e chaves oferece um controle mais refinado.
- **Uso de Playblast para uma visualização rápida** — Seria um verdadeiro sofrimento se você perdesse horas configurando uma cena para animação e depois, um outro dia renderizando, só para descobrir que não gosta de como a animação executa. Entretanto, o Playblast ajuda a evitar tal problema.
- **Como modificar a sua cena de casa** — Perseverando através dos capítulos anteriores, agora você tem uma cena que é válida para renderizar. A sua casa está se tornando gradativamente mais acabada e ao final do livro, você terá uma bela animação para exibir.

CAPÍTULO 11

Câmeras e renderização

Neste capítulo

Depois de montar a sua cena e animá-la, as suas etapas finais normalmente são acrescentar uma câmera e renderizar a animação. Porém, uma câmera é mais do que apenas um ponto de visão. A câmera é uma outra parte da visão criativa de seu projeto, exatamente como os cinematógrafos de filmes ajudam a contar a história, conforme onde eles colocam e focalizam uma câmera. Trabalhando com ajustes, tais como, zoom (aproximação) e distância de foco, você pode fazer um rato parecer tão grande quanto um elefante ou um arranha-céu parecer pequeno. Diferente de câmeras verdadeiras, a câmera virtual de Maya não tem massa ou tamanho, portanto, ela pode passar através de um buraco de agulha ou mudar a direção instantaneamente. Onde você posiciona a câmera e como emoldura a sua questão são detalhes importantes em compor a sua animação e acrescentar profundidade à sua arte.

Em animação, renderização é um processo de gerar imagens bidimensionais a partir de uma vista de uma cena tridimensional. As imagens são salvas como arquivos de imagem e depois podem ser colocadas em seqüência para produzir uma animação. Você também pode renderizar quadros estáticos para exemplificar como se parecerá a seqüência animada final em pontos diferentes. Nos tutoriais anteriores, você renderizou algumas imagens, mas neste capítulo, irá se aprofundar em algumas das opções de renderização. Este capítulo cobre os seguintes tópicos:

- **Câmeras e vistas** — Aprenda quais são os três tipos de câmera em Maya e como elas trabalham. Você também descobrirá como as vistas com as quais está familiarizado, tais como Side e Perspective, diferem em termos de configuração de câmera.
- **Configuração de câmera** — Descubra quais atributos estão disponíveis para personalização, para que você possa refinar a configuração e colocação de sua câmera.
- **Animação de câmeras** — Aprenda como trabalhar através do processo de animar uma câmera.
- **Playblast revisitado** — Você tem uma nova chance de ver como o Playblast trabalha e aprende como ele pode poupar-lhe horas de tempo de renderização perdido.
- **Ajustes de Render Globals** — Você usa a janela Render Globals para definir valores para o mecanismo de renderização Maya. Você terá uma oportunidade de trabalhar com os ajustes usados com mais freqüência e entender o que eles fazem.

- **Como acrescentar uma câmera em sua casa Spooky World** — Finalmente, você tem a oportunidade de acrescentar uma câmera à cena que esteve montando e de renderizar uma animação no ar de sua cena.

Termos-chave

antialiasing (correção automática do aspecto irregular) — Uma opção de renderização que ajuda a eliminar os "recortes", encontrados com freqüência entre bordas de objeto e que produz uma versão mais suave de uma imagem.

vista Perspective — A vista em 3D formada pela projeção ortográfica.

vista ortográfica — Uma vista "plana" em 2D da cena, normalmente visualizada de frente, de lado ou do alto. As vistas Perspective exibem resumidamente, mas vistas ortográficas não.

distância de foco — O termo Maya para o exagero de perspectiva ou qualidade de "ângulo amplo" de uma câmera. Em câmeras verdadeiras, é a distância da lente para com o plano de filme, diretamente proporcional ao tamanho do objeto na moldura.

recorte de planos — Representa a faixa da câmera; em Maya, as câmeras só podem ver objetos dentro de valores especificados pelo recorte de planos.

campo de profundidade — A faixa de distância da câmera dentro da qual os objetos são asperamente focalizados; também chamada de distância de efeito embaçado (comumente visto em fotografia com modelo que está muito perto). Objetos fora do campo de profundidade da câmera (ou muito perto ou muito longe da câmera) parecem enevoados ou fora de foco.

tumble (inclinar) — Gira a câmera sobre o seu centro.

track (trilha) — Move a câmera para cima, para baixo, para a esquerda ou para a direita, sem mudar o seu alvo.

dolly (plataforma móvel para câmera fotográfica) — Move a câmera para a frente ou para longe de seu centro de interesse; depois, a cena parece maior ou menor.

zoom — A distância de foco da câmera é mudada, mas a sua posição no espaço não se move.

roll (rolagem) — Giro da câmera em torno de sua linha de vista (a linha conectando a câmera ao seu centro de interesse).

scrub (esfregar) — Para esfregar o tempo para frente e para trás para que você possa verificar a animação em uma vista. Isto é feito com LMB-arrastando no Time Slider.

Playblast — O pré-visor de animação rápido sombreado de Maya.

batch render (renderização em lote) — Um processo de fundo que lhe permite renderizar uma seqüência de quadros (ao invés de uma única imagem estática), enquanto continua a trabalhar em Maya; estes quadros são armazenados no diretório Images de seu projeto.

Teclas de atalho a memorizar

Ctrl+d — duplica

s — ajusta uma chave de animação

Shift+W — ajusta uma chave para o modo Translate (mover)

[— desfaz vista de câmera

] — refaz vista de câmera

Câmeras

Em Maya, cada vista refere-se a uma câmera. Quando Maya inicia, por padrão, você tem quatro câmeras: na frente, do lado, no alto e em perspectiva. Três delas são ortográficas — vistas planas, não em perspectiva — e têm ícones visíveis, que você pode usar para mover ou girar a câmera. O ícone da câmera de perspectiva, por padrão, é invisível. Estas quatro câmeras são vistas de utilidade, que ajudam a modelar e colocar em camadas a sua cena. Quando você está pronto para pegar o ponto de visão final renderizado de sua cena, você deve criar uma câmera de cena. Se você estiver disparando uma série de estáticas, pode criar muitas câmeras, uma para cada tomada. (No entanto, geralmente, é mais fácil mover uma única câmera para diferentes posições em quadros seqüenciais, começando do quadro 1, para poder renderizar o trabalho mais facilmente em renderização em lote.) Ou você poderia ter várias câmeras animadas que voam através da cena, a partir de ângulos variados, criando vários clips de vídeo diferentes da mesma cena, que são separadamente renderizados.

A colocação da câmera determina exatamente o que será visto e o que é usado para emoldurar partes específicas da cena, da mesma maneira que os artistas usam composição para emoldurar certos elementos de suas pinturas e desenhos. Outras variáveis chave de câmeras são a distância de foco, a rotação (orientação) e o ângulo de vista. A distância de foco é diretamente vinculada ao ângulo de vista; se ele vai para cima, o outro vai para baixo. Com o ângulo de vista, à medida que o ângulo da lente amplia, você precisa mover a câmera para mais perto do modelo, para mantê-lo do mesmo tamanho relativo no quadro. Quanto mais amplo o ângulo, maior o valor para o ajuste Angle of View (ângulo de vista). A Figura 11.1 ilustra quatro ajustes para Angle of View.

Criação de câmeras

Há três tipos de câmeras de perspectiva em Maya, mostrados na Figura 11.2. Como as luzes, você pode mudar uma câmera para qualquer outro tipo de câmera, no Attribute Editor.

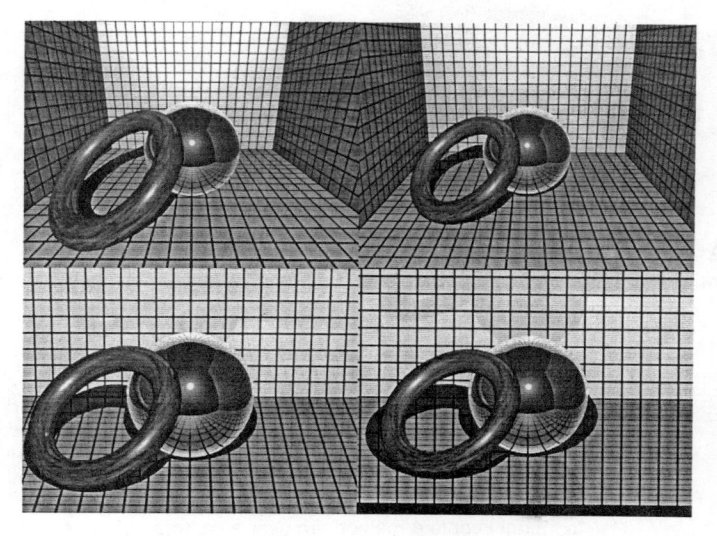

Figura 11.1 – *No sentido horário, do alto à esquerda: uma vista próxima (em 'close') de um ângulo amplo (90 graus), uma vista normal (55 graus), uma vista aproximada (17 graus) e uma vista ortográfica (0 grau).*

- **Camera** (câmera) — Com este tipo de câmera, você só vê o ícone de câmera (os dois tipos a seguir acrescentam alças de manipulador ao ícone de câmera). Em geral, porque a câmera gira livremente e perde controle de seu vetor "para cima" (conforme mostrado no giro da câmera à extrema direita na Figura 11.2), você só deve usá-la quando estiver vinculando a câmera a um outro objeto para movimento e animação (como no tutorial do barco, no Capítulo 4, "Mergulho: a sua primeira animação"), ou quando estiver colocando uma câmera em um ponto fixo.
- **Camera and Aim** (câmera e alvo) — Esta câmera inclui um alvo de câmera (em outras palavras, para o que a câmera está olhando), assim como uma alça alvo para ajustar o alvo de câmera. Além disso, automaticamente esta câmera fica no nível com relação ao horizonte; assim, é a que você usa com mais freqüência. Você pode fazer essa câmera rolar se quiser, mas, por padrão, ela fica no nível, exceto em extremas posições direta para cima ou direta para baixo.
- **Camera, Aim and Up** (câmera, alvo e acima) — Este tipo de câmera inclui duas alças: a alça alvo, descrita em Camera and Aim e uma alça para cima para operar (nivelar) a câmera. Este tipo de câmera é útil quando você deseja operar a câmera durante a sua animação. Note que é preciso selecionar ambas, a câmera e a alça para cima quando você mover a câmera, ou a alça para cima permanecerá no lugar enquanto você move a câmera, levando a operação indesejada.

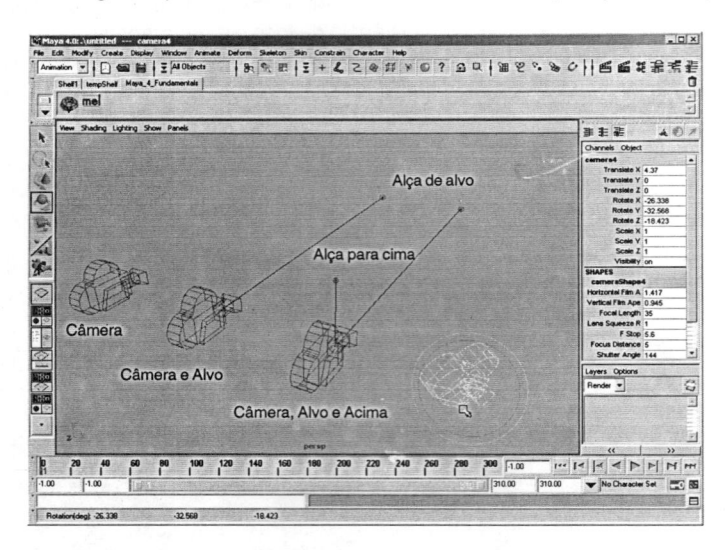

Figura 11.2 – *Os três tipos de câmera, da esquerda para a direita: Camera, Camera and Aim; e Camera, Aim and Up. Para girar as câmeras, clique no círculo azul mostrado à direita.*

Dica

Quando Maya inicia, você vê uma vista Perspective com a sua própria câmera padrão "persp". Esta vista Perspective é útil para navegar pela sua cena para encontrar as áreas em que você deseja focalizar e para editar aquelas áreas em 3D. Você pode criar câmeras adicionais e usá-las para câmeras de renderização "oficial" ou como câmeras adicionais de teste de perspectiva, como a câmera perspectiva padrão. No entanto, normalmente é melhor não usar a câmera perspectiva padrão como a câmera de renderização de sua cena, pois ela é muito fácil de mover ou alterar sem querer.

Capítulo 11 – Câmeras e renderização | 317

Ajustes de câmera

Com uma câmera selecionada, você pode abrir o Attribute Editor e expandir a seção Camera Attributes (atributos de câmera), para ver todas as variáveis da câmera, conforme mostrado na Figura 11.3.

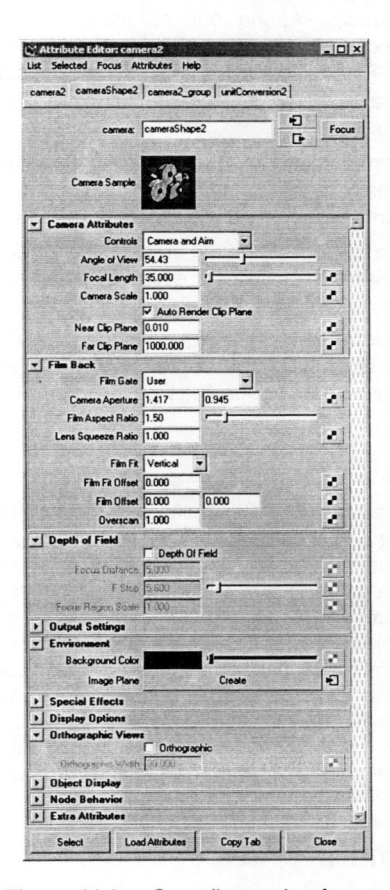

Figura 11.3 – *Os atributos de câmeras.*

São estes os atributos de câmeras na seção Camera Attributes:

- **Controls** (controles) — Nesta lista drop-down, você pode selecionar rapidamente o tipo de câmera desejado.
- **Angle of View/Focal Lenght** (ângulo de vista/distância de foco) — Controla a quantidade de exagero de perspective. Elevar o atributo Angle of View diminui o atributo Focal Length. Por exemplo, na imagem superior esquerda da Figura 11.1, o ângulo de vista foi aumentado para 90 graus, portanto, a distância de foco foi encurtada para 18, produzindo assim uma vista aproximada com escorço aumentado, mais perceptível no torus distorcido.

- **Camera Scale** (escala de câmera) — Você pode mudar o tamanho de câmera com relação à sua cena, o que afeta os objetos de cena quando você renderiza. Camera Scale é como um multiplicador da Angle of View. Por exemplo, diminui o atributo Camera Scale para .5 metades da área de vista da câmera, mas faz os objetos na cena parecerem duas vezes maiores.
- **Clip Planes** (recorte de planos) — Apenas objetos localizados dentro dos valores especificados para o recorte de planos da câmera aparecem na cena. Se objetos distantes não estiverem aparecendo, eleve o valor Far Clip Plane (recorte de plano distante). Se objetos próximos parecerem estar aparecendo na seção cruzada, ou não aparecendo de forma alguma, diminua o valor Near Clip Plane (recorte de plano próximo).
- **Depth of Field** (campo de profundidade) — Habilite névoa de distância com este atributo. Ele pode ser um efeito intenso de renderização, mas possibilita um resultado mais real, pois os objetos próximos e distantes do ponto de foco são progressivamente enevoados.
- **Background Color** (cor de fundo) — A cor de preenchimento de imagens renderizadas a partir desta câmera; você também pode usar esta seção do Attribute Editor para acrescentar uma imagem ou sombrear como o fundo.
- **Ortographic Views** (vistas ortográficas) — Troca a câmera para uma vista ortográfica (tal como, Side, Top ou Front), que não tem perspectiva. Você pode criar câmeras de perspectiva, girá-las para posicionar e, depois, ajustá-las para ortográficas, para conseguir uma vista "plana" para projetar texturas em um objeto.

Dica
Os ajustes Film Offset são úteis para animadores de arquitetura, que querem evitar distorção de perspectiva vertical. Se você tiver ajustado a sua câmera para uma vista que causa distorção vertical (refira-se de volta ao Capítulo 1, "Pré-Maya: uma introdução", e dê uma outra olhada na imagem à extrema direita na Figura 1.10), você pode ajustar estes valores para se livrar da distorção. Primeiro você precisa aumentar ou diminuir a própria câmera, para que ela fique na horizontal; isto remove toda a distorção vertical. Depois, use os ajustes de offset para emoldurar a parte da imagem que deseja renderizar. Os valores X e Y de Film Offset (X é a caixa de texto à esquerda; Y é a direita) reposicionam para onde a câmera "olha", com relação ao alvo.

Como animar a câmera

Quando você anima a câmera, precisa seguir as regras de videografia, tais como evitar movimentos recortados de câmera — balanços, aproximações ou giros rápidos da câmera. Além disso, normalmente você desejará dar à câmera a impressão de ter massa. Por padrão, a câmera virtual inicia e pára instantaneamente o movimento, o que parece irreal e abrupto ao espectador. Para evitar este problema, ajuste as tangentes para posicionar as chaves de início e interrupção no Graph Editor, para que o movimento comece e termine gradativamente (refira-se ao Capítulo 10, "Animação", para mais informações sobre o ajuste de tangentes). Faça o mesmo para os pontos chave de alvo da câmera e quaisquer outros atributos de câmera, se você quiser ter um aspecto mais suave. Claro que se você estiver buscando um aspecto de "realidade de TV", não terá problemas em criar em Maya uma câmera trêmula e em más condições. É o aspecto "cinemático" que dá algum trabalho. Você explorará a suavização da ação da câmera no próximo tutorial.

Capítulo 11 – Câmeras e renderização | **319**

Dica

Você pode fazer um painel "de olhar através" em qualquer elemento de cena (objeto, câmera, luz e assim por diante). Escolha Panels I Look Through Selected (painéis, olhar através de selecionado) na barra de menu do painel e ele será alterado para o ponto de vista do elemento de cena atualmente selecionado. Na maior parte do tempo, você só faz isto para verificar o alvo das luzes Spot e Directional, mas este método também pode ser útil quando quiser dar uma olhada rápida na cena, a partir de um ponto de vista do objeto. Em objetos, se você olhar através deles, estará vendo a partir do eixo -Z local do objeto.

Tutorial: como facilitar o movimento da câmera

Neste tutorial, você animará uma câmera e, depois, ajustará as suas chaves de animação para movimento suave. É possível que você queira girar a câmera à esquerda em torno de objetos e, depois, mover para a esquerda, através do cilindro, cone ou torus; e, finalmente, girar para o lado mais distante, atrás do objeto de caixa alta. Depois de ajustar as chaves de posição da câmera e o seu alvo, dará à câmera o aspecto de massa, ajustando as tangentes da câmera e as chaves de iniciar e parar do alvo, para que as transições em movimento sejam mais gradativas.

No CD
Chapter_11\movies\ch11tut01.wmv

1. Assegure-se de estar no modo Four View (se não, dê um toque na barra de espaço para trocar). Crie uma câmera (Create I Cameras I Camera and Aim). Na Channel Box, ajuste Translate X, Y e Z para 150, 40 e 9. Ajuste Scale X, Y e Z para 20, assim o ícone de câmera é maior e mais fácil de selecionar. Com a câmera ainda selecionada, ative a vista Perspective e escolha Panels I Look Through Selected. A sua vista sombreada agora é a vista da câmera; à medida que você mover a câmera, verá a vista sombreada atualizar. Abra o Outliner, expanda Camera1_group e selecione o ponto alvo da câmera, chamado camera1_view. Ajuste os seus Translate X, Y e Z para 50, 11 e 8 na Channel Box.

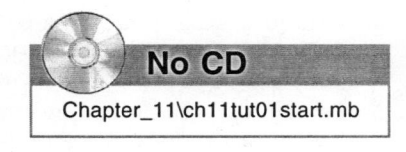

No CD
Chapter_11\ch11tut01start.mb

2. Clique a seta para baixo, à esquerda dos botões Select by Object/Component Type (máscaras de seleção) e selecione All Objects Off, conforme mostrado na Figura 11.4. RMB-clique no botão de máscara de seleção Rendering (a esfera azul) e escolha Cameras. Agora, você só pode selecionar câmeras em sua cena, que tornarão o processo de animação mais fácil.

Figura 11.4 – *Uso de botões de máscara de seleção.*

3. Selecione Camera1 e depois, Shift-clique no ponto alvo para selecionar o seu alvo — camera1_view. No Time Slider, confirme que o quadro atual está ajustado para 0 e ajuste uma chave de animação apenas para os valores Translate (tecla de atalho: **Shift+W**). Desmarque a câmera e alvo, clicando em uma área em branco da vista Camera1 (a vista Perspective).

Dica
Normalmente, você ajusta chaves usando a tecla de atalho **s**, mas também pode usar Shift+W, Shift+E e Shift+R para ajustar chaves para Translate, Rotate e Scale, sem afetar outras chaves. Por padrão, a tecla de atalho **s** ajusta chaves em todos os atributos, o que normalmente não é o que você quer. Acrescentar chaves a elementos que não são animados pode causar muitos problemas, se mais tarde você decidir que deseja animar aqueles atributos.

4. Arraste o Time Slider para o quadro 60. Troque para o modo Move (tecla de atalho: **w**). Na vista Top, selecione a câmera e mova-a para baixo e para a esquerda, para que Translate X seja aproximadamente 138 e Translate Z seja cerca de 55 (a Channel Box refletirá a posição atual da câmera quando você movê-la).

5. Em seguida, você ajustará uma chave, mas mudará os padrões para que a tecla de atalho **s** só funcione para o tipo atual de manipulador — neste caso, os valores Translate, pois você está no modo Move. Para fazer isto, escolha Hotbox I Animate I Set Key I caixa de opção. Mude o botão de rádio Set Keys On para Current Manipulator Handle e, depois, clique o botão Set Key. A partir de agora, a tecla de atalho **s** só criará chaves para o manipulador atual. Selecione camera1_view (o alvo) e mova-a ligeiramente para baixo e para a esquerda, para que ela fique no objeto cone e ajuste a sua chave Translate para o quadro 60 (tecla de atalho: **s**). Os campos Translate na Channel Box tornam-se laranja, para indicar que as chaves foram criadas para o objeto selecionado.

6. Arraste o Time Slider para o quadro 120. Shift-clique a alça de alvo para selecionar ambos, a câmera e o alvo. Na vista Top, mova-os juntos para baixo e para a esquerda, para que o alvo de câmera fique no centro do torus. Ajuste uma chave, pressionando a tecla s (que ajustará uma chave para os valores de Translate da câmera e do alvo). Em seguida, selecione apenas a câmera e ajuste-a para que fique mais próxima ao torus na vista Top. Na vista Front, diminua de alguma forma a altura da câmera (até que Translate Y esteja em cerca de 25). Ajuste novamente a chave (tecla de atalho: **s**) para sobregravar a chave anterior da câmera.

Dica
Você pode sobregravar chaves previamente ajustadas, configurando uma nova chave para o mesmo atributo em um quadro que tenha atualmente uma chave.

Capítulo 11 – Câmeras e renderização | 321

7. Arraste o Time Slider para o quadro 180. Na vista Top, mova a câmera para baixo, para uma posição que tenha cerca de 25 e 90 para Translate X e Z; a linha vista para o alvo será vertical. Verifique a vista Camera1 e ajuste a posição da câmera, se a quiser ligeiramente mais próxima ou mais distante dos objetos na cena. Ajuste uma chave para a câmera e, depois, selecione o alvo e ajusta uma chave também para ele.
8. Com o alvo ainda selecionado, arraste o Time Slider para o quadro 210, e ajuste uma chave. Selecione a câmera e mova-a alguns graus para a esquerda do torus (Translate X, 0; Translate Z, 90). Ajuste uma chave.
9. Arraste o Time Slider para 300. Seleciona ambos, câmera e alvo. Na vista Top, posicione o alvo de câmera no centro da caixa alta, arrastando a alça de alvo e ajuste uma chave; ambos terão chave nos valores Translate, pois ambos estão selecionados e você está no modo Move. Depois, selecione apenas a câmera, clicando em uma área vazia e depois clicando a câmera. Na vista Top, mova a câmera para o lado esquerdo distante da caixa alta. Ajuste novamente uma chave com a tecla de atalho **s** para a chave de valores Translate da câmera.
10. Ative a vista sombreada Camera1, RMB-clicando nela e, depois, clique o botão Play nos controles de exibição, à direita do Time Slider. Observe que o movimento da câmera é bastante suave, mas ele inicia e pára abruptamente.
11. Certifique-se de que a câmera ainda está selecionada e veja sua trajetória, escolhendo Hotbox I Animate I Create Motion Trail I caixa de opção. Na caixa de diálogo Motion Trail Options (opções de rastros de movimento) (veja a Figura 11.5), selecione o botão de rádio Line para a opção Draw Style (desenhar estilo), desmarque a caixa de verificação Show Frame Numbers (exibir números de moldura) e clique o botão Create Motion Trail. Agora você pode ver uma linha que ilustra o caminho da câmera. Faça o mesmo para a câmera alvo. Estes caminhos, gerados pela chave que você ajustou, podem ser úteis para visualizar o que você animou e eles são atualizados quando você ajustar as chaves. Para ver estes rastros de movimento, experimente mover a câmera depois de ativar o recurso AutoKey. Depois de liberar o botão do mouse, a curva atualizará. Pressione a tecla z para desfazer e depois desativar AutoKey.

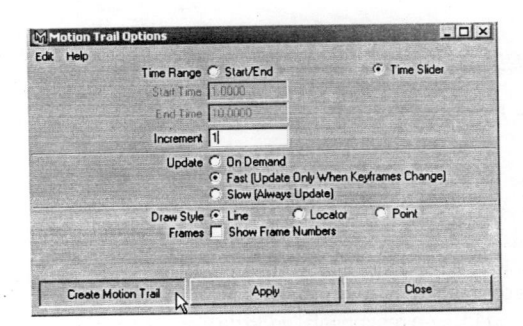

Figura 11.5 – *Criação de um rastro de movimento para a câmera animada.*

12. Assegure-se de que a câmera esteja selecionada. Abra o Graph Editor (Hotbox I Window I Animation Editors I Graph Editor). Quando ele abrir, você verá linhas representando as curvas de movimento da câmera. Clique e arraste sobre as três etiquetas Translate, no Outliner de Graph Editor. O gráfico muda para exibir apenas estes três atributos. Agora, emoldure a vista (tecla de atalho: **f**), para que as curvas de movimento preencham a vista Graph.

13. Marquee-selecione os pontos da extrema esquerda das curvas de movimento vermelha, verde e azul, na vista Graph. Mantenha pressionada a tecla Shift e faça o mesmo para os pontos mais à direita de cada curva. RMB-clique em uma das extremidades e escolha Tangents I Flat, conforme mostrado na Figura 11.6. Todas as tangentes tornam-se horizontais em seus pontos de início e de término.

14. No Outliner de Graph Editor, role para baixo, para a parte inferior da lista e encontre a seção Center of Interest. Selecione as três entradas Translate naquela seção. As curvas de movimento exibidas na vista Graph mudarão. Repita a Etapa 11 para aplainar as tangentes dos pontos de início e término destas curvas.

15. Feche o Graph Editor, RMB-clique o visor Camera1, para ativá-lo e exibir a animação (tecla de atalho: **Alt+v**). A vista da câmera se movendo deve voltar em um loop e as ações de iniciar e parar nas extremidades da animação devem acontecer muito mais suavemente. Se quiser, você pode comparar a sua versão final com o arquivo de cena terminada, indicado aqui.

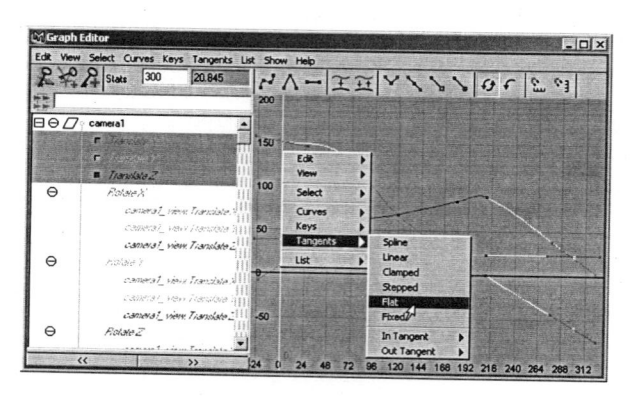

No CD
Chapter_11\ch11tut01end.mb

Figura 11.6 – Edição de tangentes de extremidades das curvas no Graph Editor.

Visualização com Playblast

Na maioria dos exemplos mais simples, as cenas eram tão básicas que mesmo as placas de vídeo em 3D mais lentas provavelmente poderiam aceitar as mudanças feitas na vista Shaded. No entanto, quando você tem muitos objetos em sua cena, usar texturização de hardware ou tiver outros fatores que sobrecarreguem uma placa de vídeo 3D, a responsabilidade da vista Shaded sofre. Normalmente, isto não é um problema; você pode esperar a vista Shaded pegar, ou simplesmente, trocar para o modo Wireframe quando não precisar verificar intersecções do objeto, por exemplo. Porém, para medir a velocidade da animação, é preciso alguma maneira de fazer testes de execução de sua animação em tempo real.

A ferramenta para essa função em Maya é chamada de Playblast (escolha Window I Playblast no menu principal ou na Hotbox). Esta ferramenta usa a sua placa de vídeo 3D para produzir quadros sombreados em série, para fazer uma animação; você pode verificar os resultados para ajudá-lo a descobrir como refinar a sua animação. Este método é muito mais rápido do que renderizar com o software de renderização de Maya.

Como renderizar uma animação

Quando você estiver pronto para renderizar uma animação terminada, abra a janela Render Globals de Maya para configurar o trabalho de renderização. Para renderizar trabalhos de múltiplos quadros, você usa a função Batch Render, que usa os ajustes escolhidos em Render Globals. O botão Render Globals pode ser encontrado na Status Line, logo a seguir ao botão IPR Render. Você também pode ativá-lo com Hotbox I Window I Rendering Editors I Render Globals.

Ajustes de Render Globals

A janela Render Globals, mostrada na Figura 11.7, em princípio, pode parecer dominadora, mas há algumas áreas chave que você focalizará para obter o máximo da renderização de sua animação pronta.

Você deve ter certeza de configurar os ajustes na seção superior, Image File Output, quando estiver renderizando um trabalho sem a sua presença. Em geral, você deseja manter as suas renderizações antigas, portanto, é sempre uma boa idéia nomear a saída renderizada. Caso contrário, ela padroniza para o nome do arquivo de cena. A área Start/End/By Frame (iniciar, finalizar, por quadro) é ativada se você escolher um formato de saída de arquivo de filme ou um nome de arquivo com extensão numerada para os seus arquivos salvos. O comprimento de renderização de animação padrão é ajustado para quadros de 1 a 10 — uma animação bem curta! Assegure-se de ajustá-la para o comprimento da animação que você quer ver. Para o tutorial anterior, você ajustaria para renderizar quadros de 0 a 300. Selecione o formato de imagem e digite na caixa de lista Image Format; veja o Capítulo 1 para uma cuidadosa explicação desses tipos.

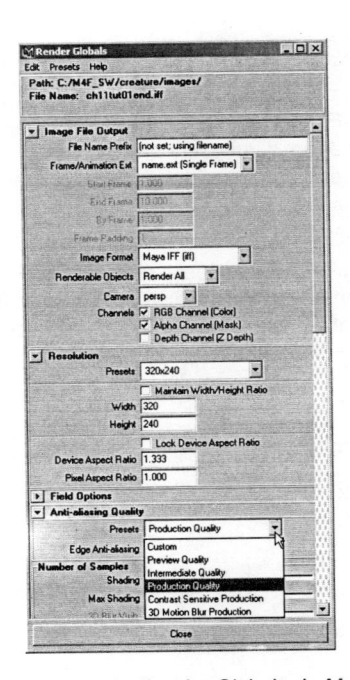

Figura 11.7 – *A janela Render Globals de Maya controla como a renderização processa a sua cena.*

A seção Resolution é onde você ajusta o tamanho de imagem; você pode usar a caixa de lista Presets para escolher a partir de uma faixa de resoluções. A maior parte de seus testes será a uma resolução mais baixa, tipicamente 320x240. Se a sua imagem final será impressa, você pode renderizar muito mais alto para a versão final, talvez 2000 ou mais pixels de largura. Normalmente a RAM de seu computador ajusta este teto para o tamanho de imagem. Deixe a Pixel Aspect Ratio (raio de aspecto de pixel) ajustada em 1.

O ajuste Anti-aliasing Quality tem um grande impacto na velocidade de renderização e qualidade de imagem. Imagens que são pobremente corrigidas têm um aspecto recortado, particularmente visível onde objetos de cores diferentes se sobrepõem ou em áreas de alto contraste. Em geral, você mantém este ajuste a um nível de qualidade baixo, até a sua renderização final, porque ajustes mais altos demoram mais a renderizar. Para testes, você deve selecionar o ajuste Preview Quality (visualizar qualidade) na caixa de lista Presets; para renderização final, use o ajuste Production Quality (qualidade de produção).

A seção Raytracing é onde você configura reflexos de traço a raio, refrações ou sombras que aparecem na renderização; por padrão, ela é desativada, portanto, expanda tal seção para habilitar as opções. O traço a raio também pode tornar dramaticamente lento o seu tempo de renderização. Os números para os atributos Reflections, Refractions e Shadows referem-se à profundidade de traço a raio — o número de balanços permitido para um raio. À medida que o raio atinge objetos reflexivos ou refrativos, ele ricocheteia através da cena. Se o número de balanços atingir o limite ajustado aqui, não é feito mais traço a raio e o pixel é colorido com base na contribuição de balanços anteriores, acrescentado ao preto. Estes limites podem poupar-lhe muito tempo ao renderizar cenas, com efeitos como "corredor de espelhos", pois sem o limite, o raio poderia balançar para sempre.

Renderização de estático

Quando você deseja renderizar um quadro teste, simplesmente ativa o painel da vista desejada e clica Hotbox I Render I Render Current Frame. Os ajustes na janela Render Globals determinam a resolução, correção e traço a raio, mas apenas um quadro renderizará, e ele é salvo como um arquivo temporário (.tmp) no diretório Images de seu projeto. Quando a renderização termina, você pode salvar a imagem renderizada em um arquivo permanente, RMB-clicando na janela Render View e escolhendo File I Save Image na caixa de diálogo Save que aparece.

Em imagens que você renderizou e salvou, é possível vê-las com o utilitário FCheck de Maya (veja a Figura 11.8). Esta jeitosa ferramenta pode ver a maioria dos tipos de imagens e filmes, e também pode salvá-los em outros formatos. Para iniciar FCheck, clique o seu ícone no menu Start (sob o item de menu em Maya).

Capítulo 11 – Câmeras e renderização | 325

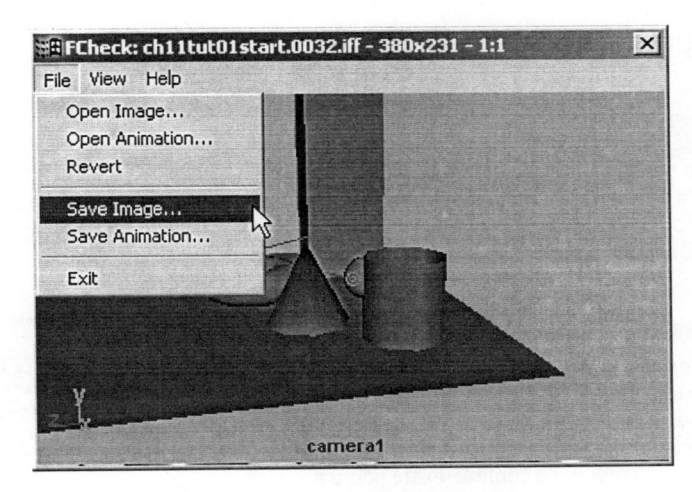

Figura 11.8 – *FCheck é um visualizador de arquivo útil e tradutor de imagens de múltiplos formatos.*

Configuração de renderização de um trabalho

Quando você está pronto para renderizar um trabalho, siga esta lista de verificação:

- Exiba quaisquer objetos ocultos que você deseja incluir.
- Torne visíveis quaisquer camadas que você queira incluir.
- Em Render Globals, assegure-se de ter ajustado corretamente o nome de arquivo, faixa de quadro e formato de imagem. Tenha certeza de que o valor Frame Padding (enchimento de quadro) acomoda a faixa de quadro; por exemplo, use um valor de pelo menos 3 (para três dígitos) se a faixa de quadro estiver abaixo de 999, mas acima de 100.
- Em Render Globals, clique duas vezes a câmera ou vista a partir da qual será renderizada. Você pode renderizar vistas ortogonais ou qualquer câmera de perspectiva na cena.
- Ajuste a resolução de imagem e a qualidade de correção.
- Desative o canal alfa e o canal de profundidade, se você não estiver compondo.
- Verifique a parte superior da janela para confirmar o local onde os arquivos serão salvos. Assegure-se de que haja um disco rígido com espaço suficiente, se você estiver renderizando uma imagem grande ou uma longa animação. Se quiser mudar o caminho salvar-como, escolha Edit I Change Project Image Directory na janela Render Globals para abrir a caixa de diálogo Edit Project, onde você pode alterar o ajuste Images para qualquer caminho que você quiser.

Agora feche a janela Render Globals e clique Hotbox I Render I Batch Render e o seu computador começará a processar quadros. Você pode continuar trabalhando em Maya, mas, geralmente, a renderização exige muito de seus recursos de sistema, o que dificulta trabalhar em qualquer outra coisa enquanto a renderização está rodando. Se você quiser minimizar este feito e estiver executando em um computador de múltiplos processadores, pode clicar a caixa de opção para Batch Render e ajustar a quantidade de processadores que devem funcionar no trabalho recém-designado. Mais informações sobre múltiplos trabalhos de renderização e renderização em múltiplas máquinas estão incluídas no Capítulo 14, "As suas próximas etapas: eficiência e arte".

Tutorial: acréscimo de uma câmera à casa

Agora você pode aplicar um pouco do que aprendeu em um pequeno tutorial que acrescenta uma câmera à cena da casa que você construiu. Você continuará a partir da cena trabalhada no Capítulo 10, que inclui as deformações da casa. Se não tiver esta cena em especial, você pode carregá-la do CD-ROM de Fundamentos de Maya 4 (veja o nome de arquivo próximo ao ícone de CD).

No CD
Chapter_11\movies\ch11tut02.wmv

Criação de um caminho genérico

Depois de ter a cena carregada, você está pronto para acrescentar a câmera à sua cena. Você usará o caminho de animação, semelhante ao método usado no Capítulo 4, para configurar o movimento da câmera. É um método simples, mas oferece o controle exato sobre a posição e velocidade da câmera durante a execução. Você criará um caminho que simula uma "tomada de grua" de cinema, onde a câmera é colocada em uma plataforma móvel, que pode atingir alturas de topos de árvore, quando necessário.

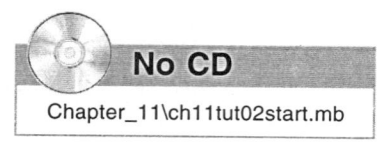

No CD
Chapter_11\ch11tut02start.mb

1. Primeiro você precisa resolver qual geometria deve estar visível quando configurar a câmera para animação. A câmera começará a uma distância e depois voará na direção da casa. Para guiar corretamente a câmera e o caminho, você precisa que o plano de solo e uma simples representação da casa estejam visíveis. Oculte todas as camadas, exceto GroundL e OuterWallsL, para reduzir o amontoado na cena e oferecer uma área de trabalho mais limpa.

Dica Para manter as coisas simples e não amontoadas quando você estiver trabalhando em uma cena, você deve manter visíveis apenas as camadas necessárias ao procedimento atual que estiver realizando.

2. Em seguida, você configurará o layout para poder colocar a câmera com eficiência. Para trabalhar com a câmera, dê um toque na barra de espaço para usar o modo Four View padrão (Hotbox | Panels | Saved Layouts | Four View). Luzes estão visíveis em vistas diferentes e são apenas mais amontoados, portanto, oculte a sua exibição (Hotbox | Display | Hide | Lights).

3. Depois, você precisará encaminhar o ajuste Far Clip para determinadas câmeras. Se vir que uma das vistas só está exibindo uma parte da cena, é possível que o Far Clip Plane esteja ajustado baixo demais (veja a Figura 11.9). Para mudar o valor de Far Clip Plane, abra o Attribute Editor para a vista (View | Camera Attribute Editor). Sob a seção Camera Attributes, aumente o ajuste Far Clip Plane para 10000, que deve funcionar bem para este tutorial.

Capítulo 11 – Câmeras e renderização | **327**

Nota

Para trabalhar com eficácia, as câmeras precisam ter pontos de corte próximos e distantes para poderem exibir apenas a geometria entre estes valores. As câmeras Maya têm valores padrão de Far Clip Plane de 1000 unidades, o que com freqüência é longe demais para cenas de qualquer tamanho. Se o visor parecer estranho ou os objetos estiverem desaparecendo inesperadamente das vistas 3D, é uma boa idéia verificar os planos de recorte de câmera como uma causa. As vistas Side, Front e Top são tipos de câmeras que também têm planos de recorte.

4. Com o layout configurado, posicione cada vista para poder ver tanto quanto possível do plano de solo. Se a grade estiver visível, você pode desativá-la.

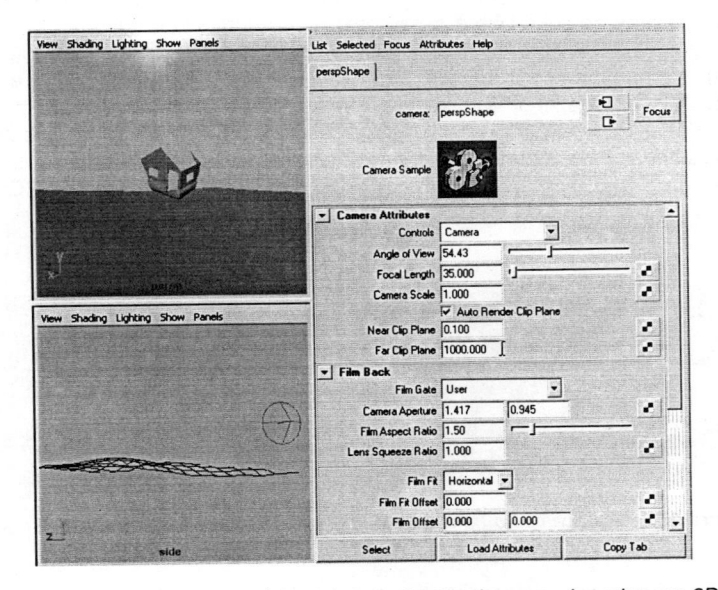

Figura 11.9 – *Problemas típicos de recorte em vistas sombreadas em 3D. Aumentar o ajuste de Far Clip Plane para 10000 resolve o problema.*

Armadilha	Se você tentar focalizar tudo (tecla de atalho: **Shift+A**) ou focalizar no plano de solo (tecla de atalho: **f**), pode parecer como se tudo na vista tivesse desaparecido e, provavelmente, você não será capaz de encontrar a sua cena quando ajustar a vista! Este problema tem a ver com o tamanho do plano de chão – ele manda a câmera para tão distante que o problema de plano de recorte ressurge. A correção mais fácil é usar a tecla de atalho: **[** para desfazer e **]** para refazer a vista de câmera.

5. Maximize a vista Front para começar a estabelecer um caminho para a sua câmera. Acesse a ferramenta CV Curve (Ctrl+c I CV Curve I caixa de opção). Na caixa de diálogo CV Curve Options, ajuste o Curve Degree para 3 Cubic. Começando no canto extremo à direita do plano de solo, na vista Front, você colocará CVs que começam com cerca de duas alturas da casa (cerca de 40 pés — 12,20cm) acima do solo. Use a casa como uma referência de altura. Os CVs devem ser colocados em um declive gradual, aproximando-se do solo e da casa (veja a Figura 11.10 para referência), mas não inferior a 5 ou 6 pés (1,525cm-1,835cm) — aproximadamente ao nível do olhar. Lembre-se de que, ao fazer uma curva, você precisa clicar os primeiros quatro pontos, antes da curva ser exibida. Continue a colocar CVs até você estar diante da casa e, depois, coloque um par de CVs adicionais, para continuar a curva acima da casa (veja a extrema esquerda da Figura 11.10). Se necessário, é possível modificar este caminho básico. Um total de 12 CVs são usados para a curva.

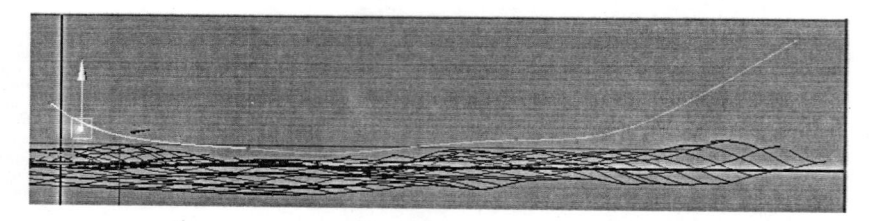

Figura 11.10 – *O caminho básico da câmera foi desenhado como uma curva CV.*

6. O caminho que você acabou de criar na vista Front é plano quando visto de cima. Para tornar o movimento da câmera mais interessante, você acrescentará um pequeno movimento lado a lado à curva. Recupere o modo Four View, tocando a barra de espaço. Na vista Top, você moverá alguns CVs individuais desta curva para criar mais curvatura no eixo Y deste caminho. Troque para o modo CV Component Selection (tecla de atalho: **F8**). Usando a Figura 11.11 como um guia, selecione CVs no meio do caminho e mova-os para a vista Top. Ao posicionar os CVs, tente não fazer quaisquer mudanças súbitas na direção, para ter uma curva suave para a câmera se movimentar. A Figura 11.11 mostra a curva na vista Top depois dela ter sido modificada.

7. Salve a cena como ch11HouseCamera.mb.

Capítulo 11 – Câmeras e renderização | 329

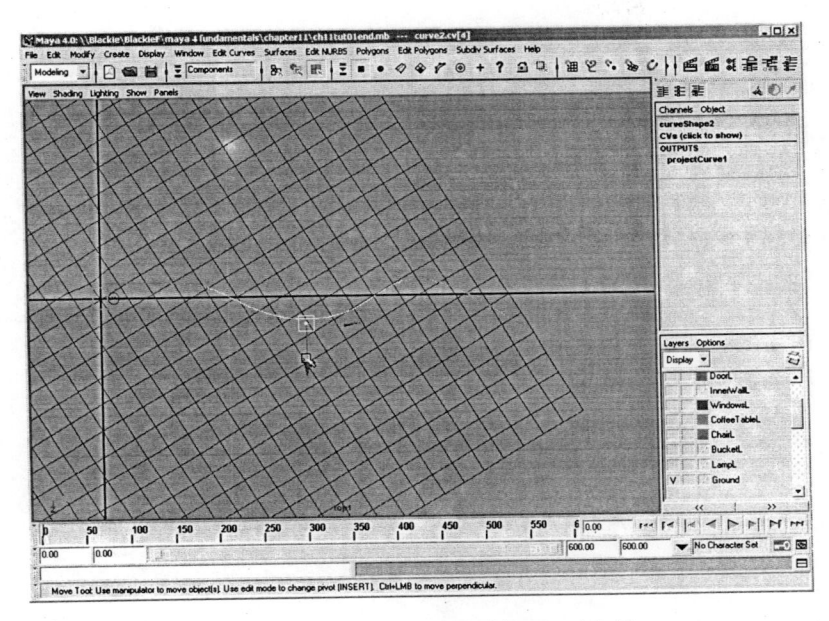

Figura 11.11 – *Os CVs foram movidos na vista Top para acrescentar mais movimento ao caminho da câmera.*

Como torcer o caminho

Atualmente, o caminho da câmera está se movendo sobre o solo, com pouca relação com as mudanças de elevação no solo e a curva pode ser mais alta do que o necessário, pois é difícil medir a altitude da câmera quando se está olhando através de uma vista Side e está vendo a moldura de arame da paisagem. Prossiga com a sua cena a partir do último tutorial.

8. Você poderia tentar ajustar cada CV até que ele estivesse posicionado ao longo do solo, mas seria difícil ver a altura do solo, enquanto você trabalha. Para referência, você projetará a curva no solo. Troque para a vista Top. No Outliner, selecione curve1 e, depois, Ctrl+clique em Ground para selecioná-lo também. Para projetar a curva, na vista Top, use o seu menu de marcação NURBS Editing (Alt+z I Project Curve on Surface I caixa de opção). Reajuste as configurações e clique o botão Project, para colocar a curva diretamente sob o caminho, ao longo do solo.

9. A nova curva de referência, atualmente é parte da superfície do solo, portanto, ela só se moverá ao longo do normais de solo. Experimente isto com a ferramenta Move e verá que a nova linha segue a topografia para onde quer que ela seja movida. Desfaça com a tecla de atalho: **z**. Selecione a curva projetada, use Alt+c I Duplicate Curves I caixa de opção, reajuste as configurações na caixa de diálogo Duplicate Curves Options e clique o botão Duplicate para criar uma cópia da curva que não faz mais parte da superfície. Agora você pode ocultar o solo, clicando o V próximo à camada Ground, no Layer Editor. Você só verá as duas curvas. A curva mais inferior servirá como uma referência para altura nas vistas Side e Front.

10. Troque para a vista Front e selecione a curva de caminho original. Troque para o modo CV Component Selection (tecla de atalho: **F8**). Edite os CVs para obter uma altura melhor para a câmera, conforme mostrado na Figura 11.12.

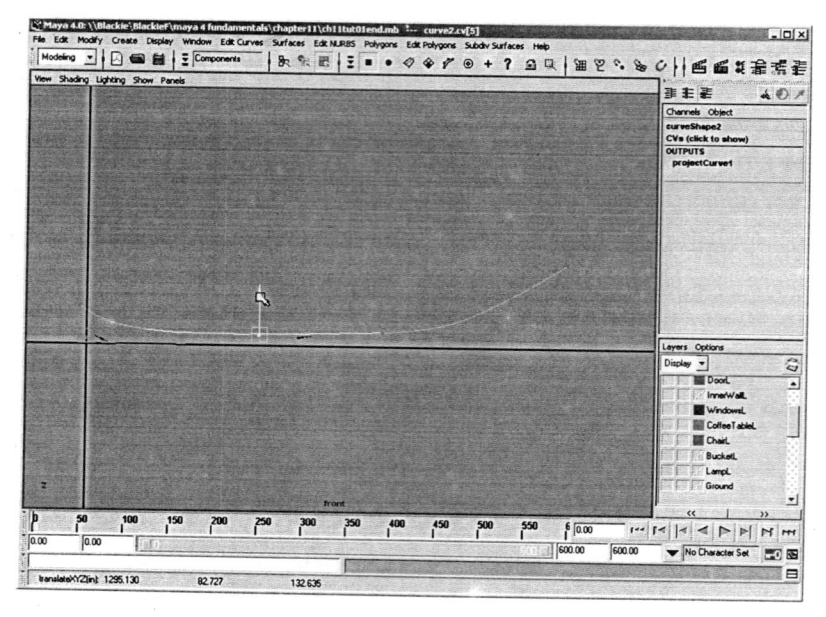

Figura 11.12 – *Ajuste do caminho da câmera, usando o caminho projetado para referência.*

11. Nomeie a curva final como Camera_Path. Você também pode apagar a referência de curva de projeção.

Como criar a câmera e anexar ao caminho

Agora que você tem a curva posicionada e configurada, criará a câmera e a anexará para acompanhar a curva. É possível continuar a partir do tutorial anterior.

12. Para manter o nível e alvo da câmera para a casa, você criará uma câmera do tipo Camera and Aim: Hotbox I Create I Cameras I Camera and Aim.
13. No Outliner, observe que um novo grupo foi criado: camera1_group. Expanda o grupo para encontrar a câmera e a sua vista (aim). Clique em camera1_group e mude o seu nome para CameraOnPath. Agora, selecione camera1_view (o ponto alvo). A casa está localizada no ponto de origem da cena, portanto, o alvo também deve estar ajustado para a origem. Para fazê-lo, mude Translate X, Y e Z para 0 na Channel Box.

Dica
É possível confundir a vista de sua câmera com a vista Perspective, que você usou para ajustar, quando quiser ver a sua cena em perspectiva. Se você passar sobre a vista de câmera, ela mudará completamente o alvo da câmera. Entretanto, é possível buscar por atributos específicos para que os valores não possam ser mudados por RMB-clicar um atributo na Channel Box e escolhendo Lock Selected.

Capítulo 11 – Câmeras e renderização | 331

14. Com o nó de alvo selecionado (camera1_view), clique a etiqueta Translate X na Channel Box. Arraste para baixo a etiqueta Translate Z, para que todos os três ajustes de movimento sejam destacados. RMB-clique em uma das etiquetas Translate selecionadas e escolha Lock Selected. As caixas de texto Translate agora têm um fundo cinza indicando que os seus valores estão bloqueados.
15. No Capítulo 4, você anexou um barco a um caminho criado na água. Você usará um método semelhante para anexar a câmera à curva Camera_Path criada anteriormente. Selecione camera1 e Camera_Path no Outliner e, depois, anexe a câmera ao caminho (Hotbox I Animate I Motion Paths I Attach to Motion Path I caixa de opção). Reajuste as configurações na caixa de diálogo Motion Path Options, desmarque a caixa de verificação Follow (a seguir) e, depois, clique o botão Attach.
16. Troque para uma vista sombreada Perspective e afaste para ver todo o caminho da câmera. (*Nota*: você pode precisar ajustar os planos de recorte para a vista Perspective.) A câmera foi movida para o início de Camera_Path e você notará dois acréscimos à curva: no início da curva há o número 0 e ao final o número 600. Você pode esfregar o Time Slider para ver a câmera se mover ao longo do caminho (veja a Figura 11.13). Estes números representam chaves específicas colocadas na animação — o primeiro no quadro 0 e o último em 600, o último quadro da animação.

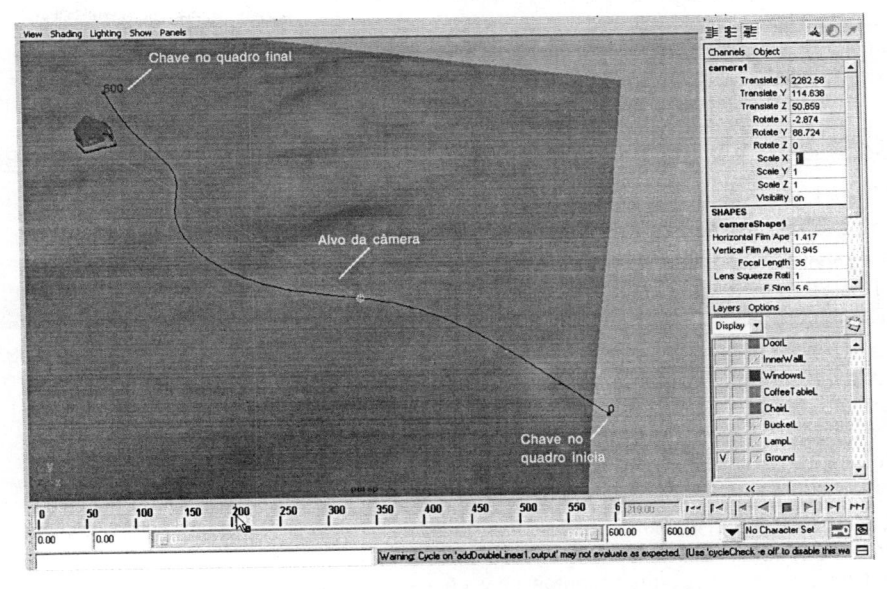

Figura 11.13 – *A câmera está anexada à curva e chaves estão colocadas no início e no fim de Camera_Path.*

17. Agora, troque para a vista sombreada Perspective, para olhar através da vista Camera1. Ative a vista Perspective e escolha Panels I Perspective I Camera1 e ela trocará para a vista Camera1. Não é bem o que você esperava? Ajuste o valor Far Clip Plane da câmera, para 10000, escolhendo View I Camera Attributes a partir da vista Camera, e aumente o valor Far Clip Plane para 10000. Em seguida, ative Resolution Gate (portão de resolução) (View I Camera Settings I Resolution Gate), que coloca uma pequena caixa no visor. Isso mostra exatamente a área que será renderizada, embora dê a impressão de um ângulo de lente muito mais amplo para mostrar a área fora do quadro renderizado.

18. Com a vista Camera1 ativa, execute a animação. Se a câmera se mover baixa demais para o solo ou exibir outro comportamento indesejado, edite a curva de caminho da câmera como antes. Não permita que a câmera se aprofunde abaixo de uma altura ao nível do olhar — cerca da metade da altura da porta na casa. Ao editar a curva de caminho de sua câmera, ter menos CVs sempre torna o movimento mais suave do que ter muitos, portanto, use o mínimo possível para conseguir o caminho de câmera curvado que deseja.
19. Salve a sua cena. Se quiser comparar o seu trabalho, você pode carregar a cena salva do CD-ROM.

No CD
Chapter_11\ch11tut02end.mb

Configurar para renderizar

Depois de configurar o caminho de câmera, especifique os valores na janela Render Globals (explicado no tutorial a seguir), para poder renderizar a sua cena como uma animação. No entanto, tenha em mente que você estará acrescentando mais à cena nos Capítulos 12, "Efeitos de pintura" e 13, "Sistemas de partículas e dinâmica". Dê um tempo quando não precisar de seu computador por algum tempo, talvez parando por uma noite, e configure uma renderização em lote para criar um AVI, como explicaremos no tutorial a seguir. No dia seguinte, você terá um filme completamente renderizado do projeto que criou até agora. É bom fazer renderizações durante a noite, quando você está configurando uma animação, pois a máquina está ociosa. Quando tiver terminado, você terá um filme completamente renderizado para ver, de forma a oferecer um melhor sentido quanto à posição atual de sua animação.

Tutorial: um filme de renderização em lote de tamanho completo

Continue a partir do tutorial anterior, ou carregue o arquivo de cena indicado aqui.

1. Torne todas as camadas visíveis no Layer Editor.
2. Para configurar a sua cena para renderização, abra a janela Render Globals (Window | Rendering Editors | Render Globals).
3. Na caixa de texto File Name Prefix, digite testfly. Na caixa de lista Image Format, selecione AVI (avi), um formato de filme. Digite 0 na caixa de texto Start Frame e 600 na caixa de texto End Frame. Na caixa de lista Camera, selecione a sua câmera no ar da cena, Camera1.
4. Expanda a seção Resolution e, na caixa de lista Presets, selecione 320x240. AVI e outros formatos de filme podem ser enormes e lentos, se você escolher um tamanho grande. Também, a resolução mais baixa renderizará mais depressa.
5. Expanda a seção Anti-aliasing Quality. Na caixa de lista Presets, selecione Production Quality, conforme mostrado na Figura 11.14.
6. Expanda a seção Raytracing Quality e selecione a caixa de verificação Raytracing. Feche a janela Render Globals.

No CD
Chapter_11\movies\ch11tut03.wmv

No CD
Chapter_11\ch11tut02end.mb

Capítulo 11 – Câmeras e renderização | **333**

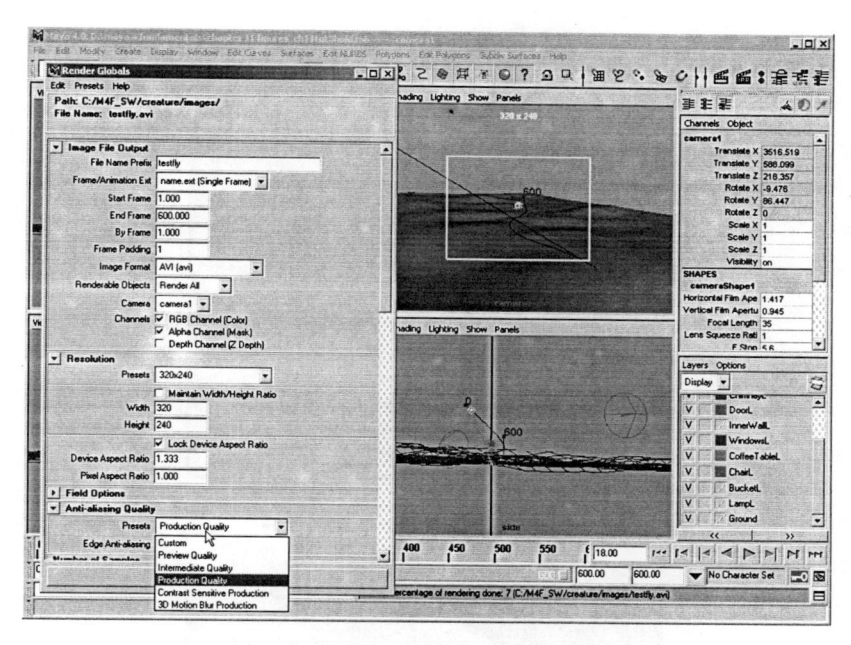

Figura 11.14 – *Algumas mudanças rápidas na janela Render Globals e você está pronto para renderizar um filme.*

7. Para renderizar toda a animação, escolha Hotbox I Render I Batch Render. Você pode observar o progresso na Command Line ou no Script Editor (se quiser mais detalhes). Depois de iniciar a renderização em lote, você pode abrir o Script Editor, clicando o botão à extrema direita da Command Line. Provavelmente demorará várias horas, no mínimo, para todos os 600 quadros renderizarem. O filme é criado em sua pasta Images do projeto. Para ver os resultados depois que a renderização estiver terminada, clique duas vezes no arquivo AVI do filme para abri-lo em seu player de filme (veja a Figura 11.15). Você pode interromper a renderização em lote com Hotbox I Render I Cancel Batch Render.

No CD
Chapter_11\testfly.wmv

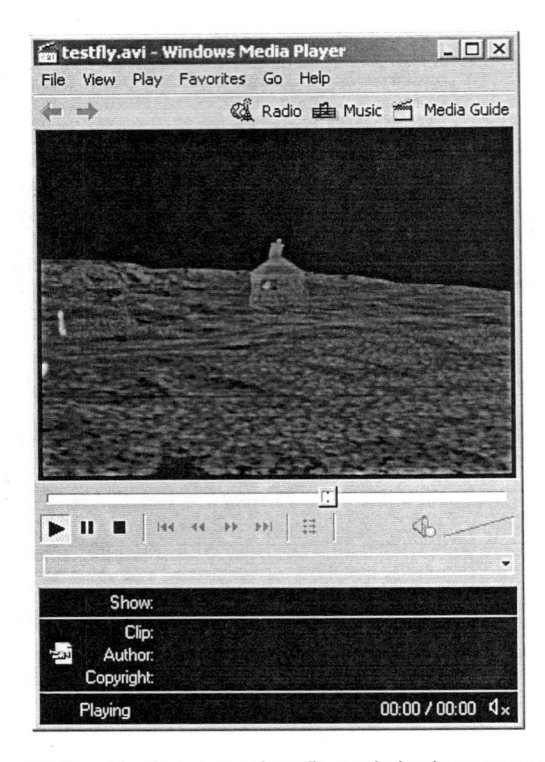

Figura 11.15 – *Vendo a sua animação renderizada como um filme.*

> **Dica**
> Algumas pessoas preferem renderizar a seqüência de quadros estáticos, ao invés de formatos de filme, tal como AVI, pois se uma renderização de filme é interrompida, toda a renderização é perdida e você precisa começar o serviço de renderização a partir do início. Entretanto, se você renderizar quadros em seqüência, só pode ver o filme usando FCheck, e terá uma grande coleção de arquivos em seu drive. Também, você não será capaz de mostrar o filme em outro computador, ou descarregá-lo em qualquer lugar, a menos que crie primeiro, manualmente, um arquivo de filme.

Como ir além

Use os métodos para facilitar o movimento de câmera que você aprendeu no primeiro tutorial para fazer a câmera iniciar e parar mais suavemente na animação da casa. Explore diferentes tipos de criação, ajustando a configuração Angle of View da câmera no Attribute Editor e usando diferentes curvas de caminho para o caminho de câmera: ângulo amplo e baixo se quiser um mundo enorme e ameaçador, ou de perto e alto, para uma tomada de helicóptero. Experimente animar independentemente o alvo da câmera, para conseguir efeitos diferentes de movimento, ou tente animar a câmera para conseguir um aspecto real de TV, com movimentos pesados e abruptos. Experimente aparentar a câmera a objetos animados e renderizar a vista resultante.

Resumo

Trabalhar através dos tutoriais neste capítulo ofereceu a oportunidade de experimentar alguns dos atributos de câmera e aprender como configurar ajustes para renderizar a sua animação. Você aprendeu os seguintes conceitos:

- **Os diferentes tipos de câmera e atributos** — Você aprendeu as diferenças entre os tipos de câmera e como cada um oferece um tipo diferente de controle, assim como os usos dos principais atributos de câmeras.
- **Animação de câmeras** — Mesmo sem nenhum objeto se movendo em sua cena, acrescentar movimento de câmera empresta um sentido de ação à sua cena.
- **Como facilitar o movimento de câmera** — Você aprendeu a ajustar chaves no Graph Editor, para dar à câmera um sentido de massa, para que ela não inicie ou interrompa movimentos abruptamente demais. Este conceito também funciona quando você tem objetos que deseja que pareçam pesados.
- **Visualização de um caminho de câmera sobre terreno** — Você aprendeu como criar uma curva para guiar a altura de sua câmera sobre terreno, o que é importante quando animar a câmera sobre uma superfície curva.
- **Como verificar a sua animação** — Exibir e esfregar as suas animações enquanto observa através da vista Camera pode ajudá-lo a editar a sua animação.
- **Ajustes de Render Globals** — Você aprendeu como configurar renderizações em lote para ter filmes completados.

Os próximos capítulos acrescentam efeitos mais exóticos à sua cena de casa fantasmagórica. Você acrescentará vegetação e névoa com Paint Effects no Capítulo 12 e, depois, fará fumaça sair da chaminé no Capítulo 13. Se você renderizar um filme naquele estágio, terá uma animação complexa e completa!

PARTE III

Como ir além com Maya

12	*Efeitos de pintura*	339
13	*Sistemas de partícula e dinâmicas*	365
14	*As suas próximas etapas: eficiência e arte*	391

CAPÍTULO

12

Efeitos de pintura

Neste capítulo

Paint Effects (efeitos de pintura) é uma das ferramentas mais divertidas e visualmente impressionantes em Maya. De início, ela parece um programa de pintura, com a opção de pintar árvores e flores, mas também pode pintar objetos 3D dentro de outros objetos 3D. Por exemplo, você pode pintar uma árvore em um terreno que tiver pintado em um visor e os componentes da árvore — os ramos, galhos e folhas — na verdade existirão no espaço 3D, ao invés de parecer como um efeito pintado "plano". Também é possível ajustar e animar, com facilidade, estes elementos para conseguir um ambiente em 3D com luz, movimento e sombras reais. Com Paint Effects, você pode pintar uma paisagem com plantas em uma questão de minutos e um passeio em 3D por aquela paisagem está apenas a um clique de distância! Algumas das áreas de Paint Effects que você explorará incluem as seguintes:

- **Como fazer objetos passíveis de pintura** — Antes de poder começar a usar Paint Effects para pintar em um objeto, é preciso torná-lo passível de pintura.
- **Controle de pincel** — Você aprenderá sobre os controles de pincéis, tais como largura e densidade, para ajudá-lo a conseguir melhores resultados.
- **A escolha de um tipo de pincel** — Antes de começar a fazer os seus próprios pincéis, você quererá explorar as centenas de pincéis pré-ajustados, que vêm com Maya.
- **Otimização da exibição** — Paint Effects tributa o seu sistema e a exibição gráfica, portanto, você precisa controlar o que é exibido e o seu nível de detalhes, para manter a sua reação visual rápida e precisa.
- **Como modificar traços de pintura** — Depois de ter criado um traço, você pode mudar a sua forma e como Paint Effects usa o traço.
- **Playblast** — Você pode usar este recurso em Maya, para conseguir uma visualização confiável de como a animação parecerá quando executada à velocidade completa.

Termos-chave

stroke (traço) — O traço de pintura; o que é criado quando você arrasta a ferramenta Paint Effects. O traço, que é anexado a uma curva NURBS, controla como a pintura é aplicada ao longo do caminho que você desenha com a ferramenta Paint Effect.

brush (pincel) — A coleção de ajustes Paint Effects que define como o traço se parece e como ele age; pode ser tido como você "pinta"

— margaridas, feno, talharim e assim por diante.

template brush (gabarito de pincel) — Os seus ajustes atuais de pincel. Você pode configurar estes ajustes para afetar como se parecerá o próximo traço, ou selecionar um novo pincel para reconfigurar os ajustes de gabarito de pincel.

Teclas de atalho a memorizar

8 — troca para o painel Paint Effects

b+LMB arrastar — redimensiona a escala de pincel

Shift+B+LMB-arrastar — redimensiona a largura de pincel

m+LMB-arrastar — offset (espaço) do traço a partir da superfície

Ctrl+b — abra e caixa de diálogo Brush Settings (ajustes de pincel)

Shift+V — abre o Visor

Alt+h — oculta objetos desmarcados

Ctrl+Shift+H — exibe o último objeto oculto

Ctrl+h — oculta objetos selecionados

Visão geral de Paint Effects

Incluído inicialmente com Maya 2.5, Paint Effects é um recurso convincente que oferece ao artista de CG uma maneira rápida e fácil de acrescentar todos os tipos de elementos complexos a uma cena em 3D. Simples efeitos de pintura, como Airbrush, Markers e Swirl, estão incluídos nos conjuntos de pincéis. Você pode ver o potencial de Paint Effects em pincéis mais complexos, tais como iluminação e nuvens, mas são os efeitos da natureza — incluindo flores, arbustos, gramas e árvores — que mostram a capacidade de Paint Effects de criar orgânicos totalmente formados, complexos e fractais em 3D.

Toda esta mágica vem de um recurso referenciado como *tubes* (tubos), que segue ou acompanha o caminho do traço para simular crescimento orgânico. Baseando a parte 3D de Paint Effects em tubos que existem no espaço 3D, toda a gama de mudanças de tempo e espaço pode ser aplicada. Você pode exibir crescimento, dinâmica, iluminação, turbulência e assim por diante com efeitos 3D que vêm a partir do traço de pintura do pincel. O traço de pintura é anexado a uma curva NURBS, portanto, ele pode ser totalmente animado. Você pode editar a curva para crescer, ondular, mudar a forma e mover, além dos pincéis aplicados ao traço seguirão a curva. Da mesma maneira, o tipo de pincel aplicado ao traço pode ser mudado, para que uma fileira de carvalhos, por exemplo, possa se tornar uma fileira de roseiras. A opacidade, a luminosidade e outros atributos podem ser montados direto no pincel; com estes atributos, você pode pintar o brilho luminoso de relâmpagos, da mesma maneira que poderia pintar uma gota de chuva semi-opaca ou de uma hera trepadeira completamente opaca.

Com todas estas opções variadas, a paleta de pincéis 3D disponíveis é espantosa — estrelas e galáxias, fogo e raios com a animação inerente de turbulência, árvores e gramas que podem ser ajustadas para balançar com o vento, flores e arbustos que podem crescer como se fosse a passagem de tempo fotográfico e muito mais. Os iniciantes ficarão deliciados em observar um animador experiente usar Paint Effects. Em contraste com o processo às vezes doloroso de criar uma animação, usar Paint Effects parece rápido, divertido e fácil.

Pincéis e traços

Um pincel 3D é muito diferente de um pincel de pintura. Em Paint Effects, o pincel é uma coleção de ajustes que controla o aspecto e o comportamento do traço. Você pode encontrar todos os atributos para criar os tipos de pincel em Maya sob a seção Brush, no Attribute Editor ou na caixa de diálogo Paint Effects Brush Settings (acessado com Hotbox I Paint Effects I Template Brush Settings; referenciada neste capítulo como "a caixa de diálogo Brush Settings", para simplificar). Entretanto, é mais fácil criar um pincel, modificando um dos tipos pré-ajustados. Você pode ver a paleta de pincéis pré-ajustados em uma caixa de diálogo Maya chamada Visor (tecla de atalho: **Shift+V**; Window I General Editors I Visor no menu; ou Hotbox I Paint Effects I Get Brush). Você pode precisar mudar a aba ativa em Visor para fazer a lista de pincéis aparecer. Na Figura 12.1, a aba Paint Effects está selecionada e as categorias de pincéis estão listadas na coluna esquerda de Visor.

Dica — Se Visor não exibir as abas que você precisa, é possível reconfigurá-la para exibir o conjunto completo, como mostrado na Figura 12.1. Escolha Tabs I Revert to Default Tabs (abas, reverter para abas padrão) no menu Visor.

Um traço é o que é criado quando você pinta com a ferramenta Paint Effects, e ele usa os ajustes do tipo de pincel que você selecionou. Ao selecionar um pincel em Visor, ele ativa o recurso Paint Effects. Você pode pintar na grade (plano X-Y do solo) ou designar qualquer objeto NURBS para ser passível de pintura. O cursor torna-se um ícone como lápis e, quando você clica e arrasta no visor, é criado um traço de pintura. Este traço é anexado a um desenho de curva sobre a superfície do objeto que você está pintando. Você pode espaçar o traço a partir da superfície curva para determinados efeitos, tais como caminhos de névoa que pairam sobre o solo. Depois de pintar o traço, é possível selecionar a sua curva para ajustar as configurações anexadas a ele; para fazer isto, selecione o traço e, depois, escolha Display I Show I Show Geometry I Stroke Path Curves. Todos os ajustes de traço e pincel estão na Channel Box e em Attribute Editor, como com outros elementos de cena que você criou em Maya. Se você desenhou a curva com uma prancheta sensível à pressão, os valores de pressão são registrados junto ao traço quando eles mudam. Você também pode usar qualquer curva que tiver desenhado ou projetado em Maya, como um traço e anexá-lo ao pincel.

Há traços simples e traços com tubos (ou "traços crescidos"). Traços simples são como traços de pintura — uma única linha criada pelo movimento de pincel. Com traços crescidos, à medida que você arrasta o mouse para criar o traço, esta ação cria tubos que crescem, separam ou expandem para continuar para fora, em várias direções, a partir do traço. Por exemplo, se você estiver pintando uma videira, tubos simulando folhas e ramos podem continuar a "crescer" a partir do talo principal. Os tubos crescem um "segmento" em cada etapa do processo de crescimento; os segmentos são diretos, portanto, aumentar o ajuste Segments torna os segmentos no tubo menores e, assim, produz um aspecto mais suave. Um outro ajuste importante é Tube Completion (complementação de tubo). Quando ele está habilitado, os tubos continuam automaticamente a crescer para a sua total "expansão de vida" (definida pelo número de segmentos). Quando desativado, os tubos no fim do traço que você desenha parecerão mais "cortados" do que os tubos no início do traço (como em árvores meio-crescidas ou videiras, sem folhas). Normalmente, você quererá deixar este ajuste habilitado para que o crescimento atual se complete depois de você parar de desenhar.

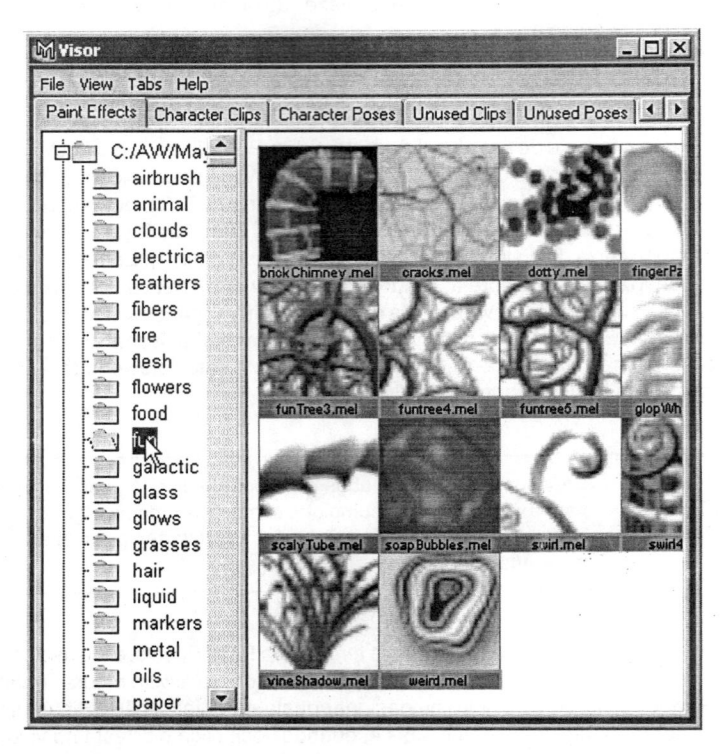

Figura 12.1 – *Visor lista todos os tipos de pincéis pré-ajustados.*

Como habilitar Paint Effects

Já que usar Paint Effects pode exigir muitos recursos de sistema, algumas pessoas o deixam desativado quando não estão planejando usá-lo. Se parecer como se Paint Effects não tenha sido habilitado em seu sistema, você pode habilitá-lo, escolhendo Window | Settings/Preferences | Preferences no menu principal; na caixa de diálogo Preferences, selecione Modules na caixa de lista Categories. Selecione Load Paint Effects (carregar efeitos de pintura) na caixa de verificação Startup (inicialização) (se ele ainda não estiver) e, depois, feche a caixa de diálogo Preferences e reinicie Maya. Paint Effects então é acrescentado ao menu Rendering de Maya.

Iniciar Paint Effects

Quando você deseja aplicar Paint Effects a uma superfície, precisa designar primeiro uma superfície para ser passível de ser pintada. Esta ação não modifica o objeto; ao contrário, ela simplesmente diz a Paint Effects que esta superfície está preparada para receber traços de pincel. Se você quiser pintar uma superfície diferente, ou se tiver reiniciado Maya, você precisará usar novamente a opção Make Paintable (tornar passível de pintura). Este recurso está no menu Rendering sob Paint Effects | Make Paintable. Você pode pintar Paint Effects 3D só em superfícies NURBS, a vista plana ou o solo plano. No entanto, pode contornar isto criando superfícies NURBS não renderizáveis que são semelhantes às superfícies poligonais que deseja e, depois, pintar naquelas superfícies NURBS.

Como usar Paint Effects

Quando você tiver designado uma superfície como passível de pintura, então pode pintar em um dos três modos seguintes:

- **Modo Model View** (vista modelo) — Pintando em um dos painéis 3D normais (no modo Wireframe ou Shaded). Quando estiver pintando neste modo, você só vê uma representação de moldura de arame de seu traço e tipo de pincel (veja a Figura 12.2).
- **Modo Paint Scene** (pintar cena) — Neste modo, quando trocar no painel Paint Effects, você verá uma visualização sombreada de seu arquivo de cena. O modo Paint Scene, mostrado na Figura 12.3, se parece com a vista Perspective e pode dar-lhe uma boa idéia de como se parecerão os seus traços de pintura, renderizando-os à medida que você os cria (embora a sua exibição atualize mais vagarosamente neste modo).
- **Modo Paint Canvas** (pintar tela) — Inicia como uma "tela" vazia branca quando você troca no painel Paint Effects — bom para testar pincéis antes de experimentá-los em sua cena. O modo Paint Canvas funciona como uma espécie de modo de pintura 2D avançada para criar texturas ou pinturas que podem ser salvas como arquivos de imagem e pode armazenar a profundidade e canais alfa de pincéis. Se você quiser pintar na vista plana, precisa usar o modo Paint Canvas.

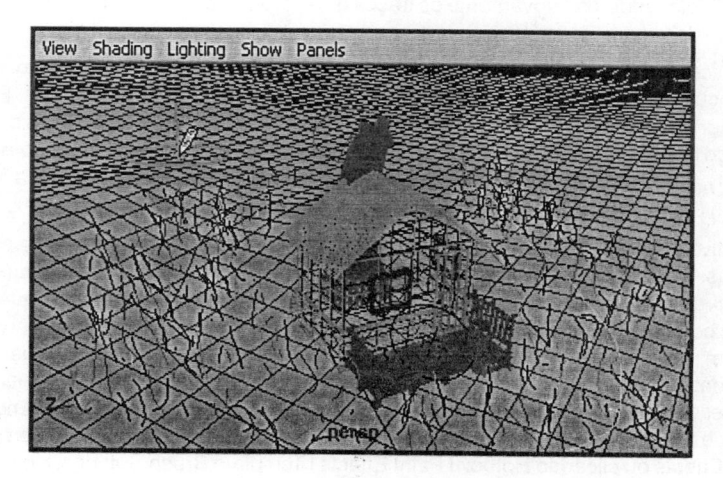

Figura 12.2 – *Trabalhar com Paint Effects no modo Model View renderiza os traços como moldura de arame.*

Figura 12.3 – *Pintura de chamas no modo Paint Scene.*

Para mudar o painel atual para o painel Paint Effects, você pressiona a tecla 8 ou escolhe Hotbox | Panels | Panel | Paint Effects. Você estará no modo Paint Scene ou Paint Canvas (dependendo do modo onde estava por último). Para alternar entre os modos Paint Scene e Paint Canvas, RMB-clique no painel Paint Effects e escolha Paint Scene ou Paint Canvas. O modo Paint Canvas é como uma área de pintura 2D separada e não tem relação com a sua cena 3D. Já que este capítulo só se destina às opções de pintura em 3D, você escolherá Paint Scene. Paint Effects então, faz uma rápida renderização sombreada de seu arquivo de cena e coloca esta imagem 2D na vista. Parece como se você estivesse trabalhando em 3D, mas para Paint Effects, é apenas uma imagem 2D em que você está pintando. Quando você contorna a cena para pintar em uma outra área no modo Canvas de Paint Effects, os efeitos de pintura são reduzidos a linhas. Quando você tiver encontrado o seu novo ponto de vista, pode fazer Paint Effects renderizar novamente os traços anteriores, clicando o botão Redraw Paint Effects View (refira-se de volta à Figura 12.3).

Se você acrescentar muitos traços de diferentes tipos, redesenhar pode tornar-se lento. Você descobrirá que é útil ocultar traços que não precisa ver em seu trabalho atual em Paint Effects. Para fazer isto, abra o Outliner para ver todos os traços listados. Maya nomeia os traços com o tipo de pincel usado quando o traço foi feito, assim é fácil encontrar os traços que você deseja ocultar temporariamente (veja a Figura 12.4). Depois de selecionar os traços de pincel, é possível ocultá-los com a tecla de atalho Ctrl+h ou com Display | Hide | Hide Selection no menu principal de Maya ou na Hotbox.

Enquanto estiver trabalhando com Paint Effects, você pode querer deixar Visor aberta para selecionar outros pincéis. Depois de você ter selecionado um pincel, Paint Effects exibe um cursor de círculo vermelho (refira-se à Figura 12.3) para dar uma idéia da escala global dos objetos a serem "plantados" quando você começar a pintar. Este cursor acompanha a superfície do objeto passível de ser pintado na medida em que você o movimenta, e é um bom indicador quanto a se o objeto que você pretende pintar realmente foi transformado em passível de pintura. Você pode ajustar o tamanho do pincel mantendo pressionada a tecla b e LMB-arrastando para a esquerda e para a direita. Também é possível abrir a caixa de diálogo Brush Settings, pressionando Ctrl+b, escolhendo Brush | Edit Template Brush no painel Paint Effects ou clicando Hotbox | Paint Effects | Template Brush Settings. No alto da caixa de diálogo, você verá o atributo Global Scale.

Capítulo 12 – Efeitos de pintura | **345**

Figura 12.4 – *Seleção de traços a ocultar, no Outliner.*

Armadilha   Ter problemas em ver ou dimensionar o pincel de Paint Effects é um problema comum com drivers de placas gráficas de vídeo. Se você não conseguir que um círculo vermelho apareça seguindo o seu cursor, pode querer revisitar as informações de placas gráficas, na introdução deste livro. Em uma grande cena, o tamanho padrão de pincel pode levar o cursor de círculo parecer como um pequeno ponto vermelho, portanto, você pode precisar aumentar um pouco o tamanho do pincel para vê-lo claramente.

Depois de escalonar o pincel para criar o seu traço do tamanho desejado, você pode ajustar a largura do pincel, se necessário. Por exemplo, você pode ter ajustado chamas ou árvores para aparecer na altura geral certa em cada chama ou árvore, mas deseja preencher uma fileira com chamas ou árvores. Para ajustar a largura do pincel, pressione e mantenha pressionado Shift+B enquanto LMB-arrastando para a esquerda e para a direita. Este método só funciona quando você está criando traços crescidos; traços simples como "cobra" só serão escalonados com ajustes em Global Scale. Note que com traços crescidos, a densidade de traço é ajustada em outro lugar; tornar o pincel mais largo simplesmente expande o mesmo número de crescimentos através de uma área maior.

Um outro atributo a ajustar é o offset de pincel, controlado mantendo pressionada a tecla m enquanto LMB-arrastando para a esquerda e para a direita. Esta ação levanta o traço de pincel a partir da curva Paint Effects, para que você possa criar um traço 3D acima ou abaixo da superfície. Em tipos de pincel como fumaça ou cobra, esta opção é valiosa.

Para sair do modo Paint Scene, escolha Panels I Perspective no menu. Para sair do modo de pintura de Paint Effects, simplesmente clique o cursor de seta na Tool Box.

Tutorial: como aprender Paint Effects

Neste tutorial, você experimentará algumas das opções Paint Effects em uma superfície NURBS que você cria.

1. Comece com um espaço de trabalho vazio, em branco, em Maya. Assegure-se de ter Paint Effects carregado (veja a seção anterior, "Como habilitar Paint Effects"). Dê um toque na barra de espaço com o mouse sobre a vista Perspective, para trocar para o modo Four View. Crie uma luz Directional (Hotbox | Create | Lights | Directional Light) e ajuste o seu Rotate X para -90. Sob o nó Shape da luz, na Channel Box, habilite a opção Depth Map Shadows, digitando um 1 ou On e pressionando Enter. Clique Ctrl+z | Cone | caixa de opção e reajuste as configurações na caixa de diálogo Cone Options. Ajuste Radius para 300 e Height para 100 e, depois, clique o botão Create. Pressione Shift+F para "ajustar tudo", para que você possa ver todo o cone em todas as quatro vistas.

No CD
Chapter_12\movies\ch12tut01.wmv

Dica Se a vista Perspective não exibir o cone, provavelmente há um problema com a perspectiva do plano de recorte da câmera. Para corrigir isto, feche View | Camera Attribute Editor na vista Perspective, para abrir os atributos de perspectiva da câmera e ajuste o Far Clip Plane para 10000.

2. Ajuste o cone para exibir em detalhe alto (tecla de atalho: **3**), ajuste a vista Perspective para o modo Shaded (tecla de atalho: **5**) e dê um toque na barra de espaço para retornar o painel Perspective para tela cheia. Para tornar o cone passível de pintura, selecione-o e clique Hotbox | Paint Effects | Make Paintable, conforme mostrado na Figura 12.5.
3. Troque para o moto Paint Scene (tecla de atalho: **8**). Se você vir um painel vazio em branco, RMB-clique no painel e escolha Paint Scene. No menu Shading, assegure-se de que as opções Textured e Use All Lights estejam habilitadas. Escolha Hotbox | Paint Effects | Get Brush no menu, no painel Paint Effects, para abrir Visor (tecla de atalho: **Shift+V**). Clique a aba Paint Effects, expanda a pasta Brushes na coluna do lado esquerdo, se necessário, selecione a pasta Flowers (flores) e, depois, clique Daisy (margarida). Minimize o Visor.

Capítulo 12 – Efeitos de pintura | **347**

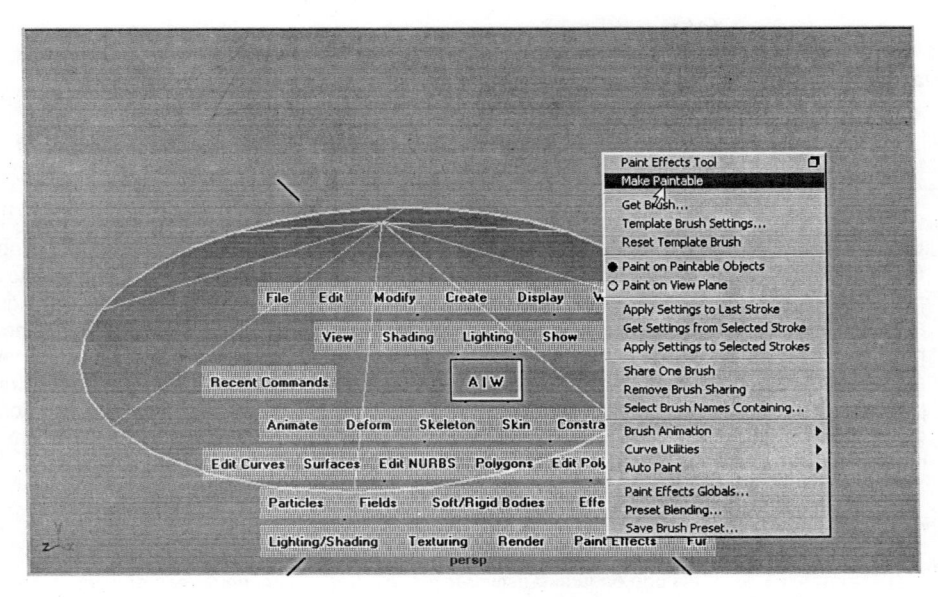

Figura 12.5 – *A primeira etapa em Paint Effects: tornar um objeto passível de pintura.*

Dica	Você busca as amostras no Visor exatamente como faz em qualquer caixa de diálogo Maya: Alt+MMB para balancear e Alt+LMB+MMB para aproximar.

4. Segure o cursor sobre o cone e veja se o cursor Paint Effects Tool aparece. O tamanho padrão da margarida é bem pequeno, comparado ao cone. Para aumentar o atributo Global Scale do pincel, você poderia pressionar e manter pressionada a tecla b, enquanto clica e arrasta o cone para a direita. Entretanto, para este tutorial, você ajustará manualmente o tamanho para uma quantidade fixa: ajuste-o para 40, abrindo a caixa de diálogo Brush Settings (tecla de atalho: **Ctrl+b**) e mudando o ajuste de Global Scale. Feche a caixa de diálogo e desenhe um traço no cone, próximo à borda externa e a cerca de um terço do caminho em volta do cone. Você deve ver margaridas aparecerem no cone. Ainda que as últimas margaridas pintadas só estejam criadas pela metade quando você soltar o botão do mouse, elas acabam de crescer ao seu tamanho total devido ao ajuste Tube Completion.
5. Na Channel Box, sob Shapes, você encontrará os ajustes para o traço criado. O atributo Sample Density (densidade de exemplo) especifica quantas margaridas aparecem em determinada extensão do traço. Experimente ajustá-la para 2 ou 3 para ver o resultado.

Nota Quão rápido ou lento você desenha o traço também pode afetar a densidade. Já que Paint Effects usa "amostragem" ao criar uma curva subjacente do traço, um traço desenhado rapidamente tem menos amostras e, portanto, parece menos denso do que um traço desenhado mais lentamente.

6. Selecione Sunflowers (girassóis) de Visor. Note que você precisa ajustar a configuração Global Scale do pincel cada vez que mudar de pincel, pois todas as configurações de pincel (o "gabarito de pincel") mudam quando você seleciona um novo pincel. Abra a caixa de diálogo Brush Settings e ajuste Global Scale para 20. Observe que o tamanho do pincel não está necessariamente relacionado com o tamanho geral da planta. A ponta do pincel é pequena, mas os girassóis que você pinta são muito mais altos do que as margaridas. Você pode querer fazer alguns testes de traços que pode desfazer mais tarde, se necessário (tecla de acesso: **z**) para refinar os ajustes de Global Scale. Quando estiver satisfeito com o tamanho da planta, desenhe um traço de girassóis sobre as margaridas.

Dica Se Paint Effects estiver parcialmente coberto por uma outra caixa de diálogo enquanto estiver fazendo o traço, a imagem pode não ser exibida na área que está coberta. Clique o botão Redraw Paint Effects View para regenerar a vista, se preciso. Paint Effects são gerados no painel da mesma maneira que aparecem quando renderizam. Portanto, o tempo que demora para os seus efeitos pintados "aparecerem" na tela é um bom indicador de quanto tempo demorará a renderização.

7. Use Alt+LMB para girar a vista Paint Effects. Observe como os objetos pintados são reduzidos a linhas durante o giro. Selecione o pincel Roses (rosas) do Visor e ajuste Global Scale para 28 na caixa de diálogo Brush Settings. Em seguida, aumente a *largura* do pincel, pressionando Shift+B enquanto LMB-arrasta para a direita. O círculo vermelho de pincel aumentará como se você tivesse aumentado a escala global, mas quando você pintar, verá que as rosas são do mesmo tamanho que antes, mas aparecem em uma área mais ampla. Pinte um novo traço sobre os girassóis. Depois, ajuste Sample Density na Channel Box (sob Shapes) para 3 e verá que as rosas parecem mais densas e preenchem mais do traço de área que você desenhou, conforme mostrado na Figura 12.6.

Nota Paint Effects pode ser ajustado para regenerar automaticamente (modo Rendered) ou para regenerar apenas quando você clicar o botão Redraw Paint Effects View (modo Wireframe). Este ajuste, em Stroke Refresh, no menu Paint Effects, normalmente é deixado no modo Wireframe, devido a potencial extensão de tempo de regeneração.

Capítulo 12 – Efeitos de pintura | **349**

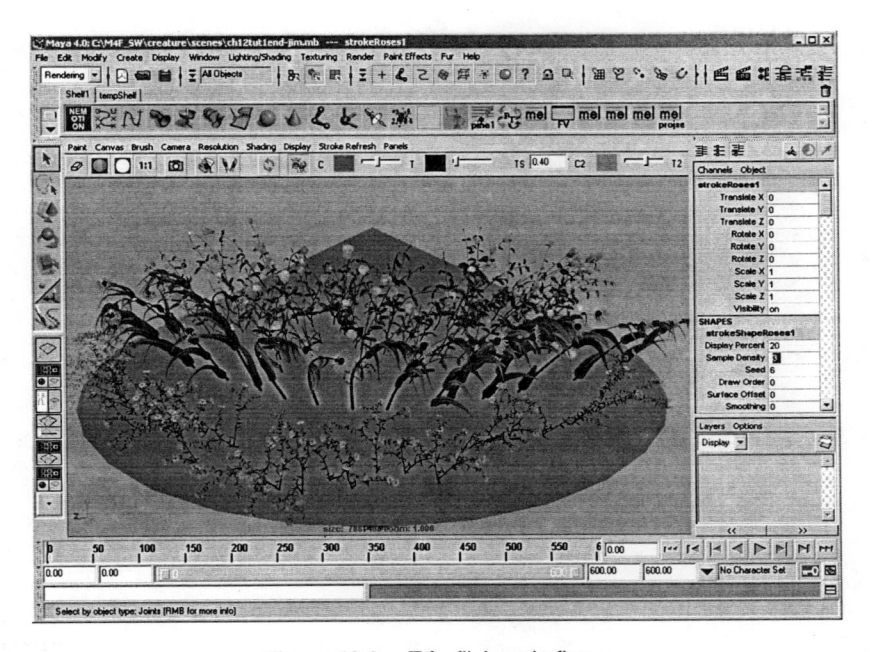

Figura 12.6 – *Três fileiras de flores.*

8. Saia de Paint Effects, trocando de volta para o painel Perspective (Panels I Perspective I Persp). A representação de moldura de arame das flores é perceptivelmente mais fina do que parecia em Paint Effects. Para ver mais linhas de rosas, selecione o traço Roses e ajuste Display Pencent (exibir porcentagem) para 100, na Channel Box, sob Shapes. Se acidentalmente você desmarcar o traço Roses, abra o Outliner e selecione o item strokeRoses1. Você poderia aumentar a porcentagem de exibição para todos os três traços, mas a interação com Maya se tornaria mais lenta.

9. Gire a vista Perspective até estar olhando através do cone, próximo das flores, conforme mostrado na Figura 12.7. Na vista Perspective, escolha View I Camera Attribute Editor e, no Camera Attribute Editor, ajuste Background Color, sob a seção Environment (ambiente) para branco, para poder ver mais facilmente os efeitos de pintura que acrescentou. Feche o Attribute Editor e renderize esta vista, clicando o botão Render ou escolhendo Hotbox I Render I Render Current Frame. Observe que as flores projetam sombras e parecer mais finas do que implicaria a moldura de arame.

Usar Paint Effects pode ser bem direto, e ele se integra bem com geometria e iluminação padrão. Para comparar a sua cena com a nossa, verifique o arquivo de cena indicado próximo ao ícone de CD.

No CD
Chapter_12\ch12tut01end.mb

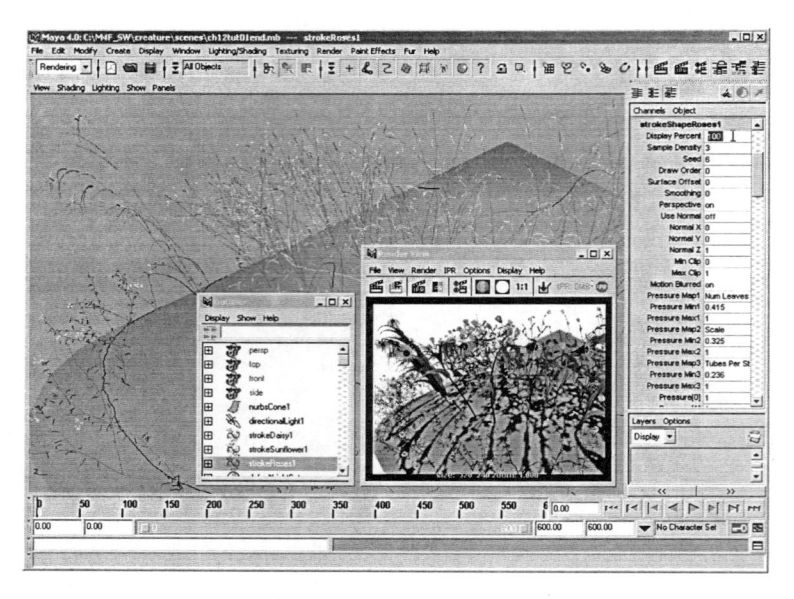

Figura 12.7 – *A vista renderizada das três fileiras de flores.*

Como trabalhar com traços

Depois de ter criado um traço, você pode usá-lo de muitas maneiras. Você pode editar o traço, ou copiar um pincel para e do traço. Também pode modificar os parâmetros de Paint Effects para, por exemplo, fazer um pincel ter flores menores ou mais galhos.

Seleção de traços

Para modificar um traço, primeiro é preciso selecioná-lo, o que pode ser desafiador no modo Shaded ou Wireframe, pois o traço quase sempre está atravessando determinado objeto. É mais fácil selecionar traços no Outliner. Se você quiser apagar um traço, pode pressionar a tecla Delete depois de selecioná-lo no Outliner.

Criação de um traço Paint Effects com uma curva NURBS

Você pode anexar um pincel a qualquer curva NURBS criada (por projeção, criação direta ou qualquer outro método), para criar um novo traço Paint Effects. Com a curva selecionada, abra o Visor, selecione um pincel e no painel Paint Effects, escolha Paint Effects I Curve Utilities I Attach Brush to Curves (efeitos de pintura, utilitários de curva, anexar pincel a curvas).

Como copiar e colar ajustes de pincel

Você pode selecionar qualquer traço que já esteja criado e usar seus ajustes de pincel para continuar a pintar, ou para pintar outros objetos, escolhendo Paint Effects I Get Settings from Selected Stroke (de traço selecionado). Esta ação copia aqueles ajustes de pincel do traço no gabarito de pincel. Então, você

Capítulo 12 – Efeitos de pintura | 351

pode selecionar outros traços e aplicar os mesmos ajustes aos seus pincéis. Para fazer isto, selecione os traços na cena ou no Outliner e, depois, escolha Paint Effects I Apply Settings to Selected Strokes (a traços selecionados).

Como simplificar curvas e traços

Para tornar mais fácil animar e lidar com uma curva subjacente do traço, você pode remover os CVs da curva, para simplificá-la, escolhendo Paint Effects I Curve Utilities I Simplify Stroke Path Curves (efeitos de pintura, utilitários de curva, simplificar curvas de caminho de traço).

Entretanto, se o traço tiver um pincel complexo anexado, pode tornar a resposta de Maya lenta. A solução é diminuir a qualidade de exibição do traço (isto diminui a densidade, reduzindo os números de tubos e segmentos no traço). Com o traço selecionado, escolha Display I Stroke Display Quality no menu principal de Maya e selecione um dos seguintes: 0/25/50/75/100%/Custom. É melhor selecionar a opção Custom (personalizado) e ajustar um valor em torno de 5%-20%. Normalmente, uma porcentagem nesta faixa é tudo o que você precisa para ver onde o traço aparecerá e se ele está no caminho de algo mais.

Tutorial: como ajustar Paint Effects

É hora de voltar ao arquivo de cena que você montou progressivamente através deste livro. Neste tutorial, você acrescentará um único traço e depois irá editá-lo para conseguir o efeito de folhas mortas voando com o vento.

No CD
Chapter_12\movies\ch12tut02.wmv

1. Carregue o arquivo de cena e habilite Hardware Texturing na vista Perspective, com Shading I Hardware Texturing. Se isto diminuir muito o desempenho gráfico, você pode trabalhar com Hardware Texturing desativado — simplesmente desative da mesma maneira em que ativa. Renderize um quadro da vista Perspective e verá que o esquema de iluminação é para uma cena noturna, com a casa projetando sombras suaves, para se adequar ao seu mundo fantasmagórico (veja a Figura 12.8).

No CD
Chapter_12\ch12tut02start.mb

2. Abra a caixa de diálogo Paint Effects Globals (Paint Effects I Paint Effects Globals). Expanda a seção Scene, ajuste a Scene Scale para 200, para que os tamanhos padrões de pincel fiquem na escala certa para a cena, conforme mostrado na Figura 12.8, e, depois, feche a caixa de diálogo.

3. Selecione o solo e torne-o passível de pintura (Paint Effects I Make Paintable). Abra o Visor (tecla de atalho: **Shift+V**) e escolha o mesmo pincel Daisies usado no tutorial anterior. RMB-clique na vista sombreada Perspective e verá o cursor Paint Effects Tool aparecer. Pinte algumas margaridas para verificar o tamanho de pincel e, depois, desfaça (tecla de atalho: **z**). Já que você estava pintando em uma vista Perspective (modo Model View), as margaridas parecem menos complexas do que pareciam quando você as pintou no modo Paint Scene, no tutorial anterior.

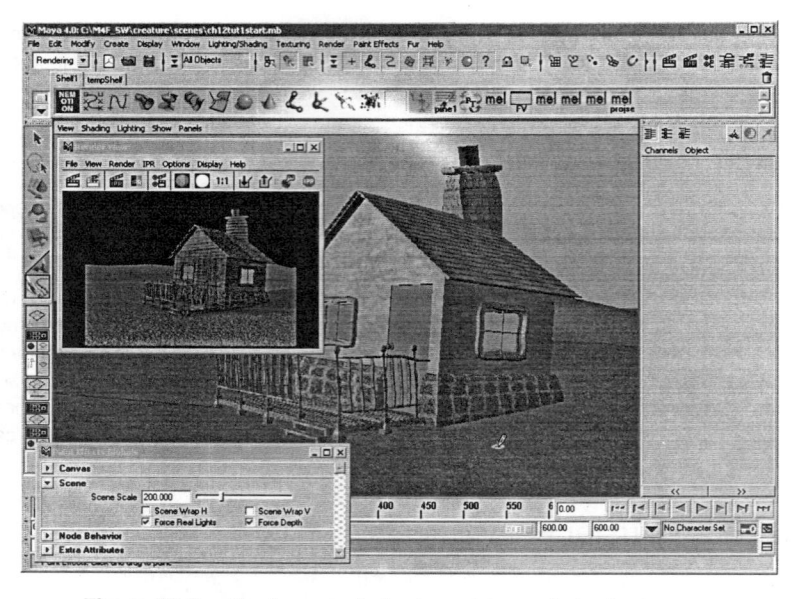

Figura 12.8 – *Hardware texturizado e vista renderizada da cena.*

4. Troque para o painel Paint Effects (tecla de atalho: **8**). Como antes, se você vir um painel branco vazio, RMB-clique no painel e escolha Paint Scene. Volte ao Visor e, na categoria Grasses (gramas), selecione o pincel grassDryBlowing.mel. Ajuste o painel Paint Effects para o modo Wireframe (para resposta rápida), pressionando 4. Gire a vista no painel Paint Effects e afaste, até poder ver a maior parte do plano de solo. Depois, pinte um traço direto de grama, começando a partir da frente do centro da varanda, indo para longe da casa e para fora da borda do plano de solo.

5. Para editar o traço de grama, abra o Attribute Editor (nas figuras a seguir, o Attribute Editor é exibido, ao invés da Channel Box, clicando o botão Show Attribute Editor na extrema direita da Status Line) e selecione a aba grassDryBlowing1, para ver os ajustes para o pincel de grama com o qual você pintou.

Dica Você pode encontrar os ajustes usados nas etapas seguintes, na Channel Box, sob Inputs, se clicar na entrada grassDryBlowing1. Entretanto, os valores são exibidos em uma longa lista, dificultando encontrar aqueles que você deseja editar. O Attribute Editor categoriza os ajustes para torná-los mais fáceis de encontrar.

---

6. A grama é um pouco curta para um gramado não cuidado que o 'mundo fantasmagórico' deveria ter, portanto, ajuste Global Scale para 200, para criar lâminas de grama mais largas e mais altas.

Capítulo 12 – Efeitos de pintura | 353

7. Em seguida, você fará uma ampla fileira de grama para este traço. Ajuste Brush Width, na seção Brush Profile (perfil de pincel) para 5.0, para espalhar as lâminas ao redor do caminho. Porém, o número de lâminas permaneceu igual, então, no Attribute Editor expanda a seção Tubes e depois a seção Creation. Fixe o ajuste de Tubes Per Step (tubos por etapa) para 60, para aumentar a densidade de grama. Ajuste a sua vista Perspective para uma posição onde pode medir o tamanho da grama com relação à casa. Se a sua exibição estiver atrasando, diminua Display Percent do traço na Channel Box. Você também pode desativar Stroke Refresh no painel Paint Effects (Stroke Refresh I Off) e depois restaurar a exibição, quando necessário, clicando o botão Redraw Paint Effects View.

8. A grama está sendo colocada, acompanhando a direção do traço. Embora isto crie um efeito de grama batida pelo vento, um pouco da grama deve ficar de pé, para criar um aspecto aleatório mais natural. Sob a seção Tubes no Attribute Editor, expanda a seção Behavior (comportamento) e depois a seção Forces (forças) e, depois, ajuste o atributo Path Follow (acompanhar caminho) para 0. Agora a grama deve parecer mais vertical e aleatoriamente inclinada. Para ver claramente o efeito, ajuste a vista para o modo Textured, no menu Shading e, se preciso, clique o botão Redraw Paint Effects View. Sob Tubes, na seção Creation no Attribute Editor, ajuste Length Min (comprimento mínimo) para 0.3 e Length Max (comprimento máximo) para 0.6 para tornar as lâminas de grama menores mais altas e a altura da grama irá variar entre estes dois valores. Você também pode reduzir o atributo Segments para 6, para conseguir um resultado renderizado mais depressa. Renderize a vista para ter uma idéia de como a grama se parece, conforme mostrado na Figura 12.9.

9. Em seguida, você deve dar uma olhada em como a grama está balançando à volta. Para que a exibição reaja bem a uma visualização em tempo real do efeito de vento, há várias etapas que você precisa efetuar. Primeiro ajuste a vista para Perspective (Panels I Perspective I Persp). Os efeitos de pintura já não serão mais renderizados e a grama aparecerá como simples linhas. Em seguida, oculte tudo, exceto o objeto atualmente selecionado, o único traço de pintura de grama (tecla de atalho: **Alt+h**, ou Hotbox I Display I Hide I Hide Unselected Objects — ocultar objetos não selecionados).

10. Depois, clique a aba strokeShapeGrassDryBlowing1 no Attribute Editor e ajuste Display Quality para 2, de modo que apenas 2% das lâminas de grama apareçam. Agora, você pode clicar o botão Play e ver o efeito de vento em tempo real.

Dica	A renderização não deve demorar mais do que um minuto. Se os seus períodos de renderização forem extremamente longos, verifique seus ajustes Render Globals para ter certeza de que a resolução está em 320x240 e a correção está ajustada para Preview Quality.

Nota	É possível confirmar a velocidade de sua execução na caixa de diálogo Preferences (abra-a clicando o botão Animation Preferences, do lado inferior direito da interface). Na caixa de lista Playback Speed, selecione Real-time (tempo real) (30 fps).

Figura 12.9 – *O resultado de edições à grama, visualizado no painel Paint Effects e renderizado.*

11. Deixe a animação sendo executada, volte para a aba grassDryBlowing1 no Attribute Editor e expanda a seção Tubes, Behavior, Turbulence. Aumente o atributo Turbulence para 0.05, para fazer a grama se mover mais. Ajuste o atributo Frequency para 0.3, para especificar quão coordenado será o movimento das lâminas de grama. Se este valor estiver ajustado para 0, as lâminas de grama se movem como que "bloqueadas", que não parece natural. Por fim, ajuste Turbulence Speed (velocidade de turbulência) para .4, o que diminui o movimento, para dar o efeito de um vento suave, mas persistente. Com cada ajuste, você deve ver o resultado no painel, à medida que a execução faz o ciclo, conforme mostrado na Figura 12.10.

Capítulo 12 – Efeitos de pintura | **355**

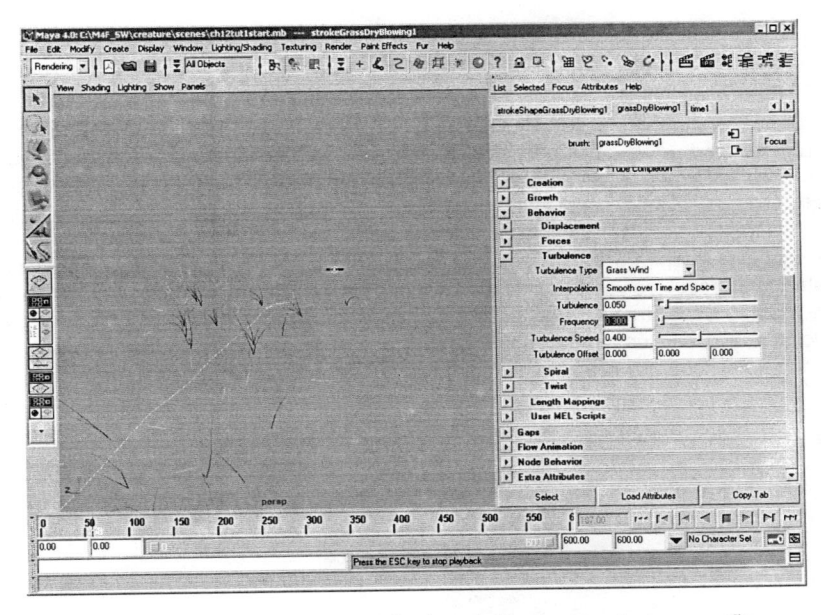

Figura 12.10 – *Ajustes de edição de turbulência durante a execução.*

12. Clique o botão Stop para interromper a execução e exiba todos os objetos ocultos (tecla de atalho: **Ctrl+Shift+h**). Dê um toque na barra de espaço para voltar ao modo Four View e configure o espaço do lado direito da interface para exibir a Channel Box, clicando o botão à extrema direita da Status Line.

Você criou e personalizou um traço de grama. Em seguida, você fará uma relva na paisagem e usará os ajustes de grama que acabou de configurar, para o restante dos traços de grama. Veja o arquivo no CD, se quiser comparar o seu progresso.

No CD
Chapter_12\ch12tut02end.mb

Tutorial: mais Paint Effects

Agora que você conseguiu o seu traço de grama como queria, pode preencher o resto da paisagem. Neste tutorial, você também pintará árvores e névoa para completar o mundo fantasmagórico. Você experimentará com um Playblast e, depois, renderizará a cena em um filme, a partir da vista Camera no ar. Você pode continuar a partir do tutorial anterior ou carregar o arquivo de cena do CD.

1. Se você tiver reiniciado Maya depois do tutorial anterior, precisará tornar a superfície de solo novamente passível de pintura. Para fazê-lo, selecione o solo e escolha Paint Effects | Make Paintable.

No CD
Chapter_12\movies\ch12tut03.wmv

No CD
Chapter_12\ch12tut02end.m

Dominando Maya 4

2. Para aumentar a velocidade de interação, diminua a resolução de objetos NURBS exibidos, marquee-selecionando todos os objetos em um painel e, depois, pressionando 1 para ajustar a qualidade de exibição para baixa.

3. Depois, você fará uma ferramenta jeitosa para criar a nova grama que usa os ajustes do traço de grama aperfeiçoado. Abra o Outliner (tecla de atalho: **Shift+O**) e selecione strokeGrassDryBlowing1. Depois, escolha Paint Effects I Get Settings from Selected Stroke para copiar os ajustes criados. Em seguida, escolha Paint Effects I Save Brush Preset. Na caixa de diálogo Brush Preset (veja a Figura 12.11), digite M4FgrassDryBlowing na caixa de texto Label e drygrass na caixa de texto Overlay Label (etiqueta de superposição). Deixe o botão de rádio To Shelf (para prateleira) selecionado para o ajuste Save Preset (salvar pré-ajuste) e este jeitoso pincel aparecerá em sua Shelf (prateleira). Clique o botão Save Brush Preset e depois clique Close (fechar). O novo ícone de pincel será exibido na aba Shelf atualmente selecionada. Se você precisar se livrar de alguns itens de Shelf, MMB-arraste os ícones deles para a lixeira, à extrema direita de Shelf.

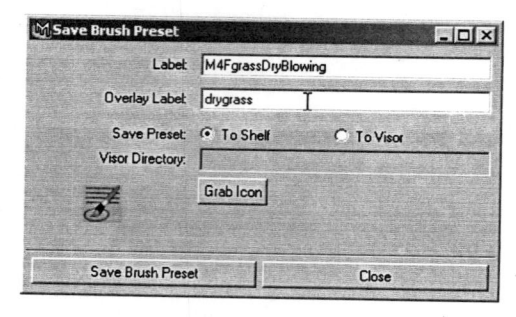

Figura 12.11 – *Acréscimo de tipo personalizado de pincel à Shelf.*

4. Troque para a vista Top, tela cheia. Clique o novo ícone Shelf e estará trabalhando em Paint Effects. Entretanto, antes de começar a pintar, você precisa ajustar os traços, para que eles só exibam 2% das lâminas na vista. Para fazer isto, você usará os ajustes Paint Tool, que definem muitos atributos do traço. O botão Paint Tool (mostrado na Figura 12.11) é a Tool Box abaixo do botão Show Manipulator Tool (exibir ferramenta de manipulação). Clique-o duas vezes e ajuste a Display Quality para 2.0. Feche a janela Tool Settings.

5. Agora você pode fazer a relva da paisagem, em vários traços longos. À medida que você pintar, verá todas as lâminas aparecerem, mas assim que terminar um traço, ele troca para o ajuste de exibição a 2%. Crie três longos traços em cada lado da casa, um atrás da casa, que continua o traço feito no tutorial anterior e alguns outros caminhos de grama pela paisagem, como mostrado na Figura 12.12. Tenha em mente que quão rápido ou lentamente você desenha os traços afeta a densidade de grama. Sobreponha os traços largos para evitar ter espaços na grama. Da mesma forma, evite pintar grama muito perto da casa, ou ela pode entrar pela geometria da casa.

Capítulo 12 – Efeitos de pintura | 357

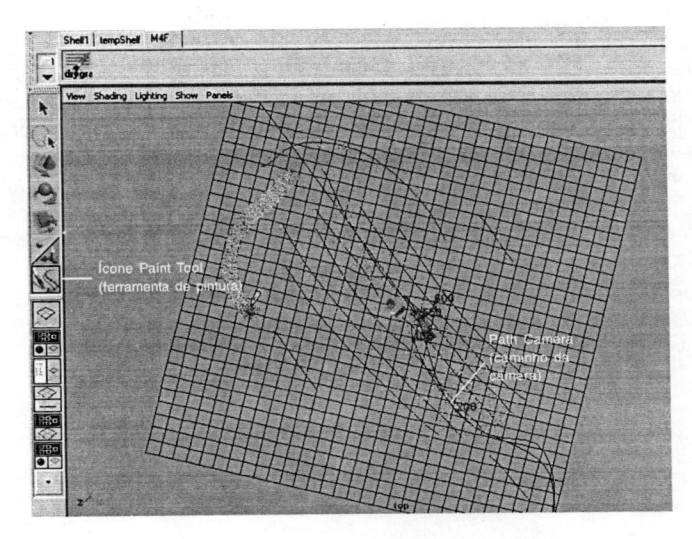

Figura 12.12 – *Os traços de grama aplicados.*

6. Para facilitar trabalhar em Maya, você pode ocultar estes traços de grama. Abra o Outliner e selecione todos os traços de pintura e, depois, oculte estes objetos selecionados (tecla de atalho: **Ctrl+h**).
7. Em seguida, você acrescentará algumas árvores. Confirme que ainda tem a sua Scene Scale ajustada para 200 na caixa de diálogo Paint Effects Globals, conforme a Etapa 2 do tutorial anterior. Na Visor (tecla de atalho: **Shift+V**), selecione a pasta Trees (árvores) e clique o pincel birchDead.mel. Para evitar colocar árvores diretamente no caminho da câmera, você desenhará traços que o circundam. Para fazer as árvores, clique duas vezes o ícone Paint Tool, na Tool Box e ajuste Display Quality para 25. Abra a caixa de diálogo Brush Settings (tecla de atalho: **Ctrl+b**) e ajuste Global Scale para 10. Agora, desenhe um caminho curvo na vista Top, que fica longe da linha de caminho da câmera, da linha de vista da câmera e da casa.
8. Em Visor, selecione o pincel treeBare1.mel. Na caixa de diálogo Brush Settings, ajuste Global Scale para 3. Pinte uma outra curva de árvores por trás da primeira curva, fazendo uma curva em volta dela.
9. Em Visor, selecione o pincel thorn.mel e ajuste a sua Global Scale para 8. Pinte uma outra curva de árvores por trás e em torno da pintada na Etapa 8.
10. Em Visor, selecione o pincel treeBare3.mel e ajuste a sua Global Scale para 4. Pinte uma curva curta de árvores, conforme mostrado na Figura 12.13.
11. Agora você deve ter uma verdadeira floresta se desenvolvendo, especialmente sob o ponto de vista da câmera. Verifique, mudando a vista para a câmera com Panels I Perspective I Camera1. Ajuste o quadro para 270 e renderize um quadro.
12. É possível aumentar facilmente a densidade da árvore, selecionando o traço birchDead no Outliner e depois ajustando a Sample Density para 2 na Channel Box, sob Shapes. O número de árvores de bétula mortas no traço de pincel aumentará.

13. Com o traço birchDead ainda selecionado, oculte todos os objetos que não estão selecionados (tecla de atalho: **Alt+h**), para apressar a exibição. Para acrescentar vento às árvores, abra o Attribute Editor e clique a aba birchDead1. Expanda as seções Tubes, Behavior, Turbulence e ajuste Turbulence Type para Tree Wind (vento de árvore). Troque para a vista Front e aproxime, para que só algumas árvores fiquem visíveis. Ajuste a qualidade de exibição do traço maior, para poder ver as árvores em mais detalhe (Display l Stroke Display Quality l 50%). Clique o botão Play. Ajuste Turbulence, Turbulence Speed e Frequency para 0.200. Você pode ver nos visores que as árvores se movem mais fortemente no vento. Pare a execução e exiba os últimos objetos ocultos (tecla de atalho: **Ctrl+Shift+h**).

14. Repita a Etapa 13 para os outros traços de árvore, usando o Outliner para selecionar cada um. Se você não tiver certeza do que está oculto e quiser exibir toda a geometria de cena, use Display l Show l Show Geometry l All para conseguir seus objetos de cena de volta.

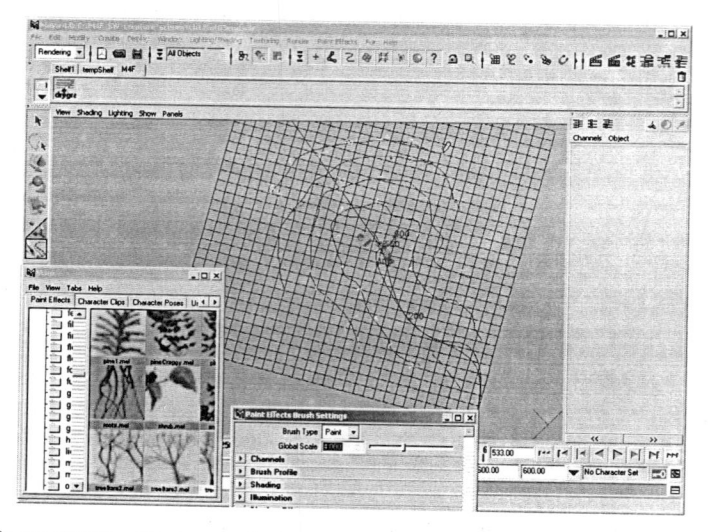

Figura 12.13 – *Os traços de árvore aplicados, fora do caminho da câmera.*

Dica Para ter certeza de que acidentalmente você não ajuste as configurações da câmera, você pode querer bloquear as transformações feitas nela. Selecione a câmera no Outliner, arraste sobre todos os nomes de transformação na Channel Box (as nove entradas de Translate X a Scale Z) e, depois, RMB-clique em qualquer um deles para abrir um menu de atalho. Escolha Lock Selected (bloquear selecionado) para tornar impossível pairar ou girar, de qualquer forma, a câmera.

Capítulo 12 – Efeitos de pintura | 359

15. Para obter uma visualização do caminho da câmera e todos as árvores e grama se movendo, você criará um Playblast. Primeiro troque de volta para a vista Camera1. Assegure-se de estar no modo Shaded (tecla de atalho: **5**) e exiba todos os objetos, incluindo os traços de grama; você também pode habilitar Hardware Texturing, se quiser. Depois, escolha Window I Playblast I caixa de opção. Na caixa de diálogo Playblast Options, selecione Custom na caixa de lista Display Size e ajuste o tamanho para 480x360. Selecione a caixa de verificação Save to File, para habilitar a caixa de texto Movie File (arquivo de filme) e digite o nome camtest1, conforme mostrado na Figura 12.14. Clique o botão Playblast e faça uma pausa para o café. Dependendo da potência de sua placa de vídeo 3D, o Playblast pode demorar de alguns minutos a algumas horas. Você pode ver o indicador de quadro do Time Slider se mover para mostrar o progresso. Quando você vir o filme resultante, terá uma idéia clara de como será o resultado final animado.

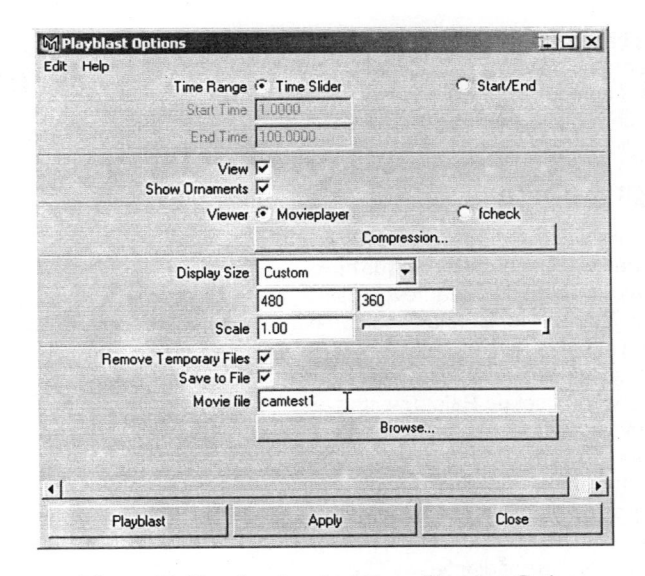

Figura 12.14 – *A caixa de diálogo Playblast Options.*

Armadilha

O Playblast confia em sua placa gráfica para montar a imagem 3D para cada quadro. Você não pode ocultar a área de execução de Maya com uma outra janela enquanto Playblast está sendo criado, ou a sua placa de vídeo não fará qualquer renderização e não terá uma imagem útil para o quadro. Se você cobrir a vista 3D em Maya durante a gravação de Playblast, o filme congela ao exibir os segmentos que foram ocultados durante a gravação. Para ficar seguro, encontre algo mais para fazer ou use uma outra máquina enquanto Maya está criando um Playblast.

Dica

Se Playblast estiver demorando demais, pressione a tecla Esc em qualquer ponto para desistir; qualquer progresso que tenha sido feito até aquele ponto será salvo. Então, você pode tentar diminuir a resolução ou desativar o sombreado ou texturas para obter resultados mais rápidos. Com tantos efeitos de pintura na cena, a qualidade de exibição tem um efeito importante na velocidade de Playblast. Você pode selecionar traços no Outliner e ajustar a qualidade de exibição deles, clicando Display | Stroke Display Quality e, depois, escolher uma porcentagem. Esteja atento que, com a grama, qualquer coisa mais do que 3% ou 4% levará a sua exibição para uma interrupção virtual.

Agora que a animação está quase certa, você pode acrescentar alguns efeitos de vapor para ajudar a ajustar o clima. Se quiser comparar o seu trabalho com as cenas de exemplo, carregue o arquivo do CD-ROM.

No CD
Chapter_12\ch12tut03end.mb

Tutorial: vapor e névoa

Antes de renderizar no ar, você acrescentará alguma névoa à cena. A maneira fácil é aplicar o efeito de névoa em camada de Maya. Entretanto, esta névoa está a uma altura constante Z e não acompanha os contornos da paisagem de uma maneira real. Assim, ao invés de pintar na superfície, como fez com as árvores e a grama, você usará a função offset de Paint Effects para criar um efeito de névoa de vapor, que paira no ar, exatamente acima do plano de solo. Você usará também a distância de névoa, para embaçar o fundo. Paint Effects pode criar muitos tipos de efeitos que caso contrário, seriam difíceis de simular: chuva, cachoeiras, nuvens, vapor, névoa, fumaça e assim por diante.

No CD
Chapter_12\movies\ch12tut04.wmv1

1. Primeiro oculte todos os traços de pincel existentes, para que eles não o tornem lento. Na Outliner, selecione todos os traços e, depois, oculte-os (tecla de atalho: **Ctrl+h**).

No CD
Chapter_12\ch12tut03end.mb

2. Selecione a vista Perspective (Panels | Perspective | Persp) e torne-a tela cheia. Selecione o objeto solo e torne-o passível de pintura (Paint Effects | Make Paintable), se você tiver reiniciado Maya desde o tutorial anterior. Troque para o painel Paint Effects (tecla de atalho: **8**) e assegure-se de estar no modo Paint Scene. Ajuste o menu Shading para Textured. Abra o Visor (tecla de atalho: **Shift+V**), selecione a pasta Clouds (nuvens) na aba Paint Effects e clique o pincel steamYellow.mel.

3. Abra a janela Tool Settings, clicando duas vezes o ícone Paint Tool, na Tool Box (ou escolha Hotbox | Paint Effects | Paint Effects Tool | caixa de opção). Ajuste Surface Offset para 120. Abra a caixa de diálogo Brush Settings (tecla de atalho: **Ctrl+b**) e ajuste Global Scale para 12. Expanda a seção Brush Profile e ajuste Brush Width para 0.2 e Flatness1 para 0.5. Feche ambas as caixas de diálogo e mova o seu mouse para cima da vista de paisagem Paint Effects Shaded para ver se o tamanho do pincel parece certo para a sua cena. Clique com o botão direito para ativá-lo, se preciso.

4. Pinte um traço de vapor sobre o solo, acompanhando as áreas baixas do solo. Acrescente vários

Capítulo 12 – Efeitos de pintura | 361

outros traços, conforme mostrado na Figura 12.15. Se você tiver uma mesa digitalizadora, esta é uma ótima hora para usá-la, para que as trilhas de vapor variem em largura e se estreitem gentilmente em seu início e fim. Mas, você pode conseguir resultados aceitáveis com o mouse. Experimente variar ligeiramente o tamanho do pincel (tecla de atalho: **b+LMB-arrastar para esquerda e para a direita**) para diferentes traços de vapor.

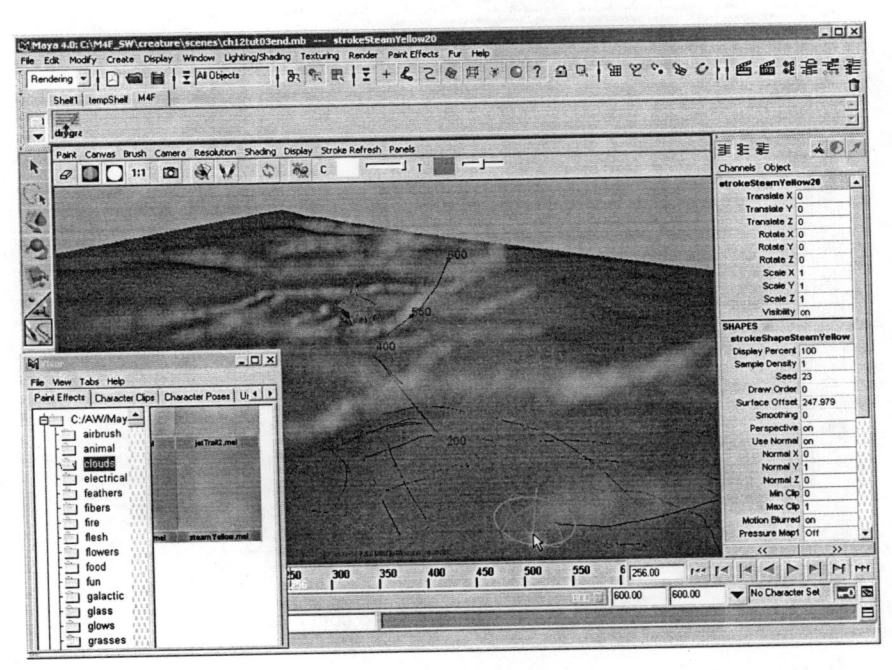

Figura 12.15 – *Pintura de trilhas de vapor, acompanhando as áreas baixas da paisagem.*

5. Saia do modo Paint Effects com Panels | Perspective | Camera1. Saia da pintura, selecionando o cursor (tecla de atalho: **q**). Renderize um quadro (por exemplo, por volta do quadro 270), para verificar o seu trabalho, se quiser.

6. Para acrescentar alguma profundidade de névoa padrão à cena, abra a janela Render Globals. Expanda a seção Render Options e clique o botão quadrado do atributo Environment Fog (ambiente enevoado), para criar um ambiente enevoado. Em seguida, selecione a caixa de verificação Apply Fog in Post, bem abaixo do EnvFogMaterial que você criou, de modo que ele será corretamente renderizado com Paint Effects.

7. Agora você pode editar o efeito de névoa em Hypershade. O Environment Fog é automaticamente selecionado, pois você acabou de criá-lo. Feche a janela Render Globals.

8. Abra o Attribute Editor (tecla de atalho: **Ctrl+a**). No alto, ajuste Fog Color (cor de névoa) para um cinza escuro (HSV: 0, 0, 0.15) e Saturation Distance para 5000. Para afetar quão densa a névoa permanece à distância, na seção Clipping Planes, selecione Fog Near/Far (névoa próxima/distante) em Distance Clip Planes (planos de recorde de distância) e ajuste a Near Distance para 40 e a Far Distance para 10000. Renderize novamente o quadro para ver o efeito de névoa. Sem as árvores e a grama, ela deve renderizar mais rapidamente.

9. Exiba as árvores e a grama (Display I Show I Show Geometry I All) e renderize novamente o quadro. Irá demorar alguns minutos, mas você pode ver um quadro da composição final (veja a Figura 12.16). Ele parece bastante fantasmagórico e as árvores e a grama se movendo durante a animação acrescentarão o clima.

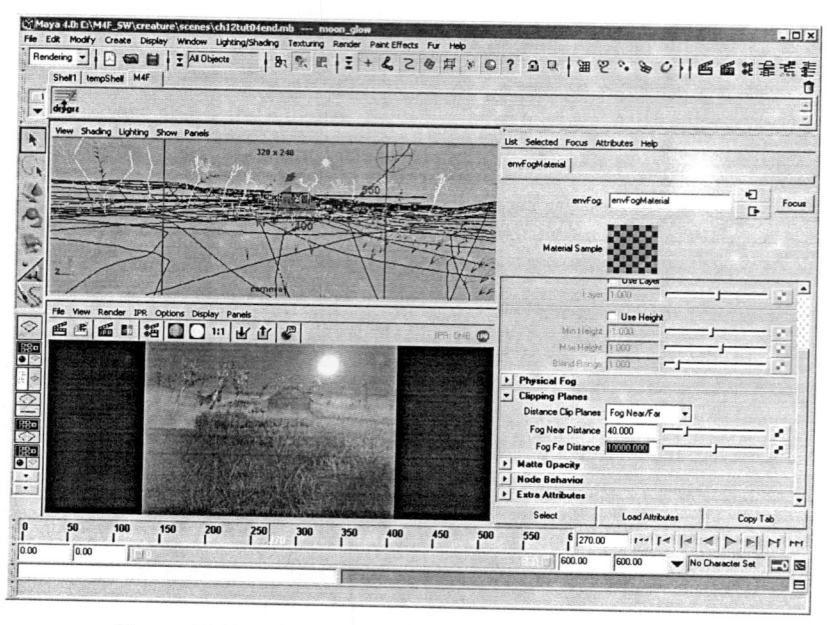

Figura 12.16 – *O teste de renderização com o novo objeto lua brilhando, combinando com vapor e névoa.*

Prepare-se para renderizar o filme. Primeiro, devido a animação ter 600 quadros, você pode avaliar quanto irá demorar a renderização, multiplicando o seu tempo de renderização de um quadro por 600. Assim, se demorar 3 minutos para renderizar um quadro, você pode descobrir que levará 1.800 minutos, ou 30 horas, para renderizar toda a animação. Se você não tiver 30 horas para deixar o seu computador ranger, pode querer salvar a sua cena, para fazê-lo em outra ocasião. Se você planeja aumentar a correção de qualidade ou a resolução, tornará mais lenta a velocidade de renderização, portanto, deve fazer uma verificação de tempo de renderização por quadro, se mudar estes ajustes.

10. Abra a janela Render Globals. Ajuste File Name Prefix para PFXtest, selecione AVI na caixa de lista Image Format e digite 0 e 600 nas caixas de texto Start Frame e End Frame. Selecione camera1 na caixa de lista Camera. Se quiser, você pode aumentar o nível de qualidade de correção, mas teste-o primeiro para ver o impacto que terá na velocidade de renderização.

11. Neste ponto, você está pronto para começar a renderização em lote. Feche a janela Render Globals e escolha Render I Batch Render. Se tiver um computador de múltiplos processadores, abra a caixa de diálogo Batch Render Options, ajuste-a para usar todos os processadores disponíveis e, depois, clique o botão Batch Render. Em qualquer caso, o seu computador agora está criando os quadros. Em algumas horas ou alguns dias, você terá completado o seu filme. Se quiser, compare a sua cena com o arquivo de cena indicado próximo ao ícone de CD.

Capítulo 12 – Efeitos de pintura | **363**

> **No CD**
> Chapter_12\ch12tut04end.mb

Como ir além

Já que a grama e as árvores estão se movendo, tente fazer a névoa se mover também (para fazer isto, você precisa animar as curvas às quais os traços de névoa estão anexados). Experimente, você mesmo, criar alguns pincéis, testando com os ajustes que aparecem quando você edita um pincel. Explore os pincéis pré-ajustados e descubra alguns dos estilos mais esotéricos que foram criados a partir do conjunto de variáveis que controlam o aspecto de um pincel. Tente criar algumas paisagens de tipos diferentes e use uma variedade de ferramentas de pincel. Explore as opções de animação de pincel, para ver como você pode criar efeitos, tais como, iluminação e fogo, que têm animação interna.

Algumas notas de encerramento sobre Paint Effects: tudo associado à criação, renderização e animação em Paint Effects está hospedado dentro de traço e pincel. Paint Effects tem seus próprios procedimentos de sombreado, e você não pode designar a eles os seus próprios sombreadores. Eles têm as suas próprias simulações Dynamics, portanto, não interagem com os campos Dynamic de Maya, que são discutidos no próximo capítulo (embora eles possam ser afetados por "controle de curvas" externo, para simulá-los, a certo grau). Paint Effects são renderizados separadamente, como um procedimento posterior e, depois, são automaticamente compostos no quadro renderizado. Você pode ver isto durante a renderização, quando Paint Effects não aparece durante a renderização normal e, depois, surge instantaneamente, ao final da renderização, depois de alguma demora.

Resumo

Você teve a oportunidade de experimentar alguns dos recursos de Paint Effects e criar algumas cenas complexas, com esforço relativamente pequeno. Alguns dos métodos aprendidos incluem:

- **Preparação de objetos para Paint Effects** — Não é possível pintar um objeto, a menos que ele seja um objeto NURBS e tenha sido transformado em passível de pintura durante a sessão atual Maya.
- **Busca e escolha de um pincel** — Maya oferece uma ampla coleção de pincéis pré-ajustados no Visor.
- **Edição de ajustes de pincel** — Você aprendeu como mudar a maneira com que o pincel pinta e modificar o aspecto do traço depois de pintá-lo.
- **Como ocultar e exibir elementos de cena** — Quando é necessária reação em tempo real em Maya, você pode ocultar os objetos com os quais não está trabalhando para conseguir desempenho máximo de sua exibição.
- **Visualização de sua animação** — Quando você está animando, precisa de rápidas visualizações de quadros, mas o seu arquivo de cena, com freqüência, é maior do que uma placa gráfica pode exibir em tempo real. Playblast cria um arquivo de visualização, usando a sua placa gráfica, para ajudá-lo a medir o tempo de sua animação.
- **Como salvar seus pré-ajustes** — Você pode criar pincéis e acrescentá-los à Shelf, ou a uma pasta Visor, para uso posterior.

CAPÍTULO

13

Sistema de partícula e dinâmicas

Neste capítulo

Às vezes, ao invés de usar as técnicas de animação de quadro-chave, descritas no Capítulo 10, "Animação", você pode permitir a Maya criar a animação sob a sua direção. Este recurso, chamado de Particle Systems (sistemas de partícula), pode ser particularmente útil quando você precisa criar e animar dezenas, centenas e milhares de objetos semelhantes que variam ligeiramente a sua geometria ou animação. Você também pode usar o modo Dynamics de Maya quando só quer simular a realidade em como os objetos se comportam — por exemplo, animando a forma com que os pinos de boliche reagem quando atingidos por uma bola de boliche. No modo Dynamics, você pode até criar efeitos "de corpo suave", onde os objetos deformam como se fossem feitos de borracha ou de gelatina. Alguns dos tópicos cobertos neste capítulo incluem o seguinte:

- **Criação de simulações de dinâmicas de corpo rígido** — Ajusta a sua cena para objetos que reagem a forças e colidem uns com os outros.
- **Aplicação de forças** — Simulações de dinâmicas podem levar em conta gravidade, vento e muitos outros tipos de efeitos físicos simulados.
- **Aplicação de restrições** — Os objetos podem nem sempre estar livres para voar em torno; eles podem ser dependentes ou tolhidos, de muitas maneiras, e a simulação em Maya leva em conta fatores de restrição.
- **Criação de partículas** — Você pode definir onde são criadas partículas em Maya, pintando-as ou usando emissores de partícula.
- **Tipos de partícula** — Maya oferece muitos tipos individuais de partículas quando você deseja criar efeitos de chuva, borrifo ou término, dentre outros.
- **Criação de dinâmicas de corpo suave** — Você aprenderá as etapas de ajustar um efeito de corpo suave, para que os objetos se inclinem e deformem quando forem atingidos por outros objetos, ou acionados pelas forças em sua cena.

Termos-chave

corpo ativo — Objetos que colidem e reagem quando ocorrem colisões.

corpo passivo — Objetos que colidem, mas não reagem quando ocorrem colisões; entretanto, eles podem servir como objetos para a reação de corpos ativos.

campos — Forças, tais como gravidade, usadas para animar o movimento de corpos rígidos e suaves e partículas.

restrição — É permitida uma restrição no tipo de movimento de dinâmicas de objeto. Por exemplo, uma compressão de dependência restringe um objeto de girar em um eixo.

emissor — Uma fonte de partícula que controla variáveis como velocidade e direção de partículas; você pode pensar em um emissor como uma mangueira e as partículas como um fluxo de água.

corpo suave — Um objeto que pode deformar durante uma simulação de dinâmicas. Um objeto corpo suave é influenciado por um sistema ou emissor relativo a partícula. As dinâmicas de colisões movem partículas que, então, podem mover o corpo suave.

objetivo/alvo — Uma posição alvo de partículas, normalmente definida por um objeto NURBS ou polígono. As partículas buscam se distribuir no CV ou em posições de vértice do objeto alvo.

Teclas de atalho a memorizar

F4 — modo Dynamics

Alt+F9 — apresenta vista atual

Shift+T — Hypershade

Ctrl+h — oculta objeto selecionado

Alt+h — oculta objetos desmarcados

Este capítulo cobre um conjunto de ferramentas em Maya que automatiza a animação com base em parâmetros de controle. Estas ferramentas — partículas, dinâmicas de corpo rígido e dinâmicas de corpo suave — se relacionam a como elas funcionam e como você controla o uso delas. Para acessá-las, é preciso trocar para o modo Dynamics em Maya.

Estas funções — dinâmicas e partículas — trabalham juntas para criar animação que, caso contrário, seria difícil de manusear. Com dinâmicas de corpo rígido, a idéia é simular a física para que os objetos batam uns nos outros e desviem. Com as dinâmicas de corpo suave, os objetos são deformados a partir de suas colisões. Com partículas, você pode controlar com facilidade a animação de grande quantidade de objetos. Em todas estas funções você pode criar forças, tais como gravidade ou vento, que afetam a animação.

Dinâmicas de corpo rígido

Com as dinâmicas simples, também conhecidas como dinâmicas de corpo rígido, Maya simula a física para criar animação. Os seus elementos de cena recebem massa e (opcionalmente) velocidades e giros iniciais. Depois, você aplica forças que podem afetar os objetos. Se os objetos colidem, eles podem desviar, com base nos níveis de massa e fricção designados a eles. Os valores em forças trabalham muito como fazem nos cálculos de física na vida real e darão a você resultados reais, se você ajustar as coisas para imitar forças encontradas na natureza.

As dinâmicas em Maya podem ser aplicadas como corpo rígido ou corpo suave. Dinâmicas de corpo suave, discutidas mais adiante neste capítulo, são mais complexas. Por ora, você trabalhará com objetos que não deformam quando colidem. Você pode usar objetos NURBS ou poligonais em simulações dinâmicas, mas precisa considerar as direções de superfície dos objetos. Os objetos só colidem de um lado — na direção virada para a frente da superfície normal de um objeto. Se você quiser que um objeto colida dentro de outro, a superfície externa precisa ter a sua superfície normal invertida. Por exemplo, se você colocar uma bola balançando dentro de um cubo passivo, deve inverter o normal do cubo (virado para dentro ao invés do padrão, para fora), selecionando o cubo e escolhendo entre Edit NURBS I Reverse Surface Direction (editar NURBS, inverter direção de superfície) (se o cubo for NURBS) ou Edit Polygons I Normals I Reverse (editar polígonos, normais, inverter) (se o cubo for de polígonos).

Corpos ativos e passivos

Objetos que interagem podem ser ativos ou passivos. Objetos passivos, embora possam ser animados por quadro-chave, permanecem parados; eles podem causar colisões (se estiverem no caminho de um corpo ativo se movendo), mas não são afetados por elas. Os objetos que reagem a colisões precisam ser ajustados para ativar. Você pode trocar um objeto de ativo para passivo e vice-versa: na Channel Box há um atributo chamado Active (ativar) que pode ser ativado e desativado;

Você também pode ajustar chaves de animação para alternar quando as dinâmicas assumem, a partir de animação com quadro-chave. A troca é gerenciada com Soft/Rigid Bodies I Set Active Key (corpos suave/rígido, ajustar chave ativa) ou Set Passive Key (ajustar chave passiva). Isto permite que você combine animação tradicional emoldurada por chave com animação calculada de dinâmicas. Por exemplo, você pode ter a animação de quadro-chave para uma bola balançar, mas também quer que ela caia por alguns degraus. Ajustar uma chave ativa na bola permitiria às dinâmicas assumir naquela parte da animação.

Você pode ajustar valores em Initial Velocity (velocidade inicial) (velocidade e direção) e Initial Spin (giro inicial) para ativar objetos (veja a Figura 13.1). Para ambos os objetos, passivos e ativos, também é possível ajustar valores para Impulse (impulso) ("empurrar") e Impulse Spin (impulso de giro) ("giro") a partir de um ponto arbitrário de origem. Estes ajustes criam um tipo de força instantânea no objeto. Por exemplo, você pode ajustar a Impulse Position (posição de impulso) do centro de partida em uma bola de bilhar, para ajustar aquele objeto movendo-se na hora e local exatos em que um taco de bilhar atingir o centro de partida.

Você também pode ajustar os seguintes atributos para objetos ativos:

- **Mass** (massa) — O peso do objeto. Objetos pesados parecem empurrar objetos mais leves quando eles colidem.
- **Bounciness** (saltos) — a quantidade de energia retida depois de uma colisão. Pense em termos de um grão de feijão contra uma bola grande, com a bola grande tendo um fator de Bounciness de 1 e o grão de feijão, 0. Lembre-se de que os objetos passivos também têm saltos e os valores de salto são calculados entre as superfícies colidindo. Uma bola grande não pode balançar para fora um grão de feijão, e um objeto de alto balanço não se move para longe de um objeto de baixo balanço.
- **Damping** (umidade) — Um efeito que produz um "arrasto" em um objeto. Valores mais altos do que 0 fazem o objeto perder o momento direcional e angular sobre o tempo.

Dominando Maya 4

- **Static Friction** (fricção estática) — A quantidade de energia que é necessária para fazer um objeto imóvel se mover, quando ele está em repouso em outra superfície. Na natureza, normalmente é preciso de mais energia para fazer um objeto deslizar no solo e manter aquele objeto deslizando a uma velocidade constante, pois objetos imóveis formam uma ligeira "cola" (uma pequena quantidade de ligações atômicas) com a superfície onde eles estão em repouso. Superfícies mais suaves geram mais destas microligações, portanto, normalmente elas têm fricção estática mais alta. Por exemplo, é difícil iniciar o movimento de um grande cubo de borracha em um piso de aço, porém, é bem fácil iniciar o movimento de um cubo de madeira em um piso de concreto.

SHAPES	
pTorusShape1	
rigidBody17	
Initial Velocity X	0
Initial Velocity Y	0
Initial Velocity Z	0
Initial Spin X	-400
Initial Spin Y	-300
Initial Spin Z	-500
Center Of Mass X	0
Center Of Mass Y	0
Center Of Mass Z	0
Impulse X	0
Impulse Y	0
Impulse Z	0
Impulse Position X	0
Impulse Position Y	0
Impulse Position Z	0
Spin Impulse X	0
Spin Impulse Y	0
Spin Impulse Z	0
Mass	1
Bounciness	1
Damping	1
Static Friction	0.2
Dynamic Friction	0.2
Collision Layer	0
Stand In	none
Active	on
Particle Collision	off
Lock Center Of Mas	off
Ignore	off
Collisions	on
Apply Force At	boundingBo

Figura 13.1 – *Ajustes de dinâmicas em corpos rígidos ativos.*

- **Dynamic Friction** (fricção dinâmica) — A quantidade de energia tomada para manter um objeto em movimento quando desliza em uma outra superfície. Lembre-se de que cada superfície tem ajustes de fricção e que as superfícies afetam umas às outras. Se você quiser criar o efeito de uma superfície escorregadia, precisa diminuir a fricção estática e dinâmica do objeto superfície escorregadia e dos objetos que entram em contato com ela.

Capítulo 13 – Sistema de partícula e dinâmicas | 369

- **Stand In** (substituição) — Normalmente, cada polígono de uma superfície é testado em cada fração de um quadro de animação para ver se ele tocou uma das outras superfícies ativa ou passiva na simulação. Quando os objetos são reunidos ou modelos mais complexos são usados, o cálculo pode tornar-se tão lento que exige horas ou dias! O ajuste Stand In ajuda a contornar este problema, forçando a máquina Dynamics a usar uma superfície de cálculo mais rápida, no lugar do objeto atual. As opções são para cubo e esfera. Você deve ajustar sempre objetos de tipo de parede planar para usar o stand-in de cubo. Ao invés de simplificar a parede para um cubo, ele usa a caixa de limite da parede para calcular as dinâmicas, simplificando assim os milhares de testes de cálculo de colisão exigidos. Da mesma forma, objetos esféricos são melhores substituídos por um stand-in de esfera. Observe que os movimentos do objeto refletem o stand-in, portanto, se você usar um stand-in de cubo em um ovo, ele cairá na simulação, como se fosse uma placa retangular.

Dica Objetos complexos que não podem ser simplificados para um cubo ou esfera ainda podem ser feitos para calcular muito mais depressa. Considere a opção de criar um objeto de complexidade muito mais baixa, de proxy não renderizável, que é usado para a simulação de dinâmicas. Então o objeto é aparentado pelo objeto proxy stand-in, para que ele herde todos os seus movimentos.

A primeira etapa em montar uma simulação de dinâmicas é ajustar elementos de cena que será parte da simulação, para corpos passivos ou ativos, escolhendo Soft/Rigid Bodies I Create Active Rigid Body (corpos suaves/rígidos, criar corpo rígido ativo) ou Create Passive Rigid Body (criar corpo rígido passivo) no menu. Depois de criar os corpos rígidos, você pode ajustar seus ajustes mais tarde, na Channel Box, assim, não é preciso determinar estes valores imediatamente quando estiver aplicando os atributos de corpo rígido a um objeto.

Depois de você ter ajustado objetos para passivo ou ativo e, opcionalmente, ter especificado as suas condições iniciais, é preciso determinar se as forças externas agirão nos objetos e se o movimento dos objetos está bloqueado de alguma forma. Em Maya, as forças externas são criadas com *campos*, e os atributos de bloqueio de movimento são chamados de *restrições*.

Campos

Os campos são localizados ou forças globais que agem em objetos. Você deve lembrar de trabalhar com o campo Turbulence no Capítulo 4, "Mergulho: a sua primeira animação". Os campos têm seus próprios ícones em uma cena, portanto, é mais fácil selecioná-los, se você quiser animar um campo ou mudar os seus atributos. Por exemplo, você poderia animar o Gravity Field (campo de gravidade) para virar ao contrário a gravidade durante uma animação, ou anexar um Air Field (campo aéreo) a um barco, para criar uma esteira de espuma, como se ele se movesse através de um campo de partícula. Quando você criar um campo, ele afeta os objetos atualmente selecionados. Mais tarde, você pode editar quais objetos estão designados a um campo com Dynamics Relationships Editor (editor de relacionamentos de dinâmicas). Estes campos estão incluídos com Maya:

- **Air** (ar/aéreo) — Um tipo de campo de "empurrar", ele vem com pré-ajustes para Wind (vento), Wake (esteira de espuma) e Fan (ventilador).
- **Drag** (arrastar) — Um campo que diminui o movimento de itens dentro do seu alcance.

- **Gravity** (gravidade) — O campo usado mais comumente, ele leva os objetos a se moverem e acelerar em determinada direção. Você pode limitar o seu alcance para criar Gravity Fields localizados.
- **Newton** — Semelhante a Gravity, mas opera de uma maneira esférica. Os objetos são atraídos aos campos Newton mais fortemente, dependendo de sua massa (ajuste nos atributos de corpo rígido) e sua distância do campo Newton.
- **Radial** — Como Newton, mas leva massa em consideração. Ele pode ser ajustado para diminuir com a distância, como com os campos Gravity e Air, e pode ser ajustado para empurrar ou puxar.
- **Turbulence** (turbulência) — Torna o movimento do objeto mais aleatório. Normalmente, Turbulence é aplicado a corpos suaves ou partículas para criar a impressão de vento ou ondas.
- **Uniform** (uniforme) — Um campo que empurra objetos em determinada direção. Como Gravity, mas sem a aceleração progressiva que Gravity inclui.
- **Vortex** (vértice) — Um tipo de gravidade giratória, o campo Vortex empurra objetos em um movimento espiralado que é centralizado no ícone do campo. Com freqüência, usado para criar galáxias, redemoinhos ou tornados, com sistemas de partícula.
- **Volume Axis** (eixo de volume) — Um campo complexo que lhe permite especificar uma forma de volume (cubo, esfera, cilindro, cone ou torus) e depois criar efeitos que funcionam dentro da forma. Por exemplo, com um sistema de partícula, você pode usar um cilindro para criar o aumento vertical e um torus para criar um chapéu de cogumelo de uma nuvem.

Restrição

Junto com as forças que você aplica como campos, é possível acrescentar restrições, que restringem um movimento de objeto. Entretanto, as restrições são aplicadas aos objetos individuais, ou partes de objetos, ao invés de em grupos de objetos, como com campos. Depois de aplicar restrições, elas são conectados ao objeto ao qual estão associados. Elas não têm os seus próprios ícones, como os campos. Maya inclui as seguintes restrições:

- **Nail** (prego) — Liga um objeto a um ponto na cena. O objeto se comporta como se estivesse amarrado ao ponto de ligação por uma vareta sólida, mas ele pode orbitar em qualquer lugar em torno do ponto de ligação, pois ele colide com objetos ou é afetado por campos. Pense nele como um suporte de lustre.
- **Pin** (pino) — Este tipo de restrição requer que dois objetos estejam ligados a um ponto pivô separado. Pense em uma vareta vindo de cada objeto, com as extremidades livres unidas em uma bola de junção.
- **Hinge** (articular) — Como implica o nome, você obtém uma rotação livre de restrição para com um eixo. Você pode articular objetos para um ponto no espaço, para outro objeto ativo ou para um objeto passivo.
- **Spring** (mola) — Esta restrição é como a restrição Nail, mas ao invés de trabalhar como um lustre em uma vareta fixa, é como um lustre em uma vareta "bungee" de telescópio. Como com Hinge, você pode usar Spring para ligar um objeto ativo a outro objeto ativo, a um objeto passivo ou a um ponto no espaço.
- **Barrier** (barreira) — Bloqueia objetos de ir além do plano que ele define. Você só pode designar esta restrição a um objeto. Os objetos podem se desviar, mas não deformar, a partir da restrição Barrier, portanto, ela é recomendada para objetos que bloqueiam outros objetos, como paredes ou pisos.

Configuração de corpo rígido

A abordagem normal para criar simulação de dinâmicas de corpo rígido é colocar objetos em suas posições de início para a animação e, depois, ajustá-los como passivos ou ativos. Normalmente, você designa um campo Gravity próximo enquanto os corpos ativos ainda estão selecionados, para que o campo seja automaticamente designado a eles. É possível que você queira acrescentar outros campos, tais como, Drag ou Turbulence. Finalmente, você pode ajustar algumas restrições em objetos que, de alguma forma, estão articulados ou amarrados. Você pode ver a execução durante ou depois de ajustar a massa e outras configurações dos objetos, mas não deve esfregar o Time Slider quando estiver vendo estas simulações Dynamics, pois cada quadro depende do quadro anterior para calcular a simulação. Quando você estiver satisfeito com as dinâmicas na animação, pode armazenar ou cozer a animação (explicado no tutorial a seguir), para poder esfregar novamente a animação, exibi-la de volta, pular quadros e assim por diante.

Tutorial: como explorar as dinâmicas de corpo rígido

Agora você criará alguns efeitos de dinâmica rígida com o que aprendeu. Explorar estes efeitos é divertido, pois Maya pode responder a mudanças quase que instantaneamente e mostrar a animação resultante.

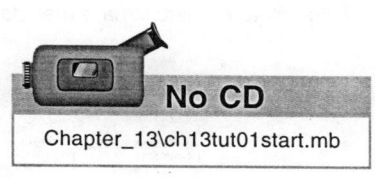

No CD
Chapter_13\movies\ch13tut01.wmv

No CD
Chapter_13\ch13tut01start.mb

Dica
Você deve sempre tomar o cuidado de reajustar as caixas de diálogo de opções em qualquer ação, se não tiver certeza sobre seus ajustes anteriores. Isto é especialmente importante em dinâmicas, quando você está mudando com freqüência os valores nas caixas de diálogo de opções.

1. Depois de abrir o arquivo de cena, assegure-se de estar no modo Dynamics (selecione Dynamics na lista drop-down, à extrema esquerda de Status Line, ou use a tecla de atalho **F4**). Note que Dynamics pode não estar habilitada; você pode verificar isto em Window | Settings/Preferences | Preferences, selecionando Modules na lista Categories. Observe que você tem seis objetos planos e duas bolas suspensas sobre o plano de solo. Várias experiências serão feitas com esta cena para aprender como trabalhar com dinâmicas de corpo rígido.
2. Selecione o plano de baixo, chamado bottom_plane e torne-o um objeto passivo (não afetado por colisões dinâmicas) com Soft/Rigid Bodies | Create Passive Rigid Body.
3. Marquee-selecione todos os outros itens na cena (gire a vista Perspective, se necessário, para fazer a seleção marquee) e torne-os ativos com Soft/Rigid Bodies | Create Active Rigid Body.
4. Enquanto os objetos ainda estão selecionados, escolha Fields | Gravity e depois clique o botão Play. Todos os objetos serão soltos no solo. Alguns (ou todos) dos planos caindo passarão através do plano de baixo, pois eles estão de um lado e o lado errado está atingindo o solo. No entanto, isto não

é um problema, pois você não quer que estes objetos caiam. Interrompa a execução e clique o botão Rewind to Start (voltar para o início).

> **Dica**
> Ao voltar a execução de simulações dinâmicas, os cálculos dependem de cada quadro ser calculado, portanto, você deve ajustar Maya para voltar cada quadro. Clique o botão Animation Preferences à direita da Command Line. Na caixa de diálogo Preferences, selecione Play Every Frame (executar cada quadro) na caixa de lista Playback Speed, conforme mostrado na Figura 13.2.

5. Em seguida, você otimizará a solução de dinâmicas para apressá-la, ajustando todas as esferas para uma esfera stand-in. Marquee-selecione ambas as esferas e na Channel Box, ajuste o atributo Stand In para Sphere. Depois, marquee-selecione todos os planos, mas ajuste seus Stand In para Cube.

6. Selecione o plano direito inferior, chamado right_swing. Para dar-lhe restrição, escolha Soft/Rigid Bodies I Create Constraint I caixa de opção. Na caixa de diálogo Constraint Options, reajuste as configurações, selecione Nail na caixa de lista Constraint Type e clique o botão Create (veja a Figura 13.3). Você verá uma pequena mancha verde no centro do objeto right_swing. Troque para o modo Move (tecla de atalho: **w**) e aumente em 2 unidades o objeto selecionado; você pode ver o valor Translate Y ir para cima, à medida que você move o ícone, levando-o de 6 para 8.

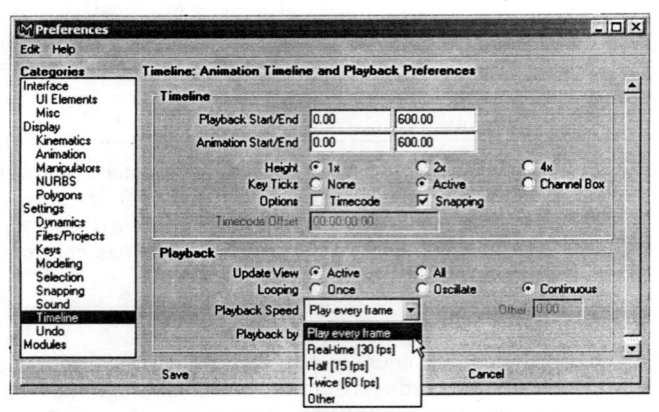

Figura 13.2 – *Ajustar a velocidade de execução para executar cada quadro garante exibição de dinâmicas suave e correta.*

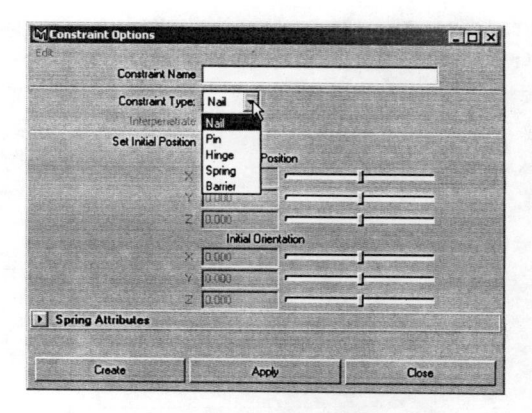

Capítulo 13 – Sistema de partícula e dinâmicas | 373

Figura 13.3 – *Seleção a partir de vários tipos de restrições na caixa de diálogo Constraint Options.*

7. Selecione o plano esquerdo inferior, chamado left_swing, e use a tecla de atalho **g** para repetir a aplicação da restrição Nail. Mova esta restrição Nail para 2 unidades também em Y, como na Etapa 6.
8. Selecione o plano central, chamado center_swing e aplique a ele uma restrição, como na Etapa 6. Ajuste o tipo para Hinge e clique Create.
9. Selecione o objeto right_spinner, o segundo plano abaixo, à direita. Pressione a tecla g para acrescentar uma articulação também a este objeto. Repita no objeto left_spinner, diretamente à esquerda deste objeto.
10. Selecione o objeto top_paddle (o plano superior). Aplique uma restrição a ele, como na Etapa 6, ajuste o tipo para Spring e clique Create. Agora, clique o botão Play e você pode observar como as bolas caindo criam as dinâmicas. Enquanto a animação está sendo exibida, você ainda pode percorrer a cena para observá-la sob diferentes ângulos. Interrompa a animação e volte para o início.
11. Selecione as duas esferas acima dos planos, clicando uma e depois Shift-clicando para selecionar a outra. Use a caixa de diálogo Constraint Options para criar uma outra restrição, ajuste-o para Spring e depois clique Create. Agora as duas esferas estão conectadas com uma corda bungee. Exiba novamente a animação para ver o efeito. Interrompa-a e volte para o quadro 0.
12. Selecione a linha entre as duas esferas e os ajustes de mola devem aparecer na Channel Box. Como uma variação, experimente ajustar Spring Stiffness (endurecimento de mola) para 10 e Spring Rest Length (comprimento de apoio da mola) para 10. Execute esta animação e observe como a corda bungee agora se comporta como uma mola endurecida. Interrompa a animação e ajuste-os para 2 e 6, respectivamente.
13. Selecione ball1 e, na Channel Box, mude o valor Mass do padrão 1 para 3, conforme mostrado na Figura 13.4. Execute a animação e observe a diferença evidente de peso entre as bolas conectadas.

374 | Dominando Maya 4

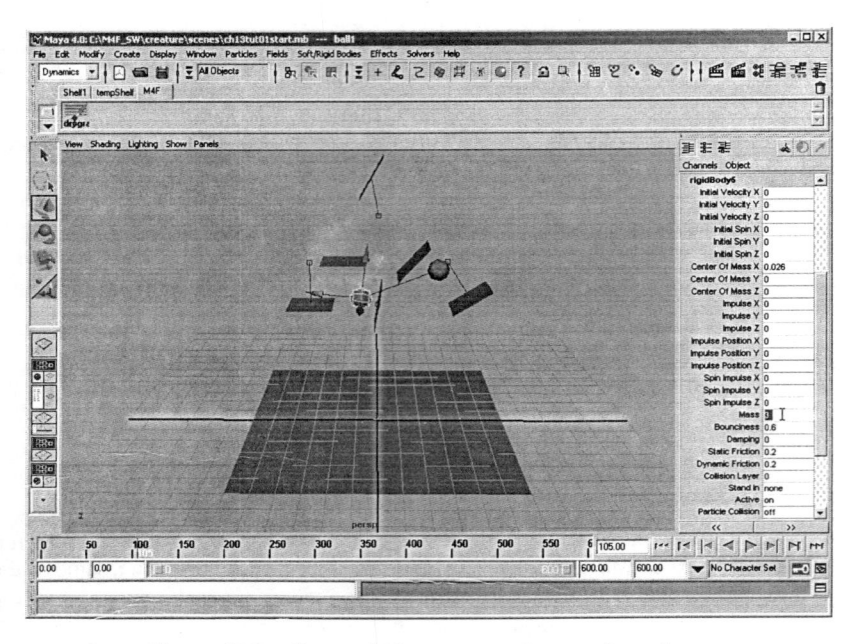

Figura 13.4 – *Como ajustar a massa de uma das esferas.*

14. Neste ponto, você pode querer armazenar o cálculo de dinâmicas. Isto grava a animação em RAM, para que as dinâmicas não tenham que ser calculadas depois que você tiver executado a animação uma vez. Para fazer isto funcionar, você precisa selecionar todos os movimentos de objetos e depois escolher Solvers I Memory Cache I Enable (decifrador, memória de armazenagem temporária, capacitar) para ativar este modo de registro e, depois, execute toda a animação. Quando ela tiver sido executada uma vez, você pode esfregar ou inverter a exibição de animação.

> **Nota**
>
> Se você quiser mudar uma das variáveis de dinâmicas agora, descobrirá que não causa efeito até que você limpe o cache. Faça isto escolhendo Solvers I Memory Cache I Delete ou abrindo Solver no Attribute Editor (Solvers I Rigid Body Solver) e, depois, clicando o botão Delete na seção Rigid Solver States (posições de decifrador rígido).

15. Quando gostar do aspecto de sua animação, você pode "cozer" a animação decifrada, para que ela não precise mais ser calculada. Este método é útil quando você tem soluções dinâmicas que são particularmente lentas para calcular. Para cozer a solução de dinâmicas em chaves, selecione todos os corpos ativos e, depois, escolha Edit I Keys I Bake Simulation (editar, chaves, cozer simulação). A animação exibirá e quando estiver terminada, você verá

Capítulo 13 – Sistema de partícula e dinâmicas | **375**

que uma chave foi ajustada para cada quadro, em todos os objetos ativos. Agora é possível esfregar facilmente o Time Slider, sem demora; anteriormente, havia longas esperas para um turno de cada vez. Você também pode clicar o botão Reverse Play (imediatamente à esquerda do botão Play) para ver as dinâmicas ao inverso!

No CD
Chapter_13\ch13tut01end.mb

Partículas

O recurso Particle Systems de Maya permite que você crie coleções complexas de objetos, que se parecem e se comportam analogamente. Partículas são ideais para animar efeitos difíceis, tais como, esguichos de aerossol, explosões, enxames de abelhas e galáxias de estrelas. Certamente você não quereria precisar modelar e animar cada membro de um destes efeitos! Com Particle Systems, é fácil criar estes efeitos com tantas partículas quantas você quiser. As partículas também podem colidir com objetos e serem influenciadas pelos mesmos campos discutidos na seção anterior, "Dinâmicas de corpo rígido".

Criação de partículas

Para criar partículas em sua cena, você pode usar partículas desenhadas ou partículas emissoras. Em geral, você usa partículas desenhadas quando quer que elas iniciem em um padrão pré-organizado e existam através da animação — por exemplo, para criar uma galáxia ou campo de estrelas. Para pintar partículas em sua cena, escolha Particles | Particle Tool (partículas, ferramenta de partícula), que permite borrifar partículas de tinta onde você desejar. Está disponível um outro método, chamado Particle Grid (grade de partícula), que você usa para definir os cantos de um retângulo em 2D, que será preenchido com partículas. As grades de partícula podem ser úteis para visualizar o efeito de campos, à medida que você os cria.

A abordagem mais tradicional aos sistemas de partícula é usar um emissor como uma fonte, a partir do qual as partículas emanam; eventualmente, as partículas morrem. Em Maya, a fonte pode ser muitas coisas:

- **Point — omni** (ponto, tudo) — Um emissor que borrifa partículas a partir de um ponto em todas as direções.
- **Point — directional** (ponto, direcional) — Um emissor que borrifa partículas em determinada direção, a partir de um ponto.
  Volume — Partículas são criadas a partir de algum ponto dentro de um volume definido, que pode ser um cubo, esfera, cilindro, cone ou torus.
  Surface (superfície) — Você pode definir se os objetos NURBS ou polígonos de sua cena criam partículas a partir de suas superfícies.
  Curve (curva) — Qualquer curva NURBS pode emitir partículas.

Tipos de partícula

Em Maya, há dois tipos de partículas: renderizadas por hardware e renderizadas por software. A maioria renderizada por hardware. Estes tipos de partícula exigem que você faça a renderização usando o sistema de renderização de hardware (Window | Rendering Editors | Hardware Render Buffer) e as partículas não aparecem em qualquer renderização normal de software. A idéia é que estas partículas

376 | Dominando Maya 4

de renderização de hardware são muito mais rápidas do que se fizessem parte do processo de renderização de software e que qualquer um que possuir Maya terá um compositor também. Você pode pensar que isto torna o uso de partículas mais difícil, pois quando elas desaparecem por trás da geometria, poderia exigir a aplicação de complexos materiais de combinação alfa em tais objetos. Entretanto, o Hardware Render Buffer (área de armazenagem de hardware de renderização) tem uma opção para mascarar quaisquer partículas que caiam por trás de objetos de cena. Um outro aspecto é que a maioria das renderizações de hardware parece recortada (serrilhada). A correção é gerenciada similarmente por múltiplas amostras no Hardware Render Buffer, habilitado escolhendo Render | Attributes no menu Hardware Render Buffer (veja a Figura 13.5). Assim, tudo o que você precisa fazer é sobrepor a seqüência de imagem de partículas renderizadas na seqüência de imagem renderizada por software da cena para completar o efeito. Se você tiver muitas partículas ou uma longa animação, isto deve economizar horas de tempo de renderização, pois o compositor pode sobrepor as duas seqüências e exibir o resultado em alguns minutos.

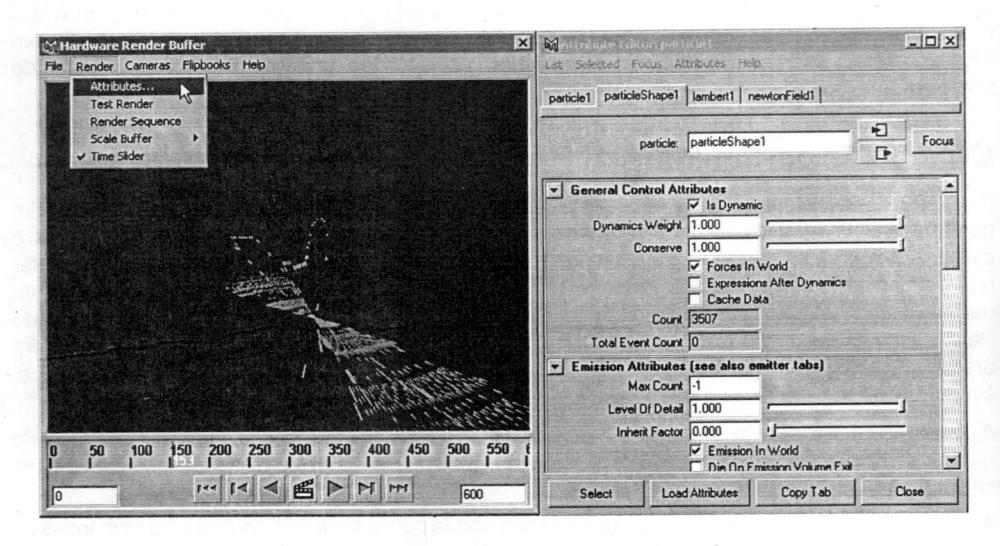

Figura 13.5 – Ajuste da massa de uma das esferas.

Partículas renderizadas por hardware

A lista a seguir descreve os tipos de partícula renderizada por hardware. Observe que as partículas renderizadas por hardware não podem projetar sombras ou aparecer em reflexões ou refrações.

- **Point** (ponto) — O tipo de partícula padrão, destinado a renderizar como um ponto (ele sempre fica de frente para a câmera, portanto, não tem espessura aparente). Ele se parece como um quadrado de pixels, a menos que você habilite uma opção de renderização chamada de renderização de múltiplos passos, que embaça partículas menores (tamanho menor do que 5) em pontos circulares. Quando renderizado por hardware, os ajustes de renderização estão na caixa de diálogo Hardware Render Buffer, sob Render | Attributes.

- **Multipoint** (pontos múltiplos) — Como o tipo de partícula Point, mas cria grupos de pontos para obter uma aparência densa, mais maciça.

Capítulo 13 – Sistema de partícula e dinâmicas | **377**

- **Streak** (risco) — Semelhante a Point, mas cria uma linha como um veio ao invés de um ponto. Este tipo não renderiza até que as partículas estejam se movendo e você tente renderizar em hardware um quadro com movimento de partícula. O tamanho (largura de linha) destas partículas é fixo em pixels, portanto, partículas próximas parecem ter a mesma largura que partículas distantes.
- **Multistreak** (múltiplos riscos) — Como o tipo de partícula Streak, mas cria grupos de riscos para conseguir um aspecto mais denso e agrupado.
- **Sprites** (grupos de caracteres) — Semelhante a Point quanto ao fato de que Sprites sempre ficam de frente para a câmera, mas podendo ter uma textura e, opcionalmente, um canal alfa (transparência). Além disso, estas texturas podem ser seqüências de imagens ao invés de imagens imóveis. Para criar o efeito de centenas de nacos chamejantes de destroços caindo, você poderia usar uma única textura de chama animada em um sistema de partícula Sprite.
- **Spheres** (esferas) — Estas são esferas tridimensionais e você pode ajustar globalmente o raio. É possível aplicar materiais de cor plana às esferas, que são de sombreado Gouraud no Hardware Render Buffer.
- **Numeric** (numérico) — Um modo de teste, este tipo de partícula exibe um número para cada partícula. Ele é particularmente útil para matar uma partícula extraviada que está indo para algum lugar que você não deseja.

Partículas de renderização por software

Os seguintes tipos de partícula renderizam como parte de sua cena quando você renderiza um quadro. Como tal, elas também podem refletir, ter refração e projetar sombras; estas opções estão disponíveis no Attribute Editor de partículas. Há quatro tipos de partículas renderizadas por software:

- **Blobby Surface** (superfície manchada) — Uma forma de partícula de meta bolas, as superfícies manchadas parecem esferas, até que se aproximam umas das outras, onde elas formam uma mancha, como gotas de mercúrio (veja a Figura 13.6). Você pode ajustar a tensão de superfície e o raio de cada partícula de esfera. Também pode texturizar este tipo de partícula, mas você precisará testar as renderizações para ajustar o mapeamento U e V no Attribute Editor de materiais, para poder escalonar as suas texturas para o tamanho certo.

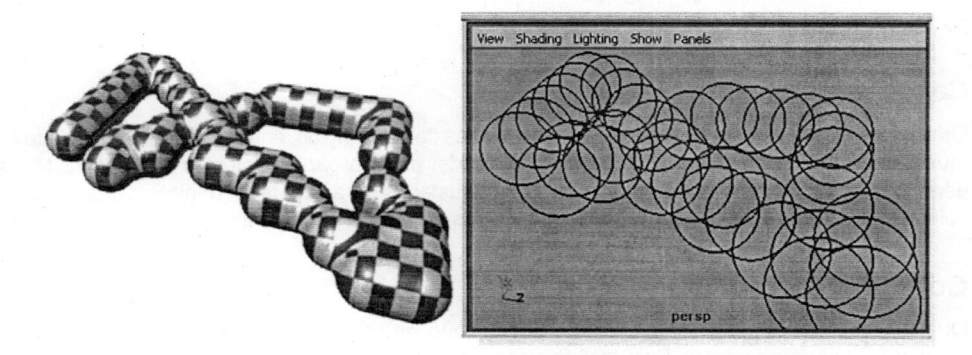

Figura 13.6 – Objetos manchados no visor e renderizados; observe as coordenadas inerentes de mapeamento para a texturização na superfície manchada.

- **Cloud** (nuvem) — Semelhante ao tipo Blobby Surface, mas destinado a embaçar e suavizar as bordas da Blobby Surface, para conseguir uma aparência como de nuvem. Este tipo de partícula trabalha especificamente com o tipo de material Particle Cloud e não renderiza com materiais típicos de objeto "superfície".
- **Tube** (tubo) — Como implica o nome, o tipo de objeto fonte é uma espécie de cilindro sem topo. Você pode definir o raio nas duas extremidades. Este tipo de partícula é automaticamente designado ao tipo de material Particle Cloud e só renderiza com tipos de material volumétrico.
- **Instanced Geometry** (geometria copiada) — Se você precisar substituir qualquer tipo de objeto por partículas, usa o Instancer (copiador) de Maya, que lhe permite usar qualquer tipo de geometria ou texturas desejadas. Por exemplo, se você quisesse fazer um enxame de borboletas, criaria um único tipo de vôo de borboleta, depois de fazer um sistema de partícula que anima os caminhos de vôo. Depois, você abriria o Instancer com Particles I Instancer I caixa de opção e o configuraria para substituir a borboleta protótipo pelas partículas.

Materiais e idade de partícula

Os materiais de sistema de partícula podem ser formados para variar, usando Gradient Ramps para texturizar. Cada partícula tem uma idade inerente (o tempo desde que ela foi emitida), que Maya pode usar para calcular qual parte da Gradient Ramp usar. Usando esta técnica, você pode fazer as partículas mudarem de cor no curso de seu tempo de vida. Um uso típico desta técnica é mudar a cor de partícula com base em sua idade, para conseguir o efeito de faísca, por exemplo. As partículas faiscando podem ser brancas, de início, depois circular para amarelo, laranja e vermelho e depois clarear de volta, o que pode aumentar o realismo de seu efeito de partícula.

Influências de partícula

Os seus sistemas de partícula podem interagir com seus elementos de cena de várias maneiras dinâmicas. Como as dinâmicas de corpo rígido, discutidas anteriormente, você pode aplicar quaisquer dos mesmos campos a sistemas de partícula, para influenciar como as partículas se movem. Também é possível definir superfícies que agem como partículas de objeto de colisão. Uma terceira opção que permite especificar objetivos, uma configuração de posições de partícula, para onde o sistema de partícula tenta se mover.

Campos

Os campos foram descritos na seção sobre dinâmicas de corpo rígido, anteriormente neste capítulo, e muitos dos tipos de campo são claramente direcionados para aplicar em sistemas de partícula. Não se esqueça que quase todos os campos podem ser ajustados para acontecer dentro de uma forma de volume ou para cair com distância, de modo que eles só têm um efeito localizado.

Colisões

Qualquer sistema de partícula pode colidir com qualquer geometria de cena, mas você precisa ajustar cada colisão separadamente. Para fazê-lo, você seleciona as partículas, Shift-selecione a geometria com a qual ela colidirá e escolha Particles I Make Collide (partículas, fazer colidir). Então, as partículas irão colidir, se elas atingirem o objeto. Isto funciona independente se as partículas ou objetos, ou ambos, estiverem se movendo. Por exemplo, as partículas poderiam ser imóveis e depois jogadas no movimento por um objeto. Você também pode ajustar partículas para 'morrer' (significando que a partícula desaparece) para dividir (em várias partículas, onde cada uma tem a mesma idade de partícula), ou descender (as partículas morrem, mas novas são criadas em seus lugares) quando ocorre a colisão. Estes efeitos são usados, tipicamente, em efeitos de borrifo ou interrupção, onde as partículas parecem se partir em estilhaços quando colidem com um objeto.

Alvos

As partículas também podem ser ajustadas para ter alvos, significando que as partículas tentam mover-se para uma configuração, forma ou localização específicas. Você pode usar esse efeito para fazer as partículas caçarem seu objeto alvo enquanto permanece em uma posição específica relativa às outras partículas. Também é possível criar efeitos como roupa ao vento ou alga marinha na água, usando partículas para controlar a geometria, descrita na seção "Dinâmicas de corpo suave", mais adiante neste capítulo. Quando um objeto alvo é designado às partículas como um objetivo, os CVs (para um alvo NURBS) ou os vértices (para um alvo poligonal) coletam partículas que são distribuídas igualmente no objeto alvo.

Tutorial: fumaça de chaminé

Agora que você aprendeu algumas das possibilidades de sistemas de partícula, tentará aplicá-las em uma cena que agora você já conhece bem. Será preciso carregar o arquivo de cena da casa ao qual você acrescentou Paint Effects no capítulo anterior e acrescentar um outro elemento enevoado — como se esta cena não fosse enevoada e esfumaçada o bastante! Você fará o topo da chaminé na casa emitir partículas e irá configurá-las para se mover como fumaça. Depois, acrescentará um material às partículas, que permitirá que elas renderizem como fumaça.

No CD
Chapter_13\movies\ch13tut02.wmv

No CD
Chapter_13\ch13tut02start.mb

1. Depois de carregar o arquivo de cena, você deve ocultar tudo, exceto a chaminé, para poder focalizar no sistema de partícula que você aplicará e poder conseguir reação mais rápida de Maya quando exibir a animação. Para fazê-lo, troque para o modo Four View e depois oculte todos os objetos, exceto a chaminé, primeiro RMB-clicando no V próximo à camada ChimneyL e escolhendo Select Objects (para que os objetos de camada de chaminé sejam selecionados); agora você pode ocultar todos os objetos desmarcados, com Display I Hide I Hide Unselected Objects (tecla de atalho: **Alt+h**). Isto deixará selecionados apenas os objetos na camada ChimneyL. Centralize e emoldure a chaminé em todas as vistas (tecla de atalho: **Shift+F**).

2. A chaminé é animada para se movimentar, portanto, você precisa usar uma parte da chaminé, chimney_pipe, para emitir partículas. Clique em qualquer painel para desmarcar os objetos atualmente selecionados e, depois, clique em chimney_pipe para selecioná-la. Selecione a vista de câmera e mude-a para a vista Perspective, com Panels I Perspective I Persp. Ajuste esta vista para o modo Shaded (tecla de atalho: **5**).

3. Assegure-se de que o tubo da chaminé ainda está selecionado e escolha Particles I Emit (partículas, emitir) de Object I caixa de opção. Na caixa de diálogo Emitter Options (Emit from Object) (opções de emissor, emitir a partir de objeto) (veja a Figura 13.7), ajuste o Emitter Name (nome de emissor) para ChimneySmoker e selecione Directional na caixa de lista Emitter type. Também, assegure-se de selecionar None na caixa de lista Cycle Emission (ciclo de emissão), pois você não quer fazer loop da animação de fumaça mais tarde. Expanda a seção Distance/Direction Attributes (atributos de distância/direção) e ajuste Spread para 0.2. Também, ajuste DirectionX para 0 e

DirectionY para 1, o que significa que a fumaça irá viajar para cima. Clique o botão Create, para criar o emissor de fumaça e feche a caixa de diálogo. Agora, exiba a animação e aproxime na vista Perspective, para o alto da chaminé. Você deve ver as partículas saindo de chimney_pipe, conforme mostrado na Figura 13.8.

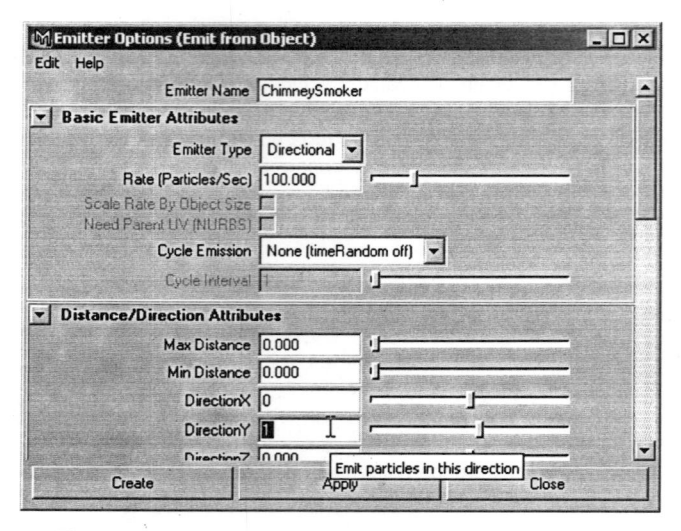

Figura 13.7 – *Ajuste de opções para o emissor de fumaça.*

4. Interrompa a exibição no quadro 50 e clique nas partículas emitidas. Uma caixa verde aparecerá em torno das partículas, na vista Shaded, e a Channel Box mostrará o nome para as partículas: particle1. Mude-o para ChimneySmoke e abra o Attribute Editor.

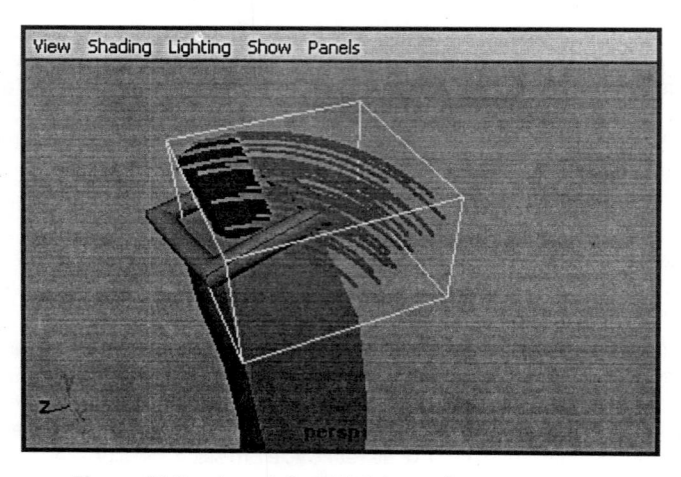

Figura 13.8 – *A posição inicial de partículas de fumaça.*

Capítulo 13 – Sistema de partícula e dinâmicas | 381

5. Primeiro troque para a aba ChimneySmoker no Attribute Editor. Na seção Basic Emitter Attributes (atributos básicos de emissor), selecione Volume na caixa de lista Emitter Type. Mais abaixo, no Attribute Editor, você encontrará a seção Volume Emitter Attributes (atributos de volume de emissor). Selecione Sphere na caixa de lista Volume Shape para fazer a partícula emitir a partir de uma bola dentro do tubo da chaminé e digite 0.5 na caixa de texto Volume Offset Y (a central), para empurrar a bola um pouco mais para o alto do tubo. Na seção Volume Speed Attributes (atributos de velocidade de volume), digite 60 na caixa de texto Along Axis (ao longo do eixo), 10 na caixa de texto Random Direction (direção aleatória) e 60 na caixa de texto Directional Speed (veja a Figura 13.9). Agora, dê uma olhada na emissão de partícula alterada; ela se parece com mechas de cabelo. Se você não puder ver, volte a exibição e execute a partir do quadro 0. Você pode interrompê-la depois de cerca de 100 quadros, para ter a idéia.

6. No Attribute Editor, selecione a aba ChimneySmokeShape. Na seção Lifespan Attributes (atributos de tempo de vida) altere o modo Lifespan de Live Forever (viver para sempre) para Constant (constante), o que significa que cada partícula estará presente na cena por um determinado número de quadros e depois desaparecerá. O efeito de fumaça deve se dissipar à determinada distância da chaminé, portanto, ajuste Lifespan para 6, para fazer as partículas desaparecerem depois de seis segundos. Expanda a seção Render Attributes e, na caixa de lista Particle Render Type (tipo de renderização de partícula), selecione Cloud(s/w) para um tipo de material de nuvem inchada renderizada por software. Clique o botão Add Attributes for Current Render Type (acrescentar atributos ao tipo de renderização atual), para ver os parâmetros da nuvem. Digite 15 na caixa de texto Radius, .7 na caixa de texto Surface Shading e .9 na caixa de texto Threshold. Surface Shading indica quão asperamente as nuvens são renderizadas, com valores mais altos fazendo nuvens mais distintas. O atributo Threshold controla a mistura entre nuvens "inchadas", com valores mais altos misturando mais as partículas. Clique o botão Play e você notará um aspecto completamente diferente nas partículas, conforme mostrado na Figura 13.10.

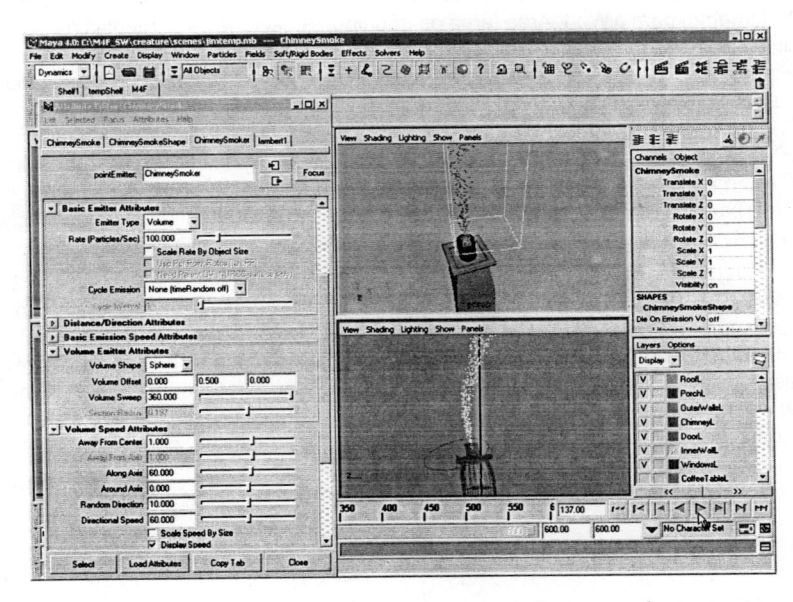

Figura 13.9 – *Os ajustes iniciais de partícula para mudar como a fumaça se move.*

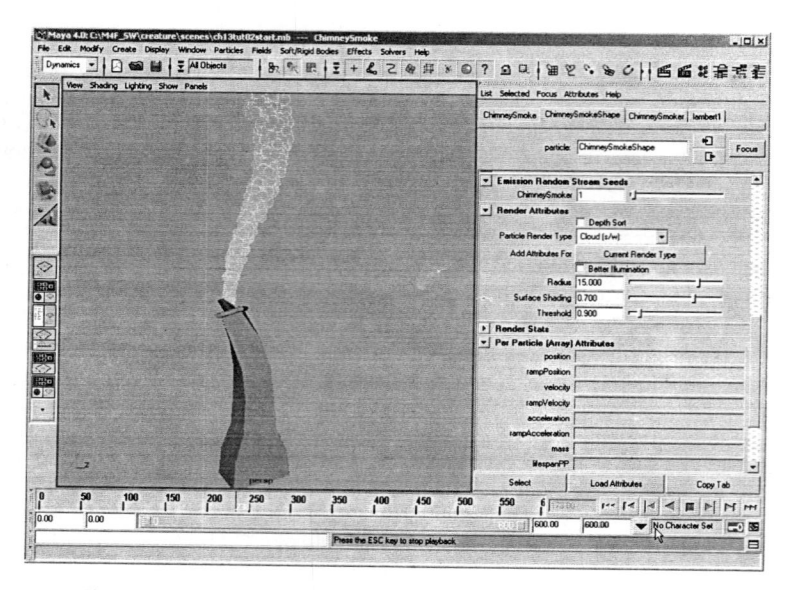

Figura 13.10 – *O tamanho e o tipo de partícula de fumaça agora estão ajustados e as partículas viajam para cima e se espalham.*

7. Em seguida, você fará um material para a fumaça. Abra o Hypershade (tecla de atalho: **Shift+T**). Crie um novo material volumétrico Particle Cloud, MMB-arrastando o material da Create Bar (na seção Volumetric) para a Work Area (área de trabalho). Selecione as partículas na cena e depois RMB-clique no novo material em Hypershade e escolha Assign Material to Selection (designar material para seleção). No momento, a cena está muito escura, portanto, acrescente uma luz Point, para garantir que você está avaliando corretamente a fumaça, à medida que a cria. Na Channel Box, ajuste Translate X, Y e Z da luz para -175, 400 e 100. Na janela Render Globals, ajuste a resolução para 320x240, para ter uma idéia de quão rápido conseguirá renderizar. Volte à animação e exiba a mesma até o quadro 100 ou superior, para renderizar algumas partículas. Posicione a vista Perspective para ver o lado iluminado da fumaça e renderize um quadro (uma renderização normal, não IPR, que não funciona para partículas). Ela deve se parecer com a Figura 13.11.

8. Deixe a renderização aberta e arraste uma caixa em torno da área de fumaça. Com o material de fumaça selecionado em Hypershade, abra o Attribute Editor. Nomeie o material como SmokeCloud. Ajuste a cor para marrom escuro e torne-o transparente até cerca de 75%. Clique o botão Render Region (renderizar região) na janela Render View para reapresentar a parte de dentro da caixa que você desenhou. Você pode querer redimensionar a região (no retângulo vermelho) menor, para apressar a renderização. Ela deve renderizar a área no retângulo bem rapidamente, permitindo que consiga uma reação rápida, à medida que ajusta as configurações e clica o botão Render Region.

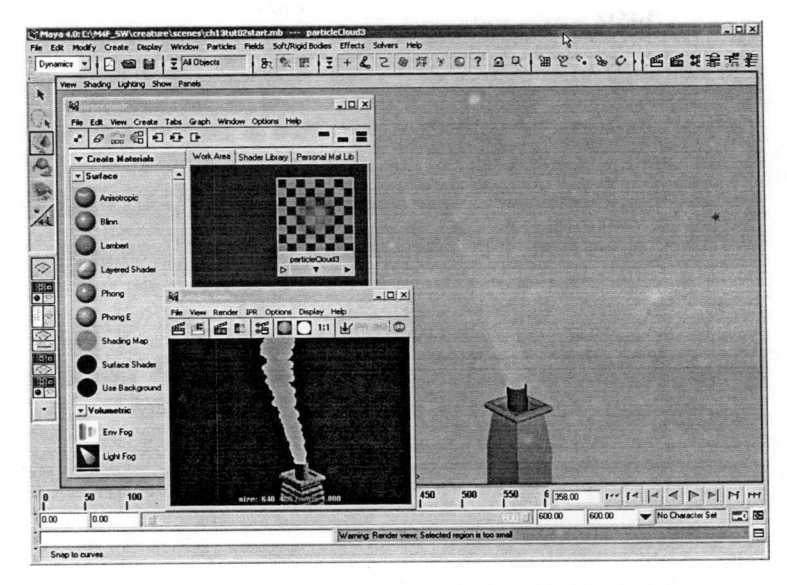

Capítulo 13 – Sistema de partícula e dinâmicas | 383

Figura 13.11 – *A renderização inicial das partículas de fumaça, iluminada pela luz Point acrescentada.*

9. Ajuste a Density para 0.05 e a cor Blob Map para cinza escuro (HSV: 0, 0, 0.3). Renderize a vista e você deve ver um aspecto mais como fumaça. Para acrescentar mais complexidade à fumaça, expanda a seção Built-in Noise (ruído interno). Mude Noise para 1, Noise Freq para 0.5 e Noise Aspect (aspecto de ruído) para -0.5. Se você renderizar depois de cada mudança, pode ver o efeito de acrescentar uma perturbação sutil nos ajustes de ruído. Em seguida, na seção Surface Shading Properties, ajuste Diffuse Coefficient (coeficiente de difusão) para 2, para fazer a fumaça parecer mais tridimensional. As suas renderizações devem se parecer com a Figura 13.12.

Por fim, você usará o mapa Ramp no atributo Life Transparency da partícula, para fazer as partículas desbotarem à medida que passa o tempo. Desta forma, quando as partículas chegam ao fim de seu tempo de vida (6 segundos), elas estarão completamente desbotadas, ao invés de apenas sair da cena em um quadro.

10. Execute a animação até pelo menos o quadro 200 e afaste a vista Perspective para longe o bastante, para ver o alto do penacho de fumaça, onde as partículas devem desvanecer. No Attribute Editor, com o material SmokeCloud sendo exibido, clique o botão quadrado próximo à Life Transparency e clique o tipo Ramp, na caixa de diálogo Create Render Node. Em seguida, clique o botão Go to Output Connection (ir para saída de conexão) (o ícone de seta à direita) no Attribute Editor. Clique-o novamente e você verá Ramp Attributes. Clique os círculos de cor, à esquerda da amostra gradiente, para mudar a cor: torne o círculo do alto branco e os círculos do centro e de baixo cinza claro (HSV: 0, 0, .375). Isto faz a transparência das partículas aumentar até que elas estejam completamente transparentes, ao final de seu tempo de vida. Para estender um pouco a cor central, mais alta no gradiente, selecione Exponential Up (expoente para cima) na caixa de lista Interpolation. Imagine a Ramp como um valor de transparência do nascimento, em baixo, à morte, no alto (veja a Figura 13.13).

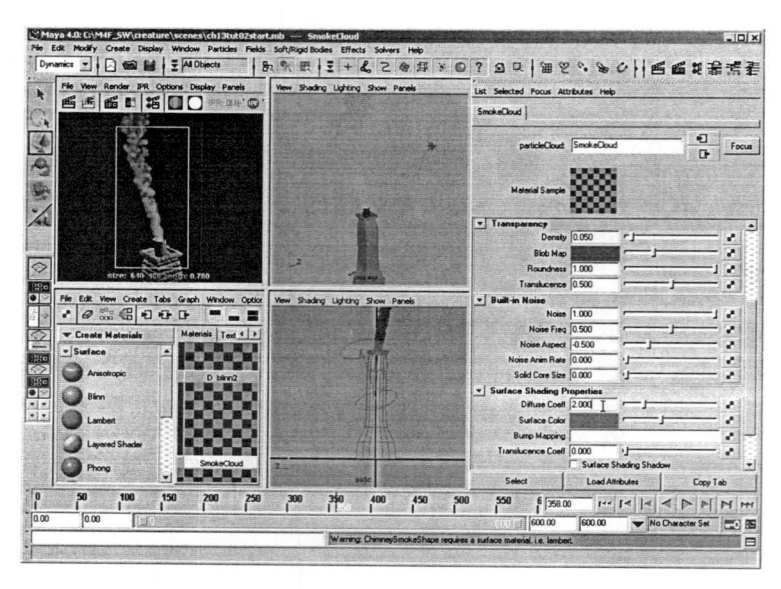

Figura 13.12 – *A fumaça final renderizada, depois de ajustar as configurações de material.*

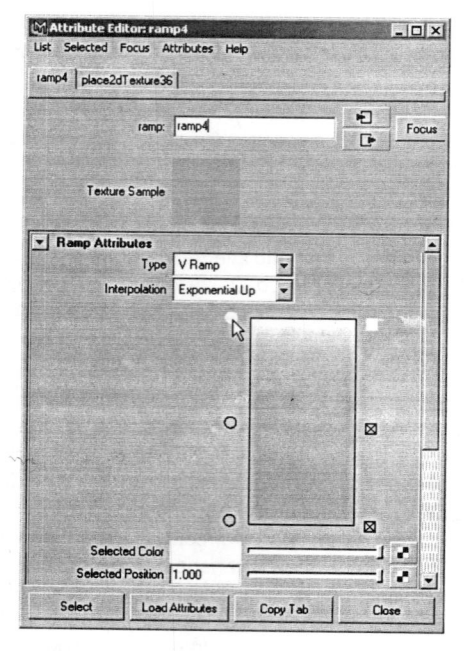

Figura 13.13 – *A Ramp sobregrava o valor de transparência e desbota cada partícula com base em sua idade, mapeando Ramp sobre o tempo de vida das partículas, de baixo para cima.*

Capítulo 13 – Sistema de partícula e dinâmicas | 385

11. Agora você pode apagar a luz Point temporária e exibir toda a geometria de cena para renderizar um teste da fumaça. Já que você já testou o movimento das partículas quando executou a animação na Etapa 5, tem uma boa idéia de como a fumaça se moverá. Renderizar um único quadro agora confirmará como se parecem os materiais de fumaça no contexto do restante da cena. Troque a vista Perspective sombreada para a vista de câmera, com Panel I Perspective I Camera e ajuste o modo Shading para Bounding Box. Clique o botão Play e deixe a animação executar até o quadro 100. Isto garante que as partículas são emitidas desde o início, de modo que elas estão no lugar certo quando você for renderizar o quadro. É possível renderizar a vista de câmera com a tecla de atalho **Alt+F9** quando a vista de câmera for a ativa. Veja os resultados na Figura 13.14.

Figura 13.14 – *Uma renderização da cena com o efeito de partícula de fumaça completado.*

Você deve ver um efeito real de fumaça aparecendo da chaminé. É possível comparar a sua cena com o arquivo incluído no CD-ROM. Se quiser os quadros imóveis, pode renderizar toda a animação, como você fez no Capítulo 11, "Câmeras e renderização". O efeito de fumaça não aumenta muito o tempo de renderização.

No CD
Chapter_13\ch13tut02end.mb

Dinâmicas de corpo suave

As dinâmicas de corpo suave são gerenciadas em Maya criando um conjunto de partículas que circundam o objeto e o influenciam. Quando estas partículas colidem com algo ou são movidas por campos, a geometria conectada se move com elas. Isto é ideal para criar efeitos que imitam roupa ou materiais flexíveis orgânicos. As dinâmicas de corpo suave também são usadas para criar efeitos rígidos, ainda que flexíveis, tais como, objetos que balançam e curvam como se fossem feitos de borracha ou gelatina.

Por padrão, os novos corpos suaves são enchidos ou esvaziados infinitamente, a partir de quase qualquer influência. Para conseguir uma resposta real, você precisa acrescentar alvos ou molas. *Goals* (alvos) dão ao objeto flexível uma forma alvo para onde se mover, como um brinquedo de borracha de apertar, que se solta de volta à sua posição original. Alternativamente, *springs* (molas) acrescentam molas de tensão de grade através da geometria, como que acrescentando uma caixa de mola de rigidez ao objeto. Neste capítulo, você explorará a abordagem de molas em corpos suaves.

Criação de um sistema de corpo suave

Qualquer objeto poligonal ou NURBS pode ser transformado em um corpo suave. O sistema de partícula controlado é criado colocando uma partícula em cada CV (para objetos NURBS) ou vértice (para objetos poligonais) e, depois, controlando a posição dos CVs ou vértices, com base no que acontece com o movimento de partícula. Normalmente, você torna um objeto suave com Bodies I Create Soft Body I caixa de opção e, depois, determina se o objeto apenas se tornará suave ou será duplicado para manter o objeto original como um alvo. Em geral, você escolhe o último método, para que o corpo suave tente se configurar de volta à forma do objeto original. Em qualquer caso, o objeto é então suavizado, mas não colide com outros objetos da mesma maneira que com dinâmicas de corpo rígido.

Já que os corpos suaves são baseados em partículas, você precisa ajustar estas partículas para colidir especificamente com determinado objeto, para criar dinâmicas de corpo suave. Para cada objeto que colidirá com o corpo suave você precisa selecionar as partículas, Shift-selecionar a geometria com a qual ele colidirá e depois, escolher Particles I Make Collide.

Como acrescentar molas

Quando o objeto precisa ser mais resistente do que uma roupa suave flexível, você pode acrescentar o atributo Springs para dar ao objeto uma espécie de estrutura de suporte. Este atributo cria um objeto mola virtual entre cada uma das partículas. Dependendo de quão resistente você deseja que o seu objeto seja, é possível criar molas adicionais, aumentando o ajuste Wire Walk Length. Este parâmetro conecta molas não apenas entre uma partícula e sua vizinha, mas também à vizinha da vizinha e assim por diante. O ajuste padrão é 2, que usa as vizinhas mais próximas, e as vizinhas mais próximas das vizinhas mais próximas. Isto faz um balanço bastante resistente. Você também pode ajustar o atributo Stiffness da mola, para fazer a mola oscilar mais depressa e Damping, que absorve a energia para interromper o balanço mais cedo. Amortecer é como os amortecedores de choque em seu automóvel, mas o ajuste Stiffness refere-se à espessura da mola.

Tutorial: halteres de borracha

Agora você aplicará atributos de corpo suave a um halter, para fazê-lo balançar à volta de seu ambiente, como se fosse feito de borracha rígida. Carregue o arquivo de cena indicado próximo ao ícone de CD.

1. Primeiro selecione os halteres e, depois, escolha Soft/Rigid Bodies I Create Soft Body I caixa de opção. Reajuste as configurações na caixa de diálogo Soft Body Options e clique o botão Create.
2. Enquanto ainda selecionado, escolha Fields I Gravity. Ajuste a magnitude da gravidade para 50 na Channel Box e, depois, clique o botão Play. Você notará que

No CD
Chapter_13\movies\ch13tut03.wmv

No CD
Chapter_13\ch13tut03start.mb

Capítulo 13 – Sistema de partícula e dinâmicas | 387

os halteres caem, mas não balançam a partir das paredes de cubo.

3. Selecione o objeto caixa. Escolha Particles I Make Collide I caixa de opção, ajuste Resilience (resistência) para .8 e Friction para .1 e clique o botão Create. Em seguida, selecione o objeto planar chamado bouncer e escolha Particles I Make Collide. Clique o botão Play e verá que os halteres continuam a passar através das caixas quando caírem. Estes objetos são superfícies de colisão para partículas, mas as partículas não estavam selecionadas quando você os designou, portanto, é preciso vincular as partículas de corpo suave aos dois objetos no Dynamic Relationships Editor de Maya.

4. Escolha Window I Relationship Editor I Dynamic Relationships. No Dynamic Relationships Editor, abra o objeto halter para poder ver o sistema de partícula e selecioná-lo. Depois, selecione o botão de rádio Collisions e selecione ambos, bouncerShape e boxShape. Eles devem se tornar laranja claro, para indicar que foram designados, conforme mostrado na Figura 13.15. Selecione também o objeto bouncer e capacite para ele o campo Gravity.

5. Selecione o objeto bouncer e escolha Soft/Rigid Bodies I Create Constraint I caixa de opção. Ajuste o tipo de restrição para Spring e clique Create. Na Channel Box, ajuste a Spring Stiffness para 2. Troque para o modo Move e aumente a mola para cerca de 32 unidades no eixo Y (para que o plano fique preso pela linha que indica a mola).

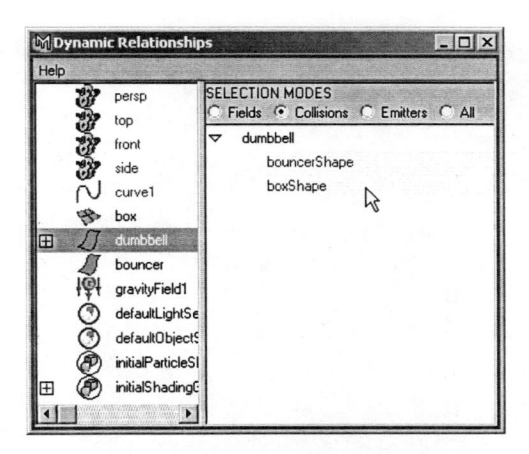

Figura 13.15 – *O Dynamic Relationships Editor, com as colisões agora habilitadas para o sistema de partícula de corpo suave em ambos os objetos, caixa e bouncer (de salto).*

6. Clique o botão Play e você terá um resultado muito parecido com um desenho animado, pois os halteres, como um corpo suave pode se deformar e as partículas interpenetram (passam uma através da outra), para que, de fato, os halteres balancem as suas superfícies de dentro para fora! Acrescentar molas fará com que ele retenha suas formas mais firmemente.

388 | Dominando Maya 4

> **Armadilha** — Assegure-se de ter ajustado as suas opções de exibição para executar cada quadro, ou o objeto pode parecer explodir na execução. Quando todas as dinâmicas e sistemas de partícula funcionam, você precisa ter as suas opções de exibição ajustadas para executar cada quadro e precisa voltar a zero antes de cada teste de exibição.

7. Abra o Outliner, expanda a entrada de halteres e depois selecione o item dumbbellParticle. Escolha Soft/Rigid Bodies I Create Springs I caixa de opção no menu. Reajuste as configurações na caixa de diálogo Spring Options e clique o botão Create. Os halteres serão cobertos por linhas verdes — as molas. Você também pode ver as molas no Outliner. Use a tecla de atalho **Ctrl+h** (oculte objetos selecionados) para ocultar as molas, para que a execução não se torne lenta.
8. Clique o botão Play e observe o resultado. Os halteres se movem como um objeto gelatinoso. Para torná-los mais rígidos, vá para o Outliner e selecione as molas, chamadas Spring1. As molas não serão exibidas, pois estão ocultas, mas elas estão selecionadas. Na Channel Box, ajuste Stiffness para 20 e Damping para 0.1 e observe os resultados na exibição, conforme mostrado na Figura 13.16. Agora os halteres estão bem rígidos e reais. Diminuir o ajuste de Damping permite ao objeto saltar mais distante depois de uma colisão.

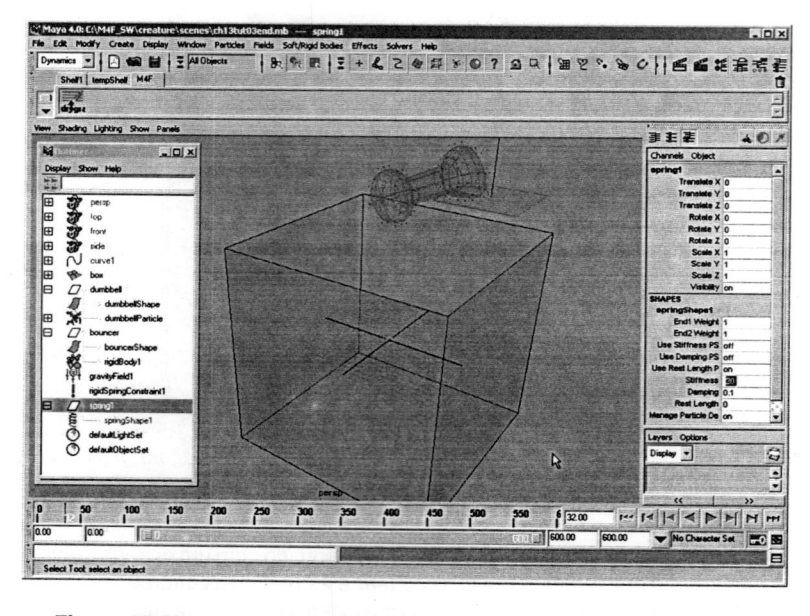

Figura 13.16 – *As molas ocultas podem ser selecionadas no Outliner e depois ajustadas na Channel Box para produzir um ricochete nos halteres.*

9. Tente aumentar o ajuste Stiffness para um valor muito mais alto, tal como 50. Os halteres oscilarão e explodirão em caos na execução. Você pode corrigir isto, ajustando o Solver Oversampling. Abra Solvers | Edit Oversampling (solucionadores, editar sobre-amostra) ou Cache Settings e ajuste o valor de Oversampling para 3. Durante a execução, você verá efeitos de mola mais controlados. Compare seus resultados com o arquivo salvo no CD-ROM.

No CD

Chapter_13\ch13tut03end.mb

Como ir além

Explore todos os resultados de mudar as massas, a direção inicial e os giros de objetos e a fricção de superfícies que tocam. Tente criar uma simples animação de fliperama/jogo japonês que use muitos obstáculos diferentes em esferas e outros objetos que se encaixam nos acima. Explore a criação de sistemas de partícula que imitem outros efeitos, como fogos de artifício e fluído gotejando. Tente cada um dos campos em um conjunto de partículas para ver como o campo trabalha e quais são as suas capacidades. Crie uma folha NURBS e use-a com dinâmicas de corpo suave para fazê-la reagir como roupa.

Resumo

Partículas e dinâmicas oferecem capacidades de animação complexa e real que, com freqüência, podem tornar muito mais fácil a tarefa de criar uma animação. Os tutoriais deste capítulo só tocaram em algumas possibilidades disponíveis com partículas e dinâmicas, mas indicaram o caminho para alguns dos aplicativos em potencial, tais como, mangueiras borrifando em qualquer tipo de objeto, efeitos de chuva e neve, simulações de choques, cachoeiras e assim por diante. Alguns dos conceitos e técnicas que você aprendeu incluem o seguinte:

- **Criação de dinâmicas de corpo rígido** — Você aprendeu como configurar e animar um sistema de dinâmicas de objetos não deformáveis.
- **Armazenagem de dinâmicas de animação** — Quando a simulação de dinâmicas foi executada uma vez, você aprendeu como ajustar Maya para se lembrar da animação e executá-la novamente, sem recalcular.
- **Como cozer a animação** — Depois de ter a animação executando como você quer, é possível transformar os movimentos em quadros-chave para que as dinâmicas não sejam calculadas novamente.
- **Criação de emissores de partícula** — Você aprendeu como criar os diversos tipos de emissores de partícula e como transformar objetos em emissores de partícula.
- **Criação de campos** — Você aprendeu como aplicar forças, como gravidade, às suas partículas e objetos dinâmicos.
- **Criação de dinâmicas de corpo suave** — Você aprendeu como transformar um objeto em um objeto deformável que interage com partículas e/ou objetos.

CAPÍTULO 14

As suas próximas etapas: eficiência e arte

Neste capítulo

Você chegou ao final do livro, mas há muito mais a respeito de Maya para explorar. Já que o editor se recusou a nos permitir apresentar um conjunto de livros do tamanho de uma enciclopédia como *Fundamentos de Maya 4*, tivemos que confinar os nossos assuntos àqueles mais necessários e úteis ao aprendizado e uso de Maya. No entanto, ao invés de parar aqui, este último capítulo indica algumas direções para o seu futuro crescimento, não apenas com Maya e sua mecânica, mas também como um animador e artista.

Os assuntos que cobriremos incluem:

- **Solução de problemas de renderizações lentas** — Às vezes, sem intenção, você pode aumentar o seu tempo de renderização. Daremos algumas dicas sobre porque isto pode acontecer.
- **Renderização em lote** — Se você quiser renderizar diversas animações diferentes em uma ou muitas máquinas, precisará aprender como configurar.
- **Aperfeiçoamentos de fluxo de trabalho** — Aprenda a montar seus próprios menus de marcação, teclas de atalho, botões Shelf e auxiliares de cena.
- **Composição** — Profissionais trabalhando em uma data limite aprendem a dividir seu trabalho em camadas e usar composição para combinar as camadas mais tarde. Mostraremos como esta técnica funciona.
- **Acréscimo a Maya** — Uma ampla variedade de ferramentas gratuitas pode ser instalada em Maya para acrescentar à funcionalidade delas, sem emendas.
- **Direções futuras** — Compilamos alguns pensamentos e dicas gerais de animadores profissionais para orientá-lo, se você quiser seguir uma carreira de animação em computação.

Termos-chave

arquivo em lote — Um arquivo de texto que executa no prompt (indicador) de entrada e inclui uma lista de comandos do sistema operacional.

Shelf (prateleira) — Um lugar conveniente na interface Maya para configurar as suas ferramentas preferidas ou montar as suas próprias.

composição — Criação de uma imagem a partir de várias fontes de imagens, em camadas umas sobre as outras.

camada, passagem ou placa — Uma das fontes em uma composição. Freqüentemente descrita com um nome, tal como, placa de fundo, bela passagem, camada especular e assim por diante.

Por que está demorando tanto a renderizar?

Por agora, você aprendeu que os tempos de renderização são difíceis de prever. Depois de terminar de criar uma cena animada e ajustar Maya para renderizar uma série de quadros, quase sempre demora alguns minutos ou horas antes do trabalho estar feito. A complexidade da cena está vinculada ao tempo de renderização, assim, cenas com milhares de objetos e dúzias de luzes são mais lentas para renderizar do que aquelas com menos objetos e luzes. Entretanto, mesmo cenas simples, às vezes, podem demorar mais do que você poderia esperar. O que você deve fazer sobre isto quando voltar um dia depois e apenas algumas cenas de uma cena aparentemente simples tiverem sido renderizadas? Obviamente, alguma coisa está colocando um grande embaraço na renderização. As seções a seguir cobrem algumas áreas a considerar como potencialmente caras em termos de computação.

Ajustes de Render Global

Resolution (resolução) — Grandes imagens demoram mais a renderizar do que pequenas imagens. Se a sua renderização 320x240 demorar mais do que 10 minutos, normalmente você pode contar com uma renderização 640x480 levando 40 minutos, pois a imagem tem quatro vezes o número de pixels. Dobrar as dimensões quadruplica o espaço de pixel e o tempo de renderização.

Antialiasing Quality (qualidade de serrilhado) — Se as suas renderizações exibem bordas recortadas, com degraus ou reflexos, é preciso aumentar a qualidade de antialiasing, que estende dramaticamente a renderização. Em geral, você usa o modo de antialiasing de baixa qualidade, rápido, para testar e um ajuste mais alto em sua produção final. (*Nota*: se forem as sombras de mapa de profundidade em suas cenas que exibem distorção, você deve aumentar a Depth Map Resolution para sombras mais ásperas e/ou o DMap Filter Size para sombras embaçadas; este ajuste tem pouco efeito na velocidade de renderização.)

Raytraced Shadows (sombras traçadas a raio) — Este tipo de sombra é o mais áspero, mas ele pode tornar a renderização perceptivelmente mais lenta. Em especial, se a sombra traçada a raio precisar projetar através de objetos muito pequenos se sobrepondo (tais como folhas em uma árvore), provavelmente você verá uma significativa diminuição da velocidade de renderização.

Raytracing (traço a raio) — A janela Render Globals contém a opção de traço a raio, usada quando você está renderizando reflexões ou refrações. Ele pode diminuir a velocidade de renderização, especialmente se você ativar os ajustes de reflexão e refração em uma cena cheia de objetos com reflexos e refrações. Por exemplo, se você usar 10 reflexões e estiver renderizando um corredor de espelhos, a renderização precisa fazer um pingue-pongue com o raio de luz em muitos dos pixels da imagem

Capítulo 14 – As suas próximas etapas: eficiência e arte | 393

através da cena, para encontrar a sua cor final. Um exemplo de cena, chamada slow.mb, está incluído no CD para ilustrar este efeito. Da mesma forma, uma pirâmide de taças de vinho refrativas seria lenta para traçar a raio, se a profundidade de refração estivesse ajustada para um número alto. Neste caso, normalmente você precisa usar um número alto, tal como, 8 ou 10, pois os pixels que exigem mais balanços do que o limite serão preenchidos com uma cor fixa (normalmente preto) se não atingirem um objeto sólido no número de balanços alocados.

Motion Blur (movimento de névoa) — Esta opção é usada quando você deseja simular o efeito de velocidade de fechar, como em uma câmera de filme. Se você estiver criando uma animação onde alguns objetos de cena se movem rapidamente através do campo de vista da câmera, é preciso usar o movimento de névoa para evitar um efeito estróbilo. Há dois tipos de movimento de névoa: 2D e 3D. O movimento de névoa em 2D é um tipo de filtro inteligente de pós-processo que mancha pixels na renderização e normalmente não é muito lento para renderizar. O movimento de névoa em 3D é mais real, mas, definitivamente, exige mais tempo para renderizar.

> **No CD**
> Capítulo _14\slow.mb

Atributos de objeto

NURBS — Todas as superfícies NURBS precisam ser marchetadas para polígonos antes da renderização poder trabalhar com ela, e cada objeto NURBS pode ser ajustado para quão refinado ele é disposto em xadrez. Se você ajustar um nível de disposição muito alto, notará uma demora enquanto Maya processa o objeto NURBS em milhares de polígonos. Em casos extremos, um imenso número de polígonos gerados pode levar a máquina a ficar sem memória. É uma boa idéia testar os níveis de disposição em xadrez se você ajustá-los a partir dos padrões. Isto pode ser feito no Attribute Editor, na seção Tessellation (marchetaria/disposição em xadrez) na aba Shape do objeto. Selecione a caixa de verificação Display Render Tessellation para ver os resultados de disposição no painel 3D à medida que ajusta as configurações.

Tipos de material

Tipos de material volumétrico — Maya oferece cinco materiais volumétricos para efeitos de objeto não sólido: EnvFog, LightFog, Particle Cloud, Volume Fog e Volume Shader. Estes tipos especiais de material normalmente são mais lentos para renderizar. Se você enterrar a câmera em um volume Fog, cada pixel do quadro estará olhando através de um efeito de névoa em 3D e demorará muito mais para renderizar.

Efeitos de câmera

Profundidade de campo — O modo normal de renderização de Maya é como aquele de câmera de buraco-de-agulha: tudo está no foco perfeito. Você pode ajustar a câmera para produzir profundidade de névoa, onde os objetos mais próximos a, ou mais distantes do foco são progressivamente enevoados. Esta opção normalmente acrescenta um bom tempo de renderização, quando a profundidade de névoa se torna mais exagerada.

Renderização em lote em Maya

Em geral, quando você renderiza estáticos, enquanto trabalha, você simplesmente escolhe a opção Render Current Frame. Entretanto, como viu nos capítulos 4, "Mergulho: a sua primeira animação" e 11, "Câmeras e renderização", é possível ajustar as configurações Render Globals para cobrir uma faixa de quadros e depois usar a opção Render I Batch Render para renderizar toda a seqüência. O renderizador trabalha nestes quadros em ordem e pode armazenar os quadros em um formato de filme (tal como AVI) ou como estáticos seqüencialmente numerados. Para saída em vídeo ou filme, normalmente você faz a saída para quadros seqüenciais, para evitar danos de compactação e um único desajeitado grande arquivo. Quando o modo de renderização em lote inicia em Maya, a renderização começa no fundo e você pode continuar a trabalhar em Maya. Usuários com máquinas de processadores duplos podem usar a caixa de diálogo Batch Rendering Options (opções de renderização em lote) para especificar qual processador será usado para a renderização em lote de fundo e o outro ser usado para continuar a trabalhar com Maya. Entretanto, em Maya, você só pode renderizar em lote um projeto de cada vez. Se quiser renderizar um projeto adicional, precisa cancelar a renderização atual ou esperar que ela termine.

Quando a renderização em lote inicia, você obtém uma atualização de seu progresso no lado direito da Command Line de Maya. Para exibir todo o registro (veja um exemplo na Figura 14.1), clique o botão Script Editor à direita da Command Line (refira-se de volta à Figura 2.1, no Capítulo 2, "Um passeio por Maya", para ver exatamente onde está este botão).

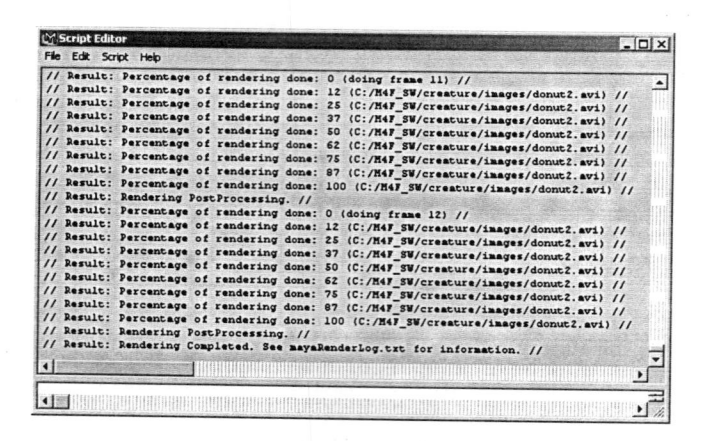

Figura 14.1 – A reação do registro de comando no Script Editor mostra detalhes do fundo da renderização em lote.

Renderização em lote como individual com o Command Prompt

E se você tiver montado 12 cenas diferentes durante o seu dia de trabalho e quiser renderizá-las durante a noite? Uma opção é a renderização em lote command-prompt (indicador de comando). Se olhar em sua pasta Maya\bin, você verá o arquivo render.exe. Este utilitário é o renderizador individual chamado pelo command prompt.

Capítulo 14 – As suas próximas etapas: eficiência e arte | 395

No Windows, você abre o command prompt, clicando Start I Programs (iniciar, programas) ou (Programs I Accessories — programas, acessórios) I MS-DOS Prompt. No command prompt, digite cd para mudar os diretórios para o diretório Maya\bin, conforme mostrado na Figura 14.2. Depois, você pode renderizar um trabalho, digitando o seguinte:

```
render filename.mb
```

Pode ser preciso especificar o nome de caminho exato para o arquivo, como mostrado aqui:

```
render c:\myjobs\maya\filename.mb
```

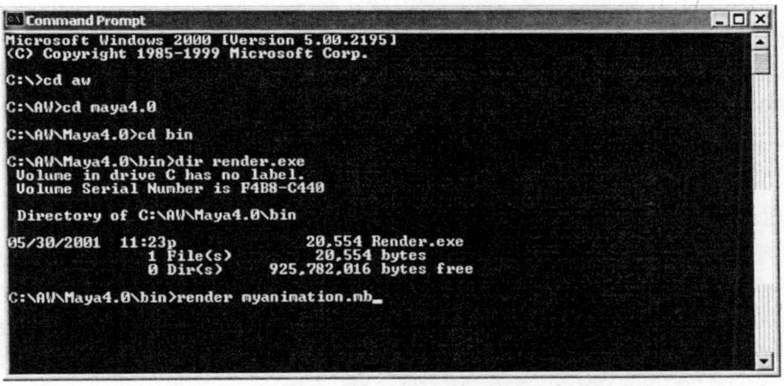

Figura 14.2 – *Iniciando a renderização na janela de command prompt.*

O arquivo de cena armazenado em Maya controla quais arquivos renderizar em qual resolução e especifica onde as imagens devem ser salvas. Você pode sobregravar os ajustes em um arquivo .mb ou .ma, usando este formato:

```
render <options> filename.mb
```

Eis a mesma linha com algumas opções preenchidas:

```
render -x 512 -y 512 -cam persp -im test -of sgi filename.mb
```

Observe que um espaço é colocado entre cada sinalização de opção e o valor designado a ela, tal como -x (sobregravando a largura em pixels) e 512 (a largura que você deseja na quantidade de pixels). Uma gama de opções está disponível e você pode conseguir uma lista completa, simplesmente entrando com render I more (renderizar, mais) e usando a barra de espaço para avançar através de cada página.

Como tudo isto ajuda a renderizar múltiplos serviços de uma vez? Usando arquivos em lote .bat. Você pode criar um arquivo de texto com o sufixo .bat, que contém uma série destes comandos, conforme mostrado aqui:

```
render -x 640 -y 480 -cam persp -im testA Job1.mb
render -x 800 -y 600 -cam TopCam -im testB Job2.mb
render -x 320 -y 240 -im testC -of tga Job3.mb
```

Você pode executar todos em seqüência, simplesmente iniciando o arquivo em lote a partir do command prompt. Por exemplo, se você tomou as linhas de comando anteriores e as salvou em um arquivo de texto chamado Tuesday.bat, tudo o que precisará para executar no command prompt é Tuesday e os serviços serão processados na ordem.

Armadilha Você deveria usar Windows Notepad para fazer arquivos de texto. Se usar MS Word ou algum outro editor de texto, o arquivo não é texto bruto, mas com freqüência tem códigos para fonte, paginação e assim por diante, e não funcionará quando você tentar executar o arquivo de lote.

Se você tiver comprado um contrato de manutenção de Alias|Wavefront para Maya, pode conseguir uma licença ilimitada de renderização em lote, além de sua licença normal Maya. A licença de renderização em lote permite que você instale e autorize Batch Renderer de Maya em uma ou muitas outras máquinas e renderize serviços em tais máquinas. Você pode dar a cada máquina alguns serviços de renderização em lote para trabalhar e elas podem criar e salvar todas as imagens renderizadas em cada serviço carregado.

É possível notar que, embora você possa tentar distribuir igualmente sete serviços por três máquinas, não importa como, algumas máquinas terminam antes e permanecem ociosas enquanto quadros de animação ainda precisam ser renderizados em outras máquinas. Também, a perspectiva de precisar caminhar por um cômodo cheio de máquinas e configurar arquivos .bat em cada uma, depois de algum tempo vai se tornar cansativo! A próxima seção cobre a verdadeira renderização em rede, que é a única maneira de fazer, se você tiver vários computadores capazes de renderizar.

Renderização em lote com máquinas escravas

Há uma variedade de utilitários de terceiros (tipicamente, custando algumas centenas de dólares) para compartilhar serviços de renderização Maya entre múltiplos computadores ligados em rede. Estes produtos permitem que você gerencie todas as máquinas "escravas" em rede, a partir da máquina máster (principal). É possível designar um serviço a todas as máquinas ou apenas a máquinas específicas, podendo ordenar os serviços na fila, por prioridade. Todas as máquinas escravas precisam ser capazes de ler textura de arquivos de mapa de imagem e outros dados de uma pasta compartilhada. Também, todas as máquinas precisam ser capazes de escrever arquivos em um lugar comum, para a saída de imagens renderizadas. Uma outra consideração é que se você pretende renderizar para um arquivo de filme, não será capaz de compartilhar o serviço entre várias máquinas. Entretanto, você pode renderizar os quadros individuais e fazer rapidamente o pós-processamento da seqüência de quadros em qualquer formato de arquivo de filme, usando um compositor ou outro utilitário. Alguns dos gerenciadores de renderização em rede disponíveis para Maya incluem:

- Render Marx (rendercorp.com)
- Lemon (*www.ice.org/~martin/*)
- Muster (vvertex.com)
- Rush (3dsite.com/people/erco/rush/)
- Load Sharing (platform.com)

Estes são produtos comerciais com uma variedade de estruturas de preço. Lemon tem uma versão gratuita que pode dividir serviços entre máquinas, e funciona bem em produções menores. Ele deixa de fora recursos como rastreio de progresso e ajuste de Render Globals. Para serviços em fila de máquina única, RenderPal (*www.shoran.com*) é um utilitário melhor e também gratuito. Há mais utilitários, tal como RenderPal, no web site popular de Maya, *www.highend3d.com*.

O único fator crítico ao usar uma máquina para renderizar um serviço é que ela precisa ser capaz de carregar toda a cena em RAM. Se o seu arquivo de cena for maior do que a RAM disponível na máquina escrava, o processamento será travado. Se a RAM for farta, a máquina renderizará baseada unicamente na potência bruta de CPU.

Aperfeiçoamentos de fluxo de trabalho

Este livro tornou teclas de atalho e menus de marcação personalizados parte integrante dos tutoriais por um bom motivo. Os iniciantes que não estão habituados com estes aperfeiçoamentos de fluxo de trabalho estão perdendo uma grande parte, o que torna Maya tão eficiente. Entretanto, os nossos menus de marcação e teclas de atalho foram criados para mostrar como determinar as tarefas que você realiza com mais freqüência e configurar ferramentas para apressar ou automatizar muitas delas.

Criação de seu próprio menu de marcação

No Capítulo 5, "Modelagem básica de NURBS", você começou o projeto da casa, carregando um conjunto de menus de marcação personalizados em Maya. Vamos através das etapas de criar um destes menus de marcação, para que você possa ver como é feito. Depois, você pode alterar os menus de marcação existentes ou criar os seus próprios.

Tutorial: como montar um menu de marcação

1. Escolha Window | Settings/Preferences | Marking Menus. Na caixa de diálogo Marking Menus que se abre, clique o botão Create Marking Menu para abrir a caixa de diálogo mostrada na Figura 14.3.

   Cada um dos nove quadrados de luz cinza representa uma localização no menu de marcação que você anexa a uma função. É possível acrescentar informações a cada bloco ou editá-lo, clicando com o botão direito do mouse em um dos quadrados e escolhendo Edit Menu Item. Isto adianta um local para inserir MELscript, mas não entre em pânico! Você vai permitir a Maya criar automaticamente o MELscript necessário para jogar naquelas pequenas caixas. O MELscript aparece no Script Editor quando você usa Maya, traduzindo cada uma de suas ações para o código MEL equivalente.

   No CD
   Chapter_14\movies\ch14tut01.wmv

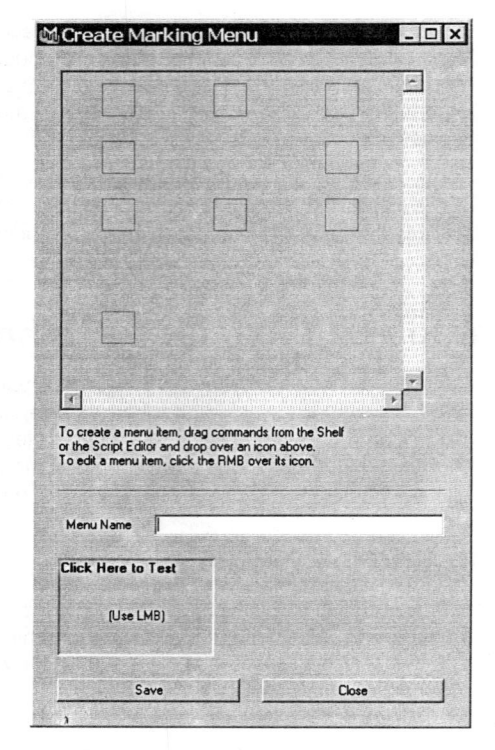

Figura 14.3 – *A caixa de diálogo Create Marking Menu (criar menu de marcação) de Maya.*

2. Abra o Script Editor, clicando o botão à extrema direita da Command Line.
3. No menu de Script Editor, habilite o ajuste Echo All Commands (ecoar todos os comandos) (Script I Echo All Commands).
4. A sua tela pode estar amontoada com todas estas janelas abertas, portanto, reorganize a caixa de diálogo Create Marking Menu e Script Editor, para poder ver as suas. Simplesmente arraste e redimensione as janelas, até tê-las reorganizadas ao seu gosto, para poder continuar a trabalhar com eficiência.

As próximas etapas criam o menu de marcação CV Curve, que você usou neste livro. Para cada função acrescentada ao menu de marcação, você realiza primeiro a função e depois MMB-arrasta o MELscript do Script Editor para um dos quadrados cinza na caixa de diálogo Create Marking Menu.

Nota — Lembre-se: quando você ativa Echo All Commands, pode ver cada script e ação que Maya executa com MEL. Por padrão, o Script Editor só ecoa os comandos mais significativos para reagir na Command Line de Maya. Maya é montado em MEL, portanto, cada ação que você realiza em Maya é efetuada nesta linguagem de script. Observando os comandos no Script Editor, você pode começar a perceber como Maya trabalha e absorver a sintaxe MEL.

Capítulo 14 – As suas próximas etapas: eficiência e arte | 399

Dica	Se o seu Script Editor estiver cheio de informações que você não precisa, sempre é possível limpar a sua exibição, clicando Edit I Clear History no menu do Script Editor.

5. Primeiro acesse a ferramenta CV Curve, clicando Create I CV Curve Tool na Hotbox.
6. Verifique as novas informações no Script Editor. Cada linha mostra um comando diferente, assim, você precisa descobrir qual, de fato, executa a ferramenta CV Curve. Neste caso, a linha é CVCurveTool;, portanto, destaque tal linha no Script Editor (veja a Figura 14.4). Depois, simplesmente MMB-clique sobre o texto destacado e arraste-o para a caixa cinza superior central na caixa de diálogo Create Marking Menu. Automaticamente, Maya copia as informações necessárias na caixa.
7. Na caixa de diálogo Create Marking Menu clique com o botão direito do mouse na caixa cinza superior central e escolha Edit Menu Item do menu de atalho. A caixa de diálogo Edit North (editar norte) aparece; ela é chamada de "North", pois as caixas cinza são nomeadas de acordo com os pontos do compasso.

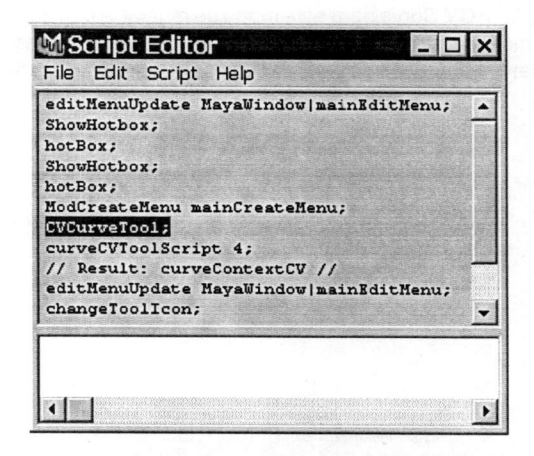

Figura 14.4 – *Destaque do comando certo no Script Editor.*

8. Em seguida, você precisa dar ao item de menu uma etiqueta que apareça quando você acessar este menu de marcação. Na caixa de texto Label, na caixa de diálogo Edit North, mude o nome para CV Curve.
9. Agora, é preciso habilitar a caixa de opção para aparecer atrás do item CV Curve no menu de marcação. Para fazê-lo, selecione a caixa de verificação Option Box, próxima da parte inferior da caixa de diálogo.
10. Depois, você dirá à caixa de opção o que fazer quando clicada. Primeiro copie a linha de código da seção Command(s) e cole-a na seção Option Box Command(s). Para mais procedimentos de criação em MELscript, tudo o que você tem a fazer é acrescentar a palavra *Options* ao final do comando padrão. Neste caso, o nome de comando deve ser CVCurveToolOptions; (veja a Figura

400 | Dominando Maya 4

14.5). Os pontos e vírgulas são críticos, portanto, assegure-se de que eles não sejam omitidos. Lembre-se também que você precisa combinar exatamente o estilo de letra ao digitar nomes de comando, pois MELscript é case sensitive (tem estilo de letras maiúsculas e minúsculas).

Dica
Há um outro método para copiar MELscript: copie o texto destacado (tecla de atalho: **Ctrl+c**) no Script Editor, clique com o botão direito do mouse em uma das caixas cinza na caixa de diálogo Create Marking Menu e clique Edit Menu Item no menu de atalho. Na caixa de diálogo que se abre, crie um novo item de menu, colando (tecla de atalho: **Ctrl+v**) a linha de código na caixa de texto bem sob a etiqueta Command(s).

Eis um outro método que alguns adeptos de Maya preferem: saia do menu Create. Ctrl+Alt+Shift+LMB-clique em um comando e ele é acrescentado à Shelf, completo, com o seu ícone. Finalmente, MMB-arraste o novo ícone para o seu menu de marcação, para acrescentá-lo.

11. Acabamos de criar o item CV Curve para este menu de marcação. Clique o botão Save and Close para salvar as suas mudanças e fechar a caixa de diálogo Edit North. Assegure-se de que a caixa de diálogo Create Marking Menu ainda esteja aberta para a próxima tarefa.

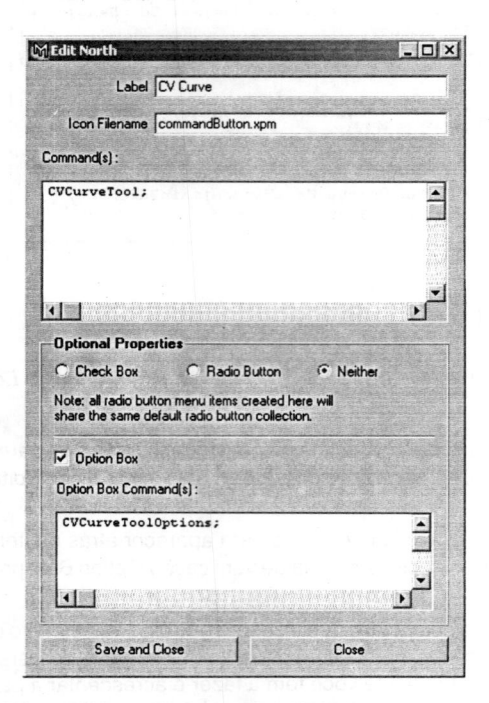

Figura 14.5 – *A caixa de diálogo Edit North completada.*

Capítulo 14 – As suas próximas etapas: eficiência e arte | 401

Dica

Você pode testar cada item de menu depois de criá-lo. No canto inferior esquerdo da caixa de diálogo Create Marketing Menu, clique a caixa que diz Click Here to Test (clique aqui para testar), para abrir o menu. Não é só para mostrar; na verdade, funciona! Clique o item CV Curve no menu de marcação que aparece para testá-lo (veja a Figura 14.6). Depois, clique a caixa de opção CV Curve no menu de marcação e a caixa de diálogo CV Curve Options deve abrir.

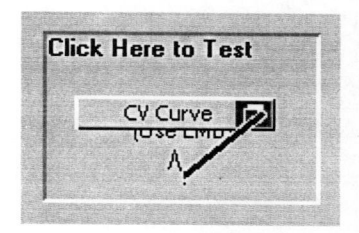

Figura 14.6 – *O teste do primeiro menu de marcação.*

Agora, você pode acrescentar mais alguns itens a este menu de marcação. Usando os mesmos métodos que antes, acrescente as seguintes ações como itens em seu menu:

Nome da ferramenta	Ação de menu
Pencil Curve (curva de lápis)	Create I Pencil Curve Tool
EP Curve	Create I EP Curve Tool
3 PT Arc (arco de 3 pontos)	Create I Arc Tools I Three Point Circular Arc
2 PT Arc	Create I Arc Tools I Two Point Circular Arc

Depois de acrescentar estas ferramentas ao seu menu de marcação, a caixa de diálogo Create Marking Menu deve parecer semelhante à Figura 14.7.

Agora que você terminou de acrescentar itens ao menu de marcação, você precisa nomeá-lo e salvá-lo. Na caixa de diálogo Create Marking Menu, digite testMM na caixa de texto Menu Name e clique o botão Save. Este menu é então acrescentado à lista de outros menus na caixa de diálogo Marking Menus. Selecione o menu na lista, no alto da caixa de diálogo. Para tornar o menu de marcação acessível no Hotkey Editor, selecione Hotkey Editor na caixa de lista drop-down Use Marking Menu In (veja a Figura 14.8). Clique o botão Apply Settings e feche esta caixa de diálogo e o Script Editor.

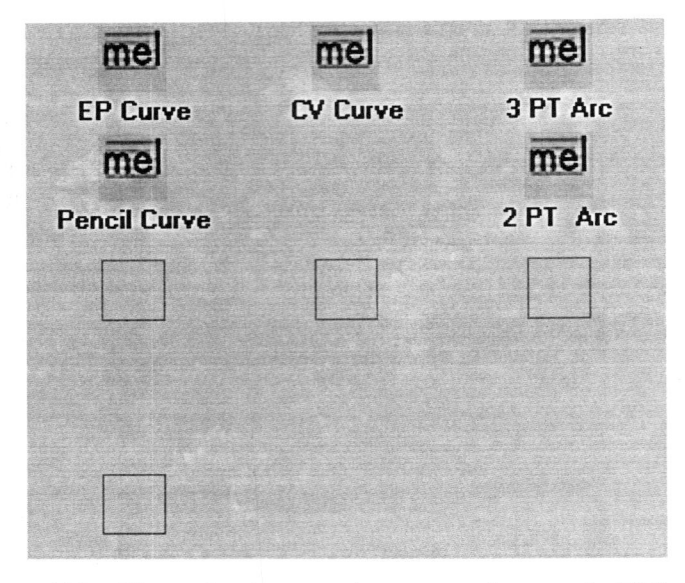

Figura 14.7 – *São usadas cinco entradas no menu de marcação CV Curve.*

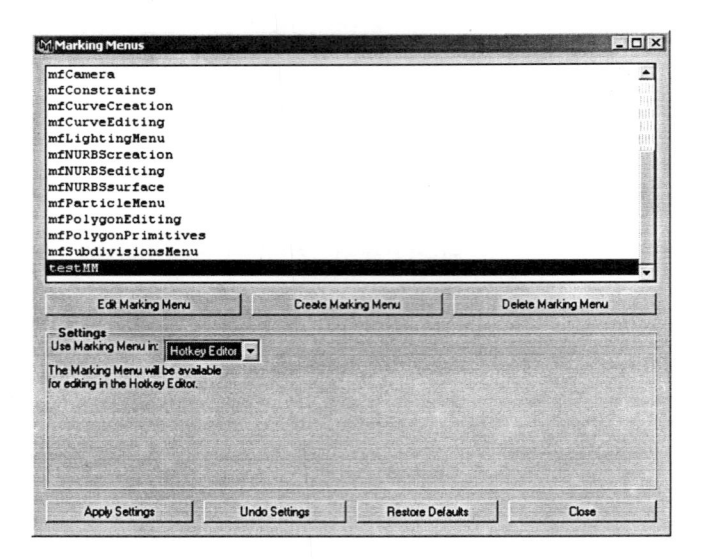

Figura 14.8 – *Configuração do menu de marcação testMM para aparecer no Hotkey Editor (editor de tecla de atalho).*

Capítulo 14 – As suas próximas etapas: eficiência e arte | **403**

> **Dica**
>
> Você pode refinar os seus menus de marcação, forçando as configurações da caixa de opção dos objetos criados. Ao invés de apenas criar um objeto e copiar o código para a sua criação, abra a caixa de opções daquele objeto. Configure a caixa de opções para os ajustes que você usará na maior parte do tempo e depois crie o objeto. No Script Editor, à direita do código de criação do objeto, haverá várias tags, cada qual especificando os ajustes desta caixa de opção para o objeto. Destaque toda a linha de código e proceda como antes. Com as caixas de opção de ferramentas, o método é um pouco diferente, mas você sempre pode experimentar, até encontrar o código para os ajustes desejados.

Tutorial: ajuste de teclas de atalho

Você montou o menu de marcação; agora precisa ajustar as teclas de atalho que o ativarão:

1. Abra o Hotkey Editor, escolhendo Window | Settings/Preferences | Hotkeys no menu principal de Maya.
2. No Hotkey Editor, selecione User Marking Menus (menus de marcação de usuário) na lista Categories. Todos os menus devem estar relacionados na seção Commands (veja a Figura 14.9). Provavelmente, você deve ter notado que cada comando tem dois nomes: um com uma tag Press (pressionar) e um com a tag Release (liberar) ao final do nome. Com estes comandos, é possível especificar uma ação on/off (ativada, desativada) para que Maya saiba quando habilitar ou desativar um comando de ação em especial.

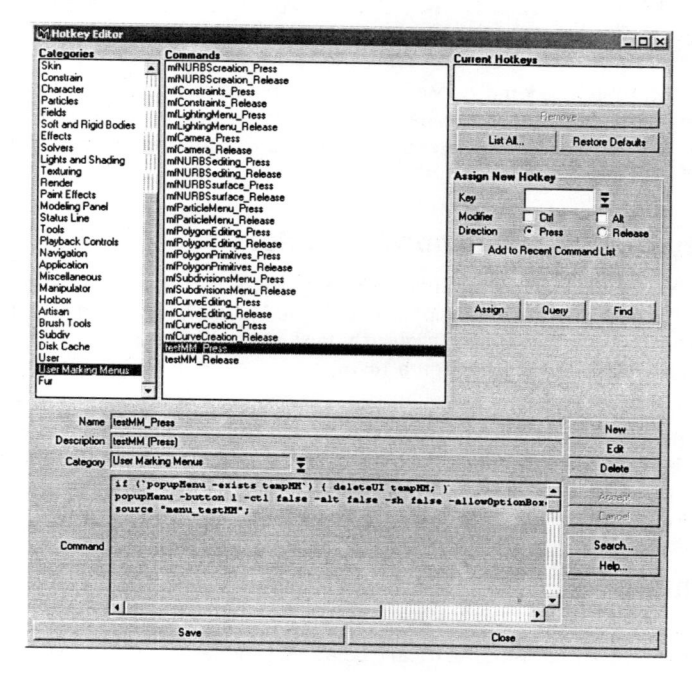

Figura 14.9 – *Exibição de comandos de menu de marcação no Hotkey Editor.*

3. A próxima etapa é ajustar uma tecla de atalho para o menu de marcação testMM. A seção Current Hotkeys (teclas de atalho atuais) à direita relaciona quaisquer teclas de atalho atualmente designadas ao comando selecionado. Sob aquela área está a seção Assign New Hotkey (designar nova tecla de atalho). Na caixa de texto Key, digite a letra f. Assegure-se de usar *f* minúsculo, pois as teclas de atalho têm estilo de letra.
4. Clique o botão Query (consultar) para descobrir se aquela chave já está em uso. Neste caso, ela já está designada à ação Frame Selected, portanto, você precisa acrescentar um modificador ao botão.
5. À direita do item Modifier, selecione a caixa de verificação Ctrl. Isto diz a Maya que quando você pressionar Ctrl+f, quer acessar o menu de marcação textMM.
6. Agora, clique o botão Assign. Maya abre uma caixa de mensagem, dizendo que o menu de marcação não funcionará, a menos que você anexe a liberação de tecla de atalho. Clique o botão Yes na caixa de mensagem para que Maya ajuste ambas as teclas de atalho, de pressionar e de liberar.
7. Sob Current Hotkeys, você deve ver a combinação de tecla de atalho Ctrl+f. Depois de terminar de designar estas teclas de atalho, clique o botão Save, na parte inferior do Hotkey Editor e depois clique o botão Close.
8. Experimente o menu de marcação marcado no painel de vista 3D. Pressione Ctrl+f e depois LMB-clique e mantenha pressionado no painel. O menu de marcação que você fez deve aparecer.

Você montou um menu de marcação completo, a partir do rascunho. A função MMB arrastar-e-soltar do Script Editor funciona também em outras tarefas de automação, como você verá na próxima seção.

Automação de tarefas únicas ou múltiplas: Hotkey, Marking Menu ou Shelf

Quase qualquer ação que você toma em Maya tem MELscript correspondente exibido no Script Editor, se a opção Echo All Commands estiver capacitada. Você pode designar qualquer ação a um menu de marcação, como aprendeu no tutorial anterior. Também é possível designar uma ação a uma tecla de atalho ou a Shelf.

User Hotkeys (teclas de atalho de usuário)

O Hotkey Editor (Window I Settings/Preferences I Hotkeys), visto na Figura 14.9, permite que você edite as teclas de atalho designadas às principais funções de Maya. Para ver todas as teclas de atalho atualmente designadas no Hotkey Editor, clique o botão List All sob a seção Current Hotkeys para abrir a caixa de diálogo List Hotkeys (veja a Figura 14.10).

No Hotkey Editor, a metade de baixo funciona exatamente como a configuração de comando de menu de marcação funcionou. Você clica o botão New no Hotkey Editor, seleciona o texto de comando do Script Editor e MMB-arrasta para a área Command. Então, você pode designar uma tecla de atalho, assim como o seu nome, descrição e categoria. Use a categoria geral "User" se as suas novas teclas de atalho não se ajustarem bem em outras categorias.

A Shelf (prateleira)

Usando a mesma técnica MMB arrastar-e-soltar de antes, você pode soltar itens na Shelf para criar um botão lá com um ícone padrão "MEL". Ao clicar o botão MEL, aquela função é realizada.

Capítulo 14 – As suas próximas etapas: eficiência e arte | **405**

É possível criar novas prateleiras personalizadas para todas as suas necessidades. Eles aparecem como abas na Shelf e você cria novas prateleiras clicando a seta para baixo à extrema esquerda de Shelf e selecionando New Shelf (nova prateleira). Você também pode editar os conteúdos Shelf e os ícones usados para os botões. Clique a seta para baixo, na extrema esquerda de Shelf e selecione Shelf Editor (editor de prateleira), onde é possível designar o ícone gráfico para representar o botão Shelf e editar o código e etiquetas para a Shelf.

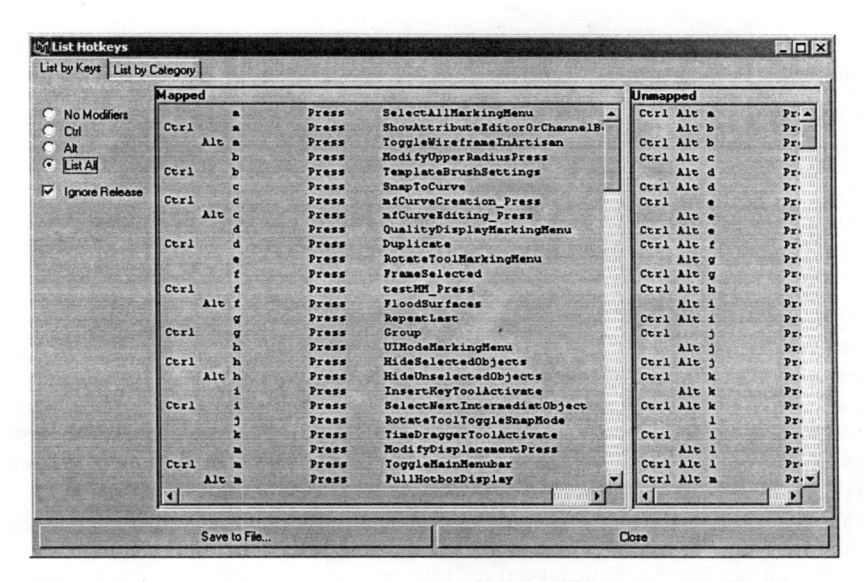

Figura 14.10 – *Uma listagem de todas as teclas de atalho atualmente designadas.*

Tutorial: itens de Shelf e de Hotkeys

Neste tutorial, você configurará um botão Shelf para fazer um torus específico e uma tecla de atalho para duplicá-lo de uma maneira única. Você pode usar este método para montar os seus próprios itens de teclas de atalho e de prateleira.

No CD
Chapter_14\movies\ch14tut02.wmv

1. Abra o Script Editor, clicando o botão Script Editor à direita da Command Line. Assegure-se de que ele esteja marcado pela opção de menu Script | Echo All Commands, para que todas as suas ações sejam gravadas. Depois, escolha Edit | Clear History do menu para ter um quadro limpo. Minimize o Script Editor para tirá-lo de seu caminho.

2. Para criar uma nova Shelf, clique a seta para baixo à extrema esquerda de Shelf e selecione New Shelf. Nomeie-a como Maya_4_Fundamentals.

3. Crie um torus (Hotbox | Create | NURBS Primitives | Torus). Na Channel Box, abra as opções MakeNurbTorus1 sob Inputs e ajuste End Sweep para 180 e Minor Sweep para 180. Pressione F8 para habilitar a edição dos CVs NURBS e selecione os CVs no centro, conforme mostrado na Figura 14.11. Ajuste Translate Z para cerca de 1.7. Pressione F8 novamente, para sair do modo CV Editing.

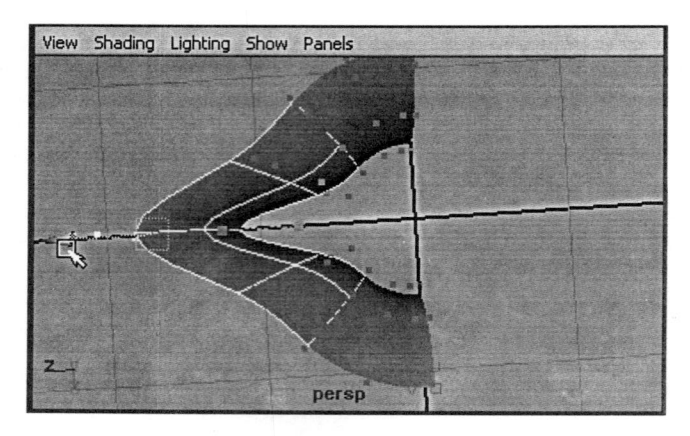

Figura 14.11 – *Torcida da forma do torus.*

4. Recupere o Script Editor. Em sua área de texto, destaque as ações que acabou de realizar (veja a Figura 14.12 para referência). Se não realizou a Etapa 3 "perfeitamente", pode apagar o objeto atual, limpar a história de Script Editor e tentar novamente. Agora, MMB-arraste o texto selecionado para a Shelf. Um botão de ícone MEL deve aparecer. Experimente este novo botão Shelf, apagando o torus na cena e, depois, clicando o novo botão Shelf. O objeto deve aparecer, exatamente como você o modelou. Se você obtiver um toro extra, verifique o ponto de partida da seleção de texto na Figura 14.12; tínhamos pulado as primeiras poucas linhas que diziam torus.

5. Para editar este item Shelf, abra o Script Editor, clicando a seta para baixo, à extrema esquerda de Shelf, e escolhendo Shelf Editor. Na caixa de diálogo Shelves (prateleiras) que se abre, clique a aba Shelf Contents (conteúdos de prateleira). Digite V-Torus na caixa de texto Label & Tooltips (etiqueta e etiquetas explicativas) e V na caixa de texto Icon Name. Clique o botão Change Image e selecione o ícone Userpolytorus.bmp, mostrado na Figura 14.13. (Você poderia criar a sua própria imagem BMP; olhe a resolução e o formato dos ícones na pasta Maya\extras\icons para referência.) Clique o botão Save All Shelves para fechar a caixa de diálogo e aceite as mudanças. O seu novo botão está pronto para funcionar.

6. Limpe a história no Script Editor. Faça um V-Torus, se ainda não tiver um em cena. Abra a caixa de diálogo Duplicate Options (Hotbox I Edit I Duplicate I caixa de opção) e reajuste as configurações. Depois, ajuste Translate Z para -1, Scale X para 0.9, Scale Y para 0.9 e Scale Z para 1.1. Digite 8 na caixa de texto Number of Copies e clique o botão Duplicate. No Script Editor, busque pela linha começando com duplicate -rr e selecione toda a linha (veja a Figura 14.14).

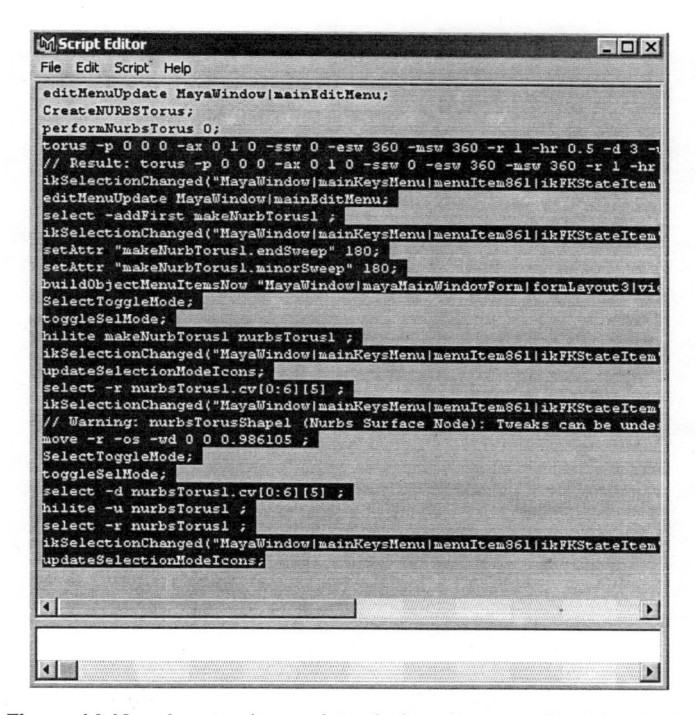

Capítulo 14 – As suas próximas etapas: eficiência e arte | 407

Figura 14.12 – *Arrastando o script selecionado para a Shelf (prateleira).*

Figura 14.13 – *Edição do novo item Shelf.*

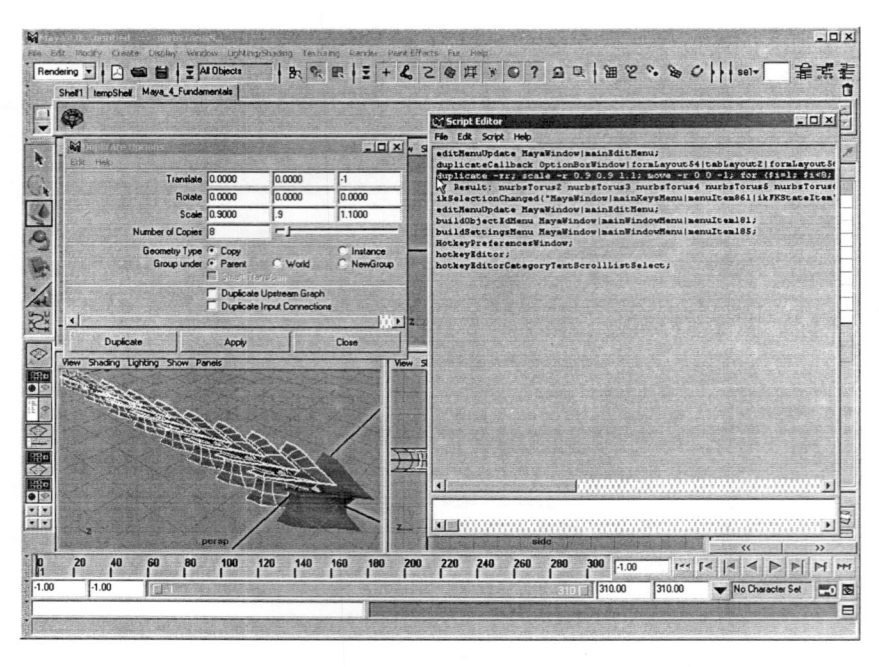

Figura 14.14 – *A duplicação de ajustes e o script selecionado que levaram à duplicação.*

7. Abra o Hotkey Editor (Hotbox I Window I Settings/Preferences I Hotkeys). Na lista Categories, selecione User e, depois, clique o botão New. Digite ScaleDupe na caixa de texto Name e 8 copies, stretched (8 cópias, esticadas) na caixa de texto Description (descrição). Depois, MMB-arraste a linha selecionada no Script Editor para a área Command do Hotkey Editor e clique o botão Accept. ScaleDupe é então exibido na caixa de lista Commands. Na área Assign New Hotkey (designar nova tecla de atalho), digite o na caixa de texto Key, selecione a caixa de verificação Alt e clique o botão Assign. Agora você tem a tecla de atalho Alt+o para esta ação de duplicação (veja a Figura 14.15). Clique Save e depois Close, para fechar a caixa de diálogo. Teste a tecla de atalho, fazendo algumas esferas e pressionando Alt+o quando elas estiverem selecionadas. A tecla de atalho funcionará em objetos únicos ou grupos de objetos.

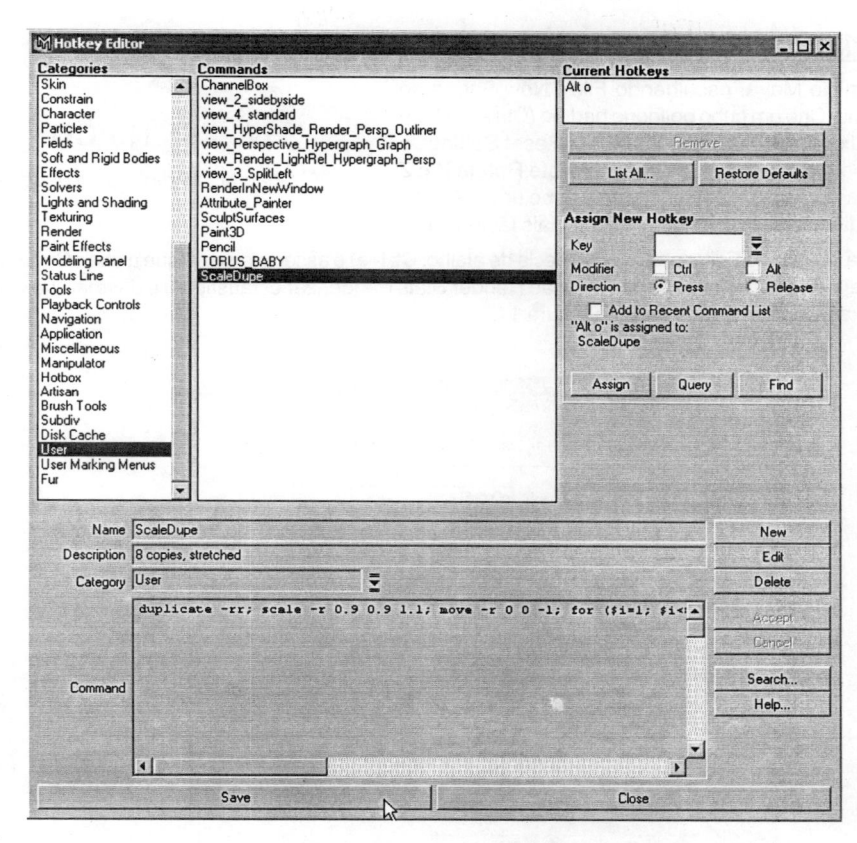

Capítulo 14 – As suas próximas etapas: eficiência e arte | **409**

Figura 14.15 – *Criação de uma nova tecla de atalho no Hotkey Editor.*

Com estes métodos, você pode automatizar quase qualquer ação em Maya. À medida que as suas habilidades progridem, observe as ações que você realiza com freqüência e pense se seria benéfico tê-las automatizadas. Quando estiver confiante que aprendeu todas as técnicas básicas e está pronto a acrescentar seus aperfeiçoamentos à área de trabalho, tente criar teclas de atalho, itens de Shelf e menus de marcação para as funções mais usadas, de uma maneira que faça sentido com a forma que você trabalha.

Helper Objects: organização e controle

O próximo recurso de assistência de fluxo de trabalho que você explorará é o conceito de objetos "helper" (assistentes) — objetos não renderizáveis em uma cena que contém um conjunto de controles em outros objetos. Você cria um simples objeto, incapacita a sua habilidade de ser renderizado e oculta todos os seus parâmetros existentes, para que não apareçam na Channel Box. Depois, você acrescenta novos atributos ao objeto assistente e os conecta com as variáveis de cena crítica, tais como, expressões de personagem ou mistura de iluminação de cena. Os objetos assistentes podem tornar o controle de animação e de cena muito mais fácil, pois todas as variáveis necessárias estão na Channel Box, prontas para a animação.

Tutorial: como montar um Helper Object

1. Reinicie Maya, escolhendo File | New Scene no menu. Crie um cubo polígono padrão (Ctrl+x e Cube | caixa de opção). Escolha Edit | Reset Settings e depois clique o botão Create. Ajuste Rotate X e Z para 45. Estes ajustes tornam o cubo uma espécie de diamante em qualquer vista e mais fácil de ver.

   No CD
   Chapter_14\movies\ch14tut03.wmv

2. Abra o Attribute Editor para o cubo (tecla de atalho: **Ctrl+a**) e assegure-se de que a aba pCubeShape1 esteja selecionada. Expanda a seção Render Stats (renderizar estatísticas) e desmarque todas as caixas, conforme mostrado na Figura 14.16.

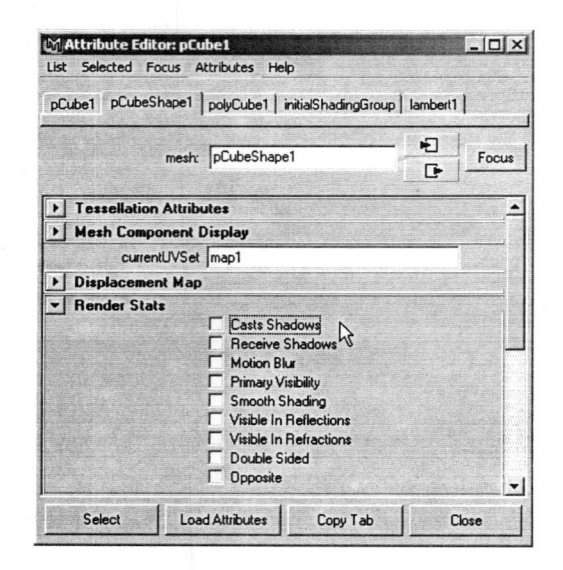

Figura 14.16 – *Como tornar o cubo invisível, no que se refere à renderização.*

3. Com o cubo ainda selecionado, abra o Channel Control Editor (Hotbox | Window | General Editors | Channel Control). Na aba Keyable da caixa de diálogo Channel Control, aparecem abas a serem exibidas na Channel Box, na lista Keyable. Clique o primeiro item e arraste para baixo a lista, para selecionar todas as variáveis, conforme mostrado na Figura 14.17. Clique o botão Move para colocar todas estas variáveis na caixa de lista Non Keyable e depois clique Close. Você notará que agora não há variáveis listadas na Channel Box, ainda que o cubo esteja selecionado.

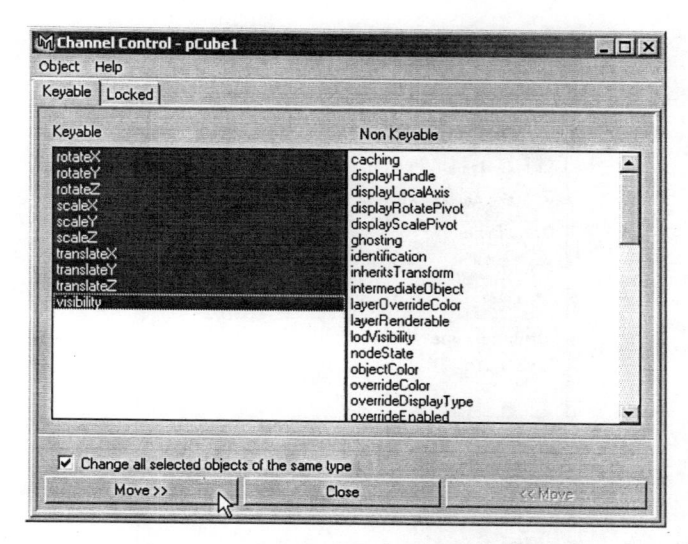

Capítulo 14 – As suas próximas etapas: eficiência e arte | **411**

Figura 14.17 – Use a caixa de diálogo Channel Control para decidir o que pode ser animado (que é passível de usar chave) e deve aparecer na Channel Box.

4. Com o cubo ainda selecionado, acrescente um atributo a ele (Hotbox I Modify I Add Attribute). Na aba New da caixa de diálogo Add Attribute, digite Steering na caixa de texto Attribute Name. Na seção Numeric Attribute Properties, na parte inferior, digite os seguintes valores para este atributo (veja a Figura 14.18): Minimum para -10, Maximum para 10 e Default para 0. Clique OK.

5. Crie um torus NURBS para usar em um pneu (Hotbox I Create I NURBS Primitives I Torus). Ajuste Rotate X para 90, Translate X para 10 e Translate Z para 2.

6. Em seguida, duplique o pneu (Hotbox I Edit I Duplicate I caixa de opção, escolha Edit I Reset Settings na caixa de diálogo Duplicate Options e clique o botão Duplicate). A duplicata está no alto do pneu existente, portanto, mude Translate Z para -2. Selecione ambos os pneus e pressione Ctrl+d para duplicá-los, para obter um conjunto de quatro pneus. Mude Translate X para 4, para posicionar os dois pneus dianteiros; agora, todos os quatro pneus estão no lugar.

7. Com ambos os pneus ainda selecionados clique na etiqueta Rotate Y, na Channel Box. RMB-clique na etiqueta e escolha Set Driven Key (ajustar chave de direção) a partir do menu de atalho, para abrir a caixa de diálogo Set Driven Key. Só um pneu aparecerá, portanto, clique o botão Load Driven (carregar direção) e ambos os pneus devem aparecer.

8. Em seguida, selecione o cubo na cena e, depois, clique o botão Load Driver. Na coluna Driven, selecione as duas entradas de pneu. Nas colunas da direita da caixa de diálogo Set Driven Key, selecione Steering (girando) na linha Driver e gire rotateY na linha Driven, como mostrado na Figura 14.19.

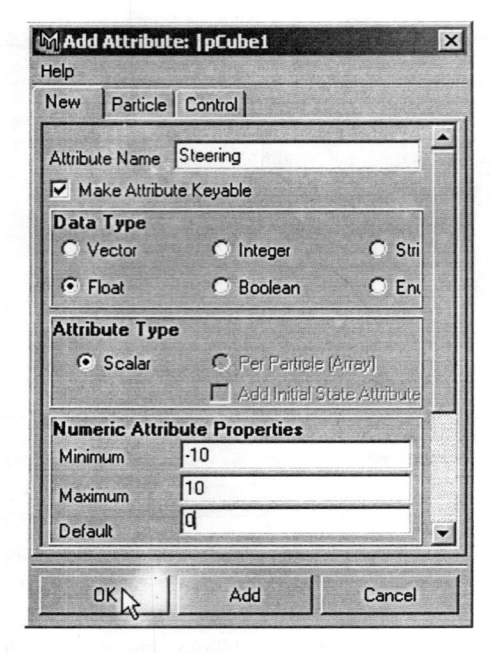

Figura 14.18 – *Entrada de valores para o atributo Steering, na caixa de diálogo Add Attribute.*

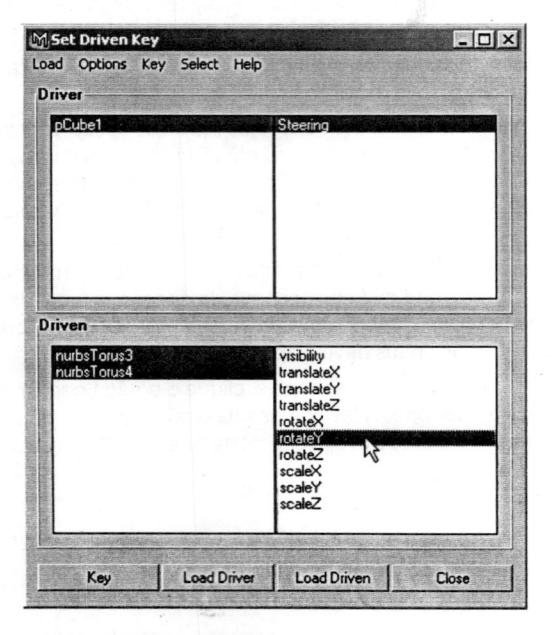

Figura 14.19 – *Configuração de chaves Driven.*

Capítulo 14 – As suas próximas etapas: eficiência e arte | 413

9. Agora, você precisa dizer a Maya como estas variáveis estão conectadas. Selecione o cubo e ajuste o seu valor Steering para -10, na Channel Box. Selecione os dois torus que carregou na caixa de diálogo Set Driven Key e ajuste os seus valores Rotate Y para 45. Clique o botão Key na caixa de diálogo Set Driven Key.

10. Como na Etapa 9, selecione o cubo e ajuste o seu valor Steering para 10, na Channel Box e, depois, selecione os mesmos dois torus e ajuste os seus valores Rotate Y para -45. Clique o botão Key na caixa de diálogo Set Driven Key. Para testar a configuração, selecione o cubo, clique a etiqueta Steering na Channel Box e, depois, MMB-arraste para a esquerda e para a direita no visor (Virtual Slider de Maya). Os pneus devem girar pela faixa que você ajustou para eles. A variável Steering no cubo, agora controla a rotação Y de ambos os pneus (veja a Figura 14.20). Você pode carregar o arquivo de cena indicado próximo ao ícone de CD para verificar o nosso resultado final.

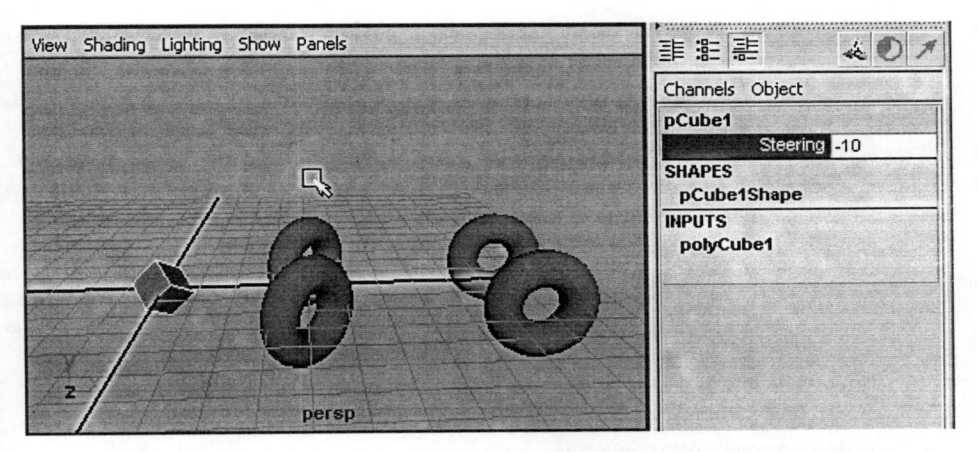

Figura 14.20 – *A Channel Box do cubo agora controla toda a rotação de ambos os pneus.*

É possível mover o cubo para uma posição que o mantenha fora do caminho de outros objetos, para que ele seja fácil de selecionar. Neste exemplo, ele é parte de um automóvel, portanto, você torna o cubo assistente, pai do objeto root do automóvel, talvez o corpo ou quadro que você modelaria mais tarde. Você pode acrescentar mais atributos e configurar outras chaves Driven ao cubo, tais como a posição da roda girando (também direcionada pelo atributo Steering), o brilho dos faróis (em um novo atributo, chamado Headlights), a posição dos acentos ou qualquer outra variável que você planeje animar. Seria possível nomear o objeto cubo com algo como aaaCar_Control para que ele fosse fácil de encontrar no Outliner.

No CD
Chapter_14\14tut03end.mb

Composição

Geralmente, os animadores profissionais configuram tomadas complexas como composições. Isto significa que a tomada é renderizada em vários passos diferentes. Eles fazem isto por diversos motivos:

- Imensas cenas complexas tornam-se incômodas para carregar, editar e salvar.
- O cliente pode solicitar mudanças em áreas específicas do quadro que não são passíveis em sua tridimensionalidade e, portanto, são edições mais fáceis e rápidas no compositor — matizes de cor, brilho, névoa e assim por diante.
- Segmentos isolados da tomada podem exigir efeitos que podem ser feitos muito mais rapidamente em 2D.
- Renderizar um elemento ou camada de uma tomada é muito mais rápido do que renderizar novamente toda a tomada.
- A maioria dos efeitos de sistema de partícula de Maya exige renderização de hardware separada e composição do restante da cena mais tarde.
- A composição de imagens em 2D é quase sempre mais rápida do que a renderização de tomadas 3D; normalmente menos de um segundo por quadro é exigido para compor muitas camadas.
- Romper uma tomada difícil em partes permite que as tarefas sejam divididas entre vários animadores.
- O cliente pode julgar o progresso da tomada final em qualquer ocasião (depois que você fizer uma rápida composição das camadas renderizadas até então) e obter uma visão clara do design.

Por exemplo, considere uma tomada que vai ser a primeira vista de uma pessoa por trás do pára-brisa de um automóvel fora de controle, à medida que ele dispara por uma rua da cidade. A tomada poderia consistir das seguintes camadas:

- A dianteira do interior do automóvel.
- O pára-brisa reflexivo/refrativo do automóvel.
- O volante do automóvel, visto através do pára-brisa.
- A rua e os prédios pelos quais o automóvel está passando.
- Os outros automóveis se movendo na pista.
- As sombras sob os outros automóveis se movendo na pista.
- A paisagem da cidade distante e o céu.

Primeiro é preciso determinar os movimentos da câmera. O truque de compor animação em 3D funciona, pois a câmera vê o mesmo mundo em 3D em qualquer quadro determinado. Diferente de uma câmera de mundo real posicionada à mão, a câmera virtual do computador sempre exibe exatamente da mesma maneira em que foi animada, indicando precisamente para onde deve, em cada quadro. Portanto, se você renderizar um fundo e depois uma parte da frente a partir da mesma câmera animada, as duas seqüências devem ser combinadas e devem parecer combinar perfeitamente na perspectiva, posição e direção de câmera. Para modelar tomadas, efeitos domésticos têm usado câmeras caras controladas por computador em plataformas, para obter o mesmo resultado, mas é preciso ter cuidado quanto às tolerâncias de motores; mesmo uma pequena diferença pode levar tomadas onde objetos filmados separadamente parecem deslizar e se ligar ao fundo, onde deveriam estar sentadas.

Para o automóvel fora de controle, pois estas tomadas são dentro de um automóvel em movimento, todos os movimentos do automóvel e da câmera precisam ser decididos cedo, pois mudanças na câmera mudam a posição de cada objeto no quadro renderizado e exigem renderizar cada camada novamente. Para apressar o trabalho do animador, objetos proxy podem ser usados, se os modelos de cena final não estiverem completados. Os prédios podem ser simples objetos caixa e o automóvel onde a câmera está oculta e os automóveis passantes também seriam formas simples. Uma renderização teste de movimento de câmera e automóvel geralmente é suficientemente boa para conseguir a aprovação e, depois, as camadas podem ser renderizadas. Já há diversos fatores acelerando a produção:

- O vidro do pára-brisa do automóvel provavelmente seria criado com pós-processos em 2D que podem fazer facilmente efeitos de refração e reflexão de deformação. Com freqüência, esta decisão é forçada, pois tudo que é visto através do pára-brisa seria alterado pelas propriedades sombreadores do vidro designado em sua cena 3D. A principal ação está ocorrendo nesta parte do quadro, assim, o diretor estará preocupado com o brilho dos reflexos do vidro e a refração de distorção causada pelo vidro curvado. Em geral, o aspecto mais apurado não é aceitável e precisa ser "curvado" para a efetividade estética da tomada.
- Os reflexos no volante do automóvel podem ser simulados da mesma forma em 2D. Em ambos os casos, muito tempo de renderização é salvo, pois, normalmente, o reflexo e a refração são renderizados por traço a raio, um método que em computação é lento.
- A paisagem distante e o céu, efetivamente, são infinitos e provavelmente não devem mudar. Portanto, este elemento seria um modelo fácil e pode ser criado e renderizado cedo no serviço.

Se o cliente vir o teste composto e não gostar de quão claro, brilhante ou colorido o céu aparece, normalmente você pode corrigir estes fatores imediatamente no compositor, simplesmente acrescentando efeitos 2D, tais como, névoa, contraste e saturação. O mesmo se aplica à todas as outras camadas. Você pode até acrescentar efeitos 3D sem emendas, tais como, nevoeiro e névoa distante, através do canal de profundidade Z (como uma máscara para uma sobreposição ou efeito de névoa, para que o efeito seja tomado à distância). Uma simples camada de profundidade Z é mostrada na Figura 14.21.

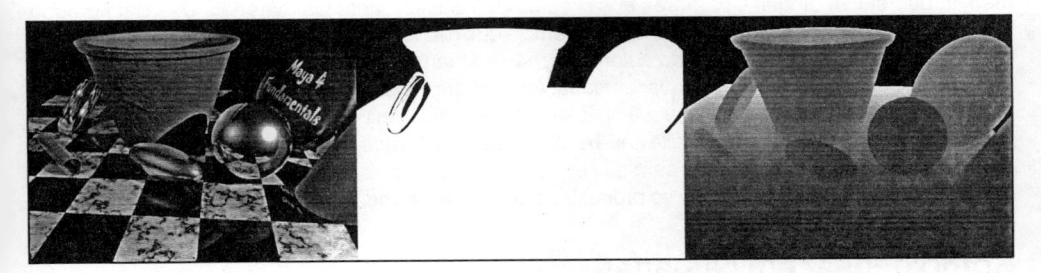

Figura 14.21 – *A imagem fonte à esquerda possibilita o canal alfa (ao centro) e o canal de profundidade Z (à direita).*

Uso de compositores

A maioria dos compositores usa uma linha de tempo que progride da esquerda para a direita. Os elementos de uma tomada aparecem em camadas na linha de tempo e podem parar ou iniciar em pontos diferentes. Alguns elementos podem ser uma imagem fixa, mas a maioria é de seqüências de imagem; normalmente, uma seqüência de 60 quadros é ajustada para sobrepor durante um período de 60 quadros de linha de tempo. A camada superior na linha de tempo sobrepõe a segunda camada e assim por diante. A camada inferior é a placa de fundo. Compositores populares incluem After Effects da Adobe, Combustion da Discreet, Shake da Nothing Real, Speed Razor da In-Sync, Commotion da Puffin Design e Digital Fusion da Eyeon.

Como usar Use Background Material (uso de material de fundo) e Alpha Channels (canais alfa)

Para qualquer camada de uma composição sobrepor as camadas por trás dela, é necessária uma máscara. Ao invés de cortar manualmente cada objeto em cada quadro, com um editor de imagem, você pode fazer Maya renderizar objetos com canais de máscara (conhecidos como *alpha* — alfa) incluídos. O canal alfa é uma máscara de imagem em escala cinza, com preto significando transparente, branco significando opaco e os 254 níveis intermediários de cinza definindo níveis de semi-transparência. Além de cortar o objeto, a máscara suporta máscara suave, que cuida de problemas, tais como, transparência (para materiais não opacos, como vidro) e as bordas incorretas de objetos (refira-se de volta à Figura 14.21 para ver o canal alfa). Os canais alfa são críticos para conseguir resultados críveis de seu compositor.

Às vezes, os objetos não são fáceis de se sobrepor. Por exemplo, você pode ter uma cena com um automóvel saindo de trás de um prédio, se transformando em câmera, dirigindo na frente do prédio e depois mudando de faixa, desaparecendo atrás de um outro prédio. Neste caso, você não renderizaria o próprio objeto automóvel. Você incluiria o objeto que obscurece o automóvel e daria a ele um tipo de material Use Background. Este material especial renderiza, ainda que haja um furo na imagem, diretamente para o fundo; já estas áreas de imagem não apareçam no canal alfa (máscara) da imagem renderizada. Objetos com este material são objetos "camaleão", que tornam invisível tudo ao que eles são aplicados e todos os objetos por trás deles. Entretanto, eles ainda podem receber sombras e reflexos.

No exemplo do automóvel, você poderia trazer a geometria externa dos primeiros andares dos prédios e designar a eles um material Use Background. Então, automaticamente o automóvel desapareceria, à medida que ele se dirigisse para trás dos prédios Use Background. Os materiais Use Background também podem ser usados para criar uma superfície que não aparece em renderizações, exceto onde ela recebe sombras. No exemplo do automóvel, não há maneira fácil de conseguir as sombras sob o automóvel, para aparecer em qualquer camada. Ao contrário, você criaria uma camada especial "sombra de automóvel". Para fazer isto, você aplicaria um material Use Background às ruas, ajustado para que as ruas só apareçam no canal alfa nas áreas com sombras. Você também aplicaria um material Use Background em todo o automóvel, para que ele projetasse sombras, mas renderizasse como transparente. Este passo da renderização só produziria sombras para você compor atrás do automóvel.

Como pensar em camadas

Como você pode ver, é preciso pensar e planejar para conseguir uma tomada de composição complexa. Porém, é improvável que você pudesse criar uma grande tomada, como uma volta pela paisagem da cidade sem recorrer à composição. À medida que se familiarizar com as capacidades de seu software de composição, saberá quais funções 3D mais lentas são melhor gerenciadas pelo rápido compositor 2D. A melhor abordagem é experimentar alguns testes de projetos e tentar com métodos que combinam o tempo de revisão mais flexível com o mais rápido (edite a cena depois, renderize e/ou componha novamente). Na produção, o seu principal desafio é atingir as solicitações do cliente em edições, sem perder prazos limite. Revistas como *Cinefex* e *3D World* oferecem conselhos a partir de filmes do mundo real e projetos de televisão e, geralmente, incluem artigos com soluções de composição 'testados-em-batalha', de usuários experientes.

Renderização de camadas de Maya

Um nível adicional de flexibilidade é montado em Maya 4, na forma de camadas de renderização. Se você abrir a janela Render Globals, verá a opção Render Layer/Pass Control, que lhe permite renderizar partes da imagem a imagens separadas. Atributos renderizados, tais como, sombras e especularidade, podem ser trazidos separadamente ao seu compositor para que você possa lidar com mudanças como névoa ou colorização de sombras para simular mudanças de luz, ou destaques de névoa e brilho especular para um aspecto mais sonhador. A Figura 14.22 ilustra o conteúdo de vários passos.

Figura 14.22 – *Renderização de camadas de Maya, no sentido horário no alto à esquerda: passe de beleza (renderização normal), difusa, especular, sombra.*

Instalação de plug-ins, materiais e scripts de terceiros

Um enorme recurso gratuito que vale a pena explorar vem com a grande base de usuário de Maya. Uma mistura de plug-ins, MELscripts, sombreadores de material e outras ajudas estão disponíveis para download de *www.AliasWavefront.com*, assim como de web sites de terceiros, como *www.highend3d.com*. Você pode encontrar soluções para muitos problemas típicos e utilitários que simplificam seu trabalho. Geralmente, você julga estas soluções inspiradoras: elas mostram a flexibilidade de Maya, demonstram técnicas que você poderia não ter conhecimento e mostram como outros animadores estão resolvendo problemas semelhantes aos que provavelmente você enfrentará. É possível instalar e usar estes acréscimos conforme a seguir:

- **MELscripts** — Salve os arquivos em um de seus diretórios MELscripts, tipicamente a sua pasta Maya\4.0\scripts em sua pasta principal My Documents (meus documentos) ou Documents and Settings (documentos e configurações). Execute o script digitando o seu nome na Command Line.

Por exemplo, se o script se chamar animToolbox.MEL, execute-o digitando animToolbox e pressionando Enter. Você pode precisar reiniciar Maya para ele pegar os scripts acrescentados enquanto Maya estava aberto. Você pode colocar estes scripts em teclas de atalho, menus de marcação e prateleiras, exatamente como o MELscript com o qual você trabalhou anteriormente. MELscripts podem parecer tão poderosos e integrados quanto qualquer outra parte de Maya (veja os exemplos na Figura 14.23).

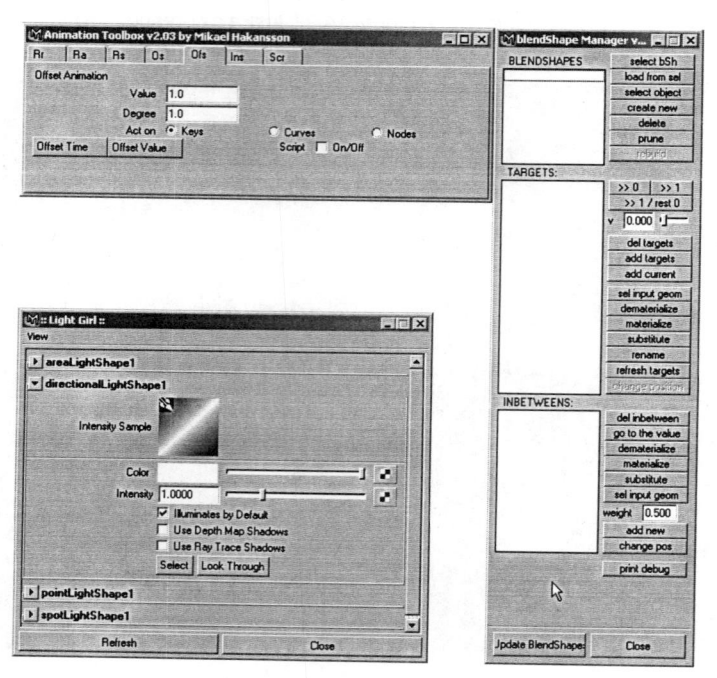

Figura 14.23 – *Animation Toolbox (Mikael Hakansson), blendShape Manager (Sebastian Woldanski) e Light Girl (Ben Wronsky) são MELscripts poderosos e gratuitamente distribuídos para Maya.*

- **Sombreadores** — Normalmente, eles são arquivos .mb ou .ma, mas em geral você os carrega de Hypershade, através de sua opção File I Import. Então, um ou mais sombreadores aparecem na seção superior de Hypershade. Geralmente, não aparece geometria em sua cena, mas nem sempre. Explorar a construção de sombreadores que você carrega pode permitir novas perspectivas em como produzir tipos de materiais complexos. Veja a seção "Como criar suas próprias bibliotecas de material" para informações sobre montar uma biblioteca de materiais a partir de sua coleção de sombreador.

- **Plug-ins** — Geralmente o plug-in inclui um ou mais arquivos .mll colocados na pasta AW\Maya\bin\plug-ins, mas eles não executam até que você os habilite no Plug-in Manager (gerenciador de plug-in) de Maya (Window I Settings/Preferences I Plug-in Manager). Você deve ver cada arquivo .mll listado e habilitar os plug-ins imediata ou permanentemente (veja a Figura 14.24). Já que plug-ins tomam recursos de sistema, você pode deixar muitos de seus plug-ins sem carregar até que sejam necessários.

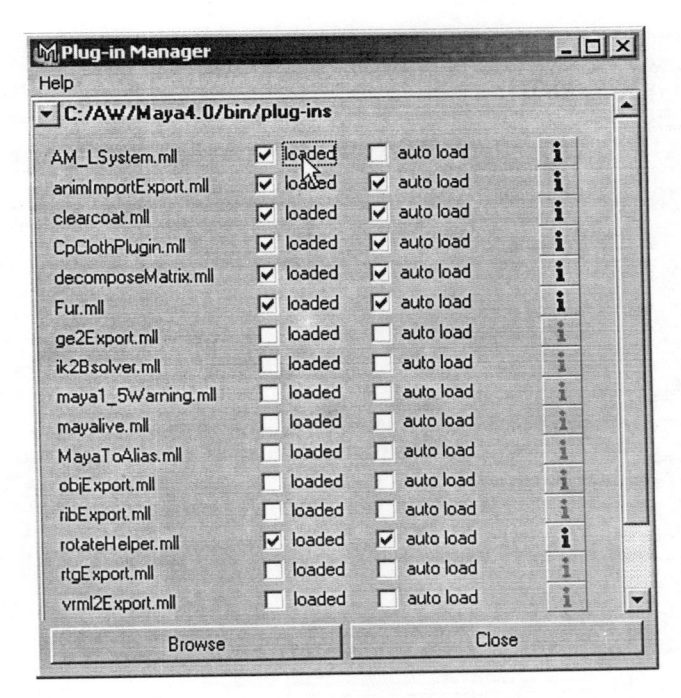

Capítulo 14 – As suas próximas etapas: eficiência e arte | **419**

Figura 14.24 – *Use Plug-in Manager (gerenciador de plug-in) de Maya para escolher quais plug-ins executar.*

Como criar suas próprias bibliotecas de material

Em Maya, você pode montar as suas próprias bibliotecas de material, mas fazê-lo requer algumas etapas. Primeiro crie uma nova aba em Hypershade, escolhendo Tabs I Create New Tab, no menu de Hypershade. Nomeie a nova aba e selecione o botão de rádio Bottom para Initial Placement (colocação inicial) e o botão de rádio Disk (disco) para Tab Type. Indique a caixa de texto Root Directory para a pasta onde você está coletando seus materiais e clique o botão Create. Ajuste a aba para esta pasta recém-criada e você deve ver um conjunto de ícones Maya, um para cada arquivo de material. Normalmente, você quer um sombreador armazenado em cada arquivo .ma ou .mb nesta pasta.

Em seguida, você substitui aqueles ícones Maya por amostras do material renderizado. Para fazer isto, de fato você precisa renderizar um exemplo IFF de arquivo de imagem do sombreador. Você pode querer formar um exemplo de arquivo de cena, como a bola mostrada na Figura 14.25.

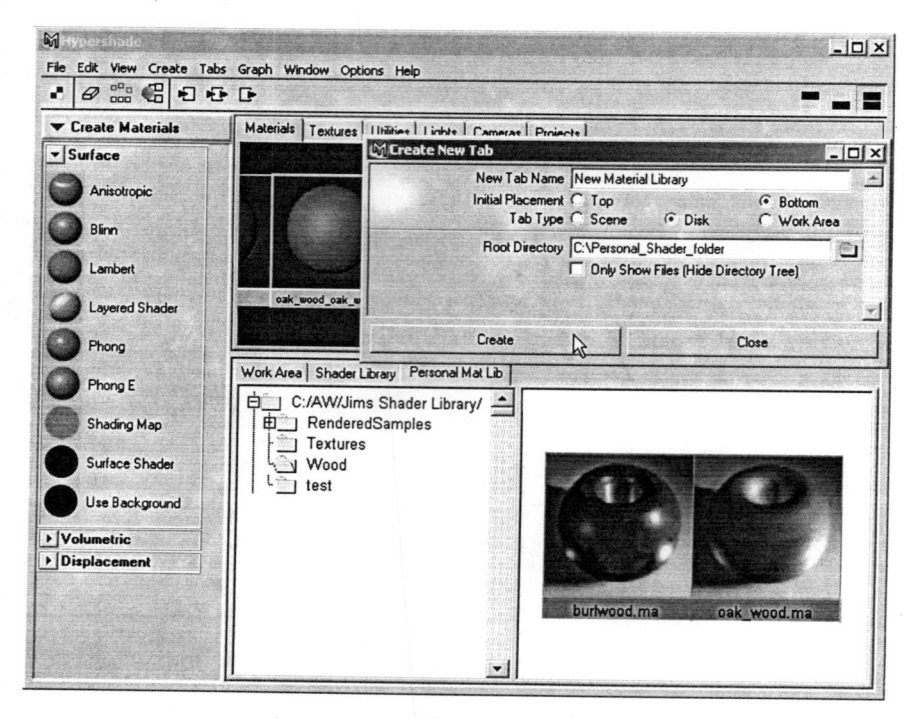

Figura 14.25 – *Acréscimo de uma aba de biblioteca de materiais a Hypershade.*

Normalmente, você renderiza um pequeno exemplo de pixel (tipicamente, 200x200). Depois de renderizar e salvar este arquivo IFF, você precisa renomeá-lo com o mesmo nome que o arquivo sombreador, mas com o sufixo .swatch. Assim, se o seu arquivo sombreador tiver o nome de darkwood.ma, a sua amostra é renomeada de darkwood.iff para darwood.ma.swatch. Depois, você copia este arquivo para a pasta .MayaSwatches, diretamente sob a pasta contendo os arquivos sombreadores. Se não existir nenhum, você pode copiar e colar uma pasta deste nome a partir de uma das pastas AW\Maya\brushes\ e depois apagar o conteúdo da pasta duplicada. O Windows não permitirá que você crie diretamente uma pasta com este nome. Quando referenciar o arquivo sombreador na aba, você verá a amostra. Então, você pode MMB-arrastar a amostra para as abas superiores, para que o sombreador esteja pronto para aplicar a um objeto cena.

Separação de opiniões

À medida que você prossegue neste livro, gostaríamos de oferecer-lhe o conselho de artistas Maya na produção de configurações. Este conselho pode dar algum entendimento da atitude e do estilo de profissionais que criam arte para viver.

Sobre técnicas

Animadores de produção em grandes estúdios normalmente trabalham em equipes de três ou mais. Uma filosofia de compartilhar técnicas e suportar colegas animadores se espalha pelos estúdios mais bem-sucedidos. Alguns comentários típicos:

"Você realmente não conhece uma técnica até tê-la feito em uma configuração de produção. Várias vezes!"

"Esteja sempre procurando melhorar, não apenas como um usuário de software, mas como um artista. A inspiração pode vir de fontes improváveis."

"Aprenda com cada um e esteja pronto para devolver o favor."

"Não guarde o seu conhecimento como segredo! Compartilhe com aqueles ao seu lado. Será benéfico ao seu projeto e você ganhará o respeito entre seus pares."

"Referência é uma coisa valiosa. Não tenha tanto orgulho de pensar que você não precisa de materiais de referência. Poupará a você tempo e saúde. Além do mais, é sempre bom mostrar aos seus supervisores que *realmente parece daquele jeito* quando eles disserem: "Mas não parece muito com uma árvore...""

"Faça perguntas quando não entender. Não é vergonha não conhecer cada faceta do software."

"Nem sempre pergunte a gurus Maya. Ocasionalmente, pergunte também a novos animadores. Em geral, eles apresentam uma volta única sobre o aspecto, que lhe permite ver o problema de um ângulo diferente e, às vezes, é o ângulo que você precisa para resolver o problema."

"Quase sempre há uma maneira mais rápida, mais fácil. Busque por ela."

"Em seu tempo vago, busque por maneiras diferentes de fazer as coisas. Mais depressa nem sempre é melhor e encontrar novas maneiras de fazer as coisas pode provocar novos processos e métodos criativos para uso posterior."

No início de uma carreira em animação

Começar uma carreira como um animador de computador profissional é algo como um obstáculo. Aspirantes a animador são julgados por seus trabalhos passados e comportamento. O estúdio pode estar disposto a aceitar algumas falhas, mas em geral, eles só admitem artistas que podem começar a produzir no primeiro dia. Alguns comentários sobre o assunto:

"Consiga um trabalho de aprendiz de qualquer maneira. O trabalho de estudante e pessoal é visto muito diferentemente do trabalho de produção que é feito para o cliente atual e data limite. Trabalhe de graça, inicialmente, se preciso, e encontre clientes em qualquer mercado que se beneficie com animação."

"Estude o ofício (revistas da profissão, tais como, *Computer Graphics World* e *Cinefex*) até você entender o negócio bem o bastante para simplesmente deslizar sobre ele por detalhes relevantes, ao invés de precisar ler toda e cada linha para entendê-lo."

"Quando você tiver entrado na indústria, ajude outros, da mesma forma que foi ajudado. É uma pequena indústria e bons talentos se movimentam rapidamente."

"Ver e ser visto. Mostre em quaisquer eventos industriais do que você é capaz e se apresente casualmente."

"Admita os limites de sua capacidade quando começar profissionalmente. Há uma tendência em novos animadores a se expor demais e prometer demais, cedo demais."

"Não perca datas limite. Não se comprometa com datas limite que provavelmente não pode cumprir."

Como ir além

Este livro apresentou muitas variações e idéias quanto à principal cena de tutorial com uma casa fantasmagórica e uma criatura que vive lá. Desenvolva uma variação sobre este tema (um personagem e o ambiente do personagem) como um projeto pessoal e use as técnicas aprendidas para montar o seu próprio projeto complexo.

Use os filmes finais renderizados nestes projetos para solicitar algum trabalho de produção de pouco estresse — talvez um logo girando para um web site ou um gráfico inteligente que uma instituição de caridade poderia usar em sua publicação. Use a sua rede de amigos e sua família para encontrar um grupo ou negócio que poderia se beneficiar de suas habilidades de animação, mas que não exija perfeição ou que o prenda a uma data limite apertada.

Junte-se à comunidade Maya online e interaja.

Resumo

Este capítulo mostrou algumas dicas e soluções para problemas que você encontrará quando se tornar mais experiente com Maya:

- **Quando esperar tempos de renderização lentos** — Inevitavelmente, alguns recursos requerem mais tempo para renderizar. Combine muitos destes recursos em um grande arquivo de cena e o resultado normalmente é um longo tempo de renderização.

- **Renderização sem assistência de vários serviços, ou combinação de várias máquinas para renderizar um serviço** — Renderizações em lote ou em rede são a solução para tempos de renderização lentos.

- **Menus de marcação, teclas de atalho e botões Shelf** — Neste capítulo, você aprendeu a criar os seus próprios aperfeiçoamentos de fluxo de trabalho, sem precisar conhecer nada sobre como escrever código MELscript.

- **Renderização em camadas** — Poderoso como Maya é, você ainda pode imaginar mundos maiores do que podem ser confortavelmente montados em um único arquivo de cena. Renderizar em camadas é a resposta. Você também ganha flexibilidade mudando o aspecto de cada camada, se necessário.

- **Como instalar add-ons** (acréscimos) — Você pode, e deve, buscar os aperfeiçoamentos disponíveis para Maya e instalar aqueles que parecem intrigantes.

PARTE IV

Apêndices

A	Disco de início Maya para usuários Max	425
B	Disco de início Maya para usuários LightWave	449
C	Dicas de sistema operacional	457

Parte IV

Apéndices

APÊNDICE A

Disco de início Maya para usuários Max

Enquanto escrevemos isto, 3ds max (anteriormente conhecido como 3D Studio e 3D Studio MAX, simplesmente referenciado aqui como "max") é um dos programas mais populares de animação em 3D. Embora as suas origens de design e operação sejam bem diferentes das de Maya, max adotou muitas convenções de Maya, facilitando aos usuários de 3ds max aprender Maya. Para usuários de max, este apêndice resume onde encontrar ferramentas e caixas de diálogo Maya análogas àquelas com as quais costumavam trabalhar. Observe o tutorial de vídeo no CD acompanhando este livro (indicado próximo ao ícone de filme do CD) para ver estes recursos demonstrados; isto deve tornar a sua transição muito mais fácil e rápida.

No CD

Appendix_A\MaxToMaya.wmv

Diferenças de navegação no visor

A primeira diferença é que, diferente de max, Maya tem modos gerais que determinam quais menus aparecem. Os primeiros seis menus em Maya — File, Edit, Modify, Create, Display e Window — estão sempre presentes, mas os outros de puxar mudam, dependendo do seu modo. Os modos são Animation, Modeling, Dynamics e Rendering. Se você tiver Maya Unlimited, os modos Cloth e Live também aparecem.

Manipulação de visor — Maya não tem botões para aproximar, gravitar, balancear, maximizar, aproximar extensões e assim por diante. Ao contrário, Maya confia em um mouse de três botões e teclas de atalho. Para gravitar, balancear e aproximar, você precisa pressionar a tecla Alt e, simultaneamente, pressionar o botão esquerdo do mouse (LMB), central (MMB) ou LMB e MMB. Max também oferece controle de mouse de visor, mas muitos usuários não têm conhecimento deles: o Alt+MMB para gravitar, MMB sozinho para balancear e girar a roda para aproximar. Maya usa consistentemente estas funções de aproximação e balanceio em cada tipo de busca em caixa de diálogo — editores gráficos, pré-ajustes de efeitos de pintura e assim por diante. Para o editor de material de Maya (chamado de Hypergraph), este recurso é um grande acréscimo, porque você pode ver as amostras de qualquer tamanho que quiser, na Work Area.

Janela de zoom (aproximação) — Em Maya, pressione Ctrl+Alt e LMB-arraste um retângulo da área a aproximar. Arrastar a janela da esquerda superior para a direita inferior resulta em uma aproximação e arrastar da direita inferior para a esquerda superior resulta em um afastamento, onde o quadro existente se ajusta na janela recém desenhada. Menor o desenho de janela, mais extremo o zoom.

Aproximação de extensões e aproximação de extensões selecionada — Todos os painéis Maya têm um pull-down (puxar para baixo), chamado Frame All Objects (tecla de atalho: **a**) e Frame Selected Object (tecla de atalho: **f**). Novamente, esta mesma opção funciona em todas as outras janelas de edição de Maya, tais como, Hypershade e o Graph Editor. **Shift+F** e **Shift+A** são as teclas de atalho para Frame Selected em todos os painéis e Frame All em todos os painéis.

Minimizar e maximizar — Você simplesmente toca a barra de espaço em Maya. Independente de qual janela está atualmente selecionada, o painel com o cursor do mouse sobre ele alterna para tela cheia.

Diferenças no controle de interface

Menu Quad versus Hotbox — Se você mantiver pressionada a barra de espaço mais do que um momento, a Hotbox aparece (veja a Figura A.1); este dispositivo de agilização de fluxo de trabalho é, de certa forma, como clicar com o botão direito do mouse no menu quad, introduzido em max 4 (veja a Figura A.2). Usuários avançados de Maya com freqüência desativam os pull-downs e usam apenas a Hotbox, ativando zonas quentes com um clique do botão direito do mouse.

Spinners (cone de hélice — giratória) — Um recurso jeitoso em max é o spinner, as setas para cima e para baixo em cada variável que lhe permite rolar facilmente os valores e ver os resultados em tempo real. A contra-parte de Maya, chamada de Virtual Slider, é oculta. Ele é ativado selecionando uma variável na Channel Box e depois MMB-clicando e arrastando horizontalmente em qualquer painel.

Mudança de padrões — Uma parte importante de Maya é a caixa de opção, um ícone quadrado próximo a itens de menus de criação e edição. Clicar a caixa de opção abre uma caixa de diálogo onde você pode ajustar o modo padrão do menu de comando. Ao contrário, max sempre muda os seus padrões de criação e modificadores para os últimos ajustes que você usou para aquele objeto/modificador. Escolha Edit I Reset Settings nos pull-downs da caixa de opção de Maya para voltar aos ajustes padrão de qualquer comando.

Como fazer e desfazer seleção — Em max, você usa a tecla Ctrl para acrescentar e Alt para remover itens das seleções do objeto clicado. Em Maya, Shift age como um alternador de seleção: se selecionado do objeto, Shift desfaz a seleção dele; se não for selecionado do objeto, Shift o seleciona. Também pode Shift-arrastar para selecionar muitos objetos de uma vez ou inverter a seleção de muitos objetos. A tecla Ctrl sempre desfaz a seleção e também pode ser usada para arrastar-desfazer seleção. Observe que arrastar seleções é sempre o que max chama de modo "cruzado", em oposição ao modo de seleção em janela; qualquer objeto que esteja parcialmente no retângulo de seleção é selecionado.

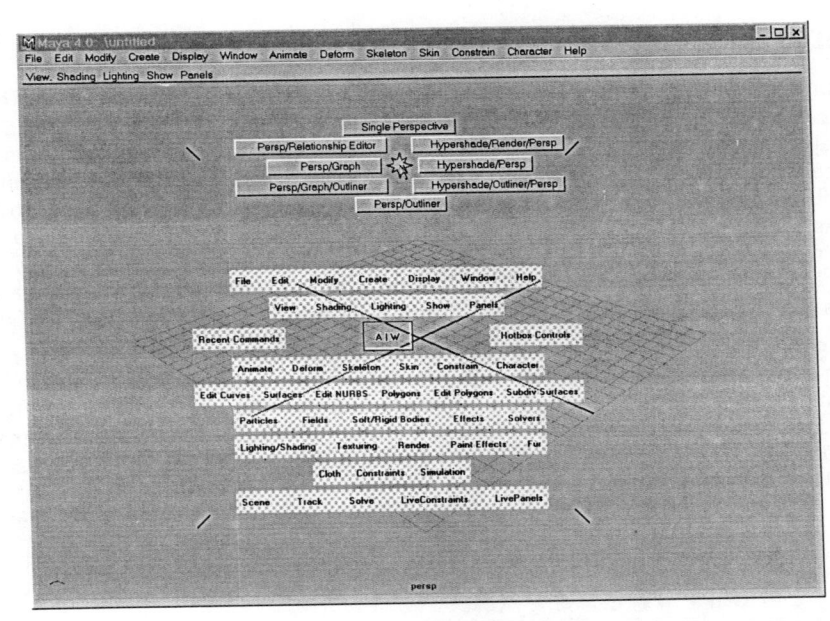

Apêndice A – Disco de início Maya para usuários Max | **427**

Figura A.1 – *Hotbox de Maya no modo completo de especialista: a UI (interface de usuário) está minimizada, exceto a barra de menu superior, e toda a interação é gerenciada através da Hotbox e as zonas quentes em cima, em baixo e à direita e esquerda.*

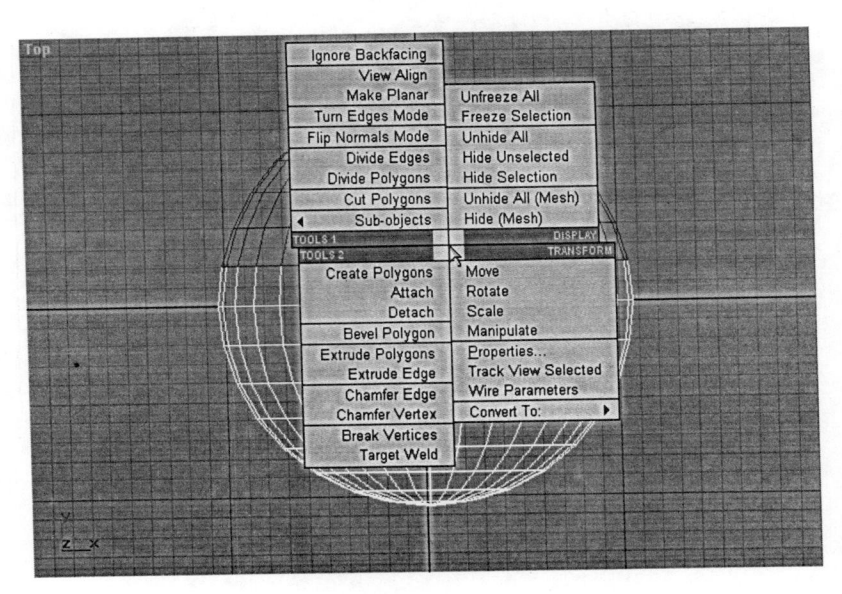

Figura A.2 – *Menus quad de max são semelhantes, de alguma maneira, à Hotbox.*

Diferenças no modo e layout do visor

Vistas ortográficas e de perspectiva — Em max, estas vistas são arbitrárias e virtuais, mas em Maya há uma câmera invisível padrão destinada a cada uma das três vistas ortográficas: Front, Top e Side. Para mudar tais elementos quanto a recorte próximo/longe ou o campo de vista, é preciso ajustar esta câmera. Para fazê-lo em qualquer vista ortográfica, escolha View I Camera Attribute Editor na vista ortográfica aplicável. A câmera virtual para aquela vista aparecerá e você pode ajustar seus valores no Attribute Editor. As vistas ortográficas são bloqueadas e não gravitam. Qualquer vista Perspective ou de câmera pode tornar-se ortográfica (como a "user view" (vista de usuário) de max), selecionando a caixa de verificação Orthographic no Camera Attribute Editor daquela vista (veja a Figura A.3). Você acessa os atributos padrão de perspectiva de câmera da mesma maneira, com View I Camera Attribute Editor.

Exibição de visor — Em max, você clica com o botão direito do mouse sobre o nome do visor para adiantar as opções de exibição, tais como de moldura de arame ou sombreada. Em Maya funciona analogamente, mas você usa o menu pull-down no alto de qualquer painel Maya. O pull-down Shading, mostrado na Figura A.4, contém a maioria das configurações familiares a usuários max para exibição de modos de visor. Os pull-downs de Panels, na Figura A.5, relaciona opções semelhantes à janela Viewport Configuration em max.

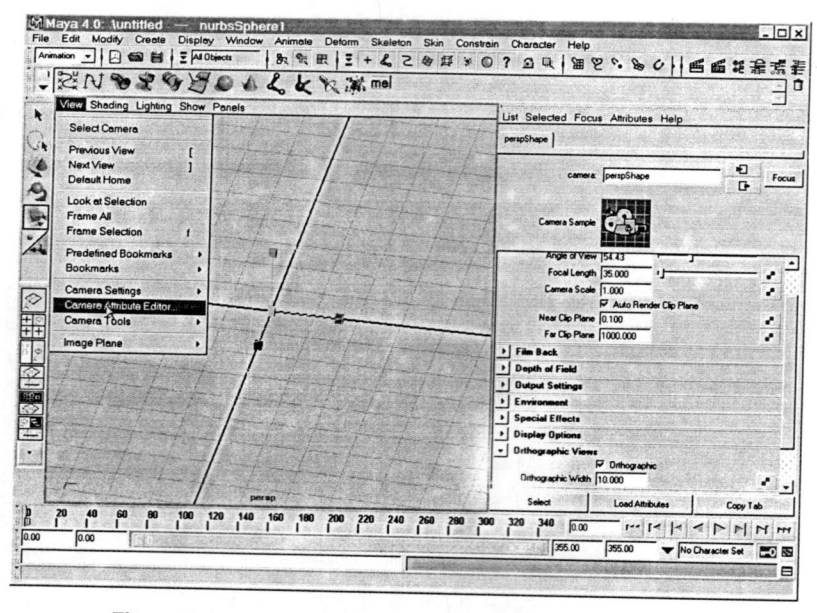

Figura A.3 – No Camera Attribute Editor, você pode habilitar a vista ortográfica e ajustar recorte para qualquer vista.

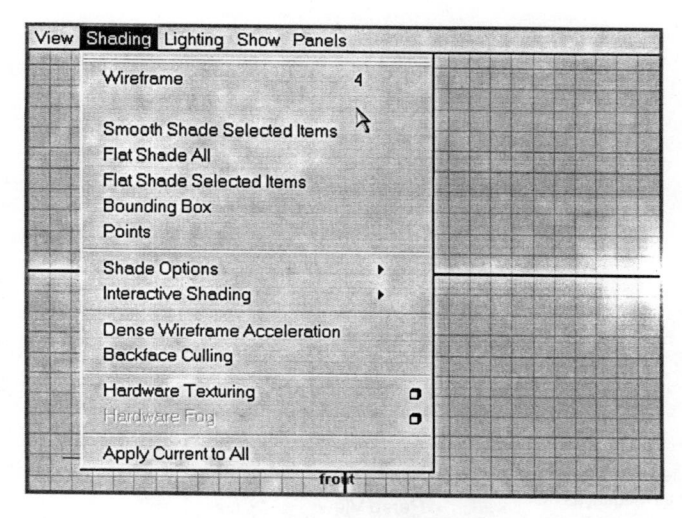

Figura A.4 – *Ajuste de um modo de exibição de painel em Maya.*

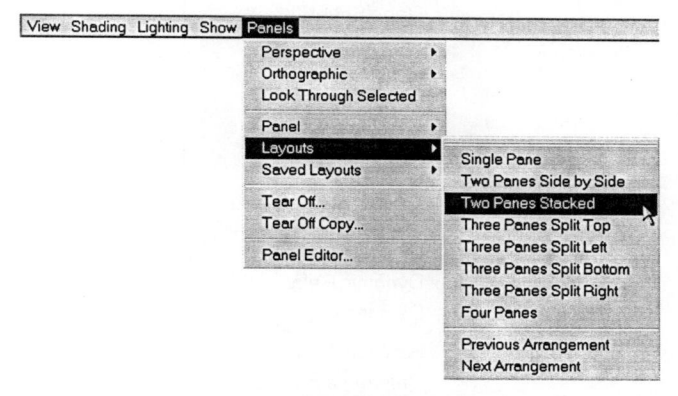

Figura A.5 – *Os modos de layout disponíveis no painel de puxar para baixo de Maya.*

Configuração de painéis/visores — Do lado esquerdo da interface de Maya está a Tool Box, a qual inclui um conjunto de botões Quick Layout (veja a Figura A.6), que lhe permite trocar instantaneamente configurações de painel. Clicar com o botão direito do mouse em qualquer dos botões Quick Layout exibe uma lista de muitos dos layouts mais populares. Em max, você muda o layout do visor clicando com o botão direito do mouse no visor, escolhendo Configure I Layout Mode e depois, ajustando cada painel. Com Maya, você também pode ajustar qualquer painel para qualquer janela, clicando os botões quentes que aparecem abaixo dos botões Quick Layout.

botões 'quentes' usados para rápidas mudanças de qualquer painel

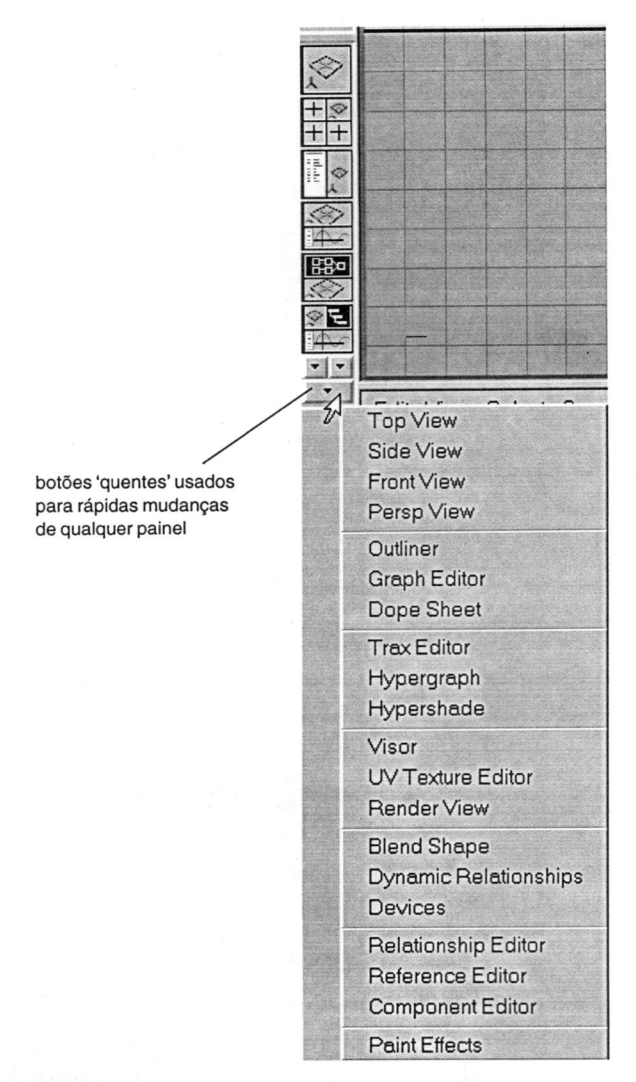

Top View
Side View
Front View
Persp View

Outliner
Graph Editor
Dope Sheet

Trax Editor
Hypergraph
Hypershade

Visor
UV Texture Editor
Render View

Blend Shape
Dynamic Relationships
Devices

Relationship Editor
Reference Editor
Component Editor

Paint Effects

Figura A.6 – *Botões Quick Layout de Maya e botões quentes para mudar qualquer painel.*

Diferenças em trabalhar com objetos

Criação de objetos/luzes/câmeras — Em Maya, tudo é criado em um tamanho e localização padrões. Diferente de max, você não pode clicar ou arrastar para criar nada. Apenas vai para o menu Create para criar um elemento; quando ele aparece, tipicamente é de um tamanho de 1 unidade no ponto de origem da cena (0, 0, 0).

Apêndice A – Disco de início Maya para usuários Max | 431

Entrada numérica — Em max, você clica com o botão direito do mouse em um botão de transformação para obter um campo de entrada numérica para ajustes precisos. Em Maya, você tem controle total numérico das variáveis de transformação na Channel Box, a caixa de diálogo normalmente à extrema direita da interface de Maya (veja a Figura A.7). Para mudar um valor em um ajuste, você simplesmente clica no campo variável e digita o valor. Os ajustes de transformação de objeto estão no alto da Channel Box, com os parâmetros de criação do objeto, tais como quantidade de divisões, aparecendo mais abaixo na Channel Box.

Filtros de seleção — Em Maya você pode tornar determinadas categorias de objeto selecionáveis, como com o filtro de seleção pull-down de max. Diferente de max, você pode misturar e combinar categorias selecionáveis de elementos de cena, clicando os vários botões ou clicando com o botão direito do mouse o botão para alternar subcategorias. Os botões de filtro de seleção de Maya (veja a Figura A.8) são modais — em outras palavras, eles mudam se você estiver trabalhando no modo Hierarchy ou o modo Component (sub-objeto) (veja a seção "Diferenças na criação e edição de modelos", mais adiante neste apêndice).

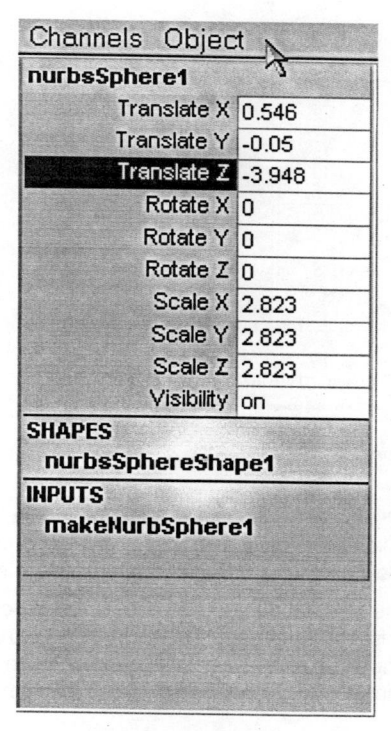

Figura A.7 – *A Channel Box de Maya exibe todas as transformações de objeto em unidades de cena.*

Transformação de objetos — As transformações de objeto são quase idênticas em max e Maya. Os ícones Move/Rotate/Scale de max (no centro, ao alto da interface max; veja a Figura A.9). O gizmo de transformação que aparece em objetos selecionados também é idêntico, exceto que Maya não tem as "chaves" que lhe permitem transformações em planos x-y, y-z ou x-z.

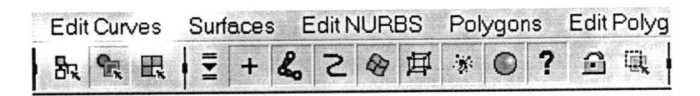

Figura A.8 – *Filtros de seleção de Maya no modo Object Editing.*

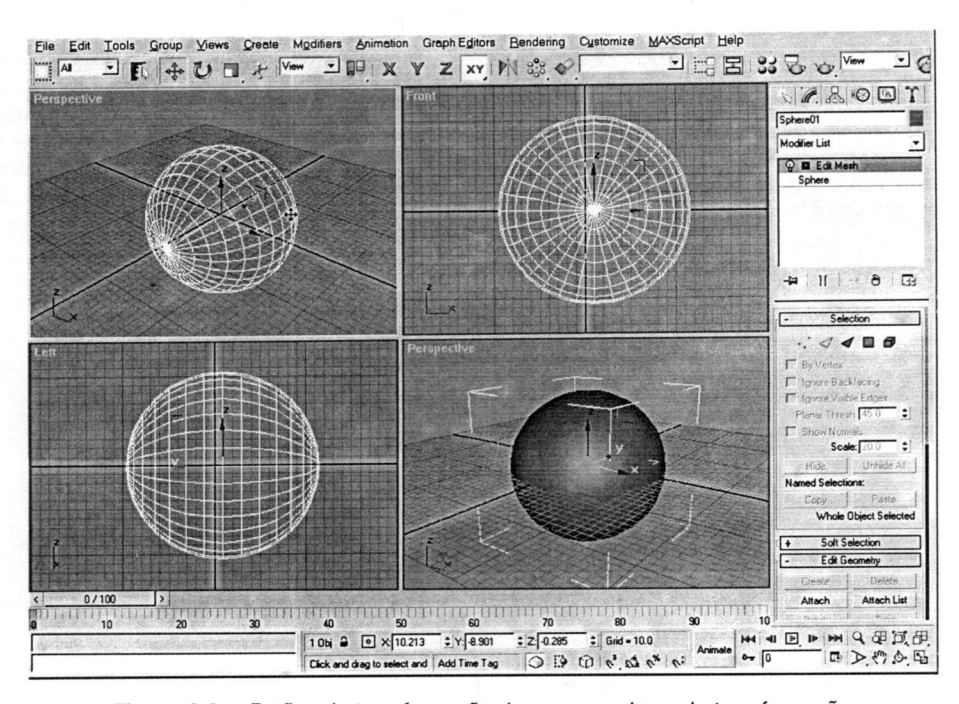

Figura A.9 – *Botões de transformação de max e o gizmo de transformação.*

Duplicação de objetos — Os usuários max estão acostumados a usar a tecla Shift durante uma transformação para criar duplicatas ou cópias de um objeto, uma luz ou uma câmera. Em Maya, tipicamente você usa a tecla de atalho de duplicação (**Ctrl+d**) e depois, ajusta o novo clone.

Criação de objetos copiados — Quando você duplica, Maya aplica os mesmos ajustes, como a duplicação anterior. Se você quiser que duplicatas sejam copiadas (isto é, mudanças em qualquer cópia afetam todas as cópias feitas), abra a caixa de diálogo Duplicate Options (veja a Figura A.11), selecione o botão de rádio Instance e, depois, clique o botão Apply. Você também pode ajustar múltiplas cópias e imprimir as cópias.

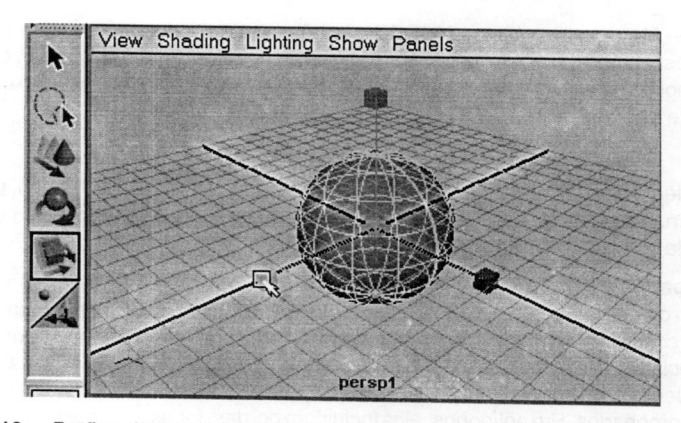

Apêndice A – Disco de início Maya para usuários Max | **433**

Figura A.10 – *Botões de transformação de Maya e o manipulador de objeto de três eixos.*

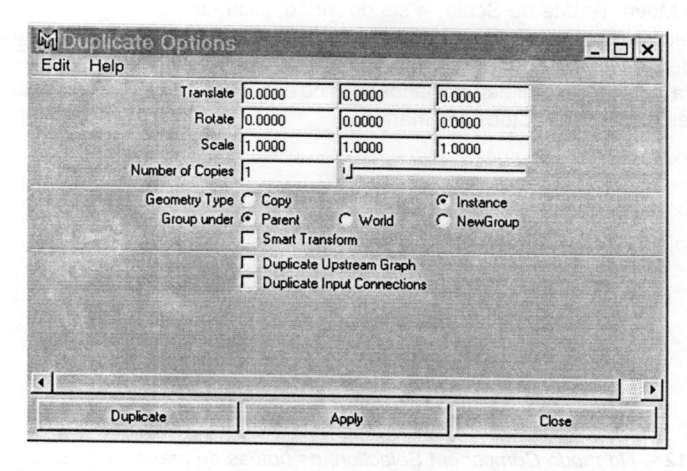

Figura A.11 – *Troca para duplicação de cópia na caixa de diálogo Duplicate Options.*

Paternidade — Em Maya não há ícones de "vincular" e "desvincular". Vincular é o mesmo que paternidade de Maya, que aparece na parte inferior do menu Edit e tem as teclas de atalho padrão: **p** minúsculo para pai e **Shift+P** (P maiúsculo) para não pai.

Diferenças na criação e edição de modelos

Modelagem — Maya oferece duas modelagens, NURBS e poligonal. NURBS de Maya são mais complexas e desenvolvidas do que de max. Ao usar NURBS, leve em consideração estes fatores:

- **Isoparms** — Assegure-se que as áreas que devem ser emendadas suavemente tenham a mesma quantidade de divisores NURBS, conhecidos como isoparms.
- **Computação** — NURBS podem demorar mais para renderizar, pois elas precisam se marchetar em polígonos por ocasião da renderização. Em geral, a computação só é um fator com objetos NURBS muito complexos.

- **Exibição** — Maya exibe objetos NURBS em três níveis de detalhes, pois estes objetos são paramétricos. Quando um objeto NURBS é selecionado, pressione 1, 2 ou 3 em seu teclado para ajustar os modos de exibição baixo, médio e alto. Por padrão, todos os objetos são criados com uma resolução de exibição baixa.

Em versões anteriores de Maya, algumas ferramentas só trabalhavam em NURBS, tais como, Paint Effects e Artisan, mas este não é mais o caso. Tenha em mente que mapeamento UV é inerente a NURBS, mas ele precisa ser aplicado a superfícies poligonais.

Edição de subpartes de uma malha — Maya não tem modificador de pilha, portanto, ele não tem modo "sub-objeto". Ao contrário, você clica o botão direito do mouse em um objeto selecionado para exibir os seus modos de componente em um menu sensível a contexto. Você também pode entrar o modo "sub-objeto" com a tecla F8 ou com o botão de modo Component Selection, na Status Line. Quando no modo Component Selection, os botões de máscara de seleção mudam dos tipos de objeto para os tipos de componentes apropriados. Em polígonos, eles incluiriam bordas, faces e vértices; em objetos NURBS, isoparms, vértices de controle e assim por diante. Depois, você faz a seleção, edita as seleções (com as ferramentas Move, Rotate ou Scale) e sai do modo, clicando com o botão direito do mouse e escolhendo Select, ou pressionando novamente a tecla F8. F8 age como um alternador de modo sub-objeto. Você pode clicar com o botão direito do mouse nos botões Selection by Component Type, no alto da interface, para incluir ou excluir determinados tipos de entidades, conforme mostrado na Figura A.12. Se estiverem desativados, os botões são marrons.

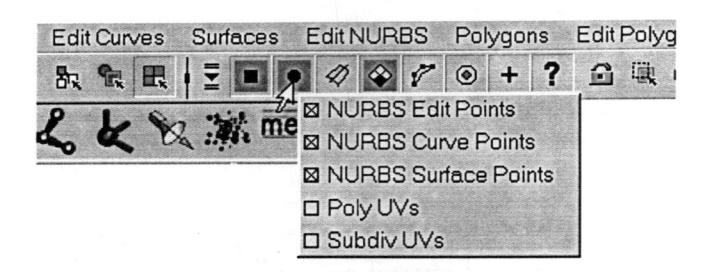

Figura A.12 – *No modo Component Selection, os botões de máscara de seleção mudam.*

Como acrescentar modificadores a uma malha — Muitos dos típicos modificadores max, tais como, curva, giro e pele, são encontrados nas caixas de diálogo do modo Animation. Em geral, Maya divide os modos de editar e deformar um objeto entre modelagem e animação. Entretanto, Maya permite que quase qualquer coisa seja animada, exatamente com faz max.

História de objeto e modificador de pilha — Comparado a max, Maya oferece história de objeto muito mais detalhada; cada edição é armazenada na história do objeto, em oposição aos modificadores de quantidade de estilo de max, que contém todas as edições feitas ao modificador na pilha. A Channel Box de Maya exibe uma lista, como pilha, de torcidas e ajustes de objeto fonte do objeto selecionado. Exatamente como geralmente você oculta o modificador de pilha em objetos em max, para aperfeiçoar a velocidade de carregamento e tamanho de arquivo, deve apagar a história de objeto quando tiver terminado a edição principal (Edit I Delete by Type I History no menu). Apagar partes selecionadas da história de um objeto normalmente é chamado de "cozer história", porque você está mantendo o objeto como é e descartando todos os registros de construção.

Diferenças em organização de cena

Grupos — Os grupos de Maya não abrem ou fecham; eles simplesmente criam um nó hierarquicamente mais alto que pode ser animado. Use a tecla de seta para cima para ir de selecionar um membro de grupo para selecionar todo o grupo. Você usa as teclas de seta para cima e para baixo para navegar qualquer hierarquia.

Cores de moldura de arame — Maya tem menos cores de moldura de arame do que max, mas você pode mudá-las facilmente. Simplesmente, selecione um objeto e escolha Display I Wireframe Color no menu, para obter uma exibição de oito amostras de cor (veja a Figura A.13). Observe que a cor da moldura de arame não é aparente até que o objeto tenha a sua seleção desfeita, exatamente como em max. Objetos copiados têm sempre a mesma cor de moldura de arame.

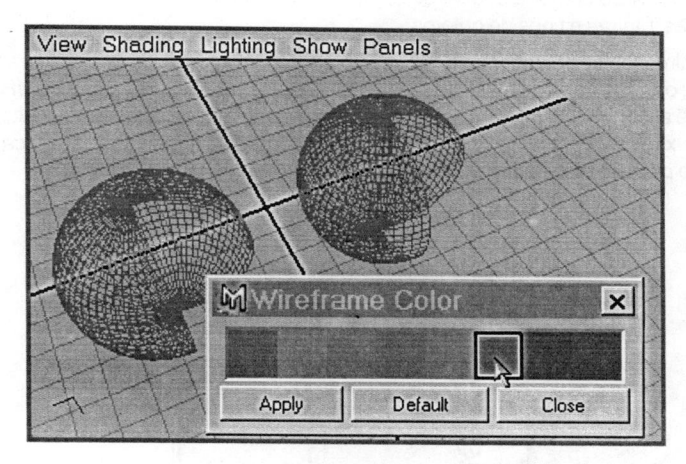

Figura A.13 – *Oito cores estão disponíveis para molduras de arame em Maya.*

Camadas — Maya permite camadas completas como faz o VIZ de 3D Studio; atualmente, max não tem camadas. Ao invés de "congelar" uma camada, Maya usa os termos *Template* e *Reference*, com um T ou R aparecendo na seção Layers, possibilitando que você oculte camadas inteiras. Template (gabarito) e Reference (referência), ambos são tipos de exibição congelada, mas Reference permite que você alinhe ao objeto congelado. Também, objetos Reference ainda aparecem nos painéis, mas não renderizam. Em Maya você tem 32 cores adicionais para significar cor de camada em molduras de arame e a cor de camada sobrepõe a cor de moldura de arame.

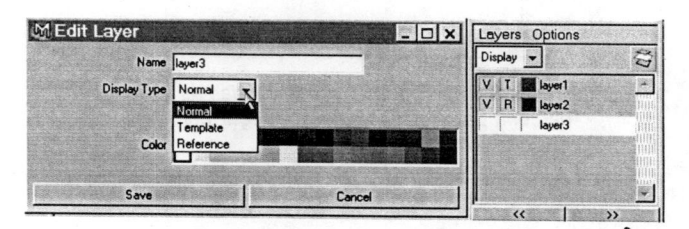

Figura A.14 – *Ajuste do tipo de exibição de camadas.*

Como obter objetos pelo nome — Em Maya isto é feito com a janela Outliner (veja a Figura A.15), que pode aparecer como uma janela flutuante ou ser designado a qualquer painel. O Outliner pode exibir cada elemento de cena, até todos os atributos e componentes de construção. Ele pode exibir objetos alfabética ou hierarquicamente. Ele exibe objetos ocultos (exibidos em texto azul), portanto, é onde você "desmarcaria o oculto, por nome", como em max. Também, objetos com paternidade aparecem em verde, como um lembrete. Quando seleciona objetos no Outliner, Shift age como um macro seletor — em uma lista de objetos, você pode Shift-clicar o objeto do alto e depois, Shift-clicar o objeto inferior, e todos os objetos entre eles serão selecionados. Shift não desfaz a seleção de objetos no Outliner. Ctrl age como um alternador único de seleção no Outliner, selecionando objetos que estavam ocultos ou exibindo objetos ocultos selecionados.

Ocultar/exibir objetos — Maya permite que você oculte globalmente objetos (de todos os painéis e de Rendering) e por tipo, por painel (mas não a partir de Rendering). Para ocultar globalmente um objeto, use Display I Hide. Você só pode ocultar os objetos selecionados ou com seleção desfeita, ou pode ocultar categorias inteiras e tipos de objetos.

Para ocultar localmente uma categoria de tipos de objeto em um dos painéis Maya, use aquele pull-down Show do painel, onde você pode incluir ou excluir elementos de cena, tais como, NURBS, polígonos, luzes, câmeras e assim por diante. Em contraste, objetos podem ser globalmente ocultos em max, mas todos visores max respondem juntos. O pull-down Show também oferece a opção única Isolate (isolar), que força aquele painel a exibir apenas o objeto atualmente selecionado.

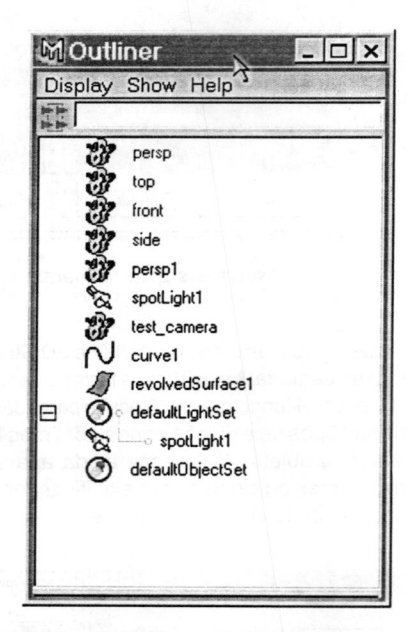

Figura A.15 – O Outliner relaciona todas as entidades de cena para fáceis seleções "pegar por nome".

Apêndice A — Disco de início Maya para usuários Max | **437**

Ajuste de preferências e escolha de unidades — Maya tem um conjunto de preferências completamente diferente do que max tem, mas você deve olhá-los, quando começar a trabalhar com Maya. Para exibi-los, escolha Window I Settings/Preferences I Preferences, ou clique o botão Animation Preferences à direita do botão Auto Keyframe em forma de chave, à extrema direita da interface. Esta caixa de diálogo tem mais opções do que em max, portanto, ao invés de abas no alto, há uma lista Categories à esquerda, para mostrar as preferências de cada uma. As unidades de ajuste aparecem sob a categoria Settings.

Diferenças em auxílio de modelagem

Ajuste de grade — Em Maya, clique a caixa de opção próxima a Display I Grid (veja a Figura A.16). Novo em Maya 4, a grade pode ser codificada por cor e ter linhas maiores e menores.

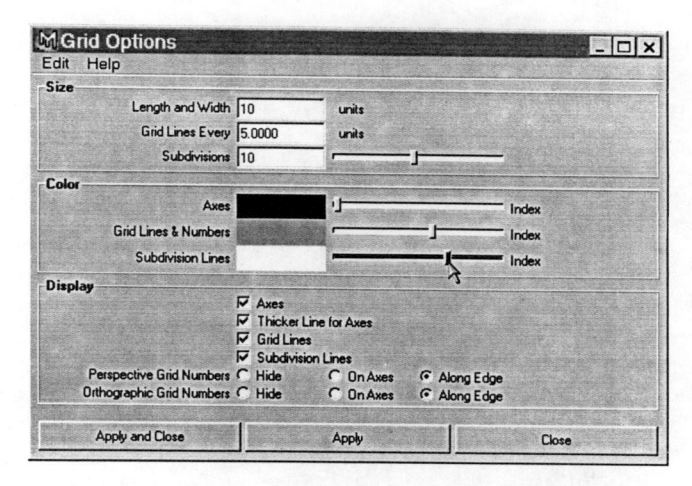

Figura A.16 – *Recursos na nova caixa de diálogo Grid Options.*

Alinhamento — Maya oferece opções completas de alinhamento, mais poderosas do que aqueles em max. Os ícones no alto, com imã em forma de U (veja a Figura A.17) são os modos disponíveis de alinhar; você pode habilitar temporariamente os modos de alinhamento Grid, Curve ou Point, com as teclas de atalho **x, c** e **v**, para operações que requerem diferentes tipos de alinhamento. Maya pode ajudá-lo a alinhar objetos a linhas e superfícies (o objeto é restrito a uma ou duas dimensões, mas, caso contrário, flutua) além de apontar alinhamentos (o objeto simplesmente bloqueia).

Ajudantes de medida — Maya inclui ferramentas de medida como aquelas em max, sob Create I Measure Tools no menu.

Alinhamento de objetos — Uma ferramenta semelhante à ferramenta de alinhamento de max aparece em Modify I Snap Align Objects I Align Objects.

Figura A. 17 – *Opções de alinhamento de Maya.*

Pontos pivô — Em Maya, você exibe e move um ponto pivô do objeto, usando a tecla Insert como uma alternância on/off para este modo. O ponto pivô do objeto selecionado aparece como um pequeno círculo com um ponto no centro (veja a Figura A.18). As suas alças de coordenadas não têm setas nas extremidades, mas as linhas funcionam como o gizmo de transformação para restringir o movimento do ponto pivô.

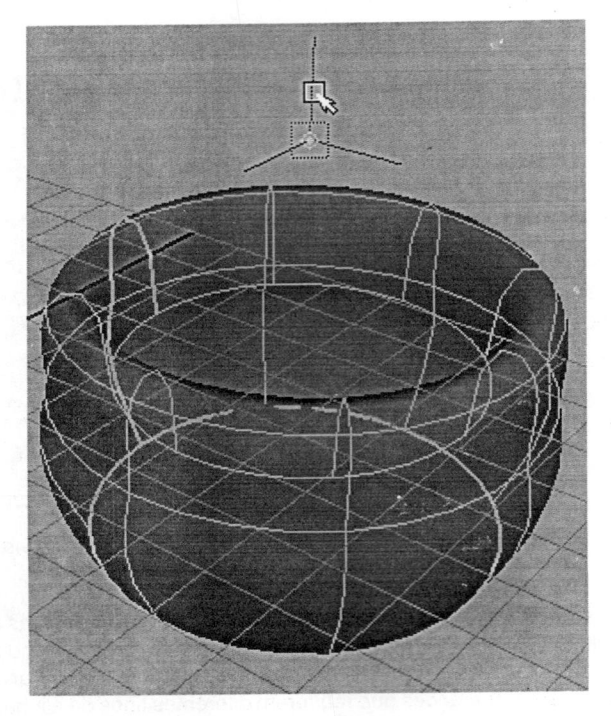

Figura A.18 – *Exiba o ponto pivô pressionando a tecla Insert.*

Diferenças em iluminação

Tipos de iluminação — Maya inclui os mesmos tipos de luz principal e modos de sombra que max. Um tipo de luz acrescentado que é único em Maya é chamado de Area Light, uma fonte de luz que lhe permite usar uma fonte de luz em forma de retângulo ou quadrado e projetar luz suave com sombras de penumbra. Este tipo de luz é valioso para cenas internas ou qualquer lugar que você queira iluminar suavemente. Também, as luzes Ambient de Maya nada mais são do que o controle Ambient na caixa de

Apêndice A – Disco de início Maya para usuários Max | 439

diálogo Environment de max. As luzes Ambient de Maya são como pontos de luz que incluem uma variável All Surfaces Lit (todas as superfícies iluminadas). Você também pode projetar sombras a partir de luzes Ambient.

Criação de luzes — As luzes são criadas exatamente como objetos, em um tamanho fixo (1) e lugar (a origem), quando você escolhe Create I Lights I Light Type no menu. Depois, você posiciona o ícone de luz em sua cena. É possível escalonar os ícones para cima e para baixo sem mudar o efeito renderizado, exceto em luzes Area. Um tamanho de luz Area é ajustado pelo próprio ícone, portanto, você pode usar a ferramenta Scale para esticar e dimensionar o painel retangular da luz Area. A forma da luz Area afeta a quantidade de luz que ela emite.

Criação de sombras — Os modos Shadow em Maya e max são exatamente iguais — sombras mapeadas ou traçadas a raio. Como em max, sombras mapeadas geralmente são mais rápidas de calcular e parecem mais suaves. Sombras traçadas a raio normalmente têm bordas ásperas, mais apropriadas para pontos de luz intensa ou luz do sol. Em Maya, você pode ajustar um raio para uma luz de sombra traçada a raio suavizar a borda, mas isso causa uma severa redução na velocidade de renderização. Um recurso único em Maya para sombras mapeadas (*Depth Map Shadows*, na terminologia de Maya) é a capacidade de reutilizar mapas de sombra (Dmaps; veja a Figura A.19), que torna a renderização mais rápida depois que você renderizar os mapas de sombra uma vez. Ele até permite que você edite o mapa de sombra em um editor de imagem. Em max, mapas de sombra são sempre criados no ar e descartados depois de renderizar em cada quadro.

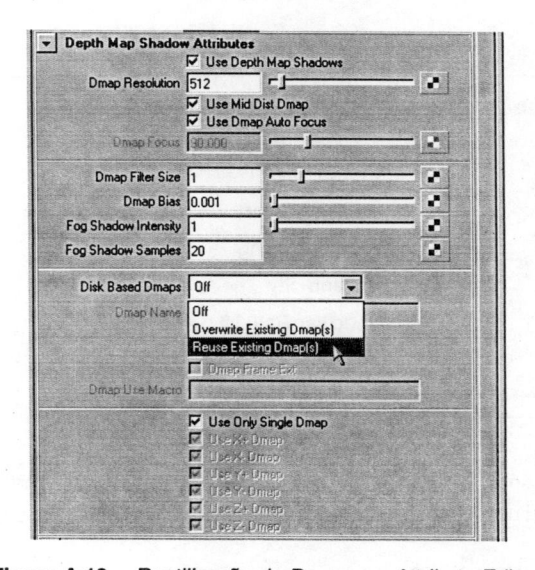

Figura A.19 – *Reutilização de Dmaps no Attribute Editor.*

Incluir/excluir luz — Maya usa uma janela especial para *light linking* (vínculo de luz), como é chamada em Maya. Para abri-la, escolha Window I Relationship Editor I Light Linking no menu. Há duas maneiras de ver estes relacionamentos luz-objeto: objeto central ou luz central. Ajudas de agrupamento e designação estão incluídas na seção Light Sets.

Diferenças em materiais

Materiais — O Material Editor de Maya é completamente diferente do de max. Chamado de Hypershade, ele está em Window I Rendering Editors I Hypershade. Ao invés de ter um número fixo de amostras onde a edição é realizada, a interface de Maya tem forma completamente livre, com qualquer quantidade de materiais aparecendo em uma paleta aberta. Em geral, você cria um tipo de material fonte, tal como Blinn ou Lambert e depois designa mapas aos vários canais. Para fazer isto facilmente, MMB-arraste da paleta de tipos de mapa para a fonte de material. Depois, você é solicitado a informar a qual canal ela se destina: Color, Bump e assim por diante.

Bibliotecas de material — Hypershade trabalha com materiais (chamados *shaders*, em Maya), salvos como arquivos .ma ou .mb (Maya ASCII ou Maya binário). Na janela Hypershade, você pode carregar estes materiais na cena atual e designá-los. Abas na janela Hypershade podem conter bibliotecas de material. Mais detalhes sobre a criação e edição de bibliotecas de material estão incluídos no Capítulo 8, "Materiais".

Mapas — Quando você está vendo um material no Attribute Editor, um ícone de área de verificação aparece próximo a qualquer variável que pode ser mapeada (veja a Figura A.20); este ícone é idêntico ao botão de mapa em max, que mostra "none" (nenhum) quando não mapeado. A maioria dos tipos de mapa deve ser familiar aos usuários max se você traduzir como a seguir para um material comum do tipo Blinn:

Max	Maya
Diffuse	Color
Opacity	Transparency
Ambient	(none)
Self-illumination	Ambient Color
Bump	Bump Mapping
Glossiness	Eccentricity
Specular Level	Specular Roll Off
Specular	Specular Color
Reflection	Reflected Color

Maya acrescenta novos canais de mapa chamados Diffuse, Translucence, Incandescence e Reflectivity:

- **Diffuse** (difusa) — É um canal de escurecimento, usado com freqüência para acrescentar "sujeira" a um material.
- **Translucence** (translúcida) — É uma maneira de deixar a luz vazar através de um objeto, para que você possa ver luz ou sombras projetarem do lado oposto.
- **Incandescence** (incandescente) — Combina auto-iluminação e uma cor misturada. Na intensidade total, a cor misturada sobrepõe completamente o canal de cor.
- **Reflectivity** (reflexiva) — É a força do mapa de reflexão. Ele controla a reflexão traçada a raio, se o traço a raio for ativado no Render Globals.

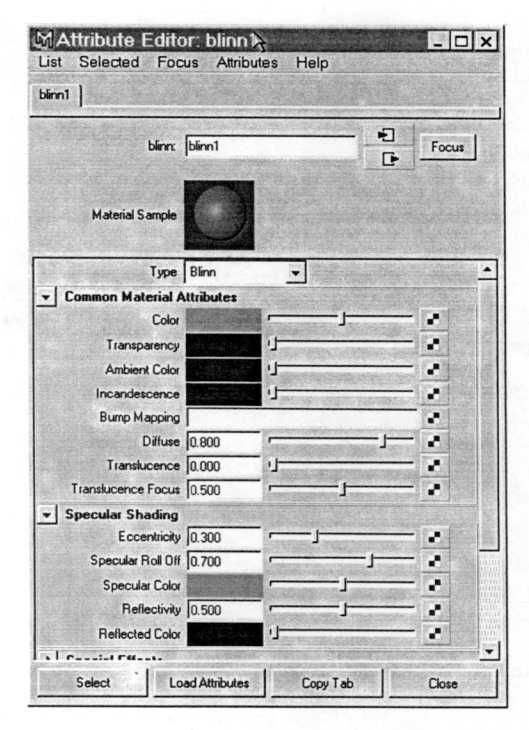

Apêndice A – Disco de início Maya para usuários Max | **441**

Figura A.20 – *Material Blinn no Attribute Editor; ícones de área de verificação denotam variáveis que podem ser mapeadas.*

Refração é muito mais complexo em Maya do que em max e as suas diversas principais variáveis aparecem sob as opções de traço a raio, no Attribute Editor do material.

Texturas procedimentais — Maya oferece um pacote completo de texturas procedimentais em 2D e 3D. Você pode ver e colocá-las em um visor sombreado em qualquer objeto NURBS ou poligonal.

Exibição de texturas em visores — Qualquer mapa pode ser exibido nos painéis Maya, exatamente como em max. Só um pode ser mostrado de cada vez. Para habilitar hardware de texturização, troque para o modo Shade, escolhendo Shading l Smooth Shade All e depois, escolha Shading l Hardware Texturing (veja a Figura A.21). Também pode fazer isso com a tecla de atalho **6** para um painel de vista 3D selecionado. Agora, você pode escolher qualquer textura aplicada no Attribute Editor (sob Hardware Texturing) para um material, e ela aparecerá em todos os painéis sombreados com o hardware de texturização habilitados. Diferente de max, você pode escolher individualmente o nível de qualidade da textura, a partir de padrão para baixo, médio, alto e mais alto.

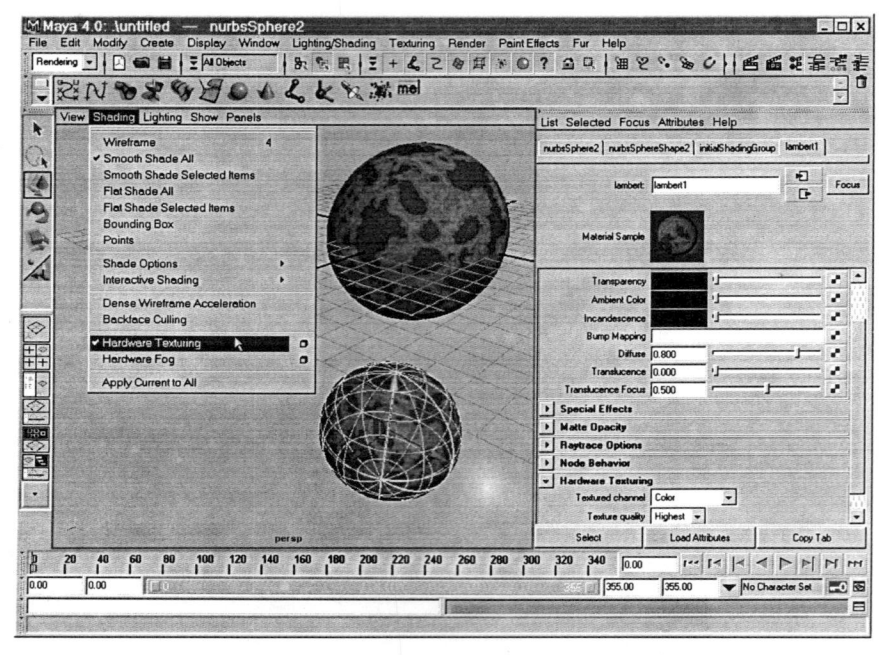

Figura A.21 – *Exibição de texturas em painéis sombreados.*

Colocação de texturas em visores — Em objetos poligonais você pode aplicar mapeamento e ajustá-lo muito como faz com o método gizmo em max. Quando você tiver um objeto poligonal em uma vista sombreada, texturizada por hardware, e um material com um canal de textura exibido, você aplica o mapeamento gizmo, trocando para o modo Modeling (tecla de atalho: F3), escolhendo Edit Polygons I Texture e selecionando um tipo de mapeamento. Um gizmo que pode ser transformado aparece, e você pode conseguir reação instantânea à medida em que o ajusta (veja a Figura A.22). Se você clicar fora do objeto, o gizmo desaparece. Para tê-lo de volta, selecione o objeto e depois, encontre o tipo de projeção na Channel Box, e clique no nome (por exemplo, polyPlanarPorj1). Se o gizmo não estiver visível, clique o botão Show Manipulator, que está com os botões de transformação na Tool Box, bem abaixo do botão Scale.

Observe que Maya não usa números de canal de mapeamento de UV como faz max. Ao contrário, cada tipo de mapeamento designado a um objeto é nomeado. Para pegar o modo UV sendo atualmente editado, clique com o botão direito do mouse no objeto e olhe sob UV Sets. Cada mapeamento UV que tiver sido aplicado ao objeto aparecerá aqui, e você pode selecionar o que estiver ativo no momento. Maya também tem um poderoso modo de mapeamento UV, chamado *automatic mapping* (mapeamento automático), que não tem correspondente em max. Usando este recurso, você pode desembrulhar um objeto e cozer seus UVs no UV Texture Editor de Maya (escolha Window I UV Texture Editor no menu). Isto possibilita mapeamento perfeito para pintura em 3D, um outro recurso Maya não oferecido em max.

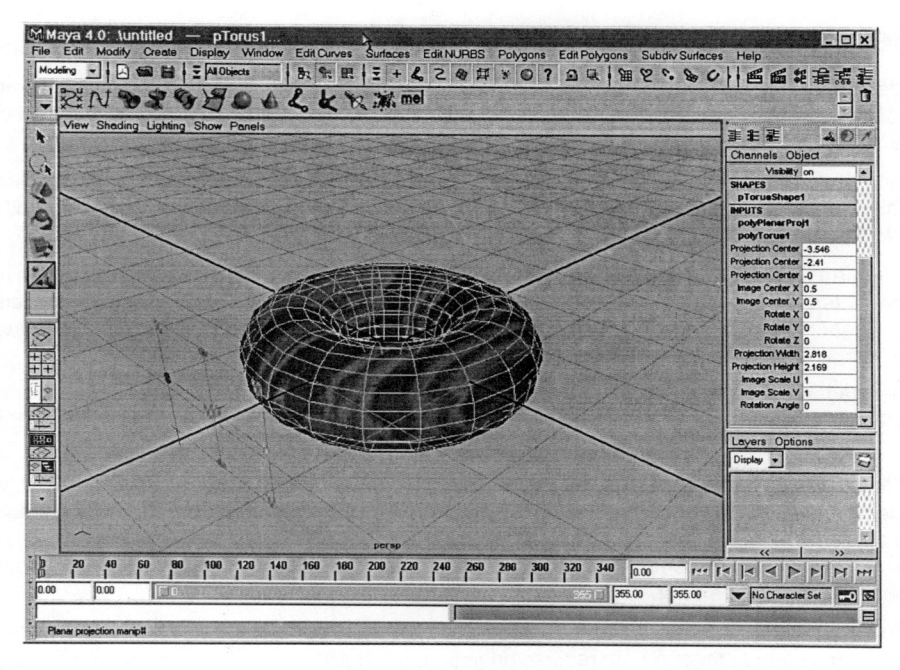

Apêndice A – Disco de início Maya para usuários Max | **443**

Figura A.22 – *Maya oferece colocação interativa de textura de uma maneira semelhante a max.*

Diferenças na criação de animação

Quadros-chave de animação — Maya cria quadros-chave de animação de uma maneira ligeiramente mais pró-ativa do que max. Em Maya, você precisa criar uma chave para o valor mudado, normalmente pressionando a tecla s. Esta ação põe em chaves as variáveis que você mudou para o quadro atual. Maya inclui um botão Auto Keyframe (o ícone de chave no canto inferior direito), que é semelhante ao modo Animate de max. Entretanto, Auto Keyframe não trabalha até que um objeto tenha pelo menos uma chave ajustada para ele. Tenha cuidado com quais variáveis têm chaves ajustadas; o recurso Auto Keyframe pode aplicar uma chave a cada variável, ou apenas às ajustadas. Isto é ajustado na caixa de diálogo Preferences, sob a categoria Keys. Em geral, você deve aplicar chaves apenas a parâmetros ajustados. Neste modo, Maya se comporta exatamente como o modo Animate de max, exceto por precisar criar manualmente pelo menos uma chave para determinada variável. Diferente de max, não há quadro automático de chave 0. Variáveis animadas têm um fundo laranja claro na Channel Box.

Ajustes de animação — Velocidade de exibição e outros ajustes estão na caixa de diálogo Preferences, sob a categoria Settings. Como em max, há um botão quente perto do botão Play, no canto inferior direito da tela, para abrir essa caixa de diálogo. Você ajusta o comprimento total da animação e a área de foco, ajustando o Range Slider, exatamente abaixo da Time Line.

Diferenças em visualização e renderização

Renderização — Em Maya, clique o ícone de claquete do diretor para renderizar o painel atualmente ativo. Você pode balancear e aproximar no painel de renderização, exatamente como em qualquer outro painel.

Ajustes de renderização — Todos os ajustes para renderização são gerenciados na janela Render Globals. Para abri-la, clique o botão à direita do botão IPR ou escolha Window I Rendering Editors I Render Globals no menu.

Antialiasing (correção de aparência) — Maya usa um renderizador bem diferente daquele em max. Ajustes de antialiasing para a renderização de traço a raio e scanline (linha de varredura) aparecem na janela Render Globals, com quatro pré-ajustes principais para ajuste rápido. Diferente da abordagem on/off de max a antialiasing, em Maya você precisa escolher um nível de qualidade.

Renderização em rede — Maya renderizará em rede para qualquer usuário que tenha comprado manutenção e esteja atual. Entretanto, é preciso usar um produto de terceiros, como Lemon ou Muster, para controlar a renderização em rede.

Renderização de camadas — Maya permite que você renderize passos separados para renderizáveis, de beleza, de cor, de sombra, difusa e especular. Elas podem ser salvas em diretórios separados no formato de arquivo de imagem escolhido. Não há opção para combinar as camadas em um arquivo RPF. Maya chama isto de *open composition* (composição aberta), significando que você pode usar qualquer compositor que quiser; a composição não é baseada em qualquer produto.

Sombra ativa — Maya 4 introduz o novo Active Shade, que lhe permite editar iluminação e materiais para obter uma rápida reação. Este recurso originou em TDI software, uma empresa absorvida pela Wavefront antes de Maya nem ao menos estar à vista. Em Maya, ele é chamado de *IPR* (Interactive Photorealistic Renderer). O IPR de Maya tem uma etapa adicional: depois da renderização IPR estar terminada, você arrasta uma caixa na vista renderizada para ajustar uma área retangular para atualizar (veja a Figura A.23). Como max, só mudanças de materiais e iluminação são atualizadas. Focalizando em uma área menor do que o quadro completo, você consegue uma reação mais rápida. Você pode MMB-clicar e arrastar e soltar materiais de Hypershade para uma janela IPR.

Visualização — Em max, você pode conseguir uma rápida visualização de sua animação, que usa o modo de exibição da placa de vídeo para criar um arquivo AVI (Rendering I Make Preview no menu). Maya oferece funcionalidade semelhante com Playblast, sob Window I Playblast.

Trackview (vista de trilha) — Em Maya você faz o que max chama de "operação de vista de trilha", usando duas interfaces únicas: o Graph Editor e o Dope Sheet Editor. O Graph Editor (veja a Figura A.24) é para editar curvas e suas tangentes, e o Dope Sheet Editor para temporização de chave, é melhor para mover grupos de chaves ou ajustar quadros específicos de chaves individuais. Diferente da abordagem de max, onde cada elemento de cena é mostrado e você então filtra objetos, em Maya você só vê o objeto atualmente selecionado por padrão. Ajustes salvos, conhecidos como *bookmarks* (marcadores de página) estão disponíveis para trazer de volta seus ajustes de seleção necessários, em outro editor. Estes marcadores de página estão disponíveis na maioria das janelas Maya, que exibe atributos de objetos selecionados.

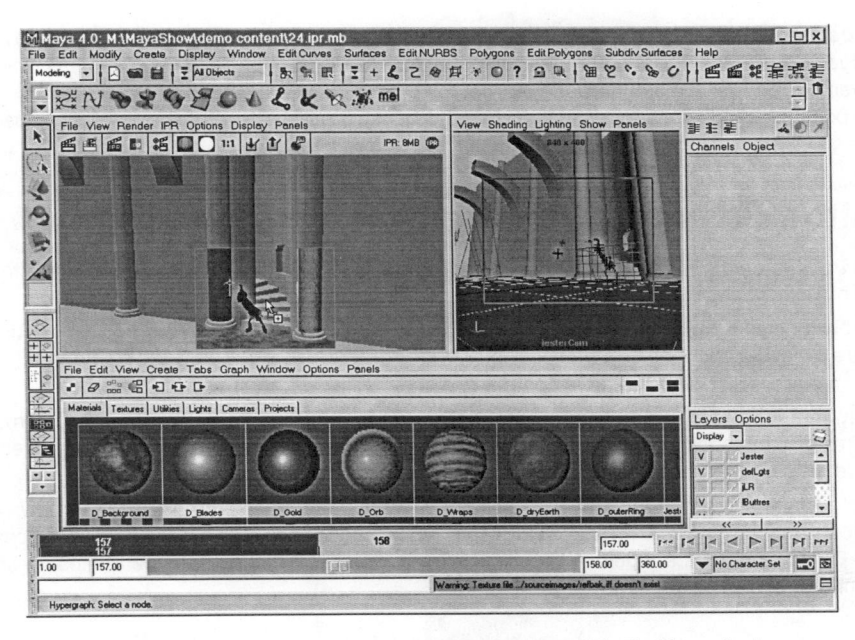

Apêndice A – Disco de início Maya para usuários Max | **445**

Figura A.23 — *Você pode arrastar e soltar materiais de Hypershade em uma vista IPR e obter reação instantânea.*

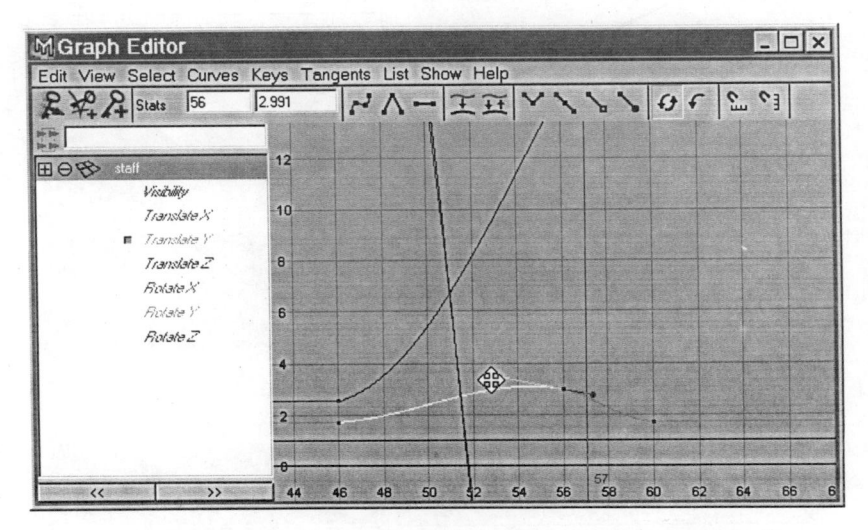

Figura A.24 – *O Graph Editor é usado para torcer curvas de animação.*

Vista esquemática — Este recurso max tem um análogo, quase idêntico, no Hypergraph de Maya. O de Maya pode ser mais usado porque você pode fazer todos os tipos de "conexões" em Hypergraph. Por exemplo, partes de materiais poderiam ser quebrados ou redesignados e elementos de criação de objeto podem ser redesignados da mesma forma. A opção de clicar com o botão direito do mouse é uma parte importante de Hypergraph de Maya.

Efeitos de encaminhamento

Video Post — Embora Maya não tenha interface como Video Post, ele ainda oferece os efeitos Glow, Depth of Field e Lens Flare:

- **Glow** (brilho) — Você ajusta este efeito sob a seção Special Effects do material, do Attribute Editor para a maioria dos tipos de material. A intensidade de brilho é mapeável e normalmente, controlada por mapas, se o brilho não deve aparecer no objeto todo.
- **Depth of Field** (profundidade de campo) — Este efeito é ajustado como um atributo de câmera. Em geral, os resultados são muito melhores do que com a profundidade de campo baseada em buffer Z de max.
- **Lens Flare** (lente chamejante) — O efeito Lens Flare aparece na entrada de Light Glow, no Light Effects Attributes para uma fonte de luz específica. Quando você clica o ícone de mapa, é criado um nó Optical FX (veja a Figura A.25). Aqui você pode criar todos os tipos de efeitos de chamas, lampejos e ruído inflamado.

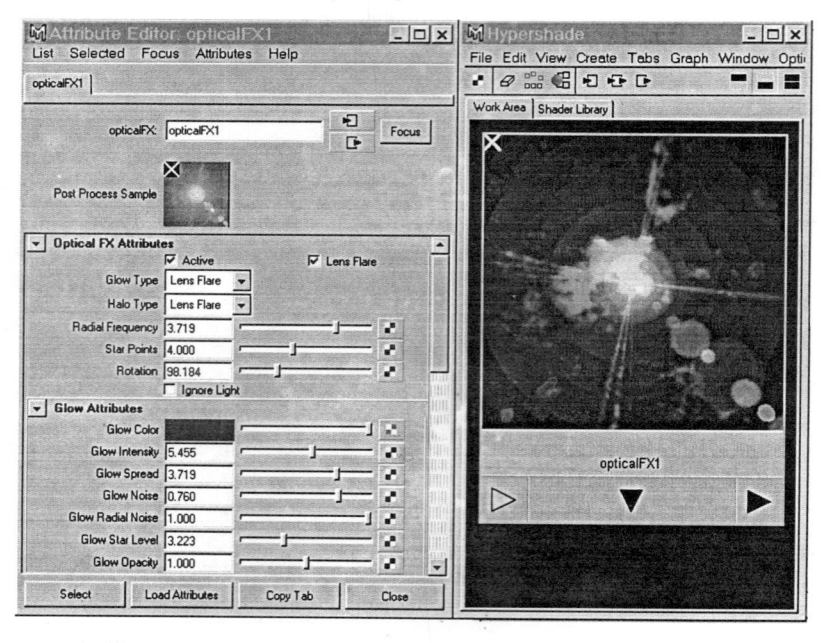

Figura A.25 – *Você pode visualizar chamas em Hypershade e editar muitos parâmetros para efeitos únicos de Lens Flare.*

Efeitos ambientais

Luzes de volume — Em Maya é possível ajustar facilmente estas luzes, usando a entrada Light Effects no Attribute Editor de luzes Spot. Clique o ícone à direita da entrada Light Fog para aplicar um efeito de Light Fog à luz. Você também pode configurar como o cone de poeira deve aparecer.

Ambiente de névoa — Este efeito é parte da janela Render Globals, com uma opção para aplicar a névoa no encaminhamento.

Script

Maxscript — A capacidade MELscript de Maya é quase idêntica, com as mesmas habilidades de agarrar código de um ouvidor e arrastá-lo para Maya Shlef para comandos repetidos com freqüência. MELscript está mais fundo em seu programa host (hospedeiro) do que maxscript; na verdade, cada parte de Maya executa com base em MELscript. MEL é uma parte integrante do design geral de Maya.

Partículas e dinâmicas

Partículas — Maya tem uma maneira completamente diferente de max de criar partículas. Você pode pintá-las em suas posições de partida, usar emissores ou tê-las emitidas a partir de objetos. Muitos dos tipos de partículas precisam ser renderizados na tela no Hardware Render Buffer de Maya (usando o modo de sombreado rápido, que usa a sua placa 3D) e depois compostos em sua cena.

Dinâmicas — Maya tem um modo dedicado a dinâmicas, com dinâmicas rápidas, complexas, completamente internas. Ao invés de spacewarps de max, Maya usa *fields* (campos), que são aplicados a objetos atualmente selecionados e geralmente permitem controle muito mais detalhado. A caixa de diálogo Dynamic Relationships (Window I Relationship Editors I Dynamic Relationships) permite que você edite a designação de campos a objetos. Como spacewarps de max, os campos de Maya aplicam-se a ambas, partículas e dinâmicas.

Importação/Exportação de Maya para max

Alias/Wavefront oferece um plug-in gratuito em seu web site para .3ds import, que oferece tradução básica de malha através de .3ds export de max. Entretanto, para tradução mais compreensiva, a melhor escolha é Polytrans, um programa da Okino (*http://www.okino.com*) atualmente à venda por cerca de US$800. A sua versão Maya inclui um plug-in para importar/exportar dentro de max. Okino tem um formato interino, chamado .bdf; ele suporta tradução de quase cada parte de sua cena entre max e Maya, incluindo animação, câmeras, luzes, materiais, NURBS e polígonos.

Disco de início Maya para usuários LightWave

LightWave 7 marca a adição de muitos novos recursos ao venerável produto de animação da NewTek. Embora estes novos recursos, como fur (pele) (Sasquartch) e SkyTracer acrescentem funcionalidade ao produto, a sua metodologia principal para criar animação continua muito igual às das versões anteriores. Os usuários LightWave encontrarão detalhes em Maya que são semelhantes ao que eles eram, mas em geral, Maya é fundamentalmente diferente. Também, alguma tecnologia é usada diferentemente pelos dois programas, tal como MetaNURBS de LightWave versus NURBS de Maya. As duas NURBS são completamente diferentes, mas Subdivision Surfaces de Maya é mais como MetaNURBS de LightWave.

O Apêndice A deste livro oferece um guia cuidadoso de início rápido para usuários 3ds max, que focaliza onde encontrar as principais ferramentas de interface que um animador precisaria. A maioria das informações que um usuário LightWave buscaria já está detalhada naquele apêndice, portanto, você deve revê-lo, depois de ler este apêndice, para conseguir detalhes adicionais sobre funções comumente usadas, tais como grades e alinhamento. Este apêndice só cobre as principais diferenças únicas para usuários LightWave.

Diferenças globais

Diferente dos módulos Layout e Modeler de LightWave, toda a criação e ajuste de cena em Maya acontece no mesmo espaço de trabalho. Objetos são modelados, nomeados e editados, em qualquer ocasião, consecutivamente com qualquer outra criação, edição ou animação. Já que a criação de objeto é parte da criação de cena em Maya, normalmente você não carrega individualmente objetos modelados de arquivos de fora, como em LightWave. Em Maya, normalmente você cria um único arquivo de cena que contém todos os objetos, animação, luzes e outros elementos de cena. Apenas texturas bitmap e arquivos de áudio são externos ao arquivo de cena. Uma exceção é o uso de *references* (referências) — objetos externos usados com freqüência quando trabalha com grupos de outros animadores Maya em um projeto. Objetos referenciados aparecem, mas não podem ser editados, semelhante ao principal módulo Layout de LightWave.

Em Maya, objetos e grupos de objetos podem ser designados a camadas, mas a filosofia dessas camadas é diferente de modelar camadas em LightWave. LightWave força cada objeto único a residir em uma de diversas camadas, e essas camadas são facilmente escolhidas e ativadas em um seletor do estilo de empurrar botão, o método de modelagem padrão em LightWave. Em LightWave, as camadas inativas são visíveis, mas não podem ser editadas — o que é chamado de modo Template ou Reference em Maya. As camadas em Maya são mais como aquelas usadas por usuários CAD, para facilitar organizar a cena e permitir seções maiores de modelos serem ocultas e exibidas, conforme necessário.

Em LightWave, os ajustes de sombreado GL para luzes e níveis de detalhe de textura são globalmente controlados no painel de exibição. Em Maya, cada painel 3D pode ser ajustado para exibir luzes de uma maneira única. Detalhe de textura em Maya é ajustado em uma base de por-textura, com o detalhe ajustado no Material Editor de Maya, chamado Hypershade.

Em Maya, todos os objetos e entidades de cena (câmeras, luzes, curvas, uniões e assim por diante) podem ser editados em detalhe em qualquer ocasião com Attribute Editor. Este é um painel flutuante (acessado com Ctrl+a) que você usará com freqüência. Ele é semelhante ao painel Object Properties em LightWave, mas é muito mais cuidadosamente conectado a cada aspecto de uma entidade de cena selecionada. Navegar estas entidades de cena pode ser feito no modo esquemático, exatamente como em LightWave. O painel Hypergraph de Maya é muito semelhante à vista Schematic de LightWave. Entretanto, as interconexões em Hypergraph de Maya são mais complexas e flexíveis.

Em Maya você não tem uma lista de entidades de cena de pegar rapidamente, como tem em LightWave. A janela Outliner de Maya é a ferramenta mais semelhante para selecionar objetos pelo nome. Também, em LightWave, algo está sempre selecionado, mas em Maya é possível não ter nada selecionado.

Usando o módulo Layout de LightWave, normalmente você edita objetos, luzes, câmeras e outros, selecionando uma aba para o tipo de entidade, no alto da interface. Esta seleção muda todos os botões exibidos do lado esquerdo (ou opcionalmente, direito) da interface. Maya tem uma função semelhante, onde quando você está usando a interface cheia, um modo seletor determina quais menus aparecem em Maya. Só há quatro modos em Maya Complete: Modeling, Dynamics, Animation e Rendering. Todos os pulldowns que não os outros seis da extrema esquerda, mudam, dependendo do modo em que você está.

Diferenças na navegação de visor

Há várias maneiras de aproximar, balancear e gravitar uma vista em LightWave. LightWave oferece teclas de atalho de teclado para aumentar em pequenas "bumps" (saliências) e três pequenos botões de clicar e arrastar para navegação de um visor (veja a Figura B.1) e muitos usuários usam estes dois métodos exclusivamente para navegação de visor. Maya não tem qualquer função análoga. LightWave também tem opções de tecla Ctrl e Alt para manipular um visor com o mouse e estas opções estão disponíveis em Maya, de uma maneira muito semelhante. Em LightWave, Ctrl+Alt+LMB é zoom (aproximação/afastamento), Shift+Alt+LMB é balancear e Alt+LMB é gravitar. Em Maya, só a tecla Alt é usada, e as combinações LMB e MMB ajustam o modo: Alt+LMB+MMB é zoom, Alt+MMB é balancear e Alt+LMB é gravitar. Estas ações de mouse são a principal forma de navegar em seus visores 3D de Maya, e trabalham em todas as outras caixas de diálogo para aproximação e balanceio.

Figura B.1 – *Botões de LightWave para navegação de um visor.*

Diferenças em controle de interface

LightWave oferece uma caixa de diálogo instantânea Ctrl+Shift como um aperfeiçoador de fluxo de trabalho para que você possa usar o botão esquerdo, do centro, direito do mouse para abrir uma caixa de diálogo. Este recurso é muito parecido com os menus de marcação de Maya, mas em Maya você pode ter dezenas deles designados a combinações de teclado, e o mesmo menu aparecerá, independente do botão do mouse que você clicar. Os menus de marcação de Maya são, na maioria, definidos por usuário. Este livro inclui um conjunto de modelagem de menus de marcação para que você inicie na criação de suas próprias teclas de atalho aperfeiçoadas. Maya também oferece a "Hotbox" — acesso a todas as funções em uma cobertura que é ativada com a barra de espaço. Muitos usuários de Maya deixam a interface oculta, exceto pelos painéis 3D e confiam na Hotbox e seus menus de marcação para a maioria de seus trabalhos.

Diferenças na criação e edição de modelos

Conforme mencionado, a diferença mais impressionante é que Maya não divide tarefas com um modelador separado. Maya Complete oferece dois tipos de modelagem, NURBS e polígonos, mas LightWave oferece meta bolas, modelagem de partes e polígonos. MetaNURBS de LightWave não são NURBS no verdadeiro sentido; elas são uma espécie de objeto poligonal subdividido. NURBS Maya são, de fato, superfícies paramétricas baseadas em tiras para desenhar curvas B, que são flexíveis e poderosas. Você pode editar e até animar os pontos de controle que orientam a forma de objetos NURBS. NURBS são ideais para superfícies complexas, mas suaves, vistas normalmente em objetos esculpidos à mão, tais como telefones celulares.

Maya também tem um conjunto completo de ferramentas de modelar polígonos. A opção Polygon Subdivide de Maya pode conseguir um efeito de suavização que é semelhante a metaNURBS de LightWave. A versão Maya Unlimited inclui modelagem Subdivision Surfaces, que é mais como metaNURBS, e esse método oferece muito poder de modelagem orgânica.

Diferenças em iluminação

Tipos de iluminação — Maya inclui os mesmos tipos de luz principal que LightWave, exceto quanto ao tipo Linear Light. O tipo Distant Light (luz distante) de LightWave é chamado de Directional em Maya. Maya também oferece um tipo de luz Ambient, que é semelhante a um ponto de luz, mas pode iluminar todas as superfícies na cena, independente de sua localização.

Maya não oferece iluminação global, como faz LightWave. Maya também não tem cáusticos montados com traço a raio, mas há um utilitário que pode ser carregado para conseguir cáusticos no web site de AliaslWavefront.

As sombras traçadas a raio e mapeadas de Maya, controladas com o Attribute Editor, são semelhantes àquelas em LightWave. Como no painel Properties de LightWave, volumétricas e chamas são designadas através do Attribute Editor, quando ajustando uma luz.

Diferenças em materiais

O LightWave Surface Editor é chamado de Hypershade em Maya. Hypershade trabalha de uma maneira muito mais solta do que o Surface Editor de LightWave. Hypershade usa amostras flutuantes, que são unidas para criar materiais. Por exemplo, um verificador procedimental de textura pode ser unido a uma entrada de cor de material, sobregravando assim a amostra de colorido sólido com uma textura marcada.

Em Maya, os materiais são editados em suas raízes, no Attribute Editor, onde aparecem variáveis familiares: difusa, cor, especularidade e assim por diante. Maya oferece uma flexibilidade muito maior em unir qualquer textura à saída e qualquer outra textura. Por exemplo, um verificador procedimental poderia ter uma textura única substituindo cada uma das duas cores sólidas que normalmente preenchem os quadriculados. Maya não tem os modos de mistura, que fazem parte de composição de texturas em LighWave, mas você pode conseguir o mesmo efeito com a opção Layered Texture de Maya, para uma textura. As texturas procedimentais de Maya normalmente não deixam parte da textura transparente para a textura subjacente. Normalmente, em Maya, uma textura sobregrava o valor à qual é designada. Por exemplo, se você designar um material marcado em LightWave, os quadriculados pretos aparecem através da textura debaixo ou da cor original de designação. Em Maya o material quadriculado deve cobrir completamente a cor original de designação. Se você quiser que as cores ou texturas subjacentes apareçam através, use Layered Texture de Maya.

Ambos, o Attribute Editor de materiais e Hypershade, só usam esferas para visualizar um material como ele é composto. Entretanto, em Hypershade você pode aproximar e balancear as amostras esféricas, conforme necessário, para conseguir reação de resolução maior, mais alta em suas edições de material.

O método de LightWave de ter um tipo de material único com uma variedade de pontos de sombreadores, tais como desenho animado Super CEL e Thin Film, é completamente estranha a Maya. Em Maya, um material é um de vários sabores em sua raiz: Blinn, Lambert, Phong e assim por diante. Para efeitos tais como um aspecto de sombreador de célula, um tipo especial de material chamado Shading Map é oferecido. Também, materiais em Maya são criados e designados conforme necessário, ao invés de serem ditados pelos objetos na cena, como em LightWave. Um simples tipo de material Lambert é automaticamente designado a qualquer objeto recém-criado, mas normalmente, os animadores criam um novo material e o designam ao objeto e a quaisquer outros objetos na cena, que consiste do mesmo material. Os materiais podem ser até criados em uma cena desprovida de objetos.

Mapeamento — Objetos NURBS em Maya tem mapeamento herdado que determina como são colocados os mapas de textura. Polígonos oferecem mapeamento UV, que é semelhante àquele em LightWave, mas você pode dimensionar interativamente um mapeamento de quadro, para colocar a textura onde quiser em Maya. Além disso, Maya oferece uma opção "mapeamento automático", que lhe permite desembrulhar e cozer a um mapeamento UV de objeto, para evitar manchas e "singularidades", onde a textura parece juntar apertada.

Diferenças na criação de animação

Quadros-chave de animação — A criação de animação em Maya é semelhante a LightWave. Não há botão de interface para criar uma chave; você simplesmente pressiona a tecla S para ajustar uma chave de animação. Uma chave é sempre ajustada no quadro atual, normalmente apenas para o atributo que você está alterando. Maya permite que você especifique se todas as propriedades de animação, ou apenas a propriedade atualmente editada tem uma chave ajustada. Na maior parte do tempo você deixa a chave de criação ajustada ao valor editado no momento, para que você não crie chaves em propriedades que não são animadas. Há muitas outras formas de criar chaves em Maya, notadamente, clicando com o botão direito do mouse nos nomes de variáveis na Channel Box. Você pode clicar-arrastar diversas variáveis e colocá-las em chave, tudo com um clique, conforme mostrado na Figura B.2.

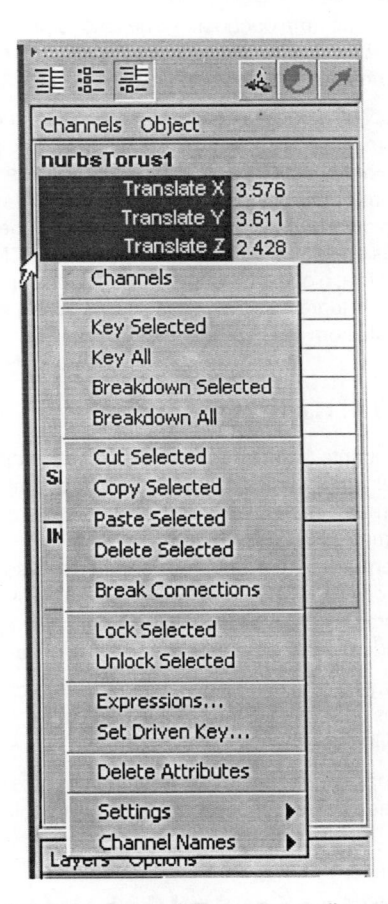

Figura B.2 – *Ajuste de chaves na Channel Box com um clique no botão direito do mouse.*

Janelas de edição de animação — O Scene Editor de LightWave é semelhante ao Dope Sheet de Maya, o Graph Editor de LightWave é semelhante ao Graph Editor de Maya, e o Motion Mixer (misturador de movimento) de LightWave é semelhante ao editor Trax de Maya.

Animação de personagem — Maya cria esqueletos a partir de uma série de "uniões", que são semelhantes aos ossos usados em LightWave.

Diferenças em visualização e renderização

Renderização interativa — Maya tem uma função semelhante a VIPER de LightWave, que é chamada IPR (Interactive Photorealistic Renderer). Como VIPER, ela permite que você tenha uma renderização interativamente atualizada para edição de luzes e materiais.

Visualização — LightWave oferece uma opção de visualização próxima aos controles de playback, para conseguir um playback sombreado rapidamente de um segmento animado. Em Maya este recurso é chamado de Playblast, e tem uma função semelhante.

Renderização — Em Maya, você simplesmente clica o ícone de claquete do diretor para renderizar o quadro atual. Os ajustes normalmente designados em LightWave como propriedades de câmera estão, na maioria, na janela Render Globals em Maya, onde você ajusta a resolução, movimento de névoa, qualidade de traço a raio e outros atributos de renderização. Em Maya, os atributos de câmera só contêm campo de vista, campo de profundidade e outros ajustes específicos de câmera. Também, é possível ter câmeras ortogonais em Maya e renderizar a partir delas. Maya inicia uma cena com três câmeras ortográficas de direção fixa, o que caso contrário, funciona como qualquer outra câmera Maya e são predefinidas para as vistas ortográficas: Top, Side e Front. A renderização é sempre feita na vista ativa em Maya — o painel de vista com um quadro em torno dele.

Efeitos de encaminhamento

Maya não tem um recurso semelhante às funções Compositing ou Image Processing (processamento de imagem) de LightWave. Geralmente, você usa um programa de composição de terceiros para alterar a saída renderizada de Maya, mas a maioria dos compositores oferece mais flexibilidade criativa e poder do que Compositing e Image Processing de LightWave. Maya também oferece a opção de renderizar elementos da imagem a arquivos separados. Este recurso permite que você só traga as sombras, destaques ou outros tipos especiais de camadas ao seu compositor. Ser capaz de ajustar tais fatores, como intensidade de sombra ou névoa especular, em uma composição é uma maneira rápida de sacudir os resultados de renderização, sem esperar por uma nova renderização.

O campo de profundidade de Maya é conseguido com traço a raio verdadeiro e a intensidade e foco do efeito são ajustados com atributos de câmera. Em LightWave, o efeito é conseguido com processamento de encaminhamento, como um filtro de imagem.

Lens Flares de Maya é uma propriedade das luzes, que cria chamas. Glow Effects de Maya é uma propriedade de materiais. Chamas e brilhos renderizam automaticamente quando o efeito está habilitado em seus respectivos atributos.

Importação/Exportação de LightWave para Maya

Para traduzir entre LightWave e Maya, a melhor escolha é Polytrans, um programa da Okino (*http://www.okino.com*; veja a Figura B.3). A sua versão Maya trabalha diretamente dentro de Maya e pode importar .lwo (arquivos de objeto) e .lws (arquivos de cena). Polytrans suporta a tradução de quase qualquer parte de sua cena entre LightWave e Maya, incluindo animação, câmeras, luzes, hierarquias, materiais básicos e objetos poligonais. Enquanto se escrevia isto, o utilitário Maya Polytrans era vendido por cerca de US$ 800.

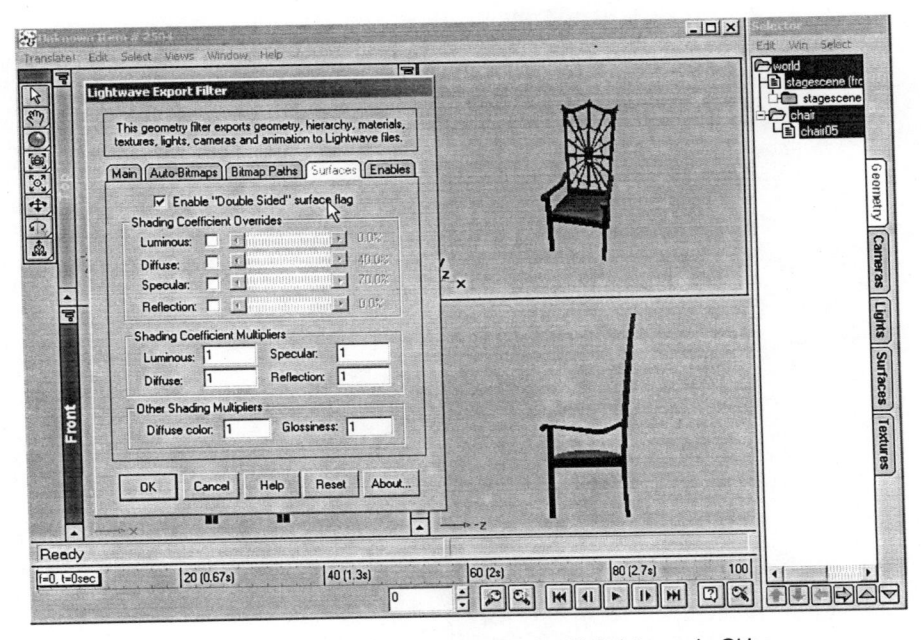

Apêndice B – Disco de início Maya para usuários LightWave | 455

Figura B.3 – *O utilitário de tradução de 3D Polytrans da Okino oferece muitas opções para a conversão de arquivo LightWave.*

APÊNDICE C

Dicas de sistema operacional

Maya é montado unicamente para quatro plataformas: IRIX, Windows, Linux e, mais recentemente, Macintosh OS X. Originalmente, Maya rodava exclusivamente em IRIX e mais tarde, foi transportado para Windows NT, que agora é a sua plataforma mais popular (detalhes sobre a história de Maya e Alias|Wavefront estão incluídos na introdução deste livro). A versão comercial de Windows continua a ser o tipo exclusivo onde Maya roda — primeiro Windows NT, depois Windows 2000 e, mais recentemente, Windows XP. Com a versão 3, Maya foi transportado para o Linux, que é o principal OS que focalizaremos neste apêndice. A versão Maya 4 para Linux foi lançada em novembro de 2001. A versão Macintosh OS X veio em setembro de 2001, mas internamente ela é Maya 3, com o renderizador de Maya 4.

Se você tiver escolha de sistemas operacionais em uma estação de trabalho de computador pessoal entre Windows e Linux, pode ser uma escolha difícil. Windows NT/2000 pode ser mais popular no geral, mas a escolha deve ser direcionada pelas suas necessidades pessoais. Suporte externo de software para o Linux é pobre, o que você deve levar em consideração. Você pode querer experimentar Linux pela novidade; caso contrário, pese as suas opções, fazendo uma lista do software, recursos e hardware que precisa, quando trabalhando com Maya.

Maya 4.01 para Linux

Mesmo que nunca tenha rodado Linux, provavelmente ouviu falar dele. A General Public License (licença pública geral) de GNU (GNU's não UNIX) (*http://www.linux.org/info/gnu.html*) é o grupo que desenvolve o sistema operacional Linux. O seu aspecto único é que ele é gratuito, e que o seu código fonte também é gratuitamente distribuído, portanto, qualquer um pode modificar o seu código fonte e personalizar, ou tentar aperfeiçoar seu sistema operacional. Algumas destas versões personalizadas têm sido lançadas como "distribuições".

Com o desenvolvimento do X Window System (um envoltório que executa sobre a base de texto do Linux, facilitando o trabalho de usuários inexperientes), recentemente o Linux tornou-se uma opção viável para um usuário de PC doméstico ou comercial. Muitos usuários acham que ele é uma alternativa rápida, barata e confiável do que sistemas operacionais mais caros. Como o UNIX em que ele é baseado, o Linux se excede pela sua impressão digital de RAM compacta, uso eficiente de recursos e incrível estabilidade.

Red Hat: Linux para Maya 4.01

Red Hat (*http://www.redhat.com*) é um dos atuais líderes em desenvolvimento, distribuição e gerenciamento de Linux e programas de fonte aberta para comunicações de Internet. Portanto, Alias|Wavefront originalmente transportou Maya para Linux usando a distribuição Red Hat, versão 6.2, e os usuários Red Hat provavelmente terão mais suporte e menos problemas configurando Maya do que outros usuários Linux. Instalar Maya em uma máquina Linux é bem diferente da instalação Windows padrão, mas Alias|Wavefront incluiu toda a documentação necessária para ter uma suave instalação de Maya em Red Hat.

A versão mais recente de Red Hat, versão 7.1, também funciona perfeitamente com Maya. Na verdade, descobrimos que é mais fácil conseguir tudo funcionando usando esta versão, e não tivemos problemas configurando drivers de vídeo. Qualquer versão de Linux suporta completamente múltiplo processamento de aplicativos quando executando em máquinas com CPUs múltiplos.

Alternativas de software a considerar

E quanto a outro software que você usa enquanto trabalha com Maya? O principal problema de executar Maya com Linux é que você não tem acesso a muitos dos produtos que você usa em Windows, especialmente produtos Adobe. Você pode ser capaz de conseguir todo o seu trabalho feito em Maya, mas se quiser usar After Effects, Photoshop ou Illustrator, estará sem sorte. Há alternativas para aplicativos mais populares, como Photoshop, porém a maioria dos usuários não quer aprender um pacote inteiramente novo para tal trabalho crítico. Felizmente, você pode executar alguns programas Windows em Linux, e há algumas alternativas interessantes para os seus aplicativos típicos de PC.

Wine

Wine (*http://winehq.com*) foi destinado a trazer APIs de Windows 3.x e Win32 para X e UNIX. O programa vem com um conjunto de ferramentas de desenvolvimento que lhe permite transportar recursos Windows para UNIX. Há também um carregador de programa que executa binários Windows 3.1/95/NT.

Observe que Wine é totalmente independente de Windows. Ele foi codificado e implementado sem qualquer código Microsoft.

Nothingreal Shake

Uma alternativa ao After Effects Adobe, Shake (*http://www.nothingreal.com/products/shake_prodInfo.shtml*) é composição de software usada para apresentar efeitos de filme e filme IMAX. O software foi usado para *The Matrix, Titanic, What Dreams May Come* e *Gladiator*, assim como em muitos outros filmes.

O Gimp: GNU Image Manipulation Program (programa de manipulação de imagem)

Photoshop é uma parte vital das ferramentas do artista de computação gráfica; sem ele, a criação de textura, por exemplo, pode ser muito limitada. Como um resultado de usuários percebendo isto, surgiu Gimp (*http://www.gimp.org*). Um pacote de software completamente gratuito, Gimp é considerado a

Apêndice C – Dicas de sistema operacional | 459

melhor alternativa para Photoshop. Ele oferece quase todas as capacidades encontradas no pacote da Adobe — composição de imagem, retoque de foto e criação de textura, entre outras. Embora muitos plug-ins e scripts estejam disponíveis para ampliar as capacidades de Gimp, ele não se beneficia de maciços catálogos de plug-ins de terceiros anunciados a usuários de Photoshop.

Como Maya para Linux é diferente?

Maya executando em Linux funciona da mesma maneira que em qualquer outro OS. A principal diferença é que ele requer versões específicas de Linux da maioria dos acréscimos, tais com MELscripts e plug-ins. Também, Maya para Linux não pode carregar ou salvar formatos de arquivo AVI ou SGI. Além disso, você pode encontrar os seguintes problemas:

- Um dos problemas mais comuns que os usuários encontram ao tentar executar Maya em Linux é que as funções Alt+mouse não funcionam. Manter pressionada a tecla Alt enquanto move o mouse e pressiona LMB ou MMB move ou altera toda a janela Maya. Para corrigir este problema ao usar o K Desktop Environment (KDE), você precisa ir para o Control Center (centro de controle) e desativar os botões Alt+mouse no painel de configuração de KDE. Uma outra diferença se refere a arrastar coisas para a Shelf, uma função descrita no Capítulo 14, "As suas próximas etapas: eficiência e arte". Em Linux, para colocar itens em Shelf, você precisa usar Shift+Alt+RMB ao invés do típico Alt+MMB.

- Maya quebra quando IPR, a vista Render ou Hypershade são abertas. Tipicamente, é o resultado de configuração inadequada de driver de vídeo. Verifique todos os ajustes de sua placa de vídeo, ou tente reinstalar os drivers, seguindo as instruções passo a passo. Se você tiver um placa Geforce, verifique o web site nVidia (*http://www.nvidia.com*) para mais informações. Para alguns usuários, fazer o upgrade para Red Hat 7.1 resolve muitos destes problemas. Também, refira-se à página da web, Alias|Wavefront, quanto a compatibilidade de hardware Maya para com a versão Linux.

- Maya quebra na inicialização, um problema que pode ser causado por OpenGL. Às vezes, quando Maya tenta recuperar visuais específicos, não pode, o que leva a uma quebra. Experimente ajustar a profundidade de cor para 24 bits. Você também pode verificar o Script Editor, o que ecoa em ações internas de Maya, para ver se o que está tentando fazer pode causar este problema.

- Em alguns casos, não há drivers de placa de vídeo para Linux, particularmente em placas de vídeo mais baratas. Em placas mais populares, os entusiastas de Linux têm escrito drivers que você pode carregar. Web sites específicos de Linux, tal como o Linux Hardware Database em *http://lhd.datapower.com/*, são a sua melhor aposta para encontrar o arquivo de driver certo.

Maya para IRIX

IRIX é uma variação UNIX, como OS X e Linux. IRIX foi criado para computadores feitos pela Silicon Graphics (SGI) e continua a ser o sistema operacional que roda qualquer estação de trabalho SGI. Modelos atuais de computadores SGI, tais como O2 e Octane continuam a ser populares, especialmente na indústria de efeitos de filmes.

IRIX, atualmente na versão 6.5, é o representante da quinta geração do sistema operacional UNIX. IRIX 6.5 tem muitos recursos que oferecem gerenciamento de dados, aperfeiçoamentos de visualização 3D em tempo real, escalonamento e maior estabilidade.

Por que escolher IRIX?

Você escolherá IRIX pois escolheu um computador SGI. Os computadores SGI são gráficos puro-sangue e rodam Maya perfeitamente, mas eles custam muito mais do que os PCs em massa no mercado ou computadores Macintosh. Recentemente, como no final da década de 1990, o poder de gráficos em tempo real de SGI suplantou em muito aquele de qualquer PC. Como as placas gráficas para PCs aperfeiçoaram, o espaço entre o desempenho de gráficos de PC e SGI foi estreitado.

Um outro benefício é a opção de conseguir velocidade de renderização com múltiplos CPUs. O múltiplo processamento tornou-se uma parte principal de gráficos 3D, devido à velocidade e benefícios que ele oferece, e IRIX toma a coroa de ser o principal sistema operacional UNIX com suporte para symmetric multiprocessing (SMP — múltiplo processamento simétrico) — não apenas para dois ou quatro CPUs, mas para oito ou mais. IRIX 6.5 executará em computadores de sistema SGI, tais como, Indy, Índigo (R4000), Indigo2, Power Indigo2, Onyz, Silicon Graphics Power Onyx, Silicon Graphics Onyx2, Silicon Graphics Octane, Challenge, Power Challenge, SGI Origin 2001, SGI Origin 2000 e Cray SGI Origin 2000.

Amantes de IRIX que executam Linux

Se você usou IRIX e se acostumou com ele, ou se é um usuário Linux que tem visto recursos IRIX que são tentadores, há uma opção para Linux que é válida observar: um "desktop X" foi desenvolvido apenas para você. Exatamente como é possível carregar KDE, Gnome e outros desktops para X, Índigo Magic Desktop (*http://5dwm.org/IMD/index.html*), foi designada como uma base de estação de trabalho com o ambiente IRIX GUI para que você possa conseguir uma verdadeira "experiência SGI" a partir de seu sistema Linux. O desktop foi desenvolvido com gráficos 3D em mente, oferecendo velocidade, simplicidade e capacidades de multimídia, tudo em um. Você pode trocar entre os envoltórios de desktop que tem atualmente, indo de bash para csh e, depois, inicializando a porta Linux do Índigo Magic Desktop.

Maya para Macintosh

A versão inicial de Maya para Macintosh é baseada em Maya 3 e usa o renderizador de Maya 4. A uniformidade de hardware Macintosh é um benefício à estabilidade de software, como com a versão IRIX. Ele deve rodar em qualquer processador G4, ou melhor, executando o sistema operacional X ou posterior. Você precisará de no mínimo 256 MB de RAM, e precisará comprar um mouse de três botões que funcione em um Macintosh.

Maya e Windows

Inicialmente, Maya foi desenhado para rodar só em versões de classe comerciais de Windows: NT, 2000 e XP. Ele não rodará de forma alguma em Windows 3.1, 95 ou 98. Se você estiver rodando Windows NT ou 2000, assegure-se de obter o pacote de serviço mais recente. Muitos drivers recentes de vídeo funcionam mal sem o pacote de serviço mais recente, que é livre para carregar no web site da Microsoft.

O Windows XP é uma nova versão de Windows 2000 que não existia quando Maya 4 foi lançado. Os usuários que estiverem pensando fazer o upgrade podem pensar quanto à compatibilidade de Maya com XP, mas parece que ele está rodando suavemente. O Windows XP foi montado no kernel do Windows 2000, onde Maya atualmente executa. Portanto, com XP sendo uma versão "evoluída" de Windows 2000, parece lógico que Maya deva executar no novo sistema operacional. Foram feitos testes em Windows XP, e é verdade que Maya 4 roda estavelmente no sistema. Porém, se você tiver problemas, o Windows XP tem recursos de compatibilidade interna que permitem a um programa ser executado em um modo que força o sistema operacional a trabalhar como se ele estivesse em Windows 95/98, NT 4.0 ou Windows 2000. Entretanto, tenha cuidado ao transferir upgrade para Windows XP, pois o software tenta "migrar" todos os seus softwares instalados. Ainda que ele tente mover todos os aplicativos e softwares instalados sem emendas do seu sistema operacional atual, com freqüência surgem alguns aspectos de compatibilidade. É sempre melhor instalar um novo sistema operacional em um disco rígido limpo e vazio, mas claro, você precisará reinstalar e inicializar novamente todos os seus aplicativos.

Há dois lançamentos separados de Windows XP: a Home Edition e a Professional Edition. A Home Edition é direcionada ao usuário típico, e oferece todos os novos recursos de multimídia e um ambiente seguro, mas Maya ao foi testado nesta edição. A Professional Edition, que foi testada com Maya, é o que os artistas de 3D e outros profissionais usarão. O Windows XP Professional inclui opções aperfeiçoadas de segurança, conectividade remota, suporte para múltiplos processadores, compatibilidade de servidor e suporte aperfeiçoado de múltiplas linguagens. Como com qualquer sistema operacional recém lançado, os drivers para o seu hardware podem ser difíceis de encontrar, em princípio. Além disso, ambos os drivers e o próprio sistema operacional são produtos de software novo e por definição, não têm tantos bugs corrigidos como sistemas operacionais mais antigos.

Compatibilidade de arquivo Maya

Os arquivos Maya são criados da mesma forma, independente de plataforma, portanto, qualquer versão 4.x de Maya em qualquer sistema operacional deve ser capaz de ler um arquivo de qualquer outro. Já que a versão Macintosh, internamente, é a versão 3, você pode ter problemas de compatibilidade se estiver tentando carregar um arquivo de qualquer versão 4.x de Maya.

Os plug-ins e MELscripts, normalmente usam ambos, versão e sistema operacional específico, embora a maioria dos MELscript Maya 3 seja totalmente compatível com Maya 4. Assegure-se de verificar se você tem a versão atual de um script ou plug-in antes de executá-lo em Maya.

Índice

Símbolos

- (hífen), em nomes de arquivos, 236
* (asterisco), curinga, 53
? (ponto de interrogação), curinga, 53
3D World (revista), 416

A

aba de painéis (Hypershade), 225
aba de painéis, 224
aba Textures (caixa de diálogo Create Render Node), 244
    abertura de porta, criação, 169-170
    brilho de vidro no efeito de vento, 351-355
    casa, 123
    como preencher espaços, 127
    Graph Editor e, 307-310
    iluminação, 236, 292-294
    lua brilhando, como acrescentar, 293
    materiais, como acrescentar a, 237
abertura para porta, criação, 169-170
abordagem de iluminação de três pontos, 10, 293
abrir composição, 444
ação e perspectiva, 11
acréscimo
    chaminé à casa, 158-160
    corrimãos à varanda, 150-155
    escadas à varanda, 155-158
    parapeitos, degraus e telhado à varanda, 137-145
    pernas à varanda, 146-149
    seleções, 52
Active Shade, 444
add-ons, instalação, 417
agrupamento
    como navegar grupos, 82
    objetos, 61, 117
    paternidade comparada a, 61
    superfícies, 157
    vantagens de, 80
água
    como acrescentar movimento a, 77-78
    comprimento de animação, ajuste, 76
    criação, 74
    plano, criação, 74-76

ajudas de modelagem, max versus Maya, 437-438
ajuste
    comprimento de animação, 76
    preferências Range Slider, 299
    restrições para câmera, 92
    Solver Oversampling, 389
    teclas de atalho, 319-320, 403-404
ajustes de caixa de opção, 119
ajustes de campo de turbulência, 77-78
ajustes Film Offset (Camera Attributes, Attribute Editor), 317-318
ajustes, materiais
    Attribute Editor, 228-230
    Color Chooser, 231
    como editar, 227
Alias|Wavefront
    licença de renderização em lote, 396
alinhamento de grade, 48
alinhamento de objetos, max versus Maya, 437
alinhamento temporário à grade, 121-122
alinhamento temporário, 60
alinhamento
    como capacitar, 119
    descrição de, 48
    max versus Maya, 437
    temporário, 60
alternar para Construction History, 35
alvos
    descrição de, 366
    dinâmicas de corpo suave, 385-386
    sistemas de partícula e, 379
amostras, 223
ângulo de vista, 11, 315, 317
animação arquitetônica, 318
animação de caminho
    câmeras, 326-332
    descrição de, 298, 301
animação de curvas, 298
animação de quadro-chave, 298, 302-304
animação em 3D, 3
animação em playblast
    projeto Spooky World, 310
    visão geral de, 79, 311,359
animação não linear, 298, 302
animação. Veja também renderização 3D, 3
3ds max, 443

Dominando Maya 4

ajuste de comprimento de, 76
câmeras, 319-322, 326-331
caminho, 298, 301, 326-332
exibição em playblast, 311
Graph Editor. *Veja* Graph Editor
hierarquia e, 60
inicialização, 299
LightWave versus Maya, 452-453
max versus Maya, 443
movimento de caminho, 88-91
movimento sacudido, 90
não linear, 298, 302
quadro-chave, 298, 302-304
Range Slider, 299-300
repetição de exibição, 79, 94
solução de problemas de movimento sacudido, 90
suavização, 309-310
Time Slider, 301
tipos de, 301
visão geral de, 297-298
animadores de produção
    em carreiras, 421-422
    em técnicas, 421
animadores
    em carreiras, 422
    em técnicas, 421
    habilidades necessárias para, 3
Anisotropic, 222, 226
antialiasing
    descrição de, 314
    e Hardware Render Buffer, 375
    max versus Maya, 443
    qualidade e tempo de renderização, 392
apara planar, aplicação de curvas, 156-157
aperfeiçoamentos de fluxo de trabalho
    menus de marcação, criação, 397-403
    objetos de ajuda, 409-413
    Shelf, como soltar itens em, 404-406, 408
    teclas de atalho, 404
    visão geral de, 397
aplicação
    mapeamento de textura em materiais básicos, 253
    materiais texturizados, 244-247
aproximação
    como mudar unidades de medida e, 115
    descrição de, 26, 314
    em janelas, 29
    fora de janelas, 29
aro de luzes, 10
arquivos de filmes
    como renderizar a, 395-396
arquivos de texto, Notepad e, 396
arquivos em lote .bat, 395
arquivos em lote, 392
arquivos
    abertura, 74

como carregar do CD-ROM, 260
manipulação, 21
artístico, materiais e, 223
asterisco (*), curinga, 53
atalhos (hotkeys)
    5 (modo Shaded), 82
    Alt+v (exibe cena), 303
    botão Alt+mouse (mudança de vista), 45
    como acrescentar ou redesignar, 113
    como agrupar comandos relacionados em, 108-109
    como ajustar chaves, 320, 403-404
    como memorizar, 113
    como redesignar, 113
    como testar, 112
    Ctrl+a (Attribute Editor), 182, 450
    Ctrl+Alt (zoom), 426
    Ctrl+c (cópia), 399
    Ctrl+clique (desfazer seleção de objeto), 52
    Ctrl+d (Duplicate), 57, 432
    Ctrl+q (selecionar lasso), 52
    Ctrl+v (colar), 400
    Ctrl+Z (Undo), 36
    e (ferramenta Rotate), 56, 92
    edição, 404-408
    estilo de letra de, 37, 404
    F2 (modo Animation), 32,89
    F3 (modo Modelig), 32, 75
    F4 (modo Dynamics), 32, 75
    F5 (modo Rendering), 32
    F8 (alternar modo Object e modo Component), 51
    F8 (modo Component Selection), 84, 88
    F9 (modo CV Editing), 121
    funções Alt+mouse, Linux e, 458-459
    g (ferramenta Extrude Face), 195
    g (repetir última ação), 126
    modos, 31-32
    p (Parent), 61
    r (ferramenta Scale), 56, 84-85
    seta para cima, 106
    Shift+A (emoldura objetos em visores), 137
    Shift+clique (inverte seleção de objeto), 52
    Shift+Ctrl+clique (seleciona objeto), 52
    Shift+E (Rotate), 320
    Shift+O (Outliner), 177, 187
    Shift+P (Unparent), 61
    Shift+R (Scale), 319
    Shift+T (Hypershade), 223
    Shift+V (caixa de diálogo Visor), 341
    Shift+W (Translate), 320
    t (ferramenta Manipulator de luz), 267
    tecla de atalho Alt+MMB-arrastar, 130
    tecla de atalho Alt+t, 113
    tecla de atalho Alt+v, 113
    tecla de atalho Alt+x, 113
    tecla de atalho Ctrl+z, 113
    tecla de atalho Shift+C, 116

Índice | 465

tecla Shift (seleciona e desfaz seleção de objetos), 52
visão geral de, 105
vista de câmera, 328
w (ferramenta Move), 56, 84
atributo Ambient Color (Attribute Editor), 228
atributo Color (Attribute Editor), 228, 291
atributo Cone Angle, luz Spot, 273-274
atributo de balanço (corpos ativos), 367
atributo de fricção estática (corpos ativos), 368
atributo de massa (corpos ativos), 367
atributo de offset de filme, 12
atributo de umidificação (corpos ativos), 367
atributo Decay Rate (Attribute Editor), 291
atributo Diffuse (Attribute Editor), 228-229, 253
atributo dinâmico (corpos ativos), 368
atributo Dmap Bias (sombras de mapa de profundidade), 284-285
atributo Dmap Filter Size (sombras de mapa de profundidade), 284-285
atributo Dmap Resolution (sombras de mapa de profundidade), 284-285
atributo Dropoff, luz Spot, 274-276
atributo Eccentricity (Attribute Editor), 229
atributo Emit Diffuse (Attribute Editor), 291
atributo Emit Specular (Attribute Editor), 291
atributo Illuminates by Default (Attribute Editor), 290
atributo Incandescence (Attribute Editor), 228
atributo Intensity (Attribute Editor), 289-290
atributo Life Transparency (Attribute Editor), 383
atributo Light Radius (sombras traçadas a raio), 286
atributo Penumbra Angle, luz Spot, 274
atributo Reflected Color (Attribute Editor), 229-230
atributo Reflectivity (Attribute Editor), 229-230
atributo Sample Density (Channel Box), 347-348
atributo Shadow Color (sombras de mapa de profundidade), 284
atributo Shadow Rays (sombras traçadas a raio), 286
atributo Specular Color (Attribute Editor), 229
atributo Specular Roll Off (Attribute Editor), 229
atributo Stand In (corpos ativos), 369
atributo Steering, criação, 411, 413
atributo Surface Shading (Attribute Editor), 381
atributo Threshold (Attribute Editor), 381
atributo Translucence (Attribute Editor), 229
atributo Translucence Focus (Attribute Editor), 229
atributo Transparency (Attribute Editor), 228-229
atributos
    conexão, 180
    mudança com base em outros atributos de chave, 302
    nós e, 106
atributos de objeto, tempo de renderização e, 393
auto iluminação, 222
Automation Toolbox MELscript, 418

B

backup de trabalho, 164
balanço, 29
barco flutuando em projeto de mar
    água, 77-78
    animação ao longo do caminho, 88-90
    câmera, colocação, 91-93
    como importar luzes, 99
    como renderizar cena, 99-100
    comprimento de animação, ajuste, 76
    materiais e iluminação, como acrescentar, 94-98
    solo, criação, 83-88
    visão geral de, 73
barra de espaço, funções de, 28
barra de ferramentas, Graph Editor, 305
barra de menu
    Graph Editor, 305
    visão geral de, 32
bibliotecas de material, criação, 419-420
blendShape Manager MELscript, 418
Blinn
    ajustes de material, 228-230
    descrição de, 222, 226
    edição de ajustes de material, 227
    usos de, 226
Blinn, James, xxv
blqueio de transformações em câmeras, 358
boca, criação, 209-212, 214
Bookmark Editor, como salvar vistas em, 29
borda, 180
botão Animation Preferences, 78
botão Apply, 147
botão Auto Keyframe (Range Slider), 302
botão Break Tangents (Graph Editor), 309-310
botão central do mouse (MMB), 28
botão Copy Tab (Attribute Editor), 192
botão direito do mouse (RMB), 28
botão esquerdo do mouse (LMB), 28
botão Highlight Selection Mode, 35
botão Insert Keys (Graph Editor), 310
botão IPR (Interactive Phtorealistic Renderer), 36
botão Last Selected Tool, 31
botão Lock Selection, 35
botão Paint Tool (Tool Box), 356
botão Quick Render, 36
botão Redraw Paint Effects View (Paint Effects), 347-348
botão Render Globals, 233-234
botão Show Manipulator Tool, 31
botões de seleção de máscara, 35
botões de transformação, 431
botões Operations List, 35
botões Quick Layout, 31
brilho, 6-7

C

caixa de diálogo Add Attribute, 411
caixa de diálogo Attach Options, 164
caixa de diálogo Batch Rendering Options, 394
caixa de diálogo Brush Settings. *Veja* caixa de diálogo Paint Effects Brush Settings
caixa de diálogo Channel Control, 410
caixa de diálogo Constraint Options, 371-372
caixa de diálogo Create New Tab (Hypershade), 251
caixa de diálogo Create Render Node, 244
caixa de diálogo Create Spot Light Options, 270
caixa de diálogo CV Curve Options, 401
caixa de diálogo Duplicate Options, 58-59, 147, 406, 432
caixa de diálogo Edit Layer, 80
caixa de diálogo Edit North, 399-400
caixa de diálogo Grid Options, 437
caixa de diálogo Intersect Surfaces Options, 161-162, 169
caixa de diálogo List Hotkeys, 404
caixa de diálogo Loft Options, 164-165
caixa de diálogo Motion Trail Options, 321
caixa de diálogo New Project, 72
caixa de diálogo NURBS Cone Options, 84
caixa de diálogo NURBS Plane Options, 74-75
caixa de diálogo Outliner
    como ver listas de grupo em, 61-62
    exibição de hierarquia em, 67
    seleção de objetos usando, 54
    tecla de atalho para, 177
caixa de diálogo Paint Effects Brush Settings, 341, 347-348
caixa de diálogo Planar Trim Options, 167
caixa de diálogo Playblast Options, 359
caixa de diálogo Preferences
    ajustes de playback, 78
    ajustes Range Slider, 299
    descrição de, 55, 111
caixa de diálogo Rebuild Surface Options, 150
caixa de diálogo Save Brush Preset, 356
caixa de diálogo Save Scene Options, 73
caixa de diálogo Set Driven, 411
caixa de diálogo Soft Options, 76
caixa de diálogo Tool Settings, ferramenta Split Polygon, ajuste Snapping Magnets, 198-199
caixa de diálogo Trim Tool Options, 170
caixa de diálogo Visor
    como abrir, 341
    como buscar amostras em, 348
caixa de lista de seleção de máscara, 34-35
caixa de zoom, desenhando, 119
caixas de opção, 33
camadas
    como ocultar, 155
    como pensar em, 416
    composição e, 414-416
    criação, 80-83
    descrição de, 392
    LightWave versus Maya, 450
    luz Spot, como criar para, 276
    materiais de fundo e canais alfa, 416
    max versus Maya, 435
    render, 417
    visibilidade de, enquanto trabalha, 326
Camera Attribute Editor, 428
câmeras
    ajustes, 317-318
    ângulo de vista, 11
    animação de caminho, 326-331
    animação, 318-322
    colocação de, 91-92, 315
    como bloquear transformações em, 358
    corte de pontos, 326-327
    criação, 50
    efeitos, tendo de renderização e, 393
    movimento de, 13-14, 414
    pontos de desvanecimento, 12
    rotação, 92
    tipos de, 315-316
    visão geral de, 313, 315
    vista Perspective, 316
caminho curvo de câmera, edição, 332
    como mover e escalonar, 84, 88, 147
    descrição de, 69-70, 135
caminhos para câmeras, 14
campos
    descrições de, 366, 369-370
    interação com sistemas de partícula, 378
canais alfa, 18, 416
canais de máscara, 416
canal de mapa Diffuse, 440
canal de mapa Incandescence, 440
canal de mapa Reflectivity, 440
canal de profundidade Z, 415
capacitação
    alinhamento, 119
    Hardware Texturing, 351
    painel puxar para baixo, 37
    Paint Effects, 343
    subtipos, 35
caractere de espaço em nomes de arquivo, 114
carreiras em animação, 421
carro for a de controle, composição, 415
cartão de gráficos em 3D, Playblast e, 311
casa, criação. *Veja* Spooky World Project
casco, 136
case sensitivity (estilo de letra)
    comandos MELscript, 184
    MELscripts, 400
    teclas quentes, 37, 404
CD-ROM
    como carregar arquivos de, 109-111, 260

Índice 467

cenas de playblast, 79
cenas
    como importar, 263
    como limpar amontoado em, 88
    como salvar, 73
    elementos de, 49
    playblast, 79
    renderização, 99-100
    renderizada, como ver, 101-102
centralização de pontos pivô, 155-156
centro de gravidade, 13
cerâmica
    como aplicar mapeamento irregular a, 258
    criação, 232
CG. *Veja* gráficos de computador (CG)
chaminé
    adição à casa, 158-160
    chaminé, 158
    · como sacudir, 164-167
    fumaça de chaminé, 379-385
    fumaça, criação, 379-385
    intersecção com paredes de trás, 162-164
    mapeamento irregular, aplicação a, 261
    material básico, 240-241
    porta, 259
Channel Box
    abertura, 116
    atributo Sample Density, 347
    como ajustar chaves em, 452
    como modificar materiais, 238
    comparado a Attribute Editor, 352
    informações exibidas em, 77
    objeto criação de parâmetros e, 49
    opção Use Depth Map Shadows, 279
    seção Input, 261
    transformações e, 54
    Virtual Slider, 50
    visão geral de, 25, 31, 431
Channel Control Editor, abrindo, 410
chão de varanda, como acrescentar moldura e suportes a, 142-145
cilindros NURBS, 166
cilindros, criação, 63-64
Cinefex (revista), 416
clicar botão direito
    capacitar ou incapacitar subtipos por, 35
    painel, 113
clique de mouse para selecionar objetos, 50
colisões
    dinâmicas de corpo rígido e, 366-367
    sistemas de partícula e, 378
colocação interativa de textura, 243
colocando em plataforma fotográfica, 314
Color Chooser (Attribute Editor), 231
comando Add Attribute (menu Hotbox), 411
comando Attach to Motion Path (menu Animate), 89
comando Bake Simulation (menu Edit), 374

comando Batch Render (menu Hotbox), 102, 326
comando Camera Attribute Editor (menu View), 115
comando Center Pivot (menu Hotbox), 171
comando CV Curve Tool (menu Hotbox), 88-89
comando de reação de desvio (Script Editor), 394
comando Directional (menu Create), 94
comando Duplicate (menu Edit), 57
comando Echo All Commands (Script Editor), 398
comando Edit Bookmarks (menu View), 29
comando Fast Interaction (menu Display), 62
comando Four View (menu Hotbox), 198-199
comando Freeze Transformations (menu Hotbox), 156
comando Get Brush (menu Hotbox), 341
comando Grid (menu Display), 75
comando Grid (menu Show), 75
comando Group (menu Edit), 61, 81-82
comando Hardware Render Buffer (menu Window), 376
comando Hardware Texturing (menu Hotbox), 243
comando Hide UI Elements (menu Display), 239
comando History (menu Edit), 87
comando Hotbox Controls (menu Hotbox), 299
comando Interactive Shading (menu shading), 63
comando Loft (menu Surfaces), 86
comando Look through Selected (menu Panels), 318
comando Make Live (menu Modify), 88
comando Make Not Live (menu Modify), 88
comando Make Paintable (menu Rendering), 343
comando New (menu File), 72, 114
comando Parent (menu Edit), 61
comando Recent Projects (menu File), 74
comando Render Current Frame (menu Hotbox), 232-233, 324
comando Reset Settings (menu Edit), 33, 139
comando Save Preferences (menu File), 111
comando Select All (menu Edit), 52
comando Select All by Type (menu Edit), 52
comando Select Invert (menu Edit), 52
comando Set (menu File), 74
comando Shade Options (menu Shading), 62
comando Stroke Display Quality (menu Display), 351
comando Stroke Path Curves (menu Display), 341
comando Undo (menu Edit), 36
comando Unparent (menu Edit), 61
comandos de menu Hotbox
    Add Attribute, 411
    Batch Render, 101, 326
    Center Pivot, 171
    CV Curve Tool, 89
    Directional Light, 277
    Four View, 198-199
    Freeze Transformations, 156
    Get Brush, 341
    Hardware Texturing, 243
    Hotbox Controls, 299

Import Image, 191
Point Light, 280
Render Current Frame, 233, 324
comandos de menu View
    Bookmarks, 29
    Câmera Attribute Editor, 115
comandos
    Extrude Face, 194
    MELscript, entrando, 184
    menu Animate, Attach to Motion Path, 89
    menu Modify, 88-89
    menu Panels, Look Through Selected, 319
    menu rendering, Make Paintable, 343
    menu Shading, 62-63
    menu Show, Grid, 74-75
    menu Surfaces, Loft, 86
    Script Editor, Echo All Commands, 398
Command Line, 31
Common Material Attribute, 227-230
como acessar. *Veja também* abertura
    atributo Cone Angle, 273-274
    atributo Dropoff, 274-2760
    atributo Penumbra Angle, 274
    atributos de, 273
    Attribute Editor, 182
    camada para, criação, 276
    colocação de, 270
    como acrescentar a cenas, 236
    Connection Editor, 187
    controles UI, 111
    descrição de, 268
    ferramenta Scale e, 50
    Hotbox, 111
    menus de marcação do Hotkey Editor, 401
    renderizar IPR e, 271-272
    visão geral de, 270-271
como ajustar Snapping Magnets, 198-199
como alinhar imãs, 197
como alternar janela para tela cheia, 28
como anexar
    câmeras a caminhos, 330-331
    campo de turbulência a partículas de corpo suave, 78
    pincéis a curves, 350
como aplainar tangents, 308-309
como arrastar retângulos para selecionar múltiplos objetos, 40
como atenuar turbulência, ajuste, 77-78
como aumentar espaço de trabalho, 239
como carregar
    arquivos do CD-ROM, 260
    imagens para referência, 190-192
    menus de marcação do CD-ROM, 109-111
como colar traços, 350-351
como confirmar velocidade de playback, 353
como copiar. *Veja também* duplicação
    elementos de cena, 47

MELscript, 399
traços, 350-351
como cozer solução de dinâmicas, 374
como desfazer seleção
    max versus Maya, 426-427
    objetos, 52
como dimensionar alças de manipulador, 55. *Veja também* escalonamento
como direcionar movimento de câmera, 13-14
como emular Subdivision Surfaces. *Veja* simulação de Subdivision Surfaces
como entrar em comandos MELscript, 183
como esculpir plano NURBS, 80-82
como esfregar
    descrição de, 31, 314
    Time Slider, 374
como espelhar edições, 181
como girar câmera, 93
como girar. *Veja* como tombar
como gravitar. *Veja* como tombar
como incapacitar subtipos, 35
como iniciar novos projetos
    barco flutuando em mar. *Veja* projeto de barco
    como nomear e especificar diretório padrão, 73
    como organizar pastas, 73
como iniciar Paint Effects, 343
como interagir com Maya, 20-21, 39-45
como lampejar destaques, 226
como manipular vistas, 28-29
como mapear reflexão, comparada a traço a raio, 70
como mascarar seleções, 34
como montar, 62
    objetos de ajuda, 410-413
    portas, 62-67
como mover
    controle de rastreio, 29
    objetos, 145
    pontos pivô, 159
como obter objetos por nome, max versus Maya, 436
como ocultar
    camadas em cenas, 155
    câmeras, 196
    como ocultar, 344
    como simplificar, 350
    como trabalhando com, 350
    curvas NURBS e, 350
    grade padrão, 75
    interface de usuário, 239
    objetos, 52, 436
    planos de imagem, 196
    seleção e modificação, 350
    traços, 344
    visão geral de, 341-342
como organizar pastas de projeto, 73
como parar playback, 42-43

Índice | 469

como pensar em camadas, 416
como planejar, 71
como posicionar corrimão em varanda, 154
como preencher espaço na casa, 127-128
como preparar para modelar, 182-183, 184
como rastrear, 314
como redesignar teclas de atalho, 112-113
como redimensionar
    alças de manipulador, 55
como regenerar Paint Effects, 348
como reorganizar Work Area, 240
como repetir última ação, 126
como reposicionar pontos, 130
como reutilizar
    Dmaps, 439
    materiais, 238
como sair
    modo Pivot Editing, 171
    Paint Effects, 349-350
    Playblast, 359
como salvar
    cenas, 73
    como mudar nome de arquivo quando, 164
    preferências, 111
    recurso Incremental Save, 123
    vistas, 29
como simular Subdivision Surfaces
    cabeça da criatura, 197
    corpo da criatura, criação, 219
    visão geral de, 181-182
como sintonizar parâmetros visuais mente, 49
como sintonizar parâmetros visuais mente, 49
como suavizar
    animações, 309
    formas de polígono, 183
    movimento de câmeras, 319-322
como subtrair seleções, 52
como tirar
    itens de menu, 31-32
como tombar
    descrição de, 26, 28, 314
    vistas ortogonais, 29
como torcer chaminé, 164-167
como traduzir entre LightWave e Maya, 454
como transformar objetos
    como girar alinhamento, 57
    ferramenta Move, 56
    ferramenta Rotate, 56
    ferramenta Scale, 57
    max versus Maya, 431
    múltiplo, 57
    portas, como montar, 62-67
    visão geral de, 55-56
como visualizar
    LightWave versus Maya, 454
    max versus Maya, 444-445

como voltar a exibição
    animação, 79, 93
    como confirmar velocidade, 354
    como solucionar problema de movimento de solavanco, 90
    modificação, 94
    simulações dinâmicas, 371
    velocidade, como mudar, 78
compatibilidade de arquivo, 461
complexidade, NURBS e, 107-108
composição de imagem
    brilho e contraste, 6-7
    como dividir a tela, 8-9
    espaço negative, 7-8
    visão geral de, 5
composição
    brilho e contraste, 6-7
    como dividir tela, 8-9
    espaço negativo, 7-8
    visão geral de, 5
composição
    descrição de, 392, 414-415
    material de fundo e canais alfa, 416
    pensando em camadas, 416
    renderizar camadas, 417
compositores, 415-416
compressão lossy, 19
compressão non-lossy (sem perda), 18
compressão, lossy versus não–lossy, 18-19
comprimento da animação, ajuste, 76, 299
comprimento focal
    ângulo de vista e, 315, 317
    descrição de, 314
computação gráfica em 2D, 14
computação gráfica em 3D, 15
computador
    hardware, 20
    sistema operacional, 21
computadores SGI, 460
cones NURBS
    como moldar, 84, 88
    criação, 84
conexão
    atributos, 180
    OutMesh para InMesh, 182-183
conexões, testando, 187
conjunto direcionado por animação chave, 302
Connection Editor, 187
construção de história
    como modificar nova superfície usando, 126
    remoção, 87
contraste, 6-7
contrato de manutenção, licença de renderização em lote e, 396
controlador Cycling Index (ferramenta Light Manipulator), 270

controle de interfaces
    LightWave versus Maya, 451
    max versus Maya, 426-427
controle de trilha, 29
controle de vértices (CVs)
controles de exibição, 34. *Veja também* como voltar exibição
controles UI, acesso, 111
conversão
    objetos NURBS para subdivisão de superfícies, 107-108
    planos NURBS para corpos suaves, 74-76
coordenadas mundiais para mover objetos, 145
coordenadas UV, 222, 242
cópia, 48
cópias de exemplo, 58
cor especular, 222
cores
    básicos de, 4
    dégradé, 17
    mistura, 5
    modos HSV e RGB, 5
corpos ativos
    ajustes, 366-367
    atributos, 367
    descrição de, 366
    visão geral de, 366-367, 369
corpos passivos, 366,369
corpos suaves
    como acrescentar movimento a, 77-78
    conversão de plano NURBS a, 75-76
    descrição de, 366
    modo Dynamics e, 365
Corte de pontos em câmeras, 326-327
Create Bar (Hypershade), 224
criação
    cilindro NURBS, 166
    criação, 239-240
    objetos, 50
    plano NURBS, 177
    quadrado NURBS, 164
criatura. *Veja* criatura ogro
cubos de polígono, criação, 182
cubos NURBS, 63, 142
cubos
    criação a partir de NURBS, 115
    distância, mudança de número para aumentar detalhe, 147-148
    seleção, 144
curingas, seleção de objetos como usar, 52-53
cursor, Paint Effects e, 344
curva CV, criação, 88
curvas de perfil, criação de sombra com, 175
curvas NURBS, 340, 350
curvas
    apara planar, aplicação, 156
    como acompanhar ordem de criação de, 164

como criar superfícies complexas com, 135
criação, 139
edição, 139
inclinação, 156
modelagem e, 49
NURBS e, 107
cusps, 309
CV Component Selection Mode, 147
CV Curve Tools, 171
CVs. *Veja* controle de vértices (CVs)

D

decadência de cubo, 292
decadência de quadrado, 291
deformação, dinâmicas de corpo rígido e, 366-367
deformador de curva, 303-304
dégradé, 17
dependência de gráfico de arquitetura, 27
dependências, 27
Depth Map Resolution, 392
designação
    ações, 404-408
    materiais a objetos, 241-242
destaques
    como lampejar, 226
    como romper através de modelos, 226
diminuição linear, 291
dinâmicas de corpo rígido
    campos, 369-370
    corpos ativos versus passivos, 366-369
    inicialização, 371-375
    restrições, 370
    visão geral de, 366-367
dinâmicas
    descrição de, 70
    max versus Maya, 447
direção de superfície, 106, 254
direção de superfície, mudança, 254
diretório padrão para projetos, especificação, 73
dispositivos stylus, 17
distâncias
    descrição de, 136
    mudança de número para aumentar detalhe, 147-148
divisão de tela, 8-9
Dmap Filter Size, 392
Dmpas, reutilização, 439
dolly (plataforma fotográfica), 26, 29
Dope Sheet Editor, 446
Dope Sheet, 306-307
drama e perspectiva, 11
drivers de placa de vídeo, Linux e, 459
drivers
    descrição de, 20
duas tomadas, 13
duplicação de array, 58

Índice | 471

duplicação
    materiais, 235
    max versus Maya, 432-433
    objetos, 57
duplicatas, criação, 116-117
Dynamic Relationships Editor, 78, 387
dynâmicas de corpo suave, 70, 385-389
Dynamics Relationships Editor, 369

E

edição de pontos, 135
edição
    ajustes de material, 227
    como espelhar edições, 181
    como ocultar objetos de, 52
    criação de parâmetros de objeto, 49
    curvas, 139
    item Shelf, 406
    max versus Maya, 434
    pontos pivô, 59
    teclas de atalho, 404-408
editores de animação, 307
efeito de brilho de luz, 268
efeito de torno, 137
efeito Depth of Field, 446
efeito Glow, 446
efeito Lens Flare, 446
efeito opticalFX, 280
efeitos ambientais, max versus Maya, 447
efeitos de encaminhamento
    LightWave versus Maya, 454
    max versus Maya, 446
efeitos de vapor, acréscimo, 360-363
eixo de revolução, como modificar interatividade, 139
eixo x, 15
eixo y, 15
eixo z, 15
eixos, 14, 55
elementos de cena apresentáveis, 49
    elementos de cena, 47
elementos, construção de história e, 87
em pixel, 14
emissores de curva NURBS, 375
emissores de curva, 375
emissores de superfície, 375
emissores de volume, 375
emissores
    criação de partículas usando, 375
    descrição de, 366
entrada numérica, max versus Maya, 431
entrada
        impressoras 3D, 17
        scanners 3D, 17
        visão geral de, 16-17
entremeios, 302

escada para varanda, criação, 155-158
    escadas para varanda, criação, 155-158
    janelas, criação, 173-177
escalonamento, 14
escalonando
    CVs, 147
    degraus em escada, 157
    pincéis, 344
    pólos, 142-143
escudo, aplicação de textura a, 246-247
espaço de trabalho, como aumentar, 239
espaço negativo, 7-8
espaços em nomes de arquivo, 73
esquema de cor, 4
estilo de iluminação noturna, 292-293
exibição
    comandos de menu de marcação em Hotkey Editor, 402-403
    grade, 137
    Graph Editor, 304-305
    hierarquia no Outliner, 67
    objetos, 62-63, 436
    Range Slider, 299
    Time Slider, 299
exibir camadas, 31-32
exibir detalhe, mudança no modo Wireframe, 124
exportação para LightWave, 454-455
extrusão de faces, 194-196
extrusão
    como realizar, 132
    descrição de, 180

F

face poligonal, 180
face, torcida, 216
faixa de playback, 297
faixa, ajuste, 301
ferramenta Bevel, 203
ferramenta Cv Curve, 137, 397-398
ferramenta CV Hardness, 139
ferramenta de alinhamento, usos de, 197
ferramenta Distance, 131-132, 142
ferramenta EP Curve, 129, 155-156, 175
ferramenta Extrude Face, 194-196, 214-216
ferramenta Lasso, 199
ferramenta Light Manipulator, 270, 278
ferramenta Move
    como reajustar padrões, 145
    tecla de atalho w, 56
    visão geral de, 56, 131, 159
ferramenta Numeric Input, 36, 52-53
ferramenta Paint Effects
    botão Redraw Paint Effects View, 347-348
    como alternar entre modos em, 344
    como capacitar, 342

como ocultar traços, 344-345
como sair, 349
como tornar objetos passíveis de pintura, 346
como trabalhar com, 344-348
início, 343
modo Model View, 343
modo Paint Canvas, 343
modo Paint Scene, 343
pincéis e traços, 341-342
placas de gráficos e, 345
projeto SpookyWorld, 351
regeneração, 348
traços, 350-351
visão geral, 339-341
ferramenta Rotate, 56
ferramenta Scale
   tecla de atalho r, 56
   visão geral de, 50, 56, 159
ferramenta Sculpt Surfaces, 82
ferramenta Split Polygon
   boca, criação, 209-214
   caixa de diálogo Tool Settings, ajuste Snapping Magnets, 199
   soquetes de olho, formação, 203-208
   uso, 199-200
   visão geral de, 197-201
ferramenta Translate, 89
ferramenta Trim, 127, 161-162, 168
ferramentas de medida, max versus Maya, 437
filhos
   definição de, 35, 48
   hierarquia e, 60
filosofia de dividir e conquistar, 311
filtros de seleção, max versus Maya, 431
flexibilidade de dependência de gráfico de arquitetura, 27
folhas, 35
forma de nós, 58, 61
fundação da casa
   material de base, 241

G

gabarito de pincéis, 340
Gimp, 458-459
giradores, max versus Maya, 426
globos oculares, preenchimento, 216-218
grade padrão, como ocultar, 74-75
grade
   como ajustar max versus Maya, 437
   exibição, 137
Gradient Ramps, materiais de sistema de partícula e, 378
gráficos corrente acima, 59
gráficos em computador (CG)
   2D e 3D, 15
   cores aditivas, 4-5
   entrada, 17

formatos de arquivo de imagem, 17-20
saída, 16
vetores e pixels, 14-15
visão geral de, 14
gráficos. *Veja* computação gráfica (CG)
grama voando em efeito de vento, 351-355
Graph Editor, 305
   Outliner, 305
grupos
   descrição de, 48
   max versus Maya, 435
   seleção em Outliner, 129

H

hardware de partículas renderizadas, 376-377
Hardware Texturing, capacitando, 351
hardware
   interação, 20
   renderização, 20
Help Line, 31
hierarquias
   descrição de, 35, 48, 60
   exibição no Outliner, 67
   pai e filho em, 61
   pai e não pai, 61-62
hífen (-) em nomes de arquivo, 236
história de objeto, max versus Maya, 434
história
   operação Undo e, 36
   remoção, 141
Hotbox
   acesso, 111
   barra de espaço e, 28
   criação de objetos em, 74
   opções de exibição, 44
   personalização, 111-112
   visão geral de, 26, 105
Hotkey Editor
   como abrir, 403
   como acessar menus de marcação de, 401
   exibição de comandos de menu de marcação em, 403
   visão geral de, 113
humor e iluminação, 268-269
Hypershade
   abertura, 223
   bibliotecas de material e, 419-420
   caixa de diálogo Create New Tab, 251-252
   como editar em, 227, 361-362
   Create Bar, 224
   designação de materiais como usar, 241-242
   instalação de sombreadores, 418
   materiais sólidos, 231
   Shader Library, 253
   visão geral de, 93, 223-224

Índice | 473

I

ícones
    câmera, 50
    luz, 50
    ponto pivô, 59-60
    seleção lasso, 52
    tipos de luz, 269
iluminação virtual. *Veja* iluminação
iluminação, 291
imagens 2D como resultado final de animação em 3D, 3
imagens bitmap, 14-16
imagens de referência, 190-192
imagens, como carregar para referência, 190-192
    comando Import Image (menu Hotbox), 191
imóveis, como renderizar, 324
importação
    cenas, 263
    de LightWave, 454
    imagens, 191
impressoras, 17
inclinação
    curvas, 156
    isoparms, 86
    quadrados, 164-165
Índigo Magic Desktop, 460
InMesh, 180-182
instalação
    add-ons, 417
    MELscripts, 417
    plug-ins, 418
    sombreadores, 418
interação de partículas e elementos de cena, 378-379
interface de usuário
    como ocultar, 239
    como personalizar, 109-111
    Hotbox, personalização, 111-113
    visão geral de, 108-109
interface
    barra de menu, 31-32
    caixa de opção, 33-34
    painel de menus, 36-38
    Status Line, 34-36
    visão geral de, 30-32
intersecção de chaminé e paredes de trás, 161-163
intersecção de superfícies, 127
inversão de seleção de objeto, 52
IRIX
    Linux e, 460
    vantagens de, 459
isoparms
    descrição de, 69-70, 136
    inclinação, 86
item Panel (painel de menus), 38
itens de menu, testando, 400

J

janela de zoom, max versus Maya, 426
janela Outliner, 436-437
janela Render Globals, 322
janela Render View, 100, 281
janela Tool Settings, 31-32, 82
janelas
    acréscimo de textura a, 237
    apara à volta, acréscimo, 238
    como alternar para tamanho de tela cheia, 28
    como aplicar mapeamento de textura a, 255-256
    como aproximar e afastar de, 29
    como encobrir ao fazer playblast, 360
    criação, 173-177
janelas, 255

L

lábios, criação, 212
Lambert, 222, 226
laser de sedimento, 17
Layer Editor, 31, 80
Layered Shader, 227
layout para texturização, 94
layout pré definido para texturizar, 94
layouts de painel, como ver cenas em, 144
Lemon, 396
licença de renderização em lote, 396
LightGirl MELscript, 418
LightWave (NewTek)
    animação, 452-453
    controle d interface, 451
    diferenças globais de Maya, 449-450
    efeitos de encaminhamento, 454
    iluminação, 451
    materiais, 452
    modelagem, 451
    navegação em visor, 450
    renderização, 454
    visualização, 454
limpeza de amontoado em cena, 88
linha de arte, 14
Linux
    GNU General Public License, 457
    IRIX e, 460
    problemas com, 459
    Red Hat, 458
    software, 458
    X Window System, 458
livros. *Veja* recursos
lua, acréscimo a cenas, 293
luz ambiente, 7, 268, 283
luz Area
    atributo Decay Rate, 282
    descrição de, 268, 281-283

474 | Dominando Maya 4

    e sombras traçadas a raio, 287
    escalonamento, 50
luz Cone Angle, 268
luz Directional
    ajustes, mudança, 94
    colocação de, 277
    criação, 94
    descrição de, 268
    ferramenta Light Manipulator e, 277-278
    ferramenta Scale e, 50
    projeção de sombras por, 278
luz emitida, simulação, 228
luz Penumbra Angle, 268
luz Point
    descrição de, 268, 278-281
    Directional, 278
luzes de cima, criação, 292
luzes de fundo, 9
luzes de preenchimento, 10, 292
luzes negativas, 268-269
luzes. *Veja* iluminação

M

maçanetas
    criação, 171-172
    mapeamento de textura, aplicação a, 249
    textura, acréscimo a, 236
magnitude de turbulência, ajuste, 77-78
malha, 180, 434
manipulador de alvo (ferramenta Light Manipulator), 270
manipulador pivô (ferramenta Light Manipulator), 270
manipulador, como transformar objetos e, 55
manutenção de sistema, 21
mapa Ramp, 382
mapas irregulares, 221-222
mapeamento automático, 442
mapeamento de textura, 253
mapeamento irregular, 261
mapeamento planar, 246-247
    versus Maya, 442
mapeamento
    coordenadas, 242-243
    LightWave versus Maya, 452
    max versus Maya, 440-441
máquinas escravas e renderização em lote, 396-397
marcadores de página, 444
máscara Select by Object Type, 35
materiais básicos
    aplicação, 241-242
    aplicação de mapeamento de textura a, 253
materiais sólidos
    como duplicar, 235
    criação, 232
materiais volumétricos, 222
    materiais, base, 241

material plástico, criação, 232
Material Sample (Attribute Editor), 227
matiz de cores, 4-5
max. *Veja* 3ds max
maximizar, max versus Maya, 426
MELscripting, 447
MELscripts
    case sensitivity (estilo de letra) de, 399
    como copiar, 399
    como entrar com comandos, 183
    como instalar, 417
    polyDuplicateAndConnect, 181
    visão geral de, 398
menu Animate, comando Attach to Motion Path, 89
menu Create
    comando Cylinder, 63-64
    comando Directional, 94
    comando Torus, 63-64
    Quick Select Set, 53
    visão geral de, 49
menu Curves (Graph Editor), 305
menu de comandos Windows
    Dynamic Relationships, 78
    Hardware Render Buffer, 375
    Hypershade, 223
    Light Linking, 290
    Plug-in Manager, 418
    Preferences, 55
    Script Editor, 101-102
    Settings/Preferences, Preferences, 111
    Visor, 341
menu de marcação CV Curve, criação, 397-402
menu de marcação Edit NURBS Curve, 139
menu de marcação NURBS Surface, 139
menu de puxar para baixo Lighting (painel de menus), 38
menu Display
    comando Fast Interaction, 62-63
    comando Grid, 75
    comando Hide UI Elements, 239
    comando Stroke Display Quality, 351
    comando Stroke Path Curves, 341
menu Edit
    comando Bake Simulation, 374-375
    comando Delete All By Type, 59
    comando Delete, 59
    comando duplicate, 57
    comando Group, 61, 82
    comando History, 87
    comando Parent, 61
    comando Quick Select Sets, 53
    comando Reset Settings, 33, 139
    comando Undo, 36
    comando Unparent, 61
    Graph Editor, 304
    opções de seleção, 53
menu File
    comando Import, 263

Índice 475

comando New, 72
comando Porject, New, 114
comando Recent Projects, 74
comando Save Preferences, 111
comando Set, 74
menu Modifier
    comando Make Live, 88
    comando Make Not Live, 89
menu Panels, comando Look Through Selected, 319
menu Rendering, comando Make Paintable, 343
menu Shading
    comando Interactive Shading, 62
    comando Shade Options, 62
menu Show, comando Grid, 75
menu Surfaces, comando Loft, 86
menus de marcação de transformação, 118
metáfora da árvore, 35
metal, criação
    ouro, 232-233
    reflexo traçado a raio, 233-234
Microsoft
migração
    de LightWave para Maya. *Veja* LightWave
    (NewTek) para Maya de 3ds max. *Veja* 3ds
    max
minimizar, max versus Maya, 426
modelagem NURBS
    abertura de porta, criação, 169-170
    chaminé, 158
    porta, criação, 171-173
    varanda, 150
    visão geral de, 107
modelagem poligonal
    cabeça da criatura, criação, 190-192
    como preparar para modelar, 182-184
    como renderizar e, 179
    como simular Subdivision Surfaces. *Veja*
        como simular
    como suavizar forma, 182-183
    como subdividir, 180
    componentes de superfície poligonal, 180
    extrusão, 180
    modo Wireframe, 184-185
    personagens simétricos, criação, 184-190
    Subdivision Surfaces
    Subdivision Surfaces, 181
    visão geral de, 179
modelagem. *Veja também* modelagem NURBS;
    Hotbox, personalização, 111-113
    LightWave versus Maya, 451
    max versus Maya, 433-434
    menus de marcação, 108-111
    modelagem poligonal
    projeto Spooky World
    visão geral de, 49, 105
modificador de pilha, max versus Maya, 434
modo Component Editing, seleção de objetos e, 51

modo Component Selection, 34-35, 198
modo CV Editing, 121
modo de duplicação de conexões de entrada, 59
modo de entrada Absolute (ferramenta Numeric Input), 36
modo de entrada Relative (ferramenta Numeric Input), 36
modo de renomear Quick (ferramenta Numeric Input), 36
modo de seleção Hierarchy, 35
formato de arquivo de alta cor, 18
modo Dynamics
    dinâmicas de corpo rígido. *Veja* dinâmicas
        de corpo rígido
    dinâmicas de corpo suave, 385-388
    visão geral de, 365-366
modo e layout de visor, max versus Maya, 428-429
modo Four View, 326-327
modo global para transformações, 57
modo HSV (hue-saturation-value), 5, 230
modo local para transformações, 57
modo Model View (Paint Effects), 343
modo Move, 131
modo Object Selection, 34-35, 54
modo Paint Canvas (Paint Effects), 343
modo Paint Scene (Paint Effects), 343-345
modo Pivot Editing, 59, 88, 171
modo Reference, 189
modo RGB (red-green-blue), 5, 230-231
modo Shaded, 26, 50, 159
modo Wireframe
    aproximando de cilindros poligonais, 40-41
    exibir detalhe, como mudar, 124-125
    modelagem poligonal em, 184
    visão geral de, 26
modos
    ferramenta Numeric Input, 36
    mudança, 31
    teclas de atalho, 31
molas, acréscimo, 386-388
molduras de arame, seleção, 51
mouse
    botões de, 28
    localização de cursor e visores, 84
    posição de mão enquanto trabalhando e, 28
movimento de câmeras, 319-322
movimento de cena, 13
movimento de névoa, tempo de renderização e, 393
movimento de ranhuras, vista, 321-322
movimento de solavanco, solução de problema, 90
movimento, acréscimo à água, 77-78
mudança
    direção de superfície, 254
    nome de arquivo com cada salvo, 164
multiplicidade, 136
múltiplo processamento, 460
múltiplos objetos, transformação, 57

N

nariz, criação, 214-216
navegação de visor
    LightWave versus Maya, 450
    max versus Maya, 425-426
navegação
    grupos, 61, 82
    para nó original depois de aplicar texturas, 245-246
névoa
    acréscimo, 360-362
    max versus Maya, 447
nível de marcheteria, 393
nomeação
    conjuntos, 53
    menus de marcação, 401
    objetos, 52-53
    projetos, 73
    saída renderizada, 323
nomes de arquivo
    caractere de espaço, 114
    hífens em, 236
    mudança em cada vez que salva, 164
nomes de comando, pontos e vírgulas e estilo de letra em, 399
Non-Uniform Rational Bezier Splies. *Veja* NURBS (Non-Uniform Rational Bezier Splines)
normal, 106
nós de grupo, 61
nós de transformação, 61
nós, 27, 48, 106
notas de colocação de textura, reposição, 97
Notepad, arquivos de texto e, 396

O

objetivo de peso, ajuste, 76
objetos copiados, max versus Maya, 432
objetos de ajuda
    como montar, 410-413
    visão geral de, 409
objetos em 3D e Paint Effects, 339
objetos orgânicos, NURBS e, 107-108
objetos proxy, 311
objetos transparentes, sombras e, 292
objetos
    3D, Paint Effects e, 339
    alinhamento, max versus Maya, 437
    criação, 50
ocultadores (Status Line), 34
opção de modo X-Ray, 62-63, 141
opção Layouts (painel de menus), 38
opção Save Layouts (painel de menus), 38
opção Use Depth Map Shadows (Channel Box), 278
opção Wireframe on Shaded, 141, 154
opção Wireframes on Shaded Objects, 62
operação de apara planar, solução de problema, 167
operações trackview (vista de trilha), max versus Maya, 444-445
organização de cena, max versus Maya, 435-437
Outliner
    designação de materiais usando, 241-242
    Graph Editor, 306-307
    limpeza de amontoado em cenas, 88
    seleção de grupos em, 129
    usos de, 182
OutMesh, 180-183

P

padrão NTSC para taxa de quadro, 300
padrão OpenGL, 20
padrões de ruído de procedimentais 2D, 243
padrões regulares de 2D procedimentais, 243
padrões
    ajuste, 32-33
    mudança, max versus Maya, 426
paginação de arquivos, 20
pai
    definição de, 35, 48
    hierarquia e, 60
painéis de puxar para baixo (painel de menus), 38-39
painéis de recorte, 318
painéis, como olhar através de cenas com, 319
painel de menus, 36-38
paisagem
    árvores, como acrescentar a, 357-358
    como ensopar, 355-356
    efeitos de vapor, como acrescentar a, 360-362
pálpebras, formação, 208
parapeitos para varanda, criação, 137-139
paredes internas da casa, acréscimo, 129
paredes
    criação, 124-126
    mapeamento de textura, como aplicar a, 251
    mapeamento irregular, como aplicar a, 260
    material básico, 240, 241
partículas desenhadas, 375
partículas, max versus Maya, 447. *Veja também* recurso
    Particle Systems
passe, 392
pasta Preferences, 110
pastas
    como iniciar novos projetos, 114
    organização, 73
paternidade, max versus Maya, 433
personagem ogro
    cabeça, criação, 197

Índice | **477**

corpo, criação, 219
modo Wireframe, 184
preparação para modelar, 182-184
recursos simétricos, criação, 185-190
personagem, iluminação, 294
personagens simétricos, criação, 181, 185-190
personalização
    Hotbox, 111-113
    Interface de usuário, 109-111
perspective de camera, Far Clip Plane, 115
perspective
    ângulo de vista, 11
    pontos de diminuição, 12
pescoço, como arredondar para, 199
Phong, 222, 226
PhongE, 226
pincéis
    descrição de, 340-342
    escalonamento, 346
    largura, ajuste, 346
    offset, ajuste, 345
pixels, 14
placa, 392
placas gráficas e Paint Effects, 345
plano, água, criação em, 74-75
planos de imagem
    como ocultar, 196
    descrição de, 190
planos de recorte, 314
planos NURBS
    água, como criar em, 74-76
    como esculpir, 80-83
    conversão para corpo suave, 74-76
    criação, 177
playback, parando, 42
Playblast, 314, 322
Plug-in Manager, 418-419
plug-ins
    instalação, 418-419
    recursos para, 417
pólo, posicionando em varanda, 142
polyDuplicateAndConnect MELscript, 181
Polygon Smooth, como aplicar, 182
Polytrans (Okino), 454-455
ponto de interrogação (?) curinga, 53
ponto de nuvem, 16
pontos de desvanecimento, 12
pontos de origem, 48
pontos e vírgulas em nomes de comando, 400
    max versus Maya, 438
portas
    abertura para, criação, 169-170
    criação, 171-173
    mapeamento de textura, aplicação a, 249
    mapeamento irregular, aplicação a, 259-260

montagem, 63-67
textura, acréscimo a, 237
posição da mão enquanto trabalha, 28
pós-processamento, 8
pote de flor, aplicação de mapeamento irregular a, 258
prancheta de gráficos, sensível a pressão, 82
preferências
    ajuste, Max versus Maya, 437
    como salvar, 111
primitivos, criação, 49
processo de animação. *Veja* projetos
profundidade de campo
    descrição de, 8, 314
    tempo de renderização e, 393
projeção planar de mapa, 242
projeto de halteres de borracha, 386-388
projeto Spooky World
    aplicação de mapeamento irregular a, 261
    câmera, 326
    como aplicar mapeamento de textura a, 253
projetos. *Veja também* barco flutuando em projeto
    como começar novo, 71-73, 114-115
    descrição de, 70
    diretório padrão para, como especificar, 73
    nomeação, 73
prompt de comando em renderização em lote, 394-396
pull-down View (painel de menus), 37
puxar para baixo Shading, 37, 428
puxar para baixo Show (painel de menus), 38

Q - R

quadrados NURBS, 164
quadros cruzados em janelas, criação, 177
quadros-chave automáticos, 298
quadros-chave
    descrição de, 31, 298
    LightWave versus Maya, 452
    max versus Maya, 443
quebras, Linux e, 459
queda, 6-7
Quick Select Sets, 53
raízes, 35
RAM, 397
Range Slider
    botão Auto Keyframe, 302
    descrição de, 31
    exibição, 299
    preferências, ajuste, 299
    taxa de quadro, como especificar, 300
reajuste de configurações de caixa de opção, 119
recortes, 302
recurso Particle Systems
    interação de partículas com elementos de cena, 378-379

partículas, 375-378
visão geral de, 365, 374
recurso Virtual Slider (Channel Box), 49
recursos de revista, 416
recursos. Beja também web sites
bibliografia, 22-23
plug-ins, MELscripts e sombreadores de material, 417
revistas, 416
Red Hat, 458
referências, LightWave versus Maya, 450
reflexão, como simular difusa, 283
reflexo de luzes, 268
reflexo difuso de luz, 268-269, 283
reflexos em capô do carro fora de controle, 415
refração, max versus Maya, 440
Relationship Editor para luzes, 289
renderização. Veja também animação; como renderizar em cenas, 99-100
como testar, acréscimo de luzes a, 236
imóveis, 324
inicialização para, 332-334
LightWave versus Maya, 443
lista de verificação para, 325
max versus Maya, 443
rede, 396-397, 444
tempo para completar, 353
tempo real, 16
vendo cenas renderizadas, 101-102
visão geral de, 16, 20, 313, 322
renderizações durante a noite, 332
renderizador individual, 394-395
renderizar camadas, 31, 417
RenderPal, 397
resolução
pixels e, 14
sombras de mapa de profundidade, 284-285
tempo de renderização e, 392
restrições
ajuste para câmera, 92-93
descrição de, 366, 369
visão geral de, 370
revolução, realização, 171
ripa de madeira em torno de janelas no projeto Spooky World, 238
roda de cor, 4-5
rolagem, 313
rotação de alinhamento, 48, 57

S

saída de gráficos de computador, 16
salvar recurso incremental, 73-74, 123
saturação de cores, 4-5
scanners a laser, 17
scanners, 17-18
Script Editor, 397-399

script, max versus Maya, 447
seção Fractal Attributes (Attribute Editor), 249
seção Input, Channel Box, 261
seção Lifespan Attributes (Attribute Editor), 381
seção Noise (Attribute Editor), opção Color Balance, 251
seção Specular Shading (Attribute Editor), 227-230
seixos
como dar superfície para renderizar em, 118-123
criação, 115-117
seleção de máscaras, 54, 180
seleção lasso (laço), 52
seleção marquee, 52
seleção
cores, 231
cubos, 145
elementos em Hypershade, 224
formato de imagem, 100-101
max versus Maya, 426-427
membros de grupo, 61
múltiplos objetos, 40-41
objetos cubo NURBS, 63-64
objetos, 51
senso de escala, 11
seta para baixo, grupos e, 61
seta para cima, grupos e, 61
Shader Library (Hypershade), 253
Shading Map, 227
Shake (Nothingreal), 458
Shelf Editor, como abrir, 406
Shelf
como soltar itens em, 404-408
criação, 405
descrição de, 31, 392
simulação
luz emitida, 228
reflexo difuso de luz, 283
simulações dinâmicas, como voltar à exibição, 371-372
singularidades, 242
projeto Spooky World, fumaça de chaminé, 379-385
sistema de corpo suave, criação, 385-389
sistema operacional Macintosh, 460
sistema operacional Windows, 460-461
sistemas operacionais, 460
site Linux Hardware Database, 459
sobregravação de conjunto de chaves, 321
sobreposição. Veja composição
software de renderização de partículas, 375, 377
software para Linux, 458
solo, criação, 80-83
soltando itens em Shelf, 404-408
solução de problemas
animação, movimento amontoado, 90
operação de apara planar, 167
renderizadores lentos, 392-393
Solver Oversampling, configurando, 389

sombras de mapa de profundidade
    atributos para, 284
    como trabalhar com, 287-288
    descrição de, 268, 284
sombras de penumbra, 286
sombras traçadas a raio
    atributos para, 286
    como trabalhar com, 288-289
    descrição de, 268, 286
    luz Area e, 287
    sombras de mapa de profundidade comparadas a, 284
    tempo de renderização e, 392
sombras, 283-284
sombreado Gouraud, 26
sombreador Use Background, 227
sombreadores de material, como instalar, 418
sombreadores
    barco flutuante em projeto de mar, 95-96
    como instalar, 418
    visão geral de, 94, 222
soquetes de olho, formação, 202-208
Status Line
    descrição de, 31, 34-36
    ferramenta Numeric Input, 52-53
subdividir, 179
Subdivision Surfaces. *Veja também* simulação de conversão de objetos NURBS a, 107-108
Subdivision Surfaces
    visão geral de, 181
superfície normal, 106
superfície orgânica. *Veja* modelagem poligonal
superfícies industriais, NURBS e, 107-108
superfícies NURBS e Paint Effects, 346-348
superficies. *Veja também* materiais
    agrupando, 157-158
    como trabalhar com em tempo real, 139
    criação a partir de perfil de curvas, 139-141
    ferramenta Trim, 163
    polígono, componentes de, 180
    tempo de renderização e, 393
Surface Shader, 227

T

tangentes-chave, 298
tangentes, como aplainar, 308-309
taxa de declínio
    descrição de, 268
    luz Area e, 282
taxa de quadro
    descrição de, 298
    especificação, 300
    mudança, 303
tecla Backspace, 59, 130

tecla Insert, 59, 130
teclas de atalho. *Veja* atalhos (teclas de atalho)
teclas
    ajuste, 302
    descrição de, 298, 302
    Graph Editor e, 304, 307-310
    sobregravando conjunto, 320-321
telhado
    aplicação de material básico a, 242
    criação de material básico para, 240
tempo de renderização
    composição e, 415
    NURBS e, 107-108
    polígonos e, 179
    solução de problema lenta, 392-393
    sombras e, 283-284
teste
    conexões, 189
    itens de menu, 401
    renderizações, 235
    teclas de atalho, 112
textura de mármore, aplicação, 244-245
textura Noise, como colocar em atributo Diffuse (Attribute Editor), 253
textura Ramp, 255-256
texturas ambientais, 222
texturas procedimentais em 2D, 244
texturas procedimentais em 3D, 243-244
texturas procedimentais
    2D procedimentais, 243-244
    3D procedimentais, 244
    descrição de, 221-222
    max versus Maya, 440
    visão geral, 244
texturas. *Veja também* mapeamento de textura;
    aplicação, 244-247
    colocação em visores, max versus Maya, 442-443
    como mostrar max versus Maya, 441-442
    texturização
texturização. *Veja também* materiais
    layout para, 94
    materiais de sistema de partícula, 378
    sombreadores e, 94
Time Slider
    como esfregar, 374-375
    como exibir, 299
    simulações Dynamics e, 371
    visão geral de, 31, 40, 301
tipos de material, 393
tipos de materiais volumétricos, tempo de renderização e, 393
tipos de material, tempo de renderização e, 393
tiras para desenhar curvas
    descrição de, 106
    NURBS comparadas a, 107

tolerância de alinhamento, 198
tomadas amplas, 13
tomadas de perto, 13
tomadas principais, 13
Toolbox
    ajustes Paint Tool, 356
    botões Quick Layout, 429
    como transformar objetos e, 55
    descrição de, 31
    ícone de selecionar lasso, 52
torus NURBS em modo de alto detalhe, 40
torus
    botão Shelf para fazer, 405-408
    criação, 63-64, 405
trabalho de produção, como obter, 422
traço a raio
    descrição de, 70
    renderização e, 324
    tempo de renderização e, 393
traços crescidos, 341-342
traços simples, 341-342
traços
    como ajustar configurações, 341
    como copiar e colar, 350-351
    descrição de, 340
    edição, 351
    traços, 350
transformações, 31, 48, 55
translucência, 222
transparência, 222
Trax Editor, 302
trilhas, 26
tubos, 340,. 341-342
tutoriais, interagindo com Maya, 39-45

U - V

um pedaço de formato de arquivo, 18
unidades de medida, mudança, 115
utilitário desfragmentador, 21
utilitário Fcheck, 101, 324
utilitários, FCheck, 101-102, 324
valor de cores, 4-5
valor negativo para intensidade de luz, 290
varanda
    como acrescentar à casa, 129-131
    corrimão, 150
    degraus, telhado, acréscimo, 137-145
    escadas para, criação, 155-158

parapeitos, 137
pernas, criação, 146-150
superfície, criação, 131-132
varredura, 14
velocidade de playback, mudança, 78
vendo
    cenas em layouts de painel, 143
    cenas renderizadas, 101-102
vértice, 70, 180. *Veja também* controle de
    vértices (CVs)
vetores, 14
vidro de pára-brisa, carro fora de controle, 415
vidro
    criação refrativa traçada a raio, 233
    projeto Spooky World, 238
vínculo de luz, 268, 289, 439
    playblast, 310-311
    varanda, 129
    visão geral de, 114
visor de câmera, Far Clipping Plane, 120
visores, localização de cursor de mouse e, 84
vista esquemática, max versus Maya, 446
vista Graph (Graph Editor), 307
vista Hypergraph, 27
vista Perspective
    câmera, 316
    como designar materiais ao usar, 241-242
    descrição de, 159, 164-165, 314
vistas ortográficas
    descrição de, 314
    max versus Maya, 428
vistas poligonais, como tombar, 29
vistas sombreadas, 277
vistas
    como salvar, 29
    manipulação, 28-29
    mudança, 46
volume de luzes, max versus Maya, 447

W - X - Z

web site nVidia, 458-459
web site Okino, 454
web sites, 457-459
    Gimp, 458-459
Wine, 458
Work Area (Hypershade), 95, 225, 240
Work Area, 95, 240
X Window System, 458

...us marcados são uma inovação de Maya, que podem agilizar o seu trabalho. A maioria dos artistas ...ssionais de Maya os usa para transformar tarefas repetitivas em pouco mais do que um leve movimento da ..., sem esforço. Para os novos usuários de Maya, este livro inclui uma série de menus marcados personali-...s para ajudar a aumentar sua produtividade e destreza. Veja o Capítulo 5, "Modelagem Básica NURBS", para ...uções sobre como carregar estes menus e teclas de atalho padronizados a partir do CD-ROM.

...menus marcados personalizados (mos-...os na figura abaixo) são usados para as ...uintes funções:

Teclas de atalho foram acrescentadas ou rede-signadas para facilitar o trabalho através de tutoriais:

...ção	Tecla de atalho para ativação
...itivas NURBS	Ctrl+z
...ão de NURBS	Alt+z
...erfícies NURBS	Ctrl+Alt+z
...itivas polígono	Ctrl+x
...ão de polígono	Alt+x
...ção de curva	Ctrl+c
...ão de curva	Alt+c

Função	Tecla de atalho
Script Editor	Shift+S
Hypergraph	Shift+H
Mostrar/ocultar Channel Box	Shift+C
Hypershade	Shift+T
Outliner (delineador)	Shift+O
Alternar Time Slider on/off	Alt+t
Visor	Shift+V
Undo* (desfazer)	z

* Desconsideramos a designação Ctrl+z; z é a única tecla de atalho ativa para Undo.

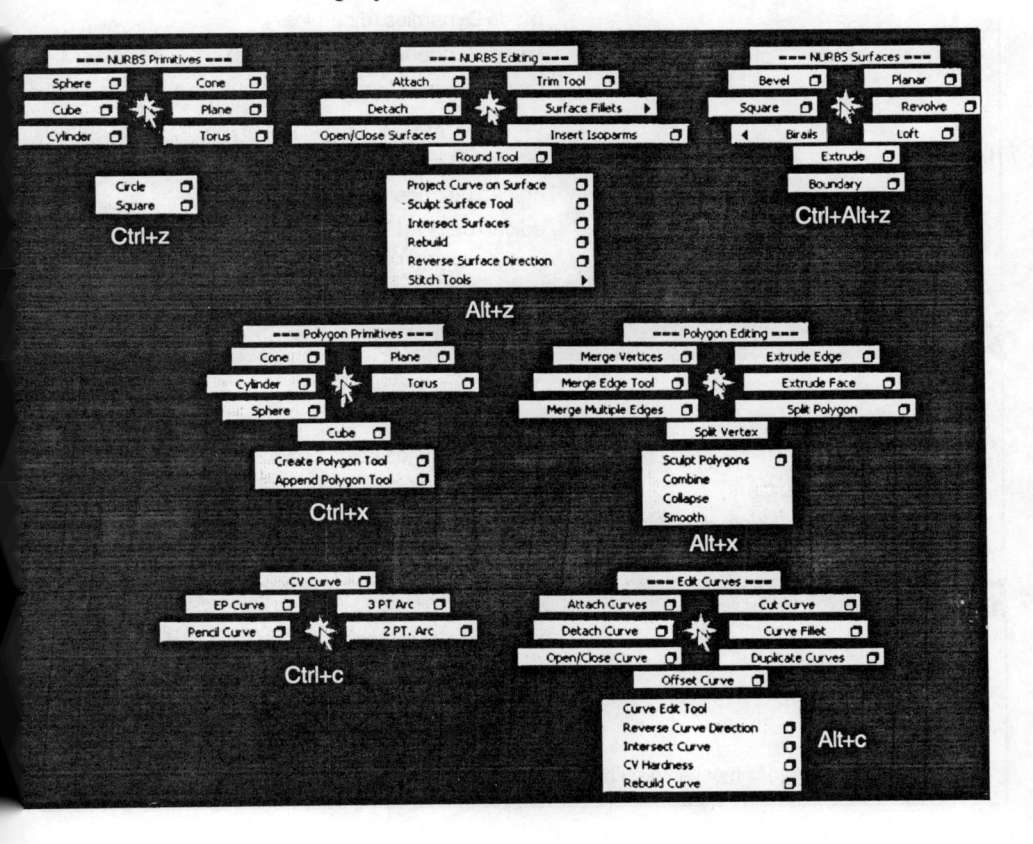

Teclas de atalho padrão em Maya

Vista de navegação em 3D

Alt+LMB	órbita
Alt+MMB	painel
Alt+LMB+MMB	zoom
Ctrl+Alt+LMB-janela arrastar	janela de zoom
f	moldura de objeto selecionado
Shift+F	moldura seleciona da em todas as vistas
a	moldura de todos os objetos
Shift+A	moldura de todos os objetos em todas as vistas
spacebar tap (toque em barra de espaço)	alternar painel para tela cheia
[	desfazer vista de câmera
]	refazer vista de câmera

Modos

F2	modo Animation (animação)
F3	modo Modeling (modelagem)
F4	modo Dynamics (dinâmicas)
F5	modo Rendering (apresentação)
F8	modo alternar Component/Object (componente/objeto)
F9	edição de Vertex/CV (vértice/controle de vértices)
F10	edição de Edge (margem)
F11	edição de Face (face)
F12	edição de UV (Unlimited Version – versão ilimitada)
Insert (inserir)	alternar modo Pivot Editing (edição pivô)

Hierarquia

p	pai
Shift+P	não pai
Ctrl+g	grupo de objetos selecionados
up arrow (seta para cima)	selecionar próximo grupo na hierarquia*

* Pode-se ter grupos aninhados; assim, basta pressionar a seta sempre que selecionar o próximo gru[po]

Seleção

Ctrl+q	selecionar com lasso
Ctrl+LMB	extrair da seleção*
Ctrl+Shift+LMB	acrescentar à seleção*
Shift+LMB	inverter posição da seleção*

* Clicar um único objeto/componente ou marquee (espécie de moldura) sobre diversos objetos/component[es]

Teclas de atalho padrão em Maya (continuação)

Chaves críticas

Spacebar hold (reter barra de espaço)	
abrir Hotbox	
	objeto NURBS para detalhe baixo
	objeto NURBS para detalhe médio
	objeto NURBS para detalhe alto
	modo Wireframe (linha de moldura)
	modo Shaded (sombreado)
	capacita hardware de texturização
	usa todas as luzes de cena
	modo Select (selecionar)
	modo Move (mover)
	modo Rotate (girar)
	modo Scale (escalonar)
	exibir manipuladores
	reduzir tamanho de manipulador
ou =	aumentar tamanho de manipulador
Ctrl+a	abrir o Attribute Editor (editor de atributo)

Animação

Alt+v	executar ou interromper animação
Esc	interromper repetição da animação
Alt+.	ir para a próxima moldura
Alt+,	ir para a moldura anterior
.	ir para o próximo quadro de moldura
,	ir para o quadro de moldura anterior
Shift+W	ajustar chave para Translate (tradução)
Shift+E	ajustar chave para Rotate
Shift+R	ajustar chave para Scale
s	ajustar chave para todos os atributos de chave

Alinhamento

x	alinhar temporariamente à grade
c	alinhar temporariamente à curva
v	alinhar temporariamente ao ponto
Shift+X	alternar alinhamento à grade

Como ocultar

Alt+h	ocultar objetos não selecionados
Ctrl+Shift+H	exibir último objeto ocultado
Ctrl+h	ocultar todos os objetos selecionados

Efeitos de pintura

B+LMB-arrastar	redimensionar escala de pincel
Shift+B+LMB-arrastar	redimensionar largura de pincel
M+LMB-arrastar	ajustar espaço de pincel a partir da superfície
Ctrl+b	abrir Brush Settings (ajustes de pincel)
	trocar para painel Paint Effects (efeitos de pintura)

Utilitário

g	repetir última ação/comando
Ctrl+d	duplicar
`	ajustar cursor na Command Line (linha de comando)

Ajuda

F1	ajuda
z ou Ctrl+z	undo (desfazer)
Backspace (retrocesso)	apagar objeto ou desfazer uma etapa

O CD de *Dominando Maya 4*

O CD que acompanha este livro contém recursos valiosos para qualquer um que venha a usar Maya 4:

- **Arquivos de filme** — Veja como os autores caminham através de cada tutorial no livro! Estes instrutivos arquivos de filme ajudarão você a ver como realizar as técnicas sobre as quais leu nos capítulos.
- **Arquivos de cena** — Os arquivos de cena dos autores lhe dão um ponto de partida para os tutoriais; estão incluídos também arquivos de cena que você pode obter ao longo do tutorial, se ficar perdido em algum ponto.
- **Arquivos prontos** — Arquivos de cena mostrando o produto final oferecem um ponto de comparação para o seu próprio trabalho.
- **Tutorial de bonificação** — Termine de modelar a criatura que você iniciou no capítulo de modelagem poligonal seguindo estas instruções passo a passo.
- **Outros** — Arquivos de texturas, mapas irregulares, esquemas de iluminação e outros mais mantêm você se movimentando através dos tutoriais, sem precisar criar tudo do nada.

Como acessar os arquivos de projeto a partir do CD

A maioria dos tutoriais neste livro começa com arquivos Maya 4 pré-montados, que contêm parâmetros pré-configurados, trabalho de arte e outras importantes informações de que você precisa para trabalhar e montar a cena final.

Todos os arquivos de cena estão convenientemente localizados em pastas para cada capítulo e são seqüencialmente numerados. Para acessar o arquivo de cena que inicia o primeiro tutorial no Capítulo 8, por exemplo, você deve carregar este arquivo: Chapter_08\ch08tut01start.mb. Cada tutorial começa com um nome de arquivo indicado próximo a um ícone de CD, para facilitar a localização do arquivo correspondente. Os arquivos de filme instrutivos também estão organizados por capítulo, em subpastas de filmes. Para encontrar um arquivo de filme para um tutorial no Capítulo 8, você olharia na pasta Chapter_08\movies. Novamente, todos os nomes de arquivos de filmes estão indicados no capítulo, no início de cada tutorial.

Recomendamos que você copie os arquivos de cena em seu disco rígido, mas isto não é absolutamente necessário se você não pretende salvá-los.